Microsoft Press

W0265230

Wissen aus erster Hand

Immer gut informiert

News, Service, Updates unter:

www.microsoft-press.de

www.twitter.com/mspress_de

Dieter Schiecke, Ute Simon, Eckehard Pfeifer

Microsoft PowerPoint 2010 – Das Handbuch

Dieter Schiecke, Ute Simon, Eckehard Pfeifer: Microsoft PowerPoint 2010 – Das Handbuch
Copyright © 2011 O`Reilly Verlag GmbH & Co. KG

Das in diesem Buch enthaltene Programmmaterial ist mit keiner Verpflichtung oder Garantie irgendeiner Art verbunden. Autor, Übersetzer und der Verlag übernehmen folglich keine Verantwortung und werden keine daraus folgende oder sonstige Haftung übernehmen, die auf irgendeine Art aus der Benutzung dieses Programmmaterials oder Teilen davon entsteht.

Das Werk einschließlich aller Teile ist urheberrechtlich geschützt. Jede Verwertung außerhalb der engen Grenzen des Urheberrechtsgesetzes ist ohne Zustimmung des Verlags unzulässig und strafbar. Das gilt insbesondere für Vervielfältigungen, Übersetzungen, Mikroverfilmungen und die Einspeicherung und Verarbeitung in elektronischen Systemen.

Die in den Beispielen verwendeten Namen von Firmen, Organisationen, Produkten, Domänen, Personen, Orten, Ereignissen sowie E-Mail-Adressen und Logos sind frei erfunden, soweit nichts anderes angegeben ist. Jede Ähnlichkeit mit tatsächlichen Firmen, Organisationen, Produkten, Domänen, Personen, Orten, Ereignissen, E-Mail-Adressen und Logos ist rein zufällig.

Kommentare und Fragen können Sie gerne an uns richten:

Microsoft Press Deutschland
Konrad-Zuse-Straße 1
85716 Unterschleißheim
E-Mail: *mspressde@oreilly.de*

15 14 13 12 11 10 9 8 7 6 5 4 3 2 1
13 12 11

Druck-ISBN 978-3-86645-143-8, PDF-ISBN 978-3-86645-757-7

© 2011 O`Reilly Verlag GmbH & Co. KG
Balthasarstr. 81, 50670 Köln
Alle Rechte vorbehalten

Fachlektorat und Korrektorat: Frauke Wilkens, München
Layout und Satz: Gerhard Alfes, mediaService, Siegen (www.mediaservice.tv)
Umschlaggestaltung: Hommer Design GmbH, Haar (www.HommerDesign.com)
Gesamtherstellung: Kösel, Krugzell (www.KoeselBuch.de)

Dieter Schiecke, Ute Simon, Eckehard Pfeifer

Microsoft PowerPoint 2010 – Das Handbuch

Microsoft Press

Übersicht

Inhaltsverzeichnis

Vorwort

In diesem Kapitel:

»Microsoft PowerPoint 2010 … Insider-Wissen – praxisnah und kompetent« … so der anspruchsvolle Titel dieses Buches. Es bietet Ihnen neben einer umfassenden Referenz zur Bedienung des Programms und zahlreichen Praxistipps zum effektiven Umgang mit PowerPoint 2010 noch etwas Wichtiges: Präsentationswissen.

Denn wer schon mit dem Programm gearbeitet hat, weiß: gute PowerPoint-Kenntnisse allein sind noch keine Garantie für eine gute Präsentation. Deshalb liefert Ihnen dieses Buch auch das Know-how, wie Sie Ihre Folien so anlegen, dass sie das Prädikat »zuschauergerecht« erlangen. Darin unterscheidet sich dieser Band von »normalen« PowerPoint-Büchern und lässt ihn für Sie zu einem wirklichen Präsentationshandbuch werden.

Die Autoren dieses Buches

Dieses Buch ist das Ergebnis einer intensiven Teamarbeit. Mehrere Spezialisten vom Community-Portal »PowerPoint-User« und vom »Office 2010-Blog« haben in diesem Handbuch ihre Erfahrungen im Umgang mit PowerPoint 2010 und bei der Vorbereitung und Durchführung von Präsentationen zusammengetragen.

- Dieter Schiecke aus Berlin ist seit 1992 freiberuflich als Berater und Trainer für Microsoft-Produkte tätig. Er führt Workshops und Coachings zum Aufbereiten und Visualisieren von Daten mit PowerPoint und Excel durch. Regelmäßig publiziert er in betriebswirtschaftlichen und PC-Fachzeitschriften Beiträge zum Praxis-Einsatz der Office-Programme. 1999 startete er die erfolgreiche Reihe der PowerPoint-Handbücher bei Microsoft Press. Er ist Initiator und Mitautor des Bestsellers »PowerPoint – Das Ideenbuch für kreative Präsentationen«. Vielen Anwendern ist er als Chefredakteur der Zeitschrift »PowerPoint aktuell« (*www.powerpoint-aktuell.de*) bekannt. Er leitet die beiden Internet-Portale *www.ppt-user.de* und *office2010-blog.de*.
- Ute Simon aus Bad Nauheim ist Most Valuable Professional für PowerPoint. Bereits seit 2005 wird ihr diese Auszeichnung jährlich von Microsoft verliehen, weil sie Anwendern in Newsgroups und Foren mit ihrem immensen Fachwissen mit Rat und Tat zur Seite steht. Sie arbeitet in einer großen Werbeagentur in Frankfurt am Main, wo ihr PowerPoint-Können oft gefragt ist. Ihr Praxiswissen schöpft sie auch aus der Arbeit als Software-Trainerin und im Anwender-Support. Ihr Know-how ist beispielsweise in die Kapitel zum CI-gerechten Anlegen von Vorlagen, Mastern und Designs sowie zum Thema Multimedia eingeflossen. Sie schreibt regelmäßig für die Monatszeitschrift »PowerPoint aktuell« und ist verantwortliche Redakteurin des E-Mail-Newsletters »PowerPoint-User«. Sie erreichen sie über ihre Webseite *www.ute-simon.com*.
- Dr. Eckehard Pfeifer aus Dresden ist habilitierter Mathematiker und als freiberuflicher Berater, Anwendungsentwickler und Trainer tätig. In den Newsgroups und Foren zu PowerPoint ist er für seine kompetenten und punktgenauen Antworten bekannt. Als Microsoft Certified Application Developer .NET hat er sich auf das Entwickeln kundenspezifischer Lösungen im Office-Umfeld spezialisiert. PowerPoint und Excel stehen dabei im Mittelpunkt. Er schreibt für verschiedene Entwickler-Zeitschriften und ist Mitautor mehrerer Bücher zu Entwicklerthemen sowie zu Excel. Sie erreichen ihn über seine Website *www.dr-e-pfeifer.net*.

Inhaltlich beraten haben uns bei dem Buch weitere Mitglieder aus dem Team von »PowerPoint-User«: G.O. Tuhls aus Berlin, ein Zauberer, wenn es darum geht, in PowerPoint zu zeichnen, und Herbert Manthei, kreativer Animationsspezialist, ebenfalls aus Berlin.

Bei der Arbeit an dem Buch haben uns außerdem Thomas Pohlmann und Sylvia Hasselbach von Microsoft Press und unsere Lektorin Frauke Wilkens unterstützt. Ihnen möchten wir an dieser Stelle herzlich für ihre Geduld und ihren Rat danken.

Wir sind auch nach dem Lesen des Buches für Sie da.

- Ihre Fragen können Sie in Microsofts PowerPoint-Forum stellen, zu finden unter *http://answers.microsoft.com/de-de/office/forum/office_2010-powerpoint*.
- Besuchen Sie das Community-Portal »PowerPoint-User« unter *www.ppt-user.de*. Abonnieren Sie dort unseren kostenlosen PowerPoint-Newsletter.
- Lesen Sie unseren Blog zu Office 2010 unter *www.office2010-blog.de*.
- Schauen Sie sich auf der Website von »PowerPoint-TV« (*www.ppt-tv.de*) informative und spannende Lernvideos an.
- Lassen Sie sich in der Zeitschrift »PowerPoint aktuell« jeden Monat von neuen Präsentationslösungen überraschen (*www.powerpoint-aktuell.de*).
- Nutzen Sie außerdem das umfangreiche Bonusmaterial auf der CD zum Buch, das Sie im Ordner *Zusatz* finden.

Der Aufbau dieses Buches

Dieses Buch enthält neben den zahlreichen Schritt-für-Schritt-Anleitungen eine Vielzahl zusätzlicher Informationen für Sie, die wie folgt gekennzeichnet sind:

HINWEIS Bietet wissenswerte Zusatzhinweise zum Thema.

WICHTIG Macht Sie auf Fakten aufmerksam, die Sie unbedingt wissen und beachten sollten.

TIPP Verrät Tipps und Tricks.

ACHTUNG Weist auf Stolperfallen hin.

PROFITIPP Bietet Ihnen Know-how für besonders schnelle oder effektive Lösungen.

Bevor Sie beginnen, mit diesem Buch zu arbeiten, sollten Sie im Umgang mit der Maus und in der Bedienung der Tastatur fit sowie mit der grundlegenden Bedienung eines PC unter Windows vertraut sein. Wenn Sie diese Voraussetzungen mitbringen, können Sie loslegen.

Teil A – Basiswissen

Teil A empfehlen wir als »Pflichtlektüre« für Einsteiger, aber auch für Umsteiger von Vorgängerversionen. Hier gibt es eine systematische Beschreibung der Programmoberfläche von PowerPoint 2010. Sie erhalten Hinweise zur Installation und eine Übersicht über die neuen Funktionen.

Teil B – Foliengestaltung

Erfahren Sie im zweiten Teil des Buches, welche Regeln und Wirkungen in der visuellen Kommunikation für eine erfolgreiche, zuschauergerechte Präsentation wichtig sind. Setzen Sie die Tipps zu Farben, Schriften und Layout beim Anlegen eigener Designs und Vorlagen in die Praxis um. Nutzen Sie die Beispiele und praktischen Übungen und lernen Sie, wie Sie Textfolien anfertigen, diese mit Grafiken versehen, wie Sie Tabellen und Diagramme sowie Strukturen und Abläufe auf Folien einfügen. Alle Kenntnisse, Techniken und Tricks, die Sie zum Anfertigen von Folien brauchen, finden Sie in diesem Teil. Anschließend werden Sie Ihre Folien mit anderen, kritischeren Augen betrachten. Leser unserer bisherigen Handbücher haben den besonderen Nutzen gerade dieses Teils oft hervorgehoben.

Teil C – Präsentieren

Nachdem Sie wissen, wie Sie zuschauergerechte Folien anlegen, folgt die nächste Stufe: die der animierten Bildschirmpräsentation. Hier lernen Ihre Texte und Bilder sozusagen das Laufen. Verschaffen Sie sich zu Beginn eine Übersicht über die Animationsmöglichkeiten von PowerPoint. Lernen Sie dann anhand zahlreicher Beispiele kennen, wie Sie Animation gezielt nutzen, um Informationen dosiert zu vermitteln und mehr Spannung in Präsentationen zu bringen. Wichtig in diesem Teil ist auch das Kapitel zum souveränen Vorführen von Bildschirmpräsentationen.

Teil D – Multimedia

Ein Blick in die Foren und Newsgroups zeigt: PowerPoint wird immer häufiger genutzt, um multimediale Präsentationen zu erstellen. Doch für die Anwender ergeben sich dabei viele Fragen, deren Beantwortung einen technischen Blick »unter die Haube« von PowerPoint erfordert. Wie werden Videosequenzen eingebaut, wie lässt sich eine Präsentation »vertonen«, wie gelangen Flash-Filme in eine Bildschirmpräsentation, was sind Codecs und welche Bedeutung haben sie? Das sind nur einige der Fragen, auf die Sie in diesem Teil des Buches Antwort finden. Lernen Sie in diesem Teil die vielen neuen und großartigen Funktionen zum Umgang mit Video und Sound in Präsentationen kennen. Sie werden begeistert sein.

Teil E – Teamarbeit

Mit PowerPoint allein können Sie gute Präsentationen erstellen. Aber richtig interessant und effizient wird es, wenn Sie PowerPoint mit anderen Programmen kombinieren und über die Grenzen von PowerPoint hinausgehen. Wie gelangen Diagramme aus Excel in Ihre Folien, wie lässt sich aus einer Gliederung in Word im Handumdrehen eine Präsentation erstellen? In diesem Teil können Sie es an konkreten und praktischen Beispielen nachvollziehen. Erfahren Sie außerdem, was beim Weitergeben von Präsentationen zu beachten ist, welche Funktionen für die Zusammenarbeit im Team verfügbar sind und wie Sie PowerPoint anpassen.

Teil F – Automatisierung

Wer als Profi besonders intensiv mit PowerPoint arbeitet, wird sicher an Grenzen des Programms stoßen. Das, was in PowerPoint an Funktionalität fehlt, kann teilweise mittels Programmierung ergänzt werden. Machen Sie sich mit dem Objektmodell von PowerPoint vertraut. Erfahren Sie anhand von Beispielen, wie Sie mit der Programmiersprache VBA Variablen und Konstanten definieren, Programmstrukturen aufbauen, Benutzerdialoge handhaben und Add-Ins herstellen.

Teil G – Anhang

Im Anhang finden Sie eine Übersicht über alle auf der Buch-CD verfügbaren Anschauungs- und Übungsdateien sowie über das umfangreiche Bonusmaterial.

Darüber hinaus gibt es eine praktische Liste mit Tastenkombinationen zum noch effektiveren Arbeiten mit PowerPoint.

Jetzt bleibt uns nur noch, Ihnen Lesespaß und zahlreiche Aha-Effekte zu wünschen und natürlich viele gelungene, mit PowerPoint 2010 erstellte Präsentationen.

Teil A

Basiswissen

Teil A empfehlen wir als »Pflichtlektüre« für alle Leser – egal ob Sie Einsteiger in PowerPoint sind oder Umsteiger von einer der Vorgängerversionen.

Verschaffen Sie sich hier einen Überblick über die Programmoberfläche von PowerPoint 2010. Lernen Sie, mit welchen Techniken Sie das Menüband und andere wichtige Elemente für sich nutzbar machen und so den Umstieg schnell und sicher meistern.

Erfahren Sie, was bei der Installation zu beachten ist und welche neuen Funktionen Version 2010 für Ihre Arbeit bereithält.

Kapitel 1

Installation

In diesem Kapitel:

PowerPoint 2010 ist Bestandteil der Editionen *Office Home and Student 2010, Office Home and Business 2010, Office Professional 2010* und *Office Professional Plus 2010.*

Die folgende Beschreibung einiger Installationsdetails basiert auf der Installation von *Office Professional Plus 2010.* Andere Versionen lassen sich auf analoge Weise installieren.

Vor der Installation sollten Sie einige Überlegungen anstellen:

- Handelt es sich um die erstmalige Installation eines Office-Produkts auf dem Zielrechner? Welche Anforderungen werden an diesen gestellt?
- Gibt es bereits eine frühere Version von PowerPoint auf Ihrem Rechner? In einem solchen Fall sollten Sie sich vergewissern, dass Sie von wichtigen Dokumenten (Präsentationen), Präsentationsvorlagen und selbst erstellten PowerPoint-Add-Ins Sicherungskopien erstellt haben.
- Soll eine eventuell vorhandene Version (etwa 2003) parallel zu 2010 betrieben werden? Gemeint ist hier nicht eine Betavariante der Version 2010, denn diese ist in jedem Fall vollständig vom Rechner zu entfernen.

Dieses Kapitel wird Sie bei der Durchführung der erforderlichen Schritte begleiten.

Erstmalige Installation

Um »vernünftig« mit dem Programm arbeiten zu können, sollten Sie zunächst sicherstellen, dass Ihr PC die empfohlenen minimalen Voraussetzungen erfüllt.

Systemanforderungen

Zu den unter *http://Office2010.microsoft.com* von Microsoft empfohlenen Mindestanforderungen gehören:

- Der Computer verfügt über ein integriertes oder externes DVD-Laufwerk.
- Der auf der Festplatte (nach der Installation des Betriebssystems) verbleibende Speicherplatz soll auf einer zusammenhängenden Partition 3,5 Gigabyte zur Installation von *Office Professional Plus* nicht unterschreiten. Ein Teil davon wird nach der Installation wieder freigegeben. Der Bedarf für andere Editionen ist deren Beschreibung zu entnehmen und fällt in aller Regel geringer aus.
- Der Computer soll mit einem 32-Bit- bzw. 64-Bit-Prozessor ausgestattet sein, der wenigsten mit 500 Megahertz taktet[1].
- Der Arbeitsspeicher (RAM) soll mindestens 256 Megabyte betragen.
- Vom Bildschirm wird eine Auflösung von 1024 mal 768 Pixel erwartet.

Folgende Betriebssysteme sind geeignet:

- *Windows XP* mit Service Pack 3 (SP3) (32 Bit)
- *Windows Vista* mit SP1 (32 Bit oder 64 Bit)
- *Windows Server 2003 R2* (32 Bit oder 64 Bit) mit installiertem MSXLM 6.0

1 Erstmals gibt es spezielle 64-Bit-Versionen von Office.

- *Windows Server 2008* mit SP2 (32 Bit oder 64 Bit)
- *Windows 7* (32 Bit oder 64 Bit)
- *Terminal Server* und *Windows on Windows* (WOW; die die Installation der 32-Bit-Versionen von Office 2010 auf 64-Bit-Betriebssystemen erlauben) werden unterstützt.

Neben diesen Grundvoraussetzungen gibt es solche, die nur bestimmte Features betreffen. Diese verlangen zu ihrer Nutzung das Vorhandensein eines Mikrofons bzw. das von Lautsprechern, die Installation von *Microsoft Windows XP Tablet PC Edition* unter *Windows XP*[1], die Verbindung zu einem Unternehmensserver auf der Basis von *Windows 2003 Server* bzw. die zu einem *Microsoft Exchange Server 2000* (oder einer späteren Version). Die meisten Features zur Teamarbeit sind nur dann nutzbar, wenn eine Verbindung zu einem Rechner besteht, auf dem die *Microsoft Windows SharePoint Services* installiert sind.

Standardinstallation

Sie beginnen die Installation mit dem Einlegen des Datenträgers in das Laufwerk[2]. Das Setup-Programm sollte dann von selbst starten. Dies geschieht mit einem Dialogfeld, in dem Sie sich für *SETUP.EXE ausführen* entscheiden. Die anschließende Bestätigungsabfrage der Benutzerkontensteuerung beantworten Sie zustimmend.

HINWEIS Startet die Installation nicht von selbst, suchen Sie mit dem Windows-Explorer im Stammverzeichnis des Datenträgers nach der Datei *setup.exe* und doppelklicken darauf. Die Endung *exe* ist allerdings nur zu sehen, wenn Sie die Ordneroptionen Ihres Betriebssystems so angepasst haben, dass die Endungen bekannter (registrierter) Dateitypen nicht ausgeblendet werden. Im anderen Fall heißt die Datei einfach *Setup*.

Der nächste aktive Schritt besteht in der Eingabe des *Product Key* (Produktschlüssel), bei der die Beachtung von Groß- und Kleinschreibung keine Rolle spielt. Ohne die Eingabe eines gültigen Schlüssels kann die Installation nicht fortgeführt werden. Achten Sie im Dialogfeld auf das Kontrollkästchen *Automatische Onlineaktivierung meines Produkts versuchen*, in dem Sie einem ansonsten manuell vorzunehmenden Schritt nach dem Start der ersten Office-Anwendung zuvorkommen.

Im nächsten Schritt sollten Sie sich die Software-Lizenzbedingungen durchlesen und, was zur Verwendung des Produkts unumstößlich ist, akzeptieren. Damit stehen Sie vor der Wahl des gewünschten Installationstyps als

- Standardinstallation (Schaltfläche *Jetzt installieren*) oder
- angepasste Installation (Schaltfläche *Anpassen*).

Haben Sie in der Vergangenheit noch kein Office-Produkt auf dem momentanen Rechner installiert, sollten Sie zunächst der Standardinstallation mit *Jetzt installieren* folgen. Dabei werden die grundlegenden Features installiert und viele andere (nicht alle) so bereitgestellt, dass sie bei erstmaliger Verwendung relativ automatisch nachinstalliert werden. Sie selbst können jederzeit später (siehe den Abschnitt »Nachträgliche Anpassungen der Installation« weiter hinten in diesem Kapitel) mithilfe

1 Windows Vista und Windows 7 besitzen integrierte Features.

2 Installationen, die mit einem Download aus dem Internet beginnen, laufen in wesentlichen Schritten wie die folgende Beschreibung ab.

weniger Handgriffe den Zustand Ihrer Installation verändern und damit Ihren Bedürfnissen anpassen.

Während des nun folgenden Kopier- und Einrichtungsvorgangs hält Sie ein Dialogfeld mit Informationen zum Installationsfortschritt auf dem Laufenden; nach erfolgreicher Installation informiert Sie ein Abschlussdialogfeld über die Möglichkeit, direkt zur Office-Website von Microsoft zu wechseln (eine aktive Internetverbindung wird dazu natürlich vorausgesetzt) und das dortige Leistungsangebot zu nutzen.

Um sofort mit PowerPoint zu arbeiten, haben Sie mindestens zwei Einstiege:

- Sie klicken auf die *Start*-Schaltfläche von Windows, suchen unter *Alle Programme/Microsoft Office* den Eintrag *Microsoft PowerPoint 2010* und klicken darauf oder
- Sie klicken in einen Ordner Ihrer Wahl (das kann auch der Desktop sein) mit der rechten Maustaste, suchen den Eintrag *Neu* und klicken im darauf erscheinenden Popupmenü den Eintrag *Microsoft PowerPoint-Präsentation* an. Ein Klick auf diesen Eintrag legt eine neue (leere) Präsentation an. Diese öffnen Sie per Doppelklick und PowerPoint beginnt zu arbeiten.

Nach dem ersten Start von PowerPoint haben Sie allerdings noch drei Dinge zu tun:

- Das Produkt ist zu aktivieren.
- Einige Einstellungen zum Update-Verhalten bzw. dem Schutz des Office-Programms bzw. zu seiner weiteren Verbesserung sind vorzunehmen.
- Die Standarddateitypen von Office sind festzulegen.

Die Produktaktivierung können Sie sofort starten oder aber den Vorgang um einige Starts des Programms in die Zukunft verschieben. Vermeiden lässt sie sich aber nicht, irgendwann läuft das Programm in einem reduzierten Modus, der es nur noch erlaubt, Dinge zu betrachten, aber nicht mehr zu bearbeiten. Folgen Sie zur Aktivierung den Instruktionen auf dem Bildschirm.

Die vorzunehmenden Einstellungen zu Updates etc. bestehen aus

- der unmittelbaren Anforderung von Onlinehilfe während der Arbeit mit PowerPoint oder einem der anderen Office-Programme und dem Download von Dateien, die als Problemlösungstools bezeichnet werden können (für die Fälle, dass das Office-Produkt nicht einwandfrei arbeitet), oder
- der Beschränkung auf den Download wichtiger Produktanpassungen (Updates).

Im ersten Fall ist sicher bemerkenswert, dass Informationen von Ihrem Computer via Internet an Microsoft gesendet werden, wobei Anonymität und Vertraulichkeit zugesichert werden. Sie können später im Dialogfeld *PowerPoint-Optionen* diese Einstellungen korrigieren (in den *Datenschutzoptionen* des *Sicherheitscenters*).

Bei den Einstellungen zu Updates selbst handelt es sich um die Möglichkeit des automatischen Herunterladens von Programmteilen (Patches), die Office fehlerfreier und vor allem sicherer machen sollen. Gerade der letzte Aspekt ist angesichts der häufigen Attacken aus dem Internet auch auf private Rechner des Nachdenkens wert.

Die Wahl des Standarddateiformats ist neu in Office 2010. Sie haben die Möglichkeit, sich für die *Microsoft Office Open XML-Formate* zu entscheiden und damit volle Anpassung an die Office-Programme zu garantieren. Das Format erleichtert die Wiederherstellung beschädigter Dateien und benötigt weniger Speicherplatz. Oder Sie nehmen das von Drittanbietern favorisierte *OpenDocument Format*.

Abbildg. 1.1 Das Standardformat wählen, in dem die Dateien abgespeichert werden, die Sie mit Office erstellen

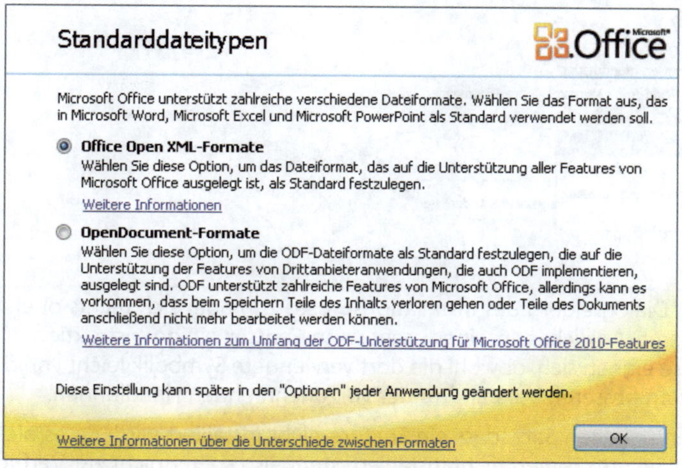

HINWEIS Ein Wechsel pro Datei von einem Format ins andere ist später immer möglich.

Angepasste Installation

Eine angepasste Installation beginnen Sie im weiter vorn angesprochenen Dialogfeld durch Klick auf die Schaltfläche *Anpassen*. Danach sind drei Einstellungsthemen im erscheinenden Dialogfeld relevant:

- Installationsoptionen
- Speicherort der Installation
- Benutzerinformationen

Während die letzten beiden Anpassungen im Wesentlichen selbsterklärend sind, bedarf die erste einiger Erläuterungen.

Die Kombinationsschaltflächen im »Baum« der Einstellungsoptionen (Plus- bzw. Minus-Schaltflächen helfen beim »Auf- und Zuklappen« des Baumes) haben vier verschiedene Bedeutungen, die Sie sich erarbeiten, wenn Sie auf das kleine dreieckige Symbol der Schaltflächen klicken (siehe Abbildung 1.2):

- Ein Feature wird installiert.
- Ein Feature wird mit allen seinen untergeordneten Features installiert.
- Ein Feature wird beim ersten Gebrauch nachinstalliert.
- Ein Feature steht niemals zur Verfügung (diese Entscheidung ist, wie Sie weiter unten sehen werden, zum Glück nicht unwiderruflich).

Abbildg. 1.2 Die Art, wie Features installiert bzw. nachinstalliert werden

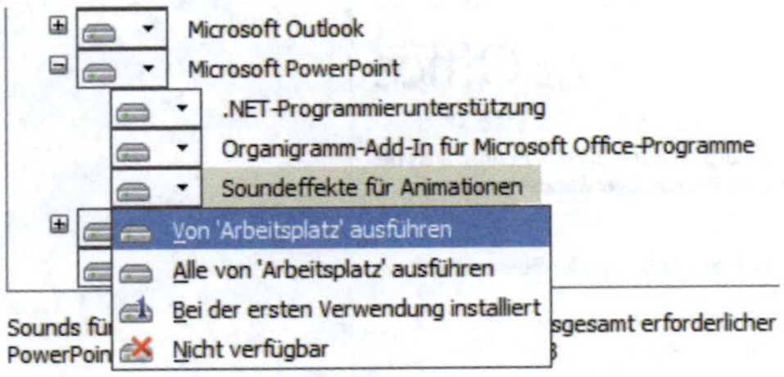

TIPP In den Dialogfeldern des Installationsprozesses findet sich rechts oben eine Hilfe-Schaltfläche, nach deren Anklicken in einem separaten Fenster einige Instruktionen als Setup-Hilfe erscheinen. Diese eignen sich, obwohl die dort verwendete Symbolik leicht von der des Dialogfeldes differiert, zum besseren Verständnis der vorzunehmenden Handlungen.

Den in dieser Hilfe enthaltenen Satz, dass ein Feature nicht installiert wird, da es nicht zur Verfügung steht, deuten Sie um: Es wird nicht installiert, steht also später nicht zur Verfügung.

HINWEIS Die Dialogfelder zum Ändern des Speicherorts bzw. der Benutzerinformationen erschließen Sie sich leicht selbst.

Lassen Sie sich beim *Speicherort* des Produkts nicht verwirren. Eine deutsche Version von Windows 7 zeigt die Beschriftungen von für den Nutzer wichtigen Ordnern wie *Benutzer* oder *Programme* in deutscher Sprache an. Dahinter verbergen sich allerdings Dateipfade auf der Festplatte in englischer Sprache. Das sind in den beiden genannten Fällen *C:\Users* und *C:\Program Files*.

Benutzerinformationen werden Office-übergreifend verwendet. Der Name und die Initialen können im Dialogfeld *PowerPoint-Optionen* später angepasst werden, ohne die Installation selbst nochmals anzupassen.

Nachdem Sie alle Einstellungen vorgenommen haben, klicken Sie auf die Schaltfläche *Jetzt installieren*. Die Installation wird mit dem oben genannten Abschlussdialogfeld beendet.

Nachträgliche Anpassungen der Installation

Um zu einem späteren Zeitpunkt die vorgenommene Installation zu verändern, gibt es wenigsten zwei Wege:

- Sie legen den Datenträger erneut in das Laufwerk und folgen wie oben beschrieben den einzelnen Schritten (starten also automatisch oder per Hand die Datei *setup.exe*) oder
- Sie wechseln in die Systemsteuerung Ihres Computers und suchen dort den Eintrag *Programme/Programm deinstallieren*. Ein Klick darauf führt Sie zur Liste der installierten Anwendungen, in der Sie auch Ihre Office-Installation finden. Wählen Sie diese aus und klicken Sie auf das oben rechts erscheinende *Ändern*.

In beiden Fällen erscheint ein Dialogfeld der Office-Installation, in dem die Möglichkeit besteht,

- Features hinzuzufügen oder zu entfernen,

- die Installation zu reparieren (das heißt deren Originalzustand, der durch andere Programme oder Unachtsamkeit gestört worden ist, zu erzeugen),
- die Installation zu entfernen bzw.
- den Product Key einzugeben.

Wenn Sie sich für das Hinzufügen oder Entfernen von Features entschlossen haben, führt der nächste Schritt zum bekannten Dialogfeld, wobei dort nur die Registerkarte *Installationsoptionen* zu sehen ist. Nun folgenden Sie den Hinweisen aus dem Abschnitt »Angepasste Installation« weiter vorn in diesem Kapitel und nehmen Ihre Korrekturen vor.

TIPP Der Installationsprozess legt auf Ihrem Rechner den versteckten Ordner *C:\MSO-Cache* an. Dieser wird für eine eventuelle Reparatur Ihrer Installation sowie für fällige automatische bzw. manuelle Nachinstallationen optionaler Features genutzt.

Wenn Sie diesen Ordner aus Platzgründen löschen, müssen Sie bei Veränderungen den Installationsdatenträger zur Hand haben oder, je nach Installationsstart, die Verbindung zur Datei *setup.exe* im Netz herstellen.

Upgrade/Update früherer Versionen

Darüber, was ein *Upgrade* ist und wie es sich von einem *Update* unterscheidet, gehen die Meinungen auseinander. Hier soll darunter der Wechsel von einem Produkt einer früheren Version von Office zu dem der Version Office 2010 verstanden werden.

Es wird also davon ausgegangen, dass Sie PowerPoint in einer früheren Version auf Ihrem Rechner installiert haben.

TIPP Obwohl es nicht notwendig zu Komplikationen kommen muss, kann eine Sicherung selbst erstellter Dateien in einen Ordner oder auf eine beschreibbare CD nur empfohlen werden. Schritt für Schritt sollten Sie dann die verbleibenden Originale auf ihre Verträglichkeit mit der neuen Version prüfen.

Legen Sie so wie oben beschrieben Ihren Produktdatenträger ein und folgen Sie den Anweisungen. Das erscheinende Dialogfeld ist nahezu das gleiche wie bei der Neuinstallation. Der einzige Unterschied besteht in den beiden Schaltflächen *Jetzt installieren* und *Upgrade*; Letztere erscheint anstelle der ersten.

Entscheiden Sie sich für den Standard-Upgrade-Vorgang, so installiert Windows alle Programme der neuen Version und entfernt die entsprechenden Vorgänger. Es wird so installiert, als ob Sie in einer Erstinstallation *Jetzt installieren* gewählt haben.

Wollen Sie diesen Standard durchbrechen, greifen Sie im Dialogfeld zu *Anpassen*. In dem aus den obigen Beschreibungen bekannten Dialogfeld kommt nun noch eine weitere Registerkarte (*Upgrade*) hinzu, die über den Verbleib der alten Version entscheidet.

Drei Dinge stehen zur Auswahl:

- Alle Anwendungen der früheren Version entfernen.
- Alle früheren Anwendungen behalten.
- Nur einen Teil der früheren Anwendungen entfernen.

HINWEIS Unter »frühere Version« darf hier in keinem Fall eine Betaversion von Office 2010 verstanden werden. Diese ist vor der Installation über die Systemsteuerung vollständig zu deinstallieren.

Bei den zu entfernenden Programmen auf der ersten Registerkarte erscheinen diejenigen, die bereits als »Vorgänger« installiert sind, unabhängig davon, ob auf dem eingelegten Datenträger ein »Nachfolger« existiert.

Die anderen Installationsoptionen auf den restlichen drei Registerkarten folgen denen, die bei der angepassten Neuinstallation weiter vorn in diesem Kapitel beschrieben wurden. Vorhandene Benutzerinformationen werden beibehalten.

Parallele Installationen verschiedener Versionen

Microsoft empfiehlt auf der Webseite zu den Office-Produkten nachdrücklich, Parallelinstallationen mit früheren Versionen zu vermeiden. Hinsichtlich einer parallelen Verwendung von Office 2007 sehen die Autoren keine unbedingten Notwendigkeiten, allerdings auch keine großen Probleme. Die parallele Verwendung von Versionen bis 2003 (die aus verschiedenen praktischen Gründen von manchem Anwender gewünscht ist) konnte schon mit der Einführung von Office 2007 nicht empfohlen werden. Besser ist die Installation in verschiedenen virtuellen Umgebungen unter einem Host-System (Verwendung des kostenlosen Microsoft Virtual PC oder fortgeschrittener Virtualisierungstechniken von Windows), wenn das durch entsprechende Lizenzen gedeckt ist.

Zusammenfassung

Es kann festgestellt werden, dass der Installationsprozess auch für den Erstanwender nicht schwierig ist. Es gibt zwei Installationstypen: Standardinstallation (ohne Eingriffe des Anwenders) und angepasste Installation (entsprechend mit Eingriffsmöglichkeiten durch den Anwender). Wer späteres Nachinstallieren von Features der Standardinstallation vermeiden möchte, kann von Anfang an bei einer angepassten Installation alle Features als *Alle von 'Arbeitsplatz' ausführen* markieren (siehe Abbildung 1.2).

Die für Vorgängerversionen gern in den Handbüchern beschriebene optimale Anpassung der Produktoberfläche vor deren erstem Gebrauch kann in der Version 2010 als Nachfolger von 2007 ebenso wie dort eingespart werden. Die Entwickler von Microsoft haben sich viel Mühe gegeben, gerade dem Neuling eine leicht erschließbare Handhabung anzubieten.

Kapitel 2

Die Neuerungen in PowerPoint 2010

In diesem Kapitel:

Änderung an der Arbeitsoberfläche

Als Microsoft bei der Einführung von Office 2007 eine komplett neue Benutzeroberfläche präsentierte, manifestierte sich recht schnell eine große Zahl von Kritikern und Zweiflern. Anwender suchten verzweifelt nach einfachsten Befehlen wie Öffnen, Drucken oder Seitenansicht. Administratoren beklagten, dass Anpassungen der Programmoberfläche an firmeninterne Abläufe nur noch mit erheblichem Aufwand möglich seien. In Version 2010 wurde eine Reihe dieser Kritiken berücksichtigt.

Multifunktionsleiste wird anpassbares Menüband

Aus dem Wortungeheuer »Multifunktionsleiste« ist nun das einfache »Menüband« geworden. Wichtiger als dieser Namenswechsel jedoch ist, dass die Anwender nun die Oberfläche an die eigenen Bedürfnisse anpassen können. Jedes Element des Menübands kann verändert werden:

- Häufig benutzte Befehle lassen sich innerhalb einer Registerkarte umgruppieren.
- Auch das Einrichten eigener Registerkarten ist – wie in Abbildung 2.1 zu sehen – jetzt möglich.

Abbildg. 2.1 Eine eigene Registerkarte zu erstellen, ist in PowerPoint 2010 nun mit wenigen Mausklicks möglich

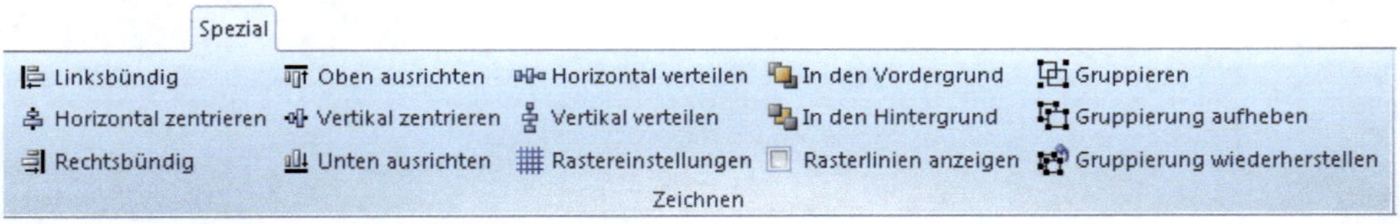

In Abbildung 2.1 wurden beispielsweise häufig gebrauchte Befehle bei der Arbeit mit gezeichneten Objekten auf einer Registerkarte namens *Spezial* zusammengefasst.

Wichtig für Anwender und Administratoren: Die Einstellungen für ein angepasstes Menüband lassen sich als Datei abspeichern und somit auf andere Computer übertragen. Damit ist es wieder ohne viel Aufwand möglich, unternehmensweit eine einheitliche Programmoberfläche zu verteilen.

HINWEIS Ein Beispiel zum Anpassen des Menübands sowie Informationen zum Verteilen der Anpassungsdateien finden Sie in Kapitel 3.

Von der Office-Schaltfläche zur Backstage-Ansicht

Das herkömmliche *Datei*-Menü, das die Anwender bis Office 2003 begleitete, wurde in Office 2007 zur »Office-Schaltfläche«. Diese sah zwar nett aus, wurde aber von der Mehrzahl der Anwender nicht als Funktionselement wahrgenommen und daher nicht angeklickt.

In Office 2010 gibt es nun am linken Rand des Menübands die deutlich sichtbare, weil farbige Registerkarte *Datei*. Sie erlaubt den Zugriff auf alle Befehle, die bis Office 2003 im Menü *Datei* zu finden waren, sowie auf die Programmoptionen.

Der Inhalt der Registerkarte *Datei* wird als Backstage-Ansicht bezeichnet. Hier finden Sie alle Befehle für die Präsentationsverwaltung.

HINWEIS Detaillierte Informationen zur Backstage-Ansicht finden Sie in Kapitel 3.

Komfortable Vorschau beim Einfügen

Eine der häufigen Aufgaben bei der Arbeit mit den Office-Programmen ist das Übernehmen von Informationen aus anderen Dokumenten oder von Webseiten über die Zwischenablage mittels der Befehle *Kopieren* und *Einfügen*.

Doch beim Einfügen von Grafiken, Tabellen, Diagrammen oder Texten entsprach in der Vergangenheit das Ergebnis oft nicht den Erwartungen. Beispielsweise sollten zwar die Inhalte, nicht aber die Formate des Originals übernommen werden. Dank der neuen Vorschau für die möglichen Einfügevarianten haben Sie eine komfortable Kontrolle und Auswahl über die Ergebnisse des Einfügens aus der Zwischenablage.

Komfortable Vorschau bereits vor dem Einfügen

Besonders nützlich ist es natürlich, wenn Sie schon vor dem Einfügen eine Anzeige des möglichen Ergebnisses bekommen. Sie können beispielsweise sehen, ob die Formatierung des Originals beibehalten oder verworfen werden soll. Oder Sie entscheiden bereits beim Einfügen einer Excel-Tabelle, dass diese in ein Bild konvertiert werden soll, das nicht mehr geändert werden kann.

Natürlich sind die verfügbaren Einfügeoptionen vom einzufügenden Inhalt abhängig, aber die möglichen Wege sind identisch. Hier der erste Weg:

1. Kopieren Sie zunächst die zu übertragenden Inhalte in die Zwischenablage.

2. Wechseln Sie in PowerPoint zu der gewünschten Folie und klicken Sie auf der Registerkarte *Start* ganz links auf den unteren Bereich der Schaltfläche *Einfügen*.
3. Die möglichen Einfügeoptionen erscheinen als kleine Symbole. Wenn Sie die Maus über diese Symbole bewegen, wird auf der Folie eine Vorschau der jeweiligen Einfügevariante gezeigt.
4. Erst der Klick auf eines der Symbole löst den Einfügevorgang aus.

Abbildg. 2.2 Der Klick auf den unteren Bereich der Schaltfläche *Einfügen* gibt eine Vorschau der Einfügevarianten

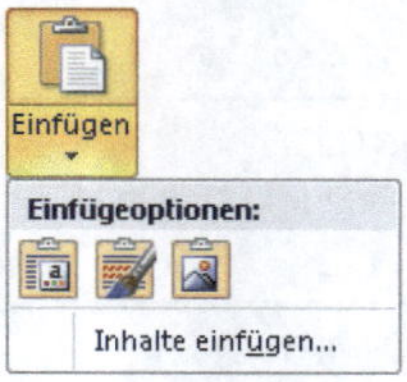

Für alle, die es gewohnt sind, die meisten Befehle per Rechtsklick über das Kontextmenü aufzurufen, hier der zweite Weg, mit dem Sie noch vor dem Einfügen eine Vorschau der möglichen Ergebnisse erhalten:

1. Klicken Sie zum Einfügen des Inhalts der Zwischenablage mit der rechten Maustaste auf eine freie Stelle der Folie.
2. Bewegen Sie den Mauszeiger im nun erscheinenden Kontextmenü (siehe Abbildung 2.3) über die verfügbaren Einfügeoptionen.

Abbildg. 2.3 Noch schneller: die Einfügeoptionen – hier für Excel-Diagramme – per Kontextmenü abrufen

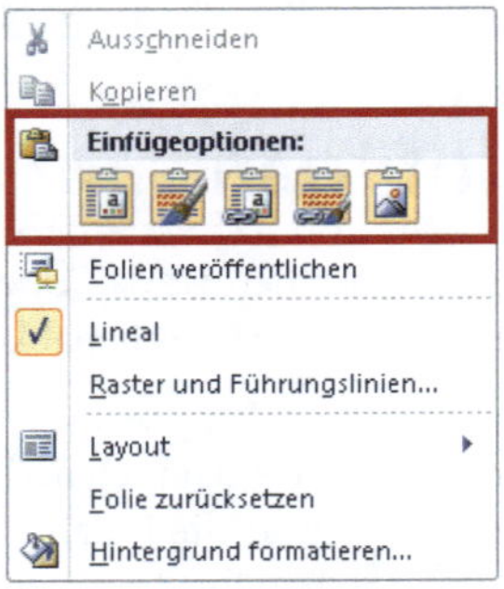

3. Klicken Sie schließlich die passende Option an, um das Einfügen abzuschließen.

Ändern des Ergebnisses erst nach dem Einfügen

Natürlich können Sie auch – wie bisher gewohnt – zunächst den Inhalt der Zwischenablage einfügen, beispielsweise mit der Tastenkombination Strg+V.

- Danach erscheint – meist rechts unten – die Schaltfläche *Einfügeoptionen*. Die verfügbaren Optionen öffnen Sie per Mausklick oder mit der Taste Strg.
- Sie sehen die möglichen Einfügeoptionen und erhalten auch hier beim Darüberbewegen des Mauszeigers bereits eine Vorschau.
- Außerdem bekommen Sie per QuickInfo eine Erklärung des Symbols und einen Hinweis, mit welcher Taste Sie eine Einfügeoption schnell auswählen können.
- Klicken Sie die gewünschte Option an oder tippen Sie den betreffenden Buchstaben ein.

Tabelle 2.1 Übersicht über einige häufig vorkommende Einfügeoptionen

Angezeigte Symbole	Einzufügender Inhalt	Verfügbare Optionen
	Text	*Zieldesign verwenden, Ursprüngliche Formatierung beibehalten, Grafik, Nur den Text übernehmen*
	Tabellen, Diagramme, Formen, Bilder, SmartArt-Grafiken,	*Zieldesign verwenden, Ursprüngliche Formatierung beibehalten, Grafik*
	Tabellen aus Excel	*Zielformatvorlagen verwenden, Ursprüngliche Formatierung beibehalten, Einbetten, Grafik, Nur den Text übernehmen*

Tabelle 2.1 Übersicht über einige häufig vorkommende Einfügeoptionen *(Fortsetzung)*

Angezeigte Symbole	Einzufügender Inhalt	Verfügbare Optionen
	Diagramme aus Excel	*Zieldesign verwenden,* *Ursprüngliche Formatierung beibehalten,* *Zieldesign verwenden und Daten verknüpfen,* *Ursprüngliche Formatierung beibehalten und Daten verknüpfen,* *Grafik*

Für spezielle Fälle: Der Befehl *Inhalte einfügen*

In den meisten Fällen bringen die neuen Möglichkeiten der Einfügen-Vorschau sicher eine Zeitersparnis.

Doch es gibt auch Nachteile: Beispielsweise werden bei Wahl der Option *Grafik* die Objekte aus der Zwischenablage standardmäßig als Bitmapgrafik im PNG-Format eingefügt, auch wenn eine Vektorgrafik – zum Beispiel eine Form – kopiert wurde. Um explizit eine Grafik im Vektorformat als EMF oder WMF einzufügen, ist nach wie vor der »Spezialbefehl« *Inhalte einfügen* erforderlich.

Abbildg. 2.4 Den speziellen Befehl *Inhalte einfügen* jetzt leichter finden

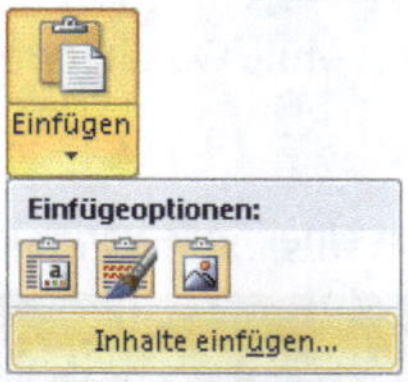

Während *Inhalte einfügen* in Vorgängerversionen ziemlich versteckt im *Bearbeiten-* Menü untergebracht war, finden Sie den Befehl nun direkt nach dem Klick auf den unteren Teil der Schaltfläche *Einfügen* auf der Registerkarte *Start*.

PROFITIPP Wer den Befehl *Inhalte einfügen* häufiger braucht, sollte sich die Tastenkombination Strg + Alt + V merken. Mit ihr wird das zugehörige Dialogfeld besonders schnell aufgerufen.

Neuerungen in den Bereichen Multimedia und Grafik

Der Funktionsumfang von PowerPoint 2010 im Bereich Video hat sich nach über zehn Jahren Stillstand endlich an die Erfordernisse angepasst, die Anwender an eine moderne Präsentationssoftware stellen.

Auch für das Bearbeiten von Bildern wurden die verfügbaren Befehle noch einmal ausgebaut, nachdem es bereits in Office 2007 eine erfreuliche Ausweitung der Bildbearbeitungswerkzeuge gab.

Egal ob Bild- oder Videobearbeitung: Der Kauf und Einsatz von Drittanbieter-Programmen ist nun weitgehend überflüssig, denn in Office 2010 sind die wichtigsten Funktionen zur Bearbeitung bereits integriert. Zuschneiden, Neuskalieren, Korrigieren von Farbe, Helligkeit und Kontrast sowie das Zuweisen vorgefertigter visueller Effekte sind mit wenigen Klicks möglich – für Bilder wie auch für Videos.

Wichtige Neuerungen im Bereich Video

Bereits das Einfügen von Videos ist in PowerPoint 2010 einfacher: Nach dem Klick auf die Schaltfläche *Video* und Wahl der gewünschten Filmdatei wird automatisch ein Startbild des Videos erzeugt und unterhalb des Films ein komfortabler Player angezeigt.

Mehr Videoformate zum Einfügen verfügbar

Videos können nicht nur als Datei von der Festplatte, sondern auch von Onlineportalen wie YouTube direkt in PowerPoint eingefügt und dann während der Bildschirmpräsentation abgespielt werden.

1. Dazu besuchen Sie zunächst die Webseite des Videos – beispielsweise YouTube.
2. Kopieren Sie dort den sogenannten Einbettungscode des Videos.
3. Wählen Sie in PowerPoint auf der gewünschten Folie *Einfügen/Video/Video von Website.*
4. Fügen Sie im folgenden Dialogfeld mit Strg+V den Einbetten-Link ein.
5. Liegt das Video auf der Webseite im HD-Format vor, können Sie es ohne Qualitätsverlust in der Anzeige auf Foliengröße bringen.

Abbildg. 2.5 Direkt von YouTube: eines der zahlreichen Videos von Office-TV auf einer Folie verknüpfen

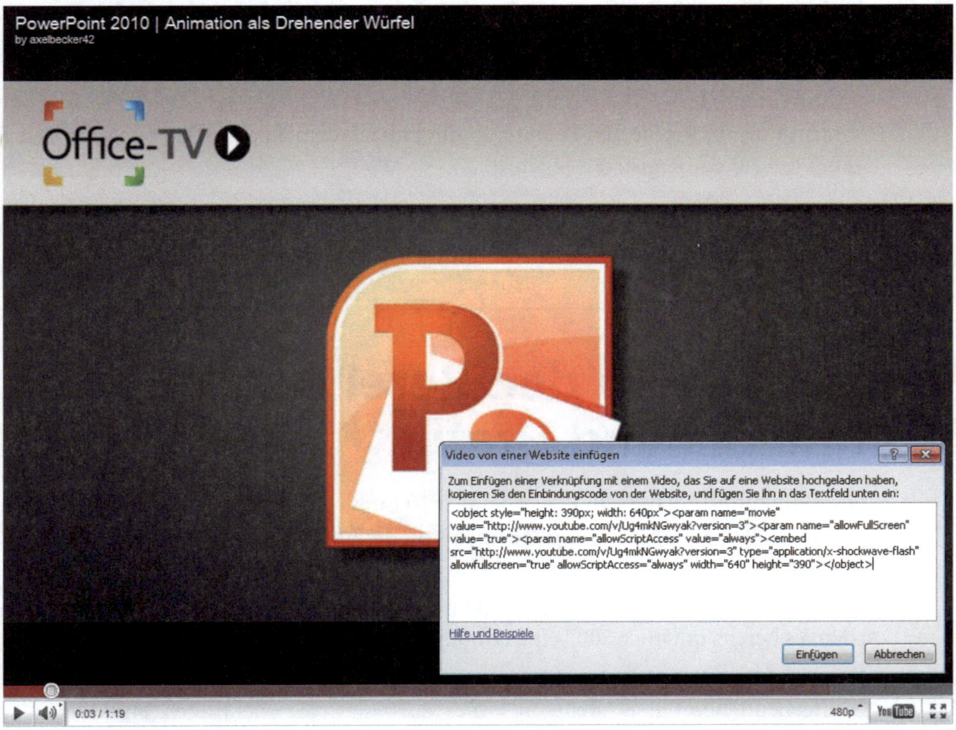

ACHTUNG Zum Abspielen des Videos während der Bildschirmpräsentation ist eine Internetverbindung erforderlich.

Voraussetzung für das Abspielen von Videos aus dem Web ist außerdem der Flash Player 9 oder höher.

Neben Videos aus dem Web können auch Filme in den Formaten MOV (QuickTime) und MP4 (Flash) eingefügt und abgespielt werden. Voraussetzung dafür ist allerdings ein installierter QuickTime Player bzw. Flash Player.

HINWEIS Weder der QuickTime Player noch der Flash Player lagen beim Schreiben dieses Kapitels in einer 64-Bit-Version vor.

Multimedia-Inhalte werden in der Präsentation gespeichert

Multimediakomponenten wie Filme und Sounddateien werden ab PowerPoint 2010 standardmäßig in der Präsentationsdatei selbst gespeichert. Sie werden eingebettet und nicht mehr wie früher nur verknüpft. Das bringt für Anwender folgenden Vorteil: Wer eine Präsentation mit Video- und Sounddateien weitergibt, kann jetzt sicher sein, dass sie beim Empfänger wie gewünscht mit allen Multimediakomponenten ankommt und abgespielt werden kann.

Video- und Audiodateien in PowerPoint anpassen

Basisfunktionen zum Bearbeiten eingefügter Videos und Sounds sind jetzt in PowerPoint direkt verfügbar. Dazu gehören beispielsweise: Kürzen der Länge von Video- und Audiodateien, Verkleinern der Dateigröße, Setzen von Sprungmarken in Videos zum Auslösen von Trigger-Animationen, Lautstärkeregelung in drei Stufen plus Stummschalten sowie das Ausblenden des Tons am Ende.

Besonders beeindruckend sind auch die Möglichkeiten zur nachträglichen Gestaltung eingefügter Videos. Die Palette der Möglichkeiten unterscheidet sich kaum vom Funktionsumfang bei der Bildbearbeitung. Wie bei Fotos lassen sich auch Videos mit Rahmen, Kanten, 3D-Effekten oder Spiegelungen versehen. All diese Effekte sind auch beim Abspielen zu sehen. Sogar die Farbe von Videos lässt sich anpassen.

Wer mithilfe von Pfeilen, Rahmen oder Texten bestimmte Stellen in einem Video hervorheben oder kommentieren möchte, kann das jetzt tun, denn erstmals können gezeichnete Objekte über dem Video liegen.

ACHTUNG Sollen die neuen Gestaltungsmöglichkeiten von PowerPoint 2010 auch beim Abspielen der Präsentation in älteren Versionen korrekt angezeigt werden, ist der PowerPoint Viewer 2010 erforderlich.

Bedienung von Videos bei der Bildschirmpräsentation

Steuerelemente für Start, Pause, Sprünge in 0,25-Sekunden-Schritten, eine Zeitleiste sowie die Lautstärkeregelung unterhalb der abzuspielenden Video- bzw. Audiodatei machen es den Vorführenden deutlich leichter.

Auch das störende schwarze Rechteck vor dem Abspielen des Videos gehört der Vergangenheit an. Sie können ein Startbild – einen sogenannten Posterrahmen – festlegen.

Die Dateigröße von Präsentationen unter Kontrolle halten

Präsentationen mit Bildern, Filmen und Soundelementen erreichen schnell eine erhebliche Dateigröße. In PowerPoint 2010 können Sie Präsentationen je nach Priorität hinsichtlich der Größe und Qualität optimieren. Per Klick auf *Datei* und Wahl der Rubrik *Information* können Sie die Größe der Präsentationsdatei nicht nur sehen, sondern auch beeinflussen.

Per Klick auf die Schaltfläche *Medien komprimieren* haben Sie drei Optionen zum Verkleinern der Dateigröße. Sie reichen von *Präsentationsqualität* über *Internetqualität* bis hin zu *Geringe Qualität*.

Bei Wahl der Option *Geringe Qualität* kann eine videolastige Präsentation auf bis ein Zehntel der ursprünglichen Größe reduziert werden – allerdings unter Inkaufnahme deutlicher Qualitätsabstriche.

Noch mehr Grafikwerkzeuge verfügbar

Im Vergleich zu Office 2007 hat Microsoft bei den Bildbearbeitungstools noch einmal kräftig zugelegt. Hier die wichtigsten Neuerungen in Kurzfassung. Mehr zum Einsatz der Werkzeuge für Bildbearbeitung erfahren Sie in Kapitel 6.

Neue Bildbearbeitungstools

- Für die Feinanpassung von Bildern stehen jetzt 23 sogenannte *künstlerische Effekte* zur Verfügung. Ohne Grafiker oder Spezialprogramme wie Photoshop erledigen Sie nun Bildanpassungen mit wenigen Mausklicks. Sollen beispielsweise für eine Produktpräsentation die neuen Produkte zunächst nur verschwommen erscheinen, die alt gedienten hingegen ausgeblichen, ist dies im Handumdrehen erledigt mit den beiden Effekten *Weichzeichnen* und *Farbkopie*. Der Clou: Ist das Ergebnis nach Nutzung der voreingestellten Effekte nicht optimal, genügt ein Klick auf *Optionen für Kunsteffekte*, um individuelle Einstellungen vornehmen zu können.

- Auch die Tools zur Farbanpassung wurden ergänzt und machen die Arbeit selbst für wenig geübte Anwender einfach. Soll beispielsweise in einer Reihe von Produktbildern eines hervorgehoben werden, können Sie allen anderen einen Grauschleier zuweisen. Nur das »wichtige« Produkt strahlt dann noch in den Originalfarben. So wird ohne Worte die Aufmerksamkeit der Zuschauer gelenkt.

- Eine weitere Erleichterung sind die voreingestellten Kombinationen von Helligkeit und Kontrast, die Ihnen nach Klick auf die Schaltfläche *Korrekturen* zur Verfügung stehen. Damit lassen sich Bilder innerhalb eines vorgegebenen Farbtons anpassen. Mussten früher Helligkeit und Kontrast einzeln und nacheinander geändert und jeweils das Ergebnis geprüft werden, sehen Sie jetzt auf Anhieb, was die einzelnen Korrektursets bei den markierten Bildern bewirken.

- Die Möglichkeiten zum Zuschneiden von Bildern wurden um nützliche Funktionen erweitert. Neben dem »normalen« rechteckigen Zuschneiden können Sie Bilder nun auch auf eine bestimmte Form zuschneiden. Mehr noch: Mit der Option *Seitenverhältnis* können Sie exakte Ausschnitte eines Bildes erstellen – beispielsweise im Format 4:3 oder 16:9. Auf diese Weise lassen sich beispielsweise aus einem Gruppenfoto mehrere gleich große Ausschnitte verschiedener Personen anfertigen. Bilder, die als Füllung von Formen verwendet werden, können mit den neuen Optionen *Füllbereich* und *Einpassen* verzerrungsfrei zugeschnitten werden.

- Eine der spektakulärsten Neuerungen in PowerPoint 2010 ist sicher die Funktion *Freistellen*. Mit ihr lassen sich frei auswählbare Bildausschnitte vom Hintergrund befreien. Was bisher ein Monopol teurer Spezialprogramme war, ist jetzt auch direkt in PowerPoint möglich. Abbildung 2.6 zeigt ein Beispiel für den Einsatz und den Nutzen der Funktion.

Abbildg. 2.6 Vom Originalbild links wurde die Silhouette freigestellt und in eine SmartArt-Grafik eingesetzt

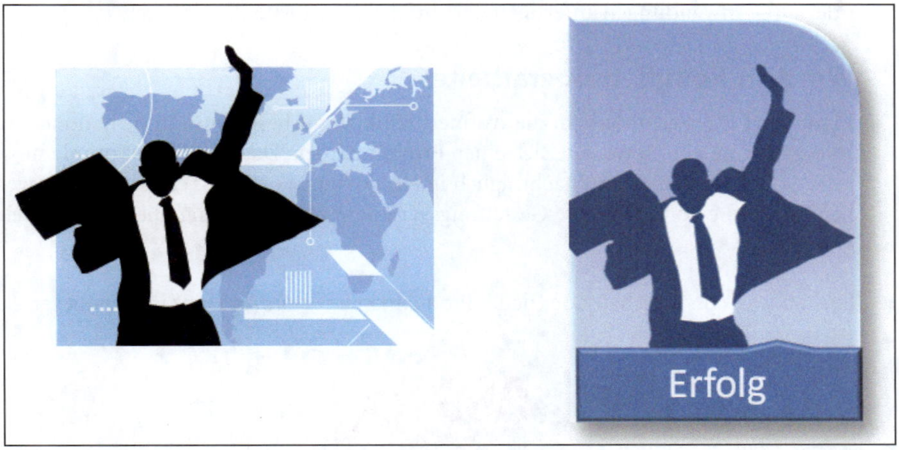

Eigene Formen anlegen mit versteckten Befehlen

Mit den vier Befehlen zur Formenkombination können Sie ab sofort eigene Formen erzeugen. Allerdings sind die Befehle dafür in den Tiefen von PowerPoint verborgen. Wie Sie diese Befehle verfügbar machen, lesen Sie in Kapitel 3. In Kapitel 9 finden Sie Anwendungsbeispiele für die vier Befehle.

Abbildg. 2.7 Kurzübersicht zur Wirkung der vier Befehle aus der Gruppe *Formen kombinieren*

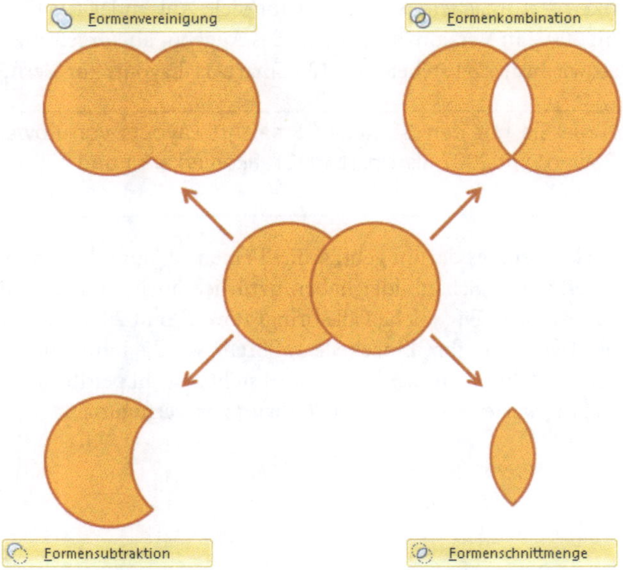

Neue Werkzeuge zum Dokumentieren

Sie möchten einen Kollegen auf eine bestimmte Einstellung in PowerPoint hinweisen oder dem IT-Support eine Fehlermeldung übermitteln? Kein Problem, denn das Erstellen und Einbinden von Bildschirmfotos ist dank der neuen Funktion *Screenshot* auf der Registerkarte *Einfügen* im Nu erledigt. Mit der Funktion können Sie Bildschirmfotos von allen gerade laufenden – aber nicht minimierten – Anwendungen anfertigen und auf der aktuellen Folie einfügen.

WordArt komplett überarbeitet

Manchmal ist es erforderlich, die Aufmerksamkeit auf bestimmte Informationen zu lenken – beispielsweise auf ein Motto, ein Ziel, einen Produktnamen. Das ist jederzeit problemlos möglich, denn jeder »normale« Text kann nachträglich in attraktiven WordArt-Text verwandelt werden. Dazu stehen zahlreiche voreingestellte Gestaltungsvarianten zur Verfügung, die Sie nach Belieben anpassen können.

Abbildg. 2.8 Egal ob wichtige Botschaft oder neuer Produktname – WordArt sorgt für Hingucker

Mehr Möglichkeiten zum schnellen Erstellen von Schaubildern

Die mit Office 2007 eingeführte Möglichkeit, aus Texten mit wenigen Mausklicks Schaubilder – sogenannte SmartArt-Grafiken – zu machen, war damals für viele Anwender ein Hauptgrund für den Umstieg auf PowerPoint 2007. In Version 2010 wurde das Angebot an vorgefertigten Schaubildern deutlich erweitert: Statt wie bisher 84 stehen nun 135 SmartArt-Layouts zur Verfügung.

HINWEIS Schaubilder, die Sie mit den 51 neuen SmartArt-Layouts von PowerPoint 2010 erstellen, werden auch in PowerPoint 2007 als SmartArt-Grafiken erkannt und können dort bearbeitet werden.

SmartArt-Grafiken sind perfekt, wenn es darum geht, schnell einen Ablauf oder ein Organigramm anzulegen. Doch solche vorgefertigten Schaubilder haben natürlich auch Grenzen. Oft sind noch individuelle Anpassungen erforderlich. Für solche Fälle bringt PowerPoint 2010 eine Verbesserung: Eine fertige SmartArt-Grafik lässt sich in ihre Einzelteile auflösen, was die individuelle Bearbeitung und Animation erleichtert. Der Befehl *In Formen konvertieren* steht sowohl per Rechtsklick im Kontextmenü als auch auf der Registerkarte *SmartArt-Tools/Entwurf* zur Verfügung.

Bilder mit SmartArt-Layouts kombinieren

Nicht nur Texte lassen sich in Sekunden in schicke Grafiken verwandeln, auch Bilder, die sich auf einer Folie befinden, können mit wenigen Mausklicks zu Textträgern werden. Dazu gibt es in der Bibliothek der SmartArt-Grafiken die neue Kategorie *Grafik*. Sie enthält 31 SmartArt-Layouts mit Bildplatzhaltern.

Abbildg. 2.9 Aus den vier Bildern in der linken oberen Ecke werden mit wenigen Mausklicks bebilderte Texte

HINWEIS Mehr zu SmartArt-Grafiken lesen Sie in Kapitel 8.

Ergänzungen bei der Arbeit mit Diagrammen

Bei den Diagrammen sind die Neuerungen wenig spektakulär und betreffen nur Details. Anwender, die Diagramme in Schwarz-Weiß drucken müssen, wird es freuen, dass in PowerPoint 2010 die Füllmuster wieder zur Verfügung stehen. Damit ist es möglich, Säulen, Balken oder Kreissegmenten auch ohne den Einsatz von Farben ein unterschiedliches Aussehen zu geben.

Abbildg. 2.10 Beim Formatieren von Datenreihen sind in der Rubrik *Füllung* wieder Füllmuster verfügbar

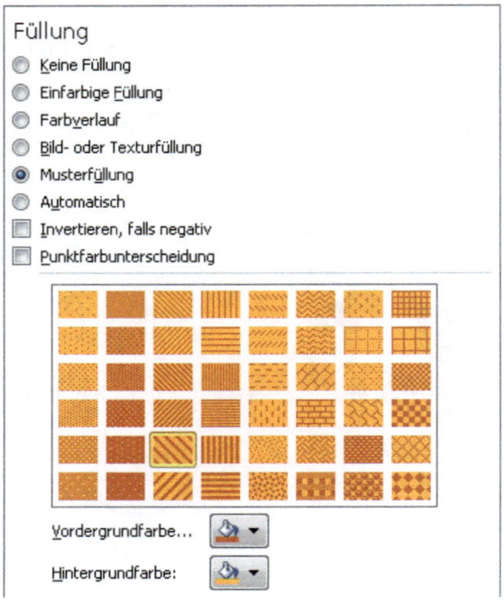

Bei Säulen- und Balkendiagrammen, in denen sowohl positive als auch negative Werte darzustellen sind, können Säulen oder Balken für negative Werte jetzt automatisch in einer anderen Farbe dargestellt werden. Dazu gibt es die neue Option *Invertieren, falls negativ*.

Abbildg. 2.11 Ein Häkchen genügt, damit Säulen und Balken für negative Werte automatisch andersfarbig dargestellt werden

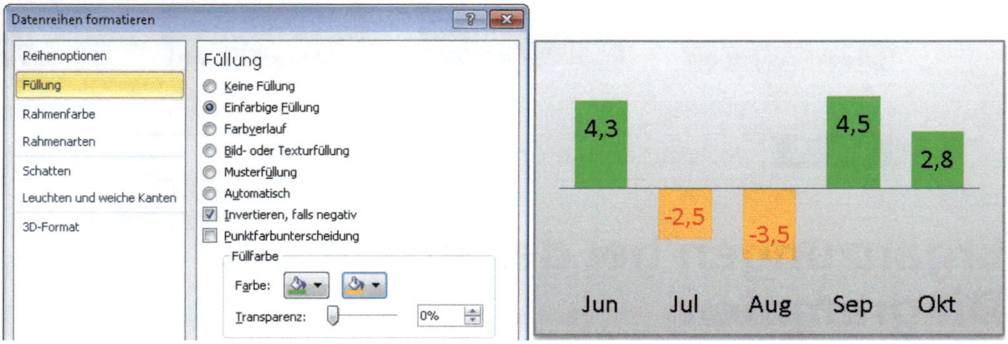

Änderungen im Bereich Animation

Neben den Neuerungen in den Bereichen Multimedia und Grafik sind die Änderungen bei den Animationen wohl vergleichbar spektakulär. Hier hat Microsoft offenbar Wert darauf gelegt, die Standards zu erreichen, die Präsentationsprogramme anderer Hersteller bereits seit längerer Zeit aufweisen.

Die wichtigste Änderung, die sofort ins Auge fällt: Die Animationsbefehle für Folien und Objekte sind jetzt auf zwei Registerkarte verteilt, *Übergänge* und *Animationen*.

Die verschiedenen Animationsvarianten sind übersichtlich in Katalogen angeordnet und können komfortabel per Livevorschau ausgewählt werden.

Zahlreiche Folienübergänge jetzt im 3D-Look

Die zur Verfügung stehenden 35 Folienübergänge sind auf drei Gruppen verteilt:

- *Dezent* (12 Übergänge)
- *Spektakulär* (16 Übergänge)
- *Dynamischer Inhalt* (7 Übergänge)

Kombiniert man die 35 Übergänge mit den unterschiedlichen Richtungsoptionen, stehen insgesamt 119 Varianten für das Überblenden von Folien zur Verfügung.

Animationseffekte mit zahlreichen Veränderungen

- Auf häufig verwendete Animationseffekte können Sie nun über einen Katalog zugreifen. Dort gibt es auch die Auswahlmöglichkeit für weitere Effekte, die dann in den bekannten Dialogfeldern früherer Versionen erfolgt.

Abbildg. 2.12 Schneller Zugriff auf häufig gebrauchte Animationseffekte per Katalog mit Livevorschau

- Das Anpassen der Animationseffekte erfordert weniger Zeit und Mausklicks, da die Befehle für *Effektoptionen*, *Start*, *Dauer* und *Verzögerung* von Animationseffekten nun direkt im Menüband angeordnet sind.
- Der *Animationsbereich* kann bei Bedarf per Mausklick eingeblendet werden, um beispielsweise die Reihenfolge der Animationseffekte zu verändern.
- Die *Erweiterte Zeitachse* ist in PowerPoint 2010 standardmäßig eingeblendet. Oft ist sie eher störend und muss dann erst ausgeblendet werden.
- Die aus früheren Versionen für Animationspfade bekannten Optionen *Reibungsloser Start* bzw. *Reibungsloses Ende* sind jetzt individuell einstellbar und wurden in *Gleiten Start* und *Gleiten Ende* umbenannt.
- Trigger-Animationen lassen sich nun schnell und komfortabel mit einer eigenen Schaltfläche im Menüband zuweisen. Zusätzlich zu *Beim Klicken auf* steht nun die Option *Bei Sprungmarke* zur Verfügung. Sie ermöglicht das Synchronisieren von Animationen mit Videos und Klängen. So können beispielsweise an bestimmten Stellen Untertitel per Animationseffekte eingeblendet werden.

Abbildg. 2.13 Genial einfach und extrem zeitsparend ist die neue Funktion *Animation übertragen*

- Besonders zeitsparend für alle, die komplexe Animationen erstellen und diese auf mehreren Folien brauchen, ist der neue Befehl *Animation übertragen*. Er funktioniert wie *Format übertragen*, überträgt also die Animationseffekte eines Objekts auf andere.

Erweiterte Sicherheitsfunktionen

Office 2010 bietet einige neue Sicherheits- und Schutzfunktionen. An erster Stelle steht dabei die Funktion *Geschützte Ansicht*. Sie öffnet Dateien aus unbekannten Quellen in einem sogenannten Sandkasten. Anwender können so beispielsweise Präsentationen ohne Risiko ansehen, doch der Modus *Geschützte Ansicht* verhindert, dass Dateien bearbeitet oder Makros ausgeführt werden. Vor allem bei Präsentationen aus fremden Quellen ist dies eine nützliche Vorkehrung: Sie betrachten zunächst die Präsentation ohne Risiko und entscheiden dann, ob Sie der Datei vertrauen möchten.

Abbildg. 2.14 Präsentationen aus unbekannten Quellen ohne Risiko öffnen und ansehen

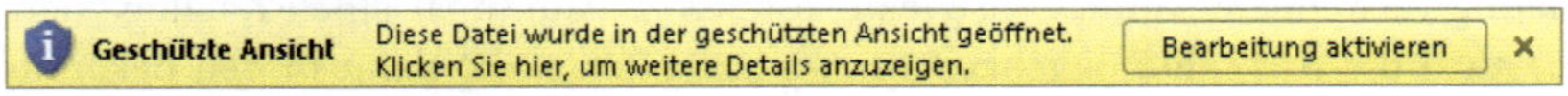

Interessant vor allem für Administratoren sind weitere Neuerungen wie Data Execution Prevention (DEP) – komplette Bedrohungsklassen werden eingedämmt, indem das Ausführen von Makros verhindert wird – sowie die Office File Validation. Letztere überprüft Dateien zunächst auf eine korrekte Formatstruktur, bevor sie geöffnet werden.

Über das *Sicherheitscenter* in den *PowerPoint-Optionen* lässt sich – wie in Abbildung 2.15 zu sehen – einstellen, welche Dateitypen geöffnet, gespeichert und blockiert werden.

Abbildg. 2.15 Im Sicherheitscenter festlegen, welche Dateien im Modus *Geschützte Ansicht* geöffnet werden

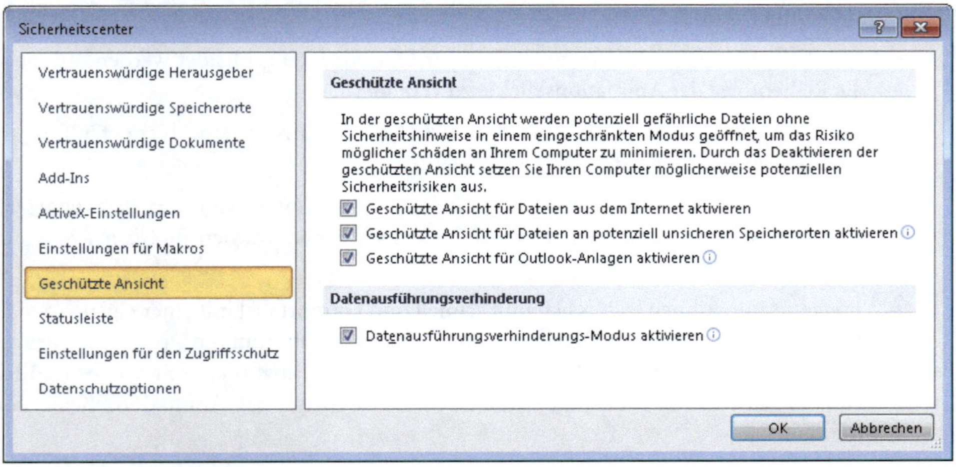

Wichtige Befehle zum Thema Schutz und Sicherheit finden Sie nach einem Klick auf *Datei* in der Backstage-Ansicht unter *Informationen*.

- Mit *Präsentation schützen* können unerwünschte Veränderungen an Präsentationen durch das Festlegen eines Kennworts oder durch Verwenden einer digitalen Signatur verhindert werden.

- Mit einem Klick auf die Schaltfläche *Auf Probleme überprüfen* kontrollieren Sie, ob Präsentationen barrierefrei oder kompatibel mit älteren Versionen sind; Sie können hierüber auch persönliche Informationen entfernen.

- Mit der Funktion *Versionen verwalten* können Sie nicht gespeicherte Varianten einer Präsentation wiederherstellen. Selbst Präsentationen, die Sie gar nicht gespeichert haben, werden vier Tage auf Ihrer Festplatte zum Restaurieren vorgehalten.

Minischutz: *Als abgeschlossen kennzeichnen*

Wenn Sie nach Fertigstellung einer Präsentation vermeiden wollen, dass diese durch Sie oder andere versehentlich verändert wird, können Sie die Datei *Als abgeschlossen kennzeichnen.*

1. Wählen Sie dazu *Datei/Informationen.*
2. Klicken Sie auf die Schaltfläche *Präsentation schützen* und im aufklappenden Menü auf *Als abgeschlossen kennzeichnen.* Sie erhalten einen Hinweis auf anstehende Änderungen und den Speichervorgang.
3. Klicken Sie zweimal auf *OK*, um die Aktion abzuschließen.

Die Präsentation ist jetzt schreibgeschützt. Dass Änderungen nicht mehr möglich sind, erkennen Sie an der Mehrheit der deaktivierten Befehle im Menüband.

ACHTUNG Die Funktion *Als abgeschlossen kennzeichnen* bietet nur einen oberflächlichen Schutz, denn mit einem erneuten Aufruf der oben genannten Befehlsfolge kann jeder, der die Präsentation öffnet, den Schutz mit Leichtigkeit wieder aufheben.

Auch wenn die so »geschützte« Präsentation in PowerPoint 2003 mit installiertem Compatibility Pack geöffnet wird, greift der Schutzmechanismus nicht.

Der Befehl *Als abgeschlossen kennzeichnen* kann also nur unbeabsichtigte Änderungen an der Präsentation vermeiden, ist aber kein wirklicher Schutz.

Neue Funktionen für Zusammenarbeit und Weitergabe

Es gehört zum Alltag, dass Mitarbeiter von Firmen unterwegs sind oder Kunden und Lieferanten von unterschiedlichen Orten aus agieren. Oft ist nicht sicher, wer mit welcher PowerPoint-Version arbeitet. Manchmal macht eine Dateigröße von 50 MB und mehr das Versenden einer Präsentation per E-Mail unmöglich.

Präsentationen per Internet vorführen

Für all diese Fälle bringt die neue Funktion *Bildschirmpräsentation übertragen* eine perfekte Lösung.

Mit dieser Funktion können Personen an verschiedenen Standorten gemeinsam eine PowerPoint-Präsentation ansehen. Nur der Vorführende braucht PowerPoint, die Zuschauer lediglich einen Webbrowser und eine Internetverbindung.

Damit werden teure virtuelle Meeting-Tools und das komplizierte Verfahren für das Durchführen einer Videokonferenz weitgehend überflüssig. Der Vorführende sendet den Zuschauern einfach eine URL.

Abbildg. 2.16 Kostenlose Vorführung einer Präsentation über das Internet

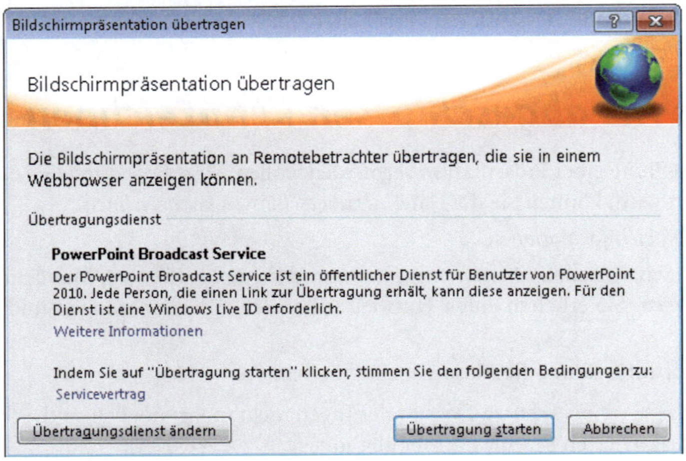

Präsentationen als Video weitergeben

Für alle, die eine Präsentation zwar weitergeben wollen, aber verhindern möchten, dass nachträglich Inhalte verändert werden, ist die Funktion optimal, die es ermöglicht, eine Präsentation als Video im Format WMV abzuspeichern. Ein zweiter Vorteil: Das Video lässt sich auf jedem Windows-Rechner anschauen und es ist unwichtig, ob PowerPoint oder welche Version auf dem Computer installiert ist.

Aufteilung einer Präsentation in Abschnitte

Besonders nützlich bei längeren Präsentationen, die zudem von mehreren Anwendern erstellt und bearbeitet werden, ist die neue Funktion, eine Präsentation in Abschnitte aufzuteilen.

Die Abschnitte können je nach Bedarf einzeln geöffnet oder zusammengeklappt werden. Das bringt den Vorteil, dass links in der Miniaturvorschau nicht mehr alle Folien angezeigt werden, sondern nur die des gerade geöffneten Abschnitts. Sind beispielsweise die Folien zur Firmenvorstellung weitgehend unveränderlich, kann dieser Abschnitt zugeklappt bleiben.

Was es in Version 2010 nicht mehr gibt

Neben den zahlreichen Neuerungen, die hinzugekommen sind, gibt es auch wieder einige Funktionen, die in der neuen PowerPoint-Version abgeschafft wurden. Hier eine kurze Übersicht:

- Da Video- und Sounddateien ab PowerPoint 2010 standardmäßig in die Präsentation eingebettet, also mit ihr gespeichert werden, entfällt die Grenze von maximal 50 MB beim Einfügen von

Sounddateien. Nicht nur WAV-, sondern beispielsweise auch MP3-Dateien beliebiger Größe können jetzt in die Präsentation eingefügt und eingebettet werden.

- Der Befehl *Als Webseite speichern* wurde entfernt.
- Präsentationen können in PowerPoint 2010 nicht mehr im Format für PowerPoint 95 abgespeichert werden. Auch das Öffnen von Dateien im Format von PowerPoint 95 ist in PowerPoint 2010 nicht möglich.
- PowerPoint 2010 unterstützt auch das Abspeichern im Pack & Go-Format PPZ nicht mehr.
- In PowerPoint 2010 können nicht mehr Makros mit dem Rekorder aufgezeichnet werden. Der Code muss im VBA-Editor eingefügt werden.

Fazit

Viele der in diesem Kapitel aufgeführten Neuerungen werden im weiteren Verlauf dieses Buches in den einzelnen Kapiteln anhand von Beispielen vorgestellt.

Doch es gibt so viel Neues in PowerPoint 2010, dass der Platz nicht reicht, um alle Funktionen im Detail hier im Buch zu beschreiben.

Daher empfehlen wir als weitere Quelle unseren Blog *www.office2010-blog.de* mit Dutzenden von Beiträgen zum effektiven, kreativen Umgang mit PowerPoint 2010 – inklusive Anleitungen per Video.

Ebenfalls empfehlenswert sind die Video-Tutorials von PowerPoint-TV, die Sie unter *www.ppt-tv.de* finden.

Kapitel 3

Die Arbeitsoberfläche von PowerPoint

In diesem Kapitel:

Die Installation ist erfolgreich abgeschlossen und nun soll die Arbeit mit PowerPoint losgehen. Doch wie lässt sich das Programm starten und wo befinden sich wichtige Befehle wie Öffnen, Speichern und Schließen von Dateien? Erfahren Sie in diesem Kapitel, wie Sie PowerPoint aufrufen und wie die Arbeitsumgebung aufgebaut ist, damit Sie sich schnell darin zurechtfinden.

PowerPoint starten: Vier Wege

Der lange Weg zum Aufruf des Programms führt über folgende Schritte:

1. Klicken Sie in Windows auf *Start/Alle Programme/Microsoft Office*.
2. Im nun geöffneten Programmordner wählen Sie *Microsoft PowerPoint 2010* und wenige Sekunden später erscheint der in Abbildung 3.1 rechts gezeigte Startbildschirm.

Abbildg. 3.1 PowerPoint 2010 über das Windows-Startmenü aufrufen

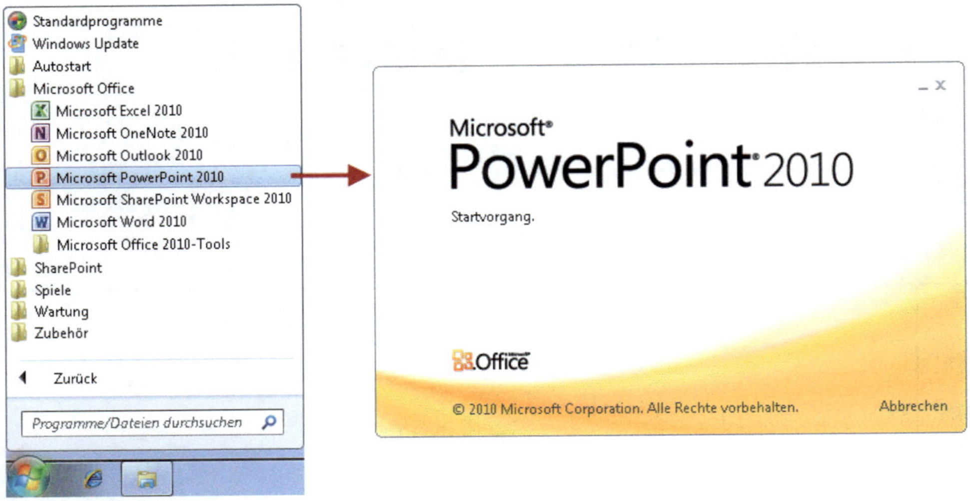

Eine zweite und recht flexible Möglichkeit zum Aufruf des Programms bieten Windows Vista und Windows 7:

1. Klicken Sie in dem in Abbildung 3.1 gezeigten Startmenü von Windows links unten in das Feld, in dem *Programme/Dateien durchsuchen* steht.
2. Tippen Sie power ein. Nach kurzer Zeit erscheint oben im Abschnitt *Programme* der Eintrag *Microsoft PowerPoint 2010*, den Sie einfach anklicken.

Wenn Sie PowerPoint häufiger benutzen, sollten Sie die Prozedur abkürzen und das Symbol zum Aufrufen des Programms direkt in die Taskleiste legen. Dann ist künftig nur noch ein Mausklick erforderlich, um PowerPoint zu starten. So geht's:

1. Wählen Sie *Start/Alle Programme/Microsoft Office*.
2. Klicken Sie im geöffneten *Microsoft Office*-Ordner mit der rechten Maustaste auf den Eintrag *Microsoft PowerPoint 2010* und wählen Sie im Kontextmenü von Windows 7 den Befehl *An Taskleiste anheften*.

Abbildg. 3.2 Das PowerPoint-Symbol in der Taskleiste ablegen

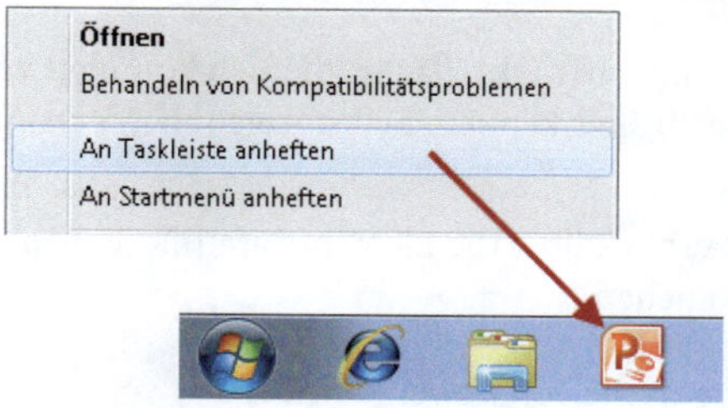

Wenn Sie bereits zahlreiche andere Symbole in der Taskleiste haben oder PowerPoint nicht so häufig benutzen, wählen Sie in dem in Abbildung 3.2 gezeigten Kontextmenü statt *An Taskleiste anheften* den Befehl *An Startmenü anheften*. Dann brauchen Sie künftig nur noch zwei Mausklicks, um PowerPoint zu starten.

PowerPoint schließen: Drei Wege

Natürlich stehen auch zum Schließen des Programms mehrere Wege zur Verfügung:

- Wie bei jedem Programm unter Windows klappt es mit Alt+F4.
- Weg Nr. 2 führt über Klicks auf *Datei* und *Beenden*.

- Natürlich können Sie PowerPoint auch per Klick auf die *Schließen*-Schaltfläche in der rechten oberen Ecke des Programmfensters beenden.

Falls Sie zuvor Änderungen an der aktuellen Präsentation vorgenommen haben, werden Sie in jedem der drei Fälle gefragt, ob Sie die Änderungen speichern wollen.

Die Oberfläche im Überblick

Als vor einigen Jahren die erste Betaversion von Office 2007 die neue, komplett umgestaltete Programmoberfläche enthüllte, gab es viel Aufregung in Medien und Internetforen. Seither bemühen sich Kritiker und Skeptiker, die Nachteile der neuen Oberfläche möglichst drastisch zu beschreiben. Sogar ein Tool, das die Oberfläche auf die alte Menüstruktur von Office 2003 zurückstutzt, kam auf den Markt. Gäbe es wohl ebenso viel Aufregung, wenn bei einem neuen Auto mit mehr PS, weniger Spritverbrauch und modernerem Design die Instrumententafel anders gestaltet wäre?

Inzwischen wird das neue Aussehen der Office-Programme zunehmend akzeptiert. Das hat sicher auch damit zu tun, dass Microsoft etwas hinzugelernt hat: Das ziemlich gewagte Design in Version 2007 – mit der Office-Schaltfläche, die kaum jemand als anklickbares Element erkannte – ist in Office 2010 einem pragmatischeren Ansatz gewichen. Jetzt gibt es ganz links die anklickbare Registerkarte *Datei*, und das allein stimmt viele Anwender versöhnlich. Auch der sperrige Begriff »Multifunktionsleiste« wurde durch das einfache Wort »Menüband« ersetzt.

Fünfzehn wichtige Elemente auf der Oberfläche

Nach dem Start zeigt sich PowerPoint 2010 mit einer Oberfläche, die sich komplett von dem unterscheidet, was Sie von PowerPoint 2003 oder früher kennen. Selbst gegenüber Version 2007 gibt es einige Änderungen.

Doch der Reihe nach: Hier zunächst ein Überblick über die Elemente am Bildschirm, die Sie bei der Arbeit mit PowerPoint besonders häufig brauchen.

Abbildg. 3.3 Wichtige Elemente für die Arbeit mit der Oberfläche von PowerPoint 2010

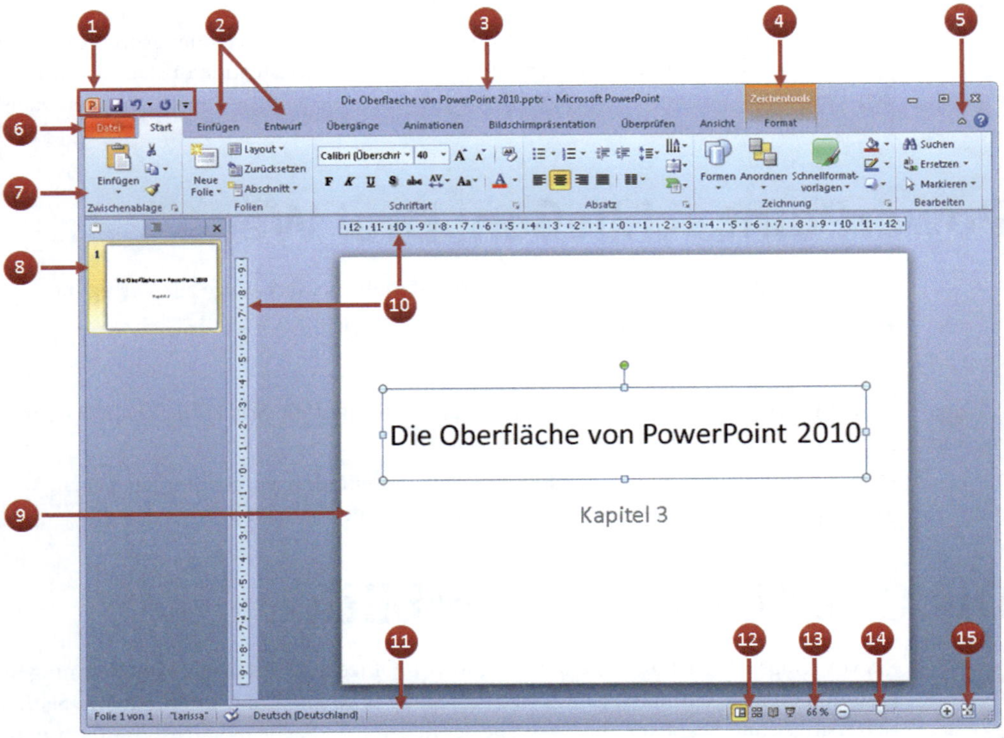

1. Die Symbolleiste für den Schnellzugriff
2. Zwei der regulär eingeblendeten Registerkarten
3. Die Titelleiste mit den Namen der aktuellen Datei und des Programms
4. Kontextbezogene Registerkarte – wird nur eingeblendet, wenn ein bestimmtes Objekt – in dem Fall eine Form – markiert ist
5. Schaltfläche zum Aus- und Einblenden des Menübands
6. Von zentraler Bedeutung: die Registerkarte *Datei*
7. Das Menüband
8. Bereich der Registerkarten *Folien* und *Gliederung*
9. Bearbeitungsbereich für die Folie
10. Horizontales und vertikales Lineal

⑪ Statusleiste
⑫ Schaltflächen zum Wechseln in einen der vier Ansichtsmodi von PowerPoint
⑬ Zoom
⑭ Zoomregler
⑮ Schaltfläche zum optimalen Anpassen der Fenstergröße

CD-ROM Auf der CD zum Buch finden Sie im Ordner *\Buch\Kap03* die Präsentation *Kap_03_Neue_Oberflaeche.pptx*, in der Sie die in diesem Kapitel gezeigten Elemente der Programmoberfläche deutlich größer betrachten und studieren können.

Wichtige Details der Oberfläche

Nach dem Überblick über den Aufbau des gesamten Programmfensters erfahren Sie auf den folgenden Seiten mehr zu den einzelnen Bestandteilen und deren Funktion.

Das Menüband

Das *Menüband* (engl. »Ribbon«) ist nicht anderes als eine Sammlung von Befehlen, die nach einer bestimmten Struktur auf Registerkarten aufgeteilt sind.

Warum das Menüband zweifach dynamisch ist

Da manche der Registerkarten nur in bestimmten Situationen eingeblendet werden, ist das Menüband dynamisch: Es ändert sein Aussehen je nach Kontext.

Es gibt einen zweiten Grund, der ein unterschiedliches Aussehen des Menübands bewirkt: die Bildschirmauflösung. Abbildung 3.4 demonstriert das recht deutlich.

- Bei hoher Auflösung im oberen Beispiel gibt es neben den Symbolen am rechten Rand noch eine Beschriftung. So ist leichter zu erkennen, welcher Befehl gemeint ist. Diese Beschriftung fehlt bei der niedrigeren Auflösung im unteren Teil der Abbildung. Hier müssen die Anwender raten, den Befehl gut kennen oder per Mausbewegung die QuickInfo abrufen.
- Noch deutlicher ist der Unterschied beim Befehl *Formen*. Statt nur der Schaltfläche können Anwender bei höherer Bildschirmauflösung immerhin 18 unterschiedliche Formen sofort auswählen und zeichnen.

Abbildg. 3.4 Die Gruppe *Zeichnung* auf der Registerkarte *Start* zeigt bei höherer Auflösung mehr Details an

> 1.024 Pixel

= 1.024 Pixel

HINWEIS Die Bildschirmauflösung gibt die Zahl der Pixel (Bildpunkte) an, die am Monitor in Breite und Höhe angezeigt werden. Bei höherer Auflösung erscheinen Objekte am Bildschirm deutlicher. Allerdings werden bei höherer Auflösung die Elemente der Benutzeroberfläche kleiner dargestellt. Dadurch können mehr Elemente nebeneinander angezeigt werden als bei einer niedrigeren Auflösung.

Das Menüband unterstützt Ihren Workflow

Wenn Sie eine Weile mit dem Menüband gearbeitet haben, werden Sie konstatieren, dass es von links nach rechts entsprechend Ihren Arbeitsabläufen aufgebaut ist. Sie sehen in den meisten Fällen nur die Befehle, die Sie gerade brauchen. Sollten Sie feststellen, dass Sie für bestimmte, häufig gebrauchte Befehle erst umständlich die Registerkarte wechseln müssten, bauen Sie solche Befehle in die *Symbolleiste für den Schnellzugriff* ein. Mehr dazu weiter hinten in diesem Kapitel im Abschnitt »Tipps zum Anpassen der Oberfläche«.

Abbildg. 3.5 Die fünf wichtigsten Elemente des Menübands

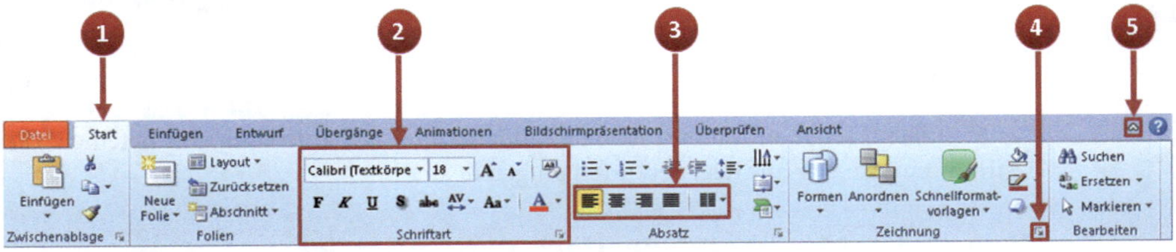

1. Registerkarte
2. Gruppe oder auch Befehlsgruppe
3. Befehlsschaltflächen oder kurz Schaltflächen
4. Startprogramm für Dialogfelder
5. Schaltfläche zum Aus- und Einblenden des Menübands

Die Registerkarten

Beim Start von PowerPoint 2010 werden Sie im Menüband zunächst neun Registerkarten entdecken. Hier eine Kurzbeschreibung ihrer Hauptfunktionen:

- *Datei*: Per Klick auf diese Registerkarte gelangen Sie zu allen Befehlen, die für den Umgang mit Präsentationen bedeutsam sind – beispielsweise *Öffnen*, *Speichern*, *Drucken*, *Schließen*. Mehr dazu erfahren Sie weiter hinten in diesem Kapitel im Abschnitt zur Backstage-Ansicht.
- *Start*: Hier finden Sie einen Großteil der Befehle, die Sie bei der Arbeit mit Präsentationen brauchen: neue Folien einfügen, das Folienlayout verändern, die Präsentation in Abschnitte unterteilen, Text formatieren, Formen hinzufügen, anordnen und deren Aussehen anpassen, die Zwischenablage verwenden und Objekte suchen und verwalten.
- *Einfügen*: Wenn Sie auf Ihren Folien mehr als nur Text und gezeichnete Formen brauchen, werden Sie hier fündig. Von Tabellen über Diagramme und SmartArt-Grafiken bis hin zu Audio- und Video-Elementen können Sie über diese Registerkarte vielfältige Inhalte in Ihre Folien einbauen.
- *Entwurf*: Mit den Optionen auf dieser Registerkarte wird das Aussehen der gesamten Präsentation verändert, vom Design über die Farbpaletten bis hin zur Schrift- und Effektwahl. Gerade in

Unternehmen mit speziell angefertigtem Office-Design und PowerPoint-Vorlagen sollte diese Registerkarte fast ein Tabu sein. Wichtig auf dieser Registerkarte ist die Möglichkeit, das Seitenformat der Präsentation einzustellen – beispielsweise von 4:3 auf 16:9 oder 16:10.

- *Übergänge*: Die Überblendeffekte und Zeiten zwischen den einzelnen Folien stellen Sie auf dieser Registerkarte ein.
- *Animationen*: Wollen Sie nicht komplette Folien, sondern nur die Objekte auf einer Folie animieren, finden Sie hier alle erforderlichen Werkzeuge.
- *Bildschirmpräsentation*: Alle Einstellungen für den großen Moment der Vorführung nehmen Sie auf dieser Registerkarte vor. Hier finden Sie auch den neuen Befehl zum Übertragen der Bildschirmpräsentation über das Internet.
- *Überprüfen*: Nutzen Sie diese Registerkarte, wenn Sie die Rechtschreibung prüfen, Präsentationen vergleichen oder Folien Kommentare hinzufügen wollen.
- *Ansicht*: Über diese Registerkarte haben Sie Zugriff auf die verschiedenen Ansichtsmodi und Master von PowerPoint. Hier finden Sie auch die Befehle zum Ein- und Ausschalten der Lineale, der Gitternetzlinien (gemeint ist das Raster) sowie der Führungslinien.

Kontextbezogene Registerkarten

Neben den oben genannten neun »ständigen« Registerkarten werden Sie rechts im Menüband manchmal weitere entdecken. Diese in verschiedenen Farben gehaltenen Registerkarten werden nur angezeigt, wenn Sie bestimmte Aufgaben ausführen – und zwar beim Bearbeiten von

- Formen oder Textfeldern die Registerkarte *Zeichentools/Format*,
- Diagrammen die drei zusätzlichen Registerkarten *Diagrammtools/Entwurf*, *Diagrammtools/Layout* sowie *Diagrammtools/Format*,
- SmartArt-Grafiken die Registerkarten *SmartArt-Tools/Entwurf* und *SmartArt-Tools/Format*,
- Tabellen die Registerkarten *Tabellentools/Entwurf* und *Tabellentools/Layout*,
- Bildern die Registerkarten *Bildtools/Format*,
- Videos die Registerkarten *Videotools/Format* und *Videotools/Wiedergabe*,
- Audiodateien die Registerkarten *Audiotools/Format* und *Audiotools/Wiedergabe*.

All diese zusätzlichen Registerkarten haben eines gemeinsam: Sie verschwinden automatisch, wenn das jeweilige Objekt nicht mehr markiert ist.

Es gibt eine Ausnahme unter den kontextbezogenen Registerkarten, wenn Sie über die Registerkarte *Ansicht* zu einem der Master wechseln. Dann nämlich wird die zusätzliche Registerkarte für den jeweiligen Master nicht rechts, sondern links eingeblendet. Zudem haben die Registerkarten für die Master am rechten Ende die spezielle Schaltfläche *Masteransicht schließen*.

Die Gruppen

Zur schnelleren Orientierung innerhalb der einzelnen Registerkarten werden thematisch miteinander verwandte Befehle in Gruppen zusammengefasst. Auf der Registerkarte *Start* sind *Folien* und *Zeichnung* zwei Beispiele für solche Gruppen.

Kataloge

Die Formatvorlagen, die der Gestaltung dienen, sind in Katalogen aufgelistet. Es gibt beispielsweise Kataloge für Tabellen-, für Diagramm-, für SmartArt-, für Bild- oder für WordArt-Formatvorlagen. All diese Kataloge bieten den enormen Vorteil, dass Sie dank Livevorschau bereits vor der Wahl einer Gestaltungsoption sehen, wie diese sich auswirken würde. Das spart viel Zeit.

Abbildg. 3.6 Links der Katalog für gezeichnete Objekte, rechts der für Bilder

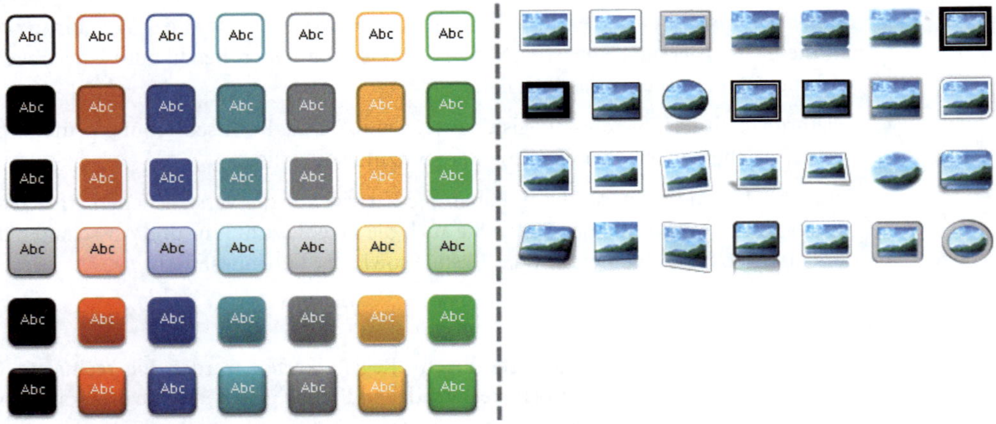

Zum Blättern durch die Formatvorlagen klicken Sie auf die Bildlaufpfeile; zum Öffnen des gesamten Katalogs klicken Sie auf die Schaltfläche *Weitere* unterhalb der Bildlaufpfeile.

Startprogramm für Dialogfelder

Viele der Kinderkrankheiten von Office 2007 wurden in Version 2010 behoben. Das folgende wichtige Element der Arbeitsoberfläche gehört leider nicht dazu. Schon der Name *Startprogramm für Dialogfelder* macht deutlich, dass hier das Thema Benutzerfreundlichkeit nicht im Zentrum stand. Viel gravierender aber ist das völlig unauffällige Aussehen dieses Elements. Es wird beim schnellen Überfliegen der Oberfläche durch neue Anwender einfach nicht wahrgenommen.

Abbildg. 3.7 Ist wichtig, wird aber oft übersehen: das Element zum Öffnen eines Dialogfeldes

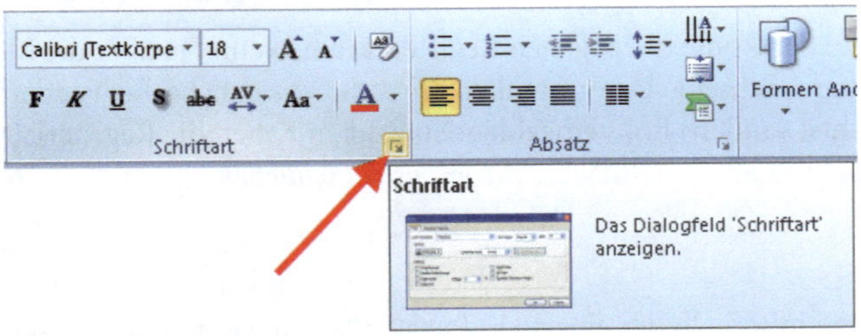

Dabei ist es wichtig, denn über dies kleine Bedienelement lassen sich in einem Dialogfeld all die Optionen aufrufen, die im Menüband in der aktuellen Gruppe nicht zur Verfügung stehen. Abbildung 3.8 zeigt, dass beispielsweise allein auf der Registerkarte *Start* gleich vier dieser Startprogramme für Dialogfelder zu finden sind.

Abbildg. 3.8 Auf der Registerkarte *Start* gibt es das Startprogramm für Dialogfelder gleich viermal

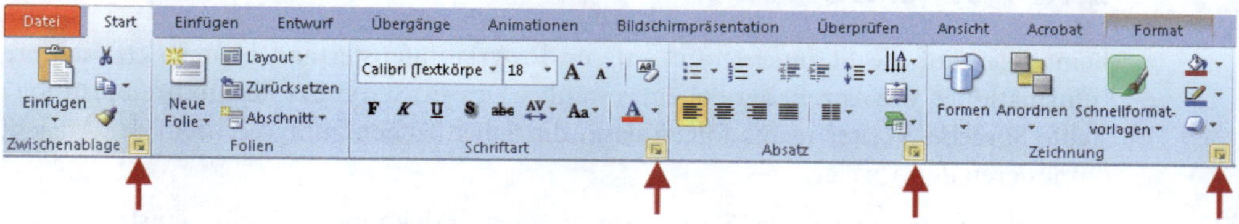

Achten Sie also auf diese kleinen Bedienelemente, wenn Sie bisher vergeblich nach einem bestimmten Befehl gesucht haben.

Vier Wege zum Aus- und Einblenden des Menübands

Wer einen kleinen Monitor hat, muss mit dem Platz geizen. Das Menüband nimmt in der Höhe einiges an Platz weg, doch es gibt vier Wege, um es blitzschnell vorübergehend auszublenden:

- Mit der in Abbildung 3.5 gezeigten kleinen Pfeilschaltfläche am rechten Rand des Menübands können Sie das Menüband zu- und auch wieder aufklappen.
- Ein Doppelklick auf eine der Registerkarten führt zum gleichen Ergebnis. Ein einfacher Klick blendet das Menüband dann vorübergehend ein. Erst ein erneuter Doppelklick zeigt das Menüband wieder dauerhaft an.
- Wer lieber mit der rechten Maustaste arbeitet, findet beim Rechtsklick auf eine beliebige Stelle des Menübands im Kontextmenü den Befehl *Menüband minimieren*. Mit einem erneuten Rechtsklick kann dann das gesetzte Häkchen vor *Menüband minimieren* wieder entfernt werden.
- Tastaturfans schaffen mit `Strg`+`F1` mehr Platz auf dem Monitor. Die gleiche Tastenkombination lässt das ausgeblendete Menüband dann wieder erscheinen.

Abbildg. 3.9 Vier Wege zum schnellen Aus- und Einblenden des Menübands

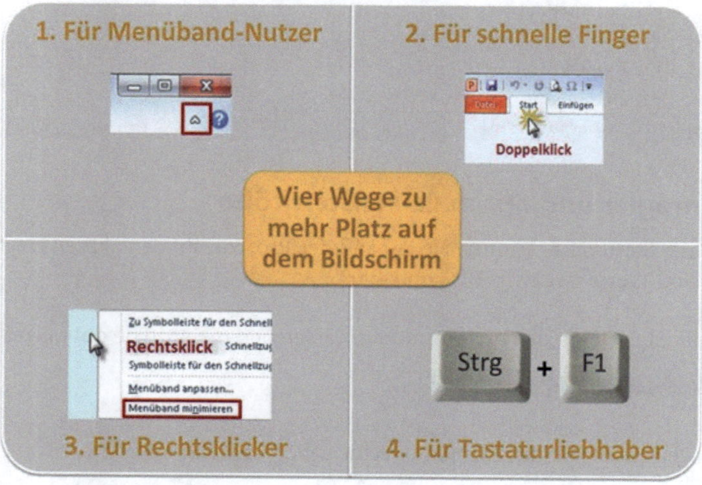

Die Statusleiste

Beim Blick auf die *Statusleiste* am unteren Programmfensterrand bieten sich mehrere nützliche Informationen wie Anzahl der Folien, gewähltes Design, Status der Rechtschreibprüfung und eingestellte Sprache. Weiter rechts folgen dann die Schaltflächen zum Wechseln der Ansicht und zum Optimieren der Anzeige.

Welche Informationen in der Statusleiste zu sehen sind, können Sie selbst einstellen.

1. Klicken Sie dazu mit der rechten Maustaste auf die Statusleiste, um das in Abbildung 3.10 gezeigte Auswahlmenü zu öffnen.
2. Aktivieren Sie mindestens die in der Abbildung zu sehenden Optionen.

HINWEIS Auch wenn die Bezeichnungen teilweise etwas seltsam klingen oder schlicht falsch sind (*Tastenkombinationen anzeigen* statt Schaltflächen für Ansichtsmodi anzeigen), können Sie meist in der gleichen Zeile rechts sehen, was eigentlich gemeint ist.

Abbildg. 3.10 Mit einem Rechtsklick die Eigenschaften der Statusleiste einstellen

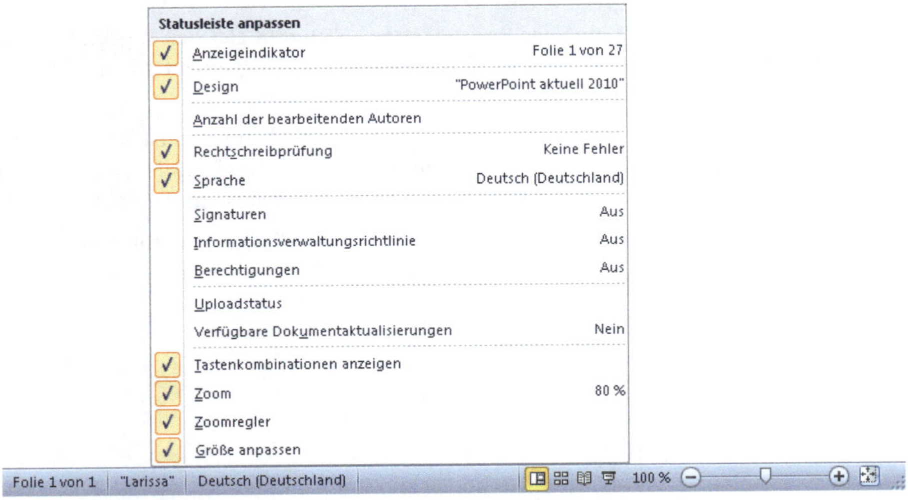

Zoom, Zoomregler und optimale Fenstergröße

Im rechten Teil der Statusleiste können Sie anhand der Prozentzahl den aktuell eingestellten *Zoom* sehen. Möglich sind Werte zwischen 10% und 400%.

Abbildg. 3.11 Im rechten Teil der Statusleiste den Ansichtsmodus wählen und die Anzeige optimieren

Besonders nützlich sind die beiden Elemente rechts neben dem Zoomwert:

- Mit dem *Zoomregler* ändern Sie die Zoomeinstellung im Handumdrehen auf das optimale Maß – egal ob durch Verschieben des Reglers oder per Klick auf die Plus- oder auf die Minus-Schaltfläche.

- Mit einem Klick auf die ganz rechts gelegene Schaltfläche *Folie an das aktuelle Fenster anpassen* sorgen Sie dafür, dass Ihre Folien optimal angezeigt werden.

PROFITIPP Machen Sie es sich zur Gewohnheit, vor dem Speichern und Weitergeben einer Präsentation auf die Schaltfläche *Folie an das aktuelle Fenster anpassen* zu klicken. Die Datei wird damit für die Anzeige auf anderen Computern flexibel, denn egal auf welchem Monitor und bei welcher Auflösung Ihre Folien gezeigt werden, sie erscheinen dann stets in optimaler Größe.

Backstage-Ansicht: Die neue Schaltzentrale

Wenn Sie auf die Registerkarte *Datei* klicken, wird die in Office 2010 neue Backstage-Ansicht angezeigt. Sie ist eine wichtige Schaltzentrale von PowerPoint, denn hier verwalten Sie Ihre Dateien und legen Programmoptionen fest.

Abbildg. 3.12 Per Klick auf *Datei* gelangen Sie zur Backstage-Ansicht

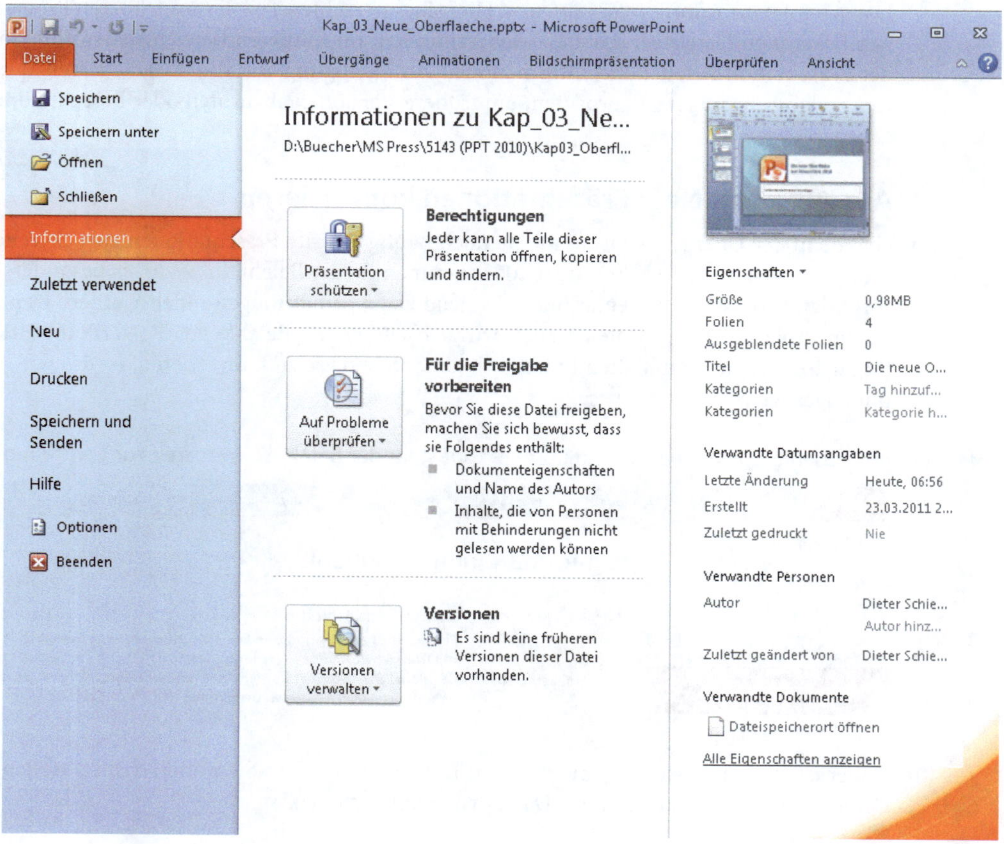

TIPP Zum Verlassen der Backstage-Ansicht und zur Rückkehr zur Präsentation klicken Sie auf eine beliebige Registerkarte oder drücken einfach die Taste `Esc`.

Öffnen, Speichern, Schließen, Drucken

Die besonders oft gebrauchten Befehle zum Öffnen, Speichern und Schließen von Präsentationen finden Sie in der Backstage-Ansicht gleich an oberster Position.

Abbildg. 3.13 Diese vier wichtigen Datei-Befehle stehen gleich ganz oben zur Verfügung

Der Nutzen der neuen Rubrik *Informationen*

Danach folgt die Rubrik *Informationen*. Hier sind im rechten Teil die aus früheren Programmversionen bekannten Dateieigenschaften wiederzufinden. Im mittleren Bereich stehen Ihnen je nach Art der Präsentation Befehle und Informationen zur Verfügung, um die aktuelle Datei zu komprimieren, zu konvertieren, zu überprüfen, um frühere Versionen abzurufen oder Berechtigungen zu vergeben.

Aus Alt mach Neu: Präsentationen konvertieren

Gerade in der Übergangszeit, wenn Sie noch häufig auf alte Präsentationen zurückgreifen müssen, die aus PowerPoint 2000, 2002 oder 2003 stammen, ist der Befehl *Konvertieren* besonders wichtig. Er sorgt dafür, dass alte Präsentationen ins neue Dateiformat umgewandelt werden. Denn erst dann stehen Ihnen in diesen Dateien auch wirklich alle neuen Befehle aus PowerPoint 2010 zur Verfügung. Arbeiten Sie mit alten Präsentationen, ohne diese zu konvertieren, ist das wie Auto fahren mit angezogener Handbremse.

Abbildg. 3.14 Bei Präsentationen im alten Dateiformat *.ppt steht der Befehl *Konvertieren* zur Verfügung

Daher ist zu empfehlen, dass Sie die alten Dateien, mit denen Sie weiterarbeiten wollen, nach dem Öffnen zunächst einmal ins neue Dateiformat konvertieren.

ACHTUNG Konvertieren bedeutet, dass die alte Datei durch eine neue überschrieben wird. Wollen Sie dies nicht und die alte Datei noch behalten, wählen Sie nicht *Konvertieren*, sondern öffnen mit F12 das Dialogfeld *Speichern unter* und wählen dann unten bei *Dateityp* das neue Dateiformat. Anschließend gibt es die Präsentation doppelt: einmal im alten Format *.ppt und einmal im neuen Format *.pptx.

Präsentationen drucken

Nächstes wichtiges Merkmal der neuen Backstage-Ansicht ist der Druckdialog, der jetzt mit der Druckvorschau kombiniert ist. Über die Befehlsfolge *Datei/Drucken* gelangen Sie zu der in Abbildung 3.15 gezeigten Kombiansicht.

Mag sein, dass diese neue Form anfangs etwas gewöhnungsbedürftig ist. Aber Fakt ist: Hier sind alle Befehle, die beim Drucken eine Rolle spielen, an einer Stelle versammelt. Das spart Zeit und dies rechtfertigt sicher den anfänglichen Umgewöhnungsaufwand.

Abbildg. 3.15 Alle Druckbefehle und zugleich Seitenvorschau an einer Stelle

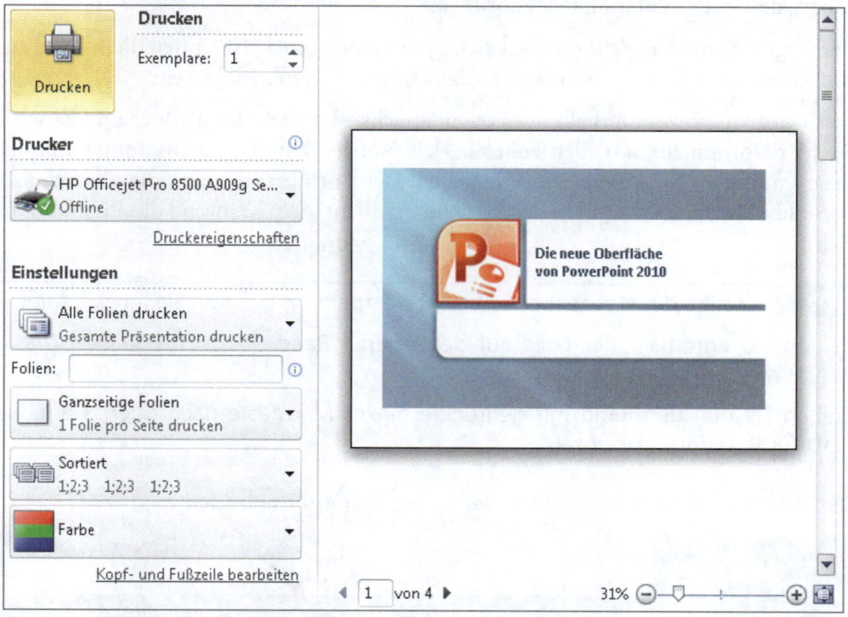

Besonders nützlich: Wenn Sie bei den Druckeinstellungen von *Folien* auf *Handzettel* oder *Notizen* wechseln oder statt des Drucks in *Farbe* die Option *Graustufen* wählen, sehen Sie rechts daneben sofort die entsprechende Vorschau.

Fünf Ansichten und deren Aufgaben

PowerPoint verfügt über fünf Ansichten: *Normal*, *Foliensortierung*, *Leseansicht*, *Notizenseite* und *Bildschirmpräsentation*. Über die *Statusleiste* sowie über die Registerkarte *Ansicht* im Menüband gelangen Sie zu den fünf Ansichten. Jede der Ansichten ist für bestimmte Zwecke besonders geeignet. Im Folgenden ein kurzer Überblick.

Normalansicht

In der *Normalansicht* bearbeiten Sie Ihre Folien. Diese Ansicht verfügt über vier Arbeitsbereiche: links die Registerkarten *Gliederung* und *Folien*, rechts der *Folienbereich* und unten der *Notizenbereich*. Gepunktete Rahmen kennzeichnen auf den Folien die Platzhalter, in denen Sie Text eingeben, Tabellen, Diagramme, Bilder, SmartArt-Grafiken oder Video und Sound einfügen können.

- Auf der Registerkarte *Folien* wird für jede Folie der Präsentation ein Miniaturbild angezeigt. Per Klick auf solch ein Minibild lassen Sie die Folie direkt im Folienbereich anzeigen und können diese dort bearbeiten. Sie können die Miniaturbilder auch mit der Maus ziehen und so Folien innerhalb der Präsentation neu anordnen.
- Die Registerkarte *Gliederung* eignet sich optimal, um zunächst einmal die Inhalte zu strukturieren. Geben Sie hier Ihre Ideen und Gedanken sowie Kernaussagen ein.
- Der *Notizenbereich* unterhalb des Folienbereichs ist perfekt für Redner und Zuschauer. Geben Sie hier Notizen zur aktuellen Folie ein. Die Notizen können Sie zusammen mit der Folie ausdrucken und an Ihr Publikum weitergeben. Der Vorführende kann die Notizen auch während der Bildschirmpräsentation in der Referentenansicht lesen, während das Publikum nur die Folie sieht.

TIPP Sollte der Notizenbereich nicht sichtbar sein, können Sie ihn wie folgt einblenden:

1. Zeigen Sie unterhalb der Folie auf den oberen Rand des Notizenfeldes. Der Mauszeiger nimmt die Form eines Doppelpfeils an.
2. Ziehen Sie nun den Rand mit gedrückter linker Maustaste nach oben. Damit schaffen Sie Platz für Ihre Vortragsnotizen.

Abbildg. 3.16 Den Rand nach oben ziehen und so den Notizenbereich einblenden

Foliensortierung

In der *Foliensortierung* sehen Sie alle Folien im Überblick. Hier können Sie ganz einfach die Reihenfolge der Folien durch Verschieben per Maus ändern, Folien duplizieren, löschen, Hintergründe, Farben oder Übergangseffekte für einzelne oder eine Gruppe von Folien zuweisen.

Notizenseitenansicht

Ihre Anmerkungen können Sie wie oben beschrieben in der *Normalansicht* ins Notizenfeld eingeben. Handelt es sich jedoch um eine größere Textmenge, ist die Ansicht *Notizenseite* besser geeignet. Hier können Sie Notizen im Ganzseitenformat eingeben und anzeigen. Wechseln Sie über die Registerkarte *Ansicht* zur Ansicht *Notizenseite.*

Bildschirmpräsentation

In der Ansicht *Bildschirmpräsentation* können Sie Ihre Präsentation auf dem Monitor oder über einen Beamer vorführen. Die Programmoberfläche ist ausgeblendet, nur noch die Folien werden angezeigt und falls vorhanden auch alle Animationen und Folienübergänge.

TIPP Schneller als über irgendein Symbol bzw. eine Schaltfläche rufen Sie die Bildschirmpräsentation über die Taste F5 auf. Sie startet dann mit der ersten Folie.

Wollen Sie die Bildschirmpräsentation ab der aktuellen Folie zeigen, drücken Sie die Tastenkombination ⇧+F5.

Während der Bildschirmpräsentation können Sie sich durch das Drücken der Taste F1 alle Tastenkürzel anzeigen lassen, die während der Vorführung nützlich sind.

Leseansicht

Die *Leseansicht* ist eine Neuerung in PowerPoint 2010 und auf den ersten Blick scheint sie identisch zu sein mit der Ansicht *Bildschirmpräsentation.* Denn in der *Leseansicht* laufen die Folien wie eine Bildschirmpräsentation inklusive Animation und Videowiedergabe ab. Bei näherem Hinschauen fällt auf, dass die Leseansicht nicht als Vollbild, sondern im Kioskmodus, also in einem Fenster läuft. Dies macht es möglich, zwei Präsentationen zu vergleichen, indem beide am Monitor als Bildschirmpräsentation angezeigt werden. Genau das ist Zweck der neuen Funktion *Leseansicht.*

Mit der richtigen Ansicht starten

Angesichts all der verschiedenen Ansichten stellt sich sicher die Frage: Welche Ansicht ist am besten geeignet? In den meisten Fällen wird das wohl die Normalansicht sein. Aber mit oder ohne Notizenbereich? Mit oder ohne Miniaturbilder?

Diese Entscheidung können Sie ganz individuell treffen und eine der in Abbildung 3.17 gezeigten Ansichten als Ihren persönlichen Standard festlegen.

Abbildg. 3.17 Zehn Möglichkeiten für das Festlegen der Standardansicht

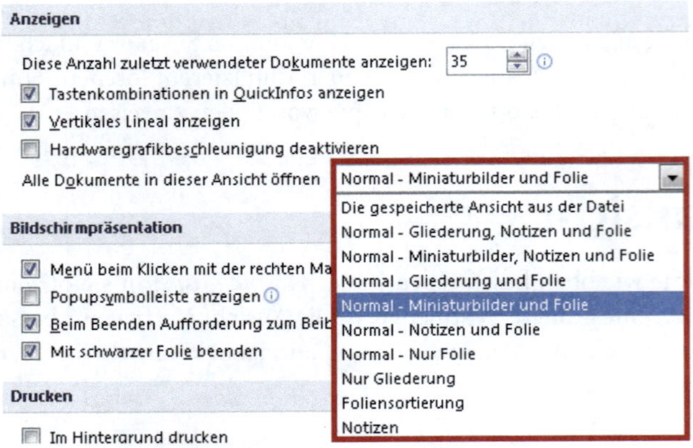

Und so geht's:

1. Über *Datei/Optionen* klicken Sie im folgenden Dialogfeld links auf *Erweitert*.
2. Rechts im Abschnitt *Anzeigen* finden Sie neben *Alle Dokumente in dieser Ansicht öffnen* eine Liste der verfügbaren Ansichten. Wählen Sie die für Sie passende aus.

Tastatur statt Maus: So geht's schneller

Wer mit dem Notebook unterwegs ist und aus Platzgründen keine Maus nutzen kann oder gerade keine Maus zur Hand hat, kann eine Vielzahl von Befehlen auch über die Tastatur abrufen – mit Tastenkombinationen oder mit Tastenfolgen.

Bei Tastenkombinationen drücken Sie mehrere Tasten gleichzeitig – beispielsweise Strg+M für das Einfügen einer neuen Folie oder Alt+⇧+↑ zum Verschieben eines Textabsatzes nach oben.

Bei Tastenfolgen hingegen drücken Sie die Tasten nacheinander – beispielsweise gelangen Sie mit Alt, D, U in der Backstage-Ansicht zum Befehl *Drucken*.

In PowerPoint sind Tastenfolgen als sogenannte Zugriffstasten gekennzeichnet. Auf diese Weise können Sie jede Registerkarte und jede Schaltfläche im Menüband per Tastatur erreichen. Das funktioniert nach dem folgenden Prinzip:

1. Zuerst drücken Sie die Taste Alt.

   Nun erscheinen – wie in Abbildung 3.18 gezeigt – Buchstaben im Menüband.

Abbildg. 3.18 Nach Drücken der Alt-Taste erscheinen im Menüband Zugriffstasteninfos in weißen Quadraten

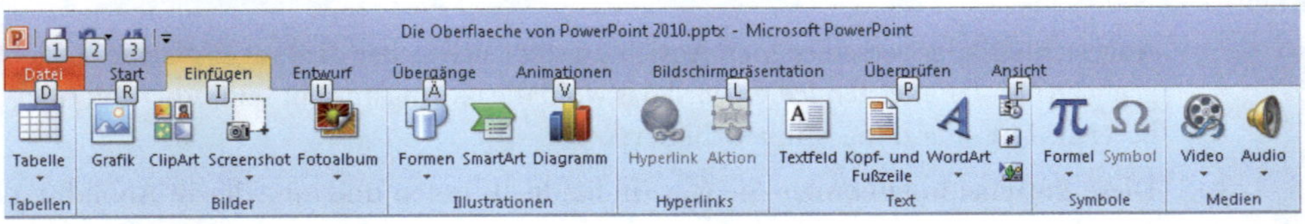

2. Jede Registerkarte hat ihren eigenen Buchstaben. Wenn Sie den eingeben, gelangen Sie zur betreffenden Registerkarte und sehen dort weitere Zugriffstasteninfos (siehe Abbildung 3.19). Mit denen rufen Sie nun die Befehle auf der jeweiligen Registerkarte auf.

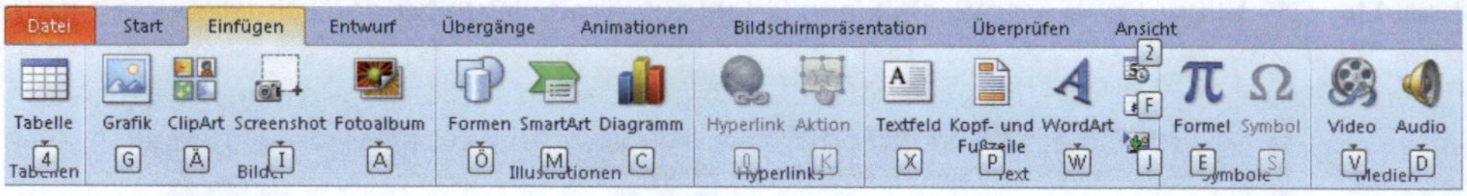

Abbildg. 3.19 Auch auf den Registerkarten selbst gibt es für jeden Befehl eine Zugriffstaste

Probieren Sie es einmal aus und drücken Sie nacheinander die Tasten Alt, D, U zum Drucken oder Alt, I, G zum Einfügen einer Grafik.

PROFITIPP Wie in Abbildung 3.18 gezeigt, lassen sich die Befehle in der *Symbolleiste für den Schnellzugriff* mit Zahlen blitzschnell aufrufen. Machen Sie sich diesen Umstand zunutze und legen Sie dort gezielt wichtige Befehle ab, die Sie dann durch Drücken der Taste Alt und Eingeben der entsprechenden Zahl aufrufen. Eine Anleitung zum Anpassen der Schnellzugriffsleiste finden Sie im folgenden Abschnitt.

HINWEIS Die Tastenkombinationen aus früheren Versionen, die mit Strg beginnen, gibt es natürlich weiterhin. So können Sie beispielsweise wie gewohnt mit Strg+C etwas in die Zwischenablage kopieren und mit Strg+V an anderer Stelle einfügen.

Tipps zum Anpassen der Oberfläche

Die Oberfläche von PowerPoint 2010 können Sie an mehreren Stellen an Ihre individuellen Arbeitsgewohnheiten und -abläufe anpassen. Weiter vorn in diesem Kapitel haben Sie bereits gelesen, wie Sie die Standardansicht beim Start von PowerPoint festlegen.

Besonders effektiv lässt sich natürlich arbeiten, wenn Sie auf häufig genutzte Befehle besonders schnell und einfach zugreifen können. Das erreichen Sie durch Anpassen der *Symbolleiste für den Schnellzugriff* und des Menübands.

Anpassen der Symbolleiste für den Schnellzugriff

Die *Symbolleiste für den Schnellzugriff*, die standardmäßig an der linken oberen Ecke des Programmfensters angeordnet ist und zunächst nur drei Schaltflächen enthält, lässt sich am einfachsten anpassen. Befehle, die Sie besonders häufig brauchen, können Sie dort wie folgt hinzufügen:

- Klicken Sie auf den Pfeil am rechten Ende der Symbolleiste und dann auf einen der vorkonfigurierten Befehle, um ihn der Symbolleiste hinzuzufügen.
- Oder klicken Sie in dem aufgeklappten Menü weiter unten auf den Eintrag *Weitere Befehle*. Sie gelangen zum Dialogfeld *PowerPoint-Optionen*; dort haben Sie Zugriff auf alle Befehle von PowerPoint.

- Wenn Ihnen im Menüband Befehle auffallen, die Sie oft nutzen, bei denen Ihnen aber der Weg zu umständlich ist, weil Sie erst zu einer bestimmten Registerkarte wechseln müssen, klicken Sie einfach mit der rechten Maustaste auf das betreffende Symbol im Menüband und wählen wie in Abbildung 3.20 gezeigt im Kontextmenü *Zu Symbolleiste für den Schnellzugriff hinzufügen*.

Abbildg. 3.20 Mit nur zwei Mausklicks einen Befehl zur Symbolleiste für den Schnellzugriff hinzufügen

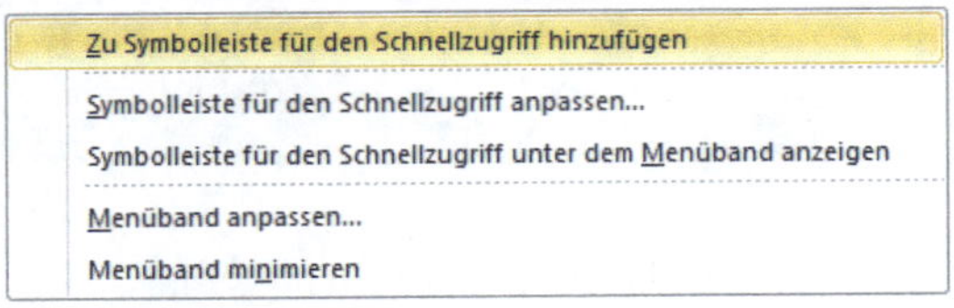

HINWEIS Wollen Sie einen Befehl oder eine Schaltfläche aus der Symbolleiste für den Schnellzugriff wieder entfernen, geht das ebenso einfach:

- Klicken Sie mit der rechten Maustaste auf die zu löschende Schaltfläche und wählen Sie *Aus Symbolleiste für den Schnellzugriff entfernen*.

Praxisbeispiel: Schnell auf versteckte Befehle zugreifen

In PowerPoint 2010 gibt es vier geniale Befehle, mit denen Sie eigene Formen anlegen können (mehr dazu in Kapitel 9). Allerdings gibt es ein Problem: Die Befehle sind auf keiner der Registerkarten zu finden.

Sie müssen die Befehle zum Anlegen eigener Formen erst an die Oberfläche holen. Optimal ist es, wenn Sie die Befehle in die Schnellzugriffsleiste einbauen:

1. Wählen Sie *Datei/Optionen* und klicken Sie im folgenden Dialogfeld links *Symbolleiste für den Schnellzugriff* an.
2. Markieren Sie in der Dropdownliste *Befehle auswählen* den Filter *Befehle nicht im Menüband*.
3. Scrollen Sie in der Liste darunter zum Befehl *Formen kombinieren*.
4. Klicken Sie auf die Schaltfläche *Hinzufügen* und schließen Sie mit *OK* ab.

Abbildg. 3.21 Über das Dialogfeld *PowerPoint-Optionen* die Symbolleiste für den Schnellzugriff anpassen

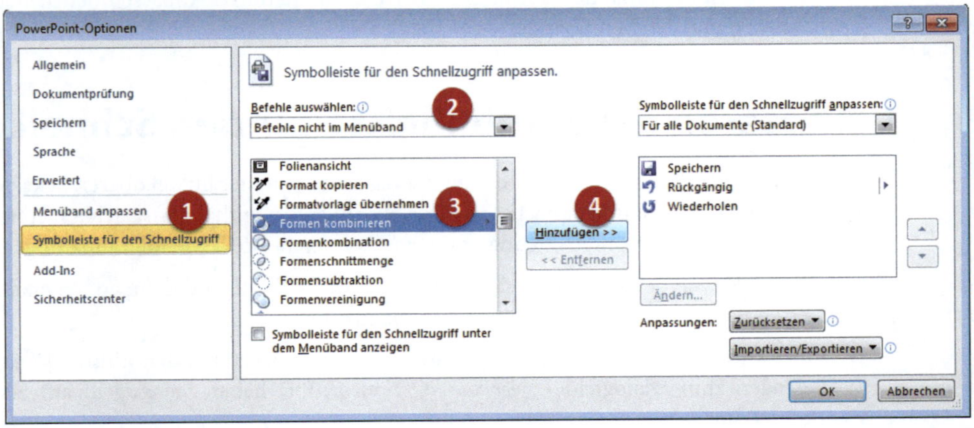

In der Schnellzugriffsleiste können Sie nun – wie in Abbildung 3.22 gezeigt – die vier neuen Befehle leicht erreichen.

Abbildg. 3.22 Nur noch ein Mausklick zum Aufrufen der vier Befehle *Formen kombinieren*

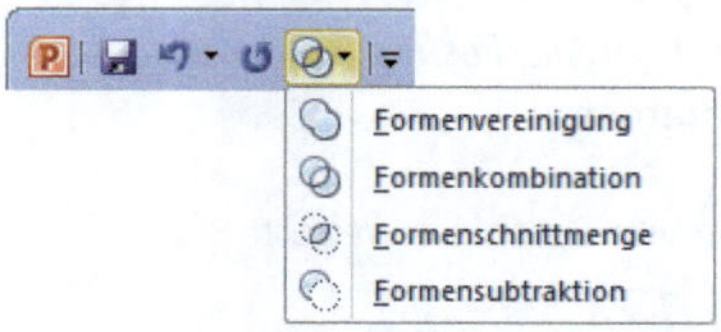

Anpassen des Menübands

Sie vermissen wichtige Befehle auf einer der Registerkarten? Oder bestimmte Befehle sollen noch auf einer weiteren Registerkarte verfügbar sein? In beiden Fällen lösen Sie das Manko durch Anpassen des Menübands.

Praxisbeispiel: Befehle für *Formen kombinieren* ins Menüband einbauen

Angenommen, Sie haben mehrere Objekte gezeichnet, diese sind markiert und somit ist die Registerkarte *Zeichentools/Format* eingeblendet. Wenn Sie nun die Objekte mit den Befehlen für *Formen kombinieren* weiterbearbeiten wollen, wäre es gut, diese Befehle auf der Registerkarte *Zeichentools/Format* zur Verfügung zu haben. Dazu fügen Sie der Registerkarte einfach eine neue Gruppe hinzu. So geht's:

1. Wählen Sie *Datei/Optionen* und dann *Menüband anpassen*.
2. Wählen Sie in der linken Dropdownliste *Befehle auswählen* den Filter *Nicht im Menüband enthaltene Befehle*.
3. Suchen Sie darunter in der Liste nach den folgenden vier Befehlen: *Formenkombination*, *Formenschnittmenge*, *Formensubtraktion*, *Formenvereinigung*.
4. Wählen Sie in der rechten Dropdownliste *Menüband anpassen* den Filter *Registerkarten für Tools*.
5. Markieren Sie darunter in der Liste die Registerkarte, der Sie die vier Befehle hinzufügen wollen – im vorliegenden Fall also unter *Zeichentools* den Eintrag *Format*. Klicken Sie unterhalb der Liste auf *Neue Gruppe*.

Abbildg. 3.23 Der Registerkarte *Zeichentools/Format* eine neue Gruppe hinzufügen

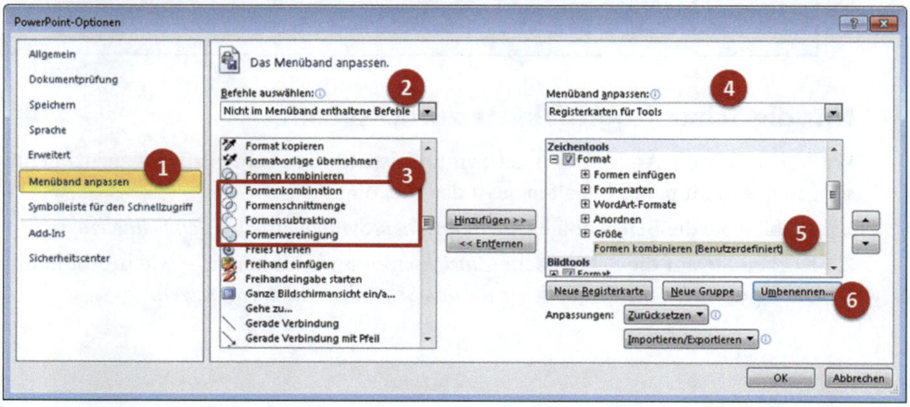

6. Geben Sie der neuen Gruppe per Klick auf die Schaltfläche *Umbenennen* die Bezeichnung *Formen kombinieren*.
7. Fügen Sie nun nacheinander die vier Befehle Ihrer neuen Gruppe hinzu und schließen Sie mit *OK* ab.

Im Menüband sollte es nun auf der Registerkarte *Zeichentools/Format* ganz rechts so wie in Abbildung 3.24 aussehen: vier neue Befehle sind hinzugekommen.

Abbildg. 3.24 Die Registerkarte *Zeichentools/Format* wurde rechts um vier Befehle erweitert

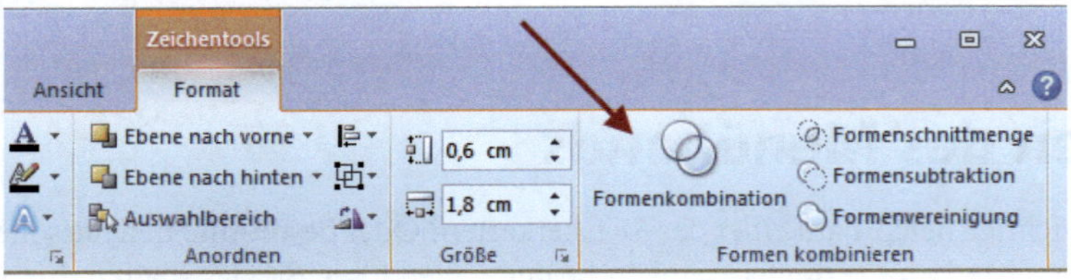

Anpassungen der Schnellzugriffsleiste und des Menübands wieder rückgängig machen

Änderungen an diesen beiden Elementen der Oberfläche können Sie recht einfach wieder verwerfen. Um sowohl die Schnellzugriffsleiste als auch das Menüband wieder in den Originalzustand zu bringen, gehen Sie wie folgt vor:

1. Wählen Sie *Datei/Optionen* und klicken Sie links auf *Menüband anpassen* oder auf *Symbolleiste für den Schnellzugriff*.
2. Klicken Sie rechts unten auf die Schaltfläche *Zurücksetzen* und wählen Sie die Option *Alle Anpassungen zurücksetzen*.
3. Bestätigen Sie den in Abbildung 3.25 gezeigten Hinweis mit *Ja*.

Abbildg. 3.25 Dieser Hinweis warnt Sie, dass Menüband und Schnellzugriffsleiste zurückgesetzt werden

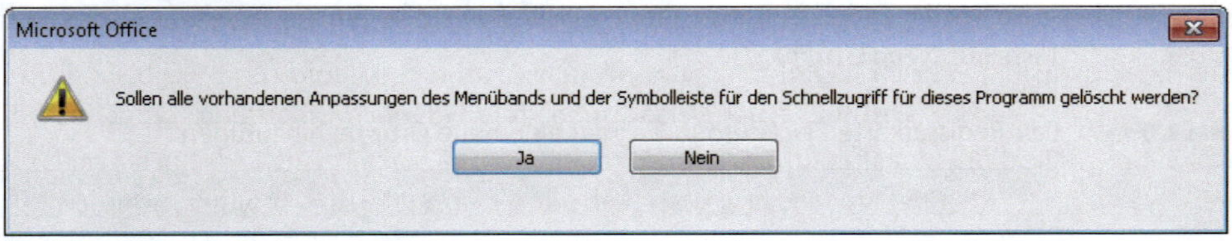

Nur die Schnellzugriffsleiste zurücksetzen

Wollen Sie nur die Änderungen der Symbolleiste für den Schnellzugriff zurücknehmen und Anpassungen des Menübands behalten, geht das wie folgt:

1. Wählen Sie die Befehlsfolge *Datei/Optionen/Symbolleiste für den Schnellzugriff*.
2. Klicken Sie auf die Schaltfläche *Zurücksetzen* und wählen Sie – wie in Abbildung 3.26 gezeigt – die Option *Nur die Symbolleiste für den Schnellzugriff zurücksetzen*.

Abbildg. 3.26 Änderungen der Schnellzugriffsleiste verwerfen, nicht aber die des Menübands

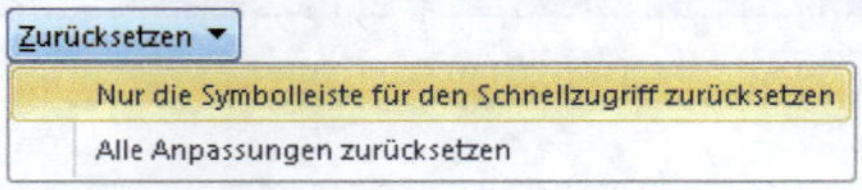

Nur das Menüband zurücksetzen

Wollen Sie Änderungen an Registerkarten des Menübands rückgängig machen, Anpassungen der Schnellzugriffsleiste aber beibehalten, geht Sie wie folgt vor:

1. Wählen Sie die Befehlsfolge *Datei/Optionen/Menüband anpassen.*
2. Markieren Sie in der rechten Liste die Registerkarte, die wieder in den Originalzustand gebracht werden soll.
3. Klicken Sie auf die Schaltfläche *Zurücksetzen* und wählen Sie in diesem Fall die Option *Nur ausgewählte Registerkarte des Menübands zurücksetzen.*

Anpassungen der Schnellzugriffsleiste oder des Menübands auf andere Computer übertragen

Sie wollen die Optimierung der PowerPoint 2010-Oberfläche auf einen anderen Computer übertragen? Dank der neuen Funktion zum Export und Import ist das wie folgt schnell erledigt:

1. Bereiten Sie die Weitergabe im ersten Schritt mit der Befehlsfolge *Datei/Optionen/Menüband anpassen* vor. Klicken Sie auf die Schaltfläche *Importieren/Exportieren* und dann auf *Alle Anpassungen exportieren.*
2. Speichern Sie die nun entstehende Datei auf einem USB-Stick.
3. Rufen Sie nun an dem Computer, auf den die Anpassungen übertragen werden sollen, PowerPoint und wieder die Befehlsfolge *Datei/Optionen/Menüband anpassen* auf. Schließen Sie außerdem den USB-Stick an.
4. Klicken Sie auf die Schaltfläche *Importieren/Exportieren* und diesmal auf *Anpassungsdatei importieren.*
5. Wählen Sie die Datei vom USB-Stick aus und klicken Sie auf *Öffnen*. Bestätigen Sie die folgende Abfrage mit *Ja.*

Zusammenfassung

Nicht nur im Vergleich zu PowerPoint 2003, sondern auch im Vergleich zur Version 2007 hat sich die Benutzeroberfläche von PowerPoint 2010 geändert. Das Konzept des dynamischen Menübands mit verschiedenen Registerkarten wurde weiter ausgebaut und um die Backstage-Ansicht erweitert.

Die Möglichkeiten zum Anpassen der Oberfläche an individuelle Arbeitsgewohnheiten wurden in PowerPoint 2010 deutlich verbessert. Nicht nur die Symbolleiste für den Schnellzugriff, sondern auch das Menüband selbst können jetzt angepasst werden.

Hier die wichtigsten Fundstellen zum Aufbau und zu Optimierungsmöglichkeiten für die Programmoberfläche von PowerPoint 2010:

Teil B

Foliengestaltung

Alle Kenntnisse, Techniken und Tricks, die Sie zum Anfertigen von Folien brauchen, finden Sie in diesem Teil. Erfahren Sie, welche Regeln und Wirkungen der visuellen Kommunikation Sie nutzen, um erfolgreiche und zuschauergerechte Präsentationen zu erzeugen.

Setzen Sie die Tipps zu Schriften Layout und Farben ein, um eigene Folienlayouts, Designs und Vorlagen anzulegen.

Lernen Sie anhand zahlreicher Beispiele, wie Sie Textfolien anfertigen, diese mit Grafiken versehen, wie Sie Tabellen und Diagramme sowie Strukturen und Abläufe auf Folien einfügen. Machen Sie sich mit den vielen neuen Werkzeugen zum Zeichnen und zur Bildbearbeitung vertraut.

Kapitel 4

Der Umgang mit Vorlagen und Designs

In diesem Kapitel:

Ganz gleich, ob Sie ein kurzes Referat halten wollen und eine dem Thema angepasste Präsentationsvorlage suchen, ob Sie ein mittelständisches Unternehmen gegründet haben und nun Brief- und Folienvorlagen brauchen oder ob Sie in einem Großkonzern die Office-Vorlagen für PowerPoint, Word und Excel an das Corporate Design anpassen möchten – in all diesen Fällen stehen Sie vor der Aufgabe, sich sehr praktisch mit dem Thema Designs und Vorlagen zu befassen.

Das Erstellen von Vorlagen und Designs hat sich im Vergleich zu Microsoft Office 2007 nicht geändert. Wenn Sie also von Version 2007 auf Office 2010 umsteigen, können Sie Ihre Vorlagen und Designs problemlos weiterverwenden.

Wollen Sie hingegen von Office 2003 oder einer noch älteren Version auf Office 2010 umsteigen, ist die Sache nicht ganz so einfach. Denn die zahlreichen neuen Möglichkeiten zur Gestaltung machen ein Umdenken erforderlich.

Während Sie fertige Präsentationen aus PowerPoint 2003 in PowerPoint 2010 problemlos öffnen und weiterbearbeiten können, ist es bei Vorlagen empfehlenswert, sie neu anzulegen – insbesondere wenn sie unternehmensweit genutzt werden sollen.

Ein weiterer Grund sind die seit der Version 2007 hinzugekommenen *Office-Designs*, mit denen Sie Standards für Farben, Schriften und Effekte definieren, die nicht nur in Präsentationen, sondern auch in Word-Dokumenten und Excel-Mappen gelten. Office-Dokumente wirken damit »wie aus einem Guss«, egal ob sie mit PowerPoint, Word oder Excel erzeugt wurden.

Für die Erstellung neuer Vorlagen sprechen auch die Änderungen bei Folienmaster und Folienlayouts. Im Unterschied zu PowerPoint 2003 und früheren Versionen sind Sie nicht mehr an vorgegebene *Layouts* gebunden. Seit PowerPoint 2007 können Sie die Auswahl der Folienlayouts um Ihre eigenen erweitern. Dreispaltige Folien oder Platzhalter für große Fotos mit Bildunterschrift lassen sich so mühelos einplanen.

Dieses Kapitel vermittelt Ihnen zunächst kurz die neuen Begrifflichkeiten, Regeln und Abläufe beim Anlegen von Vorlagen. Sie erfahren, was der Unterschied zwischen Vorlage und Design ist. Schließlich lernen Sie anhand eines praktischen Beispiels, wie Sie Ihre eigenen Designs und Vorlagen planen und erstellen.

Design, Vorlage, Master und Layout – eine Begriffsklärung

Die drei Begriffe *Vorlage*, *Master* und *Layout* sorgten schon in den vorherigen Versionen von PowerPoint für Begriffsverwirrung – in PowerPoint 2010 (und 2007) ist als vierter wichtiger Begriff das *Design* hinzugekommen. Dieser Abschnitt erläutert die Unterschiede und Gemeinsamkeiten und vor allem die Zusammenhänge zwischen diesen Elementen.

Einheitliche Gestaltung per Mausklick mit Designs

Der umfassendste Begriff der vier genannten sind die *Designs*, gelegentlich auch als Dokumentdesign oder Office-Design bezeichnet. Sie bestimmen das Aussehen von Präsentationen in PowerPoint, Dokumenten in Word, Tabellen und Diagrammen in Excel, E-Mails in Outlook und sogar von SharePoint-Seiten. Sie können prinzipiell aus jedem dieser Programme gespeichert werden (in den übrigen Office-Programmen sind sie nicht verfügbar). Es spricht allerdings einiges dafür, sie in

PowerPoint zu definieren – wie Sie im Folgenden noch sehen werden. Designs tragen die Dateiendung *.thmx* (vom englischen Begriff »Theme« abgeleitet).

In Office 2010 sind 40 Designs bereits integriert, weitere können Sie von der Microsoft Office-Webseite herunterladen (Details dazu finden Sie weiter hinten in diesem Kapitel im Abschnitt »Tipps & Tricks zu Vorlagen und Designs / Fertige Designs aus dem Internet herunterladen«). Sie unterscheiden sich in ihren

- *Farben* – von farbenfroh bis dezent,
- *Schriften* – von sachlich-modern bis klassisch-konservativ,
- *Effekten* – von auffällig dreidimensional bis zurückhaltend schattiert.

Für PowerPoint kommen als Besonderheit noch Folienhintergründe und Folienlayouts hinzu, die ebenfalls im Design gespeichert werden (sofern es in PowerPoint erstellt wurde).

Designs, die Sie in Word oder Excel speichern, enthalten nur die drei oben genannten Bausteine Farben, Schriften und Effekte. (Details zu diesen Bausteinen finden Sie weiter hinten im Abschnitt »Grundbausteine von Design und Vorlage: Farben, Schriften und Effekte«).

Der Dreiklang aus Farben, Schriften und Effekten bildet die übergreifende Klammer, die Dokumente in den Office-Anwendungen verbindet. Auf diesen Vorgaben basieren die *Vorlagen* in den einzelnen Programmen, die die gesetzten Standards zum Leben erwecken und praxistauglich machen.

In *PowerPoint* können Sie Präsentationsvorlagen erstellen, die ihr einheitliches Aussehen aus dem gemeinsamen Design übernehmen, aber durch ihre Gestaltungsdetails und Musterfolien zur Grundlage für Unternehmensdarstellungen, Verkaufspräsentationen, Hauptversammlungsbilanzen und vielem mehr werden. In *Word* erstellen Sie mit demselben Design Vorlagen für Briefe, Broschüren, Geschäftsberichte und mehr. In *Excel* dienen sie als Basis für übersichtlich formatierte Bilanzvorlagen, Marketingdiagramme und mehr. Ihren Kunden, Geschäftspartnern und auch Mitarbeitern zeigen Sie damit ein durchgängig konsistentes Bild, ein einheitliches *Corporate Design*. Dies erhöht den Wiedererkennungswert, unabhängig davon, ob Sie eine börsennotierte Aktiengesellschaft vertreten oder selbstständiger Trainer sind.

Abbildung 4.1 verdeutlicht den Zusammenhang von Designs und Vorlagen.

Abbildg. 4.1 Designs definieren die gemeinsamen Grundlagen von Vorlagen in PowerPoint, Word und Excel

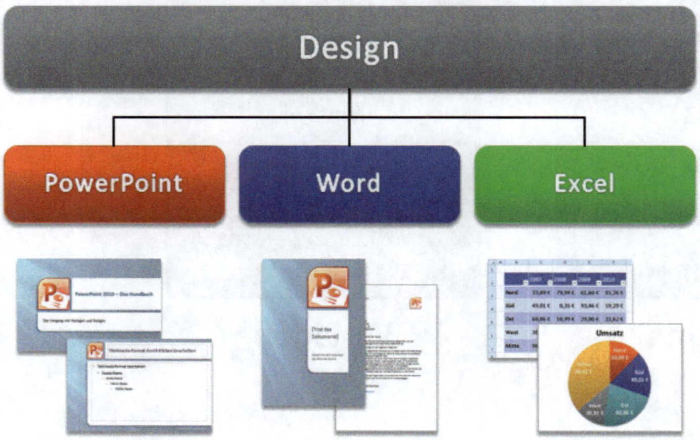

Tägliche Arbeitserleichterung mit Vorlagen

Designs werden einmal für ein Unternehmen festgelegt und nur in großen Zeitabständen erneuert.

Vorlagen hingegen werden Sie öfter erstellen. Neue Geschäftsbereiche, neue Projekte und neue Arbeitsabläufe erfordern neue Vorlagen, um die Erstellung von Präsentationen und anderen Office-Dokumenten zu erleichtern und zu beschleunigen.

HINWEIS Wenn Sie nicht in der Rolle dessen sind, der die Vorlagen entwirft, sondern sie als Anwender von Ihrem Unternehmen vorgeschrieben bekommen, sollten Sie Vorlagen mit ihren festen Vorgaben nicht als Einengung sehen. Sehen Sie sie als Hilfsmittel, damit Sie sich nicht bei jeder Folie erneut Gedanken über Ränder, Farbtöne und Schriftgrößen machen müssen. So können Sie sich voll auf Ihre Inhalte konzentrieren.

Alle Office-Vorlagen übernehmen vom zugrunde liegenden Design ihre *Designfarben, Designschriften* und *Designeffekte*. In PowerPoint kommen weitere Bausteine hinzu: *Hintergründe, Folienmaster* und *Folienlayouts*.

Somit kann ein Design fast alle Gestaltungselemente enthalten, die auch eine Vorlage enthält. In der Vorlage kommen dann die praktischen Elemente dazu, die Ihnen die Erstellung von Präsentationen erleichtern:

- Logos und andere spezielle Grafiken,
- Fußzeilen und
- vor allem vorbereitete Musterfolien.

Abbildg. 4.2 Designs und Vorlagen enthalten unterschiedliche Bestandteile

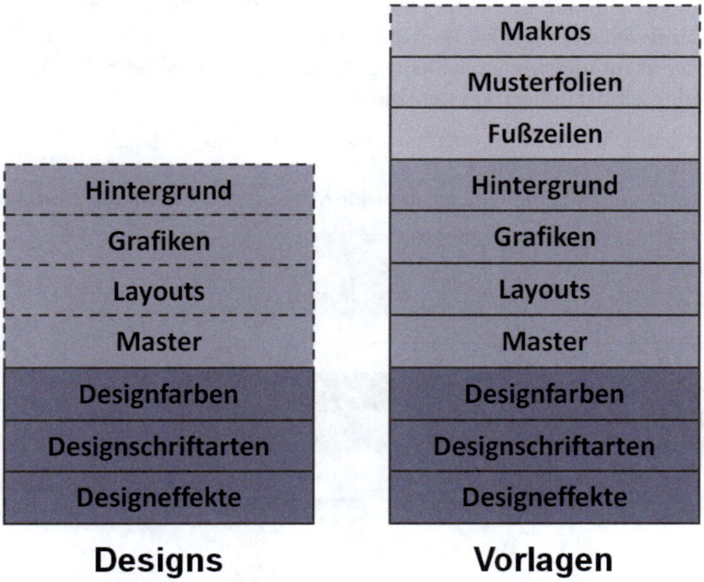

Ein Design kann auch die Funktion einer »Basisvorlage« erfüllen, wenn Sie bei Ihrer Präsentation von formatierten, aber leeren Folien ausgehen wollen. Ebenso können Sie einer fertigen Präsentation durch Zuweisen eines anderen Designs schnell ein neues Aussehen geben. Um die Zahl benutzerdefinierter Designs nicht zu groß und somit den Designkatalog unübersichtlich werden zu lassen, empfiehlt es sich aber, im Design nur solche Elemente zu speichern, die allen Ihren Vorlagen gemeinsam sein sollen. In den einzelnen Vorlagen fügen Sie dann nach Bedarf weitere Details hinzu. Durch diese Elemente, die von der Funktion der Vorlage abhängen, unterscheiden sich dann die Vorlagen für spezielle Einsatzbereiche.

Tabelle 4.1 Entscheidungshilfe: Wann sollten Sie ein Design erstellen, wann eine Vorlage?

Aufgabenstellung	Design	Vorlage
Sie wollen Farben, Schriften und Effekte nicht nur für PowerPoint, sondern auch für Word, Excel, Outlook und SharePoint festlegen	+	–
Sie wollen für die Anwender fertige Musterfolien als Bestandteil ihrer Präsentationen bereitstellen	–	+
Sie brauchen eine unternehmenseinheitliche Gestaltungsvorgabe (CI) für Präsentationen	+	–
Sie wollen aus der Unternehmens-CI Präsentationen für einzelne Abteilungen und Projekte entwickeln	–	+
Sie benötigen eigene Layouts für spezielle Einsatzzwecke	–	+
Sie benötigen mehrere Master mit jeweils mehreren Layouts	(+)	+
Sie benötigen mehr als ein Farbschema	–	+
Sie wollen Makros weitergeben	–	+

Differenzierung innerhalb der Vorlage per Master

Ihr Logo und andere grafische Gestaltungselemente sollen auf jeder Folie auftauchen. Damit Sie sie aber nicht auf jeder Folie erneut einfügen und positionieren müssen, haben alle Folien eine gemeinsame Ebene, den *Master*.

Der Master übernimmt die Rolle der Leinwand – der untersten, gleichbleibenden Ebene. Er wird in einer eigenen Ansicht, der Folienmasteransicht, die Sie über die Registerkarte *Ansicht* erreichen, bearbeitet. (Einzelheiten dazu weiter hinten in diesem Kapitel im Abschnitt »Differenzierung innerhalb von Präsentationen: Mehrere Master«.)

Im Master fügen Sie dem Hintergrund, der vom Design für alle Vorlagen übernommen wird, weitere Elemente hinzu. Jede Vorlage kann mehrere Master enthalten. Mit ihnen geben Sie Teilen Ihrer Präsentation bei Bedarf ein anderes Aussehen, zum Beispiel um mehrere Unternehmensbereiche, Produkte oder Ähnliches zu präsentieren. Die einzelnen Abschnitte können sich durch unterschiedliche Markenlogos, Grafiken, Farbgebung etc. unterscheiden.

HINWEIS Aus programmiertechnischer Sicht ist diese Formulierung nicht ganz korrekt, eigentlich handelt es sich um mehrere *Varianten* des *einen* Masters, der der gesamten Präsentation zugrunde liegt. Der Einfachheit halber wird hier die (auch in der PowerPoint-Hilfe anzutreffende) Formulierung »mehrere Master« verwendet.

Anwendungsbezogene Gestaltung mit Layouts

Jeder Master wiederum enthält mindestens ein, meist aber mehrere *Layouts*. Vordefiniert sind neun Layouts, also eine überschaubarere Anzahl als in den älteren Versionen.

Das Folienlayout bestimmt die Aufteilung des auf der Folie für Text und Grafiken zur Verfügung stehenden Raumes. *Platzhalter*, in denen Sie Text und andere Elemente einfügen können, sorgen beispielsweise dafür, dass Überschriften immer an derselben Stelle stehen, Textspalten immer gleich breit sind und Tabellen und Diagramme an der gleichen vorderen Fluchtlinie anfangen wie Aufzählungstexte.

In PowerPoint 2010 können Sie diese Layouts frei gestalten. Sie können beliebig viele Platzhalter hinzufügen, also zum Beispiel auch eine dreispaltige Folie gestalten. Wie Sie dabei vorgehen, lesen Sie weiter hinten an einem Beispiel.

Abbildg. 4.3 Der Katalog *Layout* zeigt Ihnen die im Design vorhandenen Layouts

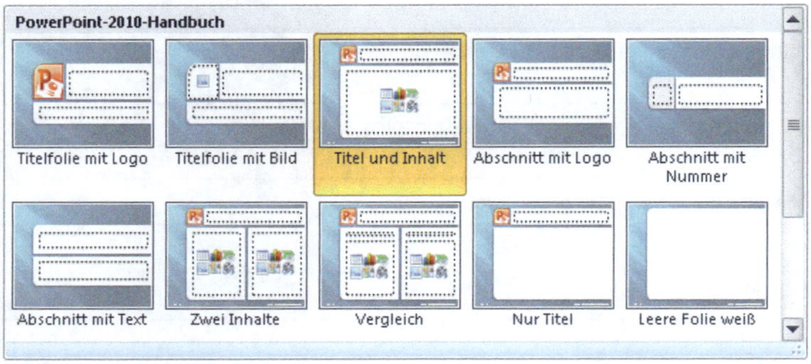

HINWEIS Layouts werden mit dem Design gespeichert. Wenn Sie einer vorhandenen Präsentation ein neues Design zuweisen, steht Ihnen anschließend eine andere Layoutauswahl zur Verfügung. Die Layoutauswahl des Designs können Sie in der Vorlage oder in einer einzelnen Präsentation individuell ergänzen.

Grundbausteine von Design und Vorlage: Farben, Schriften und Effekte

Drei Grundbausteine gibt das Design an jede Vorlage und jede darauf basierende Präsentation mindestens weiter:

- zwölf Designfarben,
- zwei Designschriftarten und
- die Designeffekte.

Diese heißen jeweils so wie das Design, in dem sie standardmäßig enthalten sind. Das Design *Larissa* enthält also die Designfarben *Larissa*, gleich mehrere Schriftschemas *Larissa* und die Designeffekte *Larissa*. Sie können sie aber natürlich jederzeit untereinander und mit Ihren benutzerdefinierten mischen.

CD-ROM Einen Überblick über die 40 in Office 2010 integrierten Designs und ihre Designelemente gibt die Datei *Kap04_Integrierte-Designs.pptx*.

Die Namen der Designs unterscheiden sich in der deutschen und der englischen Office-Version teils erheblich. Übersetzungshilfe bei der Suche nach Informationen auf internationalen Webseiten und beim Programmieren gibt Ihnen die Datei *Kap04_Designs-Deutsch-Englisch.pdf*. Beide Dateien finden Sie im Ordner *\Buch\Kap04*.

Von pastellig bis knallbunt: Designfarben

Während die acht Farben, die Sie in den PowerPoint-Versionen bis 2003 speichern konnten, in der Praxis oft zu wenig waren, können Sie in PowerPoint 2010 nun zwölf Designfarben definieren:

- vier Farben für Hintergrund und Schriften,
- sechs Akzentfarben und
- zwei Farben nur für Hyperlinks.

Mit Office 2010 werden 41 Designfarbensätze schon mitgeliefert. Diese können Sie nicht löschen, Sie können aber eigene Sätze von Designfarben hinzufügen.

In jedem Design kann nur ein Satz Designfarben gespeichert werden. Wenn Sie den Anwendern unterschiedliche Designfarben zur Auswahl bereitstellen wollen, können Sie sie als XML-Dateien abspeichern und in den Vorlagenordner kopieren.

Abbildg. 4.4 Bei der Installation werden 41 Farbschemas für die Designfarben bereits vorgegeben; weitere können Sie benutzerdefiniert hinzufügen oder aus dem Internet herunterladen

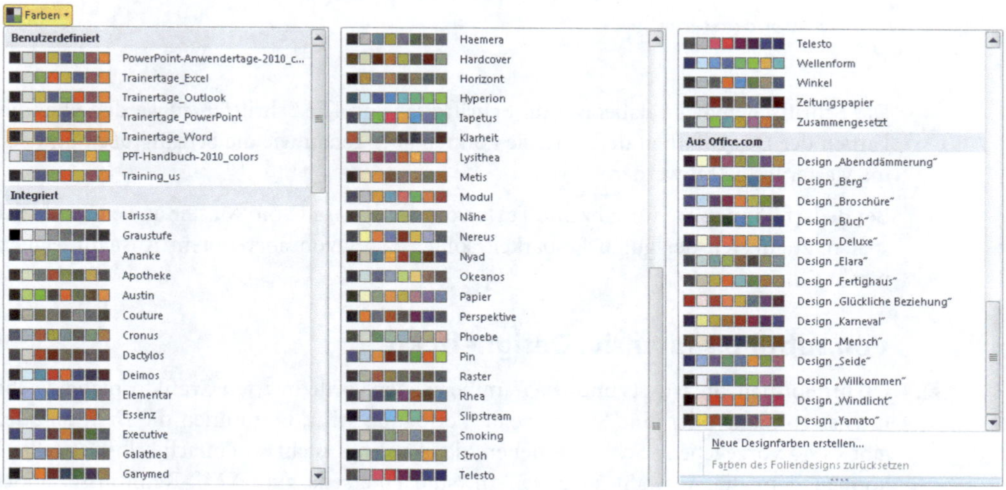

Wenn Sie eigene Designfarben zusammenstellen und speichern, stehen Ihnen diese ebenso in Word und Excel zur Verfügung. Damit können Sie in diesen beiden Programmen nun auch auf das gesamte Spektrum von über 16 Mio. Farben ganz einfach zurückgreifen.

Von klassisch bis modern: Designschriftarten

Während Schriftarten in älteren PowerPoint-Versionen direkt in den Platzhaltern definiert wurden, bringt jedes Design nun zwei vordefinierte Schriften mit:

- eine für die Überschrift,
- eine für den Textkörper.

Die Designs bringen jeweils ein Schriftschema mit, einzig für das Standarddesign *Larissa* stehen vier Schriftschemas zur Auswahl. Sie müssen für die Designschriftarten nicht zwei verschiedene Schriftarten wählen, es darf sich auch zweimal um dieselbe Schriftart handeln.

Abbildg. 4.5 Als Designschriftarten können Sie zwei Schriftarten auswählen, 43 Standarddesigns sind schon integriert

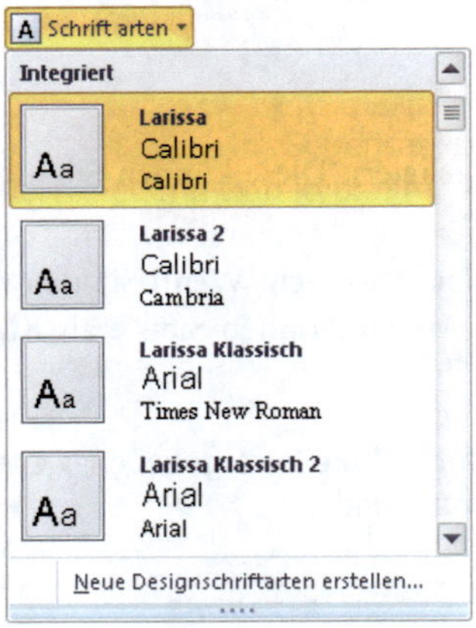

Das Schriftschema gibt dabei nur die Schrift*arten* vor. Die Schrift*farben* werden über die ersten vier Farben der Designfarben definiert, sie können aber genau wie die Schrift*größen* und Schrift*schnitte* im Master festgelegt werden.

Bei Bedarf können Sie für einzelne Texte vom Design und vom Master abweichende Schriften einstellen; zugunsten der guten Lesbarkeit sollten Sie davon aber nur in Ausnahmefällen Gebrauch machen.

Von subtil bis intensiv: Designeffekte

Ob für Formen, SmartArts und Diagramme bei den vordefinierten Grafikformaten leichte Schatten, intensiver Glanz oder eine Struktur zur Verfügung steht, bestimmen die *Designeffekte*. Auch hier gibt es 40 vorgegebene Schemas, denen Sie allerdings nicht so einfach selbst erstellte hinzufügen können. Um die Auswahl zu erweitern, sind einerseits gute XML-Kenntnisse, andererseits ein geschulter Blick für zusammenpassende Effekte nötig – also eine Aufgabe für Spezialisten.

Zusammen mit weiteren Designs werden aber weitere Effekte bei Microsoft und bei Drittanbietern zum Download zur Verfügung stehen.

Abbildg. 4.6 Bereits in Office integriert sind 40 unterschiedliche Effekte

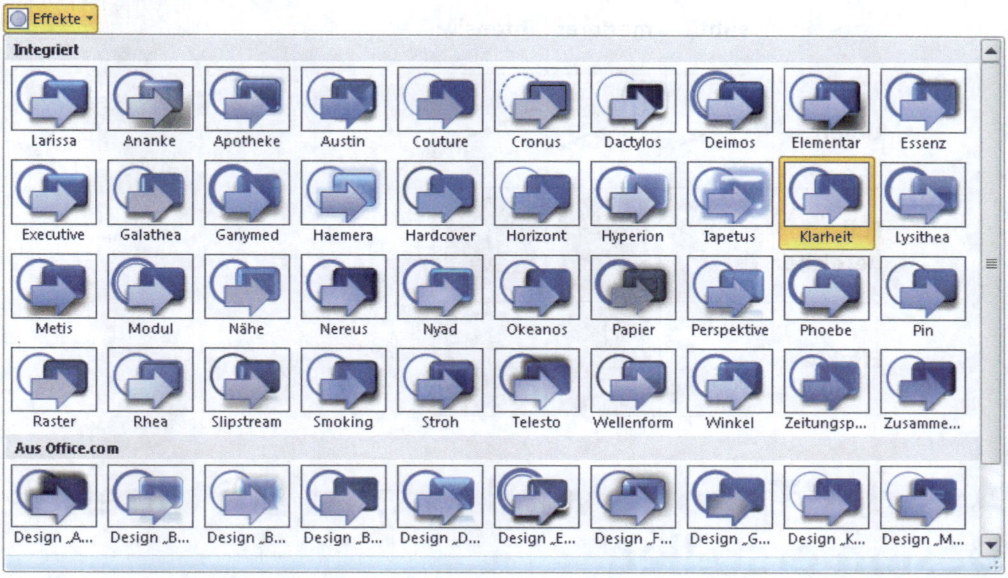

Den Designeffekten liegt eine Effektmatrix (siehe Abbildung 4.7) zugrunde, die sich auswirkt auf:

- Linien (Linienstärke, Linienart)
- Füllbereiche (hell oder dunkel, einfarbig oder mit Farbverlauf, Struktur)
- Schatten und 3D-Effekte (schmaler oder breiter Schatten, flach oder räumlich)

Die Designeffekte wirken sich in drei unterschiedlichen Intensitäten aus:

- subtil (helle Farben, schmale Linien)
- moderat (kräftigere Farben, flache Ränder)
- intensiv (Ränder mit auffälligen Linien oder Abschrägungen)

Dabei wirkt sich ein Effekt immer auf Linien, Füllbereiche und Schatten bzw. 3D-Effekte gleichzeitig aus, wenn Sie aus dem Katalog auf der Registerkarte *Zeichentools/Format* einer Form eine der vordefinierten Formenarten zuweisen.

Abbildg. 4.7 Effekte wirken sich unterschiedlich stark auf Linien, Füllbereiche, Schatten und 3D-Effekte aus

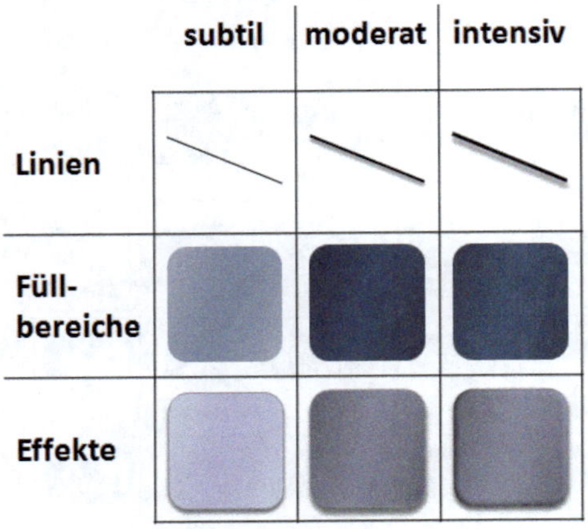

Aus der Theorie wird Praxis: Ein eigenes Design erstellen

Das Erstellen von Vorlagen und Designs lässt sich am besten an einem konkreten Fall zeigen. Als Beispiel für dieses Kapitel dient die Erstellung von Design und Vorlage für dieses Handbuch.

CD-ROM Das fertige Design, eine Beispielvorlage und die Designfarben finden Sie in den Dateien *Handbuch2010.thmx*, *Handbuch2010.potx* und *Handbuch2010_colors.xml* im Ordner *\Buch\Kap04*.

Die Vorgaben: Das Corporate Design beachten

Nur selten entsteht eine PowerPoint-Vorlage »aus dem Nichts«. Meist existieren schon Designvorgaben, die beachtet werden müssen. Sei es das umfangreiche Corporate-Design-Handbuch eines Großunternehmens oder nur das Logo einer Startup-Firma, das Farben und Schriften implizit vorgibt.

PROFITIPP **Exkurs: Was ist Corporate Design?**

Abgeleitet von der Corporate Identity, der »Unternehmenspersönlichkeit«, bestimmt das Corporate Design das visuelle Erscheinungsbild. Dazu gehört natürlich die Gestaltung von Präsentationen und anderen Office-Dokumenten.

Die Firmenfarben, die Hausschrift, das Logo und weitere Gestaltungsmittel sind hier zu berücksichtigen.

Fragen Sie deshalb, ob es ein CI-Handbuch oder »Design Guidelines« gibt, bevor Sie sich dem Erstellen eines Office-Designs oder einer Vorlage zuwenden. Schon während der Erstellung sollten Sie schriftlich festhalten, welche Einstellungen Sie in den PowerPoint-Vorlagen vorgenommen haben, damit diese wiederum Eingang in das CI-Handbuch finden können.

Der Beginn: Auswahl des Ausgangspunkts

Starten Sie nun anhand eines Praxisbeispiels den Prozess zum Anlegen einer Vorlage. Beginnen Sie mit dem Definieren wichtiger Grundparameter.

Die möglichen Startpunkte

Es gibt mehrere Möglichkeiten, die Arbeit an einer neuen Vorlage zu beginnen:

- Öffnen Sie mit *Datei/Neu/Leere Präsentation* eine neue, leere Präsentation basierend auf dem Design *Larissa* mit neutralem, weißem Hintergrund.
- Gehen Sie von einem beliebigen anderen Design aus. Die in Office 2010 integrierten Vorlagen finden Sie über *Datei/Neu/Designs*. Auf weitere Designs von der Office.com-Webseite können Sie über *Datei/Neu/Office.com-Vorlagen* zugreifen.
- Öffnen Sie mit *Datei/Neu/Neu aus vorhandenem* eine bereits bestehende Vorlage oder ein vorhandenes Dokument.

Welchen dieser Wege Sie wählen, bleibt Ihnen überlassen. Haben Sie schon viele Vorgaben, die Sie berücksichtigen müssen, ist es meist am einfachsten, von einer weißen, leeren Präsentation auszugehen. Haben Sie dagegen noch keine festen Vorstellungen, lassen Sie sich vielleicht von einem vorhandenen Design inspirieren.

Foliengestaltung

HINWEIS **Vorlagen aus älteren PowerPoint-Versionen** (bis 2003) lassen sich zwar in PowerPoint 2010 öffnen, dies ist aber nicht zu empfehlen.

Insbesondere wenn Sie planen, die neue Vorlage langfristig im Unternehmen einzusetzen, erzeugen Sie wesentlich stabilere Dateien, wenn Sie von einer leeren, neuen Vorlage (Design *Larissa*) oder einem der integrierten Designs ausgehen.

Sie können natürlich Grafiken aus der alten Vorlage in die neue kopieren und so weiterverwenden. Platzhalter sollten Sie allerdings nicht kopieren und bei Schrift- und Absatzformaten nicht mit der Funktion *Format übertragen* arbeiten, sondern diese neu im Folienmaster definieren.

Vorlagen und Designs aus PowerPoint 2007 können Sie hingegen problemlos weiterverwenden.

Betrachten Sie Vorlagen von Drittanbietern mit kritischem Blick. Insbesondere wenn massenweise günstige oder kostenlose Vorlagen angeboten werden, sind diese oft schon vor Jahren in älteren PowerPoint-Versionen erstellt und nur schnell mit der neuen Endung *.potx* abgespeichert worden, ohne wirklich die Strukturen an das neue Format anzupassen. Ein Indikator dafür ist, wenn als vierte Akzentfarbe Schwarz auftaucht. Oft ist dies ein Relikt eines alten, nicht bearbeiteten Farbschemas.

Design oder Vorlage erstellen?

Wie bereits oben erwähnt, umfasst das Design die gestalterischen Vorgaben aller zu einem Projekt gehörenden Präsentationen. Die Vorlagen differenzieren das Design, indem sie für spezielle Einsatzzwecke weitere Gestaltungselemente und vor allem Musterfolien hinzufügen.

Da für dieses Handbuch vom Verlag keine Vorlage vorgegeben wurde, wird die Aufgabe also zunächst sein, ein neues Design zu erstellen. Auf diesem können später ein oder mehrere Vorlagen aufbauen.

Das Praxisbeispiel: Festlegen wichtiger Designparameter

Für die Gestaltung der Druckunterlagen dieses Handbuchs existieren natürlich feste Vorgaben. Bei der Gestaltung der Vorlage für Beispielpräsentationen wird den Autoren allerdings freie Hand gelassen. Wir haben uns daher für Farben und Effekte an der Ausstattung des Buches (Schmuckfarbe Blau) und den Farben und Formen der Logos der Office-Programme orientiert.

Detailarbeit: Die Basiselemente der Vorlage zusammenstellen

Aus den oben genannten Ausgangspunkten lassen sich Designfarben, -schriften und -effekte ableiten. Sie werden einzeln abgespeichert und nach und nach einer leeren Vorlage, die auf dem vorinstallierten Design *Larissa* basiert, hinzugefügt.

Da das Design selbst keine Folien enthält, kann die eigentliche Designdatei nicht auf dem Bildschirm angezeigt werden, sondern immer nur eine darauf basierende Präsentation. Arbeiten Sie also zunächst mit einer normalen PowerPoint-Präsentation *(*.pptx)*. Die darin getroffenen Festlegungen werden dann später als Design *(*.thmx)* abgespeichert.

Das passende Folienformat wählen

Prinzipiell sind Designs von der Größe der Folie unabhängig. Im Design selbst wird keine Information über Größe und Seitenverhältnis der Folie gespeichert. Wenn Sie einer Präsentation ein Design zuweisen, werden der Folienhintergrund und eventuell vorhandene Grafiken an das Folienformat angepasst.

Während über viele Jahre Monitore mit dem Seitenverhältnis 4:3 der Standard sowohl für Fernseher als auch für Computer waren, geht zurzeit ein Trend hin zu Breitbildmonitoren. Widescreen-TV-Monitore (HDTV) ersetzen die Leinwand in Besprechungsräumen, Desktop-PCs und Notebooks werden mit Breitbildmonitoren ausgestattet und auch moderne Beamer verwenden ein Breitbild-Seitenverhältnis als Standard oder lassen sich zumindest darauf einstellen.

HINWEIS Aber Achtung: Breitbild ist nicht gleich Breitbild. TV-Monitore verwenden ein Seitenverhältnis von 16:9, bei Computermonitoren sind sowohl 16:10 als auch 16:9 verbreitet. Stellen Sie zunächst fest, welches der beiden Formate Ihre Geräte unterstützen.

Falls Sie viel reisen und Ihre Präsentationen auf vielen fremden Computern und/oder Beamern vorführen, sind Sie mit dem von PowerPoint vorgegebenen Bildschirmpräsentationsformat mit dem Seitenverhältnis 4:3 immer noch eher auf der sicheren Seite.

Ein Breitbild-Folienformat zu verwenden suggeriert zunächst breitere Folien mit mehr Platz. Schauen Sie sich aber unter *Entwurf/Seite einrichten* die Werte für Breite und Höhe der vorgegebenen Papierformate an, werden Sie bemerken, dass die Breite mit 25,4 cm bei allen drei Bildschirmpräsentationsformaten gleich bleibt, nur die Höhe wird angepasst, um das breitere Seitenverhältnis zu erhalten. In Wirklichkeit bieten Breitbildfolien also weniger Folienfläche. Auch dies sollten Sie bei der Entscheidung für ein Folienformat berücksichtigen und gegebenenfalls ein etwas größeres benutzerdefiniertes Format wählen.

Werden vorhandene Folien in eine neue Folie mit anderem Seitenverhältnis eingefügt, werden alle Folieninhalte an das neue Format angepasst. Bei der Umstellung auf ein Breitbildformat werden sie in der Höhe gestaucht. Dies fällt insbesondere bei Kreisen, Quadraten, Fotos und Logos als Verzerrung auf (siehe Abbildung 4.8). Bei gleichbleibender Schriftgröße passt aufgrund der geringeren Folienhöhe zudem weniger Text auf die Folien. Auch diesen Arbeitsaufwand für die Umstellung und Anpassung vorhandener Folien müssen Sie also einkalkulieren, wenn Sie sich bei Ihrer neuen Vorlage für ein anderes Folienformat als bisher entscheiden.

Abbildg. 4.8 Logos und andere Grafiken werden bei der Umstellung des Folienformats verzerrt

Für die Vorlage für die Beispielpräsentationen für dieses Buch fiel nach Abwägung all dieser Punkte die Entscheidung für das moderner wirkende 16:10-Format mit leicht angepasster Foliengröße.

Farbenspiele: Die Designfarben festlegen

Da das PowerPoint-Logo rotbraune Farbtöne als Grundfarbe verwendet, sollte einer dieser Farbtöne natürlich unter den Akzentfarben der Handbuchvorlage auftauchen. Blau sollte sowohl als Hintergrundfarbe verwendet werden als auch bei den Akzentfarben wieder auftauchen. Zu diesen beiden Farben wurden für die restlichen Akzentfarben gut kontrastierende Farben aus dem Farbkreis ausgewählt (Grün in Anlehnung an die Excel-Logo-Farbe, darüber hinaus Violett, Türkis und Orange).

TIPP Gelbtöne sollten Sie nur mit Bedacht in Ihrer Vorlage verwenden, da viele Beamer Schwierigkeiten haben, sie unverfälscht darzustellen. Testen Sie sie mit dem Beamer, der später verwendet werden soll, so früh wie möglich im Prozess der Vorlagenentwicklung.

Die richtigen Farben für Ihre Präsentation

Farben erzeugen Emotionen. Farben prägen sich ein. Nehmen Sie sich daher etwas Zeit, um die richtigen Farben für Ihr Design zu finden. Die folgenden Überlegungen helfen Ihnen, wenn Sie keins der integrierten Farbschemas verwenden wollen, sondern Ihr eigenes zusammenstellen wollen.

Etwas Theorie: Wie entsteht eigentlich Farbe?

Sonnenlicht enthält alle Farben des Farbspektrums, in der Kombination erscheinen sie weiß. Fällt dieses Licht auf einen Gegenstand, wird nur ein bestimmter Anteil reflektiert, der Gegenstand erscheint für den Betrachter farbig.

Abbildg. 4.9 Die Blume reflektiert nur den roten Anteil des Sonnenlichts und erscheint dem Betrachter rot

Das menschliche Auge enthält zwei Arten von Sehzellen: *Stäbchen*, die es ermöglichen, hell und dunkel zu unterscheiden, und *Zapfen*, mit deren Hilfe man Farben erkennen kann; sie sind in drei Typen für rot, grün und blau vorhanden. Licht, das alle Farbanteile enthält, erscheint weiß.

Nach einem ähnlichen Prinzip sind Fernseh- und Computermonitore aufgebaut; ihre Bildschirmpixel bestehen aus je einem roten, grünen und blauen Bildpunkt, deren Helligkeit geregelt werden kann. Aus der Mischung dieser Komponenten ergibt sich die Wahrnehmung eines Farbtons.

Die RGB-Farben (Rot, Grün, Blau) des Monitors bestimmen das Standardfarbmodell, mit dem in PowerPoint benutzerdefinierte Farben festgelegt werden. Werden alle drei in maximaler Helligkeit gemischt, ergeben sie Weiß (siehe Abbildung 4.10).

Wenn Sie in einem Menü oder Dialogfeld für Füll-, Linien- oder die Designfarben die Option *Weitere Farben* auswählen, werden Eingabefelder für die Anteile der RGB-Farben angezeigt. Die Werte reichen jeweils von 0 bis 255. Diese Art der Farbdefinition ist Standard für Monitorfarben, aber leider sehr wenig intuitiv.

Ein zweites Farbmodell, die CMYK-Farben (engl. Cyan, Magenta, Yellow, Black), wird wichtig, wenn Folien gedruckt werden. Laser- und Tintenstrahldrucker mischen Farbtöne aus den drei Grundfarben Cyan, Magenta und Gelb; da diese in der Praxis kein reines Schwarz ergeben, wird dies als vierte Farbe zugemischt (siehe Abbildung 4.10).

CMYK-Farben können Sie in PowerPoint nicht einstellen. Sind sie in einer Unternehmens-CI vorgegeben, bitten Sie den Grafikdesigner, Ihnen RGB-Werte zu nennen, oder nutzen Sie ein Grafikprogramm, um die Werte umzurechnen.

Abbildg. 4.10 Im RGB-Modell (links) mischen sich rotes, grünes und blaues Licht zu Weiß, im CMYK-Modell mischen sich die Druckfarben Cyan, Magenta und Gelb zu Schwarz

TIPP Auch wenn Bildschirm und Beamer beide RGB-Farben verwenden, ist die Wirkung der Farben oft unterschiedlich. Insbesondere Gelbtöne werden von vielen Beamern eher als »senffarben« dargestellt. Außerdem sind die aus RGB-Farben und CMYK-Farben mischbaren Farbtöne nicht genau gleich, testen Sie die auf dem Bildschirm festgelegten Farben deshalb auf jeden Fall auf allen drei Ausgabemedien: Bildschirm, Beamer und Drucker.

Sie können in Office auf ein weiteres Farbmodell zugreifen, die **HSL-Farben** (engl. **H**ue, **S**aturation, **L**ightness = Farbton, Sättigung, Helligkeit). Diese Art der Farbmischung entspricht der von Malfarben: Einem Grundfarbton wird Schwarz und/oder Weiß zugemischt, um seine Sättigung und Helligkeit zu verändern.

Wählen Sie im HSL-Modell einen Farbton aus und verändern die Sättigung schrittweise (bei gleichbleibender Intensität), bewegen Sie sich von der leuchtenden reinen Farbe über gebrochene Farbtöne zum Grau. Verändern Sie dagegen die Intensität bei gleichbleibender Sättigung, verändert sich der Farbton von weiß über helle, pastellige Töne bis zu dunklen Farbtönen und schwarz. Auch hier reichen die Werte jeweils von 0 bis 255. Im HSL-Modell können Sie Farben also intuitiver einstellen (siehe Abbildung 4.11).

Abbildg. 4.11 Farbreihen, die mithilfe des HSL-Farbmodells erstellt wurden, indem jeweils nur ein Parameter geändert wurde

Das HSL-Farbmodell kann Ihnen dabei helfen, die sechs Akzentfarben des Designfarbschemas zusammenzustellen. Bevorzugen Sie Farbtöne mit ähnlicher Sättigung und mittlerer Helligkeit. Wenn Sie starke Farbkontraste in Ihrer Präsentation haben möchten, wählen Sie dann sechs Farbtöne, die über das ganze Spektrum verteilt sind. Wenn Sie Ihre Folien eher Ton in Ton gestalten möchten, wählen Sie die Farben nur aus einem Ausschnitt des Spektrums.

TIPP Fühlen Sie sich unsicher bei der Farbwahl? Dann kann Ihnen die Webseite *Adobe Kuler* weiterhelfen: *http://kuler.adobe.com*. Ein Tutorial dazu finden Sie unter *http://kuler.adobe.com/links/tutorial* (in Englisch).

Um ein Farbschema zu erstellen, klicken Sie links auf *Create/From a Color*. Geben Sie unter *Base Color* die RGB-Werte Ihrer Grundfarbe ein oder ziehen Sie im Farbkreis das größte Pendel auf den gewünschten Farbton. Wählen Sie unter *Select a Rule* eine Regel, *Monochromatic* oder *Shades* für Ton in Ton, *Triad* für bunte Farbdreiklänge oder eine der anderen drei Regeln, die jeweils nur einen Teil des Spektrums abdecken. Unten können Sie die RGB-Werte ablesen und in Ihre Designfarben übertragen. Damit können Sie übrigens auch CMYK-Farben in RGB-Werte umrechnen.

Sie können diese Webseite auch benutzen, um mit *From an Image* ein Farbschema aus einem Foto erstellen zu lassen. Zum Beispiel um sich von der Natur inspirieren zu lassen oder um Ihr Farbschema auf ein Titelbild abzustimmen.

TIPP Leider verfügt die Version 2010 von PowerPoint immer noch nicht über die Möglichkeit, Farben von Fotos oder Webseiten zu übernehmen. Hier leistet ein kleines kostenloses Tool gute Dienste: *Pixie*, das Sie von der Webseite *http://www.nattyware.com/pixie.php* herunterladen können.

Abbildg. 4.12 Pixie liefert die genauen Farbwerte einer Abbildung

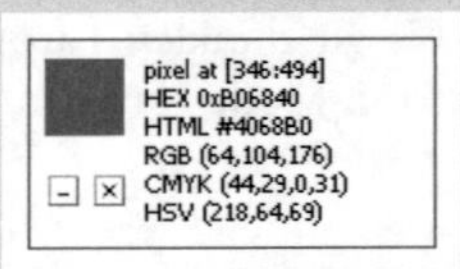

Pixie ist ein *Color Picker*, der Ihnen die RGB-Werte für die Farbe des Pixels angibt, auf die der Cursor gerade zeigt. Diese Werte können Sie allerdings nicht direkt aus dem Programm nach PowerPoint übernehmen, sondern müssen sie abschreiben.

Drei Gruppen von Farben gilt es im Folgenden festzulegen:

- vier Text- und Hintergrundfarben
- sechs Akzentfarben
- zwei Hyperlinkfarben

Festlegung der Text- und Hintergrundfarben

Die ersten vier Farben des Farbschemas, die für Texte und Hintergründe vorgesehen sind, bestehen jeweils paarweise aus einer hellen und einer dunklen Farbe. Wählen Sie zum Beispiel eine der dunklen Farben als Textfarbe in den Platzhaltern des Masters und eine der hellen als Folienhintergrund.

Falls Sie sich später für einen dunklen Folienhintergrund entscheiden und diesen über *Entwurf/Hintergrundformate* wählen, wird automatisch die Schriftfarbe angepasst und erscheint in einer kontrastierenden hellen Farbe (und natürlich umgekehrt). Dieser Automatismus funktioniert nicht mehr, wenn Sie eine Akzentfarbe oder benutzerdefinierte Farbe für die Schrift zuweisen; sie bleibt unverändert.

TIPP Als erste Farben *(Text/Hintergrund 1)* sind in den allermeisten Designfarbschemas Schwarz und Weiß vorgegeben. Diese beiden Farben sollten Sie möglichst nicht ändern, denn Sie werden sie in fast allen Präsentationen brauchen. Andererseits besteht so normalerweise auch keine Notwendigkeit, eine der beiden Farben als Akzentfarbe erneut aufzugreifen.

Als dunkler Farbton des zweiten Farbpaares wurde in der Beispielvorlage aus der für den Folienhintergrund vorgesehenen Grafik mithilfe eines Color Picker ein blaugrauer Farbton (»eisblau«) gewählt. Kontrastierend dazu ist ein sehr helles Grau als vierte Farbe (in der PowerPoint-Farbauswahl wird es wegen der leichten Blautönung als »lavendel« angezeigt).

So gehen Sie bei der Definition der ersten Farbe vor:

1. Wechseln Sie zur Registerkarte *Entwurf*.
2. Klappen Sie in der Gruppe *Designs* über *Farben* den Katalog der Designfarben auf.
3. Wählen Sie das Farbschema, das als Ausgangspunkt dienen soll (hier: *Larissa*).
4. Klicken Sie unten auf *Neue Designfarben erstellen;* es öffnet sich das gleichnamige Dialogfeld.
5. Vergeben Sie einen *Namen* für Ihr Farbschema.
6. Klicken Sie auf den kleinen Dropdownpfeil rechts neben der Farbe, die Sie ändern möchten.
7. Unten im Farbauswahlfeld wählen Sie *Weitere Farben.*
8. Nun können Sie den gewünschten Farbton bei den benutzerdefinierten Farben als RGB- (oder HSL-)Wert eingeben.
9. Wiederholen Sie dies für die übrigen Farben.
10. Schließen Sie das Dialogfeld *Neue Designfarben erstellen* mit *Speichern*.

TIPP Die Designfarben werden dabei in der Vorlage und zusätzlich in einer eigenen Datei mit der Dateierweiterung *.xml* gespeichert. Insbesondere wenn Sie später Ihr Design weitergeben oder in einem Netzwerk verteilen, besteht die Gefahr einer Verwechslung mit anderen XML-Dateien wie zum Beispiel den Designschriften. Es ist deshalb empfehlenswert, im Dateinamen einen kennzeichnenden Zusatz wie *_colors* hinzuzufügen.

Auswahl der Akzentfarben

Wählen Sie als Akzentfarben möglichst keine reinen, gesättigten Farben. Diese stehen Ihnen im Farbauswahlfeld als Standardfarben stets zur Verfügung. Gebrochene (das heißt mit Schwarz und/oder Weiß abgetönte) Farben sind für das Auge meist wesentlich angenehmer. Fünf Schattierungen – bei Farben mittlerer Helligkeit drei hellere und zwei dunklere – werden zu jeder Farbe automatisch hinzugefügt.

Abbildg. 4.13 Ein Rechtsklick ermöglicht das nachträgliche Bearbeiten der Designfarben

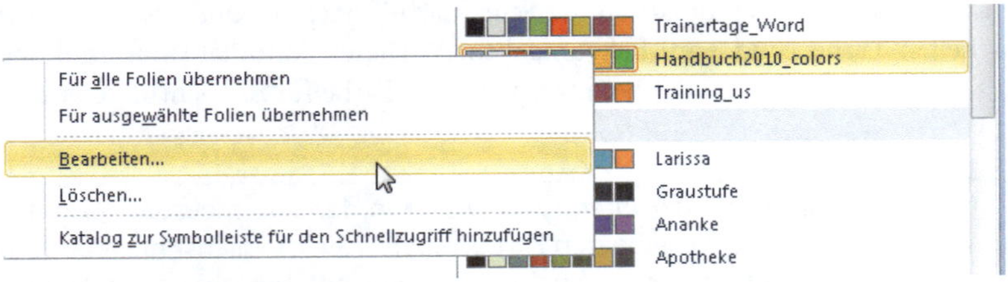

HINWEIS Sie können nur benutzerdefinierte Designfarbschemas bearbeiten; bei den integrierten ist der Befehl *Bearbeiten* nicht verfügbar. Sie können diese aber als Ausgangspunkt für die Zusammenstellung eigener Farben auswählen, ändern und anschließend unter neuem Namen speichern.

Denken Sie bei der Wahl der Farben für das Design auch schon an die spätere Verwendung der Farben in den übrigen Office-Programmen: Die Akzentfarben des Farbschemas werden in Word und Excel als Überschriften- und Linienfarben verwendet. Auch deshalb ist es wichtig, keine zu hellen Farben zu wählen, um ausreichenden Kontrast zu gewährleisten.

Abbildg. 4.14 Das Dialogfeld *Designfarben bearbeiten* zeigt auch eine kleine Vorschau auf die Verwendung der Farben

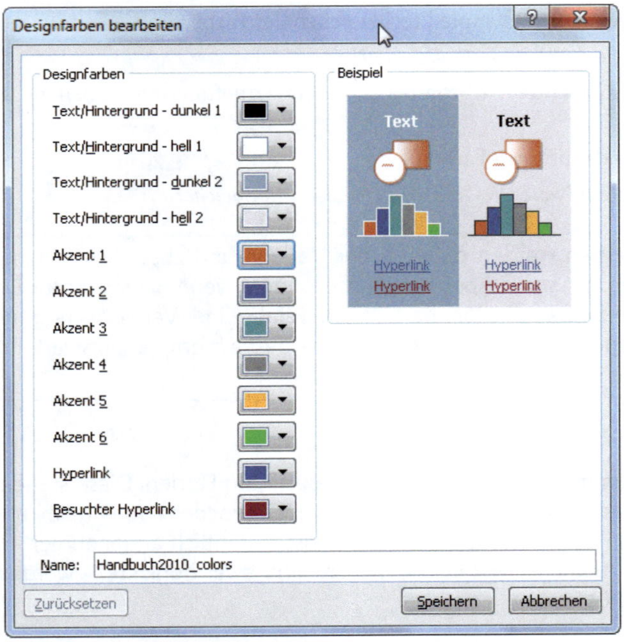

Testen Sie anschließend Ihre Designfarben. Zeichnen Sie einige beliebige Formen auf eine leere Folie und wenden Sie verschiedene Farben darauf an. Harmonieren die Farben untereinander? Tauchen in den Schattierungen Farben auf, die Sie in Ihren Präsentationen lieber vermeiden würden? Insbesondere die hellen Schattierungen von Rot können zum »Zuckerguss-Rosa« tendieren, die dunklen

Schattierungen von Gelb zu einem schmutzigen Braun. Ergeben sich in Diagrammen ausreichende Kontraste, um die Datenreihen zu unterscheiden? Nehmen Sie bei Bedarf jetzt schon Korrekturen an den Farben vor. Einen abschließenden Test sollten Sie dann nach der Fertigstellung des kompletten Designs machen.

Farben für Hyperlinks

Zwei weitere Farben sind im Farbschema festzulegen: die Farben für *Hyperlinks* und *besuchte Hyperlinks.* Während hierfür in den älteren PowerPoint-Versionen Akzentfarben verwendet wurden, was immer wieder zu schlecht lesbaren Hyperlinks führte, sind in PowerPoint 2010 dafür die elfte und zwölfte Farbe vorgesehen. Diese beiden Farben werden an keiner anderen Stelle in den Office-Programmen verwendet.

Im Farbschema *Larissa* sind hier die Farben Blau (noch nicht angeklickter Hyperlink) und Violett (besuchter Hyperlink) vorgegeben. Da diese Farben so auch auf vielen Internetseiten benutzt werden, also eine intuitive Bedienung ermöglichen und außerdem gut mit dem hellen Hintergrund kontrastieren, werden in den Handbuchfarben das Blau der Akzentfarbe 2 und ein dazu passendes Violett verwendet.

CD-ROM Die fertigen Beispieldesignfarben *Handbuch2010_colors.xml* sind auf der CD zu diesem Handbuch im Ordner *\Buch\Kap04* enthalten.

Zusätzliche Designfarben bereitstellen

Sollte das für dieses PowerPoint-Handbuch entwickelte Design zum Beispiel für ein Excel-Handbuch verwendet werden, wäre es dort sicherlich wünschenswert, nicht Rotbraun, sondern Grün als Akzentfarbe 1 zu verwenden.

Solche zusätzlichen Designfarben sind schnell erstellt, indem Sie das soeben erstellte Farbschema mit der rechten Maustaste anklicken und *Bearbeiten* wählen. Klicken Sie auf den Dropdownpfeil neben der Akzentfarbe 1 und wählen Sie das Grün der Akzentfarbe 6 aus. Wiederholen Sie dies für die Akzentfarbe 6 und wählen Sie das Rotbraunorange der Akzentfarbe 1 aus. Speichern Sie die neuen Designfarben unter neuem Namen (beispielsweise *Excel-Handbuch_colors.xml*). Solange Sie die Zusammenstellung der Designfarben noch nicht mit *OK* abgeschlossen haben, bleiben die Farben, die in den Dropdownfeldern angezeigt werden, unverändert. Erst wenn die neuen Farben einmal gespeichert wurden, wird die Darstellung angepasst. Dadurch wird das Wechseln der Reihenfolge erleichtert.

In einem Design kann jeweils nur ein Satz Designfarben gespeichert werden. Wenn Sie zusätzliche Designfarben erstellen, sollten Sie diese aus Ihrem lokalen Vorlagenordner in den Arbeitsgruppenvorlagen-Ordner kopieren, um sie allen Anwendern zur Verfügung zu stellen.

TIPP Sie können mehrere Designfarbensätze in einem Design unterbringen, wenn Sie den XML-Code der THMX-Datei anpassen. Eine Anleitung dazu finden Sie auf der Webseite *http://www.echosvoice.com/2007/addcolorstotheme.htm* (in Englisch).

Für Lesbarkeit sorgen: Die Designschriften auswählen

Als Nächstes müssen ein oder zwei Schriftarten als Designschriften für Überschriften und Textkörper festgelegt werden. Diese Schrift(en) sollten zu den auf der Verlagswebseite und im Handbuch verwendeten Schriften passen und gut lesbar sein.

Etwas Theorie: Was macht die Lesbarkeit einer Schrift aus?

Schrift auf Bildschirm oder Leinwand ist schwieriger zu lesen als auf Papier gedruckte Texte. Zudem hängt die Lesbarkeit von Texten auf Folien immer auch von der Umgebung ab. Wie groß ist die Leinwand bzw. der Monitor? Wie groß ist die Auflösung des Beamers? Wie weit sitzen die Zuschauer entfernt? Wie hell oder wie dunkel ist der Vortragsraum? Gibt es störenden Lichteinfall von Fenstern oder Lampen? Wann immer Sie die Gelegenheit haben, sollten Sie, bevor Sie das Design endgültig festlegen, Ihre Folien vor Ort testen. Setzen Sie sich dabei auch einmal in die letzte Reihe.

TIPP Falls Sie nicht die Möglichkeit haben, Ihre Folien unter den späteren Präsentationsbedingungen zu testen, sollten Sie zumindest einige Testfolien auf DIN A4 ausdrucken, an eine Wand heften und aus 2,5 m Abstand betrachten. (Das entspricht etwa dem Siebenfachen der Diagonale.) So können Sie grob die Lesbarkeit beurteilen.

Die wichtigsten Regeln haben wir in den folgenden Abschnitten zusammengestellt.

Schriftkategorien

Schriften werden aufgrund ihrer Buchstabenform in Kategorien eingeteilt (siehe Abbildung 4.15 und Abbildung 4.16):

Abbildg. 4.15 Einige wichtige Bestandteile von Schriften

- **Antiqua** (mit den Unterkategorien Renaissance-Antiqua und Klassizistische Antiqua): Dies sind serifenbetonte Schriften, bei denen senkrechte, waagerechte und diagonale Linien mehr oder weniger unterschiedlich breit sind. Während die Serifen bei gedruckten Texten das Auge entlang der Zeile leiten, können sie auf dem Bildschirm die Lesbarkeit erschweren. Schwer lesbar sind auch Schriften mit stark unterschiedlicher Strichbreite, die dünneren Striche drohen auf dem Bildschirm zu verschwinden. Diese Schriftarten brauchen etwas größere Schriftgrößen als serifenlose Schriften.
- **Grotesk** (auch als serifenlose Linear-Antiqua bezeichnet): Dies sind serifenlose Schriften. Sie sind bei größerem Betrachtungsabstand leichter zu erkennen und eignen sich deshalb besser für Leinwand und Bildschirm (und werden aus diesem Grunde auch auf Verkehrsschildern eingesetzt). Dazu trägt auch bei, dass ihre Strichbreite immer gleichmäßig ist.
- **Egyptienne** (oder serifenbetonte Linear-Antiqua): Sie nehmen eine Mittelstellung zwischen den beiden vorgenannten ein, da sie einerseits Serifen habe, andererseits aber gleich breite Striche. Auch sie sind auf dem Bildschirm gut lesbar, wirken aber sehr »technisch« bzw. wie »Schreibmaschinenschrift«.

- **Schreibschriften:** Sie ahmen mit der Hand geschriebene Schrift nach. Auf Folien sind sie schwer lesbar und sollten deshalb nicht für längere Texte genutzt werden und nie ausschließlich in Großbuchstaben verwendet werden. Sparsam eingesetzt können damit beispielsweise Zitate hervorgehoben werden.
- **Zierschriften:** Künstlerisch ausgestaltete Schriften. Ihre Zahl ist unüberschaubar, ihre Verwendbarkeit in Präsentationen sehr begrenzt. Gelegentlich können sie für kurze Texte wie Titel oder Zitate eingesetzt werden.
- **Symbolschriftarten:** Statt der Buchstaben enthalten diese Schriften Sonderzeichen, Piktogramme oder dekorative Elemente.

Abbildg. 4.16 Die wichtigsten Schriftkategorien mit einigen Beispielen

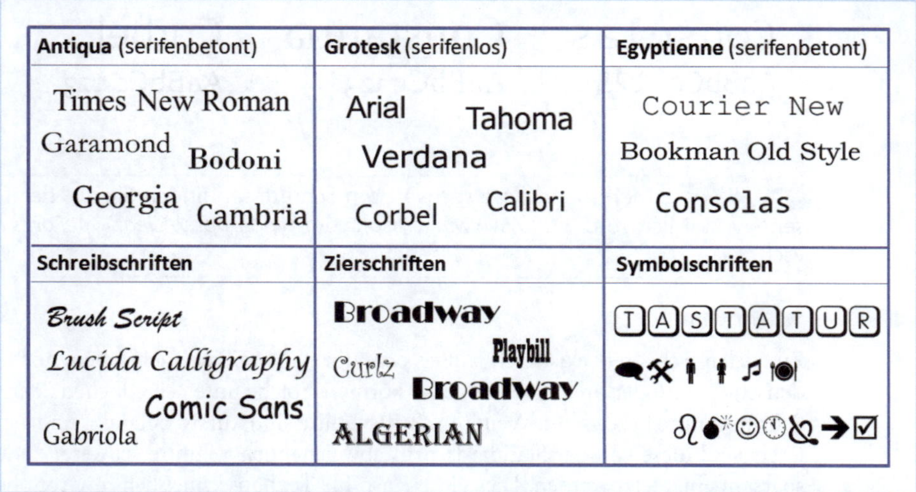

Schriftfamilien

Wenn Sie für ein Unternehmen ein Vorlagenpaket erstellen wollen und für PowerPoint-Präsentationen eine serifenlose, für Word-Dokumente aber auch serifenbetonte Schriftarten verwenden wollen, sollten Sie sich das Angebot an Schriftfamilien ansehen. Diese enthalten Schriftarten aus mehreren Schriftkategorien, die aber so entworfen wurden, dass sie harmonisch zusammenpassen. Mit Office mitgeliefert werden zum Beispiel mehrere Lucida-Schriften; eine besonders umfangreiche Schriftfamilie ist die Thesis (die allerdings nicht im Lieferumfang enthalten ist).

ClearType-Schriftarten

Mit Windows Vista wurden sechs neue Schriftarten eingeführt, die sowohl für die Bildschirmanzeige als auch für den Druck auf Bürolaserdruckern optimiert sind (siehe Abbildung 4.17). Gemeinsam ist ihnen, dass ihre Schriftdicke keine starken Schwankungen aufweist, ihre Mittellänge im Verhältnis zu Ober- und Unterlänge hoch ist und Rundungen (beispielsweise beim c und e) weit geöffnet sind. Alle drei Merkmale erhöhen die Lesbarkeit sowohl auf dem Bildschirm als auch im Druck, denn die Verwechslungsgefahr der Buchstaben ist dadurch geringer. Zudem werden ihre Kanten durch die ClearType-Technologie stark geglättet, sodass auch an Rundungen und Diagonalen keine »Pixel-Treppchen« sichtbar sind.

Diese sechs Schriftarten werden mit Vista, Windows 7, Office 2007, Office 2010, dem Office Compatibility Pack und/oder dem PowerPoint Viewer mit installiert; sie sind mittlerweile also schon auf vielen Rechnern verfügbar. Da es sich um sogenannte OpenType-Schriftarten handelt, sind diese Schriften plattformübergreifend auf PC und Mac einsetzbar.

Abbildg. 4.17 Sechs neue, gut lesbare Schriften sind in den neueren Windows- und Office-Versionen verfügbar

Calibri AaBbCc 123	Cambria AaBbCc 123	Candara AaBbCc 123
Consolas AaBbCc 123	Constantia AaBbCc 123	Corbel AaBbCc 123

TIPP Mehr über diese sechs neuen Schriftarten finden Sie auf der Typografie-Webseite von Microsoft: *http://www.microsoft.com/typography/ClearTypeFonts.mspx* (auf Englisch).

Schriftschnitte

Zu vielen Schriften existieren außer den normal breiten Buchstaben noch schmale (»condensed«) und/oder breite (»extended«) Formen. Solche unterschiedlichen Schriftstile werden als Schriftschnitte bezeichnet. Weitere Schriftschnitte sind kursiv (»italic«) und Kapitälchen. In der Regel sind diese von der Standardschrift abweichenden Schnitte schwerer zu lesen, sollten also sparsam eingesetzt werden. Dies gilt ebenso für Text ausschließlich in Großbuchstaben (Versalien).

Zifferntypen

Schriften können zwei verschiedene Typen von Ziffern enthalten:

- *Mediävalziffern* haben variierende Unter- und Oberlängen (beachten Sie die Ziffer *3* bei Candara, Constantia und Corbel in Abbildung 4.17). Sie sind gut lesbar für Zahlen im Fließtext; in Tabellen sind sie schlecht lesbar, weil ihr Schriftbild zu unruhig ist.
- *Tabellenziffern* (= Versalziffern) sind gleich hoch und deshalb geeigneter, wenn Sie sehr zahlenlastige Präsentationen erstellen (siehe die Ziffern von Calibri, Cambria und Consolas in Abbildung 4.17).

Zwar enthalten alle OpenType-Schriften beide Zifferntypen, eine Auswahl ist aber leider nur in Word 2010 möglich. Brauchen Sie über die Zahlen hinaus Sonderzeichen für Formeln, finden Sie diese in *Cambria Math*.

Wenn Sie für die Designschriften vor der Aufgabe stehen, zwei Schriften auswählen zu müssen, ist es das Einfachste, zweimal dieselbe Schriftart zu wählen und später im Master zwei unterschiedliche Schriftschnitte (normal, fett, kursiv etc.) und Schriftgrößen dafür zu definieren. Wollen Sie zwei verschiedene Schriftarten verwenden, achten Sie auf Kontraste. Eine serifenbetonte Schrift »verträgt« sich eher mit einer serifenlosen als mit einer aus derselben Kategorie. Da die Serifenschrift eine etwas größere Schriftgröße als die Grotesk-Schrift benötigt, um gut lesbar zu sein, bietet es sich an, sie in der Überschrift zu verwenden und für den Textkörper die serifenlose Schrift zu wählen.

Die Wahl der Schriftarten für die Beispielpräsentation fiel letztlich auf Calibri, die als moderne Schrift gut zum Thema passt und gut lesbar ist. Sie wird sowohl für Überschriften als auch für den Fließtext verwendet.

In diesem Fall ist das Vorgehen einfach: Die Kombination aus Calibri sowohl für die Überschriften als auch Calibri für den Textkörper entspricht den Designschriftarten *Larissa* und steht somit schon vorinstalliert zur Verfügung.

Sollten Sie sich für eine andere Kombination entscheiden, legen Sie die Designschriftarten so fest:

1. Wechseln Sie zur Registerkarte *Entwurf*.
2. Öffnen Sie in der Gruppe *Designs* mit einem Klick auf *Schriftarten* den Designschriftartenkatalog. Dort finden Sie unten den Befehl *Neue Designschriftarten erstellen*.

Abbildg. 4.18 *Neue Designschriftarten erstellen* ermöglicht es Ihnen, eigene Designschriftarten zu definieren

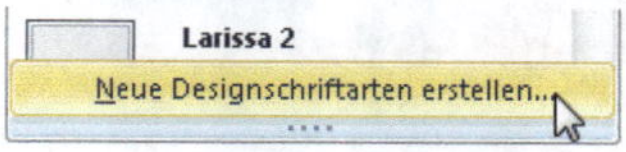

3. Dieser Befehl öffnet das gleichnamige Dialogfeld, in dem Sie im oberen Feld die Schriftart für die Überschriften auswählen und im unteren die für den Textkörper.

Abbildg. 4.19 Im Dialogfeld *Neue Designschriftarten erstellen* legen Sie die Schriftarten für Ihr Design fest

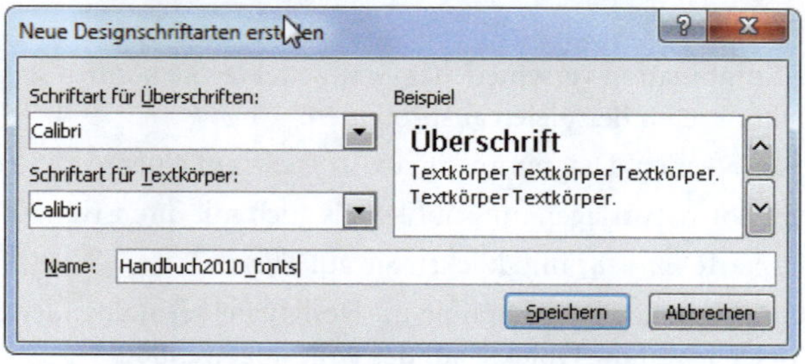

4. Vergeben Sie einen Namen für die neuen Designschriftarten und schließen Sie das Dialogfeld mit *Speichern*.

HINWEIS Benutzerdefinierte Designschriftarten bearbeiten Sie, indem Sie mit der rechten Maustaste auf den entsprechenden Eintrag im Schriftartenkatalog klicken und *Bearbeiten* wählen. Für vorinstallierte Designschriftarten steht der Befehl *Bearbeiten* nicht zur Verfügung.

Im Design wählen Sie zunächst nur die Schrift*arten* aus, alle weiteren Schrifteigenschaften wie Schriftschnitt, -größe und -farbe werden in den Platzhaltern von Master und Layouts festgelegt.

Schneller und einheitlicher formatieren: Designeffekte

Als dritte Komponente, die in jedem Design enthalten ist, sind nun noch die Designeffekte festzulegen. Sie bestimmen das Erscheinungsbild der Formenarten, Diagramm- und SmartArt-Formatvorlagen.

Abbildg. 4.20 Effekte wirken sich kombiniert mit den Designfarben auf die Formenarten aus

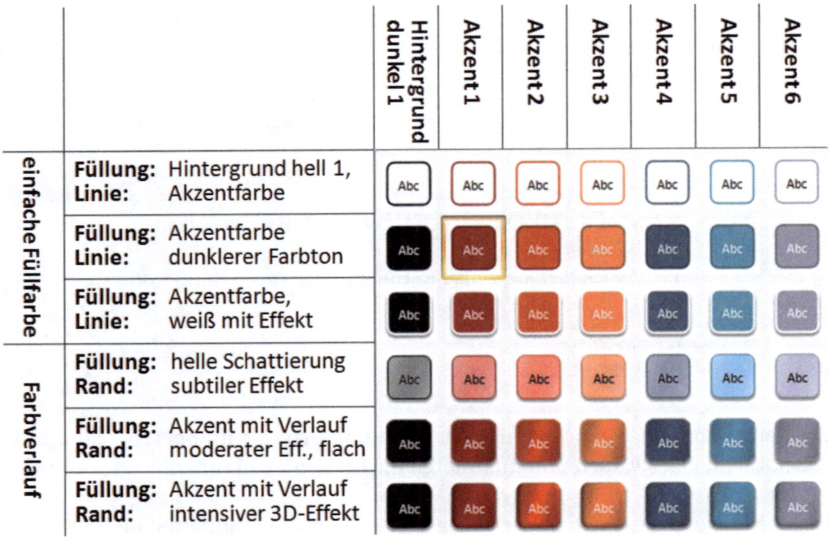

Die Designeffekte sind eine Kombination verschiedener Grafikeffekte. Sie können sie am leichtesten beurteilen, indem Sie sie an konkreten Beispielen ausprobieren:

1. Fügen Sie einige Objekte – Formen, Diagramm, SmartArt etc. – auf einer leeren Folie ein.
2. Weisen Sie diesen sowohl Formatvorlagen mit subtilen als auch mit intensiven Effekten zu.
3. Wechseln Sie zur Registerkarte *Entwurf* und klicken Sie auf *Effekte*.
4. Fahren Sie mit dem Mauszeiger über die Symbole im Designeffektekatalog; der entsprechende Effekt wird sofort als Vorschau auf die Objekte auf der Folie angewendet.
5. Wenn Sie den passenden Effekt gefunden haben, wählen Sie ihn mit einem Mausklick aus.

Für das Beispieldesign wurden die Designeffekte *Klarheit* gewählt, da sie sehr zurückhaltend sind und so gut zu unterschiedlichsten Inhalten passen.

Abbildg. 4.21 Testen Sie die Designeffekte an unterschiedlichen Objekten

PROFITIPP **Designs erstellen mit dem Microsoft Theme Builder**

Die Effekte können Sie nicht von PowerPoint aus ändern. Die einzige Möglichkeit, Designeffekte ohne umfangreiche XML-Kenntnisse selbst zu erstellen, ist der *Microsoft Theme Builder*. Dieses Zusatzprogramm ermöglicht es, die Bestandteile des Designs, darunter auch die Effekte, einzeln einzustellen. Es war allerdings bei Drucklegung dieses Buches noch in der Betaphase. Wenn Sie es ausprobieren wollen, können Sie es hier kostenlos herunterladen: *http://connect.microsoft.com/ThemeBuilder*. Wenn Sie es installiert haben, öffnen Sie am besten zuerst das Hilfe-Menü. Es enthält umfangreiche (englischsprachige) Informationen zum Umgang mit diesem Tool.

Das Design abspeichern

Nachdem Sie diese drei grundlegenden Einstellungen zu Farben, Schriften und Effekten getroffen haben, können Sie die Datei als Design speichern. Klicken Sie dazu auf *Datei/Speichern unter*. In der Dropdownliste *Dateityp* wählen Sie *Office-Design (*.thmx)* aus.

Das Design enthält nun mit Farben, Schriften und Effekten alle Elemente, die Sie daraus in Word und Excel nutzen können. Für PowerPoint können (und sollten) allerdings noch mehr Elemente im Design gespeichert werden.

Wenn Sie Ihr Design ergänzen wollen, arbeiten Sie am Bildschirm weiter mit der PPTX-Datei (oder POTX-Datei) und überschreiben das Design später. Details zum Speichern von Designs finden Sie im Abschnitt »Tipps & Tricks zu Vorlagen und Designs / Die Speicherorte für Vorlagen und Designs« weiter hinten in diesem Kapitel.

CD-ROM Das fertige Beispieldesign *Handbuch2010.thmx* finden Sie auf der CD im Ordner *\Buch\Kap04*.

Transparenz für alle Beteiligten: Guidelines

Sobald die ersten Festlegungen für ein neues Design getroffen wurden, sollten Sie beginnen, diese schriftlich festzuhalten. Wählen Sie dazu die Arbeitsmittel, die Ihnen am besten zusagen. Sei es zunächst auf Papier, in einem Textdokument oder als PowerPoint-Präsentation, in der Sie die während der Arbeit erstellten Test- und Musterfolien sammeln.

TIPP Probieren Sie einmal *Microsoft Office OneNote* zum Sammeln der Informationen aus. In diesem Programm können Sie sowohl Textnotizen machen als auch mit einem praktischen Clip-Werkzeug einen Teil des Bildschirms kopieren.

Feinarbeit: Weitere Bausteine der Vorlage festlegen

Über diese drei grundlegenden Bausteine hinaus ist es für PowerPoint empfehlenswert, weitere Bausteine bereits im Master und im Design festzulegen, damit sie in allen darauf basierenden Vorlagen zur Verfügung stehen:

- Hintergrund
- grafische Elemente, eventuell auch das Logo

- zusätzliche Folienlayouts
- mehrere Folienmaster

Wenn Sie sehr stark unterschiedliche Vorlagen planen, können Sie dies natürlich auch erst in den jeweiligen Vorlagen definieren.

Den Hintergrund gestalten

Dadurch, dass Sie bei der Entwicklung Ihres Designs von einem vorhandenen Design ausgegangen sind und vier Hintergrundfarben definiert haben, stehen Ihnen zwölf Hintergrundformatvorlagen automatisch zur Verfügung. Diese kombinieren die vier Hintergrundfarben des Farbschemas mit verschieden starken Effekten. Bei diesen Effekten kann es sich je nach Design um Farbverläufe, aber auch um Strukturen handeln.

Diese Hintergründe werden in vielen Designs durch im Master darübergelegte Grafiken ergänzt. Wenn Sie für Ihr eigenes Design eine bestimmte Hintergrundstruktur oder eine bestimmte Grafik eines installierten Designs nutzen wollen (zum Beispiel Streifen wie im Design *Metis* oder eine Struktur wie im Design *Papier* oder einen ungewöhnlichen Farbverlauf wie im Design *Horizont*), sollten Sie mit diesem Design starten, denn die Grafiken sind nicht separat gespeichert, sondern nur innerhalb des Designs.

So weisen Sie ein Hintergrundformat zu:

1. Wechseln Sie zur Registerkarte *Entwurf*.
2. Klicken Sie in der Gruppe *Hintergrund* auf die Schaltfläche *Hintergrundformate*.
3. Fahren Sie mit der Maus ohne zu klicken über die Symbolbilder im Katalog, um eine Vorschau des Hintergrundeffekts auf Ihrer Folie anzuzeigen.
4. Weisen Sie den gewünschten Hintergrund mit einem Mausklick zu.

HINWEIS Wenn Sie mit den weiteren Bearbeitungsschritten unten weitermachen wollen, können Sie die Folienmasteransicht geöffnet lassen. Anhand der Registerkarte *Folienmaster*, die links neben der Registerkarte *Start* auftaucht, sehen Sie, ob Sie sich noch in dieser Ansicht befinden. Auf dieser Registerkarte finden Sie auch die Schaltfläche *Masteransicht schließen*.

Alternativ dazu können Sie über die Registerkarte *Ansicht* zur Normalansicht zurückkehren. Sie können die Präsentation in der Masteransicht zwischenspeichern, sollten sie aber nicht in der Masteransicht schließen, da sie beim nächsten Öffnen dann in der Folienmasteransicht geöffnet würde, was zu Verwirrung führen kann.

Abbildg. 4.22 Die Hintergrundformatvorlagen kombinieren die vier Hintergrundfarben mit subtilen, moderaten und intensiven Effekten

Wenn Ihnen keines der vorgegebenen Hintergrundformate zusagt, können Sie auch einen eigenen Hintergrund festlegen:

1. Klicken Sie dazu unterhalb der zwölf vordefinierten Formate auf *Hintergrund formatieren* (dasselbe Dialogfeld können Sie auch mit einem Klick auf das sogenannte Startprogramm für Dialogfelder in der rechten unteren Ecke der Gruppe *Hintergrund* öffnen).
2. Wählen Sie aus, welche Art der Füllung Sie möchten:
   - einfarbige Füllung
   - graduelle Füllung (mit Farbverlauf)
   - Bild- oder Texturfüllung
3. Falls Sie ein Bild gewählt haben, können Sie dies mit den Bildbearbeitungsoptionen weiter bearbeiten, zum Beispiel neu einfärben oder aufhellen.

Abbildg. 4.23 Mit dem Dialogfeld *Hintergrund formatieren* fügen Sie Fotos als Hintergrund ein und passen sie an

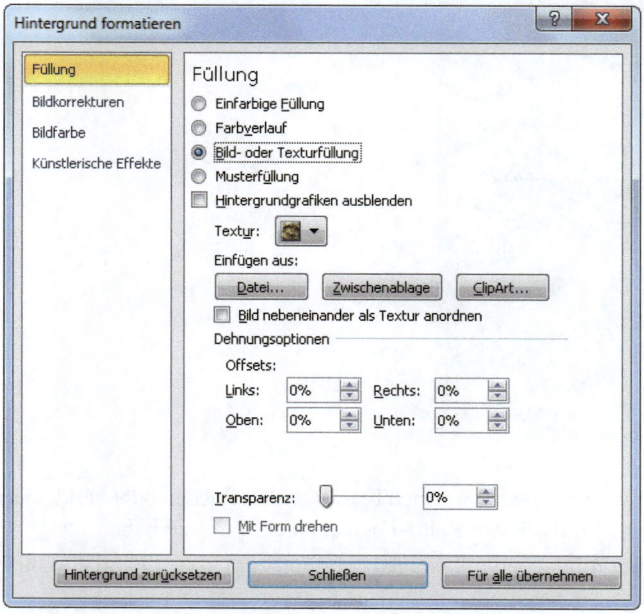

Beim Design für das PowerPoint-Handbuch wurde eine Grafik gewählt, die, ähnlich wie das Design *Ananke*, strahlenartige Streifen aufweist.

Logo und Grafiken

Da Schrift auf diesem unruhigen Hintergrund nicht gut lesbar wäre, wird die Fläche hinter den Text- und Inhaltsplatzhaltern mit weißen Formen abgedeckt, auf denen dunkler Text einen guten Kontrast ergibt.

Diese Formen wurden in Anlehnung an die Form des PowerPoint-Logos gestaltet: auf der einen Seite abgerundet, auf der anderen rechtwinklig.

So fügen Sie die Grafiken im Master ein, damit sie für die Folienlayouts übernommen werden:

1. Wechseln Sie zur Registerkarte *Ansicht* und klicken Sie in der Gruppe *Masteransichten* auf die Schaltfläche *Folienmaster*.
2. Am linken Rand des Bildschirms wird ein Fenster eingeblendet, das oben ein etwas größeres Vorschaubild für den Folienmaster, darunter einzelne Vorschaubilder für die enthaltenen Folienmaster zeigt. Klicken Sie oben auf den Folienmaster, denn nur was Sie dort einfügen, ist anschließend in allen Layouts vorhanden.

Abbildg. 4.24 Ändern Sie den Folienmaster, um das Aussehen aller Folien zu beeinflussen

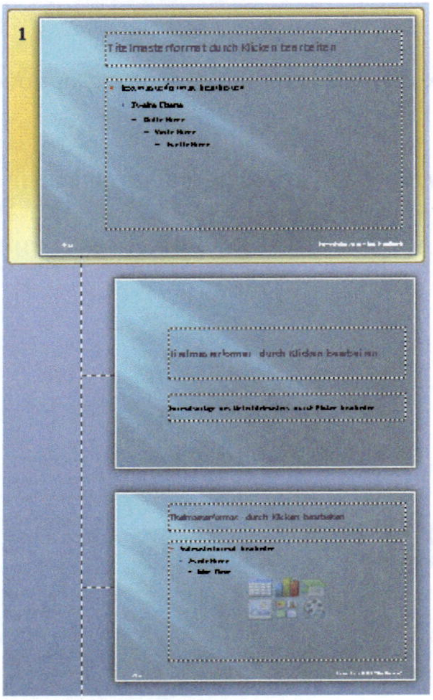

3. Das Aussehen des Masters entspricht einer Textfolie. Verschieben oder verkleinern Sie den Titelplatzhalter, um Platz für das PowerPoint-Logo zur Verfügung zu haben.
4. Fügen Sie das PowerPoint-Logo mit einigem Abstand zum linken Rand ein. Bleiben Sie dazu in der Folienmasteransicht, wechseln Sie aber zur Registerkarte *Einfügen*.
5. Klicken Sie auf die Schaltfläche *Grafik*, wählen Sie die Logo-Grafik aus und bestätigen Sie diese Auswahl mit *Einfügen*. Passen Sie die Größe des Logos gegebenenfalls an.
6. Zeichnen Sie daneben ein Rechteck derselben Höhe über die restliche Folienbreite.
7. Mit *Formkontur/Kein Rahmen* entfernen Sie die Rahmenlinie.
8. Die Form darunter (hinter dem Text- und Inhaltsplatzhalter) soll als Gegengewicht zur abgerundeten Ecke des Logos eine abgerundete Ecke unten links bekommen. Standardmäßig ist in den Formen nur ein Rechteck mit einer abgerundeten Ecke oben rechts vorgegeben. Dies kann aber mit zwei Drehungen um 90 Grad im Uhrzeigersinn entsprechend geändert werden.
9. Markieren Sie beide Rechtecke und sorgen Sie mit *Zeichentools/Format/Ebene nach hinten* dafür, dass sie in der Ebene hinter den Platzhaltern liegen.
10. Weisen Sie den Formen und dem Logo außerdem einen Schatten nach links unten zu, um sie vom Hintergrund abzuheben.

Wenn Sie mit dem nächsten Formatierungsschritt weitermachen wollen, können Sie die Folienmasteransicht geöffnet lassen. Ansonsten schließen Sie diese Ansicht wie oben beschrieben, um die Wirkung Ihrer Einstellungen auf der Folie zu testen.

Abbildg. 4.25 Der fertige Master enthält Hintergrundgrafik, Logo und weiße Formen hinter den Platzhaltern

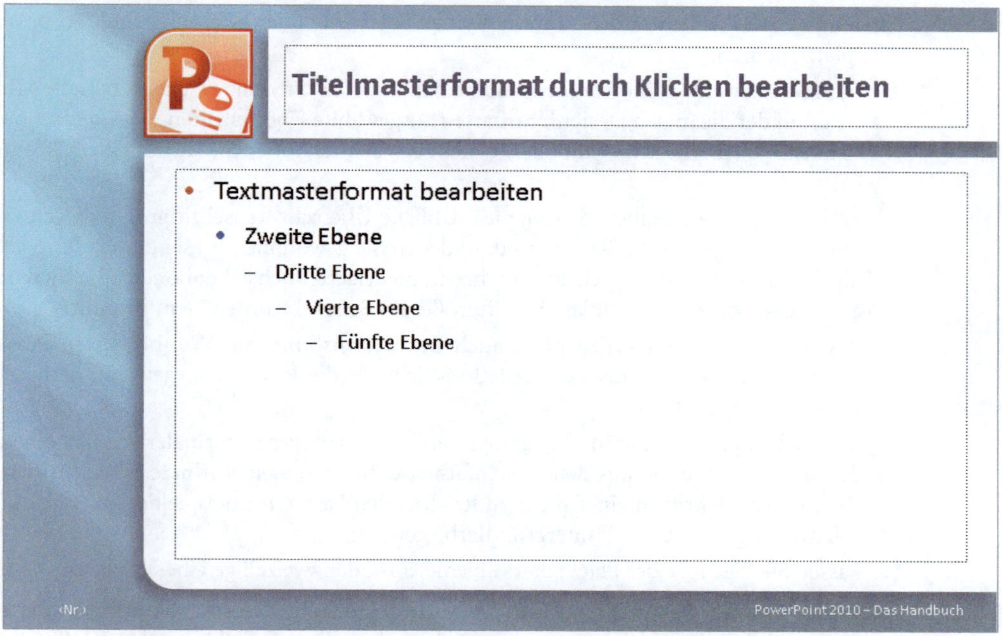

Alles am richtigen Ort: Die Platzhalter anordnen und formatieren

Durch das Einfügen der Formen im Hintergrund ist nun festgelegt, welcher Platz noch für Texte und andere Inhalte der Folie bleibt. Im nächsten Schritt werden die Größe der Platzhalter im Master und die Eigenschaften der Schrift darin angepasst.

Die Platzhalter anordnen

Die Platzhalter dienen in der fertigen Vorlage zum Einfügen von Texten und anderen Inhalten. Dies ist vorteilhaft, wenn alle Folien später ein einheitliches Aussehen haben sollen. Entsprechend sorgfältig sollten Sie beim Anpassen der Platzhalter im Master vorgehen.

TIPP Nutzen Sie beim Anordnen der Platzhalter die Möglichkeiten der Führungslinien. Ziehen Sie mit der Maus mit gedrückter `Strg`-Taste die vorhandenen Führungslinien, um sie zu duplizieren. Schieben Sie das erste Paar aus einer senkrechten und einer waagerechten Führungslinie in die Mitte des verbleibenden Freiraums. Je eine weitere markiert rechts, links, oben und unten die Ränder, die keinesfalls überschritten werden sollen.

Richten Sie zunächst den *Titelplatzhalter* an der oberen Führungslinie aus, die die beschreibbare Fläche begrenzt, verfahren Sie genauso unten mit dem Textplatzhalter. Insbesondere beim seitlichen Ausrichten sollten Sie bedenken, dass die Platzhalter noch einen inneren Seitenrand von 0,25 cm haben. Wenn der Text also senkrecht an einer Fluchtlinie beginnen soll, die zum Beispiel durch das

Logo vorgegeben wird, müssen Sie die linke Führungslinie vorübergehend etwas nach rechts ziehen und dann den linken Rand des Platzhalters daran ausrichten.

Die Platzhalter formatieren

Um die Höhe des Titelplatzhalters zu bestimmen, ist zu überlegen, welche Schriftgröße Sie für den Titel verwenden wollen und ob Ihre typischen Titel ein- oder zweizeilig sind. So passen Sie den Titelplatzhalter an:

1. Markieren Sie den Blindtext im Titelplatzhalter. Etwas oberhalb erscheint nun die Minisymbolleiste, auf der die in den Designschriftarten ausgewählte Überschriften-*Schriftart* schon voreingestellt ist. (Wenn die Minisymbolleiste nicht erscheint, können Sie sie mit einem Rechtsklick aufrufen.)
2. Wählen Sie eine geeignete *Schriftgröße*. Übliche Überschriftenschriftgrößen liegen zwischen 24 und 36 pt. Je größer die Räume sind, in denen Sie gewöhnlich präsentieren, desto größer sollte die Schrift sein. Manche Schriftarten haben niedrigere Buchstabenhöhen als andere und vertragen deshalb eine etwas größere Schriftgröße. Im Beispiel wurden 24 pt gewählt.
3. Passen Sie bei dieser Gelegenheit auch den *Schriftschnitt* an. Wie bei vielen Präsentationen wurde in der Beispielpräsentation fette Schrift für die Überschrift gewählt, damit sie sich gut vom Textkörper abhebt.
4. Als Nächstes richten Sie Ihr Augenmerk auf die *Schriftfarbe*. Normalerweise ist eine der beiden dunkleren Textfarben aus den Designfarben dafür vorgesehen. Kurze Überschriften vertragen auch farbige Schrift in einer nicht zu leuchtenden Farbe. Im Beispieldesign wurde eine dunkle Schattierung der grauen Hintergrundfarbe gewählt.
5. Passen Sie die *Höhe* des Platzhalters an eine ein- oder zweizeilige Überschrift an.

Ziehen Sie nun den Textplatzhalter auf die gewünschte Höhe. Nehmen Sie auch für diesen Text die Einstellungen für die Schrift*größe* vor. Die Schrift der ersten Aufzählungsebene sollte deutlich kleiner als die Überschrift sein; 20 bis 26 pt sind in der Regel gut lesbar. Die Schrift der weiteren Aufzählungsebenen ist in der Regel jeweils 2 bis 4 pt kleiner. Beim Schrift*schnitt* sollten Sie möglichst nicht von der Standardschrift abweichen, fett und kursiv sind schlechter lesbar und fehlen Ihnen später für Hervorhebungen. Legen Sie eine Schrift*farbe* fest, die einen guten Kontrast zum Hintergrund ergibt.

Passen Sie die Ausrichtung der Texte (links, zentriert oder rechts – auf Blocksatz sollten Sie zugunsten der Lesbarkeit verzichten) an. Legen Sie die Zeilenabstände fest; dabei sollte der Abstand zwischen den Absätzen deutlich größer sein als der zwischen den Zeilen eines Absatzes.

Im Textplatzhalter kommen die Aufzählungszeichen (»Bullet Points«) hinzu. Sie haben mehrere Möglichkeiten, diese zu formatieren:

- Ein Klick auf die Schaltfläche *Aufzählungszeichen* fügt einen Punkt als Standardaufzählungszeichen ein, wenn der Absatz vorher kein Aufzählungszeichen hatte. Er blendet es aus, wenn schon eines vorhanden war.
- Ein Klick auf den Dropdownpfeil rechts neben der Schaltfläche zeigt Ihnen einen Katalog mit sieben Standardaufzählungszeichen.
- Mehr Möglichkeiten öffnet Ihnen die Option *Nummerierung und Aufzählungszeichen* am unteren Rand des Katalogs. Sie öffnet das gleichnamige Dialogfeld, in dem Sie zwischen Bildaufzählungszeichen (Schaltfläche *Bild*) und Sonderzeichen aus Symbolschriftarten (Schaltfläche *Anpassen*) wählen und diese formatieren können.

Die Beispielvorlage soll runde Punkte als Aufzählungszeichen bekommen, allerdings etwas größer als die vorgegebenen. So gehen Sie vor, um ein Sonderzeichen als Aufzählungszeichen auszuwählen:

1. Markieren Sie den Absatz, dem Sie ein Aufzählungszeichen hinzufügen wollen.
2. Rufen Sie auf der Registerkarte *Start* in der Gruppe *Absatz* das Dialogfeld *Nummerierung und Aufzählungszeichen* auf.
3. Klicken Sie die Schaltfläche *Anpassen* an, um das Dialogfeld *Symbol* aufzurufen.
4. Wählen Sie die Schriftart aus, zu der das gewünschte Aufzählungszeichen gehört. Einen großen, runden Punkt finden Sie zum Beispiel in der Schriftart *Wingdings*.

ACHTUNG Das Aufzählungszeichen wird auf fremden Rechnern nur korrekt angezeigt, wenn dort ebenfalls diese Schriftart installiert ist oder wenn Sie die Schriftart in die Präsentation einbetten. Wählen Sie deshalb möglichst keine »exotischen« Schriften. Wingdings ist auf den meisten Windows-Rechnern vorhanden.

5. Wählen Sie das gewünschte Zeichen aus (der kleine Punkt ist das Zeichen 149 in der normalen Schrift, ein größerer Punkt ist 108 in Wingdings; wenn Sie diese Nummer wissen, können Sie sie auch in das Feld *Zeichencode* eintippen, anstatt durch das Listenfeld zu scrollen).
6. Bestätigen Sie Ihre Auswahl mit *OK*.
7. Ändern Sie die *Farbe*; die Beispielpräsentation verwendet hier die rotbraune Akzentfarbe 1.
8. Passen Sie gegebenenfalls die *Größe* an. Sie wird hier in Prozent angegeben, wobei 100 % die Größe des Zeichens in der Schriftgröße ist, die Sie für diese Aufzählungsebene gewählt haben. Wenn Sie die Textgröße ändern, wird auch das Aufzählungszeichen größer oder kleiner.
9. Weisen Sie das Aufzählungszeichen mit einem weiteren *OK* dem Text zu.

Passen Sie im Dialogfeld *Absatz*, das Sie mit dem sogenannten Startprogramm für Dialogfelder unten rechts in der Gruppe *Absatz* öffnen, den Einzug des Textes hinter dem Aufzählungszeichen an seine Größe an. Um die Wirkung des Aufzählungszeichens zu testen, wechseln Sie nun in die Normalansicht und geben einige Wörter Mustertext ein. Falls Sie Änderungen vornehmen möchten, müssen Sie die obigen Schritte erneut durchlaufen.

Wenn Ihnen die Sonderzeichen nicht ausreichen, können Sie auch kleine Grafiken als Bildaufzählungszeichen verwenden. Sie werden mit der Schaltfläche *Bild* im Dialogfeld *Nummerierung und Aufzählungszeichen* eingefügt.

TIPP Microsoft stellt Ihnen eine große Auswahl vorinstallierter Bildaufzählungszeichen zur Verfügung. Nach weiteren wird automatisch auf der Microsoft Office-Webseite, *http://www.office.com,* gesucht, wenn das Kontrollkästchen *Inhalte von Office.com einschließen* aktiviert ist. Mit *Importieren* können Sie eigene kleine Grafiken einfügen. Meist werden GIF-Grafiken verwendet, aber auch PNG, JPG und alle anderen Dateiformate sind möglich. Diese Grafiken werden in der Vorlagendatei gespeichert, müssen also nicht separat weitergegeben werden.

Wählen Sie auch für die anderen Aufzählungsebenen passende Aufzählungszeichen. Dafür können Sie dasselbe Zeichen verwenden, das Ihnen nun im Katalog der Standardaufzählungszeichen zum schnellen Zugriff zur Verfügung steht, oder ein beliebiges anderes.

PROFITIPP **Video als Hintergrund**

Als Alternative zu statischen Grafiken können Sie sogar ein Video als Folienhintergrund verwenden. Gehen Sie dazu wie in Kapitel 15 beschrieben vor.

In PowerPoint 2010 werden Videos in der Präsentationsdatei gespeichert, Sie müssen dieses Video also nicht separat mit der Vorlage weitergeben. Außerdem können Sie Platzhalter, Logos und andere Objekte über das Video legen.

Da ständige Bewegung auf jeder Folie allerdings vom Inhalt der Präsentation ablenken würde, empfehlen wir eher, ein Video nur im Titellayout einzufügen und für die restlichen Folien eine dazu passende statische Grafik zu wählen.

Vorformatiert: Layouts formatieren und erstellen

Bis jetzt haben Sie auf dem Folienmaster anhand einer Textfolie die Grundlagen für alle Folien gelegt. Sie werden in Ihrer Präsentation aber vielleicht auch andere Seitenaufteilungen benötigen. Diese Aufgabe übernehmen die Layouts. Mit ihnen legen Sie die Anordnung von Text und anderen Inhalten auf der Folie fest.

Neun Layouts für unterschiedliche Bedürfnisse bringt PowerPoint schon mit.

HINWEIS In der Folienmasteransicht sehen Sie elf Layouts, die unteren beiden davon mit senkrechtem Text. Diese beiden sind nur verfügbar, wenn asiatische Schriftarten, die senkrechte Schreibrichtung verwenden, installiert sind. Sind ausschließlich westliche Sprachen wie Deutsch und Englisch in Windows als verfügbare Sprachen eingestellt, können diese beiden Layouts unter *Start/Layout* nicht ausgewählt werden. Falls Sie die Vorlage nicht weltweit verteilen wollen, können Sie diese beiden Layouts auch löschen, um Verwirrung bei den Anwendern zu vermeiden.

Aussagekräftiger Beginn: Das Titellayout

Die Titelfolie ist der erste Eindruck, den Ihr Publikum von Ihrer Präsentation zu sehen bekommt. Gestalten Sie ihn eindrucksvoll. Anders als bei den Textfolien, bei denen die Hintergrundgrafiken möglichst viel Platz für den Folieninhalt lassen müssen, enthalten Titelfolien normalerweise wenig Text, nämlich außer dem Vortragstitel vielleicht noch den Namen des Redners, Datum und Ort. Damit lassen sie mehr Raum für grafische Gestaltung. Dies gibt Ihnen zum Beispiel Gelegenheit, ein zum Thema passendes Foto einzufügen, ein größeres Logo einzufügen oder einen andersfarbigen Hintergrund zu benutzen.

Im Beispieldesign wurden zunächst einmal die beiden weißen Formen ausgeblendet, indem auf der Registerkarte *Folienmaster* in der Gruppe *Hintergrund* das Kontrollkästchen *Hintergrundgrafiken ausblenden* aktiviert wurde. So steht mehr Raum für größere Grafiken zur Verfügung. Neben dem mittig angeordneten Präsentationstitel (wieder mit einer weißen Form dahinter) wird ein größeres Logo gesetzt. Darunter steht eine abgerundete Form für den Untertitel zur Verfügung.

Flexible Gestaltung: Ein neues Layout hinzufügen

Dieses Titellayout wurde kopiert, um eine weitere Titelfolie bereitzustellen, die statt des Logos ein beliebiges Bild enthalten kann. Dazu wurde zunächst eine abgerundete Form in Form und Größe des Logos eingefügt. Diese liegt später hinter dem *Bildplatzhalter*, um ihm mehr Kontrast zu verleihen. So fügen Sie einen abgerundeten Bildplatzhalter darüber ein:

1. Klicken Sie auf der Registerkarte *Folienmaster* auf den Pfeil der Schaltfläche *Platzhalter einfügen*.
2. Wählen Sie den Bildplatzhalter und zeichnen Sie ihn in der erforderlichen Größe über das abgerundete weiße Rechteck.
3. Wechseln Sie zur Registerkarte *Zeichentools/Format*. Dort finden Sie links den Befehl *Form bearbeiten*.

4. Wandeln Sie damit den Bildplatzhalter in eine Form mit einer abgerundeten und einer abgeschrägten Ecke um. Ziehen Sie an der gelben Formkorrektur-Raute der abgeschrägten Ecke, um aus ihr eine rechtwinklige Ecke zu machen. (Sie können in diesem Fall den Platzhalter nicht spiegeln, da sonst später auch das eingefügte Bild gespiegelt würde.)

Abbildg. 4.26 Die beiden Versionen des Titellayouts verwenden größere Grafiken und weniger Text

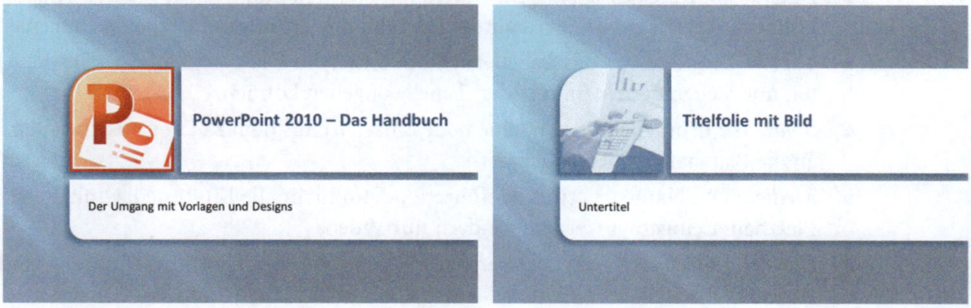

TIPP Anders als in älteren PowerPoint-Versionen können Sie den Vorgabetext in den Platzhaltern anpassen, indem Sie ihn in den Layouts einfach überschreiben. So könnten Sie zum Beispiel darauf hinweisen, dass nur einzeilige Titel verwendet werden sollen.

Wenn Sie für Listen in Ihrer Präsentation zum Beispiel ein dreispaltiges Layout benötigen oder Ihrem Titel einen Untertitel hinzufügen möchten, so ist jetzt auch dies möglich.

Die Platzhalter nehmen die Folieninhalte auf und passen sie automatisch an Ihre Vorgaben an. Acht Platzhaltertypen stehen Ihnen zur Auswahl:

Abbildg. 4.27 Sie können unter acht verschiedenen Platzhaltertypen für unterschiedliche Verwendungszwecke wählen

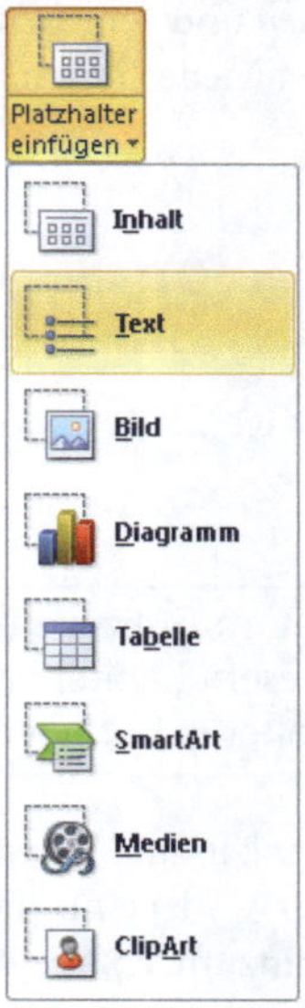

- *Inhalt:* Dies ist der vielseitigste von allen Platzhaltern, denn er ermöglicht das Einfügen aller folgenden sieben Arten von Inhalt.
- *Text:* Nutzen Sie diesen Platzhalter zum Beispiel für eine zweite Überschrift.
- *Bild:* Bildplatzhalter sind geeignet für Präsentationen mit vielen Abbildungen. Die eingefügten Bilder werden in ihrer Größe automatisch angepasst, ohne verzerrt zu werden.
- *Diagramm:* Ruft das Dialogfeld *Diagramm einfügen* auf, in dem Sie den Diagrammtyp wählen können. Das Diagramm wird automatisch an die Größe des Platzhalters angepasst.
- *Tabelle:* Ein Klick auf das Tabellensymbol öffnet ein Dialogfeld, in dem Sie die Anzahl der Spalten und Zeilen der einzufügenden Tabelle angeben können.
- *SmartArt:* Ermöglicht Ihnen, eine neue SmartArt aus dem Katalog auszuwählen, auch dies wird an die Platzhaltergröße angepasst.
- *Medien:* Der Name ist etwas irreführend, denn nicht alle Multimedia-Inhalte können in diesen Platzhalter eingefügt werden, sondern nur Videos.
- *ClipArt:* Öffnet den Aufgabenbereich *ClipArt*, mit dem Sie Ihre Sammlung und die Microsoft Office-Webseite nach einem passenden Clip durchsuchen können.

Sie können Platzhalter vorformatieren, für den Text also alle Schriftattribute einschließlich WordArt bestimmen, für Bilder und ClipArts über *Bildtools/Format* Effekte wie Rahmen und Schatten definieren. So erreichen Sie eine große Einheitlichkeit Ihrer Präsentation.

TIPP Wenn Sie die Layouts im Folienmaster an Ihre Bedürfnisse anpassen und bei der Erstellung der Präsentation konsequent verwenden, erleichtern Sie sich eine spätere Anpassung der Präsentation an ein anderes Design sehr. Die Inhalte in Platzhaltern werden an die Platzierung und Formatierung der Platzhalter im neuen Design automatisch angepasst.

Dabei ist es auch im Hinblick auf eine spätere Bearbeitung vorteilhafter, einen vorhandenen Platzhalter zu kopieren und anzupassen, als ein ganz neues Layout einzufügen, wenn zwei Layouts sehr ähnlich sind, zum Beispiel zwei Titelfolien oder zwei- und dreispaltige Folien.

Wenn Sie ein neues Layout erstellt haben, klicken Sie abschließend im linken Miniaturbildfenster mit der rechten Maustaste auf den Platzhalter, wählen *Layout umbenennen* und vergeben einen eindeutigen Namen, unter dem Sie das neue Layout später im Layoutkatalog wiederfinden.

Abbildg. 4.28 Geben Sie dem neuen Layout einen aussagekräftigen Namen

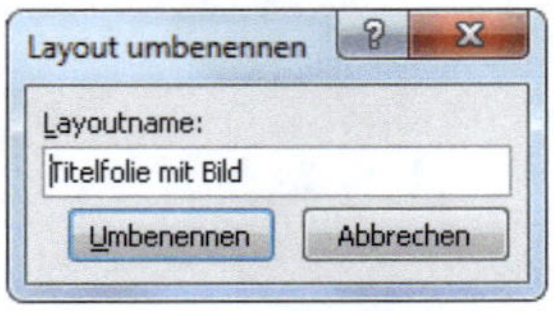

HINWEIS Tipps zur Verwendung der drei Standardplatzhalter Datum, Fußzeile und Foliennummer am unteren Rand des Layouts finden Sie weiter hinten in diesem Kapitel im Abschnitt »Tipps & Tricks zu Vorlagen und Designs / Kopf- und Fußzeilenplatzhalter in Vorlagen«.

Sie müssen nicht alle Layouts schon bei der Erstellung des Designs bedenken und entwerfen, auch Vorlagen können eigene Layouts haben. So könnten Sie zum Beispiel der Vorlage für die Präsentation Ihrer Jahresbilanz Layouts für Tabellen- und für Diagrammfolien hinzufügen, die in Ihren allgemeinen Präsentationen nicht erforderlich sind.

ACHTUNG Alle Layouts haben dieselbe Seitengröße und -ausrichtung, wie sie für die gesamte Präsentation festgelegt wurde. Sie können auch mithilfe von Layouts **nicht** zwischen Hoch- und Querformat innerhalb einer Präsentation wechseln.

Differenzierung innerhalb von Präsentationen: Mehrere Master

Oft sollen in einer Präsentation mehrere Produkte präsentiert werden. Oder mehrere Abteilungen stellen gemeinsam ihre Ergebnisse vor. In solchen Fällen kommt der Wunsch auf, dies auch durch die Gestaltung der Folien deutlich zu machen. Sei es durch andere Farbgebung oder durch Fotos oder Piktogramme. Zu diesem Zweck können mehrere Variationen des Masters im Design oder in der Vorlage eingefügt werden.

ACHTUNG Abweichend von den älteren PowerPoint-Versionen werden Master und Layout nicht getrennt zugewiesen. Vielmehr wird seit PowerPoint 2007 für die einzelne Folie auf der Registerkarte *Start* mit *Layout* ein Folienlayout zugewiesen, das zu einem bestimmten *Master* gehört. Alle Layouts aller Master tauchen im Layoutkatalog auf; es besteht also die Gefahr, dass dieser unübersichtlich wird.

Vor dem Erstellen unterschiedlicher Master ist also die wichtige Vorüberlegung erforderlich, wo diese angesiedelt werden sollen.

WICHTIG Sowohl Designs als auch Vorlagen als auch Präsentationen können jeweils mehrere Master enthalten. Überlegen Sie deshalb genau, wann Sie unterschiedlich gestaltete Folien zur Verfügung haben müssen. Denn mehrere Master wirken sich nicht nur vorteilig auf die Gestaltungsvielfalt aus. Jeder dieser Master bringt seine eigenen Layouts mit und wirkt sich somit nachteilig auf die Übersichtlichkeit im Layoutkatalog aus.

Bereits im *Design* mehrere Master vorzusehen ist deshalb nur dann sinnvoll, wenn Sie diese *immer* zur Verfügung haben müssen. In den meisten Fällen ist es sinnvoller, erst in den auf den Designs basierenden *Vorlagen* mehrere Master anzulegen.

Legen Sie in einer *Vorlage* mehrere Master an, können Sie ihnen ein unterschiedliches Aussehen geben – beispielsweise ein ausgetauschtes Logo oder geänderte Designfarben. Sie können aber auch den Mastern einer Vorlage verschiedene Designs zuweisen und so mehrere Designs mit jeweils eigenen Mastern in einer Vorlage verfügbar machen.

Und schließlich können auch einzelne *Präsentationen* mehrere Master enthalten, etwa wenn die Folien aus unterschiedlich formatierten Präsentationen wiederverwendet wurden und jeweils ihren eigenen Master mitbringen.

Einzelheiten zum Umgang mit mehreren Mastern finden Sie weiter hinten im Abschnitt »Mehr als nur Designs: Mehrere Vorlagen anfertigen / Mehrere Master hinzufügen«.

Notizen- und Handzettelmaster

Bis jetzt haben Sie sich vorwiegend um das Erscheinungsbild Ihrer Präsentation auf Monitor bzw. Leinwand gekümmert. Zu vielen Vorträgen und Kursen werden Sie aber auch gedruckte Unterlagen für die Teilnehmer brauchen, die als Handzettel oder Notizenseiten erstellt werden. Deshalb sollten Sie kurz einen Blick auf den Handzettel- und den Notizenmaster werfen. Auch diese können Sie an Ihre Firmen-CI anpassen.

Übersichtliche Ausdrucke: Der Handzettelmaster

Handzettel dienen dazu, Ihrem Publikum oder Ihnen selbst einen Überblick über die Folien der Präsentation zu geben (mehr dazu in Kapitel 10). Neben den kleinen Folienbildern haben Sie die Möglichkeit, den Hintergrund und die Kopf- und Fußzeilen des Masters anzupassen (siehe Abbildung 4.29). So passen Sie den Handzettelmaster an:

1. Wechseln Sie zur Registerkarte *Ansicht*, rufen Sie dort in der Gruppe *Masteransichten* den Befehl *Handzettelmaster* auf.

2. Wählen Sie im Menü der Schaltfläche *Handzettelausrichtung* zwischen Hoch- und Querformat.

ACHTUNG Sie können für den Handzettelmaster zwar eine andere Ausrichtung als für die Folien wählen, also querformatige Folien mit hochformatigen Handzetteln kombinieren, Sie können aber **keine** vom Folienformat unabhängige *Papiergröße* wählen, alle Einstellungen, die Sie gegebenenfalls unter *Seite einrichten* für das Papierformat vornehmen (also zum Beispiel eine Umstellung von *Bildschirmpräsentation* auf *DIN A4* oder auf eines der Breitbildformate), wirken sich auf Folien **und** Handzettel- bzw. Notizenmaster aus.

3. Stellen Sie über das Menü der Schaltfläche *Folien pro Seite* ein, wie viele Folien standardmäßig pro Handzettelseite angezeigt werden sollen. Sie können diesen Wert jederzeit zum Drucken ändern. Die Einstellungen, die Sie in den folgenden Schritten zu Kopf- und Fußzeilen machen werden, wirken sich auf alle Handzetteltypen aus.
4. Der Handzettelmaster enthält neben den Miniaturabbildungen der Folien vier Platzhalter:
   - *Kopfzeile:* Hier können Sie zum Beispiel den Präsentationstitel oder Ihren Firmennamen einfügen.
   - *Datum:* Hier können Sie zwischen dem aktuellen oder einem festen Datum wählen.
   - *Fußzeile:* Zum Beispiel für den Namen des Redners.
   - *Seitenzahl:* Dies bezieht sich auf die Nummer der ausgedruckten Handzettelseite, nicht auf die Foliennummer.

   Weitere Hinweise zu diesen vier Platzhaltern finden Sie im Abschnitt »Tipps & Tricks zu Vorlagen und Designs / Kopf- und Fußzeilenplatzhalter in Vorlagen«.

   Im Gegensatz zu den Folienmastern können Sie auf dem Handzettelmaster keine weiteren Platzhalter hinzufügen. Sie können lediglich die Anordnung der vorgegebenen Platzhalter ändern, sie formatieren oder ganz löschen. Die Größe und Anordnung der Miniaturbilder auf den Handzetteln können Sie nicht ändern.
5. Der Handzettelmaster übernimmt **nicht** automatisch das Design der Folien; weisen Sie dem Handzettelmaster *Designfarben*, *Designschriftarten* und *Designeffekte* zu. Üblicherweise werden dies dieselben Einstellungen wie für den Folienmaster sein.
6. Fügen Sie bei Bedarf Grafiken ein, zum Beispiel ein Logo.

ACHTUNG Wenn Sie als Foliengröße *Bildschirmpräsentation* oder auch A4-Papier eingestellt haben, entsprechen die *Seitenränder*, die Sie in der Handzettelmasteransicht sehen, nicht den Papierrändern. Bei der Seitengröße berücksichtigt PowerPoint, dass die meisten Bürodrucker nicht bis zum Papierrand drucken können, und fügt im Ausdruck weiße Ränder hinzu. Berücksichtigen Sie dies bei der Platzierung zum Beispiel eines Logos. Kontrollieren Sie die Anordnung mit *Datei/Drucken* in der Seitenvorschau.

7. Beenden Sie die Bearbeitung des Handzettelmasters, indem Sie mit *Masteransicht schließen* auf der Registerkarte *Handzettelmaster* zur Normalansicht zurückkehren.

Detaillierte Zusatzinformationen: Der Notizenmaster

Notizen können Sie auf zweierlei Arten nutzen: entweder für Ihr eigenes Vortragsmanuskript oder um Ihren Zuschauern zusätzliche Informationen als Ausdruck mitzugeben. Insbesondere im zweiten Fall bietet es sich natürlich an, auch den Notizenmaster zu formatieren.

Das Vorgehen ist weitgehend dasselbe wie oben beim Handzettelmaster beschrieben, auch im Notizenmaster haben Sie die vier Standardplatzhalter für Kopf- und Fußzeile sowie Datum und Seitenzahl (siehe Abbildung 4.29). Ihre Position und Formatierung können Sie unabhängig vom Handzettelmaster festlegen; der Inhalt, den Sie über *Einfügen/Kopf- und Fußzeile/Notizblätter und Handzettel* festlegen, ist für beide gleich (siehe die Details zu Kopf-/Fußzeile im Abschnitt »Tipps & Tricks zu Vorlagen und Designs« weiter hinten in diesem Kapitel). Denken Sie auch hier daran, Farben, Schriften und Effekte festzulegen.

Zwei weitere Platzhalter stehen Ihnen hier zur Verfügung:

- *Folienbild:* Dieses können Sie auf dem Notizenmaster sowohl in der Größe verändern als ihm auch Effekte wie zum Beispiel Rahmenlinien oder Schatten hinzufügen.
- *Textkörper:* Hier erscheint im Ausdruck der Text, den Sie in das Notizenfeld eingegeben haben. Legen Sie mithilfe dieses Platzhalters die Standardformatierung fest. Das Vorgehen ist ähnlich wie weiter oben für den Textplatzhalter auf den Folienmaster beschrieben.

Beenden Sie die Bearbeitung des Notizenmasters, indem Sie mit *Masteransicht schließen* auf der Registerkarte *Notizenmaster* zur Normalansicht zurückkehren.

Abbildg. 4.29 Handzettelmaster und Notizenmaster vervollständigen das Design bzw. die Vorlage

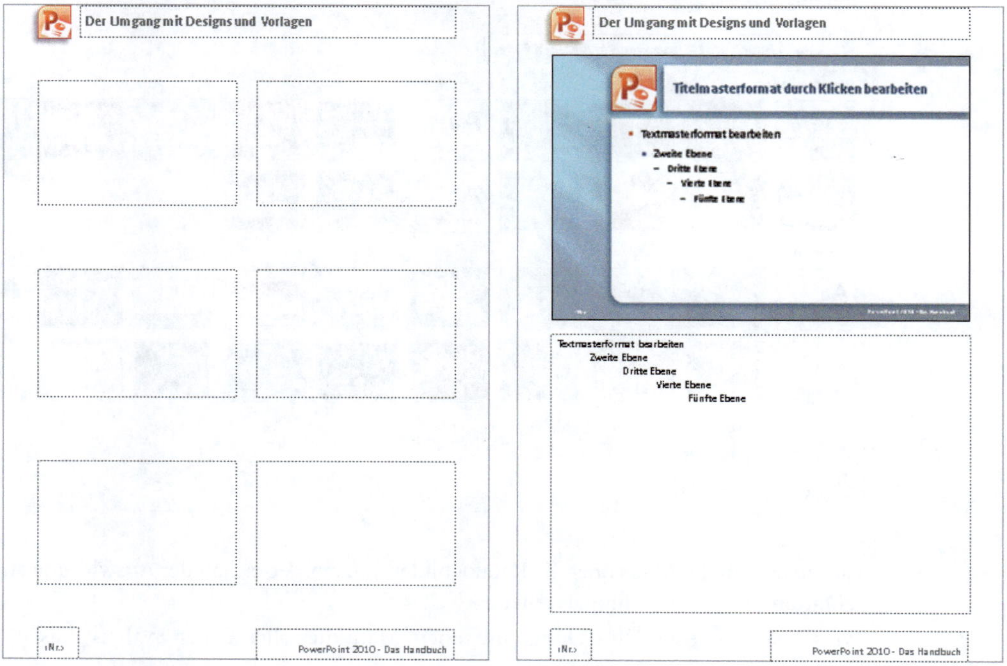

Das Design abschließend speichern

Nachdem Sie nun alle Anpassungen Ihres Designs vorgenommen haben, sollten Sie es abschließend speichern. Klicken Sie dazu auf *Datei/Speichern unter* und wählen Sie unter *Dateityp* die Option *Office-Design (*.thmx)* aus. (Weitere Details zum Speichern von Designs und Vorlagen finden Sie im Abschnitt »Tipps & Tricks zu Vorlagen und Designs / Die Speicherorte für Vorlagen und Designs« weiter hinten in diesem Kapitel.)

Ein Design verwenden

Das Vorgehen beim Verwenden von Designs ist ähnlich, wenn Sie eine neue Präsentation erstellen oder das Design auf eine bestehende Präsentation anwenden wollen. Im ersten Fall öffnen Sie eine leere, neue Präsentation, im zweiten Ihre bereits bestehende Präsentation.

1. Wechseln Sie zur Registerkarte *Entwurf*.
2. In der Gruppe *Designs* erscheinen die zuletzt verwendeten Designs. Wenn das gewünschte dabei ist, können Sie es mit einem Klick hier auswählen.

   Falls das gesuchte Design noch nicht erscheint, öffnen Sie den Designkatalog mit der Schaltfläche *Weitere* (unterhalb der Bildlaufpfeile). Sie sehen oben das (bzw. die) in der aktuellen Präsentation verwendete(n) Design(s). Darunter erscheinen Ihre selbst erstellten oder aus dem Internet heruntergeladenen benutzerdefinierten Designs. Darunter die 40 mit PowerPoint installierten Designs. Am Ende des Katalogs finden Sie die auf *Office.com* verfügbaren Designs.

Abbildg. 4.30 Der Designkatalog listet verwendete, selbst erstellte, heruntergeladene und vorinstallierte Designs auf

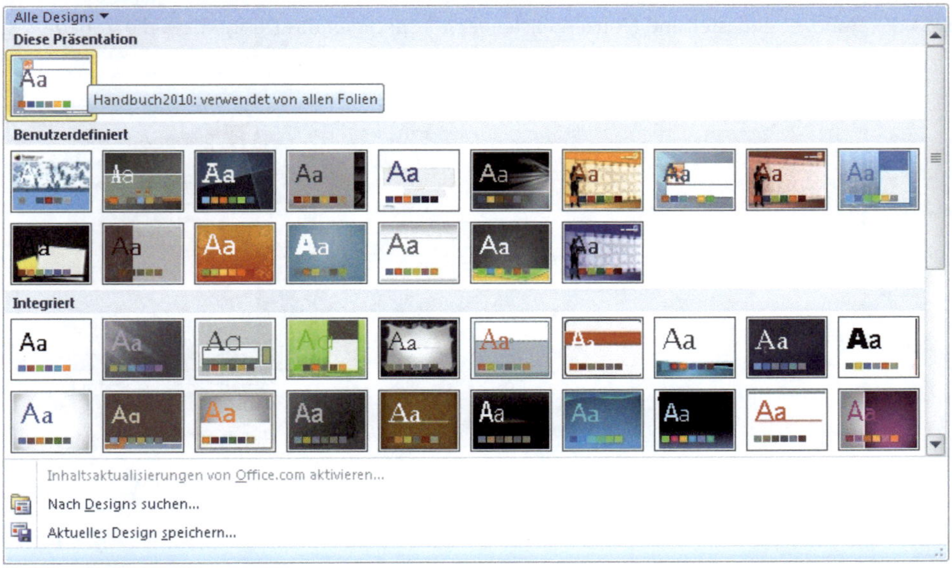

3. Fahren Sie mit der Maus über die Katalogbilder, um eine Vorschau der Auswirkung auf Ihre Präsentation (»Livevorschau«) zu sehen.
4. Weisen Sie das gewünschte Design mit einem Mausklick allen Folien in Ihrer Präsentation zu.

Wollen Sie nur einigen Folien ein neues Design geben, markieren Sie diese Folien im linken Folienübersichtsfenster oder in der Foliensortieransicht und führen dann die oben aufgeführten Schritte aus.

Falls Sie nur einer einzelnen Folie ein anderes Design zuweisen wollen, klicken Sie in Schritt 4 das gewünschte Design mit der rechten Maustaste an und wählen *Für ausgewählte Folien übernehmen*.

Wenn Sie eine neue Präsentation erstellen wollen, haben Sie zwei weitere Möglichkeiten:

- Klicken Sie auf *Datei/Öffnen* und wählen Sie dort als Dateityp *Office-Designs (*.thmx)*. Navigieren Sie dann zu dem Ordner, in dem die Designs gespeichert sind, und wählen Sie das gewünschte aus.
- Im Windows-Explorer können Sie ebenfalls zum Designordner wechseln und dort auf die gewünschte THMX-Datei doppelklicken.

Beide Wege haben den Nachteil, dass Sie den Ablageort der Designs kennen müssen (Näheres siehe im Abschnitt »Tipps & Tricks zu Vorlagen und Designs / Die Speicherorte für Vorlagen und Designs«), dass Sie eine Präsentation mit nur einer leeren Folie erhalten und dass Sie das Folienformat noch anpassen müssen.

WICHTIG Wenn Sie eine fertige Präsentation weitergeben wollen, brauchen Sie das Design **nicht** mit weiterzugeben. Alle erforderlichen Informationen werden aus der Designdatei automatisch in die Präsentationsdatei kopiert.

Umgekehrt können Sie, wenn Ihnen die Gestaltung einer Präsentation gefällt, diese selbst als Design abspeichern.

Für Sie als Designer bedeutet dies, dass Sie Ihre Designs nicht vor Weiterverwendung schützen können, es sei denn, Sie belegen die komplette Präsentation mit einem Passwort.

Mehr als nur Designs: Mehrere Vorlagen anfertigen

Gerade in großen Unternehmen werden sehr unterschiedliche Präsentationen erstellt. Unterschiedliche Abteilungen haben unterschiedliche Ziele und Bedürfnisse. Oft existieren schon Musterfolien, die in viele Präsentationen eingefügt werden. Alle Vortragenden sollen aber immer dasselbe firmenweite Design nutzen. Dies erreichen Sie mit Vorlagen, die Sie für die verschiedenen Einsatzgebiete maßschneidern. Während das Design mit einem Mausklick die einheitliche Gestaltung liefert, enthalten Vorlagen zusätzlich Musterfolien, die vorgefertigte Inhalte liefern können.

In der Praxis werden Sie nur selten bei der Erstellung einer Präsentation mit einem Design beginnen, sondern eher auf Vorlagen aufbauen.

Nachfolgend wird daher vom Beispieldesign ausgegangen und es werden darauf aufbauend mehrere Vorlagen für unterschiedliche Einsatzzwecke erstellt. Vergleichen Sie auch noch einmal die Abbildung 4.2, die die möglichen Bestandteile von Design und Vorlage zeigt.

CD-ROM Die fertige Beispielvorlage *Handbuch2010.potx* finden Sie im Ordner *\Buch\Kap04*.

Aus einem Design wird eine Vorlage

Öffnen Sie eine neue, leere Präsentation und weisen Sie ihr über *Entwurf/Designs* das soeben entworfene Design zu.

Abbildg. 4.31 Der Name des verwendeten Designs erscheint in der Statusleiste

Speichern Sie diese Datei unter einem passenden Namen ab. Wählen Sie dazu *Datei/Speichern unter* und stellen Sie unter *Dateityp* die Option *PowerPoint-Vorlage (*.potx)* ein.

TIPP Es ist empfehlenswert, den Designnamen als Teil des Vorlagennamens zu verwenden, um später die Zusammengehörigkeit besser nachvollziehen zu können.

HINWEIS Im Gegensatz zu früheren PowerPoint-Versionen gibt es seit PowerPoint 2007 zwei verschiedene Dateitypen für Vorlagen *mit* und *ohne Makros*. Falls Sie planen, Ihrer Vorlage Makros hinzuzufügen, sollten Sie den Dateityp *PowerPoint-Vorlage mit Makros (*.potm)* wählen. Sie können **nicht** durch Umbenennen von dem einen zum anderen Dateityp wechseln, sondern müssen die Vorlage neu abspeichern. Natürlich können Sie später auf einer Vorlage ohne Makros (*.potx) eine Präsentation mit Makros (*.pptm) aufbauen.

Mehrere Master hinzufügen

Am Anfang steht die Überlegung, wie unterschiedlich oder wie ähnlich die Teile der Präsentation sein sollen. Davon ist es abhängig, wie der neue Master eingefügt wird:

- Wenn Sie mit einer weißen Fläche anfangen wollen, um einen komplett neuen Master zu erstellen, wählen Sie auf der Registerkarte *Folienmaster* in der Gruppe *Master bearbeiten* den Befehl *Folienmaster einfügen*. Er fügt hinter dem bestehenden Master einen neuen Master mit den Standardlayouts ein.
- Wenn Sie Teile des bestehenden Masters übernehmen möchten, klicken Sie ihn mit der rechten Maustaste an und wählen im Kontextmenü *Folienmaster duplizieren*. Neben dem Master werden damit auch die benutzerdefinierten Layouts dupliziert.

TIPP Noch schneller können Sie einen Master duplizieren, wenn Sie in der linken Übersichtsleiste auf den gewünschten Master klicken und dann die Tastenkombination Strg + D drücken.

Um die Master unterscheiden zu können, ist es wichtig, sie eindeutig zu benennen. Klicken Sie dazu mit der rechten Maustaste auf den Folienmaster und wählen Sie im Kontextmenü *Master umbenennen* oder klicken Sie auf der Registerkarte *Folienmaster* in der Gruppe *Master bearbeiten* auf die Schaltfläche *Umbenennen*. Dieser Name taucht später im Layoutkatalog wieder auf und unterteilt die verfügbaren Layouts in Gruppen.

Abbildg. 4.32 Ein grauer Balken mit dem Namen des Masters trennt die Layouts, hier für verschiedene Teile einer Veranstaltung

Alle Änderungen im Master nehmen Sie wie weiter vorn für die Formatierung des Masters beschrieben vor.

Im Beispiel in Abbildung 4.32 wurden die Designfarben des zweiten und dritten Masters geändert, sodass neben dem vorwiegend roten Master für PowerPoint auch blaue bzw. gelbe für Word und Outlook verfügbar sind. Darüber hinaus wurde das Logo entsprechend ausgetauscht. Diese Änderung muss im Titel- und Zwischentitellayout, in denen der Hintergrund des Masters ausgeblendet und das Logo an anderer Stelle eingefügt wurde, gesondert vorgenommen werden.

Die Vorlage mit Leben füllen: Musterfolien

Eine Übersichtsfolie wird normalerweise nur ein Mal pro Präsentation benötigt. Deshalb bietet es sich an, sie als Musterfolie statt als Layout in der Vorlage zur Verfügung zu stellen.

Bei der Erstellung solcher Folien gehen Sie wie bei der Erstellung normaler Folien vor, nur mit dem Unterschied, dass Sie sie mit der Vorlage abspeichern.

Abbildg. 4.33 Musterfolien in der Vorlage erleichtern die Arbeit des Vortragenden

Musterfolien können aber nicht nur fertige Inhaltsfolien sein, auf ihnen können Sie auch zum Thema passende Abbildungen, beispielsweise kleine Icons, oft einfacher als mit ClipArt-Sammlungen weitergeben. Oder Sie stellen einige vorformatierte Formen, aus denen zum Beispiel schnell Organigramme erstellt werden können, zur Verfügung. Ihrer Fantasie sind hier kaum Grenzen gesetzt.

Probelauf: Die Vorlage testen

Bevor Sie die Vorlage verteilen, sollten Sie sie mit einigen für Ihr Anwendungsgebiet typischen Folien testen. Einige Ideen:

- Fügen Sie *Textfolien* ein: Wie viele Zeilen Text können Sie auf einer Folie maximal unterbringen? Reicht dies in der Praxis aus?
- Erstellen Sie ein *SmartArt*- Diagramm: Wie wirken sich Farben und Effekte aus?
- Zeichnen Sie eine *Tabelle:* Wie erscheinen die gewählten Farben in den Tabellenvorlagen?
- Fügen Sie einige *Formen* ein und formatieren Sie diese: Liefern Farben, Schriften, Effekte das gewünschte Ergebnis?
- Zusätzlich zu den Designfarben werden im Farbauswahl-Dialogfeld stets auch hellere und dunklere *Schattierungen* der Farben angeboten. Testen Sie auch diese, denn darauf greifen einige Formatvorlagen für Diagramme, Tabellen, SmartArts und Formen zurück.
- Sind in den Designfarben formatierte Objekte gut vor dem gewählten *Hintergrund* zu erkennen?

Nehmen Sie jetzt noch erforderliche Änderungen an Ihrer Vorlage und gegebenenfalls auch am Design vor.

TIPP Denken Sie daran, nachträgliche Änderungen, die Sie nun vorgenommen haben, auch in den *PowerPoint-CI-Guidelines* zu dokumentieren.

Beim Probelauf wird sich eventuell herausstellen, dass bestimmte Schnellformatvorlagen besser geeignet sind als andere. Nehmen Sie solche Empfehlungen für bevorzugte Formate ebenfalls auf.

Die Praxistauglichkeit einer Vorlage erweist sich oft erst im täglichen Einsatz. Als *Designer* sollten Sie eine neu erstellte Vorlage deshalb nach Ihren eigenen Tests von einigen versierten Anwendern einige Tage lang in der Praxis testen lassen, bevor Sie sie unternehmensweit verteilen. Als *Anwender* sollten Sie in den konstruktiven Dialog mit den Designern treten, wenn Ihnen beispielsweise immer wieder ein bestimmtes Layout fehlt. Sie haben in diesem Kapitel mit dem übergreifenden Konzept der Designs und den Details wie Platzhaltertypen das dazu erforderliche Basiswissen gelernt.

CD-ROM Die fertige Beispielvorlage *Handbuch2010.potx* finden Sie auf der CD zu diesem Handbuch im Ordner *\Buch\Kap04*.

Tipps & Tricks zu Vorlagen und Designs

In diesem Abschnitt finden Sie Übersichten, die Ihnen helfen, das Praxisbeispiel zu verallgemeinern und an Ihre Bedürfnisse anzupassen.

Die vorinstallierten Designs

Bei der Installation werden 40 Designs schon mit installiert. Diese enthalten jeweils Designfarben, Designschriftarten und Designeffekte gleichen Namens sowie einen Folienhintergrund. Diese Bausteine können Sie beliebig mischen; so könnten Sie zum Beispiel mit wenig Aufwand aus dem Hintergrund von *Metis* mit den Farben *Winkel*, den Schriften *Austin* und den Effekten *Slipstream* ein eigenes Design bzw. eine eigene Vorlage zusammenstellen.

CD-ROM Eine Übersicht über die Eigenschaften – Designfarben, -schriften und -effekte – der bereits installierten Designs finden Sie in der Datei *Kap04_Integrierte-Designs.pptx* auf der CD zu diesem Buch.

Dort finden Sie auch die Tabelle *Kap04_Designs-Deutsch-Englisch.pdf*, die deutsche und englische Bezeichnungen der Designs vergleicht sowie ihre Verfügbarkeit in den Office-Versionen 2007 und 2010.

Fertige Designs aus dem Internet herunterladen

Weitere Designs stellt Microsoft auf der Microsoft Office-Webseite zum kostenlosen Download bereit. Zum Zeitpunkt der Drucklegung dieses Buches waren auf der englischsprachigen Webseite von Microsoft USA wesentlich mehr Designs zu finden, ein Blick dorthin lohnt also ebenfalls.

TIPP Rufen Sie die Webseite *http://www.office.com* auf und wechseln Sie dort zur Registerkarte *Vorlagen*. Geben Sie als Suchbegriff Design ein.

Um zusätzlich auf der englischsprachigen Webseite zu suchen, klicken Sie ganz rechts oben neben dem Weltkugel-Symbol auf das Wort *Deutschland*. Wählen Sie in der Länderliste *United States - English* aus. Wechseln Sie zur Registerkarte *Templates* und geben Sie als Suchbegriff Theme ein.

Obwohl die Einführung der neuen Dateiformate für Designs und Vorlagen mit PowerPoint 2007 nun schon einige Jahre zurückliegt, bieten nur sehr wenige Dienstleister Designs und Vorlagen an, die die neuen Möglichkeiten ausschöpfen. Dazu gehören der amerikanische Anbieter Office-DocsPro, *http://www.officedocspro.com*, der Designs im Standard- und Breitbildformat anbietet, und die deutsche Agentur PresentationLoad, *http://www.presentationload.de*, die Vorlagen und vorgefertigte Grafiken anbietet.

Ein neues Standarddesign festlegen

Wenn Sie beim Öffnen eines neuen Dokuments sofort Ihr eigenes Design statt des vorinstallierten *Larissa*-Designs öffnen möchten, können Sie es als Standarddesign festlegen. Das Vorgehen ist recht einfach:

1. Während der Erstellung des Designs haben Sie wahrscheinlich mit dem Dateityp *Präsentation (*.pptx)* gearbeitet. Diese muss zunächst als Design gespeichert werden. Klicken Sie dazu auf *Datei/Speichern unter* und wählen Sie unter *Dateityp* die Option *Office-Design (*.thmx)* aus. Damit steht es Ihnen auch in Word und in Excel zur Verfügung.
2. Dann klicken Sie auf die Registerkarte *Entwurf*.
3. In der Befehlsgruppe *Designs* sehen Sie schon einige Ihrer verfügbaren Designs, Klappen Sie den ganzen Katalog mit der Schaltfläche *Weitere* (unterhalb der Bildlaufpfeile) auf.
4. Klicken Sie mit der rechten Maustaste auf das gewünschte Design in der Gruppe *Integriert* oder *Benutzerdefiniert*.
5. Wählen Sie im Kontextmenü *Als Standarddesign festlegen*.

Beim nächsten Start von PowerPoint wird die leere Präsentation nicht mit dem weißen *Larissa*-Design geöffnet, sondern mit Ihrem eigenen. Das *Larissa*-Design steht Ihnen aber immer noch im Designkatalog zur Verfügung, falls Sie zu Microsofts Standard zurückkehren wollen.

Kopf- und Fußzeilenplatzhalter in Vorlagen

Die Inhalte der Platzhalter, die sich normalerweise am unteren Rand der Folie befinden und die für Datum, Fußzeile und Foliennummer vorgesehen sind, können Sie nicht mit einem Design, sondern nur mit einer Vorlage speichern.

TIPP Entscheiden Sie zunächst, ob Sie diese Informationen auf Ihren Folien überhaupt brauchen. Während einer *live* vorgetragenen Präsentation stellen alle Informationen, die nicht zum Inhalt Ihrer Präsentation gehören, eine Ablenkung Ihrer Zuschauer dar. Informationen zu Vortragstitel, Name des Referenten und Datum haben Sie normalerweise schon auf der Titelfolie gegeben und müssen sie nicht auf jeder Folie wiederholen. Auch die Foliennummer ist eine eher ablenkende als nützliche Information, insbesondere wenn sie mit der Gesamtzahl der Folien kombiniert wird.

Eine Daseinsberechtigung haben diese Fußzeileninformationen allenfalls in *gedruckten* Unterlagen, um die Zugehörigkeit zu einem Vortrag zu kennzeichnen, insbesondere wenn mehrere Vorträge zum Beispiel einer Konferenz zusammen gedruckt und gebunden werden. Aber auch dann ist zu überlegen, ob diese Information auf der Folie selbst auftauchen muss oder nicht besser im Handzettel- bzw. Notizenausdruck untergebracht wird.

Fußzeilen formatieren

Die Bezeichnung *Kopf- und Fußzeilen* ist ein wenig irreführend. Es gibt nur einen Fußzeilenplatzhalter, er wird erst zur Kopfzeile, wenn Sie ihn an den oberen Rand der Folie schieben.

Haben Sie sich entschieden, ein oder mehrere Angaben aus der Fußzeile zu verwenden, wechseln Sie zur Folienmasteransicht und verschieben die Platzhalter zunächst an die entsprechenden Stellen. Sie sind dabei natürlich nicht auf den unteren Folienrand beschränkt, sondern können sie beliebig platzieren. Formatieren Sie ihre Schriftart, -größe und -farbe so, wie Sie Textfelder formatieren. Schließen Sie anschließend die Folienmasteransicht wieder.

Fußzeilentext eingeben

Welchen Inhalt die Platzhalter haben und ob sie überhaupt angezeigt werden, bestimmen Sie über das Dialogfeld *Kopf- und Fußzeile*. Auch wenn ein Fußzeilenplatzhalter im Folienmaster vorhanden ist, wird er nur dann angezeigt, wenn Sie einen Inhalt vorgeben **und** ihn als sichtbar markieren.

Um das Dialogfeld *Kopf- und Fußzeilen* aufzurufen, wechseln Sie zur Registerkarte *Einfügen*. Klicken Sie dort in der Gruppe *Text* auf die Schaltfläche *Kopf- und Fußzeile*.

Abbildg. 4.34 Alle Einstellungen für die Inhalte der Kopf- und Fußzeilen nehmen Sie in einem Dialogfeld vor

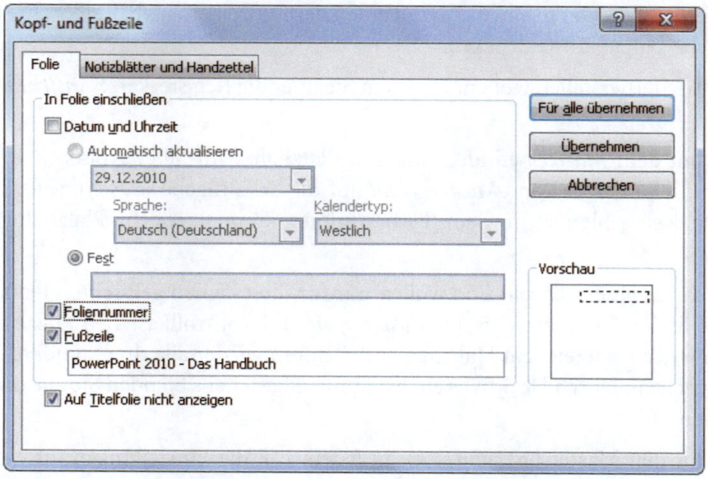

- *Datum und Uhrzeit:* Hier haben Sie die Wahl zwischen dem automatisch aktualisierten aktuellen Datum in verschiedenen Formaten. Das Datum wird jeweils beim Aufruf der Präsentation aktualisiert. Oder Sie geben ein festes Datum, zum Beispiel das Datum der Konferenz, ein. Hier können Sie beliebigen Text, zum Beispiel auch einen Ort, eingeben oder auch dieses Feld für den Namen des Vortragenden zweckentfremden, falls Sie kein Datum benötigen.
- *Foliennummer:* Die Foliennummer wird automatisch vergeben. Die Nummer der ersten Folie bestimmen Sie über *Entwurf/Seite einrichten/Nummerierung beginnt bei.*
- *Fußzeile:* In diesem Feld geben Sie Text für die Fußzeile ein (maximal 255 Zeichen).
- *Auf Titelfolie nicht anzeigen:* Da auf dem Titel die Fußzeileninformationen oft nicht erforderlich sind, können Sie sie auf allen Folien, denen das Layout *Titel* zugeordnet ist, mit dieser Option ausblenden.

TIPP Fußzeilenplatzhalter, die Sie für den Druck der Folien benötigen, können Sie über dieses Dialogfeld kurz vor dem Vortrag noch mit wenigen Mausklicks ausblenden.

Standardmäßig sind die Platzhalter auf allen Layouts vorgegeben. Sie können sie für einzelne Layouts löschen, um zum Beispiel auch auf Zwischenfolien keine Nummerierung anzuzeigen.

Einzelne Fußzeilen ändern

Im Gegensatz zu früheren PowerPoint-Versionen sind die Fußzeilenplatzhalter nicht im Master vor Zugriffen geschützt (und so für Anfänger schwer handhabbar), sondern werden als Textfeld auf jede Folie kopiert. Das bedeutet, dass Sie sie für einzelne Folien ändern können. Wenn Sie einmal mehr Platz brauchen, können Sie die Fußzeilen-, Datums- und Nummernfelder auf einer Folie löschen, ohne die anderen Folien oder Hintergrundgrafiken dadurch zu beeinflussen. Das bedeutet leider auch, dass die Anwender den Platzhalter versehentlich verschieben können. Eine (nicht verschiebbare) Alternative sind – wie im Fall der Handbuch-Vorlage – auf dem Master fest eingefügte Textfelder. Diesen fehlt jedoch der Vorteil, schnell aktualisierbar zu sein.

Gelöschte Fußzeilen wiederherstellen

Sie können im Folienmaster oder in einem Layout einen der Fußzeilenplatzhalter löschen, indem Sie ihn anklicken und die `Entf`-Taste drücken.

Falls Sie ihn später wiederherstellen wollen, wechseln Sie über die Registerkarte *Ansicht* zum Folienmaster.

- Wenn Sie sich auf dem *Master* befinden und den Platzhalter für alle Layouts wiederherstellen wollen, klicken Sie in der Gruppe *Masterlayout* auf die Schaltfläche *Masterlayout*. Es wird ein kleines Dialogfeld eingeblendet, in dem Sie bestimmen können, welche Platzhalter verfügbar sein sollen.
- Befinden Sie sich auf einem *Layout* und wollen nur für dieses einen gelöschten Platzhalter wieder einblenden, finden Sie in der Gruppe *Masterlayout* das Kontrollkästchen *Fußzeilen*. Klicken Sie es an (auch wenn es bereits ein Häkchen enthält), um wieder alle drei Standard-Fußzeilenplatzhalter anzuzeigen. Durch Deaktivieren des Kontrollkästchens blenden Sie alle drei Platzhalter gleichzeitig aus.

Die Einstellungen für den Master überschreiben in jedem Fall die Einstellungen für einzelne Layouts.

Fußzeilenplatzhalter auf Handzetteln und Notizenseiten

Im *Handzettelmaster* und im *Notizenmaster* können Sie Fußzeilen getrennt von den Folien festlegen. Ob die Platzhalter sichtbar sein sollen oder nicht, legen Sie für Handzettel und Notizen in der jeweiligen Masteransicht getrennt fest, indem Sie in der Gruppe *Platzhalter* die entsprechenden Kontrollkästchen aktivieren und die Platzhalter entsprechend positionieren.

Den Inhalt der Platzhalter legen Sie über *Einfügen/Kopf- und Fußzeile* auf der Registerkarte *Notizblätter und Handzettel* des Dialogfeldes *Kopf- und Fußzeile* unabhängig von den Folien, aber stets für Notizblätter und Handzettel gemeinsam fest.

Die Speicherorte für Vorlagen und Designs

Sobald Sie sich für einen Ausgangspunkt zur Erstellung einer neuen Vorlage entschieden und eine neue Datei geöffnet haben, sollten Sie diese zunächst einmal speichern, um sich vor Datenverlust zu schützen. Klicken Sie dazu auf *Datei/Speichern unter*. Unter *Dateityp* wählen Sie *PowerPoint-Vorlage (*.potx)* aus. Falls Sie Ihrer Vorlage später Makros hinzufügen wollen, steht Ihnen auch der Dateityp *PowerPoint-Vorlage mit Makros (*.potm)* zur Verfügung.

ACHTUNG In den vorhergehenden Office-Versionen war es problemlos möglich, eine Datei zunächst als normale PowerPoint-Datei mit der Endung *.ppt* zu speichern und diese Dateierweiterung später im Windows-Explorer in *.pot* umzubenennen, um aus einer Präsentation eine Vorlage zu machen.

Dieses Vorgehen funktioniert in Office 2007 und 2010 **nicht** mehr, da aufgrund des neuen XML-Dateiformats der Dateityp mit in der Datei gespeichert wird. Dies hat den Vorteil, dass Sie einer Datei schon vor dem Öffnen aufgrund des »m« in der Dateiendung ansehen, ob sie Makros enthalten kann. Es bedeutet aber auch, dass Sie eine Datei explizit als Vorlage abspeichern müssen, um eine Vorlage zu erstellen.

Wenn Sie ein neues Design erstellen wollen und dies als THMX-Datei speichern, wird auf dem Bildschirm eine PPTX-Datei angezeigt. Dies liegt daran, dass Designs keine Folien enthalten können. Führen Sie alle gewünschten Einstellungen an dieser Präsentation durch und speichern Sie sie dann als Design ab. Wenn Sie das Design zu Beginn der Bearbeitung schon einmal gespeichert hatten, werden Sie dabei gefragt, ob Sie die bestehende Datei überschreiben wollen.

Vorlagen und Designs werden nur dann in den entsprechenden Katalogen angezeigt, wenn sie in den richtigen *Verzeichnissen* liegen. Der Einschub »Verwaltung von Vorlagen und Designs« gibt Ihnen eine Übersicht über die Dateispeicherorte unter Windows Vista und Windows 7.

Verwaltung von Vorlagen und Designs

Die Speicherorte für *Vorlagen* werden zentral von *Word* aus für die drei Office-Programme Word, PowerPoint und Excel verwaltet. Um den Ablageort für Ihre Vorlagen zu ändern, klicken Sie in Word auf *Datei/Optionen*. In der Kategorie *Erweitert* finden Sie ganz unten die Schaltfläche *Dateispeicherorte*. Hier können Sie zwei unterschiedliche Speicherorte festlegen:

- Benutzervorlagen und
- Arbeitsgruppenvorlagen.

Wenn Sie innerhalb eines großen Firmennetzwerks arbeiten, speichern Sie im *Benutzervorlagen-Verzeichnis* Ihre persönlichen Vorlagen. Im *Arbeitsgruppenvorlagen-Verzeichnis* werden alle Vorlagen abgelegt, die sämtlichen Mitarbeitern zur Verfügung stehen sollen. In großen Unternehmen ist das Arbeitsgruppenvorlagen-Verzeichnis meist ein schreibgeschütztes Verzeichnis auf einem Netzlaufwerk, um die dem Corporate Design entsprechenden allgemeinen Vorlagen vor versehentlichen Änderungen zu schützen. Benutzen Sie Ihren Rechner nicht innerhalb eines Netzwerks, sondern als Einzelperson, brauchen Sie kein Arbeitsgruppenvorlagen-Verzeichnis zu definieren und legen all Ihre Vorlagen im Benutzervorlagen-Verzeichnis ab.

Wenn Sie eine neue *Vorlage* abspeichern, wird sie automatisch zunächst in Ihrem Benutzervorlagen-Verzeichnis gespeichert. In der Regel müssen Sie sich nicht zum passenden Verzeichnis durchklicken; sobald Sie bei *Datei/Speichern unter* einen der Dateitypen *PowerPoint-Vorlage (*.potx)* oder *PowerPoint-Vorlage mit Makros (*.potm)* wählen, wird das richtige Verzeichnis vorgegeben. Soll eine Vorlage allen Mitarbeitern zur Verfügung gestellt werden, müssen Sie sie in das Arbeitsgruppenvorlagen-Verzeichnis verschieben (bzw. vom Administrator verschieben lassen).

Für *Designs* legt Office unterhalb dieser beiden Vorlagenverzeichnisse jeweils ein Unterverzeichnis *Document Themes* an. Die 40 bereits mit Office installierten Designs werden Sie in diesen Verzeichnissen nicht finden. Sie sind fest im Programm verankert und können nicht geändert werden.

Öffnet ein Anwender in einer der Office-Anwendungen den Designkatalog, werden ihm unter *Benutzerdefiniert* alle Designs aus beiden Verzeichnissen angeboten, wobei für ihn kein Unterschied erkennbar ist, aus welchem der beiden Verzeichnisse ein Design stammt.

ACHTUNG Wenn Sie ein Design oder eine Vorlage speichern, wird dieses bzw. diese zunächst in Ihrem *Benutzervorlagen-Verzeichnis* abgelegt. Das heißt, sie steht **nur** Ihnen selbst (auch keinem anderen Benutzer, der sich auf Ihrem Rechner anmeldet) zur Verfügung. Wenn Sie dieses Design oder diese Vorlage auch Ihren Kollegen zugänglich machen wollen, müssen Sie es in den *Arbeitsgruppenvorlagen-Ordner* verschieben oder kopieren.

Designs, die Sie an anderen Stellen auf Ihrem Rechner speichern, werden im Designkatalog nicht automatisch angezeigt, Sie können sie aber mit dem entsprechenden Befehl *Nach Designs suchen* am unteren Rand des Katalogs ausfindig machen.

Abbildg. 4.35 Designs, die nicht unter *Document Themes* abgelegt wurden, suchen Sie mit dem Befehl *Nach Designs suchen*

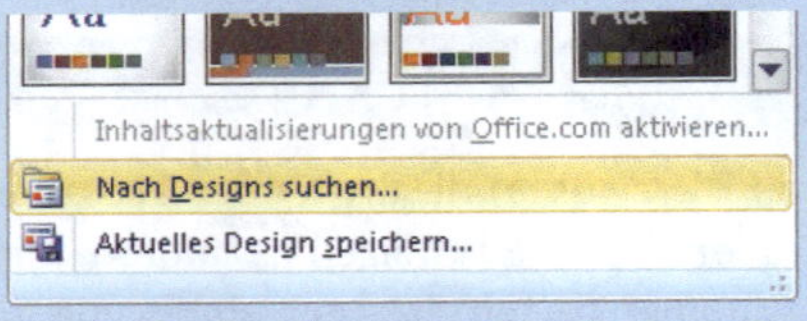

Die Verzeichnisse für die Designs (Document Themes) enthalten wiederum die Unterverzeichnisse

- *Theme Colors* für die Designfarben,
- *Theme Fonts* für die Designschriftarten und
- *Theme Effects* für die Designeffekte.

In ihnen werden Designfarben und Designschriftarten abgelegt, die Sie zusätzlich erstellen. Werden Farben, Schriften oder Effekte in einem Design verwendet, werden diese Informationen in der THMX-Datei gespeichert. Die Dateien in diesen Unterverzeichnissen dienen dazu, einzelne Einstellungen unabhängig vom Design weitergeben zu können.

Wenn Sie die Einstellungen nach der Installation nicht verändert haben, gelten unter Windows Vista und Windows 7 die folgenden Pfade für das Benutzervorlagen-Verzeichnis:

- **Vorlagen**
  C:\Benutzer\Ihr Name\AppData\Roaming\Microsoft\Templates
  Dateiformat: *POTX, POTM*
- **Designs**
  C:\Benutzer\Ihr Name\AppData\Roaming\Microsoft\Templates\Document Themes
  Dateiformat: *THMX*
- **Designfarben**
  C:\Benutzer\Ihr Name\AppData\Roaming\Microsoft\Templates\Document Themes\Theme Colors
  Dateiformat: *XML*
- **Designschriftarten**
  C:\Benutzer\Ihr Name\AppData\Roaming\Microsoft\Templates\Document Themes\Theme Fonts
  Dateiformat: *XML*
- **Designeffekte**
  C:\Benutzer\Ihr Name\AppData\Roaming\Microsoft\Templates\Document Themes\Theme Effects
  Dateiformat: *EFTX*

Unter Windows XP finden Sie die Vorlagen im folgenden Verzeichnis:

- *C:\Dokumente und Einstellungen\Ihr Name\Anwendungsdaten\Microsoft\Vorlagen*

sowie in den entsprechenden Unterverzeichnissen.

Designs löschen

Manchmal entstehen während des Entwurfsprozesses später nicht mehr benötigte Versionen eines Designs. Sie haben mehrere Möglichkeiten, diese zu löschen:

- Klicken Sie auf der Registerkarte *Entwurf* in der Gruppe *Designs* auf die Schaltfläche *Weitere* (unterhalb der Bildlaufpfeile). Klicken Sie mit der rechten Maustaste auf ein benutzerdefiniertes Design und klicken Sie dann im Kontextmenü auf *Löschen*.
- Oder navigieren Sie im Windows-Explorer zum Ordner *Document Themes* und löschen Sie dort die entsprechende THMX-Datei.

HINWEIS Wenn die benutzerdefinierten Designs zwar nicht im Designkatalog angezeigt, aber nicht endgültig gelöscht werden sollen, können Sie die Designdateien in einen anderen Ordner verschieben.

Exkurs: Vorlagen in Word und Excel

Designs haben den Vorteil, dass sie auch in *Word* und *Excel* zur Verfügung stehen. Übernommen werden dabei nur die drei Grundelemente

- Designfarben,
- Designschriften und
- Designeffekte.

Alle anderen in der THMX-Datei gespeicherten Eigenschaften stehen nur in PowerPoint zur Verfügung.

In den jeweiligen Programmen können Sie auf den Designs Vorlagen aufbauen und ihnen programmspezifische Details hinzufügen. Dies werden natürlich in *Word*-Vorlagen ganz andere als in PowerPoint sein. Genau dieselben Farben, Schriftarten und Effekte signalisieren aber dennoch programmübergreifend die Firmenzugehörigkeit. Hinzu kommen Zeichen- und Absatzformatvorlagen. Elemente wie Logo, Adress- und Datumsfelder machen eine Briefvorlage daraus, ein Deckblatt, Kopf- und Fußzeilen kennzeichnen die Berichtsvorlage.

Wiederum dieselben Farben stehen für Tabellen und Diagramme in *Excel* zur Verfügung. Mit Arbeitsmappenvorlagen, die vorbereitete Tabellen und Formeln sowie benutzerdefinierte Diagrammtypen enthalten, greifen Sie auf bewährte Formatvorgaben zurück.

Zusammenfassung

Kaum eine PowerPoint-Präsentation kommt ohne Vorlage aus. Aber wenn Sie zudem programmübergreifend außer PowerPoint-Präsentationen auch Word-Dokumente und Excel-Arbeitsmappen an ein Corporate Design anpassen wollen, benötigen Sie darüber hinaus ein Office-Design. In diesem Kapitel haben Sie gesehen, wie Sie beides erstellen.

Darüber hinaus haben Sie den Umgang mit Master, Layout, Designfarben, Designschriften und Designeffekten sowie ihr Zusammenspiel kennengelernt. Die wichtigsten Schritte finden Sie im Folgenden noch mal zusammengefasst:

Thema	Seite
Begriffsklärung: Design, Vorlage, Master, Layout	78
Die Rolle der Corporate Identity für das Office-Design	86
Die Grundelemente des Designs zusammenstellen	88
Designfarben festlegen	89
Designschriften auswählen	95
Designeffekte zuweisen	100
Den Folienmaster einrichten	101
Eigene Layouts erstellen	108
Das Design anwenden	114
Tipps und Tricks zu Vorlagen und Designs	119
Designs in Word und Excel	125

Kapitel 5

Textfolien effektiv erstellen und zuschauergerecht gestalten

In diesem Kapitel:

In der Mehrzahl der Präsentationen überwiegen Textfolien gegenüber den Folien, die mit Fotos oder Schaubildern für optische Abwechslung sorgen. Natürlich sind Textfolien trotz aller kontroversen Diskussionen zum Thema »Bullet Points« unabdingbar für PowerPoint-Vorträge. Problematisch wird es allerdings, wenn Textfolien einfach »nur vollgeschrieben« werden und PowerPoint sozusagen als Word im Querformat genutzt wird. Denn lange Sätze, große und ungegliederte Textmengen sowie ein Mangel an Gestaltung machen Textfolien nicht nur langweilig, sondern vor allem schwer lesbar. Die Aufmerksamkeit Ihrer Zuhörer sinkt rapide ab, wenn Sie die x-te Folie mit langen Textpassagen zeigen.

In diesem Kapitel erfahren Sie, wie Sie Textfolien schnell und einfach erstellen und welche Mittel Ihnen zur Verfügung stehen, damit selbst textlastige Folien für die Zuschauer keine Zumutung mehr sind.

Anfängerfehler vermeiden: Passende Folienlayouts verwenden

Sicher ist Ihnen das auch schon passiert: Sie kopieren eine Folie aus einer bereits vorhandenen Präsentation in Ihre aktuelle PowerPoint-Datei und stellen verwundert fest, dass sich Titel und Texte an völlig anderen Stellen als bei den übrigen Folien der Präsentation befinden und die Texte zudem abweichende Schriftformate haben.

Eigentlich ein leicht zu lösendes Problem, denn genau für solche Fälle gibt es den Befehl *Zurücksetzen*, den Sie auf der Registerkarte *Start* in der Gruppe *Folien* finden. Er sorgt dafür, dass Platzhalter für Titel, Texte und weitere Inhalte wieder an der Stelle und in der Größe erscheinen, die im Folienlayout hinterlegt sind. Besser noch: Zugleich werden dabei auch alle abweichenden Zeichen- und Absatzformate gelöscht und wieder auf den festgelegten Standard zurückgeführt.

Abbildg. 5.1 Mit *Zurücksetzen* weisen Sie einer Folie die im Folienlayout hinterlegten Standards wieder zu

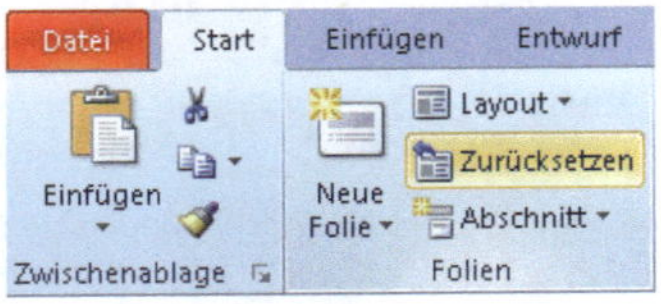

So weit die Theorie. Doch wenn sich beim Klick auf *Zurücksetzen* nichts ändert, liegt der Fehler nicht bei PowerPoint, sondern auf Anwenderseite.

Der Grund: Aus Unkenntnis der Bedeutung von Folienlayouts wurde die importierte Folie ursprünglich mit dem Layout *Leere Folie* erstellt. Anschließend wurden dann Textfelder auf ihr platziert. Das ist mühsam und zeitraubend nicht nur beim Erstellen der Folie, sondern – wie sich nun erweist – auch ein Albtraum für all jene, die diese Folie später wiederverwenden wollen. Ein typischer Anfängerfehler, der leider häufig zu beobachten ist.

Folienlayouts, die sich für Textfolien eignen

Vermeiden Sie solche Mängel und vor allem die damit unweigerlich verbundenen Nacharbeiten und verwenden Sie systematisch passende Folienlayouts beim Anlegen von Textfolien. Welche das beispielsweise sind, zeigt Abbildung 5.2.

Abbildg. 5.2 Vier Folienlayouts, die sich besonders für die Eingabe von Textinformationen eignen, und ein Layout, das Sie definitiv vermeiden sollten, wenn es gilt, Text auf einer Folie unterzubringen

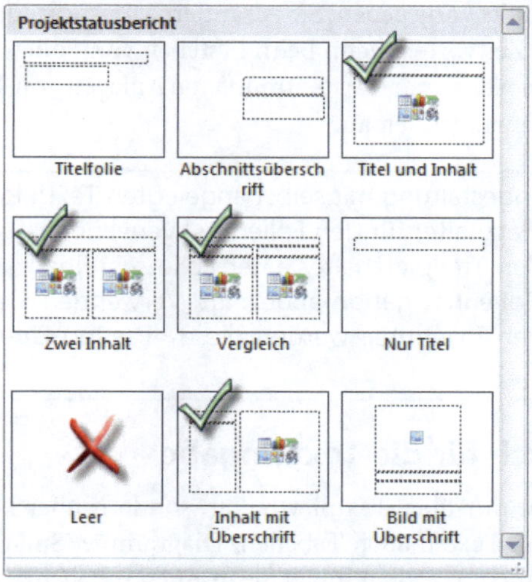

Anders gesagt: Wenn Sie auf einer neu eingefügten Folie Platzhalter mit dem Hinweis »Text durch Klicken hinzufügen« sehen, können Sie Textinformationen strukturiert und nach vorgegebenen Formatierungsregeln eintippen. Das in Abbildung 5.3 gezeigte Folienlayout *Vergleich* hat sogar zwei solche Platzhalter für Aufzählungstexte und zudem noch zwei Platzhalter für die Zwischentitel über den beiden Spalten.

Abbildg. 5.3 Unter dem Platzhalter für den Folientitel gibt es hier gleich vier weitere für die Eingabe von Texten

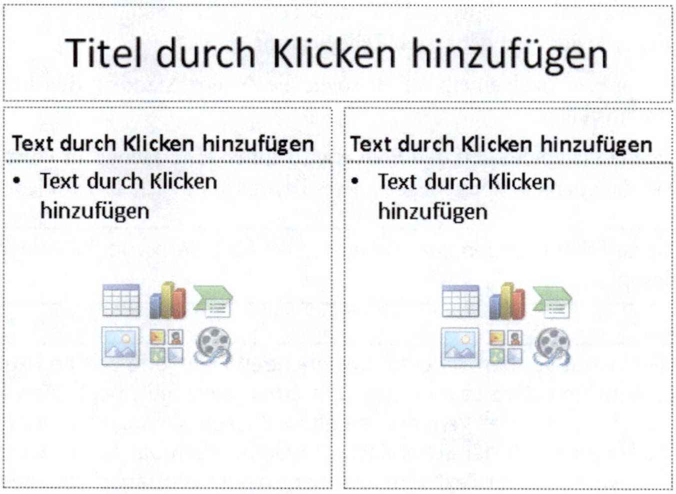

Fazit: Verwenden Sie für Ihre Textfolien solche Folienlayouts, die bereits vorgefertigte Platzhalter für Text enthalten.

Foliengestaltung

Ihr Vorteil: Sie müssen sich nicht um Position und Größe der Textfelder kümmern und auch nicht darum, welche Schrift und welche Aufzählungszeichen für die einzelnen Textebenen zu vergeben sind. All das wird durch die Folienlayouts bereits vorgegeben. Sie garantieren, dass die Optik für alle Folien gleich ist. Außerdem haben Sie einen Zeitvorteil, denn beim Erstellen von Folien mit vorbereiteten Layouts kommen Sie wesentlich schneller voran. Das zeitraubende Anlegen von Textfeldern auf jeder einzelnen Folie gehört damit der Vergangenheit an.

TIPP Auch bei einer »freien« Foliengestaltung mit selbst angelegten Textfeldern sollten Sie zumindest ein Folienlayout mit einem Platzhalter für den Folientitel verwenden.
Der Grund: Nur Überschriften, die Sie in den Titelplatzhalter einer Folie schreiben, werden auf der Registerkarte *Gliederung* und bei der Foliennavigation angezeigt. Verwenden Sie hingegen selbst gezeichnete Textfelder statt regulärer Folientitel, werden diese »Pseudo-Überschriften« von PowerPoint einfach ignoriert.

Auch Inhaltsplatzhalter eignen sich für die Texteingabe

Eine Reihe von Folienlayouts verfügen nicht nur über Textplatzhalter, sondern über kombinierte Inhaltsplatzhalter, die neben der Eingabe von Texten auch Tabellen, Diagramme, SmartArt-Grafiken, Bilder oder auch Videos aufnehmen können. Welchen Inhalt Sie in einen Inhaltsplatzhalter einfügen, entscheiden Sie nach der Auswahl des Layouts. Je nachdem, welches Symbol Sie anklicken, ändert sich der Platzhalter zu einem Text- oder Tabellen- oder Diagrammplatzhalter.

Unabhängig davon, ob Sie Text- oder Inhaltsplatzhalter verwenden – alle haben standardmäßig die gleichen Eigenschaften, die aus dem Folienmaster resultieren:

- Es können maximal fünf Textebenen verwaltet werden.
- Für jede der fünf Textebenen lassen sich unterschiedliche Aufzählungszeichen, Schriftarten, -größen und -farben voreinstellen.
- Hängende Einzüge für die Absätze sorgen dafür, dass Text in der zweiten Zeile eines Absatzes an der gleichen Position wie der Text der ersten Zeile beginnt.
- Auch die Abstände vor bzw. nach einem Absatz sowie die Zeilenabstände lassen sich für jede der fünf Textebenen voreinstellen.

Sie sehen: Durch passende Platzhalter auf den Folien wird Ihnen eine Menge an Formatierungsarbeit abgenommen. Das Nachdenken über ein geeignetes Layout lohnt sich also auf jeden Fall.

HINWEIS Detaillierte Erläuterungen zum Anlegen und Abändern von Folienlayouts können Sie in Kapitel 4 nachlesen.

HINWEIS Ein Folienlayout können Sie einer bestehenden Folie jederzeit neu zuweisen. Eine Folie, die Sie beispielsweise mit dem Layout *Titel und Inhalt* einspaltig begonnen haben, kann jederzeit das Layout *Zwei Inhalte* oder *Vergleich* erhalten. Klicken Sie dazu auf der Registerkarte *Start* in der Gruppe *Folien* im Menü der Schaltfläche *Layout* einfach das Folienlayout an, das ab sofort gelten soll. Bereits vorhandener Text wird allerdings nicht nachträglich auf zwei Platzhalter aufgeteilt – alles landet im linken Platzhalter. Auch umgekehrt ist das Umwandeln möglich, allerdings nur mit einigem Mehraufwand.

Gut fürs Publikum: Tipps, die die Lesbarkeit von Textfolien optimieren

Das Hauptaugenmerk beim Gestalten von Textfolien liegt natürlich auf der Lesbarkeit. Sowohl die Schriftart als auch der Schriftgrad müssen zum Ausgabemedium passen. Ist beispielsweise eine Vorführung über Beamer vorgesehen, sollte auf den Folien ein Schriftgrad von 16 pt nicht unterschritten werden. Werden die Folien hingegen nur ausgedruckt und als Handzettel verwendet, reicht schon ein Schriftgrad von 11 oder 12 pt.

Aber auch Zeilen- und Absatzabstände sowie Einrückungen und Aufzählungssymbole spielen eine wichtige Rolle.

Auf den folgenden Seiten finden Sie einige Faustregeln, die Sie bei der Wahl des optimalen Schriftbildes unterstützen sollen.

CD-ROM Einen Teil der folgenden Tipps können Sie sich am Beispiel ansehen und zwar in der Datei *Kap05_Textfolien.pptx*, die Sie auf der CD zum Buch im Ordner *\Buch\Kap05* finden.

Foliengestaltung

Fünf Regeln für optimale Schriftformate

Am Anfang steht natürlich die Wahl der Schriftart und -größe. Die Schriftarten für Folientitel und Folientexte werden standardmäßig über die Einstellung für die Designschriften bestimmt (mehr dazu lesen Sie in Kapitel 4).

Beim Festlegen der Schriftgrößen spielen die folgenden Elemente eine Rolle:

- Wie groß sollen die Überschriften sein?
- Wie groß soll die Schrift in jeder der fünf möglichen Textebenen sein?
- Welchen Schriftgrad sollen die Informationen in der Fußzeile haben?
- Welche Größe soll die Schrift in Textfeldern und in Formen haben?

Hinzu kommt die Frage, ob Überschriften die Formatierung *Fett* erhalten sollen.

Natürlich ist es nicht möglich, für all diese Aspekte eine stets gültige Antwort zu geben. Dazu sind die Einsatzzwecke, für die PowerPoint heutzutage herangezogen wird, zu unterschiedlich. Hinzu kommt, dass in immer schnellerem Tempo neue Ausgabemedien auf den Markt kommen, mit denen Folien gezeigt werden können. War es zu Zeiten des Overheadprojektors noch einfach, klare Regeln zu formulieren, so wird das heute immer schwieriger. Inzwischen liefern bezahlbare Beamer aus zwei bis drei Metern Entfernung auf großer Projektionsfläche ein gut lesbares Schriftbild und auf Messen kommen vorwiegend große Displays zum Einsatz. Außerdem nimmt der Trend zu, Präsentationen unabhängig vom Ort mit anderen Personen anzusehen – über das Internet und jeder an seinem Monitor. Auch für Lernmedien, die ausschließlich am PC genutzt werden, wird PowerPoint genutzt.

Ungeachtet all der Unterschiede hier fünf Regeln für optimale Schriftformate beim Präsentieren von Folien mit Beamer. Kommen andere Ausgabegeräte wie beispielsweise Monitore zum Einsatz, können die Schriftgrade auch kleiner sein.

1. Setzen Sie möglichst serifenlose Schriftarten ein – beispielsweise *Calibri*, *Candara*, *Arial* oder *Tahoma*.

2. Verwenden Sie für die Folientitel einen Schriftgrad von 28 pt.
3. Weisen Sie den ersten drei Textebenen in den Aufzählungsplatzhaltern die Schriftgrade 24 pt, 20 pt und 18 pt zu (siehe Abbildung 5.4), ab Ebene 4 dann 16 pt.
4. Stellen Sie für individuell eingefügte Textfelder sowie für die Beschriftung von Formen einen Schriftgrad von 18 pt ein.
5. Formatieren Sie die Einträge in der Fußzeile mit maximal 10 pt.

Abbildg. 5.4 Empfohlene Schriftgrößen für die ersten drei Textebenen bei Präsentationen mit Beamer

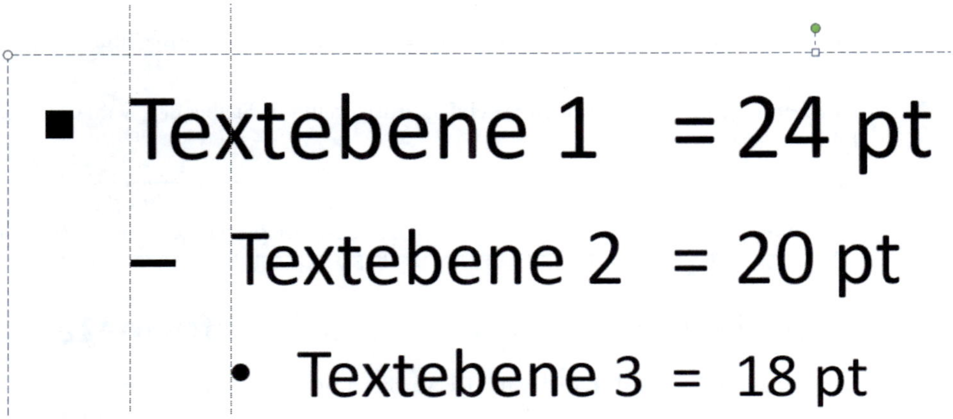

Die Befehle zum Einstellen von *Schriftart* und *Schriftgrad* finden Sie auf der Registerkarte *Start* in der Gruppe *Schriftart.*

Drei Regeln für optimale Abstände zwischen Zeilen und Absätzen

Für eine gute Lesbarkeit von Text sind neben der Schriftart und -größe die Abstände zwischen den Zeilen und Absätzen wesentlich.

Gut unterscheidbare, weil voneinander getrennte optische Blöcke kann das Publikum leichter und schneller erfassen. Am besten fahren Sie mit den folgenden drei Regeln:

- Der Abstand zwischen den Absätzen sollte eine halbe bis eine ganze Zeile betragen. Damit wird für die Leser deutlich, dass ein neuer Gedanke beginnt.
- Wenn es der Platz auf der Folie erlaubt, können Sie auch den Zeilenabstand etwas vergrößern. Der Wert für den Zeilenabstand sollte nicht unter 1 liegen, da sonst die Zeilen zu eng übereinanderliegen. Er sollte auch nicht größer als 1,2 sein, da ansonsten der Text »auseinanderfällt« und für die Leser nicht mehr als zusammengehöriger Informationsblock wahrgenommen wird.
- Der Abstand zwischen den Absätzen sollte stets größer sein als der Abstand zwischen den Zeilen.

Zeilen und Absatzabstände individuell ändern

1. Markieren Sie zunächst den zu formatierenden Text – am schnellsten geht's, indem Sie in den Text klicken und dann die Taste F2 drücken.
2. Klicken Sie auf der Registerkarte *Start* – so wie in Abbildung 5.5 gezeigt – in der Gruppe *Absatz* rechts unten auf den kleinen Pfeil in der rechten unteren Ecke – das sogenannte *Startprogramm für Dialogfelder*.

Abbildg. 5.5 Das Dialogfeld *Absatz* per Mausklick auf das Startprogramm für Dialogfelder aufrufen

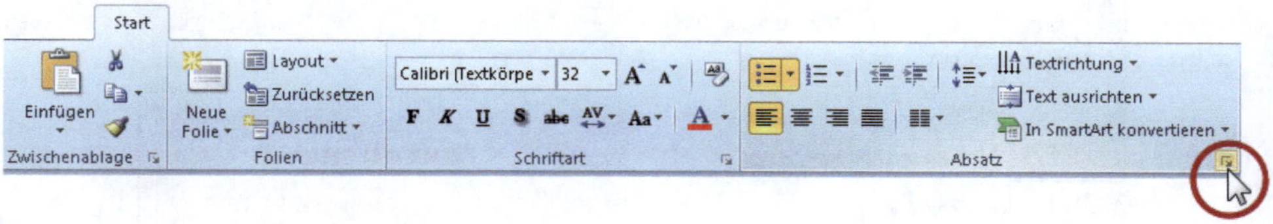

Es öffnet sich das Dialogfeld *Absatz*.

3. Stellen Sie dort die gewünschten Werte ein.

Die Einstellungen für Absatz- und Zeilenabstände gelten immer für den aktuellen Absatz. Um mehrere Absätze zu formatieren, markieren Sie diese vorher. Um den kompletten Platzhalter schnell zu markieren, drücken Sie die Taste F2.

Mithilfe der Drehfelder *Abstand Vor* und *Abstand Nach* bestimmen Sie die Abstände vor und nach einem Absatz. Sie können hier lediglich die Maßeinheit *Pt.* wählen. Um eine halbe Zeile Abstand zu wählen, halbieren Sie die Schriftgröße.

Die Dropdownliste *Zeilenabstand* gibt als Abstände *Einfach, 1,5 Zeilen, Doppelt, Genau* und *Mehrere* vor. Das Maß für *Genau* wird in *Pt.* und für *Mehrere* in *Zeilen* angegeben. Um beispielsweise einen leicht erweiterten Zeilenabstand zuzuweisen, wählen Sie die Option *Mehrere* und geben den Wert *1,1* ein.

Die konkrete Wirkung von Einzügen und Abständen können Sie weiter vorn in Abbildung 5.4 prüfen. Den dort gezeigten drei Textebenen liegen die Einstellungen zugrunde, die in Abbildung 5.6 zu sehen sind.

Abbildg. 5.6 Die Werte für die Einzüge und Abstände der drei Textebenen aus Abbildung 5.4

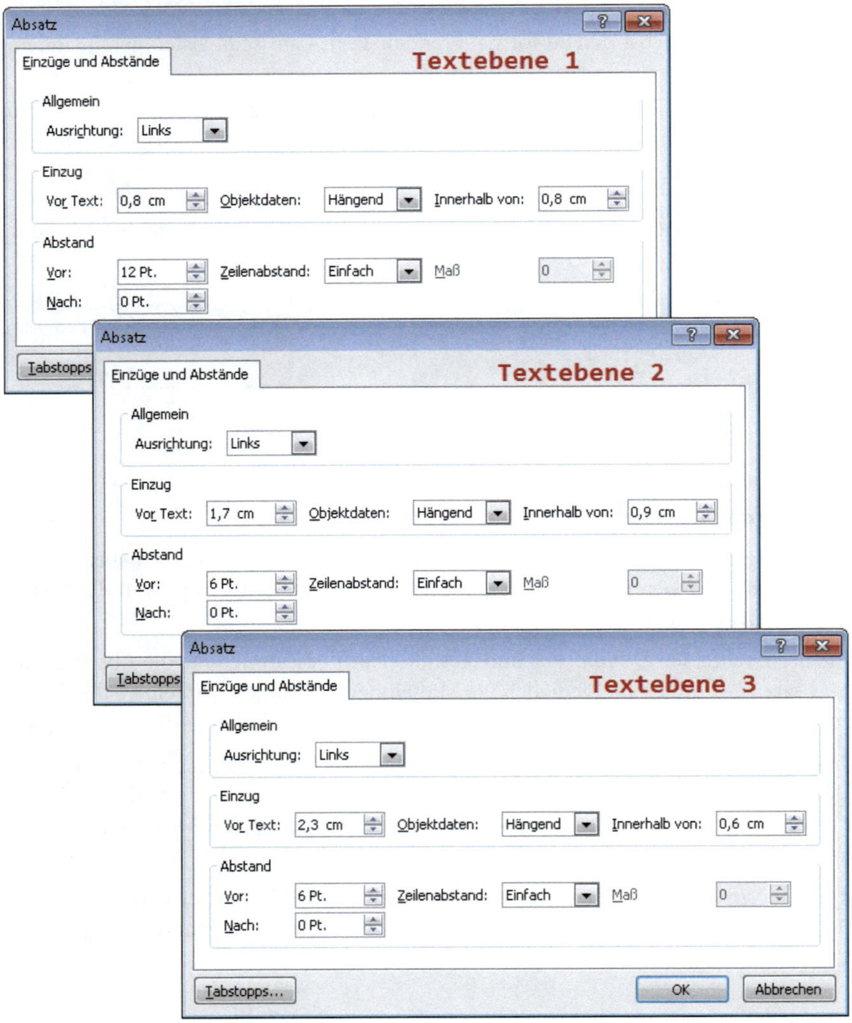

HINWEIS Für Zeilenabstände ist das Maß *Genau* nur bedingt zu empfehlen. Der Grund: Wird beispielsweise ein Text mit einem Zeilenabstand von *Genau 24 pt* formatiert und später der Schriftgrad des Textes auf 32 pt vergrößert, passt sich der Zeilenabstand nicht an und bleibt »genau« bei 24 pt. Die Folge: Die Zeilen verschieben sich ineinander.

Mit Absätzen, Zeilen, Spalten und Ebenen arbeiten

Sie haben bisher erfahren, wie Sie Abstände für Absätze und Zeilen formatieren. Doch wie kommen Absätze und Zeilen zustande und wie können Sie zwischen den verschiedenen Textebenen wechseln? Hier eine kleine Hilfestellung:

- Absätze erzeugen Sie durch Drücken der [↵]-Taste.
- Neue Zeilen entstehen automatisch, wenn die Zeile mit Text gefüllt ist. Oder Sie erzeugen diese manuell mit der Tastenkombination [⇧]+[↵].
- Ein Zeilenabstand gilt immer für einen Absatz, kann also von Absatz zu Absatz variieren.
- Sobald Sie die [↵]-Taste drücken, erzeugen Sie einen Absatz, der einen Abstand vor dem Absatz (also oberhalb) und einen Abstand nach dem Absatz (also unterhalb) hat. Diese Abstände werden zum Zeilenabstand addiert.
- Folgt auf einen Absatz mit einem Abstand von *6 pt* bei *Nach* der nächste Absatz mit Abstand von *12 pt* bei *Vor*, werden beide Abstände auf *18 pt* addiert.
- Beim ersten Absatz wird der Abstand davor ignoriert, er beginnt bündig mit der Oberkante des Platzhalters oder Textfeldes.

Die Absatzausrichtung festlegen

Die Befehle zur Ausrichtung von Absätzen finden Sie auf der Registerkarte *Start* in der Gruppe *Absatz*.

Meist bietet sich für Texte linksbündiger Flattersatz an. Damit wird der Text am linken Rand bündig ausgerichtet und zeigt an der rechten Kante ein unregelmäßiges Zeilenende.

Rechtsbündige Zeilen werden nur für kurze, einzeilige Texte oder Beschriftungen eingesetzt.

Überschriften und Titel werden häufig zentriert.

TIPP Vermeiden Sie zentrierte Zeilen für längere, zusammengehörende Textzeilen. Das Auge kann dem Zeilenfall nur schwer folgen und nimmt die zentrierten Zeilen nicht als Einheit wahr, sondern als getrennte Inhalte.

Blocksatz wirkt bei gedruckten Medien gediegen und elegant, ist aber für Folien nicht geeignet. Die fehlende Silbentrennung von PowerPoint führt zu unregelmäßigen und teilweise großen Lücken im Text, was das Lesen sehr erschwert. Falls Sie in Ausnahmefällen Blocksatz einsetzen möchten, müssen Sie den Text am Zeilenende manuell mit Bindestrichen trennen. PowerPoint kennt keine bedingten Trennstriche. Wenn Sie also später Texte noch ändern, prüfen Sie sorgfältig, ob es eventuell überflüssig gewordene Bindestriche gibt.

Einspaltig oder zweispaltig

Gegenüberstellungen wie »Pro und Contra«, »Alt und Neu« oder »Soll und Ist« lassen sich optisch gut mit zweispaltigem Text darstellen. Sie haben zwei Anordnungen zur Auswahl:

- das Folienlayout *Zwei Inhalte* mit zwei Textblöcken nebeneinander
- das Folienlayout *Vergleich* mit zwei Textblöcken und zugehörigen Überschriften über den Blöcken

Um zwei Aussagen einander gegenüberzustellen, eignen sich beide Layouts. Der Unterschied besteht in den Überschriften über den Blöcken, die beim Layout *Vergleich* die Gegenüberstellung deutlicher machen als beim Layout *Zwei Inhalte*.

Auch ein fortlaufender einspaltiger Text lässt sich nachträglich in mehrere Spalten aufteilen, wenn Sie auf der Registerkarte *Start* über *Spalten* in der Gruppe *Absatz* die Einstellung für zwei oder drei

Spalten wählen. Über den Befehl *Weitere Spalten* können Sie beispielsweise auch eine vierspaltige Textdarstellung wählen.

Die Spaltenaufteilung wird im Textfeld erst sichtbar, wenn die linke Spalte mit Text gefüllt ist. Am unteren Ende des Textfeldes umbricht der Text von allein und setzt sich in der danebenliegenden Spalte fort.

Abbildg. 5.7 Über das Dialogfeld *Spalten* den Abstand zwischen den Spalten verbreitern

TIPP Der Abstand zwischen den Spalten ist mit standardmäßig *0 cm* sehr eng. Einen größeren Abstand stellen Sie über *Start/Absatz* ein, indem Sie auf den Dropdownpfeil neben *Spalten* klicken und *Weitere Spalten* wählen. Vergrößern Sie hier den Abstand zwischen den Spalten.

Texte in verschiedenen Ebenen gliedern

In PowerPoint können Texte auf bis zu fünf Ebenen verteilt werden. Normalerweise hat jede Ebene ein anderes Aufzählungszeichen und der Schriftgrad wird von Ebene zu Ebene kleiner.

Um von der ersten zur zweiten Textebene zu gelangen, gehen Sie wie folgt vor:

- Schreiben Sie den Text der ersten Ebene und drücken Sie [↵] für einen neuen Absatz.
- Am Anfang dieses neuen Absatzes erscheint erneut ein Aufzählungssymbol. Es ist allerdings noch vorläufig und daher halbtransparent.

- Drücken Sie jetzt die [⇆]-Taste oder klicken Sie auf der Registerkarte *Start* in der Gruppe *Absatz* auf die Schaltfläche *Listenebene erhöhen* – die mit dem blauen Pfeil nach rechts. Der Absatz wird eingerückt und normalerweise wird ein anderes Aufzählungszeichen gezeigt und der Schriftgrad kleiner.
- Beim erneuten Drücken der Taste [↵] wird ein weiterer Punkt dieser zweiten Ebene erzeugt. Drücken Sie in diesem neuen Absatz jedoch wieder die [⇆]-Taste, rückt der Text noch eine Ebene tiefer ein usw.

- Um von einer niedrigeren zur nächsthöheren Textebene zurückzugelangen, drücken Sie am Zeilenanfang die Tastenkombination [⇧]+[⇆]. Alternativ dazu können Sie auch auf der Registerkarte *Start* in der Gruppe *Absatz* auf die Schaltfläche *Listenebene verringern* klicken – die mit dem blauen Pfeil nach links.

Eine neue Zeile ohne Aufzählungszeichen erzeugen

Manchmal soll eine Information zwar in einer neuen Zeile stehen, aber diese soll kein Aufzählungszeichen haben. Um einen solchen manuellen Zeilenumbruch einzufügen, drücken Sie die Tastenkombination [⇧]+[↵].

Die Lesbarkeit mit präzisen Formulierungen verbessern

Neben Schriftart und -größe sowie Abständen wird die Lesbarkeit von Textfolien maßgeblich durch die Formulierungen und die Textlängen bestimmt. Je knapper und treffender Aussagen sind, desto besser behält der Zuschauer den Text. Komplizierte Satzstrukturen haben auf Folien nichts zu suchen und sollten – falls überhaupt erforderlich – konsequent auf begleitende Handzettel verbannt werden.

Leitlinie beim Schreiben von Folien muss immer sein, dass der Zuschauer einen zusätzlichen Gewinn beim Blick auf die Folie hat. Wenn die Folie lediglich den Text wiederholt, der auch vorgetragen wird, ergibt sich kein zusätzlicher Nutzwert. Folien sollen den gesprochenen Text zusammenfassen und strukturieren. Schreiben Sie daher auf die Folie nur die auf das Wesentliche reduzierten Kernaussagen.

TIPP Lesen Sie keinesfalls Ihre Folien vor! Das macht den Vortragenden praktisch überflüssig, da wir Lesen bereits in der Schule gelernt haben und somit keinen Vorleser mehr brauchen. Folien sollen die vorgetragenen Inhalte verdeutlichen und zusammenfassen, nicht wiederholen.

Gute Textfolien, die den Zuhörern einen Gewinn bringen,

- reduzieren den Text auf das Wesentliche,
- stellen Argumente heraus und gewichten sie,
- strukturieren die Zusammenhänge und
- präsentieren eine Quintessenz.

Dieses Ziel erreichen Sie, wenn Sie mit Stichpunkten oder kurzen Sätzen arbeiten und lange Sätze von den Folien verbannen. Vermeiden Sie zudem alle Begriffe und Abkürzungen, die nicht allgemein bekannt sind. Denken Sie daran, dass das Publikum nur begrenzte Zeit hat, eine Folie zu erfassen. Während der Vortragende spricht, muss das Publikum den Folieninhalten mit den Augen problemlos folgen und Kernaussagen schnell wiederfinden können. Das Lesen langer Sätze vermindert die Konzentration des Publikums auf den Vortragenden.

Zeilen- und Absatzabstände für die gesamte Präsentation einheitlich einstellen

Am effektivsten ist es, wenn Sie für alle Folien die Absatzabstände fest vorgeben. Sie vermeiden damit, dass auf einer Folie der Abstand größer ist als auf einer anderen.

Die generelle Einstellung der Absatzabstände legen Sie wie folgt im Folienmaster fest:

1. Klicken Sie auf der Registerkarte *Ansicht* auf *Folienmaster*.
2. Klicken Sie im Folienmaster in die erste Zeile des Aufzählungsplatzhalters – dort steht *Textmasterformat bearbeiten*.
3. Rufen Sie dann wie oben beschrieben das Dialogfeld *Absatz* zum Einstellen der Zeilen- und Absatzabstände auf und nehmen Sie die gewünschten Anpassungen vor.
4. Klicken Sie dann in die Zeile *Zweite Ebene* und wiederholen Sie im Dialogfeld *Absatz* die Definition der Einzüge und Abstände.
5. Sollten Sie mehr als zwei Textebenen verwenden, wiederholen Sie das Vorgehen für die weiteren Textebenen.

Nach dem Schließen des Folienmasters – per Klick auf die Schaltfläche *Masteransicht schließen* ganz rechts auf der Registerkarte *Folienmaster* – können Sie die Wirkung dieser zentralen Festlegungen auf allen bisherigen und allen neuen Folien sehen.

ACHTUNG Diese Einstellungen gelten nicht für freie Textfelder. Deren Voreinstellungen bestimmen Sie separat. Wie, das erfahren Sie weiter hinten in diesem Kapitel.

Mehr optische Wirkung: Textfolien mit Layouttricks aufwerten

Eintönige Textfolien können Sie mit wenigen Handgriffen zu übersichtlich gestalteten Informationen machen. Lassen Sie sich anhand einiger Beispiele davon überzeugen, wie Sie mit simplen Layoutänderungen und gezieltem Einsatz von Formen und Farbe ursprünglich einfachen Textfolien eine ansprechende Optik verleihen.

Beispiel 1: Einen Vergleich optimal darstellen

Schauen Sie sich einmal die in Abbildung 5.8 links gezeigte einspaltige Folie an! Sie soll dem Publikum einen Vergleich der beiden PowerPoint-Versionen 2003 und 2010 liefern. Im oberen Teil geht es um Version 2003, im unteren um 2010. Die Betrachter der Informationen haben bei der Anordnung ihre Mühe, die einzelnen Merkmale beider Versionen zu vergleichen.

Variante A: Nebeneinander statt untereinander

In der gleichen Abbildung in der rechts gezeigten zweispaltigen Variante hingegen werden die Informationen nebeneinander statt untereinander angeordnet. Damit wird rein optisch die Abgrenzung deutlicher und – wichtiger noch – das Publikum kann sich die Unterschiedlichkeit besser vor Augen führen und Merkmal für Merkmal vergleichen.

Abbildg. 5.8 Nebeneinander statt untereinander

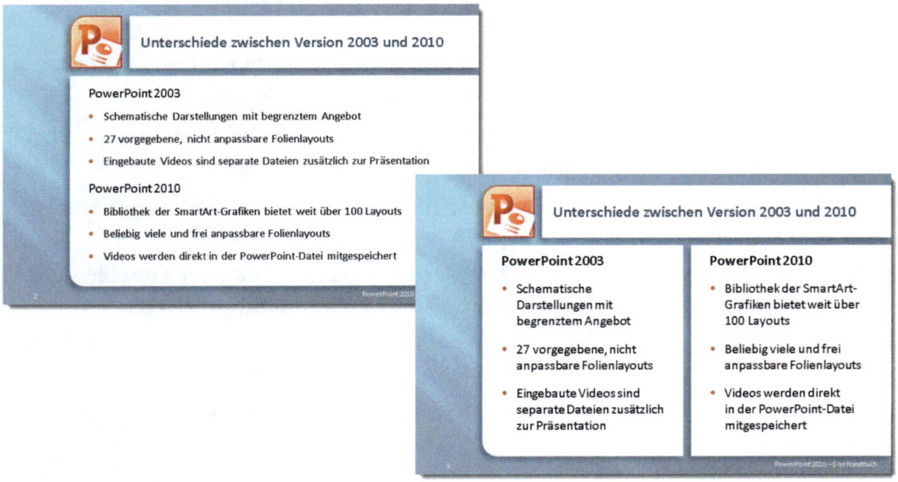

Für die zweispaltige Variante wurde einfach das Folienlayout *Vergleich* gewählt.

Variante B: Mit Formen und Farben das Auge lenken

Abbildung 5.9 zeigt, wie Sie mit wenig Layoutaufwand – in dem Fall zwei Formen und zwei Farben – die Informationen optisch noch besser strukturieren.

Abbildg. 5.9 Mit Formen und Farben die Augen der Betrachter lenken

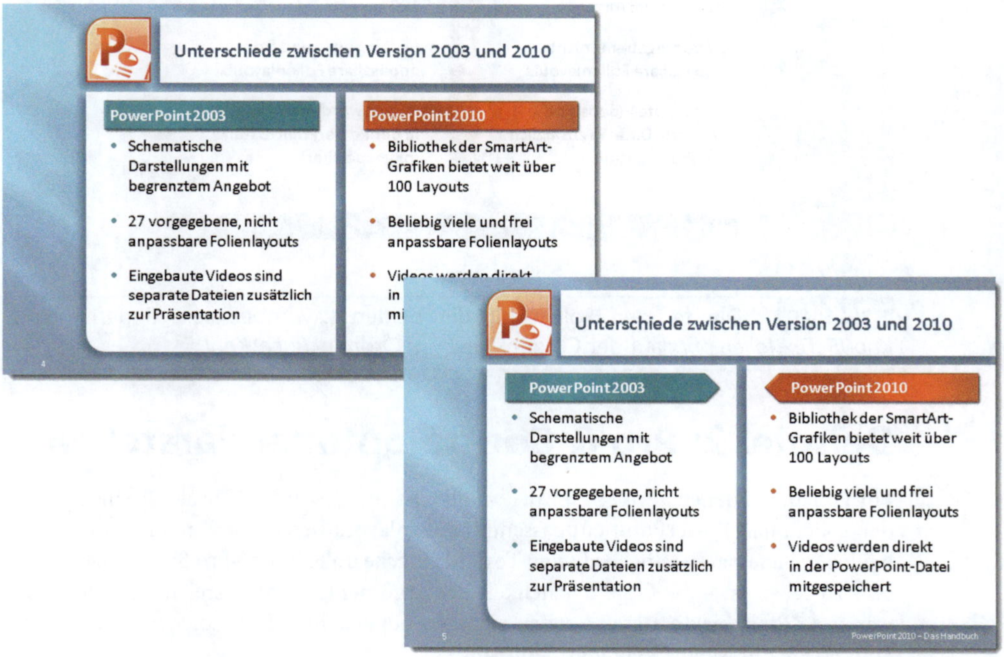

Während die linke Variante die Zuordnung der Informationen und damit das Vergleichen erleichtert, indem zwei unterschiedlich gefärbte Rechtecke eingesetzt werden, geht die rechts gezeigte Variante noch einen Schritt weiter. Die beiden aufeinander gerichteten Pfeilspitzen weisen zusätzlich auf Gegensätze hin.

Variante C: Abgrenzung durch vertikale Anordnung

Entscheidend bei dieser Variante ist, dass die Informationen der beiden Spalten noch stärker voneinander abgeteilt werden. Das geschieht durch die ungewöhnliche Anordnung der Zwischenüberschriften, die diesmal vertikal links neben den Informationen stehen.

Abbildg. 5.10 Das Hauptaugenmerk liegt hier auf der Abgrenzung

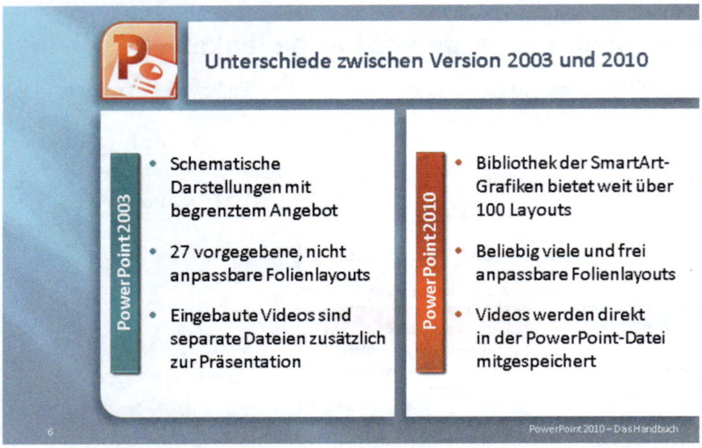

CD-ROM Die fertigen Folien für die beiden Layoutbeispiele finden Sie in der Datei *Kap05_Textfolien.pptx* auf der CD zum Buch im Ordner *\Buch\Kap05*.

Beispiel 2: Pro & Contra optimal darstellen

Für Folien, auf denen »Pro & Contra«, »Soll & Ist« oder »Alt & Neu« als Gegensätze dargestellt werden sollen, hält PowerPoint ein passendes Folienlayout bereit: zwei Inhalte. Allerdings bringen die beiden nebeneinander angeordneten Text-Rechtecke im Fall von »Pro & Contra« – wie in Abbildung 5.11 zu sehen ist – die Gegensätzlichkeit der Argumente nicht ausreichend zum Ausdruck. Besser wären da Pfeilobjekte, deren Spitzen sich gegenüberstehen. Eine solche mehr »bildhafte« Lösung können Sie mit wenigen Handgriffen realisieren.

Abbildg. 5.11 Die Ausgangsfolie mit zweispaltiger Gegenüberstellung

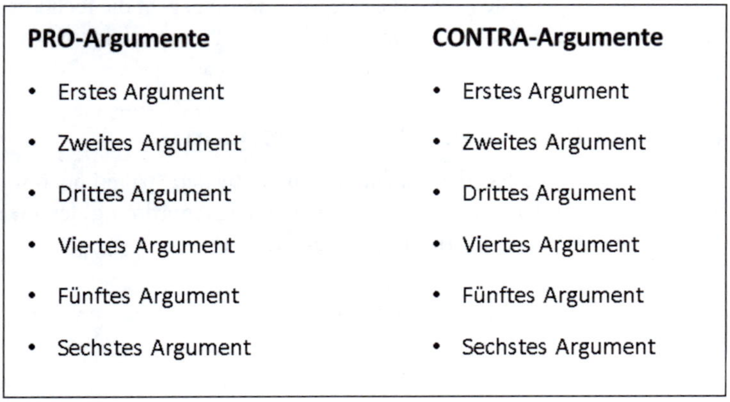

Die Lösung Schritt für Schritt aufbauen

Die Wahl des Folienlayouts mit den zwei Spalten erspart Ihnen die Zeit und den Aufwand, der sonst zum Zeichnen der zwei Richtungspfeile sowie zum Formatieren der Textargumente als Aufzählung erforderlich wäre.

1. Fügen Sie zunächst eine Folie mit zweispaltigem Layout ein. Tragen Sie die Argumente in die beiden Spalten ein. Sorgen Sie dafür, dass die Spaltenüberschriften Fett, einen Schriftgrad größer und ohne Aufzählung sind.
2. Weisen Sie jeder Spalte über *Zeichentools/Format* und den Katalog in der Gruppe *Formenarten* eine unterschiedliche Füllfarbe zu.
3. Markieren Sie beide Spalten und wählen Sie über *Zeichentools/Format* die Befehlsfolge *Form bearbeiten/Form ändern/Blockpfeile/Richtungspfeil.*
4. Passen Sie die Pfeilspitze durch Ziehen am gelben Formkorrekturpunkt an.
5. Spiegeln Sie die rechte Spalte über die Gruppe *Anordnen* auf der Registerkarte *Zeichentools/Format* und die Befehlsfolge *Drehen/Horizontal kippen.*

Abbildg. 5.12 Die beiden ursprünglich rechteckigen Spalten in zwei Richtungspfeile verwandeln

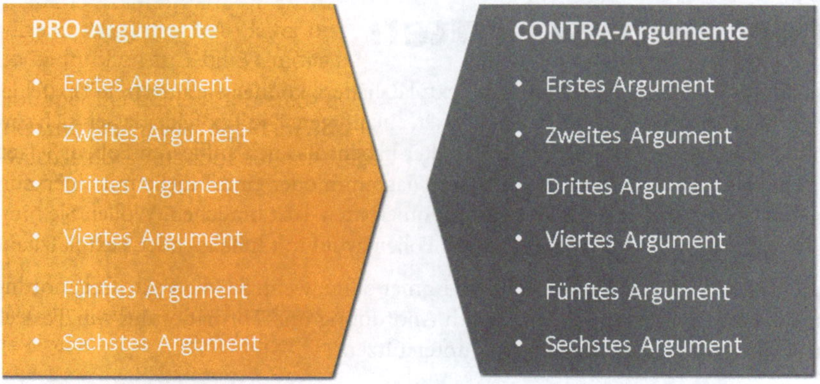

6. Blenden Sie mit `Alt`+`F9` die Führungslinien ein und verschieben Sie die senkrechte Führungslinie genau zwischen die beiden Richtungspfeile und die waagerechte Führungslinie auf den Mittelpunkt der beiden Pfeilspitzen. Damit ist der Mittelpunkt des im folgenden Schritt zu zeichnenden Kreises bestimmt.
7. Klicken Sie auf der Registerkarte *Start* rechts in der Gruppe *Zeichnung* das Werkzeug *Ellipse* an.
8. Bewegen Sie die Maus auf den Schnittpunkt der beiden Führungslinien und ziehen Sie mit gedrückten Tasten `Strg` und `⇧` mit gedrückter linker Maustaste einen Kreis auf. Weisen Sie dem Kreis eine passende Farbe zu.
9. Tippen Sie abschließend direkt in den Kreis das Thema für die Pro & Contra-Argumentation ein.

Foliengestaltung

Abbildg. 5.13 Das Thema der Pro & Contra-Darstellung gut sichtbar platzieren

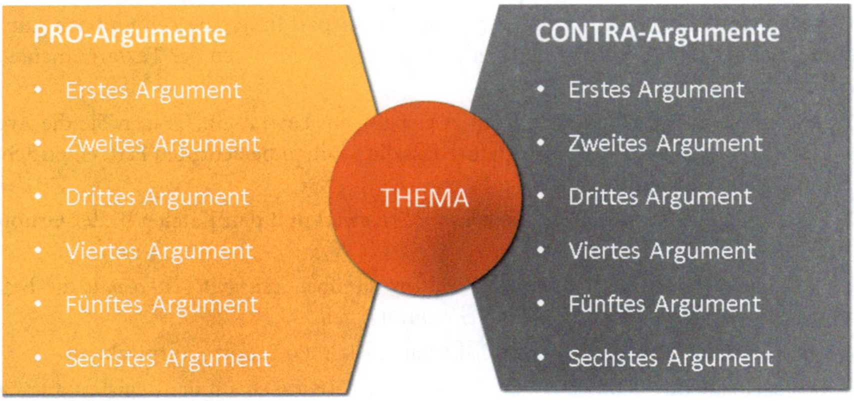

Für kurze Texte: Freie Textfelder einsetzen und Formen beschriften

Anstelle von Folienlayouts mit fertigen Textplatzhaltern können Sie auch freie Textfelder oder beschriftete Formen verwenden, um Texte auf Folien einzufügen. Die Textfelder lassen sich sowohl bei Folienlayouts verwenden, die schon Textplatzhalter haben, als auch auf leeren Folien. Setzen Sie Textfelder aber nur dann ein, wenn Sie ein Bild, ein Diagramm oder eine Tabelle mit einer Zusatzinformation versehen wollen und dazu einen frei positionierbaren Text brauchen. Wollen Sie hingegen eine Liste mit Aufzählungen anlegen, wählen Sie ein Folienlayout mit Inhalts- oder Textplatzhalter.

Textfelder und Formen eignen sich also immer dann, wenn Sie die Texte frei anordnen, separat formatieren oder animieren wollen. Durch Anordnung und Formatierung von Textfeldern und Formen können Sie Inhalte wirkungsvoll unterstützen:

- So kann beispielsweise eine Abfolge von Themen durch nebeneinanderliegende Textfelder verdeutlicht werden.
- Oder um einen Mittelpunkt angeordnete Texte machen Abhängigkeiten deutlich.

Textfelder erstellen

Textfelder sind ein Bestandteil der Gruppe der *Formen*. Sie finden die *Formen* auf den Registerkarten *Start* und *Einfügen*. Klicken Sie mit der linken Maustaste auf die Schaltfläche *Textfeld*, um die Funktion zu aktivieren. Danach gibt es zwei Möglichkeiten:

- Wenn Sie nur kurz auf die Folie klicken, die Maus gleich wieder loslassen und sofort den Text eingeben, erzeugen Sie ein einzeiliges Textfeld. Es wird mit zunehmender Textmenge zwar breiter, aber nicht höher. Denn in den Eigenschaften des Textfeldes ist *Größe der Form dem Text anpassen* aktiviert, aber kein automatischer Zeilenumbruch.
- Ziehen Sie hingegen mit gedrückter linker Maustaste einen Rahmen für das Textfeld auf der Folie auf, erhält es die von Ihnen gewünschte feste Breite. Zu Beginn hat das Textfeld nur die Höhe einer Textzeile, aber mit zunehmender Textmenge wird das Textfeld höher, aber nicht

breiter. Bei Textfeldern, die auf diese Weise per Rahmen gezeichnet werden, ist automatisch die Option *Text in Form umbrechen* aktiviert.

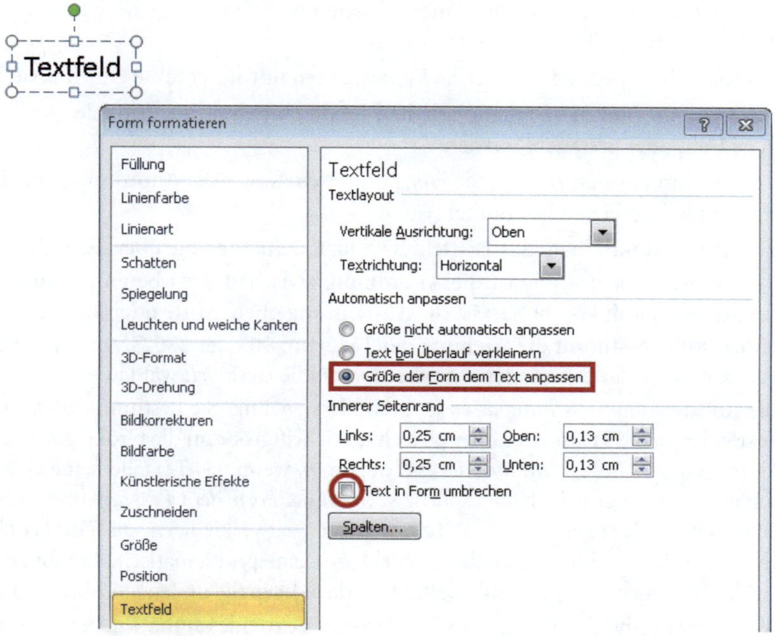

Abbildg. 5.14 Die automatische Größenanpassung ist in beiden Fällen aktiviert, das Umbrechen des Textes hingegen nur bei Textfeldern, die zuvor als Rahmen auf der Folie aufgezogen wurden

Eigenschaften von Textfeldern

Textfelder sind zunächst ohne Füllfarbe und ohne Rahmenlinie; ihre Texte sind linksbündig, haben weder Aufzählungszeichen noch Einzüge. Darüber hinaus haben alle Textfelder einer Präsentation die gleiche Standardschrift. Diese vorgegebenen Eigenschaften können Sie nach Belieben ändern. Sie können die Einstellungen für jedes einzelne Textfeld anpassen oder einen Standard für alle neuen Textfelder einer Präsentation festlegen.

Die Eigenschaften sind in dem in Abbildung 5.14 gezeigten Dialogfeld *Form formatieren* zusammengefasst. Sie erreichen dieses Dialogfeld mit einem Rechtsklick auf den Rand eines Textfeldes und Wahl des Befehls *Form formatieren*. Hier eine kurze Auflistung der Möglichkeiten:

- Die Rubrik *Füllung* bietet mit jeder Option andere Farb- und Füllmöglichkeiten. *Einfarbige Füllung* öffnet die Auswahl von Farben und Transparenz. Die *Farbverlauf* erlaubt verschiedene Varianten von voreingestellten und frei zu wählenden Farbverläufen. Ein Bild oder ein Muster fügen Sie mit *Bild- oder Texturfüllung* hinzu. Die *Folienhintergrundfüllung* weist dem Textfeld die gleiche Farbe zu, die der Folienhintergrund hat.
- Mit der Rubrik *Linienfarbe* wählen Sie, ob das Textfeld eine Linie bekommen soll und welche Farbe Sie dieser Linie zuweisen möchten. Sie haben die Wahl zwischen einer *Einfarbigen Linie* und einer *Graduellen Linie* mit einem Farbverlauf.

- Die Linienstärke bestimmen Sie mit *Linienart*. Neben der Stärke wählen Sie hier auch aus, ob die Linie einfach, doppelt, durchgezogen oder gestrichelt sein soll.
- Über die Rubriken *Schatten* und *Spiegelung* stehen zwar umfangreiche Möglichkeiten zur Verfügung, aber diese kommen erst wirklich zur Geltung, wenn das Textfeld nicht transparent ist, sondern eine Füllfarbe hat. Bei Textfeldern ohne Füllfarbe wirken Schatten oder Spiegelung nur für den Text! Soll nur das Textfeld einen Schatten oder eine Spiegelung haben, weisen Sie dem Textfeld die Farbe des Folienhintergrunds zu.
- Die Optionen bei *Leuchten und weiche Kanten* gelten nur für gefüllte Objekte, nicht für Text.
- Über *3D-Format* und *3D-Drehung* erhalten Texte eine dreidimensionale Optik, indem sie im Raum gedreht oder gestaucht werden.
- Über *Größe* und *Position* können Sie *Höhe* und *Breite* sowie die Anordnung von Textfeldern auf der Folie millimetergenau bestimmen.
- Wie sich der Text innerhalb des Textfeldes verhält, definieren Sie über die Rubrik *Textfeld*.
  - Die *Vertikale Ausrichtung* ist die Anordnung zwischen der oberen und unteren Kante des Textfeldes. Damit kombiniert ist die Ausrichtung oben, Mitte oder unten.
  - *Textrichtung* bestimmt die Drehung des Texts um 90 oder 270 Grad. Außerdem können Sie Text senkrecht untereinander schreiben, wenn Sie *Gestapelt* wählen.
  - Die Rubrik *Automatisch anpassen* ist besonders wichtig. Sie bestimmt, ob sich die Größe des Textfeldes an die Textmenge oder ob sich die Schriftgröße an die Größe des Textfeldes anpasst. Aktivieren Sie *Größe nicht automatisch anpassen*, wenn das Textfeld seine Größe unabhängig von der Textmenge beibehalten soll, bzw. *Größe der Form dem Text anpassen*, wenn das Textfeld sich bei mehr Text vergrößern und bei weniger Text verkleinern soll. *Text bei Überlauf verkleinern* passt die Schriftgröße an das Textfeld an – eine problematische Option, da sie Standards für das Aussehen von Text aushebelt. Mehr dazu lesen Sie im letzten Abschnitt dieses Kapitels.
  - Welchen Abstand der Text zu den Rändern des Textfeldes einhält, geben Sie über *Inneren Seitenrand* an.
  - *Text in Form umbrechen* sorgt für einen automatischen Zeilenumbruch am rechten Rand des Textfeldes.
  - Soll der Text mehrspaltig geschrieben werden, stellen Sie die Anzahl der Spalten und ihre Abstände voneinander mit *Spalten* ein.

Die Einstellungen gelten ausschließlich für das aktuell markierte Textfeld. Bereits vorhandene oder neue Textfelder werden nicht geändert.

PROFITIPP **Feste Vorgaben für freie Textfelder definieren**

Auch für individuelle Textfelder lassen sich Standards innerhalb einer Präsentation oder einer Präsentationsvorlage festlegen. Da Textfelder nur für kurze Texte genutzt werden – meist ein- bis zweizeilige Inhalte –, sind folgende Einstellungen für Textfelder zu empfehlen:

1. Fügen Sie zunächst über die Registerkarte *Start*, Gruppe *Zeichnung* ein Textfeld ein. Tippen Sie einige Buchstaben ein und markieren Sie das gesamte Textfeld mit F2.
2. Klicken Sie auf der Registerkarte *Start* in der Gruppe *Absatz* rechts unten auf das sogenannte Startprogramm für Dialogfelder, um das Dialogfeld *Absatz* zu öffnen. Stellen Sie unter *Abstand* bei *Vor* einen Wert von *6 Pt.* ein. Schließen Sie das Dialogfeld.
3. Wählen Sie auf der Registerkarte *Start* als *Schriftgrad* mindestens *16 pt.*
4. Stellen Sie als Schriftfarbe *Schwarz* oder ein dunkles *Grau* ein, um einen optimalen Kontrast sicherzustellen, wenn Texte vor hellem Hintergrund stehen.

5. Als *Schriftart* ist eine serifenlose Schrift wie Calibri oder Arial empfehlenswert.
6. Klicken Sie zum Abschluss mit der rechten Maustaste auf den Rahmen des Textfeldes. Wählen Sie im Kontextmenü *Als Standardtextfeld festlegen*.

Die so vorgenommenen Änderungen gelten nur für die neuen Textfelder. Alle übrigen Formen haben ihre eigenen Standardeinstellungen.

Mit Aufzählungszeichen und Absatzeinzügen arbeiten

Standardmäßig haben Textfelder weder Einzüge noch Aufzählungszeichen. Sie können jedoch für einzelne Textfelder Absatzeinzüge oder Aufzählungszeichen aktivieren. Markieren Sie dazu das Textfeld und rufen Sie auf der Registerkarte *Start* in der Gruppe *Absatz* das Menü zur Schaltfläche *Aufzählungszeichen* bzw. zur Schaltfläche *Nummerierung* auf. Wählen Sie dort die gewünschte Aufzählungs- oder Nummerierungsvariante. PowerPoint passt automatisch auch gleich die Einzüge an.

Formen beschriften und formatieren

PowerPoint 2010 hält mehrere Dutzend Formen bereit, die genug Platz für Text bieten und sich direkt beschriften lassen. Sobald Sie eine Form gezeichnet haben, können Sie sofort den Text in die noch markierte Form eintippen.

Es ist eher hinderlich, auf die Form zusätzlich ein Textfeld zu legen. Es wären dann zwei gesonderte Objekte und dies müsste bei jedem Verschieben oder Formatieren beachtet werden. Beim Animieren erhöht sich der Aufwand ebenfalls. Tragen Sie den Text hingegen direkt in die Form ein, haben Sie nur ein Objekt, das verschoben, formatiert oder animiert werden muss.

Formen unterscheiden sich in einigen Punkten von Textfeldern.

- Während Textfelder standardmäßig ohne Füllfarbe und Rahmenlinie sind, haben Formen in der Regel eine Füllung und einen sichtbaren Rahmen.
- Formen lassen sich in beliebiger Größe zeichnen. Für Textfelder hingegen lässt sich nur die Breite vorgeben.
- In Formen richtet sich der Text vertikal und horizontal zentriert, in Textfeldern dagegen linksbündig und oben aus.

Jede dieser Voreinstellungen kann individuell geändert werden:

- Die Eigenschaften sind im Dialogfeld *Form formatieren* zusammengefasst. Sie erreichen dieses Dialogfeld mit einem Rechtsklick auf den Rand einer Form und Wahl des Kontextmenübefehls *Form formatieren*.
- Die Gestaltungsoptionen sind nahezu die gleichen, wie weiter oben für Textfelder beschrieben.

Grenzen beim Festlegen von Standards

Nichts ist lästiger, als wiederholt die gleichen Formatierungen vornehmen zu müssen. Im Verlaufe dieses Kapitels haben Sie bereits gesehen, dass sich Einstellungen im Dialogfeld *Form formatieren* als Standard festlegen lassen, wenn Sie im Kontextmenü den Befehl *Als Standardtextfeld festlegen* wählen. Bei Formen lautet der Kontextmenübefehl entsprechend *Als Standardform festlegen*.

HINWEIS Allerdings gibt es eine Besonderheit: Auch wenn die neue Schriftart oder -größe ab sofort standardmäßig neuen Textfeldern oder Formen zugewiesen wird, sind dies nicht wirklich fest hinterlegte Standards.

Sie bemerken dies, wenn Sie den Text in einem Textfeld oder einer Form auf den Standard zurücksetzen. Das geht entweder mit Strg+Leertaste oder mit der Befehlsfolge *Start/Schriftart/Alle Formatierungen löschen*. Es wird wieder die im Design hinterlegte Schriftart verwendet und der Schriftgrad auf 18 pt zurückgesetzt.

Wichtiges kreativ hervorheben: Optische Effekte für Texte nutzen

Früher war das Gestalten von Texten mit WordArt ziemlich verpönt. Inzwischen bietet PowerPoint eine Vielzahl professionell aussehender Texteffekte, die Kritiker schnell verstummen lassen. Natürlich gilt auch hier: Weniger ist mehr. Zu oft angewendete Texteffekte reduzieren deren besondere Wirkung auf die Betrachter.

Was bietet WordArt? Sie können Texte damit grafisch eindrucksvoll gestalten, verformen, biegen oder dehnen. Sie können WordArt auf bereits geschriebene Texte anwenden oder einen neuen Text gleich mit professionellen Effekten erfassen.

- Für neu zu schreibenden Text verwenden Sie *Einfügen/WordArt*. Wählen Sie aus der angezeigten Vorschauliste Füllungen, Konturen und Schatten aus und tippen Sie anschließend Ihren Text in das Textfeld.

Abbildg. 5.15 Über *Einfügen/WordArt* liefert PowerPoint gleich einen vorgefertigten Beispieltext

- Ist der Text bereits geschrieben, markieren Sie ihn und wählen dann die Registerkarte *Zeichentools/Format*. Im Katalog *WordArt-Formate* bestimmen Sie das Aussehen.

Abbildg. 5.16 Bereits vorhandener Text wird über *Zeichentools/Format/WordArt-Formate* gestaltet

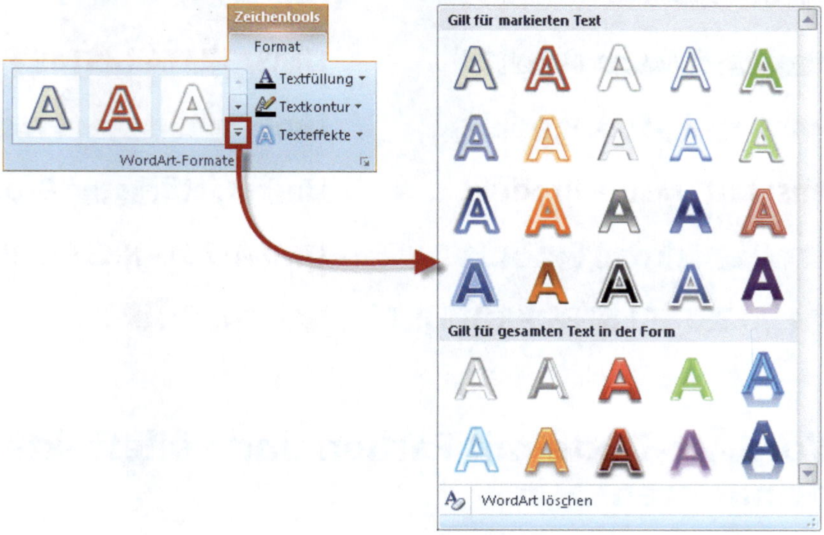

Für jeden Text, der mit WordArt formatiert wurde, können Sie nachträglich die Farbfüllung, die Konturen, Schatten und Texteffekte ändern. Markieren Sie das WordArt-Objekt oder das Textfeld und wechseln Sie zur Registerkarte *Zeichentools/Format*. In der Gruppe *WordArt-Formate* finden Sie alle Formatierungsoptionen:

- Über die Schaltfläche *Weitere* (siehe Abbildung 5.16) wählen Sie aus dem WordArt-Katalog vorbereitete Kombinationen aus Füllung, Linienfarbe, Schatten und 3D-Darstellung aus.

- *Textfüllung* verändert die Füllfarbe und erlaubt Ihnen auch das Füllen von Schrift mit einer Grafik.

- Mit *Textkontur* ändern Sie Farbe und Stärke der Linien um die Buchstaben.

- Über *Texteffekte* finden Sie mehrere Formatierungsmöglichkeiten wie Schatten, Spiegelung oder 3D-Drehung. Auch das Transformieren und Verzerren von Texten ist über diese Schaltfläche möglich.

TIPP Zeichenformate wie Schriftgröße, Kapitälchen oder Zeichenweite lassen sich wie bei jedem Text über *Start/Schriftart* einstellen. Das Dialogfeld *Schriftart* bietet auf zwei Registerkarten alle Zeichenformate auch für WordArt-Texte an. Besonders wichtig für WordArt sind wegen der oft großen Schrift die Zeichenabstände. Wählen Sie als Abstand *Gesperrt* und probieren Sie aus, welches Maß einen ästhetischen Eindruck macht. Je größer die Schrift ist, desto größer sollte auch der Zeichenabstand sein.

Anstelle von Versalien oder Großbuchstaben können Sie sich auch für Kapitälchen entscheiden. Diese Buchstaben sehen von der Form wie Großbuchstaben aus, sind aber im Wort etwas kleiner als der beginnende Großbuchstabe. Text in Kapitälchen ist besser lesbar als Text in Großbuchstaben.

Abbildg. 5.17 Beispiele für die Wirkung der Varianten aus dem Katalog *WordArt-Formate* und für *Texteffekte*

WordArt-Texte mit Farben und Fülleffekten formatieren

WordArt-Texte lassen sich genauso formatieren, wie Sie es von Formen her kennen. Ihnen stehen Farben, Farbverläufe, Texturen, Bildfüllungen und Rahmenlinien zur Verfügung. Alle Befehle finden sich über *Zeichentools/Format* in der Gruppe *WordArt-Formate*.

Besonders interessante Effekte erzielen Sie, wenn Sie Fotos als Füllung verwenden:

Abbildg. 5.18 WordArt-Texte lassen sich nicht nur mit Farben, sondern auch mit Bildfüllungen perfekt gestalten

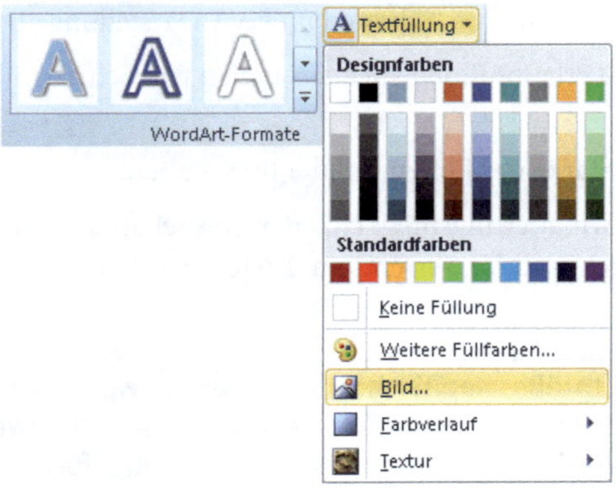

1. Wählen Sie für einen Text eines der vorgefertigten WordArt-Formate – beispielsweise *Füllung - Weiß, Schlagschatten* –, weisen Sie einen *Schriftgrad* von etwa *150 pt* zu und eine *Schriftart* ähnlich kräftig wie *Arial Black*.
2. Klicken Sie auf den Dropdownpfeil der Schaltfläche *Textfüllung* und wählen Sie *Bild*.
3. Wählen Sie ein zum Thema passendes Bildmotiv aus und schließen Sie den Vorgang per Klick auf *Einfügen* ab.

Die Buchstaben des WordArt-Textes sind jetzt mit dem Bild gefüllt. Abbildung 5.19 zeigt einige Varianten für unterschiedlichste Anwendungsgebiete.

Abbildg. 5.19 Drei Beispiele für die thematisch abgestimmte Verwendung von Bildern für Texte

CD-ROM In der Musterdatei *05_Textfolien.pptx*, die Sie auf der CD im Ordner *\Buch\Kap05* finden, gibt es eine Reihe von Beispielen für den Einsatz und die Wirkung von WordArt. Sie sehen dort auch, in welchen Schritten solche Lösungen entstehen.

WordArt-Texte transformieren und verzerren

WordArt-Texte können nicht nur gerade stehen, sondern auch wie im Dreieck, im Kreis, im Rechteck oder als Welle angeordnet werden. Diese und zahlreiche weitere Einstellungen finden Sie per Klick auf *Texteffekte/Transformieren*.

Abbildg. 5.20 Mit drei Mausklicks Texte beliebig krümmen und verformen oder an Pfade anpassen

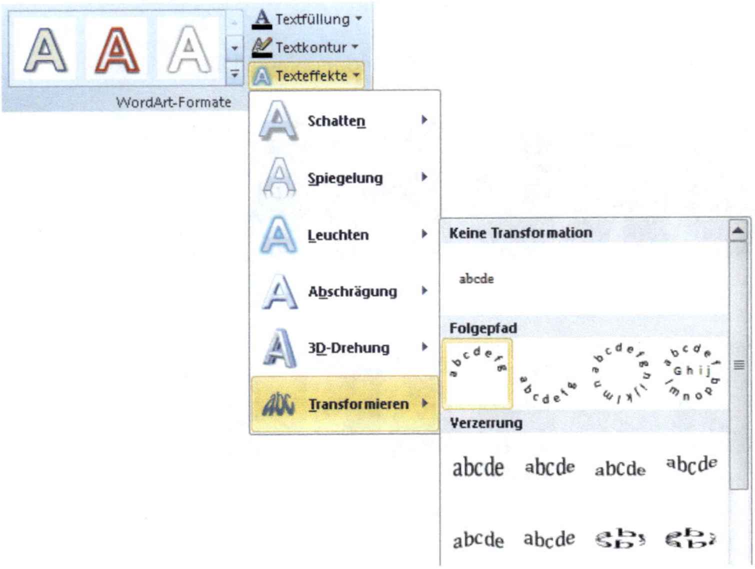

Wenn Sie in der in Abbildung 5.20 gezeigten Kategorie *Folgepfad* eine Variante wählen, steht Ihnen neben den Ziehpunkten für Vergrößern und Drehen noch ein dritter Ziehpunkt an dem WordArt-Objekt zur Verfügung. Mit ihm lassen sich die Proportionen der Form ändern. Probieren Sie es aus:

1. Weisen Sie einem Text den Effekt *Transformieren/Arch up* zu.
2. Platzieren Sie den Mauszeiger auf die rosafarbene Raute am linken Rand und ziehen Sie mit gedrückter Maustaste den Bogen nach unten und innen.
3. Der Text folgt – wie in Abbildung 5.21 zu sehen – der neuen Krümmung.

Abbildg. 5.21 Mögliche Variante, die Berg- und Talfahrt der Finanzmärkte darzustellen

Für andere Formen sind mehrzeilige Texte unerlässlich. Fügen Sie bei Bedarf Zeilenschaltungen mit der [↵]-Taste ein, um die Anordnung korrekt zu sehen.

Kreativ: Eine Gras-Schrift für »grüne« Themen

Am Ende dieses Abschnitts noch eine Lösung mit 100% Übereinstimmung von Inhalt und Form, die zudem Texte verblüffend bildhaft wirken lässt. Abbildung 5.22 zeigt, wie Sie einen Slogan oder eine Kernaussage besonders wirksam in Szene setzen. Zu Themen wie Energieeinsparung, bewusster Umgang mit der Umwelt oder regenerative Energien passt die dort gezeigte Schrift im Gras-Look perfekt.

Abbildg. 5.22 Wenn Inhalt und Form eins werden und Text plötzlich bildhaft wirken

Texte im Gras-Look anlegen

Es handelt sich nicht um eine normale TrueType-Schrift und daher werden die Texte, die besonders hervorgehoben werden sollen, aus den einzelnen Buchstaben zusammengesetzt. Wie das geht, erfahren Sie detailliert im Blog *www.e11help.de.*

Wenn Sie die Gras-Schrift auf Ihren Folien verwenden möchten, können Sie sie unter folgender Webadresse kostenlos herunterladen: *www.e11shop.de/kostenlos.*

CD-ROM Mehr Anregungen zum Einsatz dieser speziellen Schrift erhalten Sie in der Datei *Gras-Schrift_e11.pdf*, die Sie auf der CD im Ordner *\Zusatz\EXIT_ELEVEN* finden.

Tipps & Tricks: Gekonnt mit Texten umgehen und Probleme ausräumen

Die Formatierung eingefügter Texte steuern

Beim Einfügen von Texten aus anderen Folien oder Präsentationen soll manchmal die Größe und Farbe des ursprünglichen Textes beibehalten werden.

Standardmäßig passt PowerPoint eingefügte Texte an die Formate der aktuellen Präsentation an, ursprüngliche Formatierungen gehen scheinbar verloren.

Scheinbar deshalb, weil unmittelbar nach dem Einfügen eines Textes an dessen rechter unterer Ecke die sogenannte Schaltfläche für Einfügeoptionen angezeigt wird. Sie sehen diese in Abbildung 5.23 rechts.

Abbildg. 5.23 Die Form des Einfügens vor (links) oder nach (rechts) dem Einfügen auswählen

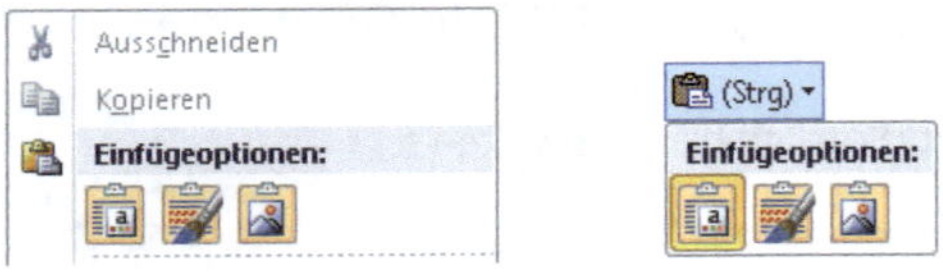

Klicken Sie dort rechts auf den Dropdownpfeil. Sie werden feststellen, dass die erste Option – *Zieldesign verwenden* – ausgewählt ist. Sie sorgt für das Anpassen der Formate an die der aktuellen Präsentation.

Wählen Sie stattdessen die zweite Option *Ursprüngliche Formatierung beibehalten*, wenn Sie das automatische Anpassen der Textformate verhindern wollen.

PROFITIPP Sie können übrigens bereits vor dem Einfügen von Texten oder anderen Inhalten bestimmen, in welcher Form diese eingefügt werden.

1. Rufen Sie dazu einfach per Rechtsklick das Kontextmenü auf.

   Dort sehen Sie den in Abbildung 5.23 links gezeigten Abschnitt *Einfügeoptionen*.
2. Bewegen Sie einfach den Mauszeiger über die verschiedenen Symbole, um eine Livevorschau der Wirkung der verfügbaren Optionen zu bekommen.
3. Klicken Sie dann die gewünschte Einfügeoption mit der linken Maustaste an.

Fehlende Einfügeoptionen

Sollten nach dem Einfügen von Inhalten bei Ihnen die Schaltfläche für Einfügeoptionen nicht angezeigt werden, können Sie diesen Mangel wie folgt schnell beheben:

1. Rufen Sie die Befehlsfolge *Datei/Optionen* auf.
2. Klicken Sie im nun angezeigten Dialogfeld *PowerPoint-Optionen* links auf *Erweitert*.

   Abbildg. 5.24 Das Häkchen sorgt dafür, dass die Einfügeoptionen wieder erscheinen

   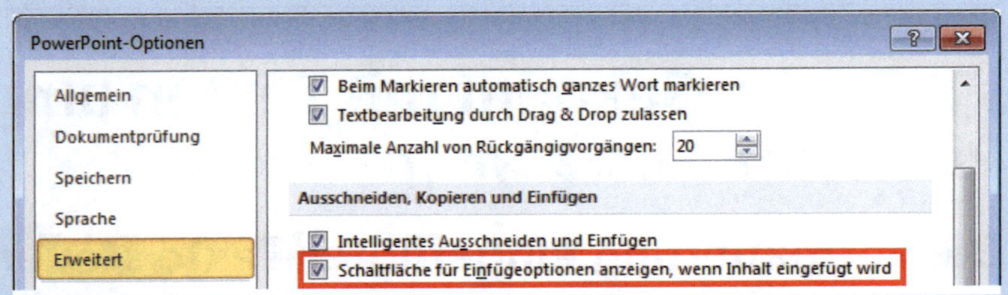

3. Aktivieren Sie – wie in Abbildung 5.24 gezeigt – das Kontrollkästchen *Schaltfläche für Einfügeoptionen anzeigen, wenn Inhalt eingefügt wird.*

Eine Schriftart ersetzen

Falls eine Präsentation Schriften enthält, die inzwischen nicht mehr modern sind oder die Ihnen aus anderen Gründen als ungeeignet erscheinen, können Sie diese schnell durch andere – beispielsweise besser lesbare – Schriften austauschen.

1. Klicken Sie auf der Registerkarte *Start* ganz rechts in der Gruppe *Bearbeiten* auf den Dropdownpfeil neben *Ersetzen* und wählen Sie *Schriftarten ersetzen*.
2. Wählen Sie im Feld *Ersetzen* die »unliebsame« Schriftart – im Beispiel ist das *Arial*. Es werden hier nur Schriftarten angezeigt, die in der Präsentation auch tatsächlich verwendet wurden. Somit haben Sie gleichzeitig eine gute Übersicht, welche Schriftarten noch zu ersetzen sind.
3. Klicken Sie darunter im Feld *Durch* die neue Schriftart an – im Beispiel *Calibri*.
4. Klicken Sie danach auf *Ersetzen*.

Abbildg. 5.25 Mit wenigen Mausklicks eine Schriftart ersetzen

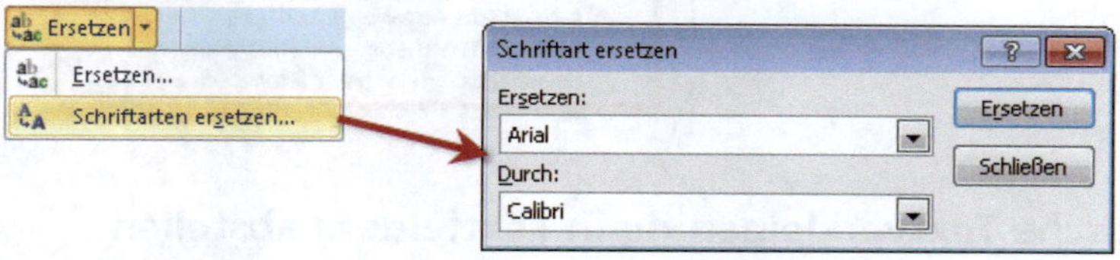

Ungewollte Änderung der Schriftgröße verhindern

Sie wundern sich, dass für Titel- und Inhaltsplatzhalter sowie für Textfelder zwar bestimmte Schriftgrößen festgelegt sind, aber trotzdem Texte plötzlich »wie von Geisterhand« kleiner werden? Hier die Schritte, wie Sie diese Probleme lösen.

Störende AutoKorrektur-Optionen korrigieren

Dass Texte in Folienüberschriften und in den Platzhaltern für Aufzählungen automatisch kleiner werden, wenn die Textmenge zunimmt, liegt an zwei Optionen, die ziemlich praxisfremd sind und zudem die Bemühungen um Einhaltung des Corporate Designs einfach zunichtemachen.

1. Um dieses störende Verhalten abzustellen, wählen Sie *Datei/Optionen*.
2. Klicken Sie im nun eingeblendeten Dialogfeld *PowerPoint-Optionen* links auf *Dokumentprüfung* und dann rechts auf die Schaltfläche *AutoKorrektur-Optionen*.
3. Wechseln Sie im Dialogfeld *AutoKorrektur* zur Registerkarte *AutoFormat während der Eingabe*. Deaktivieren Sie unter *Während der Eingabe übernehmen* die beiden letzten Optionen. Sie sorgen für die ungewollte Schriftverkleinerung.
4. Deaktivieren Sie bei der Gelegenheit auch die Option *Automatische Aufzählungs- und Nummerierungsliste*.
5. Bevor Sie das Dialogfeld verlassen, wechseln Sie noch zur Registerkarte *AutoKorrektur* und deaktivieren dort die Optionen *Jeden Satz mit einem Großbuchstaben beginnen* sowie *Ersten Buchstaben in Tabellenzellen groß*.

Abbildg. 5.26 Gut versteckt und immer noch hinderlich sind auch in PowerPoint 2010 einige Automatismen

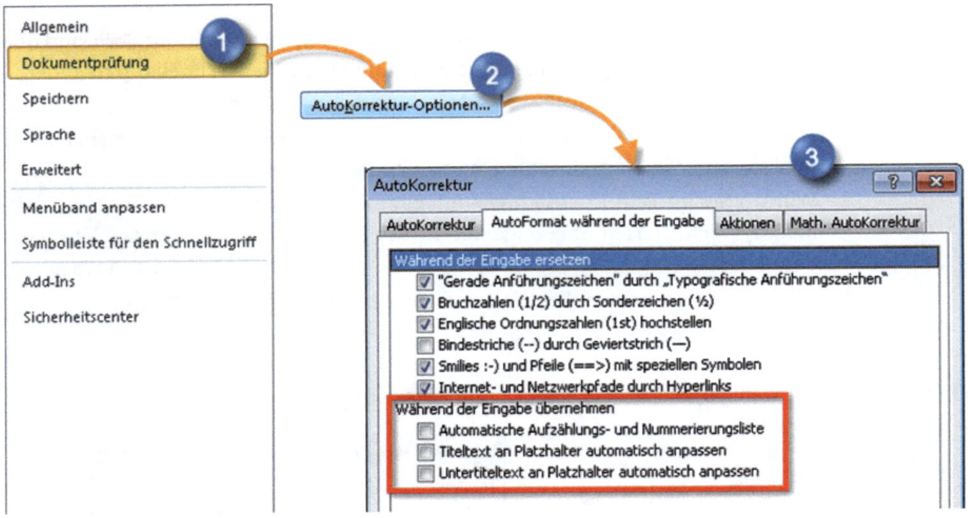

Automatische Textverkleinerung in Textfeldern abstellen

1. Rufen Sie per Rechtsklick auf das Textfeld im Kontextmenü den Befehl *Form formatieren* auf.
2. Klicken Sie im folgenden Dialogfeld links unten auf *Textfeld* und wählen Sie dann rechts unter *Automatisch anpassen* statt der Option *Text bei Überlauf verkleinern* eine der beiden anderen Optionen.

Abbildg. 5.27 Mit der rechts gezeigten Einstellung werden Texte in Textfeldern nicht mehr automatisch kleiner

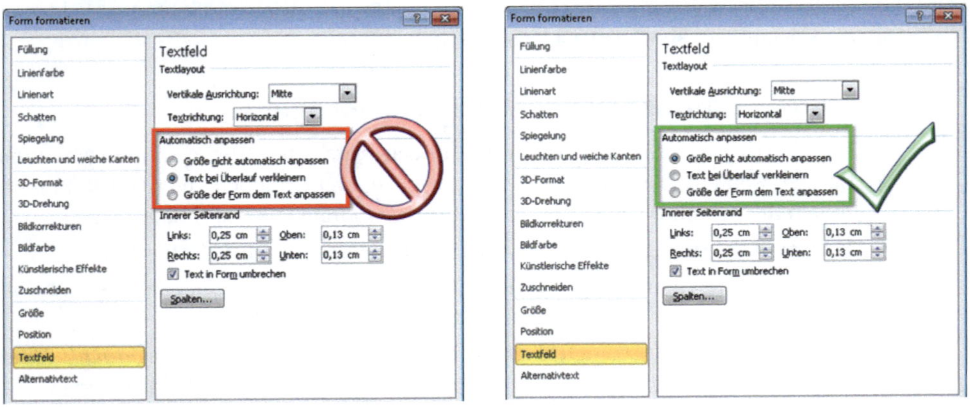

Tasten sind Trumpf: Texte schneller formatieren

Wenn Sie den Schriftgrad in einem vordefinierten Textplatzhalter oder in einem Textfeld schnell vergrößern wollen, könnten Sie die dafür zuständige Schaltfläche benutzen. Da Sie aber beim Eingeben des Textes die Hände gerade auf der Tastatur haben, warum nicht auch die Schriftgradänderung per Tastatur erledigen? So geht's:

Schriftgrad vergrößern oder verkleinern

1. Drücken Sie die Taste F2, um das gesamte Textobjekt zu markieren. Wollen Sie nur einzelne Wörter oder Zeichen vergrößern, markieren Sie nur diese.
2. Drücken Sie nun die Tastenkombination Strg+´ (Akzentzeichen) oder Strg+⇧+. (Punkt), um die Schrift um eine Stufe zu vergrößern.

   Zum Reduzieren des Schriftgrades um eine Stufe gibt es ebenfalls zwei Tastenkürzel: Strg+ß oder Strg+⇧+, (Komma).

Einzelne Zeichen hoch- oder tiefstellen

1. Schreiben Sie zunächst ganz normal den Text oder die Formel.
2. Da, wo ein hochgestelltes Zeichen vorkommen soll, drücken Sie das Tastenkürzel Strg+⇧++. Damit wird der Modus *Hochgestellt* eingeschaltet. Geben Sie nun das oder die hochzustellenden Zeichen ein. Drücken Sie anschließend erneut die Tastenkombination Strg+⇧++ oder das Tastenkürzel Strg+Leertaste, um den Modus *Hochgestellt* wieder zu verlassen.
3. Bei chemischen Formeln müssen oft mehrere Zeichen tiefgestellt werden. Erledigen Sie das zeitsparend, indem Sie an der Stelle, an der ein tiefgestelltes Zeichen gebraucht wird, die Tastenkombination Strg++ drücken. Tippen Sie das tiefzustellende Zeichen ein, drücken Sie danach erneut Strg++ oder Strg+Leertaste, um den Modus *Tiefgestellt* zu verlassen.

Manuelle Zeichenformate auf Standard zurücksetzen

Sie haben es bei den beiden vorangegangenen Tipps schon bemerkt: Mit Strg+Leertaste sorgen Sie dafür, dass Zeichenformate wieder auf die Standardeinstellungen zurückgesetzt werden. Das gilt für das Zurücksetzen von Schriftgröße, Schriftart, Schriftschnitt und Schriftfarbe – übrigens auch in Word.

CD-ROM Eine Aufstellung wichtiger Tastenkombinationen für PowerPoint 2010 finden Sie am Ende des Buches im Anhang.

Ganz praktisch ist die zweiseitige Liste zum Ausdrucken auf der CD zum Buch im Ordner *\Zusatz\PowerPoint_aktuell* Datei *Tastenkuerzel_PowerPoint_2010.pdf*.

Zusammenfassung

Textfolien überwiegen in fast allen Präsentationen. Deshalb ist es wichtig, dass Sie beim Anfertigen Wert auf eine zuschauergerechte Gestaltung legen und die Folien nicht mit Informationen überladen. Hier die Fundstellen zu den wichtigsten Themen in diesem Kapitel:

Thema	Seite
Textfolienlayouts anwenden	128
Regeln für optimale Schriftformate	131
Regeln für Zeilen und Absatzabstände	132
Layouttricks zur besseren Gestaltung von Textfolien	138
Textfelder erstellen und bearbeiten	142
Beschriftete Formen anlegen und anpassen	145
Aufzählungszeichen und Absatzeinrückungen	145
WordArt verwenden	148
Schriftarten ersetzen	153
Störende Automatismen für Texte abschalten	153

Kapitel 6

Bilder in Präsentationen

In diesem Kapitel:

Ziel jeder Präsentation sollte es sein, das Thema der Präsentation gut im Gedächtnis der Zuschauer zu verankern. Und dabei helfen Bilder besser als das gesprochene oder geschriebene Wort. Dieses Kapitel stellt Ihnen deshalb Wege vor, Bilder in Ihre Präsentation einzufügen, und gibt Ihnen Tipps, wo Sie passende Bilder finden. Damit die Dateigröße dabei aber nicht unproportional wächst, finden Sie hier auch die technischen Grundlagen zum richtigen Format und zur passenden Größe. Und natürlich erhalten Sie Informationen zu den neuen Möglichkeiten der Bildbearbeitung in PowerPoint 2010.

Wie werden Bilder eingefügt?

Sie haben in PowerPoint verschiedene Möglichkeiten, Bilder auf einer Folie einzufügen:

- in einem vom Layout vorgegebenen Platzhalter
- auf einer leeren Folie
- als Füllung einer gezeichneten Form

Wählen Sie das Einfügen im *Platzhalter*, wenn Sie Wert auf die Einheitlichkeit Ihrer Folien legen. So ist sichergestellt, dass sich Bilder immer an derselben Stelle und in derselben Größe auf den Folien wiederfinden. Dies setzt natürlich voraus, dass Sie die Platzhalter an Ihre Bedürfnisse angepasst haben und bei Bedarf zusätzliche Layouts eingefügt haben (siehe auch Kapitel 4).

Verwenden Sie eine *leere Folie* (bzw. das Layout *Nur Titel*), wenn Sie ein großes, folienfüllendes Bild einfügen wollen oder wenn Sie mehrere Bilder unabhängig von Platzhaltern anordnen wollen.

Fügen Sie Bilder als *Füllung einer Form* ein, um Spezialeffekte wie halbtransparente Bilder zu erzielen.

Bilder verhalten sich bei diesen Einfügemethoden unterschiedlich, deshalb sollten Sie alle drei kennen, um keine Überraschungen zu erleben.

Einfügen in Platzhalter

Die meisten Vorlagen enthalten mehrere Layouts mit Inhalts- und Bildplatzhaltern. Diese können, passend zum Stil der Präsentation, auch vom klassischen Rechteckformat abweichen.

Abbildg. 6.1 Folienlayouts können Inhalts- und Bildplatzhalter mit angepassten Formaten enthalten

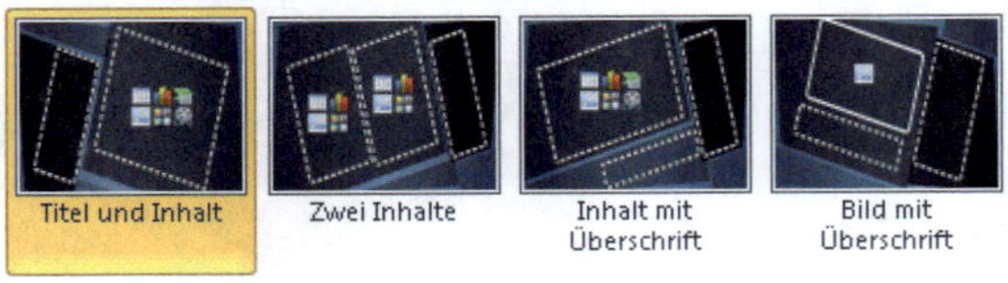

Ein Bild in solch einen Platzhalter einzufügen ist einfach. Und es garantiert, dass das Bild passend zur Präsentation formatiert wird. So gehen Sie vor:

1. Klicken Sie auf das Symbol zum Einfügen eines Bildes in der Mitte des Platzhalters.

Abbildg. 6.2 Ein Symbol in der Mitte des Inhalts- oder des Bildplatzhalters ermöglicht das einfache Einfügen von Bildern

2. Wählen Sie die gewünschte Datei auf Ihrem Rechner aus.
3. Bestätigen Sie dies mit *Einfügen*.

Die Grafik wird dabei automatisch an die Größe des Platzhalters angepasst. Inhalts- und Bildplatzhalter verhalten sich dabei allerdings unterschiedlich, wenn das Seitenverhältnis des Bildes nicht mit dem Seitenverhältnis des Platzhalters übereinstimmt:

Abbildg. 6.3 Die Art des Platzhalters bestimmt, wie das eingefügte Bild aussieht: links Inhaltsplatzhalter, rechts Bildplatzhalter

Wird ein Bild im *Inhaltsplatzhalter* (zum Beispiel im Layout *Titel und Inhalt*) eingefügt, so wird es verkleinert, sodass es komplett in den Platzhalter passt. Bei einem querformatigen Bild in einem hochformatigen Platzhalter wird dieses also stark verkleinert und oben und unten bleiben weiße Flächen (siehe Abbildung 6.3 links).

Dagegen wird es im *Bildplatzhalter* (zum Beispiel im Layout *Bild mit Überschrift*) beschnitten, sodass der komplette Platzhalter ausgefüllt ist. Bei einem querformatigen Bild in einem hochformatigen Platzhalter werden also die linken und rechten Ränder abgeschnitten (siehe Abbildung 6.3

rechts). Mithilfe der *Zuschneiden*-Funktion können Sie diese Bilder aber nachträglich auch in den Platzhalter einpassen.

Ist auf der Folie ein leerer Inhalts- oder Bildplatzhalter vorhanden, bewirkt auch der Befehl *Einfügen/Grafik*, dass das Bild in den Platzhalter eingefügt und wie oben beschrieben angepasst wird. Andere Platzhaltertypen (Titel, Text usw.) werden dabei ignoriert.

Bilder auf einer leeren Folie einfügen

Wollen Sie, dass das Bild nicht angepasst wird, zum Beispiel weil Sie es folienfüllend einfügen wollen oder weil Sie mehrere Bilder einfügen wollen, wählen Sie das Layout *Leer* (oder ein anderes Layout ohne Inhalts- oder Bildplatzhalter, zum Beispiel *Nur Titel*). Klicken Sie auf *Einfügen/Grafik* und fügen Sie die gewünschte Grafik von Ihrer Festplatte mit einem Doppelklick ein.

Die Grafik wird in der Originalgröße in der Mitte der Folie eingefügt. Sehr große Bilder werden dabei auf Foliengröße verkleinert. Passen Sie anschließend die Grafik wie gewünscht an (siehe auch den Abschnitt »Verkleinern und Vergrößern von Bildern« weiter hinten in diesem Kapitel).

HINWEIS PowerPoint richtet sich beim Einfügen nicht nur nach der Pixelgröße, sondern nach der *Anzeigegröße*, die sich durch *Größe in Pixeln* dividiert durch *Auflösung in dpi* ergibt. Achten Sie deshalb darauf, keine Bilder mit sehr hoher Auflösung zu verwenden, 150 bis 220 dpi sind vollkommen ausreichend.

Einfügen in einer Form

Während es in älteren PowerPoint-Versionen noch erforderlich war, Bilder in Formen einzufügen, um nicht rechteckige Formen zu ermöglichen, können Bilder nun durch *Zuschneiden* (siehe hierzu weiter hinten in diesem Kapitel) in fast jede beliebige Form gebracht werden. Zwei Hauptgründe gibt es, diesen Weg zu wählen:

- Sie wollen ein Foto transparent machen.
- Sie wollen dem Foto eine selbst gezeichnete Freihandform geben.

So gehen Sie in diesen Fällen vor:

1. Fügen Sie eine *Form* auf der Folie ein bzw. zeichnen Sie eine Freihandform.
2. Klicken Sie die Form an und wählen Sie *Zeichentools/Format/Fülleffekt*.
3. Wählen Sie dort *Bild* und wählen Sie dann die gewünschte Grafik aus. Alternativ dazu können Sie die Form mit der rechten Maustaste anklicken, *Form formatieren* wählen und dort in der Kategorie *Füllung* die Option *Bild- oder Texturfüllung* wählen. So haben Sie die Möglichkeit, stattdessen auch ein Bild aus der *Zwischenablage* zu wählen.

Dies ist der einzige Weg, um Fotos transparent zu machen. Klicken Sie dazu das Bild mit der rechten Maustaste an, wählen Sie *Grafik formatieren* und stellen Sie dann unten in der Kategorie *Füllung* die *Transparenz* ein.

Ein großer Nachteil dieser Methode ist, dass das Bild dabei an die Größe der Form angepasst und so unter Umständen stark verzerrt wird.

Abbildg. 6.4 Bilder, die als Füllung in Formen eingefügt werden, können dabei stark verzerrt werden

Abhilfe bietet auch hier die Funktion *Zuschneiden*, indem Sie entweder das Bild vor dem Einfügen passend zuschneiden, mit Strg + C in die Zwischenablage kopieren und von dort aus einfügen. Oder indem Sie das Bild mit dem Zuschneidenbefehl einpassen (siehe hierzu weiter hinten in diesem Kapitel).

Ein weiterer Nachteil ist, dass (zu) große Bilder, die als Füllung eingefügt wurden, von der automatischen Bildkomprimierung nicht erfasst werden. Auch deshalb sollte das einzufügende Bild annähernd die Größe der Form haben.

PROFITIPP **Diashows mithilfe des Fotoalbums erstellen**

Planen Sie eine Präsentation, die überwiegend aus Bildern besteht, wie etwa eine Diashow aus Urlaubsbildern oder auch eine selbstablaufende Produktpräsentation für eine Messe, können Sie auch die *Fotoalbum*-Funktion benutzen.

1. Rufen Sie auf der Registerkarte *Einfügen* den Befehl *Fotoalbum* auf.
2. Es erscheint ein weitgehend selbsterklärendes Dialogfeld (siehe Abbildung 6.5), in dem Sie Bilder auswählen (links), ihre Reihenfolge bestimmen (Mitte) und das Layout des Fotoalbums bestimmen können (unten).

Abbildg. 6.5 Im Dialogfeld *Fotoalbum* nehmen Sie alle Einstellungen für Ihre Diashow vor

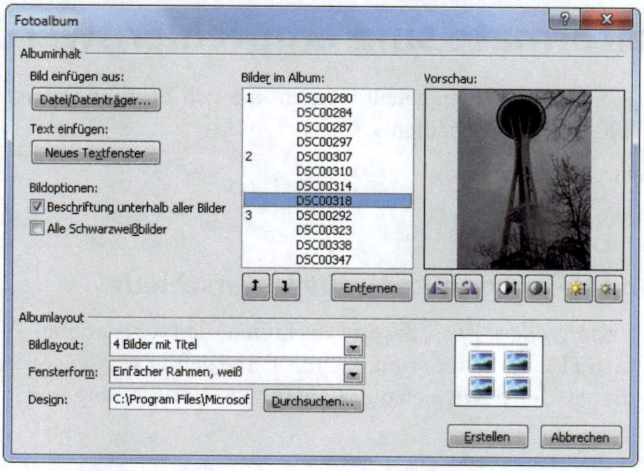

3. Wenn Sie die Auswahl mit *Erstellen* abschließen, wird eine neue Präsentation erstellt, in der Ihre Bilder der Layoutauswahl entsprechend angeordnet sind.

Abbildg. 6.6 Die Fotoalbum-Funktion erzeugt Folien mit Bildern im gleichen Layout

Da diese immer gleiche Zusammenstellung für die Betrachter schnell langweilig wird, können Sie Ihr Fotoalbum anschließend noch individualisieren, indem Sie Bilder drehen, Schmuckelemente und zusätzliche Folien hinzufügen.

Über einen Klick auf den Dropdownpfeil der Schaltfläche *Fotoalbum* können Sie den Befehl *Fotoalbum bearbeiten* aufrufen, sodass Sie anschließend noch Änderungen, etwa des Layouts oder der Bildreihenfolge, vornehmen können.

Hintergrundwissen zu Dateiformaten und Bildgrößen

Moderne Digitalkameras erzeugen Fotos mit 10 Megapixel und mehr. Eine gute Voraussetzung, wenn Sie als Fotograf Ihre Bilder groß und in guter Qualität ausdrucken wollen. Dass es keine gute Idee ist, diese unbearbeitet in eine Präsentation einzufügen, merken Sie jedoch meist schnell. Denn die Dateigröße wächst mit jedem Bild stark an, die Präsentation reagiert beim Bearbeiten träge und lässt sich meist nicht mehr per E-Mail verschicken.

Was können Sie aber tun, um Ihre PowerPoint-Präsentationen »schlank« zu halten? Hier ist etwas Grundwissen über Dateiformate und Bildgrößen gefragt, um die optimalen Bilder für eine Präsentation auszuwählen.

Welche Dateiformate sind empfehlenswert?

Bilder können grob in zwei Kategorien eingeteilt werden, die sich in ihrer Dateigröße und ihren Bearbeitungsmöglichkeiten stark unterscheiden:

- Vektorgrafiken (Strichzeichnungen) und
- Bitmapgrafiken (Fotos).

Bitmapgrafiken und Vektorgrafiken – die Unterschiede

Charakteristisch für die *Vektorgrafiken* ist es, dass sie aus Linien (den sogenannten »Vektoren«) entstehen. Diese Linien können Flächen umgrenzen, die mit Farbe gefüllt werden. So entstehen einfache, comicartige Bilder, die als ClipArts in vielen Präsentationen Verwendung finden.

Dagegen bestehen *Bitmapgrafiken* aus einzelnen Bildpunkten (den oben schon erwähnten »Pixeln«). Diese sind aber meist so klein und dicht beieinander, dass das menschliche Auge sie nicht als einzelne Punkte, sondern als durchgehende Fläche wahrnimmt (siehe Abbildung 6.7).

Diese Unterschiede sind bei manchen Bildern zunächst nicht auf den ersten Blick zu erkennen, denn einerseits können Zeichnungen aus vielen kleinen Bestandteilen zusammengesetzt sein und so fast fotorealistisch wirken. Andererseits kann ein Bild zwar gezeichnet, aber in einem Bitmapdateiformat abgespeichert worden sein. Wie können Sie aber feststellen, zu welcher Kategorie ein Bild gehört?

- Wenn ein Bild als Datei vorliegt, zeigt die Dateierweiterung, um welchen Typ es sich handelt (siehe Tabelle 6.1).
- Wenn ein Bild schon auf der Folie eingefügt ist, klicken Sie es mit der rechten Maustaste an. Bei einer Bitmapgrafik ist der Befehl *Gruppieren* nicht verfügbar, sie kann nur als Ganzes bearbeitet werden; bei einer Vektorgrafik hingegen kann die Gruppierung aufgehoben werden, da sie ja aus vielen einzelnen Linien und Flächen besteht (siehe Abbildung 6.8).
- Des Weiteren zeigt sich der Unterschied bei der Vergrößerung. Bei der Bitmapgrafik werden bei starker Vergrößerung einzelne Bildpunkte sichtbar. PowerPoint versucht dies zwar besser als in den vorhergehenden Versionen auszugleichen (»Anti-Aliasing«), aber das Bild verliert an Schärfe, was insbesondere an Kanten erkennbar ist. In Vektorgrafiken bleiben hingegen die Kanten scharf, auch wenn sie stark vergrößert werden, allerdings wird der flächige Aufbau ohne Farbverläufe sichtbar (siehe Abbildung 6.9)

Der unterschiedliche Aufbau von Bitmap- und Vektordateien führt des Weiteren dazu, dass Vektordateien meist deutlich kleiner sind. Dies macht Abbildung 6.10 deutlich; alle dort aufgelisteten Bitmapgrafiken (JPEG-Bilder) sind deutlich größer als Vektorgrafiken mit ähnlichen Motiven (WMF-Dateien).

Abbildg. 6.7 Bitmapgrafiken (links) zeigen meist mehr Details als die aus Flächen und Linien aufgebauten Vektorgrafiken (rechts)

Abbildg. 6.8 Bei Bitmapgrafiken (links) lässt sich die Gruppierung nicht aufheben; bei Vektorgrafiken (rechts) ist der Befehl aktiv

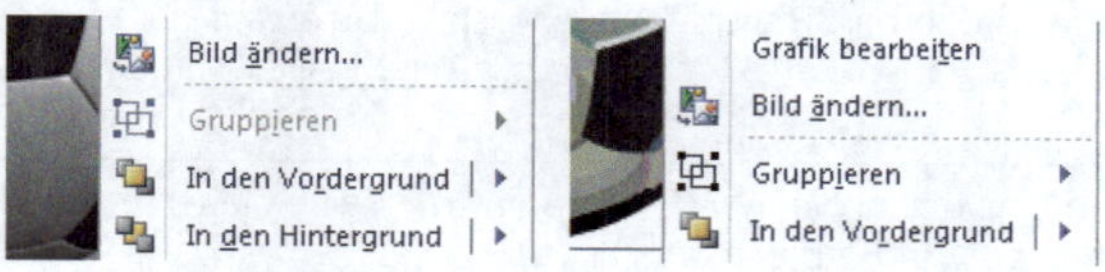

Abbildg. 6.9 Bei starker Vergrößerung werden Bitmapgrafiken unscharf (links), in Bildbearbeitungsprogrammen sind die einzelnen Pixel zu erkennen (Mitte); die Linien von Vektorgrafiken dagegen bleiben scharf (rechts)

Abbildg. 6.10 Bitmapgrafiken sind meist deutlich größer als Vektorgrafiken

Name	Typ	Größe	Abmessungen
Fussball_Bitmap.JPG	JPEG-Bild	97 KB	1050 x 750
Fussball_Vektor.WMF	WMF File	58 KB	
Muenzen_Bitmap_01.JPG	JPEG-Bild	188 KB	683 x 1024
Muenzen_Bitmap_02.JPG	JPEG-Bild	159 KB	1024 x 1024
Muenzen_Bitmap_03.JPG	JPEG-Bild	1.060 KB	1050 x 934
Muenzen_Vektor_01.WMF	WMF File	35 KB	
Muenzen_Vektor_02.WMF	WMF File	20 KB	

Grafikdateiformate – die Unterschiede

Tabelle 6.1 listet die gebräuchlichsten Grafikdateiformate und ihre Charakteristika auf. PowerPoint 2010 unterstützt einige weitere Formate, vor allem aus Kompatibilitätsgründen.

Tabelle 6.1 Die häufigsten Grafikdateiformate, die Sie in PowerPoint 2010 einfügen können

Dateiendung	Bitmap oder Vektor?	Vorteile	Nachteile
GIF	Bitmap	sehr kleine Dateien, eine Farbe kann transparent sein, für Icons	nur 256 Farben, nicht für Fotos geeignet
BMP	Bitmap	verlustfreie Komprimierung möglich, kompatibel mit alten Programmversionen	große Dateien, keine Transparenz
JPG	Bitmap	weit verbreitet, kleine Dateien	nur verlustbehaftete Komprimierung, keine Transparenz
PNG	Bitmap	kleine Dateien, verlustfreie Komprimierung, stufenlose Transparenz (»Alpha-Kanal«)	bei Fotos etwas größer als JPG
TIF	Bitmap	hohe Detailtreue (häufig von Scannern verwendet)	sehr große Dateien
WMF	Vektor	stark vergrößerbar, Transparenz möglich	Linien aus geraden Teilstücken, Grafiken wirken bei starker Vergrößerung eckig
EMF	Vektor	Weiterentwicklung von WMF, glatte Linien, stufenlos vergrößerbar, mehr Farben	keine glatten Farbverläufe

Welches Format eignet sich wofür?

Vektorgrafiken (WMF, EMF) waren aufgrund ihrer kleinen Dateigröße bis vor einigen Jahren das meistverwendete Format für ClipArts. Das führte dazu, dass immer wieder dieselben Motive in Präsentationen auftauchten (zum Beispiel die ScreenBeans-Strichmännchen). Aufgrund dieser Wiederholung und der meist einfachen, plakativen Motive wirken diese ClipArt-Illustrationen inzwischen eher altmodisch. Wenn Sie sie dennoch in Unternehmenspräsentationen einsetzen wollen, sollten Sie sie nicht mit Fotos auf derselben Folie zusammen verwenden. Gut geeignet sind sie nach wie vor für kleine symbolische Abbildungen wie Icons, Buttons und Ähnliches. Hier sind Fotos oft zu komplex und in kleinem Format schlecht erkennbar, Zeichnungen dagegen gerade aufgrund ihrer Einfachheit schneller erfassbar.

Zwei *Sonderfälle*, in denen Vektorgrafiken ihre Stärken zeigen, sind Landkarten und Logos. Hier erweist sich ihre Skalierbarkeit als unschätzbarer Vorteil. Wenn möglich sollten Sie hier das EMF-Format aufgrund seiner besseren Qualität bevorzugen.

Unter den *Bitmapgrafiken* sind besonders *PNG* und *JPG* für Präsentationen geeignet. PNG-Grafiken weisen zwei große Vorteile gegenüber dem JPG-Format auf:

- Ihre Kompression ist verlustfrei. Das heißt, die Qualität verschlechtert sich auch bei wiederholtem Speichern nicht.
- Sie unterstützen stufenlose Transparenz (einen sogenannten »Alpha-Kanal«). Wenn ein Motiv »freigestellt« wird, indem der Hintergrund entfernt wird, ist an den Kanten ein weicher Übergang mit teilweise transparenten Bereichen möglich, durch den das Motiv gut mit einem farbigen oder gemusterten Folienhintergrund verschmilzt.

Leider bringen diese Vorteile auch einen kleinen Nachteil mit sich:

- PNG-Bilder sind größer als gleich große JPG-Bilder (aber immer noch deutlich kleiner als die meisten anderen Bitmapgrafikformate).

Die meisten Fotos, die Sie selbst fotografieren oder aus Bilddatenbanken herunterladen, liegen im JPG-Format vor. Lohnt es sich, sie ins PNG-Format umzuwandeln?

- Bei großen, folienfüllenden Fotos behalten Sie das JPG-Format bei, um Speicherplatz zu sparen.
- Für kleine Fotos ist das PNG-Format geeigneter, denn hier machen sich Qualitätsverluste durch Kompression deutlicher bemerkbar.
- Fotos und Zeichnungen mit Farbverläufen und großen Farbflächen profitieren ebenfalls vom PNG-Format, denn hier fallen Kompressionsartefakte des JPG-Formats stark auf.
- Für Bilder mit transparenten Bereichen können Sie nur das PNG-Format verwenden, da das JPG-Format keine Transparenz speichern kann.

HINWEIS Wenn Sie PNG-Bilder in einem Bildbearbeitungsprogramm erstellen, verwenden Sie das Format »PNG-24« bzw. stellen die Farbtiefe auf 24 bit ein. Gegebenenfalls müssen Sie auch das Häkchen für Transparenz gesondert setzen.

Ein noch relativ neues Dateiformat ist JPEG XR (auch HD Photo genannt, mit den Dateierweiterungen WDP, JXR oder HDP), das als Weiterentwicklung des JPG-Formats eingeführt wurde. Es bietet bessere Qualität bei kleinerer Dateigröße und unterstützt ebenfalls Transparenz. Während Office dieses Format schon intern verwendet (zum Beispiel bei der Speicherung freigestellter Bilder), fehlt es noch in der Liste der unterstützten Grafikformate. Sie können es aber schon auswählen, wenn Sie *Alle Dateien (*.*)* als Dateityp wählen.

Eine Besonderheit bei den Bitmapgrafiken sind die animierten GIF-Grafiken. Während das nicht animierte GIF-Format eher selten in Präsentationen verwendet wird, da es sich aufgrund seiner Beschränkung auf 256 Farben nicht für Fotos, sondern allenfalls für comicartige Zeichnungen eignet, ist es das einzige Format, das eine trickfilmartige Animation speichern kann. Dies kann in einigen Fällen geeignet sein, um animierte Pfeile einzufügen oder Abläufe zu verdeutlichen. Die meisten der aus dem Internet herunterzuladenden animierten GIFs wirken in Unternehmenspräsentationen schnell unseriös und lenken vom eigentlichen Folieninhalt ab.

Die richtige Größe für Ihre Bilder

Die Bildgröße hat einen gestalterischen und einen technischen Aspekt. Aus gestalterischer Sicht gilt es, Bilder groß genug zu wählen, um mit ihnen die Folienaussage zu unterstreichen. Aus technischer Sicht gilt es, die Bildgröße möglichst genau auf die für die jeweilige Folie benötigte Größe abzustimmen, denn mit Bildern in optimaler Größe können Sie Speicherplatz sparen.

Die richtige Größe – aus gestalterischer Sicht

Ein Bild soll ein Blickfang sein. Ganz gleich, ob Sie Ihr Produkt auf einer Folie zeigen wollen oder ob Sie mit einem symbolischen Bild eine Aussage unterstreichen wollen – verwenden Sie große Bilder. Vergleichen Sie die Wirkung des Bildes in der Zitatfolie in Abbildung 6.11. Das linke Bild wirkt wie ein Kompromiss, um die Folie irgendwie zu füllen, im rechten Bild kommt das Motiv zur Wirkung und unterstreicht den Text.

Wenn Sie mehrere Bilder zu einem Thema zeigen wollen, zum Beispiel Produktabbildungen, verteilen Sie sie auf mehrere Folien, anstatt viele kleine Bilder zu zeigen, die sich gegenseitig Konkurrenz machen. Falls dies nicht möglich ist, ziehen Sie in Betracht, die Bilder einzeln zu animieren.

Abbildg. 6.11 Eine Folie mit großem Bild ist wirkungsvoller und bleibt somit besser im Gedächtnis

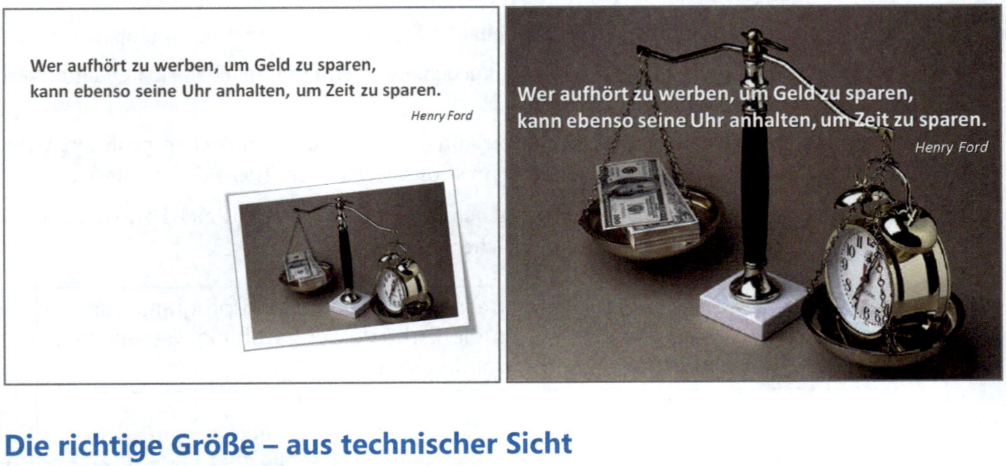

Die richtige Größe – aus technischer Sicht

HINWEIS Überlegungen zur Bildgröße sind nur bei Bitmapgrafiken wichtig, da Vektorgrafiken beliebig vergrößert bzw. verkleinert werden können. Der folgende Abschnitt behandelt deshalb nur Bitmapgrafiken.

Wie weiter oben schon angesprochen, können zu große Bilder die Dateigröße der Präsentation unnötig erhöhen. Die Qualität steigt dabei nicht, denn es können nicht mehr Pixel angezeigt werden als der Beamer bzw. Monitor Bildpunkte hat. Allenfalls die Druckqualität könnte durch zusätzliche Pixel erhöht werden, da aber die Teilnehmerunterlagen in der Regel auf normalen Bürodruckern produziert werden, ist auch hier keine sehr hohe Auflösung erforderlich.

Einen guten Kompromiss, sowohl für die Anzeige mit Monitoren und Beamern als auch für den Ausdruck auf Laser- und Tintenstrahldruckern, stellen 150 dpi Auflösung dar.

HINWEIS Die Maßeinheit *dpi* gibt an, wie viele Punkte pro Zoll *(dots per inch)* gedruckt bzw. angezeigt werden. 1 Zoll (1 inch) entspricht 2,54 cm, eine Auflösung von 150 dpi entspricht also 59 Bildpunkten pro Zentimeter. Diese werden von Druckern normalerweise interpoliert, sodass mit einer höheren Auflösung gedruckt wird, um scharfe Bilder zu erzeugen.

Tabelle 6.2 Diese Bildgrößen benötigen Sie für ein folienfüllendes Bild

Folienformat	Seitenverhältnis	Foliengröße (cm)	Bildgröße (Px)*
Standard	4 : 3	25,4 x 19,05	1500 x 1125
Breitbild	16 : 10	25,4 x 15,87	1500 x 937
Breitbild	16 : 9	25,4 x 14,29	1500 x 844

* gemessen in Pixeln (Px) bei 150 dpi Auflösung

Setzen Sie das Bild nicht folienfüllend ein, reichen natürlich entsprechend kleinere Bildgrößen aus. Falls Sie Fotos aus Bilddatenbanken (siehe hierzu weiter hinten in diesem Kapitel) für Ihre Präsentation kaufen wollen, wird deshalb oft die kleinste, preiswerteste Größe ausreichen.

Verkleinern und Vergrößern von Bildern

Wenn die Ihnen zur Verfügung stehenden Bilder nicht den in Tabelle 6.2 aufgelisteten Größen entsprechen, Sie sie aber folienfüllend verwenden wollen, müssen Sie sie anpassen. Hier bieten sich zwei Wege an:

- Ziehen Sie das Bild mit gedrückter Maustaste an einem der Markierungspunkte auf die gewünschte Größe oder
- klicken Sie das Bild mit der rechten Maustaste an, wählen Sie *Größe und Position* und stellen Sie im Dialogfeld *Grafik formatieren* die Größe exakt ein.

ACHTUNG Bitte ziehen Sie nicht an den seitlichen Markierungspunkten und achten Sie im Dialogfeld *Grafik formatieren* darauf, dass das Kontrollkästchen *Seitenverhältnis sperren* aktiviert ist, um Verzerrungen des Fotos zu vermeiden.

Beim Ändern der Bildgröße stellen sich zwei Fragen:

- Welche Größenänderung ist ohne Qualitätsverlust möglich?
- Sollte die Anpassung innerhalb oder außerhalb von PowerPoint vorgenommen werden?

Vergrößern Sie ein Bild, muss das Programm Pixel mit aus den angrenzenden Bildpunkten errechneten Farbinformationen hinzufügen, um die neue Größe anzeigen zu können. Da es sich dabei aber

Foliengestaltung

immer nur um Näherungswerte handeln kann, wird ein stark vergrößertes Bild unscharf. Vergrößern Sie Fotos deshalb möglichst nicht auf mehr als 125 Prozent, maximal 150 Prozent.

Verkleinern können Sie ein Bild jederzeit, ohne dass ein Qualitätsverlust sichtbar ist. Allerdings werden dabei Pixel zusammengefasst, sodass kleine Details bei starker Verkleinerung nicht mehr erkennbar sind. Zunächst wird nur die angezeigte Größe des Bildes geändert, die Dateigröße wirkt sich weiterhin auf die Dateigröße der Präsentation aus.

Bilder komprimieren

Um die Dateigröße zu reduzieren, müssen Sie die Bilder komprimieren, dies kann entweder nach dem Einfügen in PowerPoint geschehen oder schon vor dem Einfügen in einem Bildbearbeitungsprogramm.

HINWEIS Mehr Kontrolle über die Komprimierung von Bildern haben Sie, wenn Sie ein externes Bildbearbeitungsprogramm verwenden, anstatt sich auf die PowerPoint-interne Komprimierung zu verlassen. Oft erreichen Sie so auch noch kleinere Dateigrößen.

Die PowerPoint-interne Komprimierung ist bei der Standardinstallation von PowerPoint automatisch *eingeschaltet*. Sie komprimiert alle eingefügten Bilder automatisch *beim Speichern*. Das bedeutet aber, dass Sie die Bilder anschließend nicht mehr ohne Qualitätsverlust vergrößern können, falls Sie sich für eine andere Gestaltung der Folie entscheiden. Wir empfehlen deshalb, mindestens während der Erarbeitungsphase der Präsentation die Komprimierung auszuschalten. Dazu gehen Sie so vor (siehe auch Abbildung 6.12):

1. Wechseln Sie zur Registerkarte *Datei*.
2. Rufen Sie dort die *Optionen* auf und wechseln zur Kategorie *Erweitert*.
3. Unter *Bildgröße und -qualität* aktivieren Sie das Kontrollkästchen *Bilder nicht in Datei komprimieren*.
4. Bestätigen Sie diese Einstellung mit *OK*.

WICHTIG Das Komprimieren schalten Sie damit jeweils *nur für die aktuelle Datei* aus. Wird sie nicht ausgeschaltet, werden beim Speichern alle Bilder auf den bei *Standardzielausgabe festlegen auf* eingestellten dpi-Wert komprimiert.

Wenn Sie die automatische Komprimierung für alle Präsentationen ausschalten wollen, ist ein Registry-Eintrag erforderlich.

Achtung bei Veränderungen der Registry: Diese sollten nur von erfahrenen Anwendern vorgenommen werden!

Im Schlüssel *HKEY_CURRENT_USER\Software\Microsoft\Office\14.0\PowerPoint\Options* ist ein neuer *DWORD*-Eintrag *AutomaticPictureCompressionDefault* mit Wert gleich *0* einzutragen. Um die Komprimierung wieder einzuschalten, müssen Sie diesen Wert auf *1* ändern.

Abbildg. 6.12 Das automatische Komprimieren eingefügter Bilder verhindern Sie in den PowerPoint-Optionen

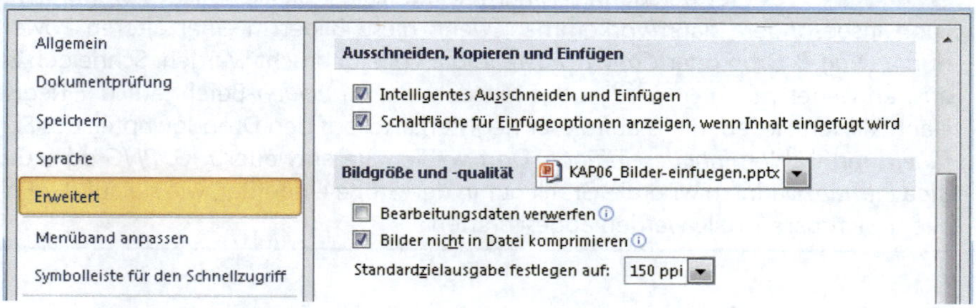

Die Option *Bearbeitungsdaten verwerfen*, die Sie ebenfalls bei den Einstellungen für *Bildgröße und -qualität* finden, entfernt beim Speichern und Schließen der Datei abgeschnittene Bereiche und speichert Farbänderungen und ähnliche Bearbeitungen endgültig. Dieses Kontrollkästchen sollten Sie deshalb während der Bearbeitungsphase *nicht* aktivieren, denn es verhindert, dass Sie Änderungen mit *Bild zurücksetzen* rückgängig machen können.

Wenn Sie die Bearbeitung der Präsentation abgeschlossen haben und dann die automatische Komprimierung verwenden wollen, klicken Sie ein Bild an und wählen unter *Bildtools/Format* den Befehl *Bilder komprimieren*. In der Regel ist es ausreichend, dort den Wert 150 ppi einzustellen, um sowohl für die Projektion als auch für den Druck gute Qualität zu erzielen. Nur wenn Sie sehr gute Ausdrucke brauchen, wählen Sie dort 220 ppi. Wenn Sie die Datei stark verkleinern wollen, stellen Sie hier 96 ppi ein (bedenken Sie jedoch, dass Sie diese Komprimierung nicht mehr rückgängig machen können, und arbeiten Sie im Zweifelsfalle mit einer Kopie).

PROFITIPP **Bilder vor dem Einfügen verkleinern**

Wenn Sie nur die Bildgröße vor dem Einfügen verringern wollen, benötigen Sie keine teuren professionellen Bildbearbeitungsprogramme. Kostenlos ist der vielseitige Bildbetrachter *IrfanView*. Preiswert und weitverbreitet ist das Screen-Capture-Programm *Snagit*. Beide bieten schnelle Bearbeitungsmöglichkeiten als Stapel- (Batch-)Verarbeitung an.

Auf der CD finden Sie im Ordner *\Buch\Kap06* die PDF-Datei *Bilder-verkleinern.pdf* mit ausführlichen Anleitungen für die Vorgehensweise in den beiden oben genannten Programmen.

Sie haben eine (halb-)fertige Präsentation bekommen und stellen fest, dass diese, wohl aufgrund vieler verkleinerter, aber nicht komprimierter Bilder, zu groß ist und träge reagiert? Aber da Sie die Datei nicht selbst erstellt haben, wissen Sie nicht, um welche Bilder es sich handelt, um sie bearbeiten zu können. Sie können zumindest feststellen, auf welcher Folie diese großen Dateien eingefügt sind, indem Sie die Datei schließen und neu öffnen. Diese frisch geöffnete Datei blättern Sie mit der Bild↓-Taste zügig durch. Notieren Sie sich alle Folien, die lange brauchen, bis sie vollständig zu sehen sind. Diese Folien nehmen Sie in einem zweiten Durchgang näher in Augenschein, indem Sie die Bilder darauf mit der rechten Maustaste anklicken und *Größe und Position* wählen. Es öffnet sich das Dialogfeld *Grafik formatieren*, in dem Sie in der Kategorie *Größe* die *Skalierung* feststellen können. Als Faustregel gilt: Alle Bilder mit einer Skalierung von unter 50 % sollten Sie komprimieren oder neu einfügen (siehe den folgenden Tipp), ganz besonders natürlich diejenigen, für die ein Prozentwert im einstelligen Bereich angezeigt wird. Denn von diesen sehen Sie nur 10 % der Information auf der Folie, die übrigen 90 % tragen lediglich zur Dateigröße der Präsentation, nicht zur Qualität des Bildes bei.

TIPP Es gibt gelegentlich »hartnäckige Fälle« die sich nicht komprimieren lassen. Dies kann insbesondere dann vorkommen, wenn diese Bilder in einer älteren PowerPoint-Version durch *Drag & Drop* oder *Copy & Paste* in die Folie gebracht wurden. Schneiden Sie diese Bilder aus, entweder mit Strg+X oder mit dem *Ausschneiden*-Befehl auf der Registerkarte *Start*. Dann klicken Sie, ebenfalls auf dieser Registerkarte, auf den Dropdownpfeil der Schaltfläche *Einfügen* und wählen *Inhalte einfügen*. Dort wählen Sie entweder *JPG*, *PNG* oder *Geräteunabhängige Bitmap*. Dadurch wird die Grafik nur in der Größe eingefügt, wie sie auf der Folie sichtbar ist, alle unsichtbaren Teile werden abgeschnitten.

Wo finden Sie passende Bilder für Ihre Präsentation?

Wenn Sie Urlaubsfotos zu einer Diashow zusammenfügen, Ihre Produkte vorführen oder Bilder Ihres Teams zeigen, verwenden Sie in der Regel Bilder, die Sie selbst (oder ein Profifotograf für Ihr Unternehmen) aufgenommen haben. Aber nicht immer stehen selbst fotografierte Bilder zur Verfügung. Insbesondere wenn es um symbolische Bilder geht, werden Sie auf ClipArts und Bilddatenbanken zurückgreifen.

Kostenlos: ClipArts

Eine kostenlose und reichhaltige Quelle ist dabei die Microsoft-Webseite *www.office.com*. Auf diese greifen Sie ganz einfach aus PowerPoint heraus zu:

1. Wählen Sie *Einfügen/ClipArt*.
2. Es öffnet sich ein Aufgabenbereich am rechten Fensterrand.
3. Dort geben Sie oben ein Stichwort für die Suche ein.
4. Darunter können Sie den *Mediendateityp* wählen. (*Illustrationen* liefert gezeichnete Vektorgrafiken, *Fotos* liefert Bitmapgrafiken.)
5. Wenn Sie mit dem Internet verbunden sind, sollten Sie das Kontrollkästchen *Office.com-Inhalte berücksichtigen* aktivieren. Denn im Gegensatz zu älteren Versionen werden bei der Installation von Office nur noch sehr wenige ClipArts mitinstalliert.
6. Klicken Sie auf *OK*, um die Suche zu starten.
7. Klicken Sie auf das gewünschte Bild, um es auf der Folie einzufügen.

Falls Sie ein ClipArt-Bild in einem Platzhalter einfügen wollen, finden Sie das entsprechende Symbol in der Mitte des Inhaltsplatzhalters bzw. können eigene Layouts mit ClipArt-Platzhaltern erstellen.

ACHTUNG »ClipArt« bedeutet inzwischen nicht mehr, dass es sich nur um gezeichnete Bilder handelt. Auf der *Office.com*-Webseite sind mittlerweile sehr hochwertige Fotos zu finden. Indem Sie sie über den Befehl *ClipArt* einfügen, ersparen Sie sich das Herunterladen und lokale Speichern.

Nutzen Sie bei der ClipArt-Suche auf *www.office.com* auch die Funktion *Ähnliche anzeigen*. Suchen Sie dazu ein Bild, das ungefähr Ihren Vorstellungen entspricht und klicken Sie auf das Vorschaubild, um Details anzuzeigen. Klicken Sie rechts unten auf *Ähnliche Bilder anzeigen*. Es wird eine Collage aus Bildern angezeigt, die mit dem mittleren entweder das Motiv oder den Stil gemeinsam haben. Durch Klicken auf eins der anderen Bilder aus dieser Auswahl können Sie Ihre Suche verfeinern.

Abbildg. 6.13 Der Befehl *Ähnliche anzeigen* erleichtert das Finden des passenden Bildes mit einer Collage

TIPP Die ClipArt-Sammlung wird ständig ergänzt. Neue Bilder werden dabei zunächst auf der englischsprachigen *Office.com*-Webseite aufgenommen und erst mit einiger Verzögerung mit deutschen Schlagwörtern lokalisiert und auf der deutschsprachigen Webseite hinzugefügt. Es lohnt deshalb immer, im Internet-Browser zur Webseite *www.office.com* zu gehen und oben rechts die Ländereinstellung von Deutschland auf *United States – English* umzustellen. Allerdings müssen Sie dann mit englischsprachigen Suchbegriffen arbeiten.

Kostenlos: Bilder aus freien Bilddatenbanken

Das Internet bietet viele weitere Quellen für kostenlose Bilder. Eine kostenlose Bilddatenbank ist zum Beispiel *www.pixelio.de*. Um dort Bilder herunterladen zu können, müssen Sie sich lediglich kostenlos als Mitglied registrieren. Da die Bilder sowohl von Amateuren als auch von Profis stammen, ist die Qualität unterschiedlich und die Auswahl zu Spezialthemen begrenzt. Beachten Sie bitte die Nutzungsbedingungen der einzelnen Bilder, nicht alle dürfen kommerziell, das heißt für Unternehmenspräsentationen genutzt werden.

Zunehmende Bedeutung erlangt auch *www.flickr.com*. Waren dort zunächst nur private Fotos zu finden, lizenzieren jetzt viele Benutzer ihre Bilder mit einer Creative-Commons-Lizenz und stellen sie zur freien Nutzung zur Verfügung. Andere Bilder können Sie gegen eine kleine Gebühr über *Getty Images* lizenzieren.

Das Internet ist nicht frei und kostenlos – beachten Sie das Urheberrecht!

Auch wenn Sie die meisten Webseiten im Internet kostenlos aufrufen und betrachten können, heißt das noch lange nicht, dass Sie die darauf enthaltenen Bilder beliebig nutzen können. Inhalte unterliegen in Deutschland (und in anderen Staaten) dem *Urheberrecht*. Und dies besagt, dass Bilder (und Texte etc.) demjenigen gehören, der sie erstellt hat. Er oder sie kann einem Dritten Nutzungsrechte zum Beispiel in Form von Lizenzen erteilen. Das Urheberrecht erlischt erst 70 Jahre nach dem Tode des Urhebers.

Wenn der Urheber nicht über eine Lizenz geregelt hat, wie seine Werke genutzt werden dürfen, müssen Sie bei jedem einzelnen Bild anfragen, ob Sie es verwenden und öffentlich in einer Präsentation zeigen dürfen. Und auch wenn zum Beispiel eine Creative-Commons-Lizenz auf der Webseite genannt ist, müssen Sie in der Regel zumindest den Autor des Bildes nennen.

Eine Reihe von Anwälten hat sich darauf spezialisiert, Urheberrechtsverletzungen auf Webseiten aufzuspüren (besonders häufig bei Landkarten, aber auch bei Kochbuchabbildungen) und diese mit teuren Abmahnungen zu verfolgen. Je nach Umfang der Urheberrechtsverletzung sind darüber hinaus zivil-, straf- und wettbewerbsrechtliche Folgen möglich.

Preiswert: Kommerzielle Bilddatenbanken

Wenn Sie für eine Unternehmenspräsentation ein kleines Budget zur Verfügung haben, sind Sie nicht ausschließlich auf kostenlose Bilder angewiesen, sondern können auch in Datenbanken von Bildagenturen recherchieren. Einige dieser Agenturen haben sich auf »lizenzfreie« Bilder spezialisiert. Dies bedeutet nicht, dass diese kostenlos genutzt werden können. Während bei Fotos, die ein Fotograf für einen Kunden erstellt, Gebühren je nach Art, Umfang und Dauer der Nutzung anfallen, wird bei diesen lizenzfreien Bildern eine einmalige Gebühr entrichtet und sie können anschließend beliebig oft in verschiedenen Medien verwendet werden.

Beispiele für solche Bildagenturen, die als Microstock-Agenturen preiswerte Fotos über das Internet vertreiben, sind:

- IStockPhoto, *www.istockphoto.de*
- Fotolia, *www.fotolia.de*
- Shutterstock, *www.shutterstock.com*
- Dreamstime, *www.dreamstime.com*
- Getty Images, *de.photos.com*

PROFITIPP **Bequeme Stockfoto-Suche mit Add-Ins**

Zwei der Microstock-Agenturen – iStockphoto und Fotolia – gehen noch einen Schritt weiter und bieten *Add-Ins* an, mit denen Sie direkt aus PowerPoint heraus die Bildersuche starten können. Und zwar über spezielle Registerkarten im Menüband von PowerPoint 2010 (sie funktionieren auch in PowerPoint 2007).

Auf der Microsoft Office-Webseite stellen die Bildagenturen Fotos mit geringer Auflösung kostenlos zur Verfügung. Diese reichen für die meisten Präsentationen völlig aus. Brauchen Sie eine größere Version, gelangen Sie durch Klick auf ein Icon zur Seite des Anbieters. Dort können Sie für wenige Cent oder einige Euro ein Foto inklusive der Nutzungsrechte erwerben.

Die beiden neuen Add-Ins kürzen diesen Weg ab. Damit können Sie direkt aus PowerPoint heraus nach Stockfotos suchen.

- Das Add-In von iStockphoto gibt es unter *http://deutsch.istockphoto.com/istockphoto-office-ribbon.php?SearchLang=DE*,
- das Fotolia-Add-In unter *http://de.fotolia.com/ribbon2010*.

Auf beiden Seiten finden Sie auch Word-Add-Ins.

Ein Klick auf *Suche* öffnet rechts einen Aufgabenbereich ähnlich der Office-eigenen ClipArt-Suche. Dort geben Sie oben den Suchbegriff ein. (iStockphoto hat zwar zurzeit noch eine englischsprachige Bedienoberfläche – man kann aber nach deutschsprachigen Begriffen suchen.)

Mit einem Doppelklick auf ein Bild fügen Sie eine Vorschauversion des Fotos in die Präsentation ein. Diese enthält allerdings noch ein Wasserzeichen des Anbieters.

Bei beiden Anbietern haben Sie die Möglichkeit, Ihre Favoriten in einem *Leuchtkasten* (»Lightbox«) zu sammeln, um sie schnell wiederzufinden.

Entscheiden Sie sich, beispielsweise nach Abstimmung mit Kollegen oder Auftraggebern, dieses Foto zu kaufen, können Sie auch dies direkt über das Add-In erledigen.

Bei beiden Anbietern erfolgt die Abrechnung über sogenannte *Credits*, die man vorher erwirbt. 1 Credit kostet (je nach Anbieter und Menge) um 1 Euro; für Folien reichen meist schon die kleineren Bildgrößen zu 1 bis 3 Credits aus.

Es gibt aber bei beiden Anbietern auch *kostenlose Fotos*. Bei Fotolia wechseln diese täglich und können mit einem Link direkt im Add-In angezeigt werden; bei iStockphoto gibt es ein wöchentlich wechselndes Angebot auf der Webseite.

Vom eigenen Rechner: Screenshots einfügen

Die Möglichkeiten, Bildschirmfotos zu erstellen, waren bisher begrenzt. Mehr Komfort als die Windows-eigene `Druck`-Taste (oder `PrnScr`-Taste) boten nur Zusatzprogramme von Drittanbietern. Seit der Version 2010 können Sie Screenshots direkt aus den Office-Programmen heraus erstellen.

1. *Vorbereitung:* Das abzufotografierende Programm oder die Webseite muss dazu im Hintergrund geöffnet sein, in die Taskleiste minimierte Anwendungen werden nicht berücksichtigt.
2. Ein Klick auf *Einfügen/Screenshot* öffnet einen Katalog mit allen verfügbaren Anwendungen.
3. Ein Klick auf eines der Vorschaubilder fügt einen Screenshot des gesamten Bildschirms auf der Folie ein.
4. Alternativ dazu können Sie ganz unten mit *Bildschirmausschnitt* einen Ausschnitt aus der *ersten* angezeigten Anwendung anfertigen.
5. Der Bildschirm wird dabei halbtransparent abgedeckt, um den rechteckigen Ausschnitt, den Sie mit gedrückter Maustaste auswählen, besser sichtbar zu machen.
6. Dieser Ausschnitt wird bei Loslassen der Maustaste auf der Folie eingefügt.

TIPP Benötigen Sie mehr Komfort bei der Bearbeitung von Screenshots, sind Sie weiterhin auf Drittprogramme wie zum Beispiel Snagit von Techsmith, *www.techsmith.de/snagit.asp*, angewiesen.

Bildbearbeitung in PowerPoint

Um eingefügte Bilder weiterzubearbeiten, stehen Ihnen zwei Möglichkeiten zur Verfügung: die Befehlsschaltflächen auf der Registerkarte *Bildtools/Format* und das Dialogfeld *Grafik formatieren*, das Sie nach einem Rechtsklick auf das Bild aufrufen können. Sehr oft werden Sie eine Kombination aus beiden benötigen, um den gewünschten Effekt zu erzielen, wobei die Befehle im Menüband Ihnen die schnelle, aber grobe Formatierung ermöglichen und das Dialogfeld dann die Feineinstellungen ermöglicht.

Schnell und einfach mit den Voreinstellungen

Wenn Sie nicht viel Zeit investieren wollen oder können, aber trotzdem nicht auf Bilder mit Effekten verzichten wollen, stehen Ihnen auf der Registerkarte *Bildtools/Format* in einem Katalog in der Mitte der Registerkarte die *Bildformatvorlagen* zur Verfügung. Mit den beiden oberen Pfeilen rechts davon (die Bildlaufpfeile) können Sie durch die Liste scrollen, der unterste Pfeil (die Schaltfläche *Weitere*) öffnet den Katalog. Diese 28 vorgefertigten Formatvorlagen kombinieren jeweils mehrere Effekte, die Sie schnell mit einem Mausklick zuweisen können. Wie bei vielen anderen Katalogen auch müssen Sie zunächst noch nicht einmal klicken. Sobald Sie mit der Maus auf eines der Miniaturbildchen zeigen, wird der Effekt auf das markierte Bild als Vorschau angewandt.

ACHTUNG Einige der Schnellformatvorlagen weisen nicht nur die auf den ersten Blick erkennbaren Ränder und Schatten zu, sondern auch einen leichten Unschärfeeffekt. Wenn er auf Ihren Folien störend wirkt, bauen Sie entweder den gewünschten Effekt aus mehreren Bildeffekten zusammen oder wenden auf der Registerkarte *Bildtools/Format* den Effekt *Korrekturen/Schärfen und Weichzeichen* an, um das Bild um 25 oder 50 % zu schärfen.

Leider können Sie eigene Formatkombinationen nicht als Formatvorlage speichern. Nutzen Sie in diesem Falle den *Format übertragen*-Pinsel auf der Registerkarte *Start*. Wenn Sie auf die betreffende Schaltfläche doppelklicken, können Sie eine Formatierung auf mehrere Bilder nacheinander übertragen.

Schaubilder aus Grafiken mit SmartArts erstellen

Die Zahl der SmartArt-Grafikvorlagen ist in PowerPoint 2010 stark angestiegen. Unter den neuen Layouts sind viele mit Grafiken, sodass von diesem Typ nun 31 zur Verfügung stehen.

Aus mehreren auf einer Folie eingefügten Fotos schnell ein ansprechendes Schaubild zu erstellen, ist mithilfe dieser SmartArts ganz einfach:

1. Klicken Sie die Fotos mit gedrückter `Strg`-Taste an, um sie zu markieren.

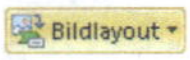

2. Klicken Sie auf der Registerkarte *Bildtools/Format* auf *Bildlayout*.
3. Wählen Sie ein passendes SmartArt-Layout aus.
4. Klappen Sie links den Textbereich auf und geben Sie kurzen, erläuternden Text ein.

Formatieren Sie die SmartArt bei Bedarf anschließend noch weiter, wie in Kapitel 8 beschrieben.

Abbildg. 6.14 Fassen Sie mehrere Bilder in einem übersichtlichen Schaubild zusammen

TIPP Wenn Sie frisch auf PowerPoint 2010 umgestiegen sind, ist die Vielzahl der Formatvorlagen und Effekte verlockend. Vielleicht sind Sie ja zunächst verleitet, in Ihrer Diashow jeder Folie unterschiedliche Effekte zuzuweisen, um sie abwechslungsreich erscheinen zu lassen. Die Zuschauer fühlen sich aber von solchen Folien eher »erschlagen«, zumal ein Übermaß an Effekten vom Bildinhalt ablenkt. Beschränken Sie sich also lieber auf einen oder wenige Effekte pro Präsentation, die zum Design passen. Auch hier gilt »Weniger ist mehr«. Dies gilt natürlich insbesondere für Business-Präsentationen.

Die Vielfalt der Bildeffekte

Wenn Ihnen die voreingestellten Effekte nicht zusagen oder sie nicht zu Ihrem Design passen, steht Ihnen eine Vielfalt von Bildeffekten zur Verfügung.

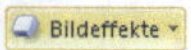

Den Befehl *Bildeffekte* finden Sie auf der Registerkarte *Bildtools/Format*. Die Vorgehensweise und die erzielbaren Ergebnisse der Bildeffekte sind im Großen und Ganzen wie bei den in Kapitel 9 für selbst gezeichnete Formen beschrieben. Auch hier stehen Ihnen nach einem Rechtsklick im Dialogfeld *Grafik formatieren* Werkzeuge zur Feineinstellung des Effekts zur Verfügung.

Abbildg. 6.15 Die Bildeffekte können die Wirkung eines Fotos verändern

TIPP Die amerikanische Designerin und Microsoft PowerPoint MVP Julie Terberg hat für Microsoft 165 Beispielfolien erstellt, die die Bandbreite der neuen Effekte in PowerPoint 2007 und 2010 demonstrieren. Jede dieser Folien enthält ausführliche Beschreibungen (in Englisch), wie der gezeigte Effekt erzielt wird.

Eine Auswahl dieser Beispiele haben wir für Sie auf der CD im Unterordner *\Buch\Kap06* im Ordner *PPT165* zusammengestellt. Die komplette Sammlung finden Sie auf der Microsoft Office-Webseite unter *http://office2010.microsoft.com/en-us/templates/CT010336615.aspx*.

Bilder passend zuschneiden

Oft passt das Format eines aus dem Internet heruntergeladenen Bildes nicht zum geplanten Aussehen der Folie oder es soll nur ein Ausschnitt verwendet werden. Hier zeigt der in PowerPoint 2010 erweiterte Befehl *Zuschneiden* seine Stärke.

Um ein Bild ganz nach Ihren Vorstellungen zuzuschneiden, klicken Sie auf den oberen Bereich der Befehlsschaltfläche. Die acht weißen Markierungen am Rande des Bildes werden nun zu schwarzen Balken, die Sie zur Mitte verschieben können, um die Ränder abzuschneiden. Neu ist, dass Sie die abgeschnittenen Teile weiterhin abgedunkelt sehen. Dieses Originalbild können Sie hinter dem gewählten Ausschnitt mit gedrückter linker Maustaste verschieben, um den passendsten Ausschnitt zu wählen. Klicken Sie außerhalb des Bildes, um das Zuschneiden zu beenden.

Abbildg. 6.16 Das Originalbild bleibt beim Zuschneiden sichtbar, so kann der optimale Ausschnitt gewählt werden

Ein Gruppenbild in Porträts zerschneiden

Wenn ein Team vorgestellt werden soll, liegen die Fotos der Teammitglieder oft nur als Gruppenbild oder Schnappschuss vor. Mit der *Zuschneiden*-Funktion können Sie daraus Porträts ausschneiden, die Sie zum Beispiel in einem Organigramm verwenden können (siehe Abbildung 6.18).

Abbildg. 6.17 Aus einem Gruppenbild werden Porträts für Organigrammbausteine herausgeschnitten

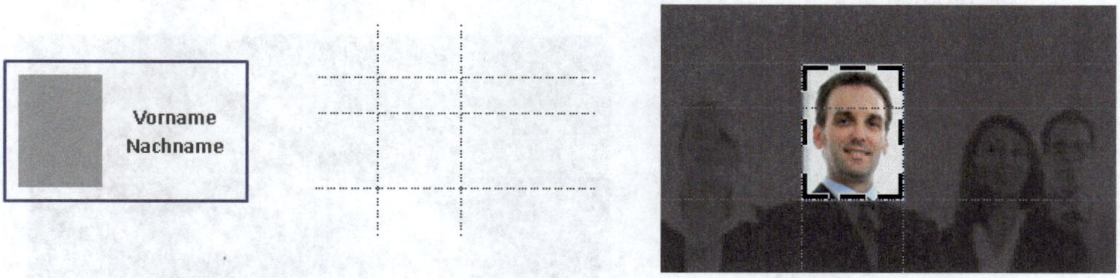

1. Erstellen Sie zunächst aus Rechtecken und Mustertext einen »Organigrammbaustein« (siehe Abbildung 6.17 links).
2. Richten Sie die Führungslinien so aus, dass sie ein Rechteck in der passenden Größe für den Organigrammbaustein bilden. Eine weitere Linie bei zwei Dritteln der Höhe markiert die Position der Augen, um die Bilder zu vereinheitlichen (siehe Abbildung 6.17 Mitte).
3. Schneiden Sie mithilfe der Führungslinien aus dem Gruppenfoto Porträts zu (siehe Abbildung 6.17 rechts).

Abbildg. 6.18 Das Gruppenfoto als Ausgangsbild und das fertige Organigramm

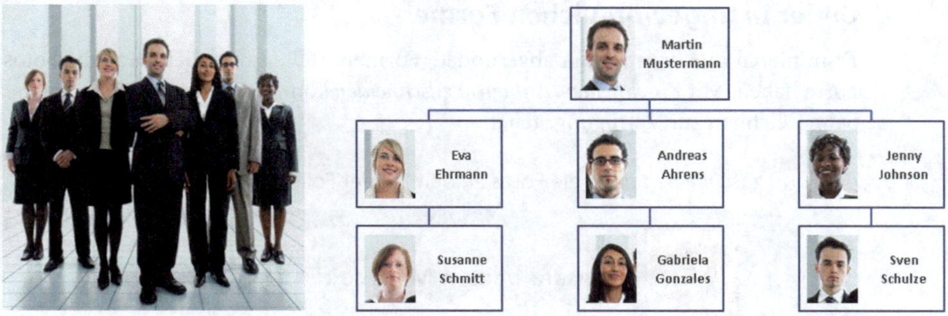

Querformatiger Folienhintergrund aus einem quadratischen Bild

Sie haben in einer Bilddatenbank ein passendes Landschaftsmotiv für Ihren Folienhintergrund gefunden. Leider liegt dies nur in einem quadratischen Format vor. Anstatt durch Ausprobieren beim Zuschneiden das richtige Maß zu finden, können Sie Bilder nun auf ein bestimmtes Seitenverhältnis zuschneiden (siehe Abbildung 6.19). Diesen Befehl finden Sie ebenfalls im Menü der Schaltfläche *Zuschneiden*.

Abbildg. 6.19 Durch Zuschneiden auf ein bestimmtes Seitenverhältnis passen Sie ein Hintergrundfoto an das Folienformat an

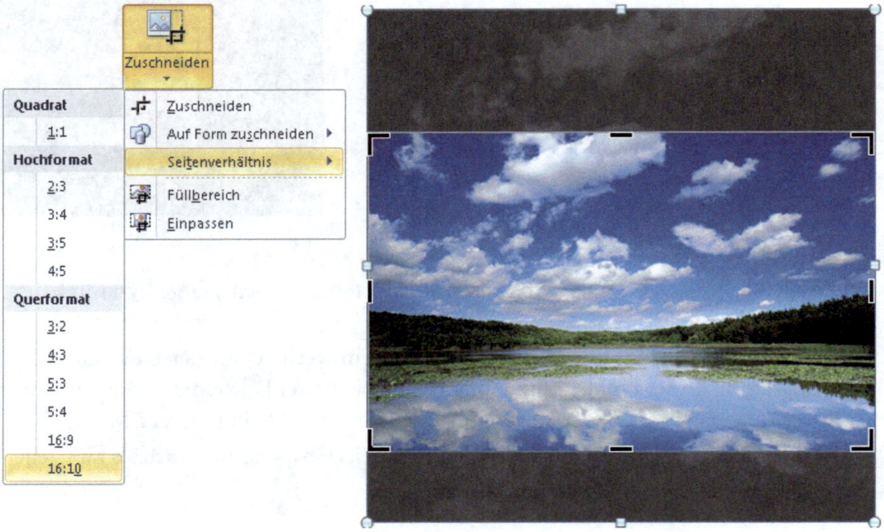

Bilder in ungewöhnlichen Formen

Dominieren in einem Design abgerundete Formen, sollten natürlich auch die Fotos eine passende Form haben. Mit *Zuschneiden/Auf Form zuschneiden* können Sie alle Formen nutzen, die Ihnen auch beim Zeichnen zur Verfügung stehen.

Abbildg. 6.20 *Auf Form zuschneiden* passt die Fotos an den Stil der Folie an

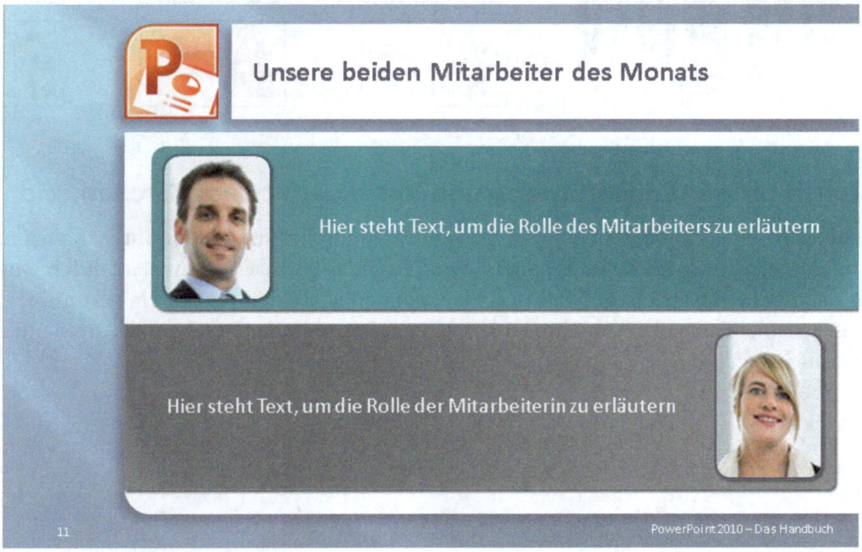

TIPP Freihandformen stehen Ihnen beim Befehl *Auf Form zuschneiden* nicht zur Verfügung. Wollen Sie diese – oder mit den Formbearbeitungswerkzeugen erstellte eigene Formen – für Bilder verwenden, sollten Sie das Bild mithilfe von *Fülleffekt/Bild* in die Form einfügen.

Verzerrungen korrigieren

Wenn das Seitenverhältnis einer gezeichneten Form oder eines Bildplatzhalters in einer SmartArt nicht mit dem Seitenverhältnis des einzufügenden Bildes übereinstimmt, wird dieses beim Einfügen verzerrt (siehe Abbildung 6.21 links). Der Befehl *Zuschneiden/Füllbereich* korrigiert dann automatisch das Seitenverhältnis und erlaubt es, einen passenden Ausschnitt zu wählen (siehe Abbildung 6.21 Mitte). Das Ergebnis ist ein unverzerrtes, perfekt ausgerichtetes Bild.

Abbildg. 6.21 Wenn ein Bild beim Einfügen verzerrt wird, erlaubt *Zuschneiden/Füllbereich* das Seitenverhältnis zu korrigieren und den Ausschnitt zu wählen

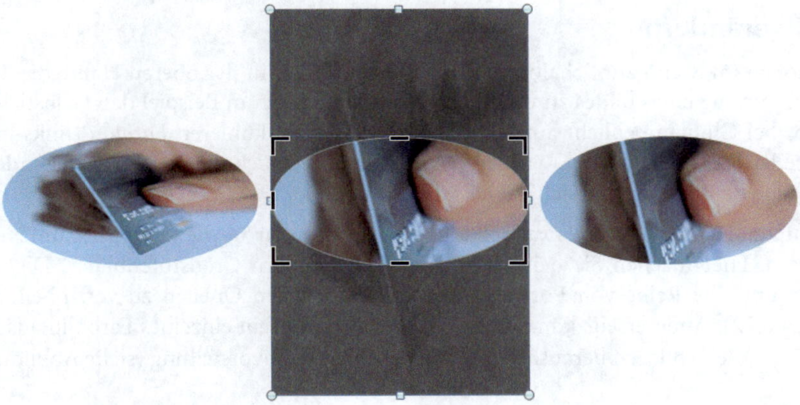

Einen ähnlichen Effekt hat *Zuschneiden/Einpassen*. Wenn beim Einfügen des Bildes, etwa in einen Bildplatzhalter, Teile des Bildes abgeschnitten wurden, verkleinert dieser Befehl das Bild so stark, dass es mit seiner längsten Seite hineinpasst. Der Rest der Form, etwa überschüssige Höhe, bleibt frei. Dieser Befehl eignet sich also eher nicht für runde Formen, da diese nicht komplett gefüllt werden.

Bildkorrekturen ganz ohne Grafikprogramm

Nicht jedes Bild ist optimal belichtet. Und auch zwei Bilder, die einzeln betrachtet gut sind, harmonieren aufgrund ihrer unterschiedlichen Farbstimmungen auf einer Folie nicht. Kleinere Korrekturen können Sie nun direkt in PowerPoint vornehmen, ohne auf ein externes Grafikprogramm zurückgreifen zu müssen.

Falsch belichtete Fotos korrigieren

Die Lichtverhältnisse bei selbst erstellten Aufnahmen sind nicht immer ideal, aber oft soll ein Foto aufgrund des Motivs dennoch verwendet werden. Anstatt das Foto vor dem Einfügen in einem separaten Bildbearbeitungsprogramm zu korrigieren, stehen Ihnen nun in PowerPoint Einstellmöglichkeiten für *Helligkeit*, *Kontrast* und *Farbe* zur Verfügung.

1. Markieren Sie dazu das Bild und wechseln Sie zur Registerkarte *Bildtools/Format*.
2. Ein Klick auf die Schaltfläche *Korrekturen* öffnet einen Katalog mit Voreinstellungen. Dabei entspricht das Vorschaubild genau in der Mitte dem Originalbild.
3. Wenn Sie mit der Maus auf eines der kleinen Vorschaubilder zeigen, wird der Effekt in der Livevorschau auf dem Foto gezeigt, sodass Sie die Wirkung beurteilen können.
4. Liegt der gewünschte Effekt zwischen zwei Voreinstellungen, öffnen Sie mit *Optionen für Bildkorrekturen* unterhalb der Vorschaubilder ein Dialogfeld, in dem Sie feinere Einstellungen vornehmen können.

TIPP Wie immer lohnt auch hier ein Rechtsklick auf das Foto, denn der Befehl *Grafik formatieren* führt Sie direkt zum Dialogfeld für die Feineinstellungen.

Farben verändern

Die Optionen im Menü zur Schaltfläche *Farbe* bieten Ihnen in der oberen Hälfte die Möglichkeit, die Farbstimmung eines Bildes zu verändern. So können Sie zum Beispiel den Gelbstich entfernen, den Fotos bei Glühlampenlicht aufweisen, indem Sie einen kühleren *Farbton* (links in der Skala, niedrigere Farbtemperaturwerte) wählen. Hier können Sie auch die *Farbsättigung* ändern. Entsättigte, aufgehellte Bilder eignen sich gut als Hintergrundbilder.

In der unteren Hälfte des Menüs zur Schaltfläche *Farbe* finden Sie die Optionen zum Neueinfärben von Bildern. Hier machen Sie beispielsweise aus Farbbildern Graustufenbilder. Dies eignet sich einerseits, um eine Reihe von Porträts aus unterschiedlichen Quellen zu vereinheitlichen (siehe Abbildung 6.22). Andererseits können Sie mit diesem Effekt ein einzelnes Farbbild aus einer Reihe von Schwarz-Weiß-Bildern herausheben, etwa bei einer Teamvorstellung (siehe Abbildung 6.23).

Abbildg. 6.22 Aus uneinheitlichen Bildern werden durch Zuschneiden und Einfärben einheitlich wirkende Graustufenbilder

Abbildg. 6.23 Die Umwandlung in Graustufenbilder eignet sich auch, um eine einzelne Person hervorzuheben

Oder gehen Sie noch einen Schritt weiter und färben Sie ein dekoratives Bild auf einer Titel- oder Zwischenfolie passend zum Hintergrund ein (siehe Abbildung 6.24).

Abbildg. 6.24 Zwischenfolien machen Sie attraktiver mit einem passend eingefärbten Bild

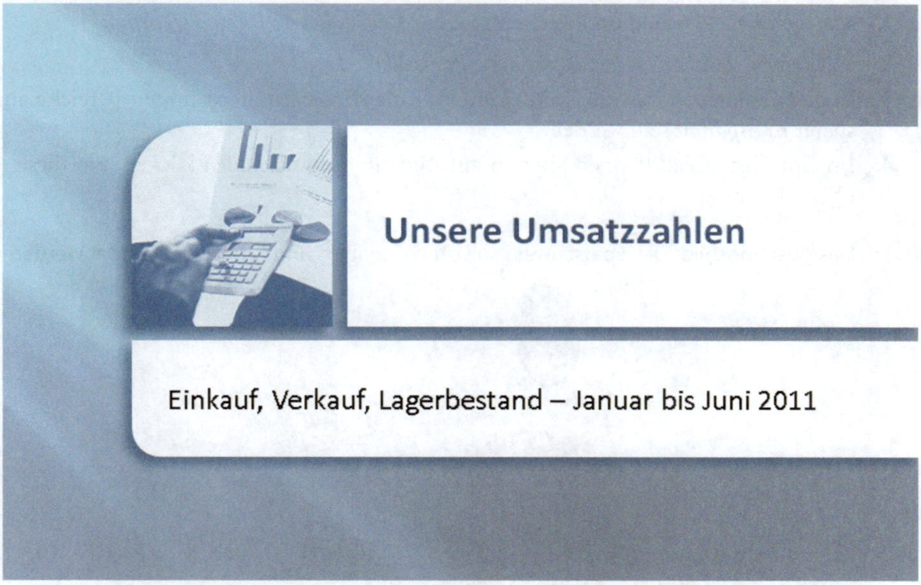

PROFITIPP Bei den Anpassungen haben Sie allerdings nicht die Möglichkeit, ein Bild *halbtransparent* zu machen, um eine dahinterliegende Struktur durchscheinen zu lassen. Dies erreichen Sie mit einem Trick:

1. Zeichnen Sie statt des Fotos eine *Form* in der gewünschten Größe. (Dies kann auch eine Freihandform sein.)
2. Klicken Sie die Form mit der rechten Maustaste an und wählen Sie *Form formatieren.*
3. Mit *Füllung/Bild- oder Texturfüllung* fügen Sie das Bild ein.
4. Stellen Sie darunter die gewünschte *Transparenz* ein.

Foliengestaltung

Störenden Hintergrund entfernen

Oft lenkt ein unruhiger Hintergrund vom eigentlichen Motiv ab. In PowerPoint 2010 können Sie diesen mit einem Mausklick entfernen und so Ihr eigentliches Motiv vor transparentem Hintergrund *freistellen*.

So sollen beispielsweise in einer Tabelle zusammengefasste Einsparungen zusätzlich mit einem Sparschwein symbolisiert werden.

CD-ROM Dieses und weitere Beispiele finden Sie auf der CD zum Buch in der Datei *Kap06_Freistellen.pptx* im Ordner *\Buch\Kap06*.

Eine ClipArt-Suche lieferte das Foto eines Sparschweins vor weißem Hintergrund (siehe Abbildung 6.25). Es lässt sich mit wenigen Mausklicks freistellen:

1. Markieren Sie das Bild und wechseln Sie zur Registerkarte *Bildtools/Format*.

2. Klicken Sie ganz links die Schaltfläche *Freistellen* an.
3. In einem violetten Farbton werden nun die als Hintergrund erkannten Bereiche angezeigt, die später *transparent* sein werden.
4. Im einfachsten Fall können Sie nun auf *Änderungen beibehalten* klicken, um diese Auswahl zu übernehmen.

Abbildg. 6.25 Das Ausgangsbild: Das Sparschwein soll ohne Schatten und Münze verwendet werden

HINWEIS Um das Objekt im Vordergrund zu erkennen, verwendet PowerPoint einen komplexen Berechnungsalgorithmus. Dieser basiert vor allem auf Kontrasten an den Objektkanten. Berücksichtigen Sie also bei der Auswahl Ihrer Bilder, dass sich das Objekt umso leichter freistellen lässt, je stärker es sich in seinen Farb- und Helligkeitswerten vom Hintergrund abhebt.

Auf den zweiten Blick fällt auf, dass vor dem Hinterbein des Sparschweins ein Schattenbereich nicht automatisch erkannt wurde (siehe Abbildung 6.26). Solche Bereiche können Sie mit den Optionen der Registerkarte *Freistellen*, die beim Aufrufen dieser Funktion eingeblendet wird, von Hand nachbearbeiten:

Abbildg. 6.26 Der nicht automatisch erkannte Schatten muss manuell markiert werden

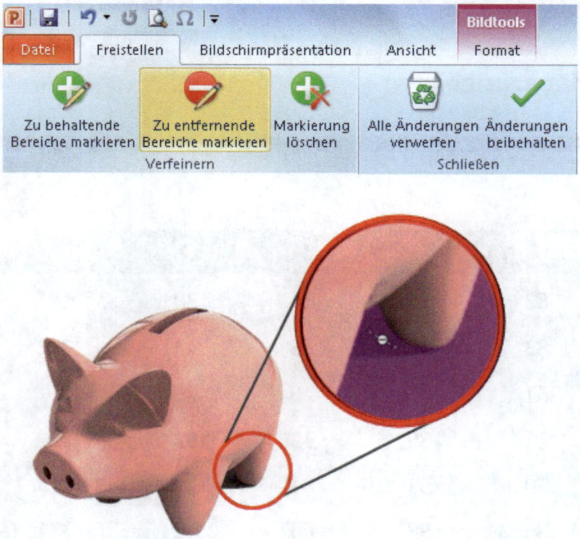

1. Ziehen Sie an den Ziehpunkten des eingeblendeten Rahmens, um das freizustellende Objekt möglichst genau einzugrenzen.
2. Aktivieren Sie *Zu entfernende Bereiche markieren* und zeichnen Sie mit gedrückter linker Maustaste eine Markierungslinie in Bereiche, die Sie löschen wollen. Im Beispielbild in den Schatten vor dem Hinterbein.

   Wählen Sie *Zu behaltende Bereiche markieren* und ziehen Sie eine Linie im violetten Bereich, um weitere Teile des Bildes vor dem Löschen zu schützen.

   Versehentlich zu lang oder zu kurz eingezeichnete Markierungen entfernen Sie mit *Markierung löschen*.
3. Wenden Sie die Auswahl mit *Änderungen beibehalten* auf das Bild an.

Sie können den Befehl *Freistellen* danach wiederholt aufrufen und weitere Stellen nachbearbeiten, wenn Sie mit dem Ergebnis noch nicht zufrieden sind. Mit *Alle Änderungen verwerfen* machen Sie alle entfernten Bereiche wieder sichtbar.

TIPP Wenn Sie nicht nur die durch das Freistellen entfernten Bereiche wieder sichtbar machen wollen, sondern auch zuvor vorgenommene Änderungen, wie beispielsweise bei der Farbe, widerrufen wollen, verwenden Sie den Befehl *Bild zurücksetzen* auf der Registerkarte *Bildtools/Format*. Dabei bleiben Größenänderungen zunächst erhalten. Wenn Sie auch zugeschnittene Bereiche wieder einblenden wollen, klicken Sie auf den Dropdownpfeil rechts von dieser Schaltfläche und wählen *Bild und Größe zurücksetzen*.

Abbildg. 6.27 Die fertige Folie mit dem freigestellten Sparschwein

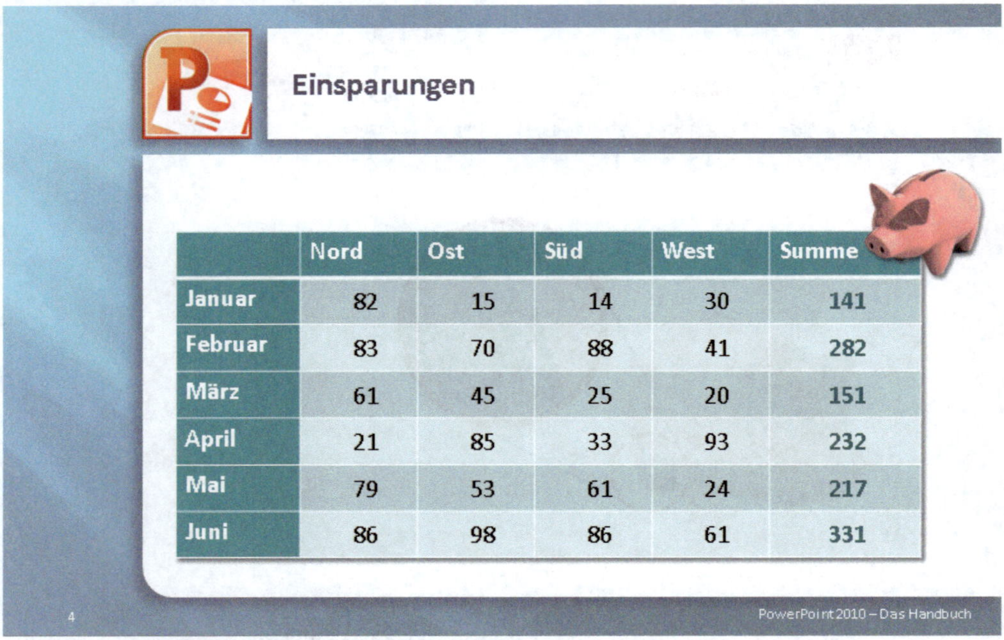

	Nord	Ost	Süd	West	Summe
Januar	82	15	14	30	141
Februar	83	70	88	41	282
März	61	45	25	20	151
April	21	85	33	93	232
Mai	79	53	61	24	217
Juni	86	98	86	61	331

Der Tabelle und dem Sparschwein in Abbildung 6.27 wurden leichte Schatten hinzugefügt. Beachten Sie dabei den Schatten des freigestellten Bildes, er richtet sich nach dem Objekt, nicht nach der ursprünglichen Rechteckform des Bildes.

HINWEIS Der Befehl *Transparente Farbe bestimmen*, den Sie vielleicht aus früheren PowerPoint-Versionen noch kennen, ist immer noch vorhanden. Sie finden ihn unter *Bildtools/Format/Farbe*.

Künstlerische Effekte

Um Bilder zu verfremden, war es bisher erforderlich, ein Bildbearbeitungsprogramm einzusetzen, das über entsprechende Filter verfügt. PowerPoint 2010 bringt nun 22 solcher künstlerischen Effekte mit. Diese sind vor allem geeignet, um dekorativ verwendete Bilder zu verfremden. Einige eignen sich aber auch, um aus Fotos symbolische Darstellungen zu machen.

CD-ROM Einige der künstlerischen Effekte stellen wir in diesem Kapitel vor, einen Überblick über weitere Effekte mit zusätzlichen Beispielen finden Sie im Ordner *\Buch\Kap06* in der Datei *Kap06_Kuenstlerische-Effekte.pptx.*

Auf den ersten Blick mögen diese künstlerischen Effekte verspielt wirken. Sind sie wirklich für Firmenpräsentationen geeignet? Ja, wenn auch nicht jeder Effekt zu jeder Präsentation und jedem Bild passt. Einige Beispiele finden Sie in diesem Kapitel – nehmen Sie sich Zeit, selbst mit verschiedenen Bildern und verschiedenen Effekten zu experimentieren, um herauszufinden, was zum Stil Ihres

Unternehmens passt. Und wenn Sie dann einmal den passenden Effekt gefunden haben, gilt auch hier, dass möglichst nicht mehrere Effekte in einer Präsentation gemischt werden sollten.

Die künstlerischen Effekte anwenden

1. Fügen Sie das gewünschte Bild auf Ihrer Folie ein.
2. Doppelklicken Sie auf das Bild, um zur Registerkarte *Bildtools/Format* zu gelangen.
3. Klicken Sie auf die Schaltfläche *Künstlerische Effekte*, um eine Übersicht aller 22 verfügbaren künstlerischen Effekte und ihre Auswirkung auf das Bild zu sehen.

Abbildg. 6.28 Ein Klick auf *Künstlerische Effekte* zeigt den Katalog der verfügbaren Effekte mit kleinen Vorschaubildchen

HINWEIS Wenn für ein markiertes Bild der Befehl *Künstlerische Effekte* nicht verfügbar (ausgegraut) ist, kann dies zwei Ursachen haben:

- Bei dem Bild handelt es sich um eine Vektorgrafik (WMF, EMF oder Ähnliches) oder
- Windows Imaging Component (WIC) ist nicht installiert.

Im ersten Fall schneiden Sie das Bild mit Strg + X aus und fügen es mit *Einfügen/Inhalte einfügen* in einem Bitmapformat (PNG, JPG oder Ähnliches) wieder ein.

Im zweiten Fall müssen Sie WIC nachinstallieren; Details dazu finden Sie in der Microsoft Knowledge Base unter *http://support.microsoft.com/kb/982984/de*.

4. Fahren Sie mit der Maus über die Vorschaubildchen (siehe Abbildung 6.28), um zu sehen, wie sich die einzelnen Optionen auf Ihr Bild auswirken. Ein Klick wendet den Effekt dann an.
5. Darüber hinaus ist die Stärke des Effekts aber noch weiter einstellbar. Klicken Sie dazu entweder unten im Effektekatalog auf *Optionen für Kunsteffekte*. Oder klicken Sie das Bild mit der rechten Maustaste an und wählen Sie *Grafik formatieren*. Im daraufhin angezeigten Dialogfeld wechseln Sie links zur Kategorie *Künstlerische Effekte*.

Abbildg. 6.29 Im Dialogfeld *Grafik formatieren* können Sie Feineinstellungen für die künstlerischen Effekte vornehmen

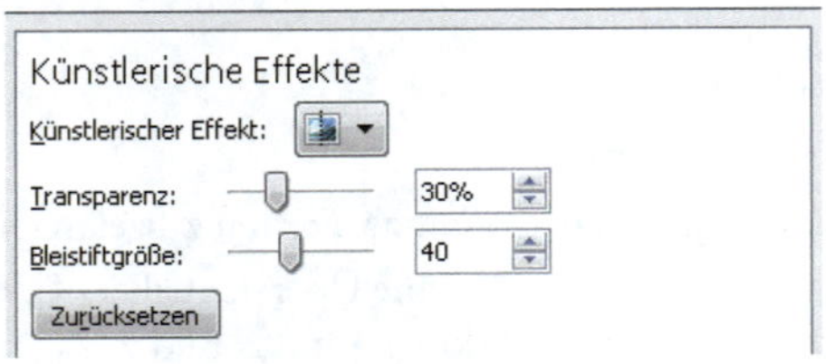

Hier stehen Ihnen normalerweise zwei Einstellmöglichkeiten zur Verfügung (siehe Abbildung 6.29):

- Der obere Schieberegler *Transparenz* bestimmt, wie viel von Ihrem ursprünglichen Originalbild noch zu sehen ist, insbesondere auch wie viel der Originalfarbe.
- Die zweite Option ist effektspezifisch und regelt die Stärke des Effekts und die Größe der Details.

Testen Sie verschiedene Einstellungen, um den für Sie optimalen Effekt zu finden. Wie unterschiedlich hier schon leicht unterschiedliche Einstellungen wirken können, zeigt Abbildung 6.30

Abbildg. 6.30 Änderungen der Feineinstellungen der künstlerischen Effekte beeinflussen die Wirkung des Bildes stark

Original

Strichzeichnung Voreinstellung
Transparenz: 25%
Bleistiftgröße: 0

Strichzeichnung angepasst
Transparenz: 30 %
Bleistiftgröße: 40

ACHTUNG Sobald Sie im Dialogfeld *Grafik formatieren* die Einstellungen ändern, werden diese nicht nur als Vorschau gezeigt, sondern sofort auf das Bild angewendet. Wenn Sie diese Einstellungen schrittweise rückgängig machen wollen, nutzen Sie das Menü zur Schaltfläche *Rückgängig* in der Schnellzugriffsleiste. Die Schaltfläche *Zurücksetzen* unterhalb der Schieberegler entfernt den künstlerischen Effekt komplett. Auch die erste Option *Keine* im Effektekatalog entfernt den künstlerischen Effekt wieder. Beide wirken sich nicht auf Farbänderungen, Helligkeitskorrekturen oder Freistellen aus; wollen Sie diese Effekte ebenfalls rückgängig machen, wählen Sie *Bild zurücksetzen*.

Es kann immer nur **ein** künstlerischer Effekt auf ein Bild angewendet werden; künstlerische Effekte können nicht miteinander kombiniert werden, wohl aber mit Helligkeitskorrekturen und Farbeffekten.

TIPP Falls Sie mehrere künstlerische Effekte miteinander kombinieren wollen, wenden Sie den ersten Effekt an, schneiden dann das Bild mit Strg+X aus und fügen es mit *Einfügen/Inhalte einfügen* als PNG-Datei wieder ein. Dann können Sie einen zweiten Effekt auf dieses Bild anwenden. Der erste ist allerdings nicht mehr beeinflussbar, da er durch das Ausschneiden und Wiedereinfügen fixiert wurde.

Die künstlerischen Effekte in Ihren Präsentationen einsetzen

Beispiel 1: Einsatz von Bleistift: Graustufen

Unter den künstlerischen Effekten finden Sie einige zeichnerische Effekte, wie *Bleistift: Graustufen*, *Bleistiftskizze* und *Strichzeichnung*. Diese eignen sich gut, um die Entwicklung eines Produkts von der ersten Idee bis zur Marktreife im wahrsten Sinne des Wortes zu skizzieren (siehe Abbildung 6.31).

Abbildg. 6.31 Bleistiftskizze und Originalgrafik symbolisieren Anfang und Ende des Entwicklungsprozesses

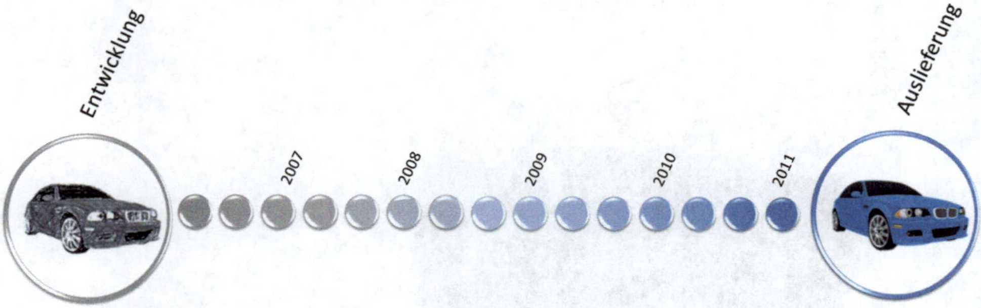

ACHTUNG Wenden Sie die künstlerischen Effekte, insbesondere die zeichnerischen Effekte, nur vorsichtig auf Personenfotos an – zu leicht verfremden Sie diese zur Karikatur (siehe die Beispielpräsentation *Kap06_Kuenstlerische Effekte.pptx*, Folie 8).

Beispiel 2: Aufmerksamkeit lenken durch Weichzeichnen

Oft soll anhand von Screenshots die Bedienung eines Programms oder das Ausfüllen eines Formulars demonstriert werden. Gleichzeitig sollen aber keine sensiblen personenbezogenen Daten weitergegeben werden. Solche Informationen können Sie maskieren, indem Sie den *Weichzeichnen*-Effekt auf Ausschnitte des Screenshots anwenden. Das Ergebnis zeigt Abbildung 6.32, die erforderlichen Schritte erläutert Folie 12 der Beispieldatei.

Abbildg. 6.32 Mit dem Effekt *Weichzeichnen* können Sie auch sensible Informationen maskieren

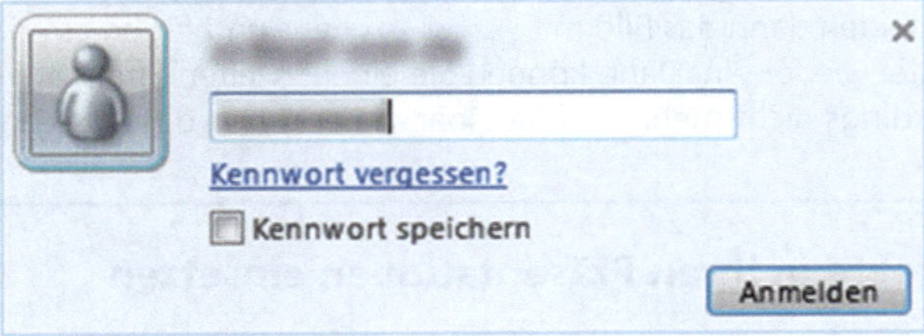

Ein weiteres Beispiel zur gezielten Lenkung der Aufmerksamkeit erreichen Sie, indem Sie einen freigestellten Bildausschnitt im Vordergrund mit einem weichgezeichneten und in Graustufen umgewandelten Hintergrund kombinieren. So heben Sie eine Person aus der Gruppe hervor (siehe Abbildung 6.33 und Folie 11).

Abbildg. 6.33 Durch eine Kombination aus freigestelltem Vordergrund und weichgezeichnetem Hintergrund heben Sie eine Person aus der Gruppe hervor

Beispiel 3: Verfremdete Abbildungen für Titel- und Zwischenfolien

Abbildungen auf Titel- und Zwischenfolien haben oft eher dekorativen Charakter. Sie dürfen deshalb auch mit Effekten stark verfremdet sein, denn bei ihnen kommt es nicht auf Exaktheit wie bei Produktabbildungen an, sondern auf die symbolische Aussage.

Ein immer wieder benötigter Typus dieser Folien ist die Pausenfolie, um Unterbrechungen einer Veranstaltung anzukündigen.

Eine Suche nach entsprechenden ClipArts mit dem Stichwort Kaffee lieferte das Foto einer Tasse (siehe Abbildung 6.34 links). Diese wurde freigestellt, mit dem Effekt *Silhouette* verfremdet, sodass sie fast wie eine plakative Zeichnung wirkt, und passend zum Foliendesign umgefärbt (siehe Abbildung 6.34 rechts). Schließlich wurde sie noch mit einem passenden Farbverlauf hinterlegt. Die fertige Folie sehen Sie in Abbildung 6.35 (Folie 15 der Beispieldatei).

Abbildg. 6.34 Der Effekt *Silhouette* ergibt plakative, zeichnerisch wirkende Abbildungen ...

Abbildg. 6.35 ... die sich mit entsprechendem Hintergrund gut auf Titel- und Zwischenfolien verwenden lassen

HINWEIS Eine komplette Übersicht über alle künstlerischen Effekte anhand einiger Beispielfotos finden Sie in der Beispieldatei *Kap06_Kuenstlerische-Effekte.pptx*.

Zusammenfassung

Bilder helfen, Informationen im Gedächtnis zu verankern. Von der Auswahl der geeigneten Bilder über das Einfügen bis hin zum Bearbeiten haben Sie in diesem Kapitel das Handwerkszeug erhalten. Es befähigt Sie, auch die neuen Grafikbearbeitungsmöglichkeiten von PowerPoint 2010 anzuwenden.

Hier die wichtigsten Aspekte:

Kapitel 7

Zahlenmaterial präsentieren: Tabellen und Diagramme

Foliengestaltung

In diesem Kapitel:

Zahlen sind als Bestandteil einer Präsentation wie »das Salz in der Suppe«. Aber wer möchte die schon »versalzen«? Den Eindruck, dass mit dem »Salz« zu großzügig umgegangen wird, vermitteln Folien nicht selten. Komplette Tabellen aus Excel werden aus Zeitmangel oder in Unkenntnis der ermüdenden Wirkung auf die Zuschauer auf die Folien gepackt – möglichst noch in Originalschriftgröße von 11 pt. Oder aber Excel-Diagramme werden auf den Folien verteilt – mit einer Vielzahl von Säulen oder Linien, kaum für eine Präsentation aufbereitet und meist auch mit viel zu kleiner Schriftgröße. Die Folge: Die Betrachter haben große Mühe, die Vielzahl der Informationen zu erfassen, zu verarbeiten und schalten einfach ab.

In diesem Kapitel finden Sie daher nicht nur Anleitungen, wie Sie Tabellen und Diagramme technisch aufbauen, sondern auch Anregungen, wie Sie Zahlenmaterial so für Folien aufbereiten, dass es für die Zuschauer interessant und attraktiv wirkt.

Tabellen auf Folien: Das ist wichtig

Nicht immer ist es möglich, Zahlen bildhaft, also in Diagrammform, zu präsentieren. Tabellen können ebenso informativ sein – vorausgesetzt, sie wurden so aufbereitet, dass das Publikum sie gut lesen und Wichtiges schnell erfassen kann.

Tabellen eignen sich nicht nur für Zahlenmaterial. Egal ob Projektvorgänge, Produktmerkmale, Vergleiche oder ein Kalender gezeigt werden sollen: Tabellen sind perfekt, um Informationen aller Art sortiert und übersichtlich zu visualisieren. Das setzt allerdings voraus, dass die Menge der Informationen überschaubar bleibt.

Typische Fehler beim Einsatz von Zahlen

Nur im Lesen von Zahlen gut trainierte Zuschauer sind in der Lage, Zahlen ohne große Mühe zu erkennen, zu bewerten und einzuordnen. Andere fühlen sich von der Vielzahl der Daten einfach überflutet. Hier einige typische Fehler, die bei Zahlenfolien immer wieder auftreten:

- **Zu viele Zahlen auf der Folie** Die Zuschauer sind bei deren Anblick »erschlagen«.
- **Die Folie ist komplett mit Zahlen übersät** Wirklich wichtige Zahlen sind nicht oder kaum erkennbar, die eigentliche Aussage geht so verloren.
- **Übernahme von Zahlen aus Excel mit Schriftgröße 10 oder 11 pt** Sie sind gar nicht oder nur mit Mühe lesbar.
- **Alle Zahlen werden auf einmal gezeigt** Die Zuschauer müssen zu viele Daten auf einmal erfassen. Besser wäre es, die Werte dosiert – also zeilen- oder spaltenweise – zu vermitteln. Dazu hat PowerPoint seine Animationsfunktionen.

Gehen Sie unter Beachtung der oben genannten Fehler in Folien- oder Bildschirmpräsentationen nur sparsam mit Tabellen um. Auch wenn Tabellen gut gestaltet sind, treten schnell Ermüdungserscheinungen beim Publikum auf.

Regeln für den Einsatz von Tabellen auf Folien

Beziehen Sie beim Einsatz von Tabellen folgende Hinweise ein:

- Begrenzen Sie eine Tabelle möglichst auf fünf bis sieben Informationseinheiten.
- Kennzeichnen Sie die wirklich wichtigen Informationen. Verwenden Sie dazu andere Schrift- oder Zellfarben oder Formen wie Ellipsen, Pfeile zum Hervorheben.
- Verwenden Sie beim Anfertigen von Tabellen möglichst gleiche Farben für gleiche Zusammenhänge. Das gilt übrigens auf bei Diagrammen.
- Gestalten Sie die Beschriftung für den Tabellenkopf gut sichtbar. Verwenden Sie kurze und aussagekräftige Bezeichnungen.
- Bringen Sie nach dem Einfügen von Excel-Tabellen die Zahlen und Texte auf der Folie auf eine präsentationstaugliche Schriftgröße – also 16 pt und mehr.
- Setzen Sie Linien sparsam und differenziert ein. Widerstehen Sie der »Vergitterung« der Tabellen.
- Verwenden Sie stärkere oder doppelte Linien, um End- oder Zwischenergebnisse optisch abzutrennen und eine Gliederung in der Tabelle deutlich zu machen.
- Versuchen Sie, Tabellenobjekte in gleichbleibender Größe und Anordnung auf den Folien zu platzieren. Das macht das Lesen leichter.
- Lassen Sie Zahlen bei der Bildschirmpräsentation in dosierten Mengen erscheinen und nutzen Sie dazu die Animationsmöglichkeiten von PowerPoint.

Schritt für Schritt: Tabellen anlegen und bearbeiten

Eine Tabelle in PowerPoint zu erstellen, ist nur eine der Möglichkeiten. Sie können Tabellen ebenso auch aus Word oder Excel importieren. Hier eine Übersicht der verschiedenen Wege, um Daten in Tabellenform auf einer Folie anzuordnen:

- **Die Tabellenfunktionen in PowerPoint einsetzen.** Das ist der schnellste und bequemste Weg. Er hat allerdings Einschränkungen bei der Animation zur Folge.
- **Eine Tabelle bestehend aus Formen und Textfeldern anlegen.** Dies bietet Ihnen optimale Möglichkeiten zur Animation, da sich alle Bestandteile flexibel animieren lassen. Auch eine Kombination der beiden eben genannten Varianten ist denkbar und nützlich.
- **Bereits bestehende Tabellen aus Word oder Excel importieren.** Hierbei ist nur zu unterscheiden, ob die Daten aus der Quellanwendung in PowerPoint statisch oder dynamisch – also mit Verknüpfung – eingefügt werden.

Tabelle 7.1 fasst die Vorteile der einzelnen Techniken zusammen.

Tabelle 7.1 Vergleich der Techniken, um in PowerPoint Daten in Tabellenform darzustellen

Technik	Vorteile
In PowerPoint eine Tabelle erstellen oder zeichnen.	Änderungen der Werte nur an einer Stelle erforderlich.
In PowerPoint mit Rechtecken und Textfeldern eine Tabelle nachbilden.	Änderungen der Werte nur an einer Stelle erforderlich. Eingangsanimationen sind spalten- und zeilenweise ganz individuell möglich.

Tabelle 7.1 Vergleich der Techniken, um in PowerPoint Daten in Tabellenform darzustellen *(Fortsetzung)*

Technik	Vorteile
In PowerPoint die Struktur einer Tabelle über die Tabellenfunktionen erstellen und die Inhalte über Textfelder einsetzen.	Änderungen der Werte nur an einer Stelle erforderlich. Eingangsanimationen sind spalten- und zeilenweise ganz individuell möglich.
Eine Word-Tabelle über die Zwischenablage als *statische Information* einfügen.	Bereits vorhandene Tabelle kann sofort genutzt werden.
Eine Word-Tabelle über die Zwischenablage *als Verknüpfung* einfügen.	Bereits vorhandene Tabelle kann sofort genutzt werden. Bei Änderung der Werte in Word wird die Tabelle in PowerPoint aktualisiert.
Eine Excel-Tabelle über die Zwischenablage *als statische Information* einfügen.	Bereits vorhandene Tabelle kann sofort genutzt werden.
Eine Excel-Tabelle über die Zwischenablage *als Verknüpfung* einfügen.	Bereits vorhandene Tabelle kann sofort genutzt werden. Automatische Aktualisierung der Tabellenwerte in PowerPoint bei Änderungen am Excel-Original.

Tabellen in PowerPoint anlegen

In PowerPoint stellen Sie mit wenigen Handgriffen Zahlen und Texte in Tabellenform dar. Zum Anlegen einer Tabelle nutzen Sie entweder einen bereits vorhandenen Platzhalter auf der Folie, fügen eine frei platzierbare Tabelle auf einer leeren Folie ein oder zeichnen eine Tabelle mithilfe von Linien.

Methode 1: Eine Tabelle per Folienlayout einfügen

Legen Sie eine Folie an, die einen Inhaltsplatzhalter enthält. Das erledigen Sie über *Start/Neue Folie* und Wahl des Layouts *Titel und Inhalt* oder *Zwei Inhalte*.

Abbildg. 7.1 Im Inhaltsplatzhalter auf das Tabellensymbol klicken

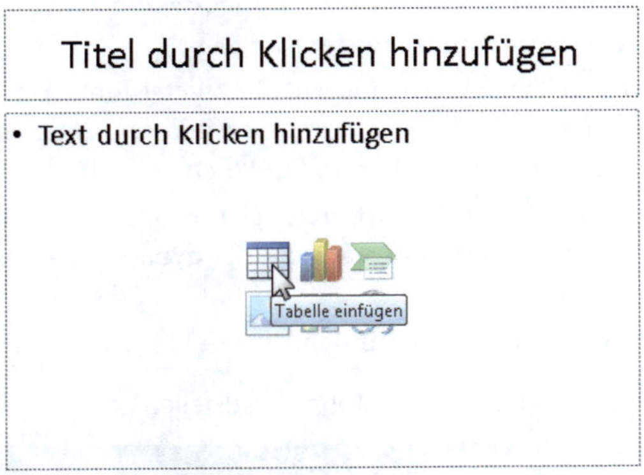

1. Klicken Sie im Inhaltsplatzhalter auf das Symbol *Tabelle einfügen*.
2. Geben Sie in dem in Abbildung 7.2 gezeigten Dialogfeld die gewünschte Anzahl der Spalten und Zeilen ein und schließen Sie per Klick auf *OK* ab.

Abbildg. 7.2 Komfortabel die Spalten- und Zeilenanzahl bestimmen

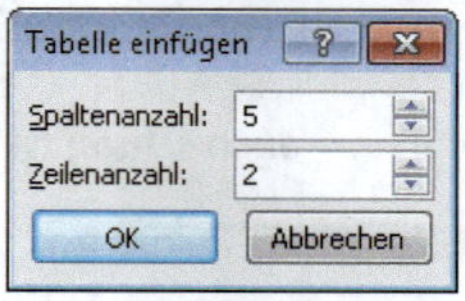

HINWEIS Wenn Sie einen Inhaltsplatzhalter zum Anlegen einer Tabelle nutzen, werden sich beim Wechsel des Designs nicht nur Farbe und Schrift in der Tabelle, sondern möglicherweise auch deren Größe ändern.

Methode 2: Eine Tabelle per Schaltfläche hinzufügen

Zeigen Sie die Folie an, auf der Sie an beliebiger Stelle eine Tabelle hinzufügen wollen.

1. Klicken Sie auf der Registerkarte *Einfügen* ganz links auf die Schaltfläche *Tabelle*.
2. Bewegen Sie die Maus über das in Abbildung 7.3 gezeigte Raster nach rechts und nach unten, um die gewünschte Anzahl der Zeilen und Spalten auszuwählen. Klicken Sie abschließend auf die letzte Zelle.

   Die Tabelle mit der festgelegten Anzahl von Spalten und Zeilen wird auf der Folie eingefügt.

Abbildg. 7.3 Die Maus so über das Raster bewegen, bis die gewünschte Anzahl von Zeilen und Spalten in die Markierung eingeschlossen ist, und dann kurz klicken

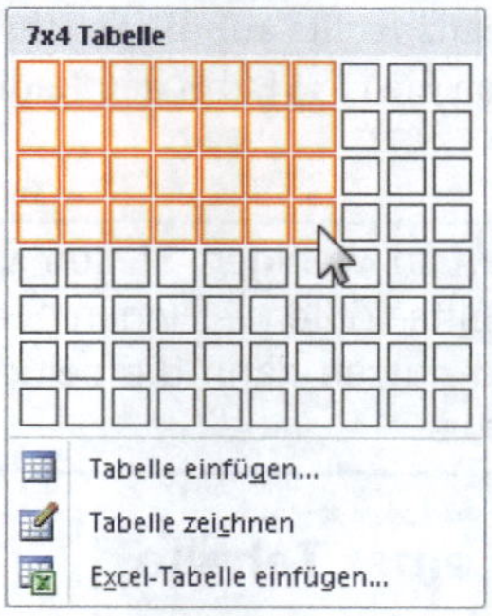

TIPP Wenn die Tabelle unabhängig von der Wahl des Designs eine feste Größe und einen bestimmten Platz auf der Folie behalten soll, ist diese Methode zu empfehlen.

Methode 3: Eine Tabelle Linie für Linie zeichnen

Weicht die zu erstellende Tabelle von vorgegebenen Standards ab, ist es besser, sie Stück für Stück aus Linien selbst zu zeichnen. Diese Methode setzen Sie beispielsweise dann ein, wenn

- unterschiedliche Zeilenhöhen oder Spaltenbreiten benötigt werden,
- unterschiedlich viele Spalten in den einzelnen Zeilen gebraucht werden,
- die Zeilenzahl innerhalb einzelner Spalten differieren soll,
- diagonale Linien in formularähnlichen Tabellen gebraucht werden.

So gehen Sie vor, um eine Tabelle aus Linien und Rechtecken zu zeichnen:

1. Klicken Sie auf der Registerkarte *Einfügen* auf *Tabelle* und dann auf *Tabelle zeichnen*.

Abbildg. 7.4 Maximale Flexibilität: Tabelle mit dem Stift Linie für Linie zeichnen – auch schräg ist erlaubt

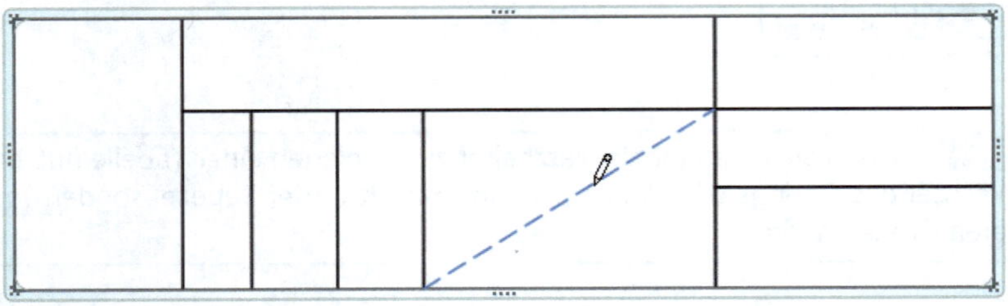

2. Der Mauszeiger verwandelt sich – wie in Abbildung 7.4 gezeigt – in einen Stift. Zeichnen Sie zunächst den äußeren Rahmen der Tabelle. Wenn Sie die Maustaste loslassen, erscheint der Platzhalter für eine leere Tabelle.

3. Im Menüband werden nun rechts die *Tabellentools* mit zwei zusätzlichen Registerkarten angezeigt. Klicken Sie auf der Registerkarte *Tabellentools/Entwurf* ganz rechts auf das Symbol *Tabelle zeichnen* und ziehen Sie mit gedrückter linker Maustaste nacheinander die Linien für die gewünschte Tabellenstruktur.
4. Drücken Sie abschließend [Esc], um den Zeichenmodus zu beenden.

5. Um eine versehentlich zu viel oder an der falschen Stelle gezeichnete Linie wieder zu löschen, klicken Sie auf der Registerkarte *Tabellentools/Entwurf* ganz rechts auf die Schaltfläche *Radierer* und dann auf die Linie, die Sie entfernen wollen. Drücken Sie [Esc], um den Radiermodus wieder zu deaktivieren.

PROFITIPP Wenn Sie eine Tabelle benötigen, die nur an wenigen Stellen vom Standard abweicht – beispielsweise einige verbundene oder geteilte Zellen –, legen Sie einfach mit Methode 1 oder 2 zunächst eine normale Tabelle an und nutzen dann die beiden Werkzeuge *Tabelle zeichnen* und *Radierer* für das Anpassen der Struktur.

Dateneingabe, Navigieren und Markieren in einer Tabelle

Nach dem Anlegen der Tabelle geben Sie mit den in Tabelle 7.2 aufgeführten Tasten besonders schnell und zielgerichtet Ihre Daten ein.

Tabelle 7.2 Tasten zum Bewegen und Arbeiten in einer Tabelle

Ziel	Taste
Zur nächsten Zelle	[Tab]
Zurück zur vorherigen Zelle	[Umschalt]+[Tab]
Zur nächsten Zeile	[Tab] oder [↓]
Zurück zur vorherigen Zeile	[↑]
Tabstopp in einer Zelle	[Strg]+[Tab]

Tabelle 7.2 Tasten zum Bewegen und Arbeiten in einer Tabelle *(Fortsetzung)*

Ziel	Taste
Neuer Absatz in einer Zelle	↵
Neue Zeile in einer Zelle	⇧ + ↵

TIPP Klicken Sie in die letzte Zelle der Tabelle und drücken Sie die ↹-Taste, um der Tabelle eine weitere Zeile hinzuzufügen.

Zum Bearbeiten einer Tabelle ist es erforderlich, die jeweiligen Bestandteile zu markieren. Der einfachste Weg zum Markieren von Zeilen, Spalten oder der kompletten Tabelle führt über einen Klick in die Tabelle und die Registerkarte *Tabellentools/Layout*. Dort klicken Sie ganz links auf die Schaltfläche *Auswählen*, um den gewünschten Markierungsbereich – siehe Abbildung 7.5 – zu bestimmen.

Abbildg. 7.5 Über *Tabellentools/Layout/Auswählen* eine Tabelle schnell komplett oder auch nur teilweise markieren

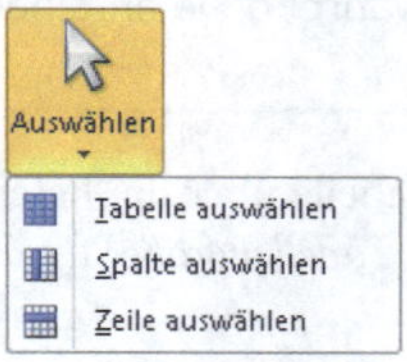

Alternativ dazu können Sie natürlich mit der Maus einzelne Teile oder die gesamte Tabelle wie folgt markieren:

- **Eine einzelne Zelle** Klicken Sie einfach in die Zelle. Oder bewegen Sie die Maus in die linke Ecke der Zelle, bis ein schräg nach rechts oben zeigender schwarzer Pfeil erscheint (siehe Abbildung 7.6 links), und klicken Sie einmal kurz.
- **Mehrere Zellen** Ziehen Sie mit gedrückter linker Maustaste über den betreffenden Zellbereich.
- **Eine oder mehrere Zeilen** Bewegen Sie die Maus links vor die Zeile, bis ein schwarzer horizontaler Pfeil erscheint (siehe Abbildung 7.6 Mitte), und klicken Sie, um diese Zeile zu markieren. Sollen mehrere Zeilen markiert werden, halten Sie nach dem Klick die Maustaste gedrückt und ziehen nach unten bzw. nach oben.
- **Eine oder mehrere Spalten** Bewegen Sie die Maus über die betreffende Spalte, bis ein senkrechter schwarzer Pfeil erscheint (siehe Abbildung 7.6 rechts), und klicken Sie einmal, um diese Spalte zu markieren. Sollen mehrere Zeilen markiert werden, halten Sie nach dem Klick die Maustaste gedrückt und ziehen in die betreffende Richtung.

Abbildg. 7.6 Form und Position des Mauszeigers beim Markieren von Zellen, Spalten und Zeilen

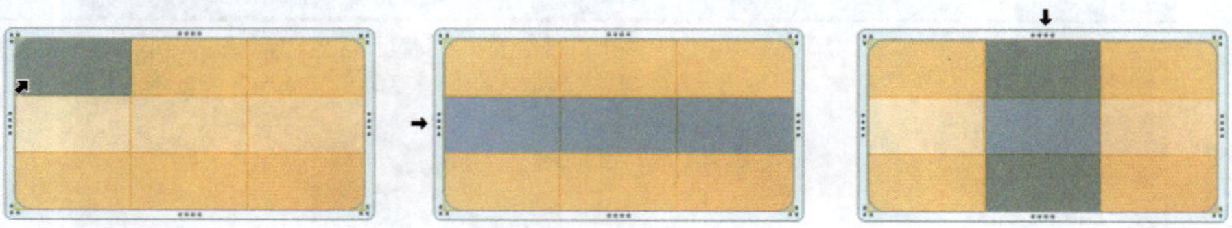

- **Die gesamte Tabelle:** Klicken Sie einfach auf den Platzhalterrahmen, der die Tabelle umgibt.

PROFITIPP Befindet sich der Cursor in einer Tabellenzelle, markieren Sie auch ohne Maus die komplette Tabelle, indem Sie die Tastenkombination Strg + A drücken.

Tabellen bearbeiten

Nach dem Anlegen einer Tabelle ist diese in vielen Fällen noch anzupassen. Alle dazu erforderlichen Befehle finden Sie auf den Registerkarten *Tabellentools/Entwurf* und *Tabellentools/Layout*. Hier eine Übersicht der wichtigsten Vorgehensweisen.

Die Größe einer Tabelle ändern

Klicken Sie auf den Platzhalterrahmen der Tabelle und ziehen Sie dann an einem der acht Ziehpunkte, um die Tabelle größer oder kleiner zu machen.

PROFITIPP Wollen Sie bei der Größenänderung das Verhältnis von Höhe und Breite der Tabelle beibehalten, halten Sie zusätzlich die Taste ⇧ gedrückt, während Sie an einem der vier Eckziehpunkte nach innen oder außen ziehen.

Deutlich schneller und präziser ändern Sie jedoch die Größe einer Tabelle über die Befehle auf der Registerkarte *Tabellentools/Layout* ganz rechts in der Befehlsgruppe *Tabellengröße*, für Zeilen und Spalten in der Gruppe *Zellengröße*.

Abbildg. 7.7 Die Größe einer Tabelle und ihrer einzelnen Bestandteile bequem und millimetergenau anpassen

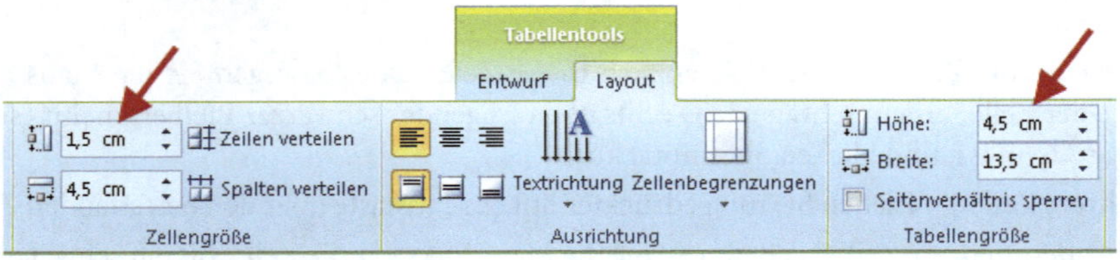

Die Struktur einer Tabelle anpassen: Zeilen und Spalten hinzufügen, löschen, verbinden oder teilen

Die Befehle zum Hinzufügen oder Entfernen von Tabellenteilen finden Sie auf der Registerkarte *Tabellentools/Layout* in den beiden Befehlsgruppen *Zeilen und Spalten* sowie *Zusammenführen*. In Tabelle 7.3 sind die wichtigsten Befehle aufgelistet.

Tabelle 7.3 Die Befehle zum Löschen und Hinzufügen von Tabellenelementen

Befehle	Wirkung
	Per Klick auf die Schaltfläche *Löschen* können Sie bequem Spalten oder Zeilen löschen, die Sie zuvor markiert haben.

Tabelle 7.3 Die Befehle zum Löschen und Hinzufügen von Tabellenelementen *(Fortsetzung)*

Befehle	Wirkung
	Mit diesen vier Befehlen ist es ein Kinderspiel, Zeilen oder Spalten an beliebiger Stelle in einer Tabelle hinzuzufügen.
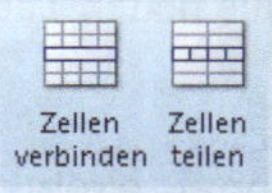	Markieren Sie zwei oder mehrere Zellen, um sie anschließend per Klick auf *Zellen verbinden* zu einer einzigen Zelle zusammenzufassen. Oder setzen Sie den Cursor in eine Zelle, die Sie in zwei oder mehr teilen wollen, und klicken Sie dann auf *Zellen teilen*.

Ein Mausklick reicht: Tabellen gestalten

In Word und Excel gibt es seit Jahren vorgefertigte Muster, um Tabellen schnell und einheitlich zu gestalten. Seit Version 2007 verfügt jetzt auch PowerPoint über solche Formatbausteine, genannt *Tabellenformatvorlagen.* Mit ihrer Hilfe können Sie Tabellen nicht nur komfortabel formatieren, sondern auch sicherstellen, dass mehrere Tabellen in einer Präsentation einheitlich aussehen.

Komplette Tabellen mit nur einem Mausklick formatieren

Für jede Tabelle, die Sie erstellen, wird automatisch eine Tabellenformatvorlage verwendet. Das spart Zeit, denn mit nur einem Mausklick weisen Sie gleich mehrere Formatierungsoptionen zu, die speziell die Füll- und Linienfarben definieren.

Zugang zu den *Tabellenformatvorlagen* haben Sie, wenn Sie in eine Tabelle klicken und die Registerkarte *Tabellentools/Entwurf* anzeigen. Öffnen Sie den kompletten Katalog der *Tabellenformatvorlagen*, indem Sie am rechten Rand unterhalb der Bildlaufpfeile auf die Schaltfläche *Weitere* klicken (siehe Abbildung 7.8).

Abbildg. 7.8 Per Klick auf die Schaltfläche *Weitere* erschließen Sie sich eine Auswahl von über 70 Farb- und Gestaltungsvarianten für Ihre Tabellen

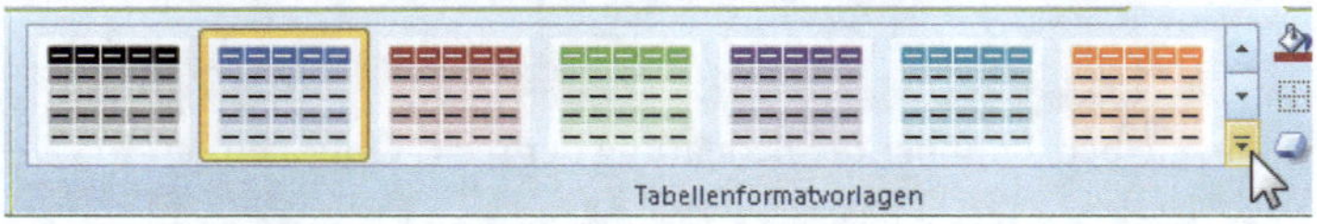

Die Livevorschau sorgt dafür, dass beim Zeigen mit der Maus auf eine der Varianten im Hintergrund sofort zu sehen ist, wie sich dies auf die Optik der Tabelle auswirkt. In den Kategorien *Hell, Mittel* und *Dunkel* sowie *Beste Suchergebnisse für Dokument* können Sie auf 74 verschiedene Vorlagen zum Gestalten Ihrer Tabellen zugreifen.

Effektiv: Eine Formatvorlage als Standard festlegen

Wenn Sie mehrere Tabellen in einer Präsentation anlegen, müssen Sie nicht jedes Mal den Katalog der Tabellenformatvorlagen öffnen, um dort die gewünschte Farb- und Rahmenlinienvariante auszuwählen. Klicken Sie im Katalog mit der rechten Maustaste auf die gewünschte Vorlage und wählen Sie im Kontextmenü den Befehl *Als Standard festlegen*. Ab sofort werden alle neuen Tabellen in der Präsentation automatisch mit dieser Tabellenformatvorlage formatiert.

PROFITIPP Im Normalfall werden Sie in einer Präsentation nicht mehr als ein bis drei Tabellenformatvorlagen nutzen. Wenn Sie es leid sind, beim Öffnen des Katalogs stets das komplette Angebot zu sehen, können Sie die Anzeige auf eine Auswahl beschränken. Klicken Sie dazu am oberen Rand des Katalogs auf den Dropdownpfeil neben *Alle* und wählen Sie im folgenden Menü Ihre favorisierte Kategorie, beispielsweise *Mittel*.

HINWEIS Im Unterschied zu Excel können Sie in PowerPoint **keine** eigenen Schablonen zum Formatieren kompletter Tabellen anlegen. Die Anleitung in der Onlinehilfe ist an der Stelle nicht korrekt – zumindest war das zu dem Zeitpunkt so, da dieses Buch geschrieben wurde –, denn sie beschreibt die Schritte zum Anlegen benutzerdefinierter Tabellenformatvorlagen.

Die Optionen für die Tabellenoptik anpassen

Neben den Tabellenformatvorlagen sind die Optionen für die Tabellenformate – zu finden ganz links auf der Registerkarte *Tabellentools/Entwurf* – ausschlaggebend für das Aussehen einer Tabelle. Abbildung 7.9 zeigt die typische Einstellung, bei der die beiden Optionen *Überschriften* und *Verbundene Zeilen* aktiviert sind.

Abbildg. 7.9 Über die Optionen für Tabellenformate verändern Sie mit wenigen Mausklicks das Aussehen einer Tabelle

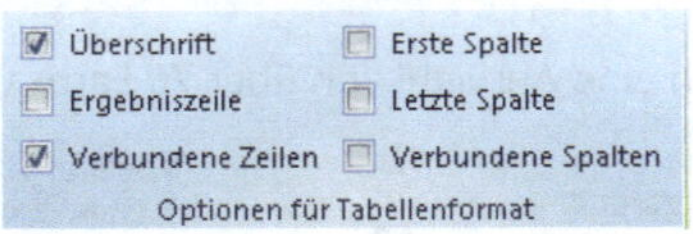

Tabelle 7.4 gibt eine kurze Übersicht über die Bedeutung der sechs Optionen.

Tabelle 7.4 Optionen für Tabellenformate und ihre Wirkung

Option	Wirkung
Überschrift	Hebt die erste Zeile der Tabelle hervor.
Ergebniszeile	Hebt die letzte Zeile der Tabelle hervor.
Verbundene Zeilen	Sorgt für abwechselnd formatierte Zeilen.
Erste Spalte	Hebt die erste Spalte der Tabelle hervor.

Tabelle 7.4 Optionen für Tabellenformate und ihre Wirkung *(Fortsetzung)*

Option	Wirkung
Letzte Spalte	Hebt die letzte Spalte der Tabelle hervor.
Verbundene Spalten	Sorgt für abwechselnd formatierte Spalten.

Einzelne Tabellenzellen individuell formatieren

Nicht nur komplette Tabellen, sondern auch einzelne Spalten, Zeilen oder Zellen lassen sich individuell formatieren. Die Befehle dafür finden Sie auf den Registerkarten *Tabellentools/Layout* sowie *Start*.

Die Größe von Zeilen und Spalten ändern

Auf der Registerkarte *Tabellentools/Layout* können Sie in der Gruppe *Zellengröße*

- die Höhe von Zeilen und die Breite von Spalten Ihrem Bedarf entsprechend einstellen, indem Sie die gewünschten Werte in die beiden Felder eingeben, und
- dafür sorgen, dass mehrere markierte Zeilen bzw. mehrere markierte Spalten die gleiche Höhe bzw. Breite erhalten, indem Sie die Befehle *Spalten verteilen* bzw. *Zeilen verteilen* anklicken.

Abbildg. 7.10 Befehle für das Anpassen der Größe von Zeilen, Spalten und Zellen

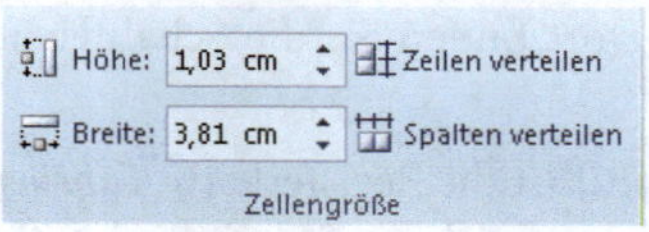

Die Ausrichtung und die Abstände in Zellen ändern

Die Daten in einer Tabelle werden in den Zellen standardmäßig links oben angeordnet. Korrigieren Sie das über die Gruppe *Ausrichtung* auf der Registerkarte *Tabellentools/Layout* und ändern Sie es auf *Vertikal zentrieren.*

Abbildg. 7.11 Die Befehle für horizontale und vertikale Ausrichtung der Daten in den Zellen

- Oben links über die drei Schaltflächen für linksbündige, zentrierte und rechtsbündige Anordnung stellen Sie die horizontale Ausrichtung in den Zellen ein.
- Die vertikale Position der Daten in Zellen regeln Sie über die drei Schaltflächen *Oben ausrichten, Vertikal zentrieren* sowie *Unten ausrichten.*
- Über die ebenfalls in Abbildung 7.11 gezeigte Schaltfläche *Zellenbegrenzungen* passen Sie den Abstand der Informationen zum Zellrand an. So sorgen Sie dafür, dass Zahlen nicht zu eng am rechten Zellrand »kleben«. Wählen Sie nach einem Klick auf *Zellenbegrenzungen* in dem Menü

ganz unten *Benutzerdefinierte Seitenränder*. In dem anschließenden Dialogfeld können Sie nicht nur komfortabel die Innenränder einer Zelle, sondern auch die vertikale Ausrichtung sowie die Textrichtung einstellen (siehe Abbildung 7.12).

Abbildg. 7.12 Über dieses Dialogfeld die vertikale Zellausrichtung und die Innenränder der Zelle definieren

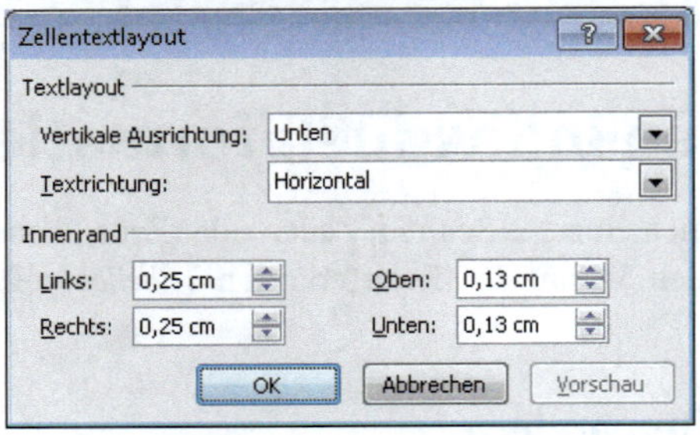

- Im Fall zu langer Überschriften haben Sie die Möglichkeit, die Richtung des Textes zu ändern – beispielsweise ihn um 90 Grad zu drehen und so die erforderliche Spaltenbreite zu verringern. Klicken Sie dazu auf die Schaltfläche *Textrichtung* und wählen Sie dann die passende Variante aus.

Mehr Übersicht durch Linien: Rahmenformate zuweisen

Die mit einer Tabellenformatvorlage zugewiesenen Rahmenlinien lassen sich weniger komfortabel ändern, als das bei anderen Gestaltungsoptionen für Tabellen der Fall ist. Immerhin können Sie per Rechtsklick auf die Minisymbolleiste zurückgreifen. Dort finden Sie die Schaltfläche für die *Rahmen*-Optionen.

Farbe, Stärke und Art der Rahmenlinien bestimmen Sie über die Registerkarte *Tabellentools/Entwurf* in den Gruppen *Tabellenformatvorlagen* und *Rahmenlinien zeichnen*. So gehen Sie vor, um Rahmenlinien zu ändern:

1. Markieren Sie zuerst die Zellen, für die Sie den Zellrahmen ändern möchten.
2. Klicken Sie auf der Registerkarte *Tabellentools/Entwurf* ganz rechts auf die Schaltfläche *Stiftfarbe*, um die Rahmenfarbe zu bestimmen. Wählen Sie gegebenenfalls *Weitere Rahmenfarben*, wenn Ihnen die Designfarben nicht zusagen.

3. Zum Ändern der Rahmenstärke klicken Sie auf den Pfeil des Dropdown-Listenfeldes *Stiftstärke* und wählen die gewünschte Linienbreite.

4. Zum Anpassen der Linienart des Rahmens klicken Sie auf den Pfeil des Dropdown-Listenfeldes *Stiftart* und wählen die gewünschte Linienart aus.

5. So weit die Vorbereitung. Um die gewählten Linienattribute für die markierten Zellen zu übernehmen, klicken Sie in der Gruppe *Tabellenformatvorlagen* auf den Dropdownpfeil der Schaltfläche *Rahmen* und im folgenden Menü auf die gewünschte Rahmenoption. Erst jetzt erhalten die markierten Zellen die zuvor gewählten Rahmenformate.

Tabellenzellen mit Farbe und Effekten füllen

Obwohl die meisten Tabellenformatvorlagen für eine recht gute Farbgestaltung der Tabellen sorgen, kann es durchaus vorkommen, dass die Inhalte einzelner Zellen durch eine besondere »Signalfarbe« hervorgehoben werden sollen. Das ist mit wenigen Mausklicks erledigt. Gehen Sie wie folgt vor, um einzelne Zellen farblich anders zu gestalten:

Abbildg. 7.13 Der schnellste Weg zum Ändern der Zellfarbe führt über die Minisymbolleiste

- Markieren Sie die Zellen und lassen Sie per Rechtsklick die *Minisymbolleiste* erscheinen. Klicken Sie dort auf den Dropdownpfeil der Schaltfläche *Fülleffekt* und wählen Sie dann die passende Farbvariante aus.
- Alternativ dazu können Sie auch *Schattierung* auf der Registerkarte *Tabellentools/Entwurf* oder *Fülleffekt* auf der Registerkarte *Start* verwenden.

HINWEIS Neben einfarbigen Füllungen können Sie Zellen hierüber auch Farbverläufe, Strukturen oder Bilder als Hintergrund zuweisen. Mehr dazu lesen Sie im übernächsten Abschnitt zum Thema Eyecatcher-Tabellen.

Tabellen aus Word oder Excel verwenden

Tabellen werden erfahrungsgemäß eher in Excel oder Word angelegt, da beide Programme häufiger genutzt werden. Damit stellt sich die Frage, wie der Import von Tabellen aus Word und Excel funktioniert und welche Resultate zu erwarten sind.

Vielfalt oder Durcheinander?

Zwar werden über die Designs (siehe Kapitel 4) Farben, Schriften und Effekte zwischen den Office-Anwendungen standardisiert, aber bei Tabellen herrscht noch Tohuwabohu.

- In *Word* gibt es insgesamt 99 Tabellenformatvorlagen. Diese sind anpassbar. Allerdings fehlt eine Einteilung in Kategorien, was das Auswählen und Zuweisen nicht eben erleichtert.
- *PowerPoint* bietet bei den Tabellenformatvorlagen 74 Varianten. Diese lassen sich nicht anpassen. Dafür sind sie in vier Kategorien unterteilt.
- *Excel* verfügt über »nur« 60 Tabellenformatvorlagen. Sie sind in drei Kategorien eingeteilt und lassen sich anpassen.

Allein aus diesen Fakten lässt sich ohne kriminalistischen Spürsinn schließen, dass die einheitliche Optik beim Austausch zwischen den Programmen leidet.

Positiv bei der Übernahme aus Excel oder Word ist, dass die Schriften beim Einfügen und anschließenden Skalieren der Tabelle in PowerPoint nicht mehr verzogen werden.

Abbildg. 7.14 Links die Einstellungen in Excel, rechts die Einstellungen nach dem Einfügen in PowerPoint

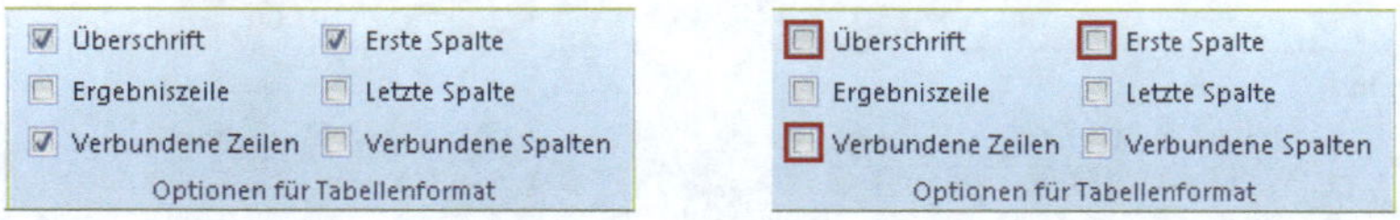

Seltsam ist, dass Word-Tabellen nach der Übernahme in PowerPoint ihr Aussehen und die Einstellungen beibehalten, dies bei Excel-Tabellen hingegen nicht klappt.

Ein Beispiel: Sind bei einer Word-Tabelle die Attribute *Überschrift*, *Erste Spalte* und *Verbundene Zeilen* aktiviert (Gruppe *Optionen für Tabellenformat* auf der Registerkarte *Tabellentools/Entwurf*), so ist dies auch nach dem Einfügen in PowerPoint noch so. Stammt die Tabelle mit den gleichen Einstellungen jedoch aus Excel, gehen die Attribute nach dem Einfügen in PowerPoint »verloren«. Das Resultat ist eine vom Original farblich deutlich abweichende Kopie.

Abbildung 7.14 zeigt rechts die fehlenden Optionen in PowerPoint.

PROFITIPP Erst wenn Sie hier wieder die betreffenden Kontrollkästchen aktivieren, sieht die Tabelle so wie das Original in Excel aus. Wechseln Sie also immer nach dem Einfügen einer Tabelle zur Registerkarte *Tabellentools/Entwurf* und prüfen Sie ganz links in der Gruppe *Optionen für Tabellenformat*, ob die gewünschten Kontrollkästchen aktiviert sein. Erst danach können Sie die Einheitlichkeit im Aussehen über den Katalog der Tabellenformatvorlagen sichern.

HINWEIS Mehr zum Austausch zwischen den Office-Anwendungen lesen Sie in Kapitel 16.

Vier Beispiele, die Tabellen zum Blickfang machen

Tabellen müssen weder langweilig sein noch nur aus Zahlen und Texten bestehen. Bilder geben Tabellen ein professionelles Aussehen und »kurbeln« die Bereitschaft des Betrachters an, sich der Tabelle zuzuwenden.

Beispiel 1: Bälle in Landesfarben als Eyecatcher

In Abbildung 7.16 sehen Sie ein Beispiel für den Einsatz von Bildern in Tabellenzellen. Die Bilder ersetzen die Spaltenüberschriften der ursprünglichen Tabelle aus Abbildung 7.15. Die Bildmotive erhöhen aber nicht nur die Attraktivität der Tabelle, sondern vor allem ihren Informationsgehalt. Denn bereits der erste Blick macht jetzt klar, dass es sich um Fußball und um einen Vergleich zwischen drei Ländern handelt. Die Zuschauer sind also bereits vor dem Lesen der Tabelle auf das Thema eingestimmt. Die konkreten Zahlen können anschließend per Animation zeilen- oder spaltenweise eingeblendet werden.

Abbildg. 7.15 Vorher: Eine normal formatierte Tabelle, die das Thema noch nicht verrät

	Deutschland	Frankreich	Italien
Aktive Mitglieder in Vereinen			
Anzahl der Vereine landesweit			
Teilnahme an Weltmeisterschaften			

Abbildg. 7.16 Nachher: Auf den ersten Blick ist sichtbar, dass es um Fußball und drei Länder geht

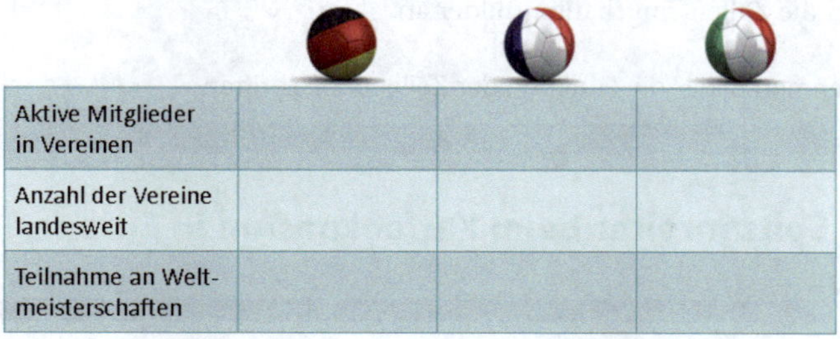

Um in eine markierte Zelle ein Bild einzubauen, klicken Sie auf der Registerkarte *Tabellentools/Entwurf* auf *Schattierung* und dann – wie in Abbildung 7.17 links gezeigt – auf *Bild*.

Per Rechtsklick auf die Zelle und Wahl des Befehls *Form formatieren* können Sie bei Bedarf in der Rubrik *Füllung* die Größe und das Seitenverhältnis des Bildes in der Zelle steuern, indem Sie die Werte bei *Offsets* ändern (siehe Abbildung 7.17 rechts).

Abbildg. 7.17 So geht's: Statt einer Füllfarbe für die Überschriftenzellen ein Bildmotiv einfügen

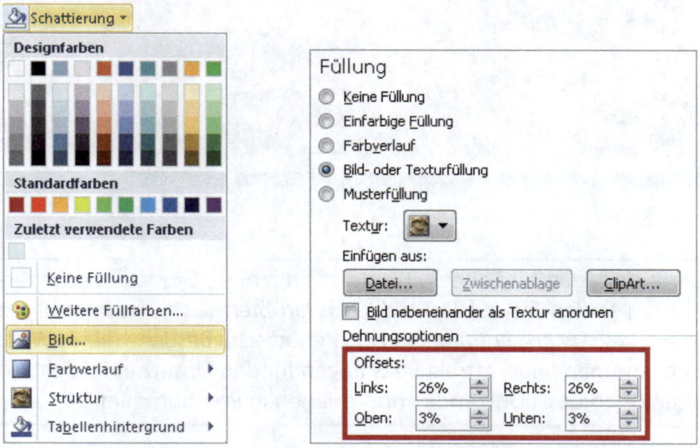

TIPP Geeignetes Bildmaterial in großer Vielfalt finden Sie auf den Office-Webseiten von Microsoft unter *http://office.microsoft.com/de-de/images*. Für die hier gezeigten Bilder geben Sie ins Suchfeld die Begriffe Bälle Sport Fußball JPG ein.

CD-ROM Auf der CD zum Buch finden Sie im Ordner *\Buch\Kap07* nicht nur die Präsentation mit den Beispielen, sondern auch die Bildmotive im Original- und im verkleinerten Zustand.

Beispiel 2: Figuren als Blickfang

Natürlich lassen sich Bilder auch in die Zeilenüberschriften einbauen wie Abbildung 7.18 zeigt. Das Vorgehen ist analog zu der oben gezeigten Variante mit den Spaltenüberschriften.

Neben der erhöhten Attraktivität gibt es einen weiteren Vorteil: Beim Skalieren und Verschieben der Tabelle passen sich die in die Zellen eingebauten Bilder an.

Abbildg. 7.18 In diesem Beispiel übernehmen Bilder die Funktion der Zeilenüberschriften

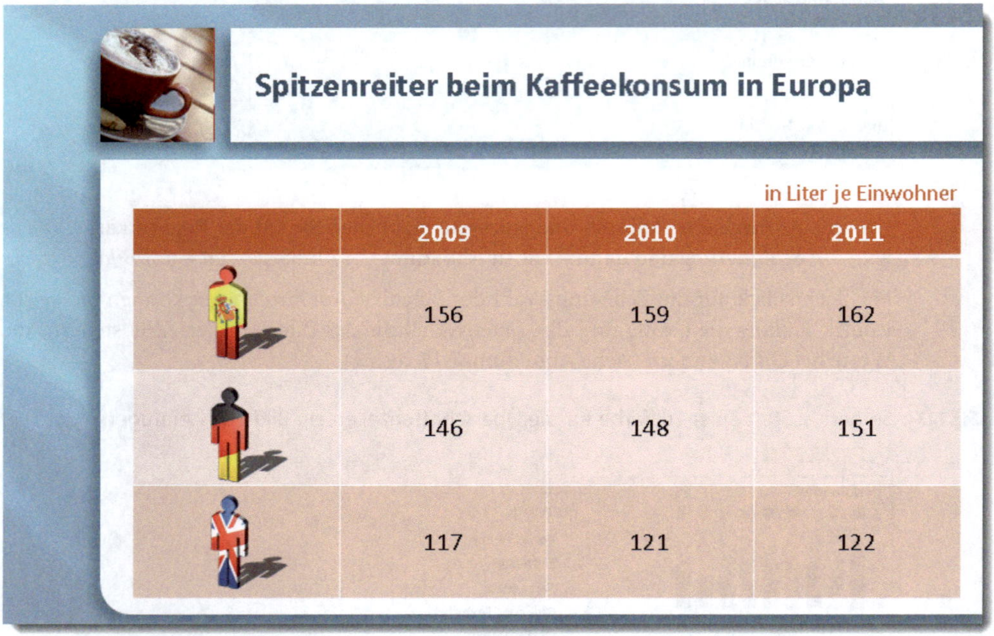

	2009	2010	2011
	156	159	162
	146	148	151
	117	121	122

TIPP Hunderte Vorlagen für Fahnen, Länder, Kontinente, Globen und andere Elemente mit geografischem Bezug finden Sie auf Deutschlands größtem Downloadportal *Presentation-load.de*. Die Webadresse ist *www.presentationload.de*. Periodische Besuche dieser Website lohnen sich, denn wöchentlich kommen neue, attraktive Grafiken für den Einsatz in Präsentationen hinzu und im Bereich »Kostenlos« gibt es Dutzende von Vorlagen in Premiumqualität.

Beispiel 3: Spalten mittels 3D-Look hervorheben

Es muss nicht immer ein Bild sein, um die Aufmerksamkeit zu verstärken. Eine weitere Möglichkeit besteht darin, die Tabelle oder Teile davon im 3D-Look erscheinen zu lassen.

In diesem Beispiel soll ein zurückhaltender 3D-Effekt auf die Spalte hinweisen, die vom Vortragenden gerade kommentiert wird. Statt eines roten Rahmens um die Spalte kommt hier ein 3D-Format zum Einsatz. So geht's:

1. Legen Sie die Tabelle zunächst ganz normal an und fertigen Sie von dieser Folie so viele Kopien an, wie die Tabelle Wertespalten hat. Verwenden Sie für das schnelle Anlegen der Duplikate die Tastenkombination `Strg`+`⇧`+`D`.
2. Markieren Sie auf der ersten Folie die erste Wertespalte von links, die hervorgehoben werden soll.

3. Klicken Sie auf der Registerkarte *Tabellentools/Entwurf* auf die Schaltfläche *Tabelleneffekte*. Wählen Sie in dem nun aufklappenden Menü *Zellenabschrägung* und dann unter *Abschrägung* die Variante *Säule*.

Das Ergebnis könnte dann wie in Abbildung 7.19 aussehen.

Formatieren Sie auf den weiteren Folienduplikaten die betreffenden Spalten auf gleiche Weise.

Abbildg. 7.19 Die jeweils besprochene Spalte mit einem leichten 3D-Effekt in den Fokus rücken

	Berlin	München	Zürich
Einwohnerzahl			
Grünfläche in m^2 pro Einwohner			
Wohnfläche in m^2 pro Einwohner			
Restaurantplätze pro 100 Einwohner			

Abbildg. 7.20 Den 3D-Effekt über *Tabelleneffekte/Zellenabschrägung/Säule* zuweisen

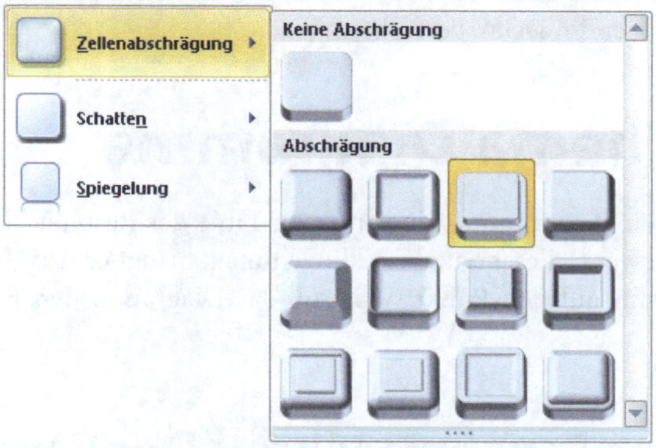

Beispiel 4: Ampeln für den Projektstatus

Perfekt als optische Unterstützung für schlichte Tabellen eignen sich Symbole – egal ob Ampeln, Häkchen, Kreuze oder Darstellungen für den Erfüllungsstand.

Abbildg. 7.21 Mit zusätzlichen Symbolen – in diesem Fall Ampeln – schlichte Tabellen optisch aufwerten

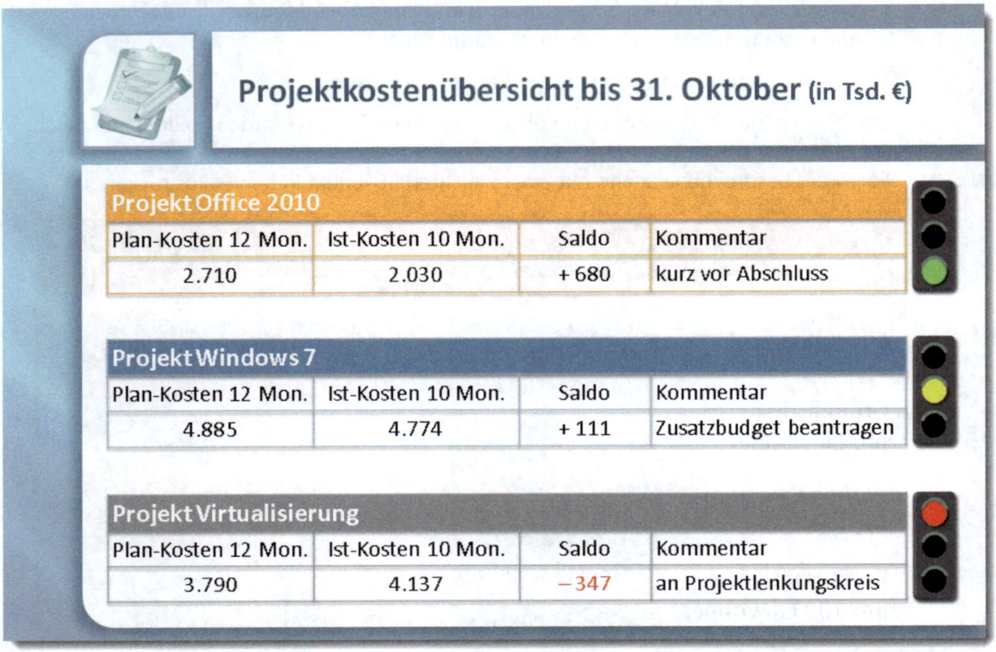

Die Ampeln machen es möglich, mit einem Blick zu jedem Projekt den aktuellen Status zu erfassen. Wer möchte, kann dann noch die Zahlen im Detail betrachten.

Grundwissen zum Thema Diagramme

Gute Schaubilder – und dazu gehören Diagramme – sind in erster Linie das Resultat klaren Denkens, nicht optischer Finessen. Auch wenn dieser Satz hart klingen mag, bringt er das Hauptproblem beim Anfertigen eines Diagramms auf den Punkt: Was soll das Diagramm den Betrachtern sagen? Sagt es überhaupt etwas aus?

Diagramme sind das Ergebnis klaren Denkens

Graustufe

Um diese Klarheit des Denkens zu prüfen, können Sie einmal folgendes Experiment machen: Nehmen Sie ein fertiges Diagramm, schalten Sie auf der Registerkarte *Ansicht* über den Befehl *Graustufe* alle Farben ab. Betrachten Sie nun Ihr Diagramm und prüfen Sie kritisch, ob sich beim Betrachten dieses nüchternen Schaubildes eine eindeutige Aussage »aufdrängt« und wenn ja, welche.

Vielleicht stellen Sie auf diese Weise ganz schnell fest, dass zu viele Datenreihen im Diagramm vorhanden sind und sich so eine eindeutige Aussage gar nicht erschließen kann. Oder dass die Daten nicht so gruppiert sind, dass die beabsichtigte Aussage ins Auge springt. Oder dass das Diagramm mit zusätzlichen Informationen (Pfeile, Kommentare, Angabe prozentualer Unterschiede etc.) überfrachtet ist und daher die Hauptaussage nicht mehr sichtbar wird.

Diagramme lesen und verstehen

Das Verstehen von Diagrammen wird sehr stark vom Vorwissen derer beeinflusst, die es betrachten. Im Unterschied zu Bildern, die der Wirklichkeit nachempfunden und ihr demzufolge ähnlich sind, stellen Diagramme Sachverhalte abstrakt dar. Wie beim Verstehen eines Bildes machen sich die Betrachter auch beim Diagramm ein Modell des Sachverhalts. Sie werden also versuchen, in dem Diagramm gleichartige und nicht gleichartige Informationen auszumachen. Gleichartige Informationen werden zu Gruppen zusammengefasst: beispielsweise alle roten Punkte oder alle grünen Flächen.

Beim Anschauen und Verstehen von Diagrammen können die Betrachter nicht auf Erkennungsschemata der täglichen Wahrnehmung zurückgreifen (rote Ampel = Stopp; grüne Ampel = Gehen). Das Verstehen und Interpretieren von Diagrammen muss also erlernt werden und Sie sollten mit Ihrer Gestaltung von Diagrammen diesen Lern- und Erkenntnisprozess so gut wie möglich unterstützen. Da sind wir also wieder beim Ausgangspunkt – der Klarheit des Denkens, die sich in der Klarheit der Aussage niederschlagen wird.

Inhalte anschaulich darstellen

Diagramme sind Grafiken, die in Säulen, Balken, Kreissegmenten, Linien oder Flächen auf Trends, Zustände oder Abläufe aufmerksam machen. Hauptzweck von Diagrammen ist meist das schnelle Veranschaulichen von Zahlenmengen oder komplexen Zusammenhängen. Diese Funktion von Diagrammen hat wachsende Bedeutung angesichts der zunehmenden Informationsflut in allen Bereichen des Lebens. Es wird es immer schwieriger, sich ein Bild über bestimmte Entwicklungen und Situationen zu machen. Diagramme können hier helfen, Informationen zu komprimierten und zu verständlichen Aussagen zusammenzufassen. Dabei lassen sich von der Wirkung her drei Gruppen von Diagrammen unterscheiden:

- Manche Diagramme sind sachlich knapp, informativ, schnörkellos; für die Gestaltung wurde keine Zeit »verschwendet«.
- Andere sind verspielt, sehr schön anzusehen, aber – zumindest auf den ersten Blick – kaum verständlich.
- Wieder andere sind aussagekräftig und auch gestalterisch gelungen.

Natürlich sind es die zuletzt genannten Diagramme, die besonders in Erinnerung bleiben. Nur, wie können Sie genau diesen Eindruck erreichen? Denn bei dem Angebot an Diagrammtypen und -untertypen fällt es nicht leicht, sich für die richtige Darstellung zu entscheiden (siehe Abbildung 7.22).

Abbildg. 7.22 Acht gebräuchliche Diagrammtypen von insgesamt elf, die in PowerPoint zur Verfügung stehen

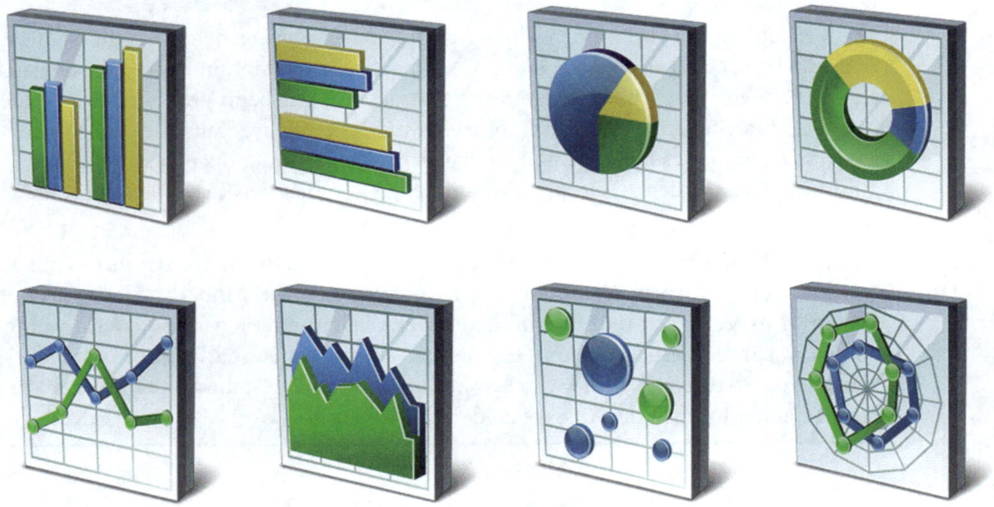

Die Planung von Diagrammen

Damit Diagramme ihren Zweck erfüllen, reicht die Kenntnis der Diagrammfunktionen allein nicht aus; mindestens zwei Dinge kommen auf jeden Fall noch hinzu:

- zum einen die konkrete Vorstellung von dem, was das Diagramm aussagen soll und was nicht,
- zum anderen der bewusste Einsatz der Möglichkeiten zum Zeichnen, um die Diagramme inhaltlich und optisch aufzuwerten.

Es ist also bei jedem Diagramm ein wenig Vorarbeit vonnöten. Angesichts der Vielzahl von Diagrammtypen und Gestaltungsmöglichkeiten hier eine kurze und bei Weitem nicht vollständige Checkliste für die Arbeit mit Diagrammen.

Checkliste für die Auswahl des Diagrammtyps

- Was soll die Hauptaussage des Diagramms sein?
- Welche Entscheidung soll das Diagramm unterstützen?
- Welche Daten sollen dargestellt werden, welche nicht?
- Wie sollen die darzustellenden Daten geordnet werden?
- Welcher Diagrammtyp und welcher Untertyp kann diese Aufgabe am besten erfüllen (welcher auf keinen Fall)?
- Welche Aussagen sollen besonders hervorgehoben werden?
- Welche Farben entsprechen dem Thema bzw. dem Corporate Design?
- Welche Zusatzelemente (Beschriftungen, Bilder, Logo usw.) können die Aussage des Diagramms wirkungsvoll unterstützen?

- Welche Diagrammelemente, die automatisch vom Programm mitgeliefert werden (Gitternetz, Legende etc.), sind verzichtbar oder störend?
- Ist es sinnvoll, mehrere Diagramme zu erstellen, um den Vergleich unterschiedlicher Sachverhalte oder großer Zahlenmengen besser und übersichtlicher darzustellen?
- Wie soll die Darstellung der Werte in der Größenachse erfolgen (kleinster und größter Wert, Intervall)?
- Wie sieht der Ausdruck des am Bildschirm farbig erstellten Diagramms auf einem Schwarz-Weiß-Drucker aus?

Welcher Typ ist gefragt – oder wann setzen Sie welchen Diagrammtyp ein?

Diagramme dienen oft dazu, Mengen gegenüberzustellen, Entwicklungen und Trends aufzuzeigen oder Anteile zu vergleichen. Abbildung 7.23 zeigt eine Übersicht über gebräuchliche Diagrammtypen und deren Einsatzgebiete. Es folgen Erläuterungen zu einzelnen Diagrammtypen.

Abbildg. 7.23 Diagrammtypen und ihre Einsatzfelder

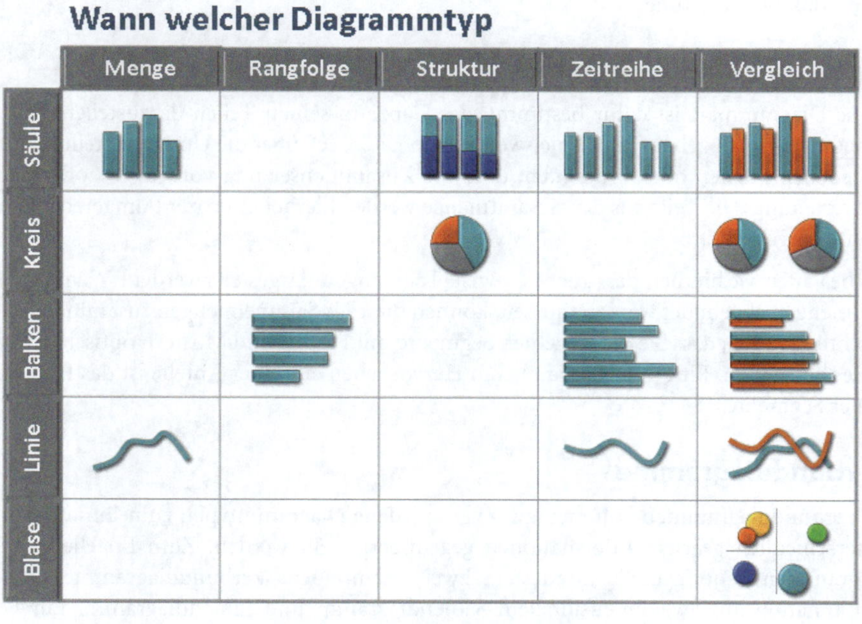

Säulen- und Balkendiagramme

Mit diesen beiden Diagrammarten können Sie mehrere Größen nebeneinander bzw. untereinander vergleichbar machen. Sie zeigen damit die Unterschiede zwischen absoluten Werten.

Säulendiagramme werden vor allem dann eingesetzt, wenn es darum geht, Daten zu vergleichen und dies auch über mehrere Zeiträume. Die Werte werden dabei in der vertikalen Achse, das heißt durch die Höhe der Säulen dargestellt. Die horizontale Achse dient oft zur Darstellung von Zeitperioden. Bei allzu vielen Werten in einer Kategorie sollten Sie erwägen, auf ein Liniendiagramm zurückzugreifen. Denn bei mehr als zehn Werten dürfte es schwerfallen, die Hauptaussage noch zu erkennen.

Balkendiagramme sind dann besonders geeignet, wenn es gilt, eine Reihenfolge innerhalb von Werten darzustellen. Die Länge der Balken nimmt dann von oben nach unten ab oder zu. Man kann auf den ersten Blick den höchsten oder niedrigsten Wert erkennen.

Linien- und Flächendiagramme

Linien- und Flächendiagramme sind mit Säulen- und Balkendiagrammen verwandt, aber im Gegensatz zu diesen werden hier die Daten durch miteinander verbundene Punkte bzw. durch Flächen dargestellt. Sie eignen sich besonders gut zum Aufzeigen von Entwicklungen und zur vergleichenden Darstellung von Prozessen. Hier können auch große Datenmengen sinnvoll dargestellt werden (bis zu 32.000 Datenpunkte). Linien- und Flächendiagramme berücksichtigen den Zeitfaktor auf der waagerechten Achse und zeigen die Werte auf der senkrechten Achse an. Sollen mehrere Kurven oder Flächen in einem Diagramm dargestellt werden, verwenden Sie unterschiedliche Farben bzw. Grauschattierungen, um eine Unterscheidung der einzelnen Datenreihen zu erleichtern.

Liniendiagramme eignen sich sehr gut, um Trends aufzuzeigen. Typische Beispiele sind Umsatz- und Kostenkurven, Aktienkurse oder auch technische Messungen, wie etwa die der Temperatur oder einer Maschinenleistung.

Kreis- und Ringdiagramme

Diese Diagrammart ist dafür bestimmt, das Ganze in seinen Teilen darzustellen. Mit Kreis- und Ringdiagrammen geben Sie beispielsweise einen Überblick über die Umsatzverteilung zwischen verschiedenen Filialen oder Produkten, über die Zusammensetzung von Kosten oder auch über die Sitzverteilung. Die Teile aus der Gesamtmenge werden hierbei in Prozent umgerechnet und als Segmente dargestellt.

Zu beachten ist hierbei, dass nicht zu viele Teilmengen dargestellt werden. Wenn mehrere kleine Teilmengen abgebildet werden müssen, können diese als Sammelmengen zusammengefasst werden. Wichtig ist auch, dass Sie die einzelnen Segmente mit Farben und Mustern optisch deutlich voneinander abtrennen. Eine gute Variante zum Hervorheben einzelner Anteile ist das Herausziehen einzelner Segmente.

Verbunddiagramme

In Verbunddiagrammen kommen zwei verschiedene Diagrammtypen zum Einsatz. Somit können unterschiedlich geartete Informationen gegenübergestellt werden. Zum Erstellen von Verbunddiagrammen benötigen Sie mindestens zwei Datenreihen. Verbunddiagramme sind meist eine Kombination aus zweidimensionalem Säulendiagramm und Liniendiagramm. Ein Beispiel: Das Säulendiagramm zeigt die Umsatz-, das Liniendiagramm die Kostenentwicklung. Mit Verbunddiagrammen erhalten Sie außerdem die Möglichkeit, unterschiedliche Werte auf zwei verschiedenen Skalen darzustellen. Beispiele hierfür wären die Entwicklung eines Aktienkurses vor dem Hintergrund der Entwicklung einer Währung oder die Entwicklung der Umsätze eines Produkts vor dem Hintergrund eines Konkurrenzprodukts.

Diagramme in PowerPoint anlegen oder aus Excel importieren

Wer bisher noch mit PowerPoint 2003 oder einer älteren Version gearbeitet hat, wird erfreut feststellen, dass sich die Arbeitsschritte für Diagramme deutlich reduziert haben und die meisten Funktionen viel einfacher zugänglich sind.

Zwei Wege zum Einfügen eines Diagramms

Für das Einfügen eines Diagramms auf einer Folie stehen nach wie vor zwei Möglichkeiten zur Verfügung:

- Sie importieren ein bereits vorhandenes Diagramm aus Excel oder
- Sie erstellen das Diagramm in PowerPoint.

Die Frage, ob eine der beiden Möglichkeiten besser ist, lässt sich kurz beantworten:

- Verwenden Sie Diagramme, die bereits in Excel vorliegen, direkt in PowerPoint weiter. Kopieren Sie das betreffende Diagramm einfach über die Zwischenablage in Ihre Präsentation. Das so eingefügte Diagramm können Sie beliebig bearbeiten oder animieren, so als sei es in PowerPoint erstellt worden.
- Besitzen Sie hingegen nur die Daten und noch kein Diagramm dazu, dann erstellen Sie dieses in PowerPoint.

HINWEIS Wie Sie Diagramme aus Excel einfügen – bei Bedarf auch als Verknüpfung – erfahren Sie in Kapitel 16.

Diagramme in PowerPoint per Mausklick einfügen

Der schnellste Weg zum Anlegen eines Diagramms in PowerPoint führt über das Einfügen einer neuen Folie mit Inhaltsplatzhalter.

1. Klicken Sie dazu auf der Registerkarte *Start* auf den unteren Bereich der Schaltfläche *Neue Folie* und wählen Sie beispielsweise das Layout *Titel und Inhalt* oder *Zwei Inhalte*.
2. Klicken Sie dann auf das in Abbildung 7.24 gezeigte Symbol *Diagramm einfügen*, um das Erstellen des Diagramms zu beginnen.

Vorteil dieser Methode: Sie sparen Zeit, denn das Diagramm wird genau in der Größe und Position des vorgegebenen Layouts eingefügt, womit nachträgliches Verschieben oder Verkleinern entfällt.

Die zweite Methode zum Hinzufügen eines Diagramms auf einer Folie führt über die Registerkarte *Einfügen* und die Schaltfläche *Diagramm*. Dieses wird nun genau in der Mitte der Folie eingefügt und ragt möglicherweise bis in den Folientitel hinein. Es muss also in der Größe und Position noch angepasst werden.

Abbildg. 7.24 Inhaltsplatzhalter bieten fast durchgängig ein Diagramm-Symbol an

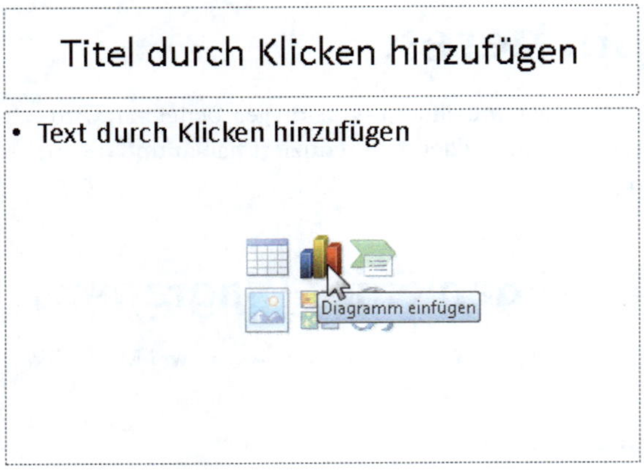

Egal welche der beiden Methode Sie wählen, im Anschluss daran erscheint das in Abbildung 7.25 gezeigte Dialogfeld, in dem Sie aus insgesamt 73 verschiedenen Möglichkeiten den gewünschten Diagrammtyp auswählen können.

Abbildg. 7.25 Ein Ausschnitt der verfügbaren Dateitypen und -untertypen

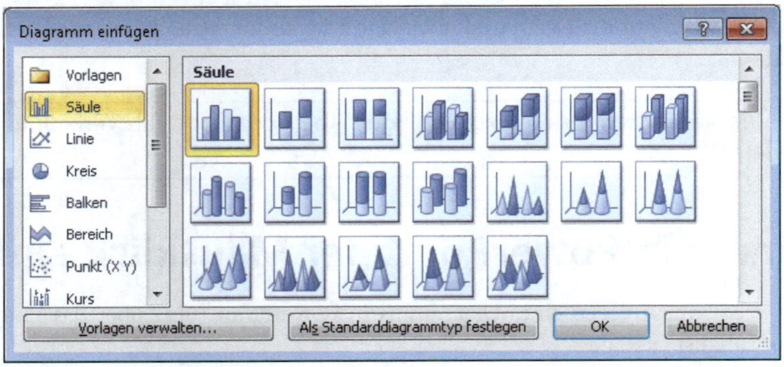

PowerPoint ruft Excel: Diagramme als Teamarbeit

Nach Auswahl des Diagrammtyps und Klick auf *OK* wird zusätzlich zu PowerPoint Excel gestartet. Beide Programmfenster sind nun nebeneinander am Bildschirm angeordnet. Das Excel-Blatt enthält bereits einige Beispieldaten, damit Sie einen Eindruck von dem entstehenden Diagramm bekommen, das nebenan in PowerPoint angezeigt wird.

Hier kurz einige wichtige Informationen zur Rolle von Excel beim Anlegen und Anpassen von Diagrammen in PowerPoint:

- PowerPoint nutzt nicht mehr – wie noch bis Version 2003 üblich – Microsoft Graph als Diagrammmodul. Die Eingabe und das Bereithalten der Daten liegt jetzt komplett bei Excel. Das heißt konkret: Wenn Sie ein Diagramm anlegen, wird automatisch Excel aktiv. Nur wenn Excel nicht installiert ist, nutzt PowerPoint noch das alte Microsoft Graph (siehe Kasten unten).

- Die in Excel eingegebenen Daten für das Diagramm werden in die Präsentation eingebettet. Das bedeutet: Die Daten werden zwar in Excel geändert, aber das Excel-Arbeitsblatt ist Bestandteil der Präsentation und es wird automatisch in der PowerPoint-Datei gespeichert. Sie müssen also keinen Dateinamen für das Excel-Arbeitsblatt vergeben. Wenn Sie die PowerPoint-Datei weitergeben, enthält diese also immer auch alle hinterlegten Diagrammdaten.
- Fügen Sie hingegen in PowerPoint ein Diagramm ein, das mit Excel erstellt wurde, handelt es sich um zwei getrennte Dateien. Änderungen an den Daten nehmen Sie direkt in der Excel-Datei vor, die separat von der PowerPoint-Datei gespeichert wird.
- Da Excel der Diagrammeditor ist, gehören zahlreiche Probleme, die bis Version 2003 beim Datenaustausch zwischen Excel und PowerPoint auftraten, der Vergangenheit an.
- Beim Öffnen einer bis PowerPoint 2003 erstellten Präsentation mit Diagramm(en) wird das ursprüngliche Aussehen und Verhalten der Diagramme beibehalten – es sei denn, Sie konvertieren die Inhalte in das Format von 2010.

Microsoft Graph

Ist auf dem PC kein Excel vorhanden, wird das in älteren Office-Versionen eingesetzte Diagrammmodul Microsoft Graph geöffnet. Mit Microsoft Graph legen Sie Diagramme wie bis PowerPoint 2003 üblich an und haben nicht den vollen Funktionsumfang von PowerPoint 2010 für Diagramme zur Verfügung.

Falls weder Excel noch Microsoft Graph auf Ihrem PC installiert ist, können Sie Microsoft Graph nachinstallieren, indem Sie über die *Systemsteuerung* von Windows und *Programme und Funktionen* (in älteren Windows-Versionen *Software*) die Anpassung von Microsoft Office starten und dann unter *Office-Tools* die Option *Microsoft Graph* als zusätzliche Installationsoption wählen.

Die Daten und den Datenbereich in Excel ändern

Der Datenbereich, der im Diagramm angezeigt wird, ist von einem blauen Rahmen umgeben. Um den Bereich größer oder kleiner zu machen, ziehen Sie – so wie in Abbildung 7.26 gezeigt – an der rechten unteren Ecke des Bereichs. Der Mauszeiger wird dort als schräger Doppelpfeil angezeigt.

Abbildg. 7.26 Der Datenbereich wird von einem blauen Rahmen umgeben, mit dem kleinen Ziehpunkt an der rechten unteren Ecke korrigieren Sie seine Größe

	A	B	C	D	
1		April	Mai	Juni	
2	DLP	4,3	2,4	2	
3	LCD	2,5	4,4	2	
4	LED	3,5	1,8	3	
5	Zubehör	4,5	2,8	5	
6					

Nutzen Sie bei der Eingabe der Daten den kompletten Komfort und die Funktionalität von Excel.

- Verwenden Sie das Ausfüllkästchen und bilden Sie beispielsweise blitzschnell Zahlenreihen für Wochentage oder Monate.
- Verwenden Sie die Excel-Funktionen zum Berechnen und machen Sie die Daten mit Formeln dynamisch.

Nach Eingabe der Daten können Sie das Excel-Fenster schließen. Dadurch wird das PowerPoint-Fenster wieder auf seine vorherige Größe gebracht.

PROFITIPP **Zeilen und Spalten von der Anzeige im Diagramm ausschließen**

Sie können einzelne Datenreihen aus der Tabelle im Diagramm wie folgt verbergen oder wieder einblenden:

- Klicken Sie in der Datentabelle per Rechtsklick auf den betreffenden Zeilen- oder Spaltenkopf und wählen Sie im Kontextmenü den Befehl *Ausblenden*.
- Wollen Sie eine zuvor ausgeblendete Zeile oder Spalte wieder im Diagramm sichtbar machen, klicken Sie mit der rechten Maustaste auf die Köpfe der umschließenden Zeilen oder Spalten und wählen im Kontextmenü *Einblenden*.
- Wollen Sie die letzte(n) Zeile(n) oder Spalte(n) aus der Datentabelle von der Anzeige im Diagramm ausschließen, ziehen Sie – so wie in Abbildung 7.26 gezeigt – an der blauen Ecke am rechten unteren Rand der Datentabelle. Durch Verschieben des Doppelpfeils nach links oder oben reduzieren Sie den Datenbereich.

Diagramme bearbeiten und gestalten

Nach dem Anlegen des Diagramms können Sie dieses mit einer Vielzahl von Befehlen an Ihre Bedürfnisse anpassen. Die Befehle dafür sind im Menüband auf drei Registerkarten verteilt. Um die Registerkarten der *Diagrammtools* sichtbar zu machen, reicht ein Klick auf das Diagramm.

Die Werkzeuge zur Diagrammbearbeitung

- Über der Registerkarte *Diagrammtools/Entwurf* treffen Sie grundlegende Entscheidungen zum Diagramm wie Diagrammtyp, Art der Darstellung der Daten (Anordnung nach Zeilen oder Spalten der Datentabelle), Diagrammlayout und Farbgebung.

Abbildg. 7.27 Wichtige Bearbeitungsbefehle auf der Registerkarte *Diagrammtools/Entwurf*

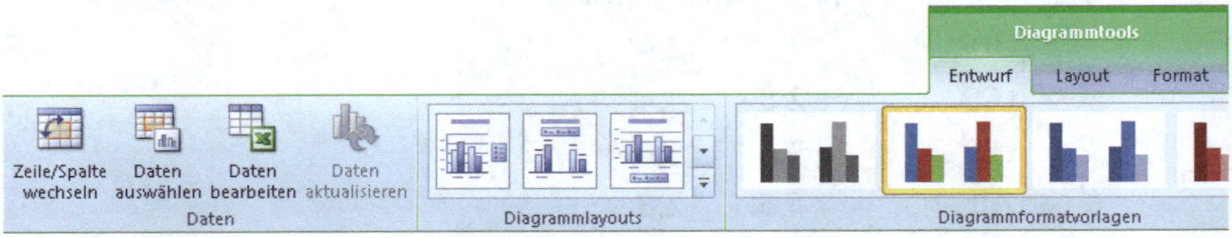

- Über der Registerkarte *Diagrammtools/Layout* legen Sie fest, ob und wie einzelne Diagrammelemente dargestellt werden.

- Über die Registerkarte *Diagrammtools/Format* ändern Sie Details an einzelnen Diagrammelementen.

Egal ob Sie ein Diagramm erstellen oder nachbearbeiten, die drei Registerkarten erlauben Ihnen eine schnelle und direkte Abarbeitung der erforderlichen Schritte. Alle Anweisungen sind per Klick auf die einzelnen Schaltflächen und Symbole erreichbar. Die Unterteilung in drei Registerkarten erleichtert zudem das Zurechtfinden im System der Diagrammbefehle. Abbildung 7.28 gibt noch einmal einen Überblick, welche der drei Registerkarten Sie wann nutzen.

Abbildg. 7.28 Die Einsatzfelder der drei Registerkarten der Diagrammtools im Überblick

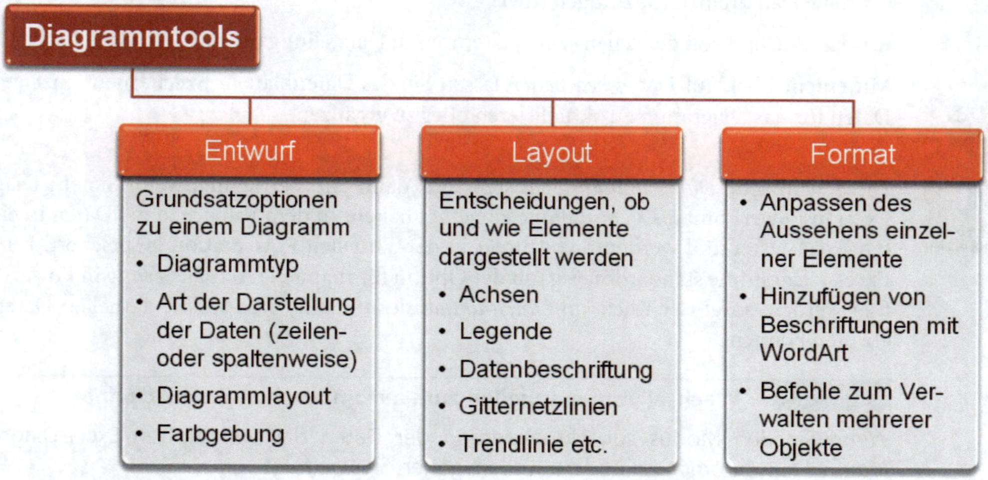

TIPP Eine Vielzahl der Befehle, die Sie auf diesen drei Registerkarten des Menübands finden, können Sie auch per Rechtsklick auf das anzupassende Element im Kontextmenü aufrufen. Über die Optionen der zeitgleich eingeblendeten Minisymbolleiste ändern Sie Schriftformate sowie Linien- und Füllfarbe.

Grundsatzentscheidungen zur Diagrammoptik

Wenn Ihnen die Darstellung oder Anordnung der Daten im Diagramm nicht zusagt, können Sie per Klick auf *Diagrammtyp ändern* am linken Rand der Registerkarte *Diagrammtools/Entwurf* dem aktuellen Diagramm einen anderen Diagrammtyp zuweisen.

Über die sich rechts anschließende Gruppe *Daten* ist es möglich, die Anzeige der Daten im Diagramm anders zu strukturieren.

Vertauschen Sie per Klick auf die Schaltfläche *Zeile/Spalte wechseln* ganz einfach die Anordnung der Daten.

TIPP Sollte die Schaltfläche *Zeile/Spalte wechseln* nicht aktiv sein, können Sie dieses Manko umgehen, indem Sie die Schaltfläche *Daten auswählen* rechts daneben anklicken. In dem danach folgenden Dialogfeld können Sie mit einem Klick die zeilenweise Anordnung der Daten gegen die spaltenweise und umgekehrt tauschen.

Die Schaltfläche *Daten auswählen* bietet viel Komfort. Sie führt zu einem Dialogfeld, in dem Sie auf leichte und verständliche Weise

- den Datenbereich und die Reihenfolge der Datenreihen anpassen,
- neue Datenreihen hinzufügen sowie
- den Wechsel von der zeilen- zur spaltenweisen Darstellung oder umgekehrt entscheiden können.

Mit einem Klick auf *Daten bearbeiten* lassen Sie das Datenblatt in Excel erneut anzeigen, um dort Daten für das Diagramm zu aktualisieren oder zu ergänzen.

Die Schaltfläche *Daten aktualisieren* steht nur dann zur Verfügung, wenn Sie ein Diagramm aus Excel in PowerPoint *als Verknüpfung* eingefügt haben. In dem Fall liegen die Daten in einer separaten Excel-Datei und werden nicht direkt in der aktuellen Präsentation gespeichert. Da verknüpfte Excel-Diagramme standardmäßig mit der Option für manuelle Aktualisierung in PowerPoint eingefügt werden, sorgt der Klick auf *Daten aktualisieren* dafür, dass Sie die aktuellen Daten aus Excel abrufen können.

PROFITIPP **Wechsel vom manuellen zum automatischen Daten-Update**

Wenn Sie den Modus zur Aktualisierung der Daten des verknüpften Excel-Diagramms von *Manuell* auf *Automatisch* ändern wollen, gehen Sie wie folgt vor:

1. Wählen Sie *Datei/Informationen*.
2. Klicken Sie ganz rechts unten auf *Verknüpfungen mit Dateien bearbeiten* (der Link mit dem Symbol einer Kette) und im dann folgenden Dialogfeld *Verknüpfungen* unten links auf die Option *Automatisch*.

Ab sofort können Sie bei jedem Öffnen der PowerPoint-Datei mit dem verknüpften Excel-Diagramm in einem Abfragedialog entscheiden, ob die Daten aktualisiert werden sollen oder nicht.

Leichte Gestaltung mit Diagrammlayouts und Diagrammformatvorlagen

Die Gestaltung und die Aussage des Diagramms beeinflussen Sie perfekt mit den *Diagrammlayouts*. Hier finden Sie zahlreiche Vorschläge für den Aufbau des Diagramms (beispielsweise mit oder ohne Gitternetzlinien, ohne Größenachse, aber mit Datenbeschriftungen, mit oder ohne Datentabelle, Diagrammtitel usw.).

Abbildg. 7.29 Zeitsparende, vorgefertigte Kombinationen zum Aussehen der einzelnen Diagrammelemente

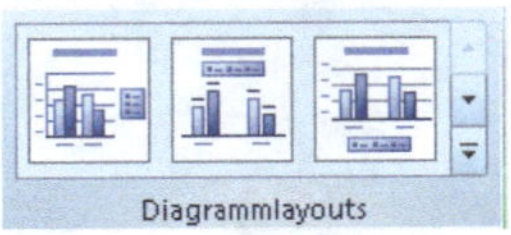

Über die *Diagrammformatvorlagen* haben Sie Zugriff auf Dutzende verschiedener Gestaltungsmuster und können so im Handumdrehen Farbgebung, Linien- und Effektwahl eines Diagramms entscheiden oder ändern (siehe Abbildung 7.30). Klicken Sie einfach rechts unten auf die Schaltfläche *Weitere*, um den Katalog zu öffnen.

PROFITIPP Merken Sie sich die Nummer der gewählten Diagrammformatvorlage und sorgen Sie dafür, dass allen anderen Diagrammen in der Präsentation genau diese zugewiesen wird.

Abbildg. 7.30 Farbgebung und Formeneffekte für ein Diagramm ganz einfach per Katalog auswählen

WICHTIG Sowohl die Auswahl der *Diagrammlayouts* als auch die der *Diagrammformatvorlagen* variiert je nach gewähltem Diagrammtyp.

Diagrammformatvorlagen stehen in direkter Beziehung zum Design einer Präsentation. Ändern Sie das Design, ändern sich die verfügbaren Gestaltungsmuster für Diagramme. Auch bereits vorhandene Diagramme werden an das neue Design angepasst. Der Vorteil: Ändert sich der Firmenstandard, ist nur eine Änderung am Design notwendig, Diagramme (und Tabellen) werden automatisch angepasst. Wird das Diagramm in eine andere Präsentation kopiert, erhält es das Design der Zielpräsentation.

Einzelne Elemente im Diagramm bearbeiten

Während die Wahl eines Diagrammlayouts auf der Registerkarte *Diagrammtools/Entwurf* Folgen für das gesamte Diagramm hat, können Sie auf der Registerkarte *Diagrammtools/Layout* gezielt einzelne Elemente eines Diagramms anzeigen, ausblenden oder verändern.

Ohne zuvor die einzelnen Diagrammobjekte markieren zu müssen, schalten Sie ganz einfach die Anzeige der verschiedenen Diagrammelemente ein – beispielsweise Diagramm- oder Achsentitel, Legende oder Datenbeschriftung – oder wählen das Anzeigeformat aus.

Die Schaltflächen in den beiden Befehlsgruppen *Beschriftungen* und *Achsen* decken einen Großteil der Befehle ab, die Sie zur Darstellung einzelner Diagrammelemente benötigen. Die jeweiligen Optionen stehen Ihnen in den Dropdownmenüs zur Verfügung, die die am häufigsten verwendeten Einstellungen enthalten.

TIPP Ist die gesuchte Einstellung nicht dabei, öffnet der Befehl, der am Ende jedes Menüs angeboten wird, ein Dialogfeld mit den Optionen des jeweiligen Elements.

Abbildg. 7.31 Die beiden wichtigsten Befehlsgruppen zum Anpassen von Diagrammelementen

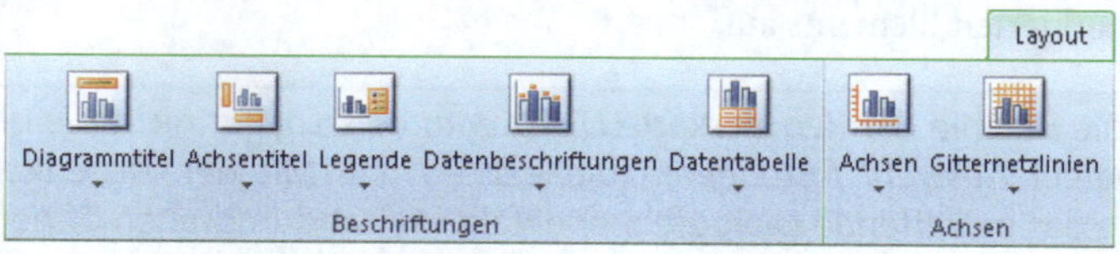

Foliengestaltung

- Für die Anzeige der *Diagrammtitel* sind zwei Optionen verfügbar. Beide bewirken, dass der Titel über dem Diagramm angeordnet wird.

- Für die *Achsentitel* stehen zwei Untermenüs mit verschiedenen Optionen für horizontale und vertikale Achsen zur Verfügung.

- Auch für die Anzeige der *Legende* können Sie auf vorbereitete Einstellungen zurückgreifen. Lassen Sie diese über, unter oder neben dem Diagramm anzeigen.

- Per Klick auf *Datenbeschriftungen* können Sie sehr komfortabel die passende Beschriftungsvariante wählen. Wichtig ist allerdings, dass Sie bei mehreren Datenreihen zuvor die gewünschte markiert haben. Auf diese Weise können Sie auch nur einem einzelnen Datenpunkt eine Beschriftung zuweisen.

PROFITIPP Noch schneller sind Sie meist, wenn Sie einfach mit der rechten Maustaste auf die betreffende Datenreihe klicken und im Kontextmenü den Befehl *Datenbeschriftungen hinzufügen* wählen.

- Wenn Sie zusätzlich zum Diagramm noch die Daten anzeigen lassen wollen, klicken Sie auf *Datentabelle* und wählen die betreffende Option.

- Über die Schaltfläche *Achsen* können Sie die Anzeige der Achsen ein- oder ausschalten, die Position der Achsen bestimmen und auch, ob die Informationen zu Kategorie, Datenreihe oder Achsenwerten gezeigt werden sollen.

- Außerdem können Sie das Aussehen der *Gitternetzlinien* einstellen. Im Dropdownmenü zur Schaltfläche finden Sie eine Auswahl voreingestellter Optionen.

Einzelne Elemente clever auswählen

Die in Abbildung 7.32 gezeigte Befehlsgruppe *Aktuelle Auswahl*, die ebenfalls auf der Registerkarte *Diagrammtools/Format* zu finden ist, enthält oben ein Listenfeld. Nach dem Öffnen dieses Listenfeldes sehen Sie alle im Diagramm verfügbaren Elemente und können das gewünschte per Mausklick markieren lassen.

Abbildg. 7.32 Oft kaum wahrgenommen: Drei wichtige Befehle zum schnellen Auswählen und Formatieren

Nach diesem komfortablen Markieren über das Listenfeld können Sie nun das betreffende Element bearbeiten.

Rufen Sie per Klick auf *Auswahl formatieren* das Dialogfeld zum Formatieren und Anpassen des aktuell markierten Elements auf.

PROFITIPP Bieten die Befehle der Registerkarte *Diagrammtools/Layout* nicht die gewünschte Einstellung, ist der Befehl *Auswahl formatieren* die erste Wahl. Mit der Tastenkombination `Strg` + `1` können Sie das betreffende Dialogfeld ebenfalls im Handumdrehen öffnen.

Fehler und manuelle Formatierungen schnell korrigieren

Besonders nützlich und zeitsparend ist der Befehl *Auf Formatvorlage zurücksetzen*. Er verwirft für das aktuell ausgewählte Element ohne Sicherheitsabfrage alle Formatierungen, die nachträglich durchgeführt wurden. Dieses Werkzeug ist besonders wichtig für alle, die zur Einhaltung des Corporate Designs schnell manuelle Formatierungen und Abweichungen von vorgegebenen Standards beseitigen und für ein einheitliches Aussehen der Diagramme in einer Präsentation sorgen wollen.

PROFITIPP Soll das gesamte Diagramm wieder in den ursprünglichen Zustand zurückversetzt werden, klicken Sie im Listenfeld *Diagrammelemente* auf *Diagrammbereich*. Klicken Sie dann auf die Schaltfläche *Auf Formatvorlage zurücksetzen*.

Individuelle Formate für einzelne Elemente des Diagramms zuweisen

Mit den Einstellungen, die Sie auf der Registerkarte *Diagrammtools/Format* vornehmen, ändern Sie Details im Aussehen *einzelner Diagrammelemente.*

- Die Befehle der Gruppe *Formenarten* ermöglichen es, Füll- und Linienfarbe sowie Effektattribute ausgewählter Diagrammkomponenten individuell anzupassen.
- Am effektivsten arbeiten Sie, wenn Sie zunächst einmal den Katalog der Formenarten nutzen, in dem Ihnen 42 verschiedene Varianten zur Verfügung stehen.

WICHTIG Es ist wichtig, dass Sie zuvor das richtige Element markiert haben, bevor Sie den Katalog der Formanarten aufrufen.

- Nach dem Zuweisen einer der 42 Varianten können Sie über die Befehle *Fülleffekt*, *Formkontur* und *Formeffekte* noch Änderungen im Detail vornehmen.

Abbildg. 7.33 Per Klick das Dialogfeld mit noch mehr Optionen aufrufen

Noch mehr Optionen per Dialogfeld abrufen

Wenn Ihnen die Befehle nicht reichen, die in der in Abbildung 7.33 gezeigten Gruppe zur Auswahl stehen, können Sie weitere Optionen wie folgt aufrufen:

1. Klicken Sie auf das sogenannte Startprogramm für Dialogfelder in der rechten unteren Ecke der Gruppe.
2. Markieren Sie im daraufhin eingeblendeten Dialogfeld links eine der Rubriken – beispielsweise *Füllung* – und wählen Sie dann rechts aus der erweiterten Palette von Optionen die gewünschte aus.

PROFITIPP **Nützlich für den Schwarz-Weiß-Druck: Muster für Säulen und Balken**

Wenn Sie Diagrammfolien faxen oder drucken wollen und eine farbige Ausgabe dabei nicht möglich ist, stellt sich sofort die Frage, ob die im Diagramm benutzten Farben so in Graustufen umgewandelt werden, dass sich einzelne Elemente deutlich genug voneinander unterscheiden.

Bei Balken- und Säulendiagrammen bietet es sich in solchen Fällen an, die Füllfarben der Balken oder Säulen durch Muster zu ersetzen – also beispielsweise gestreift oder gepunktet.

Diese Art der Formatierung heißt in PowerPoint Musterfüllung.

1. Markieren Sie die Datenreihe, die Sie mit einer Musterfüllung versehen wollen.
2. Klicken Sie auf das sogenannte Startprogramm für Dialogfelder (siehe Abbildung 7.33), um das Dialogfeld aufzurufen, oder drücken Sie dazu die Tastenkombination `Strg`+`1`.
3. Markieren Sie im Dialogfeld links die Rubrik *Füllung* und klicken Sie rechts die Option *Musterfüllung* an (siehe Abbildung 7.34).
4. Wählen Sie darunter ein passendes Muster aus.
5. Legen Sie schließlich ganz unten bei *Vordergrundfarbe* und *Hintergrundfarbe* die gewünschte Farbkombination für das Muster fest.

Abbildg. 7.34 Mit wenigen Mausklicks für den Schwarz-Weiß-Druck eine Musterfüllung zuweisen

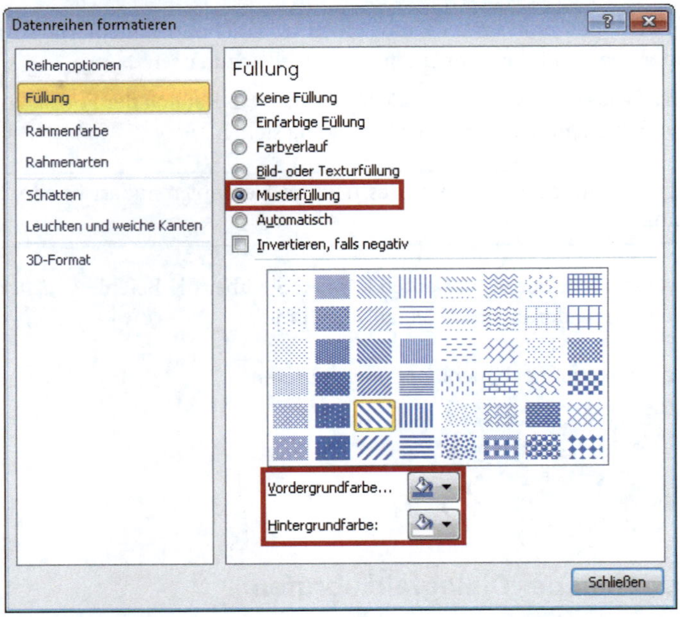

Eigene Diagrammvorlagen anlegen und nutzen

Wer häufig Diagramme erstellt, möchte nicht immer wieder bei null anfangen und braucht mehr als die von PowerPoint vorgegebenen Standards. Erfahren Sie auf den folgenden Seiten, inwieweit Sie eigene Standards definieren.

Den Standardtyp für neue Diagramme ändern

Wenn Sie statt des voreingestellten 2D-Säulendiagramms lieber einen anderen Diagrammtyp als Standard verwenden wollen, gehen Sie wie folgt vor:

1. Klicken Sie auf der Registerkarte *Diagrammtools/Entwurf* auf *Diagrammtyp ändern.*
2. Wählen Sie im folgenden Dialogfeld den gewünschten Diagrammtyp aus und klicken Sie dann ganz unten auf die Schaltfläche *Als Standarddiagrammtyp festlegen.*

HINWEIS Natürlich können Sie auch eine von Ihnen erstellte Diagrammvorlage als neuen Standardtyp festlegen.

Eigene Diagrammvorlagen anlegen

PowerPoint bietet eine einfache, schnell zugängliche Option, mit der Sie ein fertiges Diagramm als wiederverwendbare Vorlage abspeichern. Problemlos können Sie diese Vorlage an andere verteilen. So definieren Sie eine eigene Diagrammvorlage:

1. Legen Sie ein Diagramm mit allen gewünschten Formaten an.

2. Lassen Sie das Diagramm markiert und klicken Sie auf der Registerkarte *Diagrammtools/Entwurf* auf *Als Vorlage speichern.* Nun wird das Dialogfeld *Diagrammvorlage speichern* angezeigt.
3. Vergeben Sie eine treffende Bezeichnung für die Vorlage. Sie wird als Dateityp mit der Endung *crtx* abgelegt. Der Ordner, in dem diese Vorlagen gespeichert werden, ist dann für Sie von Bedeutung, wenn Sie eine Diagrammvorlage an andere Personen weitergeben wollen. Mehr dazu weiter hinten in diesem Kapitel.
4. Klicken Sie abschließend rechts unten auf die Schaltfläche *Speichern.*

Eigene Diagrammvorlagen einsetzen

Wenn Sie künftig zum Erstellen eines neuen Diagramms auf Ihre eigenen Vorlagen zugreifen wollen, klicken Sie beim Anlegen des Diagramms im Dialogfeld *Diagramm einfügen* – so wie in Abbildung 7.35 zu sehen – oben links auf den gelben Ordner *Vorlagen.*

Abbildg. 7.35 Zeit sparen und eigene Diagrammvorlagen verwenden

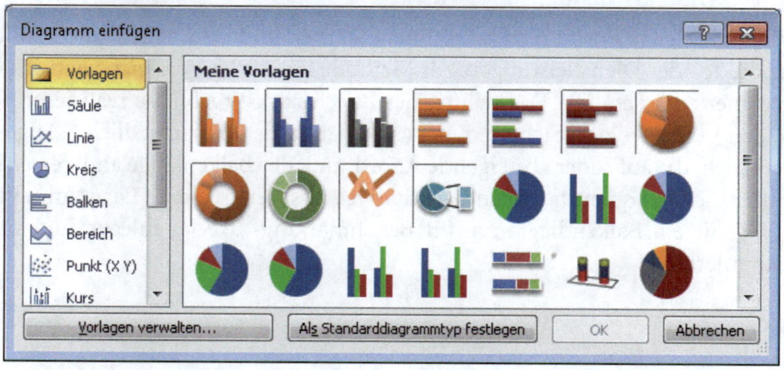

Wollen Sie hingegen ein bereits vorhandenes Diagramm mithilfe Ihrer eigenen Diagrammvorlagen schnell in die gewünschte Form bringen, klicken Sie auf der Registerkarte *Entwurf* der *Diagrammtools* ganz links auf *Diagrammtyp ändern*, im folgenden Dialogfeld ebenfalls auf *Vorlagen* und weisen dann die gewünschte Vorlage zu..

Eigene Diagrammvorlagen weitergeben

Diagrammvorlagen werden wie bereits erwähnt mit der Dateiendung *crtx* abgelegt und zwar in einem speziellen Ordner namens *Charts*. Den Pfad zu diesem Ordner und die in dem Ordner eventuell bereits vorhandenen Diagrammvorlagen können Sie ganz einfach anzeigen lassen.

1. Klicken Sie auf der Registerkarte *Diagrammtools/Entwurf* auf *Diagrammtyp ändern.*
2. Im folgenden Dialogfeld klicken Sie in der linken unteren Ecke auf *Vorlagen verwalten*, um zu dem Ordner mit den CRTX-Dateien zu gelangen.

TIPP Notieren Sie sich den Pfad zu den Vorlagen, wenn Sie CRTX-Datei weitergeben wollen, damit andere Anwender Diagramme gleichen Typs produzieren können.

Die Vorlagen müssen am PC des Empfängers wieder in den speziellen Vorlagenordner kopiert werden.

Beispiele zum Optimieren der Diagrammoptik

Die bisher beschriebenen Befehle, Optionen und Schrittfolgen zum Anlegen, Bearbeiten und Gestalten von Diagrammen probieren Sie am besten gleich an einigen Beispielen aus. Lernen Sie dabei noch eine weitere wichtige Funktion für die zuschauergerechte Aufbereitung von Zahlenmaterial kennen: den schrittweisen Aufbau von Diagrammen durch den Einsatz passender Animationen.

Aussagekräftige Vergleiche: Benchmarking mit einem Balkendiagramm darstellen

Vergleiche helfen, die eigene Position zu bestimmen, Stärken und Schwächen zu erkennen. Das gilt für Firmen, Produkte oder Dienstleistungen. Als Methode für solche Vergleiche hat sich das Benchmarking als geeignet erwiesen. Die Darstellung der Benchmark-Ergebnisse realisieren Sie per Balkendiagramm, denn es bietet zwei Sichten. Einerseits erlaubt die unterschiedliche Länge der Balken den Mengenvergleich, die auf- oder absteigende Anordnung der Balkenlänge andererseits macht die Rangfolge deutlich. So sind quantitative und qualitative Aussagen in einem Diagramm vereint. Hier die Anleitung, wie Sie ein Balkendiagramm für Benchmarking-Zwecke anlegen und anschließend eindrucksvoll animieren:

Abbildg. 7.36 Vorschau auf das fertige Ergebnis

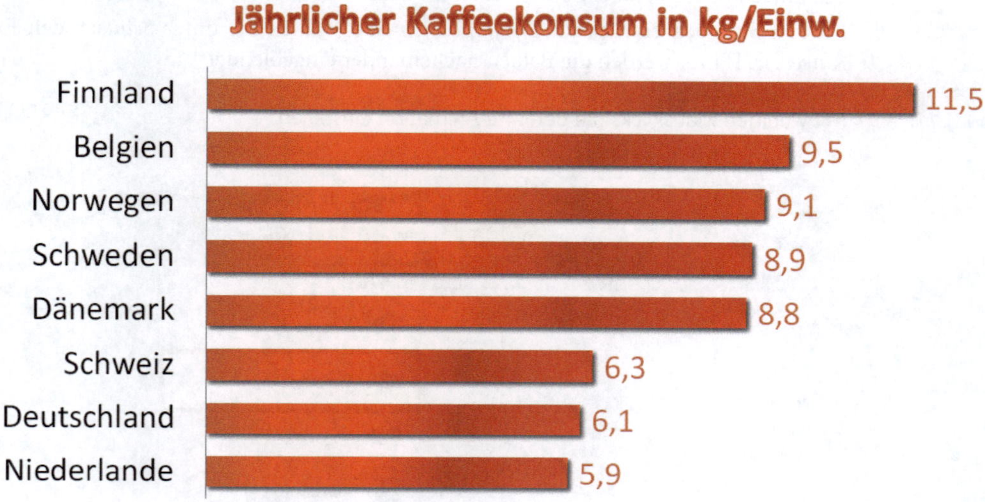

1. Fügen Sie eine Folie mit den Layout *Titel und Inhalt* ein, klicken Sie im Inhaltsplatzhalter auf *Diagramm einfügen* und wählen Sie als Diagrammtyp *Balken*.
2. Geben Sie die Daten in absteigender Reihenfolge ein und schließen Sie Excel.
3. Wählen Sie auf der Registerkarte *Diagrammtools/Entwurf* im Katalog der *Diagrammlayouts* das *Layout 2*.
4. Löschen Sie oben die Legende, da sie bei nur einer Datenreihe überflüssig ist.
5. Doppelklicken Sie auf einen der Einträge in der senkrechten Rubrikenachse und öffnen Sie so das Dialogfeld *Achse formatieren*. Sorgen Sie hier bei den *Achsenoptionen* dafür, dass die Balken so wie im Datenblatt absteigend angezeigt werden, indem Sie das Kontrollkästchen *Kategorien in umgekehrter Reihenfolge* aktivieren.

Abbildg. 7.37 Die Reihenfolge der Balken im Diagramm an die Vorgaben aus dem Datenblatt angleichen

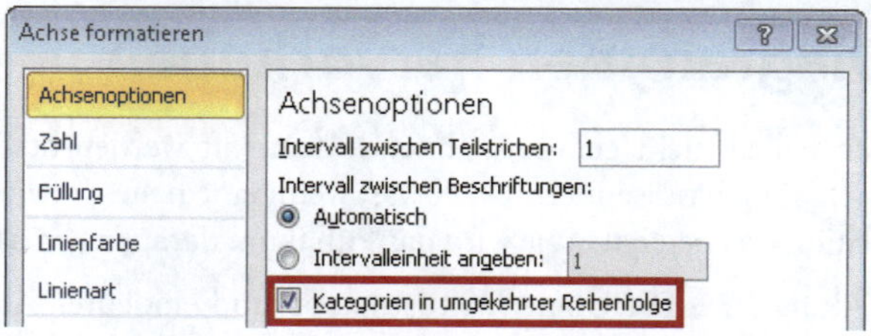

6. Lassen Sie das Dialogfeld geöffnet und klicken Sie einen der Balken an. Das Dialogfeld wechselt jetzt zu *Datenreihen formatieren*. Reduzieren Sie in der Rubrik *Reihenoptionen* rechts bei *Abstandbreite* den Wert auf *75%*, um die Balken höher werden zu lassen. Schließen Sie das Dialogfeld mit *Schließen*.
7. Lassen Sie das Diagramm markiert und wechseln Sie zur Registerkarte *Animationen*. Klicken Sie dort in der Gruppe *Animation* im Katalog zunächst auf *Wischen*.

8. Damit die Balken von links nach rechts aufgebaut werden, klicken Sie rechts daneben auf die Schaltfläche *Effektoptionen* und klicken Sie dann *Von links* an.
9. Klicken Sie noch einmal auf *Effektoptionen* und wählen Sie unter *Sequenz* den Eintrag *Nach Kategorie*. Damit werden die Balken nacheinander eingeblendet.

Abbildg. 7.38 Mit wenigen Mausklicks die perfekte Animation einstellen

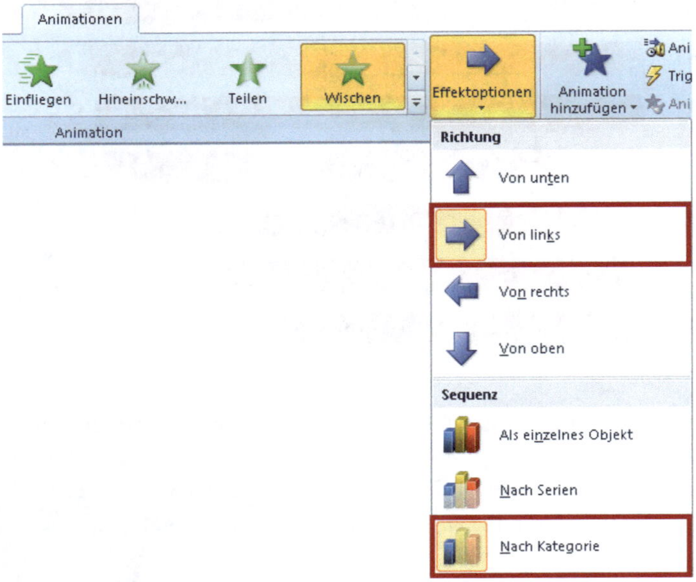

PROFITIPP Wenn Sie mehr Spannung erzielen und deshalb die Balken von unten nach oben, also vom kleinsten zum größten Wert aufbauen wollen, geben Sie bereits in Excel die Daten in aufsteigender Reihenfolge ein. Den Befehl *Kategorien in umgekehrter Reihenfolge* können Sie dann weglassen.

Wichtiges in Diagrammen hervorheben

Auswertungen sind in vielen Fällen nicht gerade spannend, denn oft werden bereits mehr oder weniger bekannte Fakten noch einmal präsentiert. Doch was, wenn eine neue Entwicklung dabei ist oder sich eine neue Konstellation ergeben hat? Wie wird das Publikum darauf aufmerksam gemacht.

Betrachten Sie einmal Abbildung 7.39. Die Überschrift ist knapp und eindeutig. Aber würden Sie diese Aussage auch im Diagramm sofort erkennen, wenn Sie nicht zuvor den Folientitel gelesen hätten?

Abbildg. 7.39 Die Datenreihe, die hier die Hauptrolle spielt, ist nur mit Mühe von den anderen zu unterscheiden

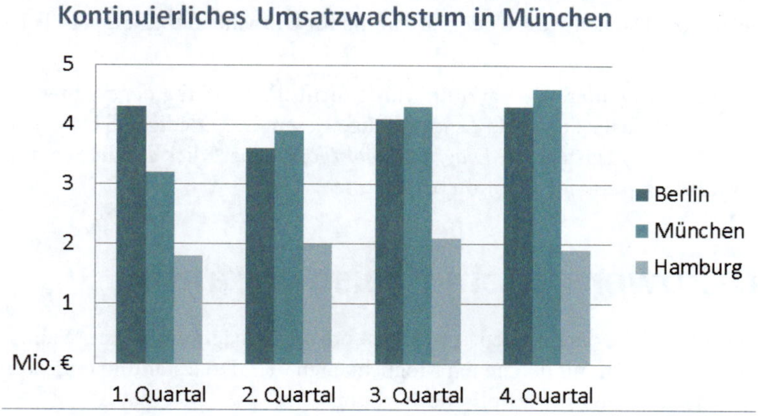

Obwohl das Diagramm streng nach den vorgegebenen Designfarben gestaltet ist, eignet sich diese Farbkombination offenbar nicht, um etwas hervorzuheben.

Die beiden folgenden Beispiele in Abbildung 7.40 hingegen lenken die Aufmerksamkeit sofort auf die hier wichtige Datenreihe für München.

Abbildg. 7.40 Zwei Varianten, um eine Datenreihe herauszuheben: mit »Signal«-Füllfarbe oder mit Leuchten

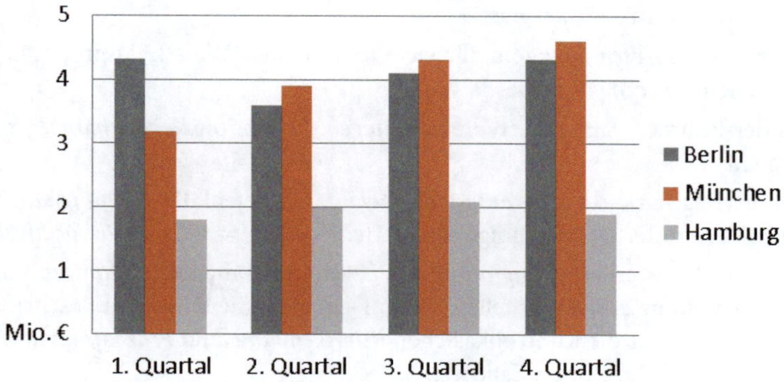

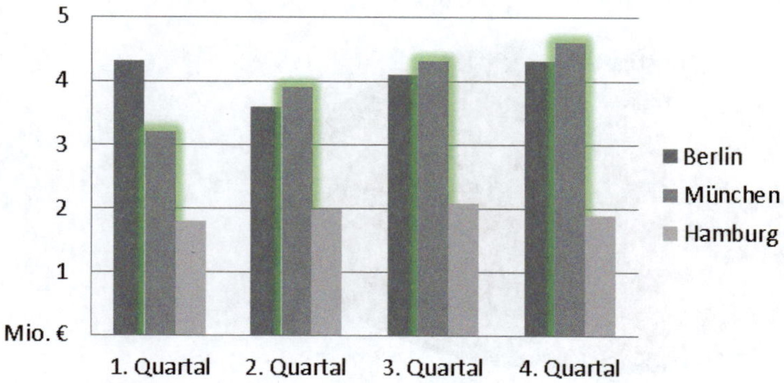

Bei der ersten Variante wurden einfach mit der Wahl einer geeigneten Gestaltungsvariante bei den *Diagrammformatvorlagen* auf der Registerkarte *Diagrammtools/Entwurf* alle Säulen auf zurückhaltende Grautöne gesetzt. Danach wurde der Datenreihe für München eine »Signal«-Farbe zugewiesen.

Bei der zweiten – etwas dezenteren – Variante wurde nicht die Füllfarbe der wichtigen Datenreihe geändert, sondern es wurde ihr der Effekt *Leuchten* zugewiesen. Das erledigen Sie nach dem Markieren der Datenreihe auf der Registerkarte *Diagrammtools/Format* per Klick auf die Schaltfläche *Formeffekte* und Auswahl einer passenden Option bei *Leuchten*.

Volle 3D-Power für ein Kreisdiagramm

Wenn es darum geht, Anteile darzustellen, sind Kreis- oder Ringdiagramme erste Wahl. Meist bleibt es dann beim 2D-Kreis. Doch mit den neuen Möglichkeiten der 3D-Gestaltung in PowerPoint 2007 und 2010 erzielen Sie garantiert mehr optische Wirkung.

1. Erstellen Sie ein Diagramm vom Typ *Kreis* und dem Untertyp *3D-Kreis*.
2. Weisen Sie dem Diagramm über *Diagrammtools/Entwurf/Diagrammformatvorlagen* eine der Varianten von *Formatvorlage 25* bis *Formatvorlage 32* zu.
3. Wählen Sie auf der gleichen Registerkarte bei *Diagrammlayouts* das *Layout 6*.
4. Löschen Sie anschließend Legende und Diagrammtitel.
5. Klicken Sie auf eines der Kreissegmente, um alle zu markieren. Rufen Sie mit `Strg`+`1` das Dialogfeld *Datenreihen formatieren* auf.
6. Wählen Sie links die Rubrik *3D-Format*.
7. Tragen Sie rechts unter *Abschrägung* für alle vier Optionen den Wert *1500* ein. Im Ergebnis dessen wird der 3D-Kreis zur 3D-Scheibe.
8. Stellen Sie in der Rubrik *Schatten* bei *Voreinstellungen* die Option *Kein Schatten* ein. Schließen Sie das Dialogfeld.
9. Rufen Sie auf der Registerkarte *Diagrammtools/Layout* den Befehl *3D-Drehung* auf. Wählen Sie rechts in den Feldern unter *Drehung* folgende Werte: *X = 0°*, *Y = 30°* und *Perspektive = 5°*.
10. Klicken Sie auf der Registerkarte *Diagrammtools/Layout* auf *Datenbeschriftungen* und dann auf *Weitere Datenbeschriftungsoptionen*. Stellen Sie im Dialogfeld die folgenden Beschriftungsoptionen ein: Aktivieren Sie nur die Kontrollkästchen *Rubrikenname* und *Prozentsatz* und wählen Sie bei *Beschriftungsposition* die Option *Zentriert*.

Abbildg. 7.41 Das fertige Kreisdiagramm mit flacher 3D-Optik

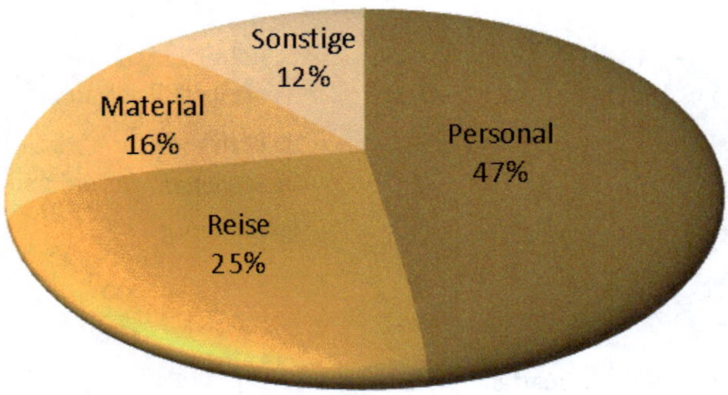

Die Beleuchtungsoptionen gezielt einsetzen

Testen Sie abschließend per Rechtsklick auf eines der Segmente im Dialogfeld *Datenreihen formatieren* in der Rubrik *3D-Format* die Wirkung der Einstellungen im Feld unter *Oberfläche*. Mit der Auswahl eines anderen Materials und einer anderen Beleuchtungseinstellung ändern Sie spürbar die Optik.

Wählen Sie beispielsweise bei *Material* in der Reihe *Standard* zuerst die Variante *Matt* und dann *Metall*.

Tipps, Tricks und Troubleshooting zu Diagrammen

Die Umstellung von älteren Versionen auf PowerPoint 2010 sorgt für den einen oder anderen Hilferuf. Was in PowerPoint 2003 noch problemlos ging, scheint jetzt nicht mehr zu funktionieren. Viele der alten Funktionen und Tricks stehen zwar weiterhin zur Verfügung, sind jetzt aber anders verteilt und angeordnet. Hier einige Antworten und Problemlösungen für häufig geäußerte Fragen.

»Verschwundene« y-Achse wieder anzeigen

Angenommen, Sie haben die y-Achse so formatiert, dass sie nicht mehr zu sehen ist (*Linienfarbe*: *Keine Linie*). Nun wollen Sie genau die nicht mehr sichtbare Achse markieren, um die Minimum- und Maximumwerte neu festzulegen. So geht's:

1. Markieren Sie Ihr Diagramm und klicken Sie die Registerkarte *Diagrammtools/Layout* an.
2. Öffnen Sie ganz links in der Gruppe *Aktuelle Auswahl* die Dropdownliste und wählen Sie den Eintrag *Vertikal (Wert) Achse*.
3. Klicken Sie danach auf die Schaltfläche *Auswahl formatieren*.

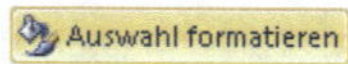

4. Nun können Sie im Dialogfeld *Achse formatieren* die Achsenoptionen anpassen.

Gelöschte y-Achse wiederherstellen

Das Problem: Sie haben die y-Achse nicht nur per Formatierung unsichtbar gemacht, sondern komplett gelöscht. Sie ist daher auch nicht, wie oben beschrieben, in der Dropdownliste zu finden. Hier die Lösung:

1. Markieren Sie Ihr Diagramm und wechseln Sie zur Registerkarte *Diagrammtools/Layout*.
2. Klicken Sie in der Gruppe *Achsen* auf die Schaltfläche *Achsen*.
3. Wählen Sie dann *Vertikale Primärachse/Standardachse anzeigen*.

Diagramm per Tastatur verschieben

Wenn Sie ein Diagramm markieren und mit den Richtungstasten nach oben, unten, links oder rechts verschieben wollen, werden nur nacheinander die Diagrammelemente markiert. Das Diagramm jedoch verschiebt sich nicht. So geht's:

1. Klicken Sie zunächst außerhalb des Diagramms, damit dieses nicht mehr markiert ist.
2. Klicken Sie nun mit gedrückter Strg-Taste auf den Rahmen des Diagramms.
3. Das Diagramm ist nun markiert – zu erkennen an den vier runden Eckpunkten.
4. Nachdem Sie das Diagramm auf diese Weise markiert haben, können Sie es problemlos mit den Richtungstasten verschieben.

Diagramm in seine Einzelteile auflösen

Sie möchten ein Diagramm in seine Einzelteile zerlegen, um die Bestandteile auf eine Weise zu animieren, die PowerPoint normalerweise nicht anbietet. Die Funktion *Gruppierung aufheben* steht Ihnen allerdings nicht zur Verfügung. Auch mit der Tastenkombination Strg+⇧+H lässt sich das Diagramm nicht auflösen.

Hier die Lösung, die allerdings nur mit Diagrammen funktioniert, die keinen 3D-Effekt haben, also nicht mit 3D-Säulen oder 3D-Zylindern.

1. Markieren Sie das fertige Diagramm. Schneiden Sie es mit Strg+X aus.
2. Klicken Sie auf der Registerkarte *Start* auf den Pfeil der Schaltfläche *Einfügen*. Wählen Sie *Inhalte einfügen*.
3. Wählen Sie im Dialogfeld *Inhalte einfügen* die Option *Bild (Erweiterte Metadatei)* und bestätigen Sie mit *OK*.
4. Heben Sie die Gruppierung mit Strg+⇧+H auf. Klicken Sie den Hinweis mit *Ja* bzw. *OK* weg. Heben Sie die Gruppierung ein weiteres Mal auf.

Das Diagramm liegt nun in seinen einzelnen Elementen vor. Sie können es mit den Werkzeugen der Registerkarte *Zeichentools/Format* bearbeiten. Auch die Animationsmöglichkeiten sind weniger begrenzt.

HINWEIS Leider besteht weiterhin eine Einschränkung: Die einzelnen Datenpunkte zusammengehöriger Datenreihen sind nicht trennbar und lassen sich daher auch nicht einzeln animieren.

Positive und negative Werte gut unterscheiden

Sollen neben positiven auch negative Werte in einem Diagramm gezeigt werden, stellt sich die Frage nach einer gut zu unterscheidenden Darstellung. Meist soll das Augenmerk gerade auf die negativen Werte im Diagramm gelenkt werden. Eine abweichende Farbe ist dann die beste Lösung. Doch alle negativen Werte einzeln umzufärben, würde viel Zeit kosten und wäre zudem fehleranfällig, wenn später die Daten aktualisiert werden.

Abbildg. 7.42 In diesem Diagramm erhalten negative Werte automatisch eine andere Füllfarbe

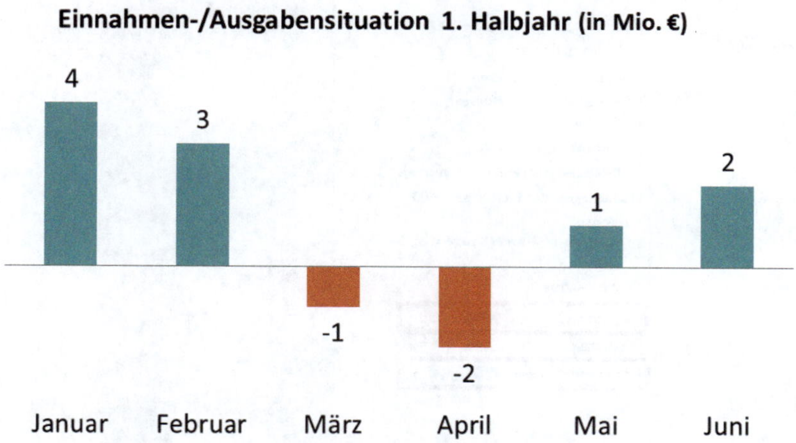

PowerPoint bietet eine Option, die die Farbunterscheidung zwischen positiven und negativen Werten automatisch erledigt. Hier die Anleitung für ein Säulendiagramm:

1. Klicken Sie eine der Säulen mit der rechten Maustaste an und wählen Sie *Datenreihen formatieren.*
2. Markieren Sie im Dialogfeld links die Rubrik *Füllung*, wählen Sie rechts die Option *Einfarbige Füllung* und aktivieren Sie anschließend das Kontrollkästchen *Invertieren, falls negativ.*
3. Wählen Sie nun ganz unten im Bereich *Füllfarbe* die beiden Farben aus; die linke ist für die positiven, die rechte für die negativen Werte.

Abbildg. 7.43 Die Einstellungen für das automatische Zuweisen unterschiedlicher Farben

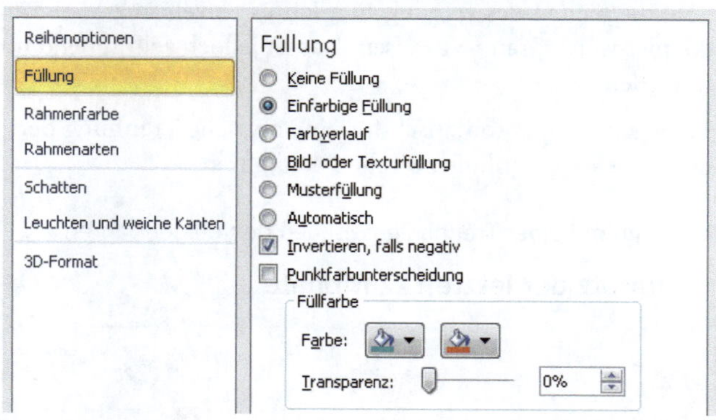

4. Damit die Beschriftungen der Rubrikenachse unterhalb der negativen Säulen stehen, doppelklicken Sie auf diese Achse und wählen – wie in Abbildung 7.44 gezeigt – bei *Achsenbeschriftungen* die Option *Niedrig.*

Abbildg. 7.44 Mit diesen beiden Einstellungen werden die Rubrikenachsenbeschriftungen ganz unten positioniert

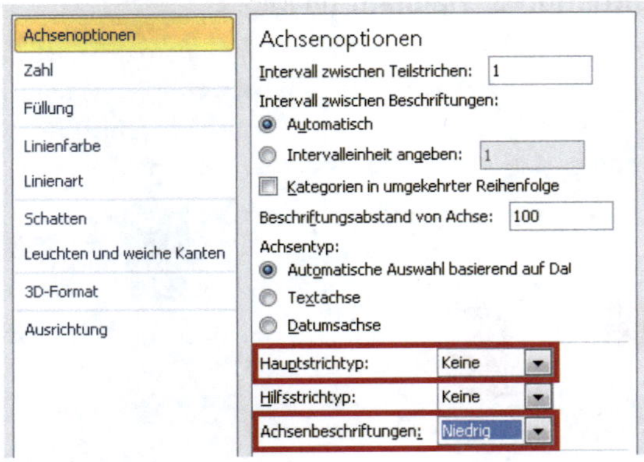

TIPP Diese für PowerPoint beschriebene Vorgehensweise funktioniert auch in Excel.

Mit der beschriebenen Technik können Sie auch bei Balkendiagrammen die linken (negativen) und rechten (positiven) Balken unterschiedlich einfärben.

In ein Säulendiagramm eine Trennlinie einbauen

Sollen in Umsatzberichten stets die Werte der letzten zwölf Monate gezeigt werden, ist es sinnvoll, wenn sich die Daten vom aktuellen und vom vergangenen Jahr gut unterscheiden lassen. Im Normalfall ist dies nur über das Lesen der Beschriftungen an der horizontalen Zeitachse möglich. Hier zwei Varianten, die das besser lösen:

- Zum einen können Sie die Säulen des vergangenen Jahres einzeln markieren und jeweils eine andere Füllfarbe – beispielsweise Grau – zuweisen. Das ist jedoch zeitraubend und muss Monat für Monat angepasst werden.
- Die zweite Lösung hingegen sorgt automatisch für eine optische Trennung der Jahre. Sie nutzt die senkrechte Größenachse als Trennlinie zwischen den Jahren.

Abbildg. 7.45 Das fertige Säulendiagramm mit einer Trennlinie zwischen den beiden Jahren

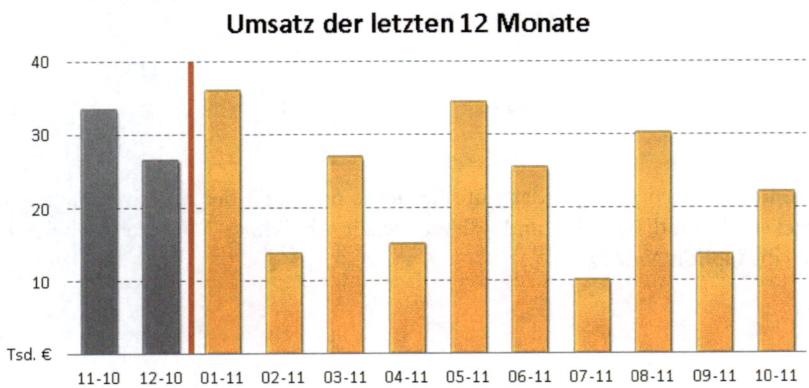

In dem in Abbildung 7.45 gezeigten Beispiel handelt es sich um Umsatzdaten von November 2010 bis Oktober 2011. Die Größenachse steht nicht wie sonst üblich am linken Rand des Diagramms, sondern trennt durch ihre nach rechts verschobene Position die Säulen für die beiden Jahre. Das erreichen Sie wie folgt:

1. Erzeugen Sie ein einfaches Säulendiagramm und geben Sie die Daten für die zwölf Monate ein. Wichtig ist, dass Sie in die erste Spalte der Datentabelle wirklich Datumsangaben eintragen – also beispielsweise Nov 2010. Diesen Wert können Sie dann am Ausfüllkästchen nach unten ziehen – Excel bildet eine fortlaufende Monatsreihe.
2. Doppelklicken Sie dann im fertigen Diagramm auf die senkrechte Achse.
3. Wählen Sie im Dialogfeld *Achse formatieren* links die Rubrik *Achsenoptionen* und dann rechts bei *Hauptstrichtyp* die Option *Keine* und bei *Achsenbeschriftungen* die Option *Niedrig*.
4. Lassen Sie das Dialogfeld geöffnet und klicken Sie nun auf die waagerechte Achse. Klicken Sie rechts unter *Vertikale Achse schneidet* die Option *Bei Datum* an und tragen Sie daneben in das Eingabefeld *1.1.2011* ein.

Abbildg. 7.46 Die »ursprüngliche« Größenachse von Ballast befreien, damit nur eine einfache Linie übrig bleibt

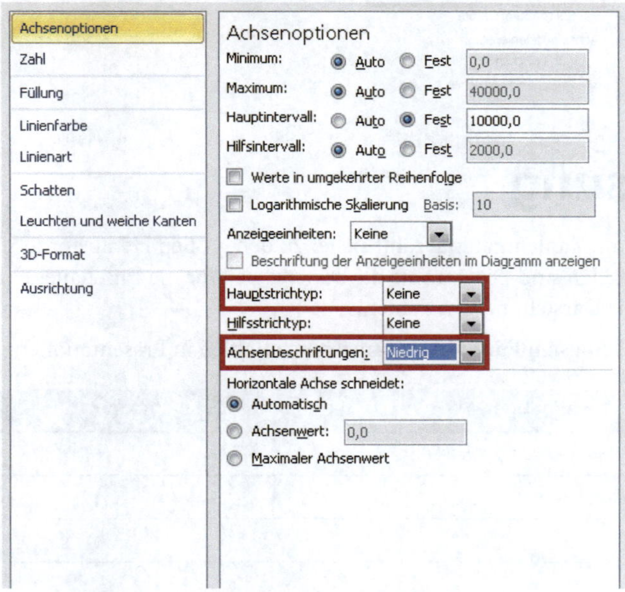

Abbildg. 7.47 Die Position der senkrechten Achse verschieben, damit sie als Trennlinie dient

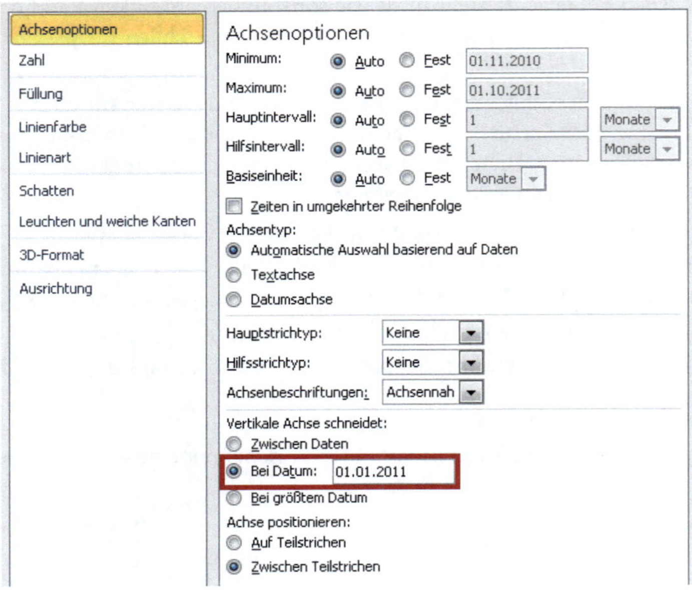

Zusammenfassung

Der gekonnte Umgang mit Zahlenmaterial zählt sicher zu den großen Herausforderungen bei einer Präsentation. In vielen Fällen sind Diagramme die bessere, weil für die Zuschauer einfacher zu verstehende Variante für die Darstellung von Zahlen.

Hier noch einmal die wichtigsten Fundstellen zum Thema Zahlen in Präsentationen:

Thema	Seite
Regeln für die Darstellung von Tabellen auf Folien	193
Tabellen in PowerPoint anlegen	194
Tabellen gestalten	199
Eyecatcher-Tabellen	204
Grundwissen zum Einsatz von Diagrammen und Diagrammtypen	208
Diagramme anlegen	213
Diagramme bearbeiten und gestalten	216
Diagrammvorlagen anlegen, nutzen und verteilen	222
Beispiele für optimierte Diagrammoptik	224
Tipps & Tricks zu Diagrammen	229

Foliengestaltung

Kapitel 8

SmartArt: Schaubilder für Abläufe, Strukturen und Zusammenhänge

In diesem Kapitel:

Wie gehen Sie vor, wenn Sie eine Präsentation erstellen? Tragen Sie zuerst wichtige Aussagen und Fakten auf einigen Folien als Texte zusammen? Meist ist das so.

Wollen Sie statt der Texte optisch ansprechende Folien präsentieren, ist das mit wenig Aufwand erledigt. Das Zauberwort heißt SmartArt-Grafiken. Dies ist eine umfangreiche Bibliothek sofort einsetzbarer Grafiken für Abläufe, Hierarchien und Zusammenhänge. PowerPoint 2010 bietet über 130 fertige Darstellungen, die in Präsentationen häufig vorkommen. Die Grafiken sind geordnet nach den Kategorien *Liste*, *Prozess*, *Zyklus*, *Hierarchie*, *Beziehung*, *Matrix*, *Pyramide* und *Grafik* (siehe Tabelle 8.1).

Abbildg. 8.1 Sieben Beispiele für den Einsatz von SmartArt-Grafiken

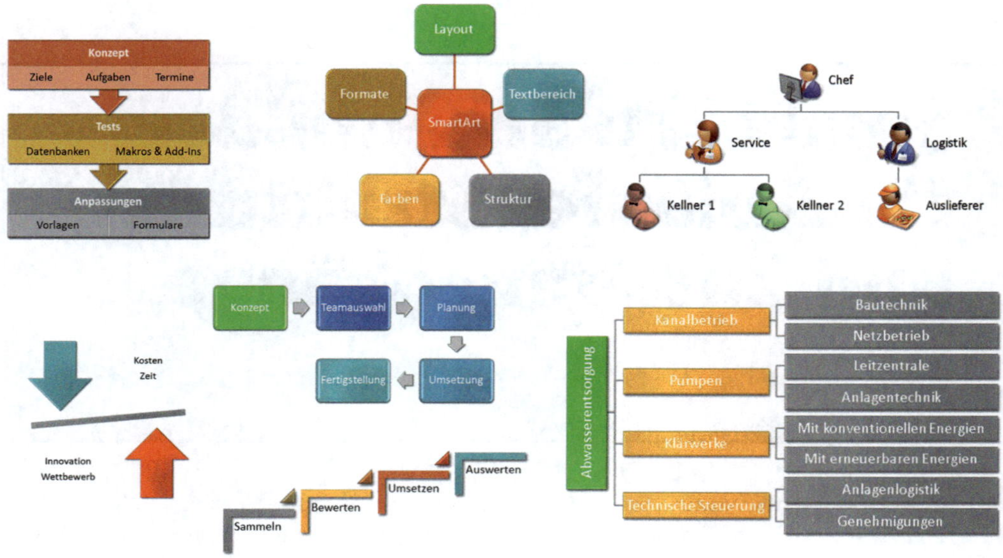

Dass vorgefertigte Grafiken nicht für alle Situationen gleichermaßen passen, liegt auf der Hand. Aber für viele Fälle sind die SmartArt-Grafiken eine optimale Lösung. Sie machen all die Arbeitsgänge überflüssig, die notwendig wären, um eine Vielzahl von Texten und Formen auf einer Folie in die richtige Größe zu bringen, präzise auszurichten, passend zu formatieren und zu animieren. Dank SmartArt-Grafiken können selbst ungeübte Anwender Prozesse und Strukturen in ansprechender Optik darstellen, ohne sich zuvor intensiv mit PowerPoint beschäftigen zu müssen.

Angesichts der Vielzahl von SmartArt-Grafiken ist es anfangs mühsam, die passende Variante zu finden. Die Übersicht in Tabelle 8.1 gibt Ihnen Unterstützung.

Tabelle 8.1 Welche SmartArt-Grafiken eignen sich für welche Anwendungszwecke?

Rubrik	Einsatzgebiet
Liste	Für Informationen, bei denen keine bestimmte Reihenfolge erforderlich ist
Prozess	Für Daten, die in bestimmter Reihenfolge erscheinen sollen – beispielsweise Abläufe oder Zeitachsen
Zyklus	Für kontinuierlich stattfindende bzw. sich wiederholende Abläufe
Hierarchie	Für Organigramme und Strukturdarstellungen aller Art

Tabelle 8.1 Welche SmartArt-Grafiken eignen sich für welche Anwendungszwecke? *(Fortsetzung)*

Rubrik	Einsatzgebiet
Beziehung	Für Zusammenhänge und Gegensätze
Matrix	Für die Darstellung der Teile von einem Ganzen
Pyramide	Für Abläufe sowie für die Darstellungen von Strukturen und der Teile von einem Ganzen
Grafik	Für die bildhafte Begleitung sowie zum Strukturieren von Informationen

Die vier Wege zur SmartArt-Grafik

Egal ob Sie bereits eine Folie mit Texten haben oder bei null beginnen, zum Anlegen eines Schaubildes mithilfe einer SmartArt-Grafik bietet PowerPoint je nach Situation den passenden Befehl.

Wege 1 und 2: Text in SmartArt-Grafik konvertieren

Wenn Sie bereits eine Folie mit einem Aufzählungstext haben, ist das Anlegen einer SmartArt-Grafik besonders einfach und schnell erledigt.

Weg 1

1. Klicken Sie mit der rechten Maustaste in den Text und wählen Sie im Kontextmenü (siehe Abbildung 8.2 links) den Befehl *In SmartArt konvertieren*.
2. Wählen Sie in der nun eingeblendeten Auswahl (siehe Abbildung 8.2 rechts) eine passende Variante aus. Oder klicken Sie ganz unten auf *Weitere SmartArt-Grafiken*, um Zugriff auf alle verfügbaren SmartArt-Layouts zu erhalten.

Abbildg. 8.2 Per Rechtsklick im Handumdrehen aus vorhandenem Text eine SmartArt-Grafik machen

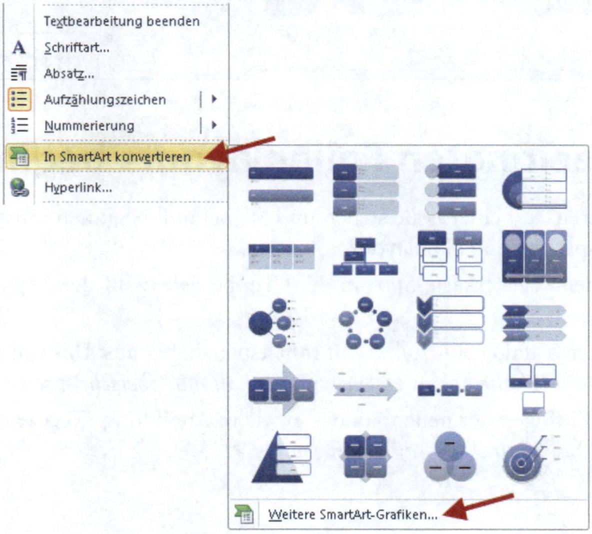

Weg 2

1. Als Alternative zum Kontextmenü klicken Sie mit der linken Maustaste in den Aufzählungstext und dann – wie in Abbildung 8.3 zu sehen – auf der Registerkarte *Start* in der Gruppe *Absatz* auf die Schaltfläche *In SmartArt konvertieren*.

Abbildg. 8.3 Den Befehl zum Umwandeln eines Textes in eine SmartArt-Grafik im Menüband aufrufen

2. Wiederum wird zunächst eine kleine Auswahl von SmartArt-Grafiken angezeigt. Per Klick auf *Weitere SmartArt-Grafiken* öffnen Sie das in Abbildung 8.4 gezeigte Dialogfeld, über das Sie auf alle SmartArt-Grafiken zugreifen können.

Abbildg. 8.4 Über dieses Dialogfeld haben Sie Zugriff auf die komplette Bibliothek der SmartArt-Grafiken

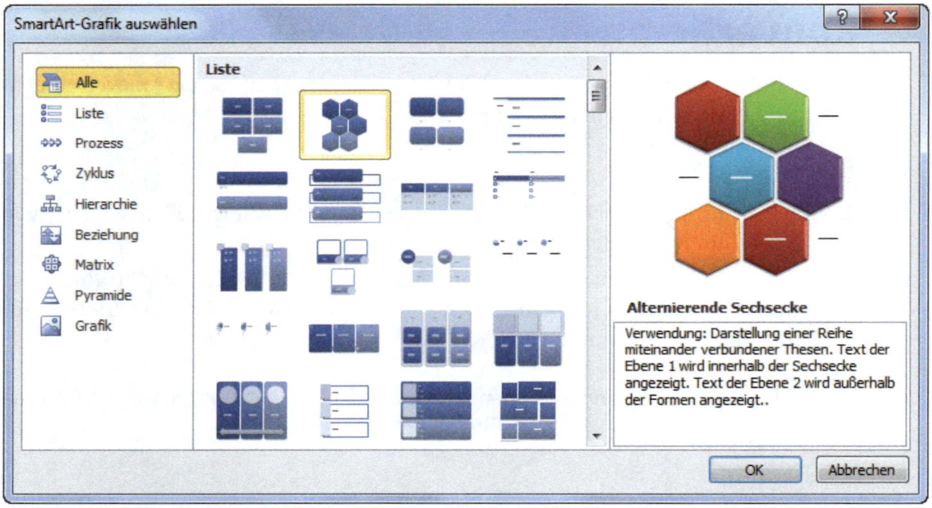

Weg 3: Mit geeigneten Folienlayouts beginnen

Wenn die Inhalte nicht bereits auf einer Folie stehen und Sie bei null beginnen müssen, wählen Sie eine neue Folie mit einem passenden Folienlayout.

1. Klicken Sie dazu auf der Registerkarte *Start* in der Gruppe *Folien* auf den Dropdownpfeil der Schaltfläche *Neue Folie*.
2. Wählen Sie im folgenden Katalog ein Layout mit Inhaltsplatzhalter aus. Das kann beispielsweise *Titel und Inhalt* oder *Zwei Inhalte* oder *Vergleich* oder *Inhalt mit Überschrift* sein.
3. Klicken Sie nach dem Einfügen der neuen Folie – so wie in Abbildung 8.5 gezeigt – im Inhaltsplatzhalter auf das Symbol *SmartArt-Grafik einfügen*.

Abbildg. 8.5 Auf einer neuen Folie im Inhaltsplatzhalter auf das Symbol *SmartArt-Grafik einfügen* klicken

4. Wiederum öffnet sich das in Abbildung 8.4 gezeigte Dialogfeld, in dem Sie die gewünschte SmartArt-Grafik auswählen können.

Weg 4: Eine SmartArt auf der Folienmitte einfügen

Die letzte mögliche Variante für das Erstellen einer SmartArt-Grafik führt über die Registerkarte *Einfügen* und die Schaltfläche *SmartArt* (siehe Abbildung 8.6).

Abbildg. 8.6 Eine SmartArt-Grafik direkt auf der Folienmitte einfügen

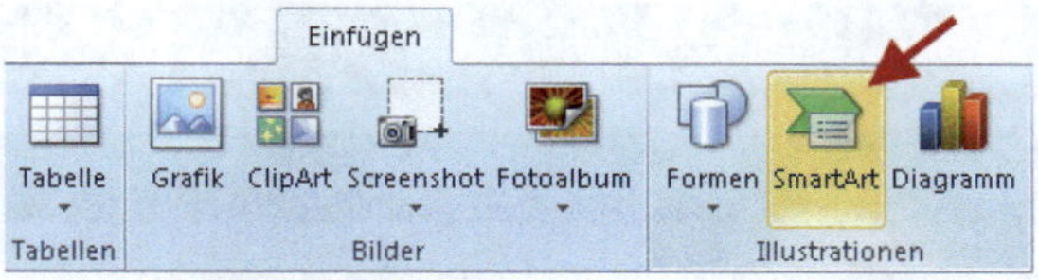

Diese Variante hat im Unterschied zu den drei zuvor beschriebenen allerdings den entscheidenden Nachteil, dass die SmartArt-Grafik genau auf Folienmitte und somit nicht passend zum Layoutraster eingefügt wird. Die SmartArt-Grafik muss anschließend also erst noch verschoben und gegebenenfalls in der Größe angepasst werden.

Texte in Schaubilder umwandeln

Auch wenn die Zeit noch so knapp ist – die Minute für das Umwandeln einer Textfolie in eine SmartArt-Grafik sollten Sie sich nehmen. Nehmen Sie den Fall der Folie, die als Agenda dienen soll. Normalerweise ist das eine Textfolie, doch dank der Funktion SmartArt-Grafik lässt sich das schnell ändern. Hier zwei Beispiele.

Beispiel 1: Mit acht Mausklicks zur Bildliste

Was meinen Sie, wie viel Zeit und Programmkenntnis erforderlich sind, um aus der einfachen Textfolie in Abbildung 8.7 oben die darunter gezeigte bildhafte Liste zu machen? Es sind genau acht Mausklicks und dies dauert weniger als eine Minute.

CD-ROM Den schrittweisen Aufbau des Beispiels können Sie auf den Folien 3 bis 6 der Datei *Kap08_SmartArt.pptx* im Ordner *\Buch\Kap08* verfolgen. Zum Nachvollziehen der folgenden Schritte nutzen Sie Folie 3.

Abbildg. 8.7 Mit acht Mausklicks aus der Textfolie eine optisch ansprechende Alternative zaubern

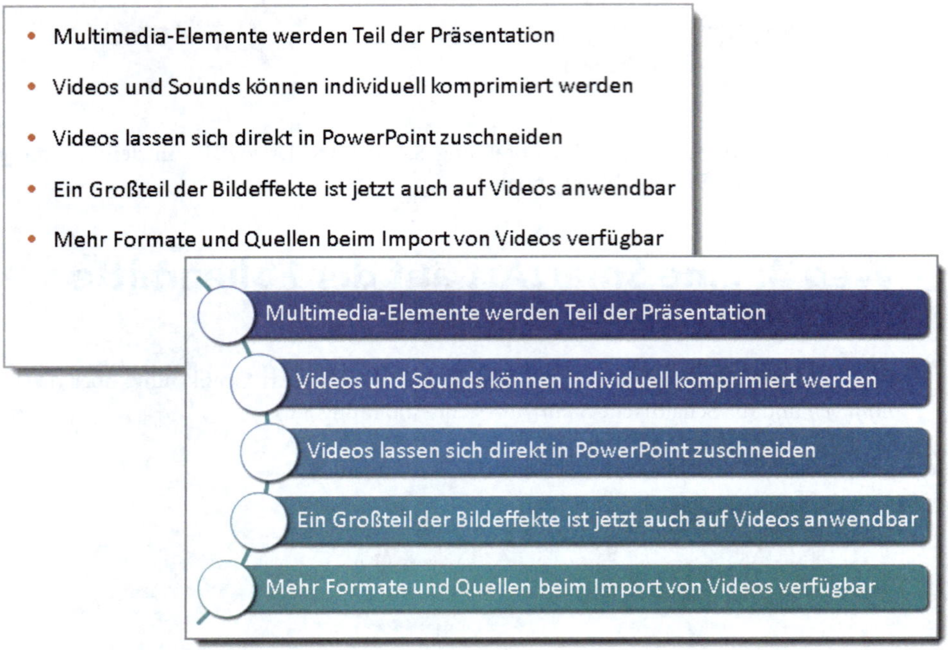

1. Klicken Sie mit der rechten Maustaste in den Text. Bewegen Sie im Kontextmenü – wie in Abbildung 8.2 gezeigt – den Mauszeiger auf *In SmartArt konvertieren*. Klicken Sie in der Auswahl unten auf *Weitere SmartArt-Grafiken*.
2. Klicken Sie im folgenden Dialogfeld – wie in Abbildung 8.8 zu sehen – links auf *Liste*, dann auf das Layout *Liste mit vertikalen Kurven* und abschließend auf *OK*.

Abbildg. 8.8 Aus der Rubrik *Liste* das SmartArt-Grafiklayout *Liste mit vertikalen Kurven* auswählen

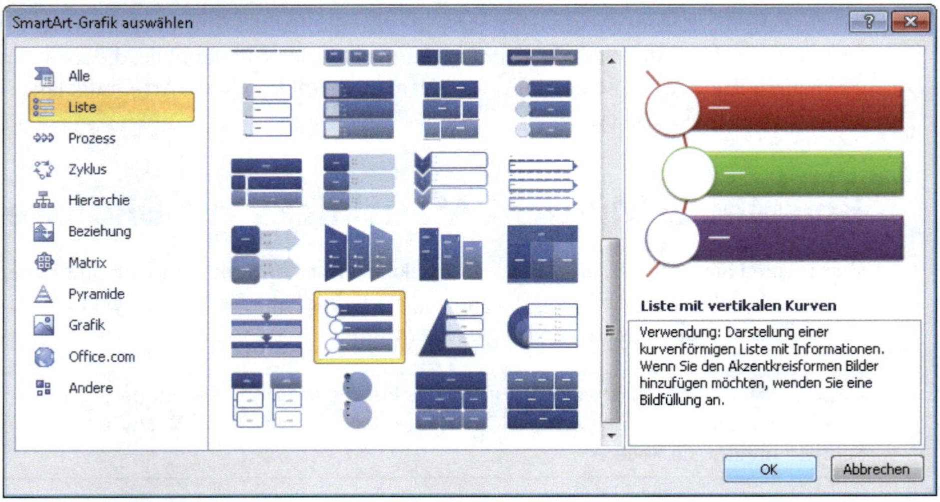

3. Die nächsten beiden Mausklicks machen Sie auf der Registerkarte *SmartArt-Tools/Entwurf* auf *Farben ändern* (siehe Abbildung 8.9 links) sowie auf eine der dann angebotenen Farbvarianten – hier *Farbiger Bereich - Akzentfarben 2 bis 3.*

Abbildg. 8.9 Farben und Effekte auf der Registerkarte *SmartArt-Tools/Entwurf* anpassen

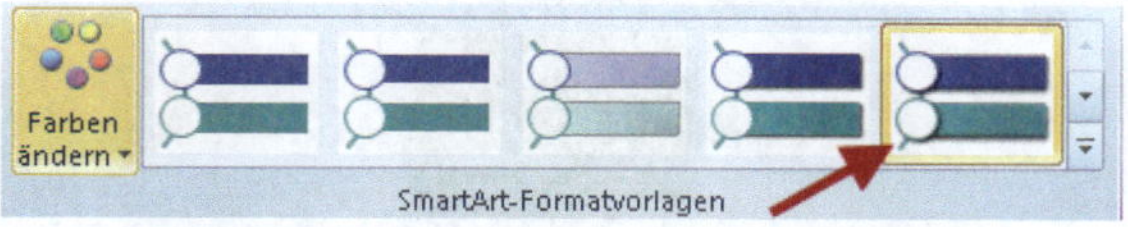

4. Klicken Sie – immer noch in der Gruppe *SmartArt-Formatvorlagen* – rechts bei den Effektvorlagen auf *Intensiver Effekt.*

Beispiel 2: Vom Text zur Sechseck-Darstellung

Den in Abbildung 8.10 links gezeigten Text wandeln Sie ebenfalls mit minimalem Aufwand – nur sieben Mausklicks – in die rechts daneben gezeigte Darstellung um.

Abbildg. 8.10 Von der Textfolie zur Sechseck-Darstellung mit nur sieben Mausklicks

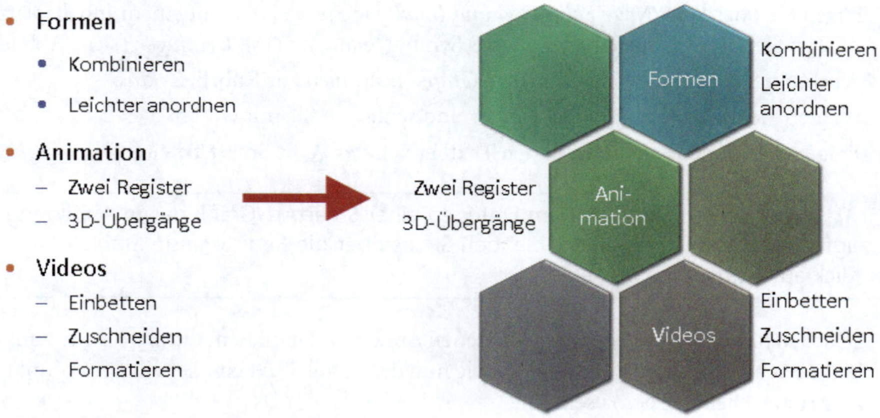

Das Layout *Alternierende Sechsecke* finden Sie im Dialogfeld *SmartArt-Grafik auswählen* ebenfalls in der Gruppe *Liste.*

CD-ROM Den schrittweisen Aufbau des Beispiels sehen Sie auf den Folien 8 bis 11 der Datei *Kap08_SmartArt.pptx* im Ordner *\Buch\Kap08*. Testen Sie die Schritte mit Folie 8.

Schaubilder Schritt für Schritt anlegen

Ist noch kein Text vorhanden, beginnen Sie den Aufbau der SmartArt-Grafik mit der Wahl des passenden Layouts und ergänzen anschließend die Beschriftung. Auch in diesem Fall sind Zeit- und Arbeitsaufwand extrem gering.

Beispiel 1: Eine Mindmap anlegen

Hier die Schritte, die für das in Abbildung 8.11 gezeigte Beispiel erforderlich sind:

Abbildg. 8.11 Nach der Wahl des Layouts *Radialer Cluster* links im Textbereich die Informationen strukturieren

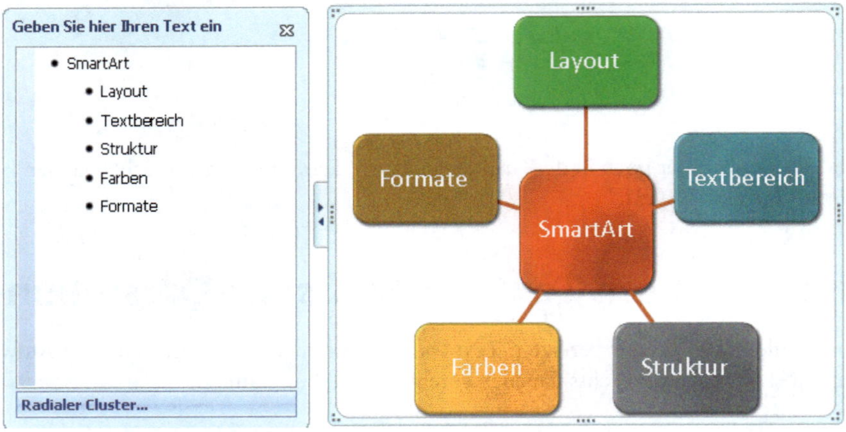

1. Fügen Sie über *Start/Neue Folie/Titel und Inhalt* eine neue Folie mit einem Inhaltsplatzhalter ein. Klicken Sie im Inhaltsplatzhalter auf das Symbol *SmartArt-Grafik einfügen* (siehe Abbildung 8.5).
2. Wechseln Sie im Dialogfeld *SmartArt-Grafik auswählen* zur Rubrik *Zyklus.*
3. Wählen Sie das Layout *Radialer Cluster* und schließen Sie mit *OK* ab.
4. Tragen Sie auf der Folie links in den Textbereich das Wort SmartArt ein.

HINWEIS Sollten Sie nach dem Einfügen einer SmartArt-Grafik das in Abbildung 8.11 links gezeigte Textfenster nicht sehen, blenden Sie es über die Registerkarte *SmartArt-Tools/Entwurf* per Klick auf *Textbereich* wieder ein.

5. Drücken Sie die ↵-Taste für einen neuen Absatz und in diesem die ⇆-Taste zum Einrücken in die nächstniedrigere Ebene. Geben Sie nun den ersten Text ein, der ein Unterpunkt für das im Zentrum stehende Thema sein soll.
6. Fügen Sie jeweils nach Drücken der Taste ↵ weitere Unterpunkte hinzu, die im »Orbit« um das Thema herum angeordnet werden sollen.
7. Passen Sie über die Gruppe *SmartArt-Formatvorlagen* auf der Registerkarte *SmartArt-Tools/Entwurf* per Klick auf *Farben ändern* die Farben an – hier *Farbig - Akzentfarben.*
8. Wählen Sie rechts daneben in dem Katalog wieder *Intensiver Effekt.*

CD-ROM Das fertige Beispiel finden Sie auf Folie 14 der Datei *Kap08_SmartArt.pptx* im Ordner *\Buch\Kap08*. Zum Nachbauen benutzen Sie Folie 13.

Beispiel 2: Zeitachse mit Aufgaben und Terminen

Statt einer textlastigen Folie mit den nächsten Aufgaben und Terminen können Sie mittels SmartArt-Grafik im Handumdrehen eine attraktive Alternative gestalten. Nutzen Sie dazu die in Abbildung 8.12 gezeigte *Zeitachse mit Kreisakzent*.

Abbildg. 8.12 Die Texte in der ersten Ebene zeigen die Aufgabe, die in der zweiten Ebene den Termin

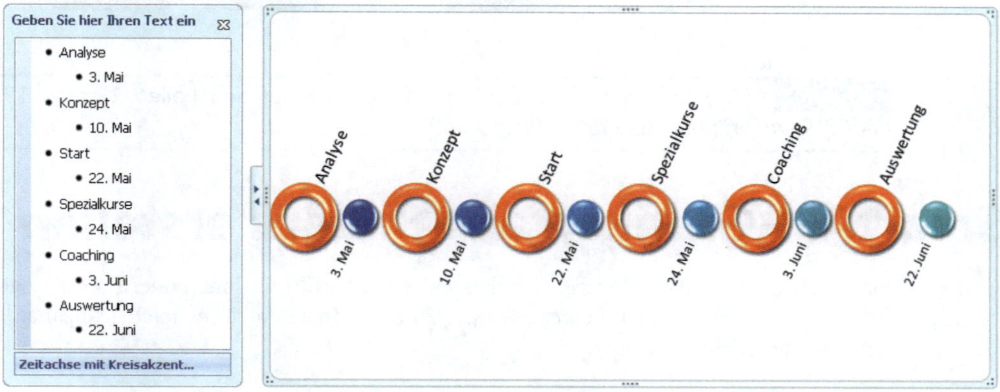

Sie finden dieses Layout in der Rubrik *Prozess*.

Die Eingabe im Textbereich erledigen Sie wieder in zwei Ebenen: In der ersten stehen die Aufgaben, in der zweiten die Termine.

Abbildg. 8.13 Schneller Wechsel zwischen den Ebenen durch die beiden farbig hervorgehobenen Schaltflächen

Um zwischen den beiden Ebenen zu wechseln, können Sie auf der Registerkarte *SmartArt-Tools/Entwurf* in der Gruppe *Grafik erstellen* die beiden in Abbildung 8.13 gezeigten Schaltflächen *Höher stufen* und *Tiefer stufen* verwenden.

CD-ROM Folie 17 der Datei *Kap08_SmartArt.pptx* im Ordner *\Buch\Kap08* enthält das fertige Beispiel.

Beispiel 3: Prozesse darstellen

Gerade für das Darstellen einfacher Abläufe sind die SmartArt-Grafiken perfekt geeignet. In Abbildung 8.14 sehen Sie dafür zwei Beispiele.

Auf einer Folie mit Inhaltsplatzhalter öffnen Sie per Klick auf *SmartArt-Grafik einfügen* das Dialogfeld, in dem Sie dann in der Rubrik *Prozess* die beiden Layouts *Einfacher umgebrochener Prozess* sowie *Wiederholter umgebrochener Prozess* finden.

Abbildg. 8.14 Zwei Varianten für das schnelle Aufzeigen von einfachen Abläufen

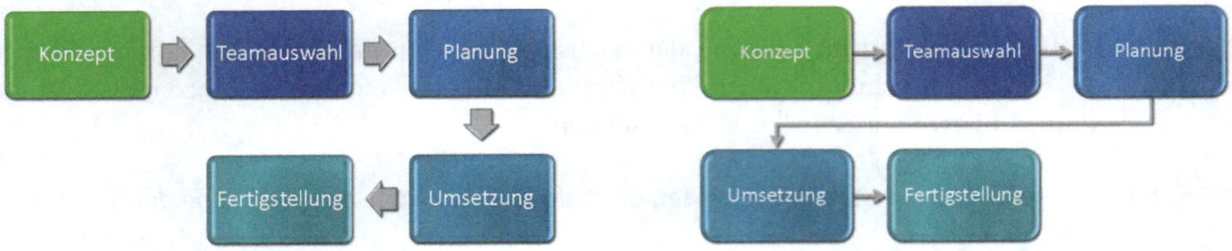

CD-ROM Die beiden Prozess-Beispiele finden Sie auf den Folien 18 und 19 der Datei *Kap08_SmartArt.pptx* im Ordner *\Buch\Kap08*.

SmartArt-Grafiken aus Bildern erstellen

Sie haben so wie in Abbildung 8.15 mehrere Fotos oder Illustrationen oder Produktlogos und wollen diese beschriften und auf einer Folie passend anordnen? Auch für solche Aufgaben sind SmartArt-Grafiken perfekt geeignet.

Abbildg. 8.15 Zu Beginn sind es nur vier unterschiedlich große Logos, die auf der Folie wahllos verteilt sind ...

PowerPoint 2010 bietet dafür die neuen *Bildlayouts*, die Sie über *SmartArt-Grafik einfügen* in der Kategorie *Grafik* finden. Immerhin 31 vorbereitete Layouts unterstützen Sie dabei, Übersichten bildhaft zu machen.

Texte mit Bildern ergänzen und optimal anordnen

Die in Abbildung 8.15 gezeigte Ansammlung war Ausgangspunkt für die in Abbildung 8.16 gezeigte fertige Folie. Hier die Schritte zum Aufbau dieser Lösung:

Abbildg. 8.16 ... und hier ist die fertige Folie zu wichtigen Neuerungen in vier der Office 2010-Anwendungen

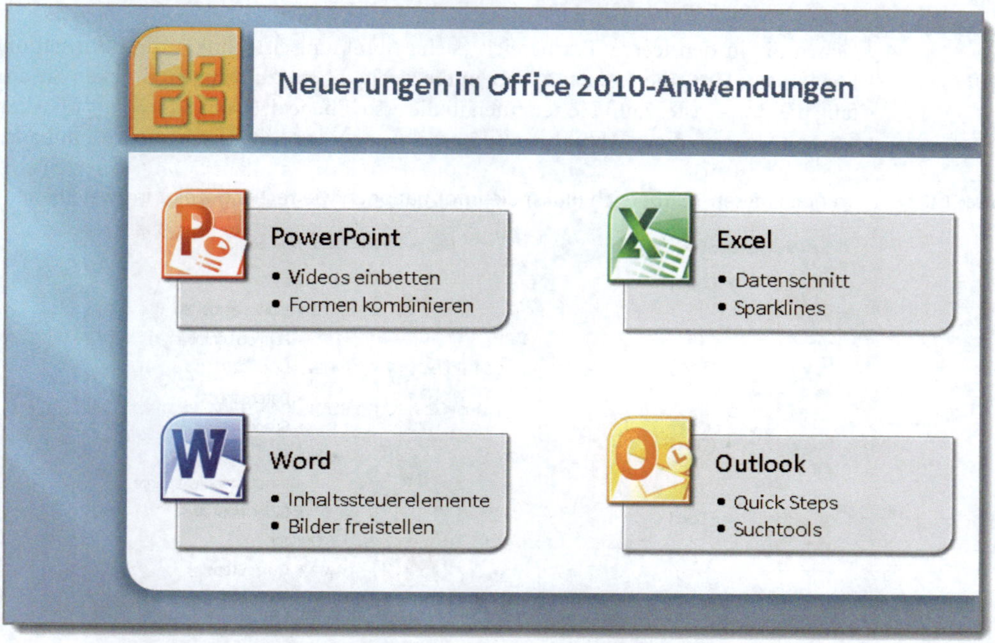

CD-ROM Die Schritte bis zur fertigen Lösung können Sie ab Folie 21 in der Beispieldatei *Kap08_SmartArt.pptx* im Ordner *\Buch\Kap08* verfolgen und selbst testen.

1. Markieren Sie die vier Bilder auf Folie 21.
2. Wählen Sie auf der Registerkarte *Bildtools/Format* per Klick auf *Bildlayout* das Layout *Bildstreifen* (siehe Abbildung 8.17).

Abbildg. 8.17 Die Bilder auf der Folie mit Textboxen kombinieren und in gleicher Größe symmetrisch anordnen

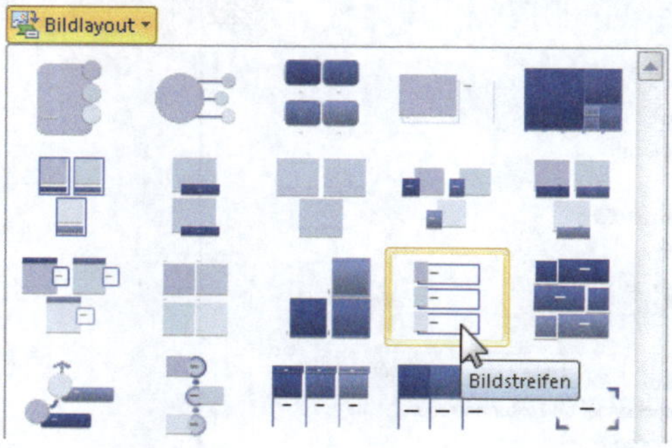

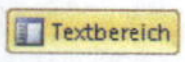

3. Nachdem Sie die Bilder in eine SmartArt-Grafik umgewandelt haben, erscheinen diese in gleicher Größe und in regelmäßiger Anordnung auf der Folie. Tragen Sie die Texte ein. Sollte der

Textbereich nicht sichtbar sein, öffnen Sie ihn per Klick auf *Textbereich* auf der Registerkarte *SmartArt-Tools/Entwurf*.

4. Geben Sie in den leeren Textbereich (siehe Abbildung 8.19 links) die Informationen in zwei Ebenen ein. Um einen neuen Absatz in die zweite Ebene zu bringen, drücken Sie am Zeilenanfang die ⇆-Taste. Zum Höherstufen in die erste Ebene drücken Sie ⇧+⇆. Alternativ dazu können Sie auch die in Abbildung 8.13 gezeigten beiden Schaltflächen im Menüband benutzen.

Abbildg. 8.18 Im noch leeren Textbereich (links) die Informationen wie rechts gezeigt in zwei Ebenen eingeben

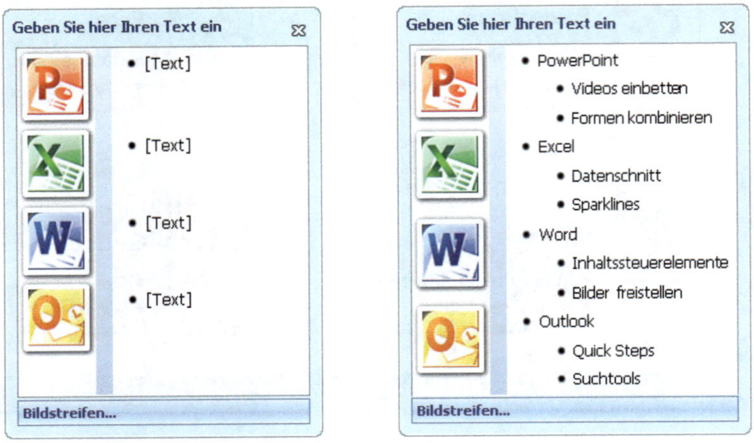

5. Die eingefügten Programmicons sind eher quadratisch, die Bildplatzhalter hingegen waren ursprünglich rechteckig. Aus diesem Grund sind die Icons im Moment noch links und rechts abgeschnitten. Das ändern Sie, indem Sie alle vier Icons in der SmartArt-Grafik mit gedrückter ⇧-Taste markieren. Wählen Sie dann per Rechtsklick auf eines der Icons im Kontextmenü *Form formatieren*. Klicken Sie im folgenden Dialogfeld (siehe Abbildung 8.19) links auf *Füllung*. Passen Sie dann rechts unten die Einstellungen der *Offsets* so wie in Abbildung 8.19 gezeigt an.

Abbildg. 8.19 Bei *Füllung* über die *Offsets*-Einstellungen die Darstellung der Icons optimieren

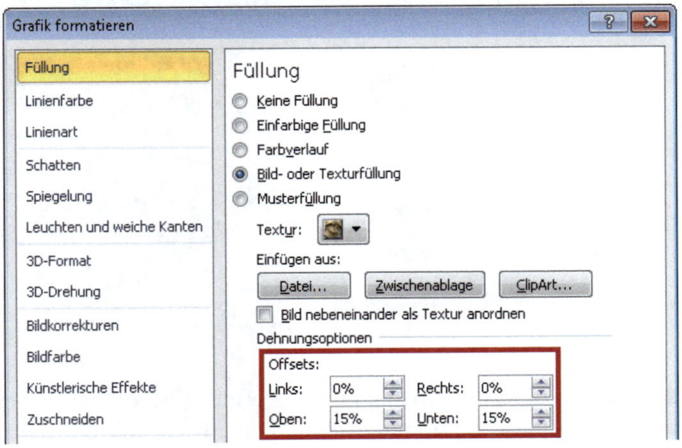

6. Sorgen Sie im gleichen Dialogfeld in der Rubrik *Linienfarbe* mit der Einstellung *Keine Linie* dafür, dass die störenden weißen Rahmen der ursprünglichen Bildplatzhalter verschwinden.
7. Weisen Sie den Textplatzhaltern über *SmartArt-Tools/Format* in der Gruppe *Formenarten* über den Katalog oder per Klick auf *Fülleffekte* eine passende Farbe zu – beispielsweise ein helles Grau.
8. Die Icons sind an einer Ecke abgerundet. Geben Sie auch den Textboxen – so wie in Abbildung 8.20 rechts zu sehen – eine Rundung. Markieren Sie dazu mit gedrückter ⇧-Taste alle vier Textboxen. Wählen Sie über *SmartArt-Tools/Format* ganz links *Form ändern* und dann die Form *Diagonal liegende Ecken des Rechtecks abrunden.*

Abbildg. 8.20 Die Form der Textplatzhalter an die der Icons anpassen: rechte untere Ecke abrunden

9. Setzen Sie die Icons an jeder Textbox etwas höher und verteilen Sie die vier Blöcke besser innerhalb des Platzhalters für die SmartArt-Grafik. Markieren Sie dazu jeweils die betreffenden Objekte mit gedrückter ⇧-Taste und verschieben Sie sie in kleinen Schritten mit den Richtungstasten (←, →, ↑, ↑).

Die Bildstreifen-Lösung schrittweise animieren

Sorgen Sie abschließend mit genau vier Mausklicks für eine passende Animation der SmartArt-Grafik.

1. Lassen Sie die SmartArt-Grafik markiert und wechseln Sie zur Registerkarte *Animationen.*
2. Klicken Sie dort in der Gruppe *Animation* im Katalog auf *Verblassen.*
3. Um einen schrittweisen Aufbau zu bewirken, klicken Sie anschließend rechts daneben auf *Effektoptionen* und dann auf *Nacheinander* (siehe Abbildung 8.21).

Abbildg. 8.21 Mit nur vier Mausklicks für eine passende Animation der SmartArt-Grafik sorgen

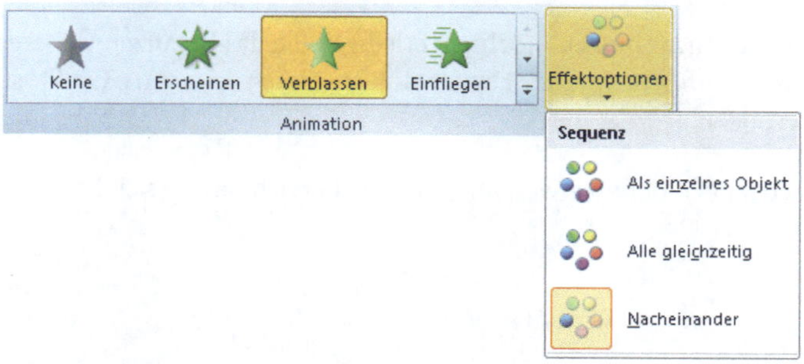

Aufbau und Gestaltung von SmartArt-Grafiken anpassen

Nachdem Sie sich im ersten Teil diese Kapitels anhand praktischer Beispiele davon überzeugen konnten, wie leicht sich SmartArt-Grafiken erstellen lassen, erfahren Sie im folgenden Abschnitt, wie Sie eine fertige SmartArt-Grafik ändern und anpassen.

Nachträglich das Layout ändern

Bei mehr als 130 verschiedenen Layouts für SmartArt-Grafiken kann es passieren, dass die gewählte Variante nicht ideal passt. In solchen Fällen klicken Sie einfach auf der Registerkarte *SmartArt-Tools/Entwurf* in der Gruppe *Layouts* auf die in Abbildung 8.22 hervorgehobene Schaltfläche *Weitere*. Im Katalog, der sich dann öffnet, finden Sie alle Layouts, die zur gleichen Rubrik gehören. Bei Bedarf können Sie auch per Klick auf *Weitere Layouts* noch einmal die gesamte Bibliothek der SmartArt-Grafiken aufrufen.

Abbildg. 8.22 Den Katalog der SmartArt-Grafiklayouts öffnen und ein Layout auswählen, das besser passt

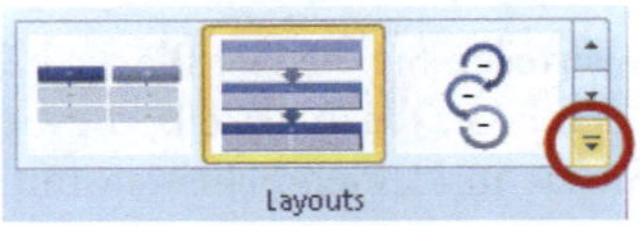

Die Beschriftung ändern

In den meisten Fällen werden Sie Ihre Informationen im *Textbereich* links von der SmartArt-Grafik eingeben und dort auch ändern. Sie können Ihre Texte jedoch auch in die Formen der SmartArt-Grafik eintragen, indem Sie die jeweilige Form anklicken und den Text direkt in die Form eingeben. Leichter ist es jedoch, wenn Sie die Texte im Textbereich eintippen. Auch das Hinzufügen weiterer Formen erfolgt dann automatisch.

Formen hinzufügen und löschen

Wenn Sie den Textbereich nicht nutzen möchten, erledigen Sie das Ergänzen weiterer Formen über die Schaltfläche *Form hinzufügen*. Je nach Layout der gewählten SmartArt-Grafik sind mehr oder weniger Optionen verfügbar.

Abbildg. 8.23 Umständlicher zwar, aber auch ohne Verwendung des Textbereichs lassen sich Formen ergänzen

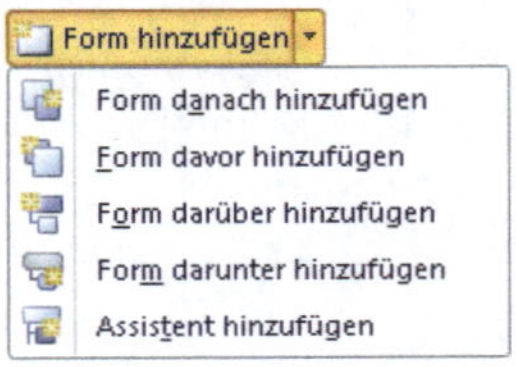

Zum Löschen einer Form markieren Sie diese in der SmartArt-Grafik und drücken dann die Taste `Entf`.

Die Farbgebung und die Effekte ändern

In PowerPoint sind die Formatvorlagen allgegenwärtig. So auch beim Gestalten von SmartArt-Grafiken. Bereits beim Anlegen einer SmartArt-Grafik erhält diese automatisch ein bestimmtes Farbschema: *Farbige Füllung - Akzent 1*. PowerPoint verwendet also die ersten Akzentfarbe aus den Designfarben. Auch der Effekt, der jeder neuen SmartArt-Grafik zugewiesen wird, ist voreingestellt: *Einfache Füllung*.

Abbildg. 8.24 In dieser Gruppe ändern Sie Farben und Effekte einer SmartArt-Grafik

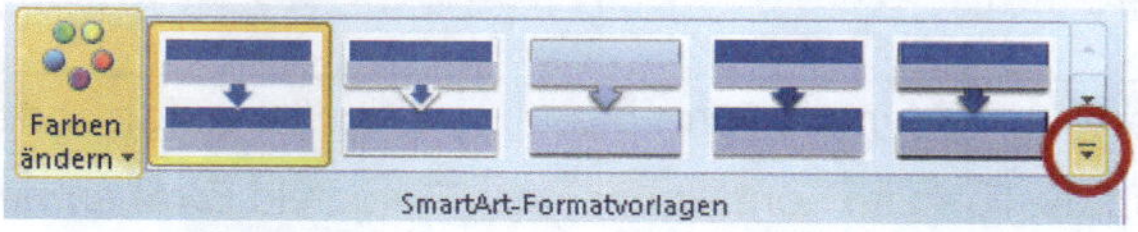

Das anfängliche Erscheinungsbild einer SmartArt-Grafik können Sie mit den Formatvorlagen schnell ändern. Diese finden Sie – wie in Abbildung 8.24 gezeigt – auf der Registerkarte *SmartArt-Tools/Entwurf* in der Gruppe *SmartArt-Formatvorlagen*. Per Klick auf *Farben ändern* gelangen Sie zu einem Katalog, in dem Sie eine passende Farbkombination wählen können.

Auch bei den Effekten ist eine Sammlung vorgefertigter Varianten verfügbar. Klicken Sie dazu auf die in Abbildung 8.24 rechts unten hervorgehobene Schaltfläche *Weitere*. Es stehen 2D- und 3D-Varianten zur Auswahl.

HINWEIS Die Einstellungen, die Sie in der Gruppe *SmartArt-Formatvorlagen* für Farben und Effekte wählen, wirken sich auf die komplette SmartArt-Grafik aus, sodass Sie mit wenig Aufwand die Optik des gesamten Schaubildes ändern.

Abbildg. 8.25 Den Katalog per Klick auf die Schaltfläche *Weitere* öffnen und Zugriff auf 42 Farbvarianten erhalten

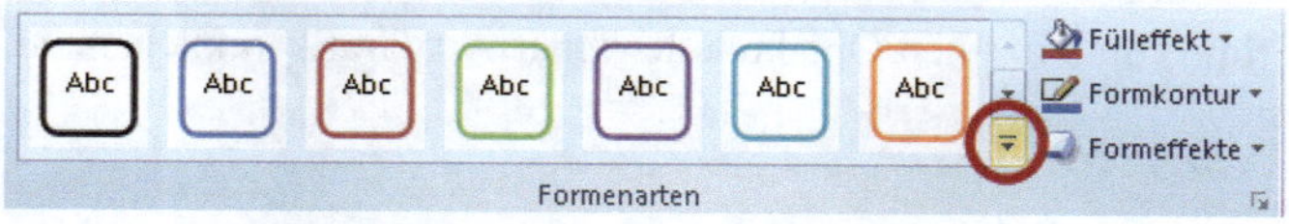

Wollen Sie gezielt nur für einzelne Teile einer SmartArt-Grafik die Optik ändern, nutzen Sie die Befehle der Registerkarte *SmartArt-Tools/Format*.

- Über *Fülleffekt, Formkontur* und *Formeffekte* passen Sie die Bestandteile einer SmartArt-Grafik ganz individuell an.
- Schneller geht's mit vorgefertigten Varianten, die Sie im Katalog der Gruppe *Formenarten* finden. Öffnen Sie diesen wiederum per Klick auf die Schaltfläche *Weitere* an der rechten unteren Ecke des Feldes *Formenarten* (siehe Abbildung 8.25).

Die Größe der Schrift festlegen

Wie bei Textfolien gilt auch für SmartArt-Grafiken, dass sich die Anzahl der Formen und die Textmenge auf Kernpunkte beschränken sollten. Größere Textmengen schmälern die optische Wirkung einer SmartArt-Grafik und erschweren so deren Funktion, Informationen visuell zu vermitteln.

Standardmäßig wird der Schriftgrad in SmartArt-Grafiken beim Hinzufügen weiterer Texte und Formen immer kleiner. Festlegungen zur Schrift, die im Folienmaster hinterlegt sind, haben darauf keinen Einfluss.

- Passen Sie den Schriftgrad möglichst erst zum Schluss für das fertige Schaubild an, indem Sie per Rechtsklick auf den Rahmen um die SmartArt-Grafik die Minisymbolleiste einblenden und hierüber den Schriftgrad ändern.
- Korrigieren Sie bei Bedarf manuell den Zeilenumbruch, denn eine Silbentrennung kennt PowerPoint im Unterschied zu Word nicht.

PROFITIPP Sollte ein Text partout nicht in die Form passen, greifen Sie zu folgender Technik:

1. Öffnen Sie per Rechtsklick auf die Form im Kontextmenü das Dialogfeld *Form formatieren* auf.
2. Reduzieren Sie in der Rubrik *Textfeld* die Werte für *Innerer Seitenrand*. Die Auswirkung Ihrer Änderungen können Sie sofort auf der Folie begutachten.

Die Größe der Objekte komfortabel ändern

Nach dem Einfügen einer SmartArt-Grafik haben deren einzelne Formen eine feste Größe. Nur die Größe des Textes innerhalb der Formen wird automatisch angepasst. Wenn Sie eine Verkleinerung des Textes vermeiden wollen, können Sie das mit einem Vergrößern der Formen erreichen – per Maus oder per Tastatur.

Größenänderung per Maus

Um ein oder mehrere Objekte zu vergrößern, markieren Sie diese und klicken auf der Registerkarte *SmartArt-Tools/Format* links in der Gruppe *Formen* auf *Größer*.

Zum Reduzieren der Größe von einzelnen Objekten der SmartArt-Grafiken klicken Sie in der gleichen Gruppe auf *Kleiner*.

Größenänderung per Tastatur

Statt mit der Maus können Sie die Größenänderung von Objekten einer SmartArt-Grafik auch über die Tastatur erledigen. Tabelle 8.2 zeigt die Tasten, mit denen Sie Größenänderungen um jeweils etwa zehn Prozent bewirken. Drücken Sie bei gedrückter ⇧-Taste die jeweils erforderliche Richtungstaste.

Tabelle 8.2 Tastenkombinationen zur schnellen und bequemen Größenänderung von Objekten innerhalb einer SmartArt-Grafik

Aktion	Tasten
Objekte breiter machen	⇧ + →
Breite von Objekten verringern	⇧ + ←

Tabelle 8.2 Tastenkombinationen zur schnellen und bequemen Größenänderung von Objekten innerhalb einer SmartArt-Grafik *(Fortsetzung)*

Aktion	Tasten
Objekte höher machen	⇧ + ↑
Höhe von Objekten reduzieren	⇧ + ↓

PROFITIPP Wenn Sie die Größenänderung in kleinsten Schritten von jeweils einem Prozent vornehmen wollen, halten Sie zusätzlich zur ⇧-Taste die Strg-Taste gedrückt, wenn Sie eine der vier Richtungstasten drücken.

Formen nachträglich ersetzen

Sie haben eine SmartArt-Grafik mit Rechtecken und würden Rechtecke mit abgerundeten Ecken bevorzugen? Kein Problem, denn auch diese Aufgabe lösen Sie über die Registerkarte *SmartArt-Tools/Format* ganz links in der Gruppe *Formen*.

Markieren Sie die zu ändernden Formen und klicken Sie auf die Schaltfläche *Form ändern*. 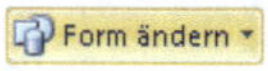

Wählen Sie in dem dann eingeblendeten Katalog die gewünschte Form aus.

Die Abfolge der Formen ändern

Auch das ist möglich: Sie können ein Schaubild nicht nur von links nach rechts, sondern auch in entgegengesetzter Richtung aufbauen.

Klicken Sie dazu einfach in der Gruppe *SmartArt-Tools/Entwurf* auf die Schaltfläche *Von rechts nach links*. Abbildung 8.26 zeigt die Wirkung dieses Befehls – links sehen Sie das Original, rechts die Variante mit geänderter Richtung.

Abbildg. 8.26 Mit dem Befehl *Von rechts nach links* den Aufbau der SmartArt-Grafik ändern

SmartArt-Grafiken animieren

Bereits weiter oben auf Seite 247 im Abschnitt »Die Bildstreifen-Lösung schrittweise animieren« konnten Sie sich davon überzeugen, dass das Animieren einer SmartArt-Grafik tatsächlich mit geringstem Aufwand und sehr schnell zu erledigen ist.

Animieren Sie SmartArt-Grafiken oder einzelne Form von ihnen, um Informationen, Strukturen oder Abläufe so aufzubauen, dass die Zuschauer leicht folgen können.

Je nach gewählter SmartArt-Grafik können Auswahl und Wirkung der Animationen recht unterschiedlich sein. Doch in jedem Fall können Sie die gesamte SmartArt-Grafik auf einmal oder die Formen und Ebenen in Schritten animieren.

Besonderheiten bei Animationen für SmartArt-Grafiken

Animationen für eine SmartArt-Grafik unterscheiden sich in zwei Punkten von Animationen, die Sie auf Formen oder Texte anwenden:

- Verbindungslinien zwischen den Formen werden stets mit der jeweils folgenden Form verbunden und können nicht einzeln animiert werden.
- Die Abfolge der Animation der Formen innerhalb einer SmartArt-Grafik lässt sich nicht ändern. Sie können nur die gesamte Animationsreihenfolge umkehren.

Die Schritte zum Animieren einer SmartArt-Grafik

1. Markieren Sie die SmartArt-Grafik, die Sie animieren möchten.
2. Klicken Sie auf der Registerkarte *Animationen* in der Gruppe *Animation* auf *Weitere* und wählen Sie die gewünschte Animation aus.
3. Legen Sie anschließend über die Schaltfläche *Effektoptionen* die Abfolge der Animation fest.

Hier eine kurze Erklärung der möglichen Optionen:

CD-ROM Machen Sie sich ab Folie 53 der Beispieldatei *Kap08_SmartArt.pptx* selbst ein Bild, was die einzelnen Effektoptionen konkret bedeuten. Sie finden die Präsentation im Ordner *\Buch\Kap08*.

- *Als einzelnes Objekt:* Die Animation wird so ausgeführt, als sei die gesamte SmartArt-Grafik ein einziges Objekt.
- *Alle gleichzeitig:* Alle Formen in der SmartArt-Grafik werden gleichzeitig animiert. Der Unterschied zu *Als einzelnes Objekt* ist bei Animationen zu sehen, bei denen sich die Formen drehen oder wachsen. Vergleichen Sie dazu Folie 57 und Folie 58 in der Beispieldatei *Kap08_SmartArt.pptx.*
- *Nacheinander:* Jede Form wird einzeln nacheinander animiert.
- *Ebene gleichzeitig:* Alle Formen einer Ebene werden gleichzeitig animiert.
- *Ebene schrittweise:* Die Formen werden Ebene für Ebene animiert.

PROFITIPP **Nur einzelne Formen in einer SmartArt-Grafik animieren**

In manchen Fällen ist es wünschenswert, nicht alle, sondern nur ausgewählte Elemente der SmartArt-Grafik zu animieren. Beispielsweise um eine Form durch Ändern der Schrift- oder Objektfarbe hervorzuheben. Oder um aus einem Organigramm infolge Umstrukturierung Formen verschwinden zu lassen. So geht's:

1. Klicken Sie auf die SmartArt-Grafik, die Sie animieren möchten. Weisen Sie die gewünschte Animation zu. Wählen Sie die Effektoption *Nacheinander*.
2. Öffnen Sie über die Registerkarte *Animationen* in der Gruppe *Erweiterte Animation* den *Animationsbereich*.
3. Klicken Sie rechts im *Animationsbereich* in der Liste auf den kleinen Doppelpfeil, um alle Formen in der SmartArt-Grafik anzuzeigen.
4. Markieren Sie alle Einträge der Liste, die nicht animiert werden sollen. Halten Sie dazu die Taste Strg gedrückt und klicken Sie nacheinander auf die betreffenden Einträge.
5. Drücken Sie die Taste Entf, um die markierten Animationseffekte zu löschen.

CD-ROM Ein Beispiel für die Animation nur eines Elements – in diesem Fall in einem Organigramm – finden Sie auf Folie 59 der Beispieldatei *Kap08_SmartArt.pptx*.

Weitere Tipps zu SmartArt-Grafiken

Zum Schluss noch einige zusätzliche Hinweise, die Ihnen Zeit und Nerven beim Umgang mit SmartArt-Grafiken sparen sollen.

Wenn nichts mehr geht (1): Zurücksetzen

Beim Anpassen der Größe einzelner Formen kann es schnell passieren, dass die SmartArt-Grafik »aus den Fugen« gerät. Bleiben Sie in solchen Fällen ruhig und klicken Sie einfach auf der Registerkarte *SmartArt-Tools/Entwurf* auf *Grafik zurücksetzen*. Beschriftung und Struktur der SmartArt-Grafik bleiben erhalten.

Soll nur eine einzelne Form auf ihre ursprüngliche Formatierung zurückgesetzt werden, rufen Sie per Rechtsklick auf die Form das Kontextmenü auf. Wählen Sie dort den Befehl *Form zurücksetzen*.

Wenn nichts mehr geht (2): Konvertieren

In einer Vielzahl von Fällen liefert die SmartArt-Grafik nur die Ausgangsbasis für die angestrebte Gestaltungslösung. Anstatt Formen und Pfeile für ein Organigramm selbst zu zeichnen und zu verteilen, lassen Sie sich zunächst von PowerPoint per SmartArt-Grafik ein fertiges Organigramm erstellen.

Wenn Sie das Organigramm dann individuell ausbauen oder anderweitig ändern wollen, lösen Sie die fertige SmartArt-Grafik einfach in Formen auf. Der Vorteil: Sie sind deutlich flexibler beispielsweise beim Anordnen der Objekte, beim Anpassen von Objekt- und Schriftgrößen und vor allem beim Animieren.

Zum Auflösen einer SmartArt-Grafik in ihre Einzelteile klicken Sie auf der Registerkarte *SmartArt-Tools/Entwurf* ganz rechts auf *Konvertieren/In Formen konvertieren*.

Abbildg. 8.27 Komfortabel eine fertige SmartArt-Grafik in ihre Bestandteile auflösen

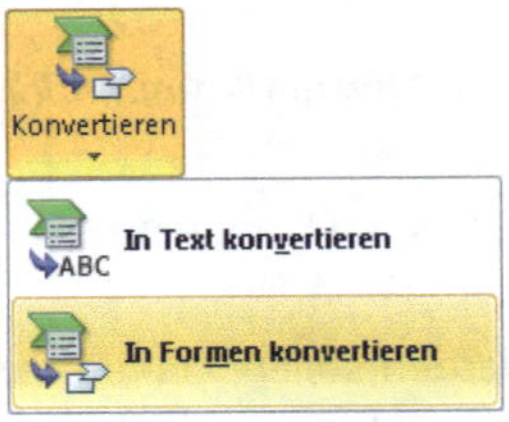

Noch mehr SmartArt-Grafiken

Zusätzlich zu der Bibliothek von SmartArt-Grafiken, die mit PowerPoint installiert wird, gibt es im Internet Quellen für weitere Layouts.

- Eine davon ist Microsoft selbst. Zusätzliche Layouts finden Sie im Dialogfeld *SmartArt-Grafik auswählen* in der Rubrik *Office.com*. Dies setzt allerdings voraus, dass Ihr Computer so eingestellt ist, dass neue Inhalte von Office.com geholt werden. Die Einstellung dafür finden Sie im Dialogfeld *PowerPoint-Optionen* im *Sicherheitscenter* (Klick auf *Einstellungen für das Sicherheitscenter* und dann Anpassen der *Datenschutzoptionen*).
- Die zweite Internetquelle für zusätzliche SmartArt-Grafiken finden Sie unter der Adresse *http://diagrams.loki3.com*.

Zusammenfassung

Der Einsatz der über 130 Layouts aus der SmartArt-Bibliothek ist zeitsparend und ermöglicht auch ungeübten Anwendern, vorzeigbare Ergebnisse zu produzieren.

Hier die Fundstellen zu wichtigen Befehlen im Umgang mit SmartArt-Grafiken:

Thema	Seite
Eine SmartArt-Grafik aus Text anlegen	237
SmartArt-Grafik Schritt für Schritt anlegen	241
SmartArt-Grafiken aus Bildern erstellen	244
Farbe und Effekte anpassen	249
Tasten zur Größenanpassung von SmartArts	250
SmartArt-Grafiken animieren	251
Zusätzliche SmartArt-Grafiken	254

Kapitel 9

Grafiken und Schaubilder selbst zeichnen und gestalten

Foliengestaltung

In diesem Kapitel:

In PowerPoint gestalten Sie eigene Schaubilder, indem Sie *Formen* verwenden, die Sie frei auf der Folie anordnen und beschriften sowie individuell formatieren und animieren können.

»Formen« ist die PowerPoint-eigene Bezeichnung für alle Arten von grafischen Objekten auf der Folie: Linien, Flächen und auch Textfelder zählen dazu.

Obwohl die Grundformen recht schlicht gehalten sind, können Sie damit auch Pläne zeichnen oder Bilder erzeugen, indem Sie mehrere einfache Formen zu einer komplexeren Form zusammensetzen und mithilfe der *Formeffekte* plastische Wirkungen herstellen.

In diesem Kapitel lernen Sie die Grundtechniken beim Zeichnen und die vielfältigen Gestaltungsmöglichkeiten für Formen kennen.

PROFITIPP **Maßeinheiten**

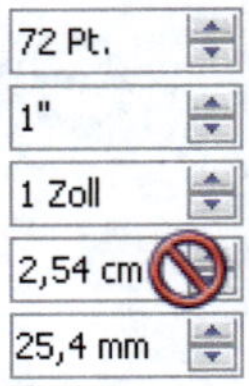

Gleich zu Beginn ein wichtiger Hinweis: Beim Zeichnen kommt es häufig auf korrekte Maße an. PowerPoint verwendet dazu je nach Zusammenhang metrische Maße oder das auf dem amerikanischen Zollmaß basierende typografische Maß Punkt (pt).

2,54 cm = 1" = 72 pt

Oft ist es notwendig, ein in einer Anzeige abgelesenes metrisches Maß in ein Feld zu übertragen, das in pt angezeigt wird. Sie können dort ohne Umrechnung das metrische Maß eintragen; PowerPoint rechnet die Eingaben in pt um. Wichtig ist jedoch, dass Sie in diesem Fall die von Ihnen benutzte Maßeinheit ebenfalls eintragen! PowerPoint akzeptiert die in der Randspalte gezeigten Einheiten. Vergessen Sie nicht das Leerzeichen vor »cm« und »mm«!

ACHTUNG **Aber beachten Sie bitte unbedingt:** PowerPoint erlaubt nur Zahleneingaben mit maximal einer Nachkommastelle. Wollen Sie also 1 Zoll in Zentimeter eingeben, klappt das nicht, denn die zweite Nachkommastelle wird ignoriert.

Formen und Linien zeichnen

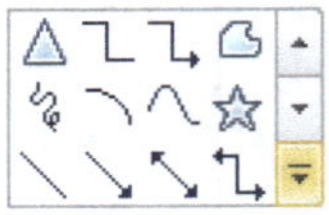

Auf der Registerkarte *Start*, Gruppe *Zeichnung* finden Sie die Formenauswahl mit einem Auszug aus dem Formenkatalog oder bei geringeren Bildschirmauflösungen die Schaltfläche *Formen*. Per Klick auf die Schaltfläche *Weitere* bzw. auf die Schaltfläche *Formen* öffnen Sie den Formenkatalog, der in verschiedenen Kategorien eine umfangreiche Auswahl vordefinierter Formen bereithält.

Abbildg. 9.1 Der Formenkatalog

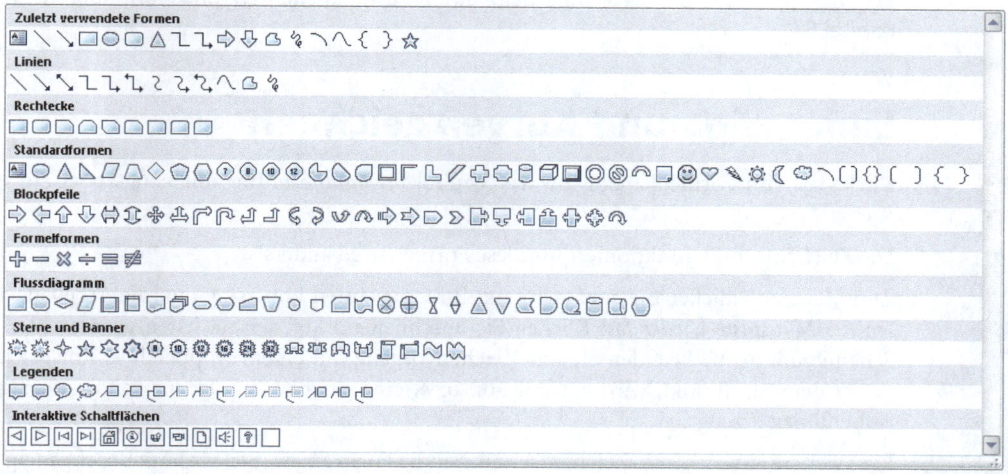

Formen zeichnen

Die Zeichentechnik ist für nahezu alle Formen des Katalogs gleich:

1. Wählen Sie per Mausklick im Katalog das Symbol der Form aus, die Sie auf die Folie zeichnen möchten.
2. Bewegen Sie den Mauszeiger in die Folie, dort wird er als Fadenkreuz angezeigt.
3. Positionieren Sie das Kreuz an der Stelle, an der Sie mit dem Zeichnen beginnen möchten.
4. Klicken Sie jetzt mit der linken Maustaste, halten Sie die Maustaste gedrückt und ziehen Sie einen Rahmen für die Form in der gewünschten Größe auf. Während Sie die Maustaste gedrückt halten, können Sie die Größe der Form in jede Richtung variieren.
5. Ist die gewünschte Größe der Form erreicht, lassen Sie die Maustaste wieder los.

Nachdem Sie die Maustaste losgelassen haben, wird der Mauszeiger wieder als Pfeil angezeigt, die Zeichenfunktion ist damit beendet. Auf der Folie wird die gezeichnete Form als markiertes Objekt angezeigt.

Möchten Sie mehrere gleichartige Formen nacheinander zeichnen, klicken Sie im Katalog die gewünschte Form mit der rechten Maustaste an und wählen im Kontextmenü *Zeichenmodus sperren*.

Im gesperrten Modus zeichnen Sie so lange Formen desselben Typs, bis Sie den Sperrmodus wieder aufheben, indem Sie

- wiederum mit der rechten Maustaste auf das gesperrte Werkzeug klicken und im Kontextmenü erneut *Zeichenmodus sperren* wählen oder
- eine andere Form oder Funktion anklicken oder
- Esc drücken.

TIPP Geschlossene Formen können Sie sofort nach dem Zeichnen beschriften. Geben Sie einfach Ihren Text ein, während die Form noch markiert ist.

HINWEIS Wie Sie Text innerhalb einer Form ausrichten und formatieren, lesen Sie in Kapitel 5.

Linienzüge und Kurven zeichnen

Klicken Sie im Formenkatalog auf das Symbol *Freihandform* für Linienzüge oder auf das Symbol *Kurve*.

Die Zeichentechnik funktioniert für diese Formenarten anders!

Zum Zeichnen klicken Sie am Startpunkt Ihres geplanten Linienzugs auf die Arbeitsfläche und *lassen die Maustaste wieder los*! Klicken Sie anschließend auf den nächsten gewünschten Eck- bzw. Scheitelpunkt usw. Beenden Sie den Zeichenvorgang mit einem Doppelklick. Entspricht der Endpunkt dem Startpunkt, wird ein Polygon bzw. eine geschlossene Fläche mit »sauber gebogenen« Außenlinien erzeugt.

Eine weitere abweichende Zeichentechnik hat die Form *Skizze*. Sie wird mit durchgängig gedrückter Maustaste gezeichnet. Ein »Stift« zeichnet jede Bewegung mit. Beenden Sie den Zeichenvorgang durch Loslassen der Maustaste. Endet die Skizze am Startpunkt, wird eine geschlossene unregelmäßige Fläche erzeugt.

Die Freihandtools

Sollten Sie über ein Grafiktablett, einen Touchscreen oder ein ähnliches Eingabewerkzeug verfügen, gestattet PowerPoint echtes Freihandarbeiten. Sobald das Gerät angeschlossen ist, wird die zusätzliche Registerkarte *Freihandtools/Stifte* eingeblendet.

Sie können mit einem Stift oder einem Textmarker mit unterschiedlichen Linienarten, Linienstärken und Transparenzgraden zeichnen oder schreiben. Jede Bewegung des Eingabestiftes oder des Fingers auf dem Touchscreen wird in Linien auf der Folie umgesetzt.

Abbildg. 9.2 Freihandbearbeitung mit Grafiktablett

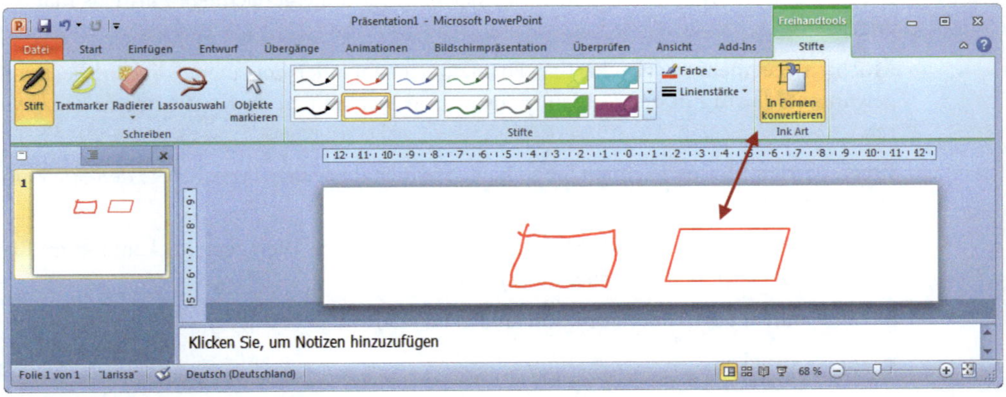

Wenn Sie eine solche Freihandlinie markieren, wird sie durch ihre Kontur dargestellt und lässt sich mit den üblichen Ziehpunkten verändern.

Durch Markieren und anschließendes Drücken von `Entf` oder durch Anklicken mit dem *Radierer*-Werkzeug entfernen Sie die Freihandzeichnungen wieder. Das *Radierer*-Werkzeug bietet, wenn Sie die Schaltfläche im unteren Bereich anklicken, zwei Sondermodi an: Mit *Kleiner Radierer* und *Mittlerer Radierer* lassen sich Teile der Freihandzeichnung »wegwischen«.

Ist *vor* dem Freihandzeichnen die Schaltfläche *In Formen konvertieren* eingeschaltet, wandelt PowerPoint die Zeichnung nach Absetzen des Stiftes in eine »ordentliche« Form um, wie in Abbildung 9.2 rechts zu sehen.

Zeichenhilfen

Um perfekte Quadrate und Kreise oder exakt ausgerichtete Linien zu zeichnen, sind Sie nicht auf gutes Augenmaß und eine ruhige Maushand angewiesen. Einfacher kommen Sie mit Hilfstasten zum Ziel:

- Klicken Sie nach der Formauswahl *nur einmal* auf die Folie, erzeugt PowerPoint die Form in einem Rahmen mit den quadratischen Kantenmaßen 2,54 cm.
- Wollen Sie eine *genau senkrechte* oder *genau waagerechte Linie* zeichnen, halten Sie beim Zeichnen die `⇧`-Taste fest; dann erlaubt PowerPoint nur Zeichenwinkel im 15-Grad-Raster.
- *Quadrate* und *Kreise* erstellen Sie, indem Sie beim Zeichnen von *Rechteck* und *Ellipse* die `⇧`-Taste gedrückt halten.
- Um Formen aus der Mitte heraus zu zeichnen, also so, dass der Startpunkt beim Klicken im Zentrum der Form liegt, halten Sie `Strg`+`⇧` gedrückt.

Formen bearbeiten

Gezeichnete Formen sind nachträglich veränderbar, weil es sich um sogenannte Vektorgrafiken handelt, deren Eigenschaften als Objektdaten gespeichert werden. Diese Daten zu ändern, ist für Sie als Anwender mithilfe der Registerkarte *Zeichentools/Format* und durch freihändige Behandlung der Formen möglich; von der Objektdatenbank im Hintergrund bekommen Sie beim Arbeiten nichts mit.

Für PowerPoint sind alle Arten von Zeichnungsobjekten *Formen*, egal ob Formen aus dem Formenkatalog, Textfelder, SmartArt- oder WordArt-Objekte. Alle werden mit denselben Werkzeugen bearbeitet, auch wenn diese objektspezifisch in unterschiedlichen, spezifischen Registerkarten und Dialogfeldern auftreten können.

Die Zeichentools

Sobald Sie eine Form fertig gezeichnet haben, erscheinen im Menüband die *Zeichentools* mit ihrer einzigen Registerkarte *Format*.

Abbildg. 9.3 Die Registerkarte *Zeichentools/Format*

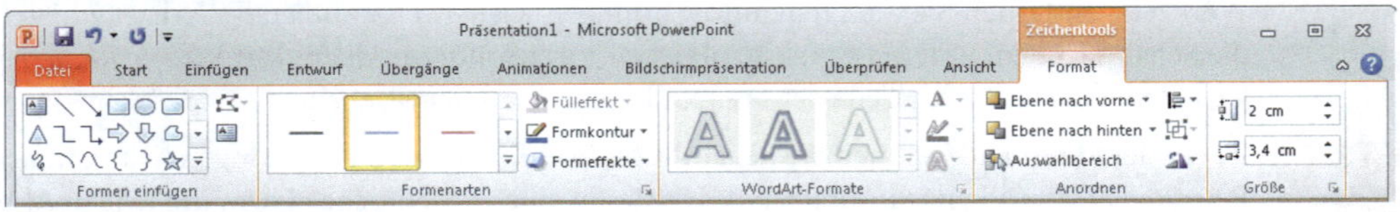

Die Werkzeuge in den Gruppen *Formenarten* und *WordArt-Formate* unterscheiden sich praktisch nur dadurch, dass *Formenarten* sich auf die Form selbst bezieht, während *WordArt-Formate* den in der Form enthaltenen Text betrifft.

Die Zeichentools werden ebenfalls sichtbar, wenn Sie eine Form markieren, indem Sie sie anklicken.

Formen markieren

Um alle Formen der Folie zu markieren, drücken Sie die Tastenkombination Strg+A.

Mehrere Formen, die nahe beieinander liegen, können Sie mit einem Markierungsrahmen umgeben:

1. Platzieren Sie dazu die Maus oberhalb und etwas seitlich von der ersten Form.
2. Ziehen Sie dann mit gedrückter linker Maustaste einen Rahmen um alle zu markierenden Formen.

   Achten Sie darauf, dass alle zu markierende Elemente im Markierungsrahmen enthalten sind. Keines darf herausragen. Sobald auch nur eine Ecke eines Elements von dem Markierungsrahmen nicht umschlossen wurde, ist es anschließend auch nicht markiert.
3. Lassen Sie die Maustaste los, wenn Sie alle Elemente »eingefangen« haben. Jetzt müssen alle Elemente markiert erscheinen.

Sollen nur einige wenige Elemente markiert werden, führen Sie eine Mehrfachmarkierung durch:

1. Klicken Sie das erste Element an, um es zu markieren.
2. Lassen Sie die Maus wieder los. Drücken Sie nun die (ª)-Taste und halten Sie diese gedrückt. Klicken Sie dann mit der Maus ein Element nach dem anderen an.

Auf Folien mit vielen Objekten setzen Sie am besten den Aufgabenbereich *Auswahl und Sichtbarkeit* ein.

Formen verwalten

Zum gezielten Auffinden verdeckter Formen dient der Aufgabenbereich *Auswahl und Sichtbarkeit*, den Sie auf der Registerkarte *Start*, Gruppe *Zeichnung* mit *Anordnen/Auswahlbereich* aktivieren.

In diesem Aufgabenbereich werden alle Objekte der aktuellen Folie aufgelistet; durch Anklicken können Sie ein Objekt markieren.

Abbildg. 9.4 Der Aufgabenbereich *Auswahl und Sichtbarkeit*

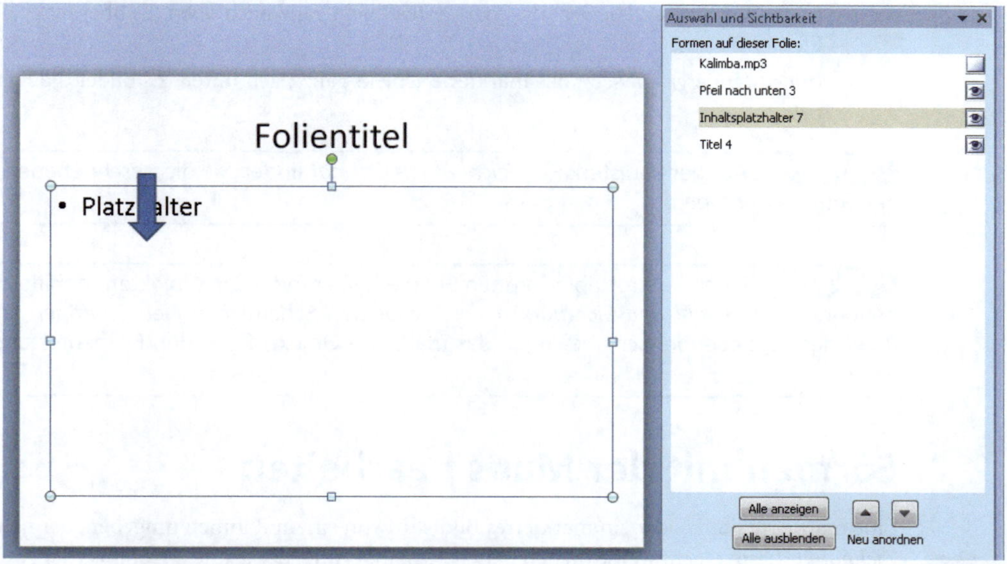

Objekte ausblenden

Gelegentlich sollen einzelne Objekte auf einer Folie nicht sichtbar sein. Dazu müssen Sie die Präsentation nicht großartig verändern, sondern lediglich über den Aufgabenbereich *Auswahl und Sichtbarkeit* diese Objekte ausblenden. Rechts neben den Objektbezeichnungen steht ein Augen-Symbol; klicken Sie darauf, wird das zugehörige Objekt ausgeblendet und das Symbol in einen leeren Rahmen verwandelt. Wollen Sie das Objekt wieder sichtbar machen, klicken Sie wiederum auf das Symbol oder auf die Schaltfläche *Alle anzeigen* ganz unten im Aufgabenbereich.

Objektnamen

Sobald Sie einer Folie ein wie auch immer geartetes Element hinzufügen, vergibt PowerPoint dafür einen Namen mit der Art des Objekts, gefolgt von einer laufenden Nummer. Bei Folien mit vielen Objekten sind diese kryptischen Namen wenig übersichtlich. Im Aufgabenbereich *Auswahl und Sichtbarkeit* lassen sich diese Namen ändern.

Vordergrund und Hintergrund

Sie können Objekte aufeinanderlegen, sodass sie sich gegenseitig überdecken. Dabei werden die Objekte in der Reihenfolge aufeinandergeschichtet, in der sie entstanden sind. Das zuerst gezeichnete Objekt liegt im Stapel ganz unten, das zuletzt gezeichnete liegt obenauf. Sie können diese Reihenfolge nach Belieben ändern:

1. Markieren Sie das Objekt, das anders eingeordnet werden soll.
2. Klicken Sie dann auf der Registerkarte *Start* in der Gruppe *Zeichnung* auf die Schaltfläche *Anordnen*.
3. Sie können jetzt aus vier Möglichkeiten wählen:
   - *Ebene nach vorne* lässt das markierte Objekt stufenweise nach oben wandern.

- *Ebene nach hinten* lässt das markierte Objekt (ebenfalls stufenweise) nach unten wandern.
- *In den Vordergrund* bewegt das markierte Objekt ganz nach oben. Es überdeckt alle anderen Elemente.
- *In den Hintergrund* setzt das markierte Objekt ganz nach unten. Es bildet die Basis des Stapels.

HINWEIS Auf der Registerkarte *Zeichentools/Format* finden Sie die beschriebenen Befehle in der Gruppe *Anordnen*.

PROFITIPP Noch komfortabler ordnen Sie die Reihenfolge von Objekten mithilfe des Aufgabenbereichs *Auswahl und Sichtbarkeit* an. Die beiden Schaltfläche *Neu anordnen* am unteren Rand des Aufgabenbereichs bewegen das markierte Objekt durch den Elementestapel auf und ab.

Formen mit der Maus bearbeiten

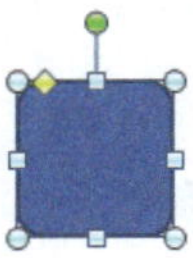

Eine markierte Form oder ein markiertes Bild wird von einem Rahmen umgeben, der neun bis zehn *Ziehpunkte* besitzt, acht weiße dienen der Größenänderung, der grüne *Drehpunkt* der Änderung des Lagewinkels. Greifen Sie einen der Punkte mit dem Mauszeiger, können Sie Abmessungen und Lage der Form freihändig verändern. Die gelbe Raute am Rand ist nicht bei allen Formen vorhanden; sie gibt Ihnen die Möglichkeit, interne Proportionen der Form zu verändern (siehe Seite 268).

Gerade Linien zeigen nur zwei *Ziehpunkte*, wenn sie markiert sind, an jedem Ende einen. Damit lassen sich durch Greifen mit dem Mauszeiger sowohl die Länge als auch die Neigung der Linie verändern.

Verschieben

Um eine Form auf der Folie zu *verschieben*, greifen Sie sie mit dem Mauszeiger inmitten der Form und ziehen sie an den gewünschten Platz.

TIPP Halten Sie beim Verschieben die ⇧-Taste fest, lässt sich die Form nur waagerecht oder senkrecht verschieben.

Skalieren

Zum Skalieren greifen Sie mit dem Mauszeiger einen der weißen Ziehpunkte und verändern die Größe der Form, bezogen auf den gegenüberliegenden Punkt. Halten Sie beim Skalieren die Strg-Taste gedrückt, skalieren Sie symmetrisch, bezogen auf den Mittelpunkt der Form.

- Die quadratischen Ziehpunkte an den Seiten erlauben nur das *Skalieren in der Waagerechten oder der Senkrechten.*
- Die runden Ziehpunkte an den Ecken erlauben das *Skalieren in alle Richtungen.*
- Ist beim Skalieren über die runden Ziehpunkte die ⇧-Taste gedrückt, bleiben die *Seitenverhältnisse der Form erhalten.* (Bei Bildern bleiben die Seitenverhältnisse auch beim Ziehen an einem Eckpunkt erhalten.)

- Beim *Skalieren von Linien* bewegt sich nur das mit der Maus gegriffene Ende der Linie, das gegenüberliegende Ende bleibt in seiner Position.
- Halten Sie bei der Linienbearbeitung über die Endpunkte die Taste ⇧ gedrückt, bleibt der *Lagewinkel der Linie* erhalten.
- Halten Sie beim Skalieren und Verschieben die Alt-Taste gedrückt, sind Sie vom Raster (siehe den Abschnitt »Formen ausrichten« weiter hinten in diesem Kapitel) unabhängig.

Drehen

Bei *Linien* greifen Sie einen der Endpunkte mit dem Mauszeiger und ziehen ihn an eine neue Position, sodass der neue Lagewinkel Ihren Vorstellungen entspricht.

Um *Flächen* zu drehen, greifen Sie den grünen Drehpunkt mit dem Mauszeiger und drehen ihn an eine neue Position, sodass der neue Lagewinkel Ihren Vorstellungen entspricht.

Wenn Sie beim Drehen gleichzeitig die ⇧-Taste drücken, rastet die Drehung in 15-Grad-Schritten ein.

Formen mit der Tastatur bearbeiten

Verschieben

Mit den Pfeiltasten ←, →, ↑, ↓ verschieben Sie markierte Bilder und Formen um jeweils eine Rastereinheit (siehe den Abschnitt »Formen ausrichten« weiter hinten in diesem Kapitel).

Skalieren

Bei gedrückter ⇧-Taste können Sie markierte Formen mit den Pfeiltasten skalieren.

- ⇧+→ vergrößert horizontal
- ⇧+← verkleinert horizontal
- ⇧+↑ vergrößert vertikal
- ⇧+↓ verkleinert vertikal

TIPP Halten Sie beim Skalieren und Schieben mit den Pfeiltasten zugleich die Strg-Taste gedrückt, sind Sie vom Raster unabhängig und arbeiten pixelgenau.

Drehen

Drücken Sie die Pfeiltasten bei zugleich gedrückter Alt-Taste, wird die markierte Form gedreht.

- Alt+→ dreht um 15 Grad im Uhrzeigersinn
- Alt+← dreht um 15 Grad gegen den Uhrzeigersinn
- Strg+Alt+→ dreht um 1 Grad im Uhrzeigersinn
- Strg+Alt+← dreht um 1 Grad gegen den Uhrzeigersinn

Formen per Einstellungen bearbeiten

Für korrektes Arbeiten am Objekt können Sie für die Größen, Positionen und Lagewinkel von Formen und Bildern Werte im Menüband und im Dialogfeld *Form formatieren* eingeben. Auf den Registerkarten *Zeichentools/Format* und *Bildtools/Format* sehen Sie ganz rechts die Gruppe *Größe*, in der die Abmessungen des aktuell markierten Objekts dargestellt sind und verändert werden können.

Mit dem sogenannten Startprogramm für Dialogfelder in dieser Gruppe öffnen Sie die Rubrik *Größe* im Dialogfeld *Form formatieren;* gleich darunter finden Sie die Rubrik *Position*. Dort lassen sich Maße, Winkel und Position auf der Folie durch Werteeingaben verändern.

Abbildg. 9.5 Korrekte Größen- und Positionseinstellungen

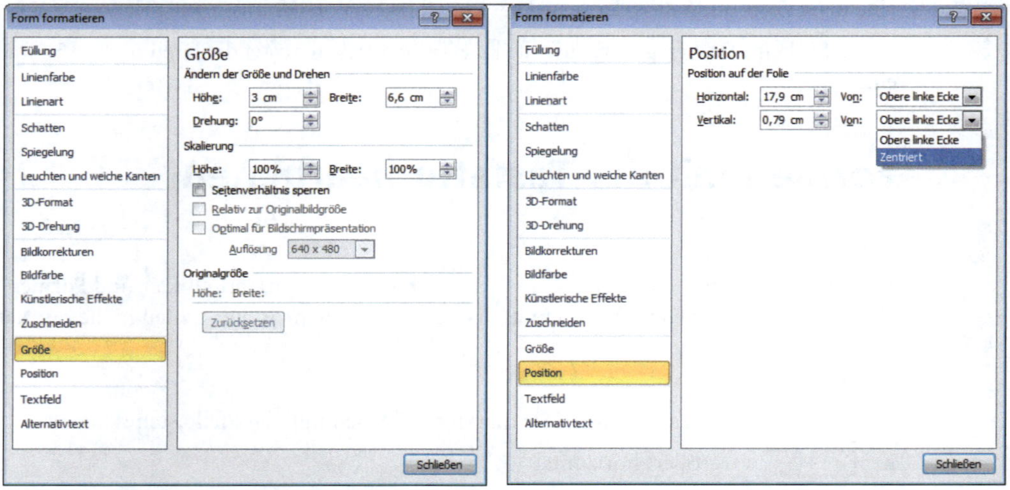

ACHTUNG Beachten Sie beim Eingeben von Drehwinkeln, dass Microsoft Office einen anderen Drehsinn als den mathematischen verwendet. Microsoft Office legt den Nullpunkt der Drehung nach oben und rechnet positive Drehwinkel im Uhrzeigersinn.

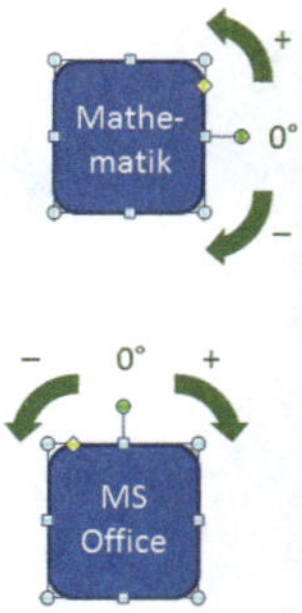

Standarddrehungen und -spiegelungen

Das Drehen von Objekten erfolgt meist im 90-Grad-Winkel oder als Spiegelung an der vertikalen oder horizontalen Achse. (Spiegeln wird in PowerPoint zur Abgrenzung vom Effekt »Spiegelung« *Kippen* genannt.)

Sie finden diese Dreh- und Kippfunktionen

- auf der Registerkarte *Start*, Gruppe *Zeichnung* unter *Anordnen/Drehen*,
- auf der Registerkarte *Bildtools/Format,* Gruppe *Anordnen* unter *Drehen* und
- auf der Registerkarte *Zeichentools/Format,* Gruppe *Anordnen* unter *Drehen.*

Formen gruppieren

Bilden Formen auf einer Folie ein komplexes Schaubild oder Ähnliches, soll ihre Anordnung zueinander auch bei Änderungen und Ergänzungen erhalten bleiben. Es wäre ärgerlich, wenn Sie Elemente beim Überarbeiten einer Präsentation versehentlich verschieben. Dieses Problem können Sie vermeiden, indem Sie mehrere Formen nach Fertigstellung gruppieren. Sie sichern damit die Anordnung der Teile zueinander und vermeiden, dass Sie versehentlich einen der Bestandteile verschieben.

Sie können jederzeit die Gruppierung aufheben und so das gruppierte Objekt wieder in seine »Einzelteile« zerlegen.

1. Markieren Sie alle Formen, die Sie zu einer Gruppe zusammenfassen möchten.
2. Wählen Sie auf der Registerkarte *Start*, Gruppe *Zeichnung* die Befehlsfolge *Anordnen/Gruppieren.*

Die gruppierten Elemente werden als zusammenhängende Figur behandelt. Sie werden nur noch gemeinsam verschoben oder kopiert; alle Teile werden gleichzeitig gedreht oder gekippt und etwaige Größenänderungen wirken sich gleichmäßig auf sämtliche Bestandteile aus, nicht aber auf die Textgröße.

- Möchten Sie eine Gruppe wieder in ihre Einzelkomponenten zerlegen, wählen Sie *Gruppierung aufheben.*
- Um später die Gruppierung wiederherzustellen, genügt es, wenn Sie ein einzelnes Element des vormalig gruppierten Objekts markieren und den Befehl *Gruppierung wiederherstellen* ausführen. PowerPoint gruppiert dann alle noch vorhandenen Elemente der früheren Gruppierung, ohne dass Sie diese alle markieren müssen.

Auf der Registerkarte *Zeichentools/Format* rufen Sie die Befehle zum *Gruppieren* in der Gruppe *Anordnen* per Klick auf die Schaltfläche *Gruppieren* auf.

PROFITIPP Sie können einzelne Objekte innerhalb einer Gruppe auch bearbeiten, ohne die Gruppe aufzulösen. Klicken Sie zunächst auf die Gruppe; sie wird als Ganzes markiert. Klicken Sie innerhalb der markierten Gruppe auf die zu bearbeitende Form, so wird sie separat markiert und lässt sich unabhängig vom Rest der Gruppe bearbeiten.

Gruppen lassen sich mit weiteren Formen oder anderen Gruppen gruppieren; so entstehen hierarchisch aufgebaute komplexe Grafiken, bei denen Sie die Bestandteile leichter organisieren können.

Abbildg. 9.6 Beispiel einer mehrstufigen Gruppierung im Aufgabenbereich *Auswahl und Sichtbarkeit*

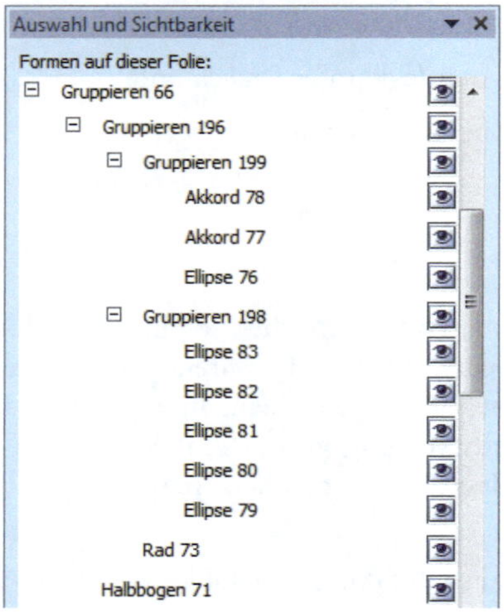

ACHTUNG Sie können keine Platzhalter in eine Gruppierung einbeziehen.

TIPP Sehr rasch geht das Gruppieren mit der Tastenkombination Strg+⇧+G. Aufgehoben wird die Gruppierung mit der Tastenkombination Strg+⇧+H. Die ursprüngliche Gruppierung können Sie mit Strg+⇧+J wiederherstellen.

Formen kopieren und duplizieren

Für Schaubilder werden häufig mehrere Ausfertigungen der gleichen Form benötigt. Um eine markierte Form zu kopieren, gibt es mehrere Wege:

- Klicken Sie auf der Registerkarte *Start* auf die Schaltfläche *Kopieren* und anschließend auf die Schaltfläche *Einfügen*. Derselbe Weg über die *Zwischenablage* funktioniert schneller über die Tastenkombination Strg+C für *Kopieren* und Strg+V für *Einfügen*.
  Anders als in Word und Excel können Sie in PowerPoint zwischen Kopieren und Einfügen **nicht** die Zielstelle markieren, an der die Kopie eingefügt werden soll. PowerPoint fügt die Kopie leicht nach rechts unten versetzt zum Original ein. An die gewünschte Position verschieben Sie die Kopie dann anschließend.
- Kopieren und Positionieren lassen sich miteinander verbinden, wenn Sie eine Form mit der Maus greifen, an die neue Stelle ziehen und dabei die Strg-Taste festhalten. Verschiebevorgänge mit der Maus werden in Kombination mit der Strg-Taste zum Kopiervorgang.
- Verwenden Sie zum Verschieben statt der linken die rechte Maustaste, klappt beim Loslassen der Maustaste ein Kontextmenü mit der Auswahl zwischen *Hierhin verschieben* und *Hierhin kopieren* auf.
- Verwenden Sie die ⇧-Taste beim Kopieren zusammen mit der Strg-Taste, bleibt die Kopie senkrecht oder waagerecht mit dem Original in einer Flucht.

Fügen Sie ein ausgeschnittenes oder kopiertes Element auf einer anderen Folie ein, platziert PowerPoint die Kopie normalerweise an genau der gleichen Stelle wie auf der Ursprungsfolie. Existiert aber am Ziel an gleicher Stelle ein Objekt gleicher Art und Größe, wird das eingefügte Element leicht nach unten versetzt eingefügt. Sind die Elemente unterschiedlich in der Größe oder in der Art, werden sie exakt aufeinandergesetzt.

Kopienreihen erstellen

Sofern Sie mehrere Kopien einer Form benötigen, können Sie eine Automatikfunktion verwenden:

1. Markieren Sie die Form, die Sie mehrfach benötigen, und drücken Sie dann die Tastenkombination [Strg]+[D]. Sie erhalten eine Kopie der Form schräg rechts unter dem Original.
2. Bewegen Sie das kopierte Element mit der Maus oder mit den Pfeiltasten an die gewünschte Position.
3. Drücken Sie erneut [Strg]+[D], behält das nächste Element relativ zur ersten Kopie Abstand und Richtung zur ersten Kopie bei, wie die erste Kopie zum Original.
4. Jedes weitere Drücken von [Strg]+[D] erzeugt weitere Duplikate nach dieser Regel

Tabelle 9.1 Die Tastenkombinationen beim Verschieben und Kopieren im Überblick

Taste	plus Taste	Effekt
[Strg]	[C]	Kopieren in die Zwischenablage
[Strg]	[X]	Ausschneiden in die Zwischenablage
[Strg]	[V]	Einfügen aus der Zwischenablage
[Strg]	[D]	Duplizieren
[Strg]	linke Maustaste	Kopieren
[⇧]	linke Maustaste	Verschieben waagerecht/senkrecht
[Alt]	linke Maustaste	Verschieben außerhalb des Rasters
[Alt]	rechte Maustaste	Kopieren außerhalb des Rasters

Bei den Mausaktionen sind die Tasten [Strg], [⇧] und [Alt] auch im Verbund einsetzbar, ihre Sonderfunktionen wirken dann kumulativ.

Formen ändern

PowerPoint bietet vielfältige Werkzeuge, um Formen zu verändern; Sie können die innere Gestalt manipulieren, Formen ein völlig anderes Aussehen geben, mehrere Formen kombinieren und zuschneiden.

Gestalt verändern

Die meisten Formen sind zusätzlich zu den Ziehpunkten mit einer oder mehreren kleinen gelben Rauten versehen, die Sie ebenfalls mit dem Mauszeiger greifen können und dann durch Verschieben die Formen »im Innenverhältnis« ändern können.

Abbildg. 9.7 Formen ändern mit den gelben Rauten

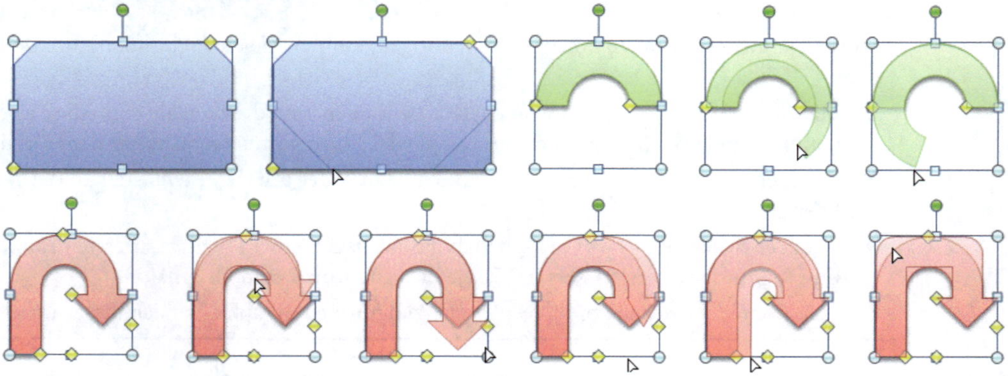

Punkte bearbeiten

Alle Formen lassen sich völlig frei an Ihre Vorstellungen anpassen; auch das ist ein Vorteil der Technik von Vektorgrafiken.

Mit der Funktion *Punkte bearbeiten*, die Sie auf der Registerkarte *Zeichentools/Format* in der Gruppe *Formen einfügen* unter *Form bearbeiten* oder im Kontextmenü jeder Form finden, wird die Kontur einer Form mit Eck- oder Scheitelpunkten und deren Verbindungslinien dargestellt.

WICHTIG Das Werkzeug *Punkte bearbeiten* funktioniert nur mit Formen einschließlich *Freihandform*, *Kurve* oder *Skizze.*

Es funktioniert **nicht** mit *Linien* und mit den *Freihandtools* erstellten Formen.

Gewinkelte und gekrümmte *Verbindungslinien* wiederum lassen sich **nur** mittels gelber Raute beeinflussen.

Im Modus *Punkte bearbeiten* sehen Sie nur die Kontur als rote Linie sowie jeden Eck- und Scheitelpunkt. Klicken Sie einen der Punkte an, erscheinen die zugehörigen Tangenten als dünne blaue Linien.

Abbildg. 9.8 Links Punktbearbeitung, rechts Tangentenbearbeitung

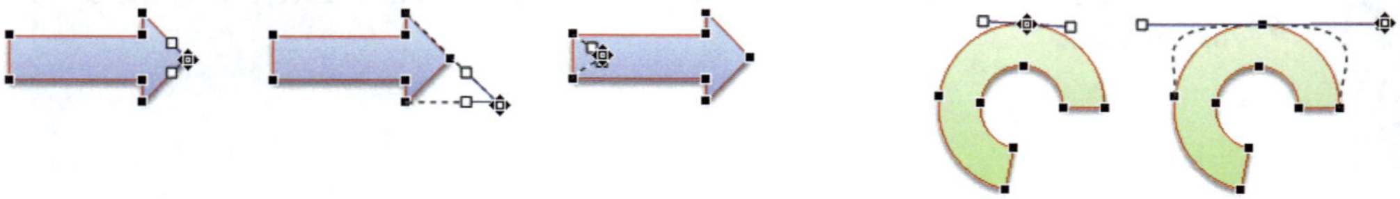

- Greifen Sie einen Punkt mit der Maus, lässt sich dieser verschieben, wodurch sich die Form verändert.
- Klicken Sie mit der Maus auf eine Verbindungslinie und bewegen Sie dann die Maus, wird an dieser Stelle ein neuer Punkt eingefügt.
- Greifen Sie den Endpunkt einer Tangente mit der Maus, lässt sich dieser verschieben, wodurch sich die Neigung der Kurve am zugehörigen Punkt verändert.

PROFITIPP Vergrößern Sie die Darstellung, wenn Sie Punkte bearbeiten! Benutzen Sie dafür das Mausrad, indem Sie es bei gleichzeitig gedrückter Strg-Taste drehen. Ein markiertes Objekt bleibt beim Zoomen in der Bildmitte.

Im Modus *Punkte bearbeiten* gibt es zwei verschiedene Kontextmenüs, je nachdem, ob Sie einen Punkt oder eine Verbindungslinie mit der rechten Maustaste angeklickt haben.

Abbildg. 9.9 Spezifische Kontextmenüs im Modus *Punkte bearbeiten*

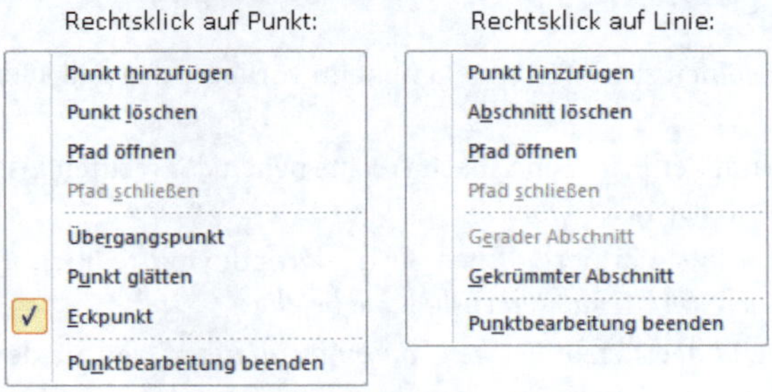

ACHTUNG Mit *Punkte bearbeiten* veränderte Formen verlieren ihre gelben Rauten!

Punktarten

Im Kontextmenü finden Sie drei Arten von Punkten, der Unterschied liegt in der Kopplung der Tangentenhälften:

- Beim *Übergangspunkt* sind beide Hälften der Tangente fest aneinandergekoppelt, jede Bewegung des einen Endpunkts vollzieht der andere Endpunkt nach.
- *Punkt glätten* führt dazu, dass der gegenüberliegende Tangentenendpunkt nur die Winkelbewegung mitmacht; die Länge der anderen Tangentenhälfte bleibt unverändert.
- Am *Eckpunkt* lassen sich beide Tangentenendpunkte völlig unabhängig voneinander verschieben.

Die Befehle *Gerader Abschnitt* und *Gekrümmter Abschnitt* im Kontextmenü zur Linie wirken sich auf die Punktart der beiden Punkte aus, die diesen Abschnitt begrenzen.

HINWEIS Im Modus *Punkte bearbeiten* funktionieren die Sonderfunktionen der Tasten Strg und ⇧ beim Zeichnen nicht; Sie können nur freihändig arbeiten!

Formen kombinieren

PowerPoint 2010 bringt vier neue Funktionen zur Grafikbearbeitung mit, die das Kombinieren von Formen gestatten. Da diese Funktionen installationsseitig nicht im Menüband integriert sind, müssen sie erst eingerichtet werden.

Werkzeuge zum Formenkombinieren aktivieren

1. Klicken Sie mit der rechten Maustaste auf das Menüband und wählen Sie *Menüband anpassen*.
2. Öffnen Sie die Dropdownliste über der *rechten* Liste und klicken Sie dort auf *Registerkarten für Tools*.
3. Klicken Sie mit der rechten Maustaste unter *Zeichentools* auf *Format* und wählen Sie *Neue Gruppe hinzufügen*.
4. Klicken Sie mit der rechten Maustaste auf *Neue Gruppe (Benutzerdefiniert)* und wählen Sie *Umbenennen*.
5. Geben Sie der neuen Gruppe einen zutreffenden Namen, im vorliegenden Fall käme *Kombinieren* in Betracht.
6. Verschieben Sie die Gruppe mit der Pfeil-Schaltfläche rechts neben der rechten Liste an die gewünschte Position innerhalb der *Zeichentools*.
7. Lassen Sie die neue Gruppe rechts markiert, öffnen Sie die Dropdownliste über der *linken* Liste und klicken dort auf *Nicht im Menüband enthaltene Befehle*.
8. Suchen Sie im linken Listenfeld den Befehl *Formen kombinieren*, markieren Sie den Befehl und klicken Sie auf die Schaltfläche *Hinzufügen* zwischen den beiden Listenfeldern.
9. Beenden Sie die Anpassung mit einem Klick auf *OK*.

Die neue Gruppe *Kombinieren* mit der Schaltfläche *Formen kombinieren* ist nun auf der Registerkarte *Zeichentools/Format* enthalten. Aktiv wird sie aber erst, wenn mindestens zwei Formen auf der Folie markiert sind.

Mit den *Kombinieren*-Werkzeugen sind Sie in der Lage, aus mehreren Einzelformen eine Gesamtform zu erzeugen – die Einzelformen werden miteinander verschmolzen.

Die Reihenfolge der Markierung ist entscheidend für das Ergebnis beim Formenkombinieren: Die neue Form übernimmt alle Formatierungen der *zuerst markierten* Form. In welcher Reihenfolge Sie die weiteren an der Kombination beteiligten Formen markieren, hat keinen Einfluss auf das Ergebnis.

Kombinationsvarianten

Beim Anklicken der Schaltfläche *Formen kombinieren* klappen vier verschiedene Funktionen auf:

- Die *Formenvereinigung* schafft eine neue Form mit der umfassenden Außenkontur aller markierten Formen.
- Bei der *Formenkombination* bleiben die nicht überlappenden Teile der Formen erhalten, überlappende Flächen werden durchsichtig.

- Die *Formenschnittmenge* ist das Gegenstück zu *Formenkombination*, hier bleiben nur die überlappenden Flächen erhalten, der Rest verschwindet.
- Mit der *Formensubtraktion* entfernen Sie aus der zuerst markierten Form von den nachfolgend markierten Formen bedeckte Flächen.

Mit den *Kombinieren*-Werkzeugen wird das Zeichnen eigener Formen zum Kinderspiel, wie die Beispiele in Abbildung 9.10 zeigen.

Abbildg. 9.10 Beispiele kombinierter Formen

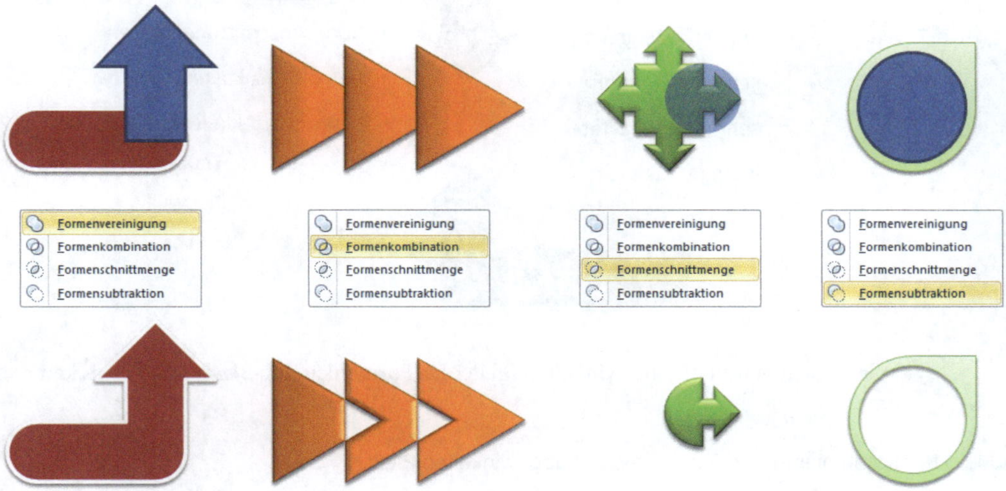

ACHTUNG Sobald eine Form *Text* enthält, können die *Kombinieren*-Funktionen nicht angewendet werden.

Nach dem Kombinieren können Sie die neue Form wie gewohnt beschriften.

Pro & Kontra mit durch Kombinieren erstellten Formen abbilden

Ein häufig in Präsentationen anzutreffendes Thema ist die Gegenüberstellung von Argumenten im Vorfeld einer Entscheidung. An die Stelle der üblichen zweispaltigen Synopse, die sich zwar für diese Art der Darstellung am ehesten anbietet, aber niemand so recht fesseln kann, soll eine Gestaltung treten, die die Gegensätzlichkeit der Argumente verstärkt und beim Betrachter tatsächlich »ein Bild« hinterlässt.

Die beiden Pfeilkonstruktionen drängen sich beim ersten Betrachten in den Vordergrund und geben den Impuls zu erhöhter Aufmerksamkeit. Die nun folgenden Argumente werden in diesem Kontext genauer angeschaut, gleichsam studiert. Beim Betrachter bleibt im Gedächtnis: Die Entscheidungsfolie war von zwei Pfeilen dominiert. Die dazugehörenden (sequenziellen) Informationen (Texte) werden »zusammen mit diesem Bild abgespeichert«.

Abbildg. 9.11 Das fertige Schaubild mit durch Kombinieren von zwei Formen erstellten Pfeilen

Wie entstehen nun die abgewinkelten Pfeile? Im Formenkatalog *Blockpfeile* gibt es keine solche Variante.

Abbildg. 9.12 Kombinieren und Beschriften des abgewinkelten Pfeils

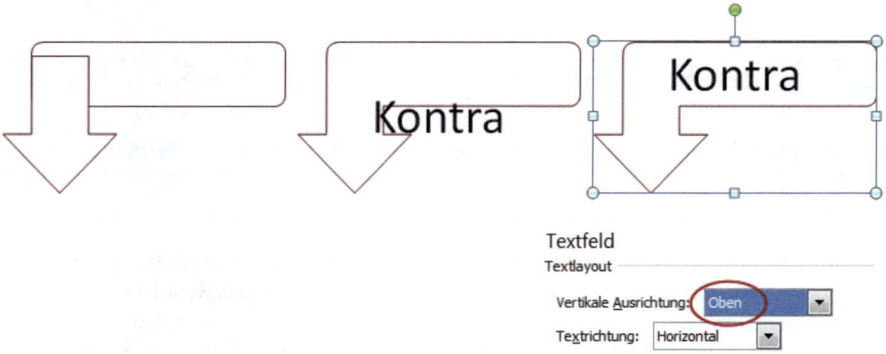

1. Zeichnen Sie eine Form *Abgerundetes Rechteck* aus dem *Formenkatalog/Standardformen.*
2. Zeichnen Sie darüber eine Form *Pfeil nach unten* aus dem *Formenkatalog/Blockpfeile.*
3. Vergrößern Sie die Darstellung, indem Sie
   - eine der gezeichneten Formen markieren (dadurch bleibt die Form beim Vergrößern im Fokus, und
   - mit gedrückter `Strg`-Taste das Mausrad nach oben drehen.
4. Richten Sie die Kanten der beiden Formen mit den Pfeiltasten (Feinstarbeit bei gleichzeitig gedrückter `Strg`-Taste) sauber aneinander aus, wie in Abbildung 9.12 links zu sehen.

5. Markieren Sie beide Formen.
6. Wählen Sie *Formen kombinieren/Formenvereinigung.*

Pfeil und *Abgerundetes Rechteck* sind nun zu einer Form verschmolzen, die Sie wie jede andere Form formatieren und beschriften können. Doch die Schrift richtet sich in der Standardformatierung in beiden Richtungen zentriert an der Form aus, liegt also zum größten Teil außerhalb des geknickten Pfeils.

1. Öffnen Sie nach einem Rechtsklick auf die Form das Dialogfeld *Form formatieren* und wechseln Sie dort zur Rubrik *Textfeld.*
2. Setzen Sie die oberste Einstellung *Vertikale Ausrichtung* von *Mitte* auf *Oben.*

Um den entgegengesetzten Pfeil zu erhalten, können Sie entweder einen weiteren Pfeil mit der Form *Pfeil nach oben* konstruieren oder einfach

- den nach unten weisenden Pfeil mit `Strg`+`D` duplizieren,
- mit dem Mauszeiger am grünen Drehpunkt greifen und
- um 180 Grad drehen.

Leider spielt uns nach dem Drehen wiederum der Text einen Streich, denn er dreht sich mit und steht nun kopf. In den Einstellungen der Rubrik *Textfeld* existiert zwar eine Einstellmöglichkeit für die *Textrichtung,* doch die verfügt nicht über eine 180-Grad-Drehung.

1. Klicken Sie auf der Registerkarte *Zeichentools/Format,* Gruppe *WordArt-Format* auf das Startprogramm zum Öffnen des Dialogfeldes *Texteffekte formatieren.*
2. Wechseln Sie dort zur Rubrik *3D-Drehung* und tragen Sie im Feld *Z* den Wert 180 Grad ein.

Damit dreht sich nur der Text zurück, der Pfeil behält seine Richtung bei.

Abbildg. 9.13 Text in der Form drehen

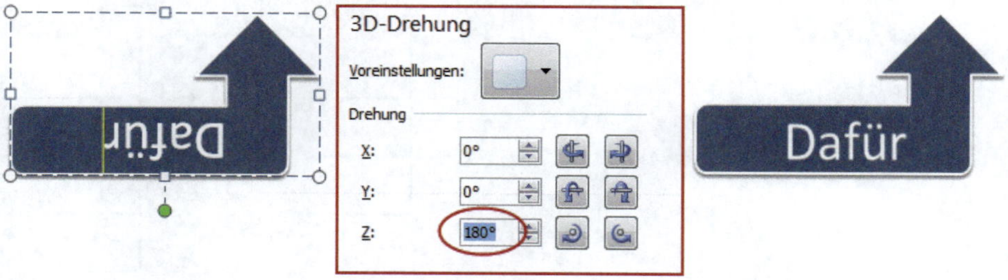

Formen ersetzen

Im Nachhinein können Sie jede Form durch eine andere ersetzen. Möchten Sie beispielsweise anstelle eines *Rechtecks* ein *Abgerundetes Rechteck* verwenden, müssen Sie dieses nicht neu zeichnen:

1. Klicken Sie auf das Rechteck, um es zu markieren.
2. Öffnen Sie die Registerkarte *Zeichentools/Format.*
3. Klicken Sie in der Gruppe *Formen einfügen* erst auf *Form bearbeiten* und bewegen Sie anschließend den Mauszeiger auf den Befehl *Form ändern.* Damit wird der Formenkatalog eingeblendet, in dem Sie die gewünschte Form auswählen.

Die ausgetauschte Form übernimmt Höhe und Breite der ursprünglichen Form.

Formen durch Linien verbinden

Häufig ist es erforderlich, für Schaubilder, Organigramme, Ablaufpläne etc. Formen mit Linien zu verbinden, um den Zusammenhang zu verdeutlichen. PowerPoint bietet für diesen Zweck *Verbindungslinien*, die automatisch an der richtigen Stelle der Form andocken und fest mit der Form verbunden werden, sodass sie beim Verschieben der Form mitwandern.

So gehen Sie vor:

1. Zeichnen Sie zwei *Formen*.

Linien

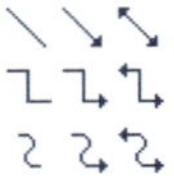

2. Wählen Sie eine *Linie* aus dem *Formenkatalog* aus. (Als Verbindungslinien sind die in der Randspalte abgebildeten Linienvarianten geeignet.)
3. Sobald Sie den Mauszeiger in die Nähe einer Form bewegen, werden an ihren Rändern rote Quadrate eingeblendet. Diese Quadrate sind die möglichen Andockstellen für die Verbindungslinie.
4. Klicken Sie auf eines der roten Quadrate, halten Sie die Maustaste gedrückt und ziehen Sie die Linie zu der zweiten Form.
5. Auch an der zweiten Form werden rote Quadrate sichtbar, wenn sich der Mauszeiger der Form nähert. Wählen Sie den gewünschten Andockpunkt der zweiten Form aus und lassen Sie den Mauszeiger los, sobald er sich über dem gewünschten Punkt befindet.

Abbildg. 9.14 Ein Organigramm aus Formen und Verbindungslinien, links im Erstellungsmodus, rechts fertig

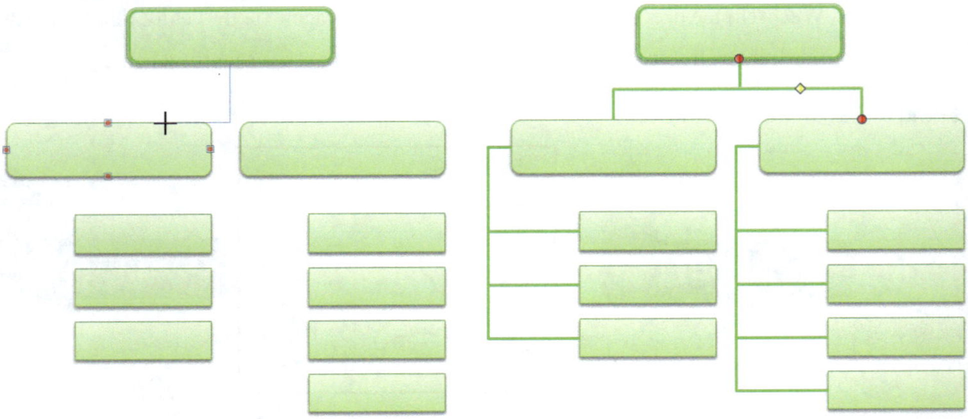

Dass die Linie mit den beiden Formen verbunden ist, erkennen Sie an ihren roten Markierungspunkten. Frei positionierte Linien(enden) haben dagegen weiße Markierungspunkte.

HINWEIS Gewinkelte Verbindungslinien verfügen über Formkorrekturpunkte, über die Sie den Verlauf der Verbindung anpassen können.

PROFITIPP Um eine gerade Verbindungslinie durch eine gekrümmte oder eine gewinkelte zu ersetzen, müssen Sie die Verbindungslinie nicht löschen und neu zeichnen.

1. Rufen Sie durch Anklicken mit der rechten Maustaste das Kontextmenü der Linie auf.

2. Wählen Sie im Kontextmenü *Verbindungstypen*. PowerPoint blendet daraufhin eine Auswahl möglicher Verbindungstypen ein.
3. Wählen Sie per Klick den benötigten Verbindungstyp aus.

Den Ablaufplan für ein Projekt darstellen

Die Abbildung von Projektabläufen ist wichtig für das Verständnis einzelner Projektinhalte und deren zeitliche Abfolge. Mit den Verbindungslinien bietet PowerPoint eine gute Hilfestellung zur schnellen und sauberen Erstellung solcher Diagramme, die auch sehr leicht verändert werden können, weil die Verbindungen bestehen bleiben.

In Abbildung 9.15 sind die einzelnen Schritte eines Projekts in horizontaler Abfolge Reihe für Reihe dargestellt. Die chronologische Anordnung wird durch die verbindenden Pfeile visualisiert. Die Darstellung widerspricht in der mittleren Reihe allerdings unseren Lesegewohnheiten. Außerdem sind die durch unterschiedliche Farben gekennzeichneten Projektphasen irritierend aufgeteilt.

Abbildg. 9.15 Ursprungsversion des Ablaufplans

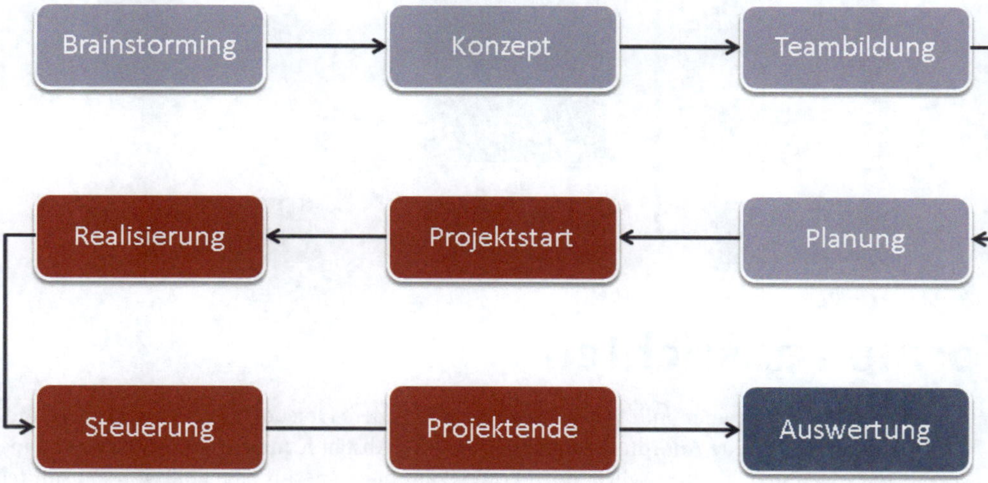

Den gleichen Projektablauf zeigt auch Abbildung 9.17, doch ist dabei die Abfolge senkrecht orientiert und stets die Verlaufsrichtung von oben nach unten gewählt worden. Lediglich zur Verbindung der Kolonnen miteinander läuft ein mehrfach geknickter Pfeil aufwärts.

Diese Darstellung entspricht unserem Sehverhalten eher als die Fassung in Abbildung 9.15; außerdem sind die Ablaufphasen auch räumlich voneinander abgegrenzt. Die einzelnen Phasen unterscheiden sich durch eine abgestufte Farbgebung.

Das Schöne an den Verbindungslinien und Andockpunkten ist nun, dass Sie, wenn Sie eine Darstellung wie in Abbildung 9.15 vorgelegt bekommen, diese bei minimalem Zeichenaufwand in die Form nach Abbildung 9.17 überführen können: Es genügt, die Formen an ihre neuen Positionen zu ziehen und mit den Hilfsmitteln, die im folgenden Abschnitt »Formen ausrichten« beschrieben sind, sauber auszurichten – die Verbindungslinien machen den Umzug klaglos mit.

Abbildg. 9.16 Verlegen der Formen und automatisches Optimieren der Verbindungen

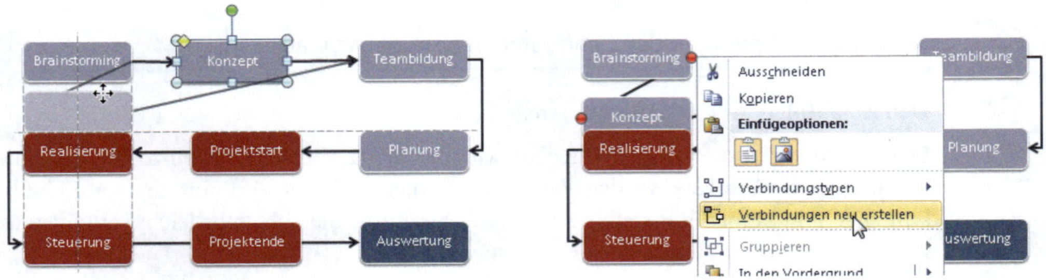

Abbildg. 9.17 Die übersichtlichere Darstellung nach den Arbeiten laut Abbildung 9.16

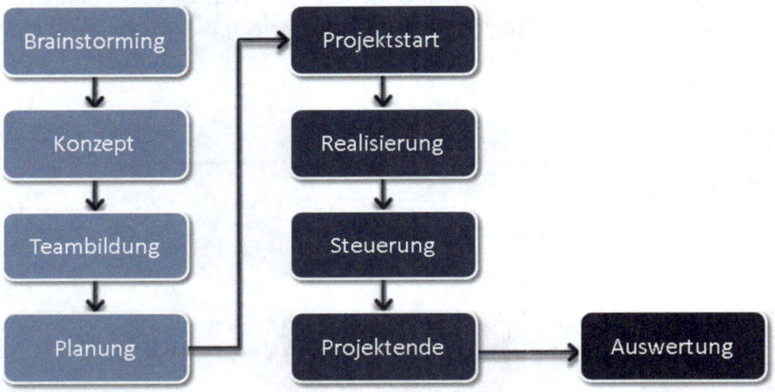

Formen ausrichten

Beim Gestalten einer Folie werden Formen und andere Objekte verschoben, kopiert und neu ausgerichtet. Die exakte Anordnung und gleichmäßige Abstände mehrerer Formen zueinander sind mittels Augenmaß kaum möglich, doch PowerPoint bietet hierfür eine Fülle von Hilfsmitteln.

Das Raster unter der Folie

Alle Objekte richten sich an *Raster* und *Führungslinien* aus. Sie merken das sehr deutlich, wenn Sie eine Form mit der Maus zeichnen oder wenn Sie ein Objekt verschieben. Eine flüssige Bewegung und Positionierung an einer beliebigen Stelle sind nicht möglich, jede Bewegung erfolgt »sprunghaft«. Die Größe der Sprünge wird durch die *Rasterweite* bestimmt, in der Standardeinstellung *2 mm*.

Raster einblenden und die Rasterweite einstellen

Sie können das Raster auf dem Bildschirm ein- und ausblenden.

1. Rufen Sie dazu entweder auf der Registerkarte *Start* oder auf der Registerkarte *Zeichentools/Format* über *Anordnen/Ausrichten* den Befehl *Rastereinstellungen* auf oder klicken Sie mit der rechten Maustaste auf eine freie Stelle auf der Folie und wählen Sie im Kontextmenü *Raster und Führungslinien*.

2. Damit blenden Sie das in Abbildung 9.19 gezeigte Dialogfeld *Raster und Linien* ein.
3. Aktivieren Sie das Kontrollkästchen *Raster auf dem Bildschirm anzeigen*.

TIPP Schneller als per Dialogfeld blenden Sie das Raster mit der Tastenkombination ⇧ + F9 ein und aus.

- In der Grundeinstellung ist die Option *Objekte am Raster ausrichten* aktiviert und die Kanten aller Objekte orientieren sich am Raster. Wenn Sie das Kontrollkästchen *Objekte am Raster ausrichten* deaktivieren, ignorieren die Objekte das Raster und lassen sich stufenlos zeichnen und bewegen.
- *Objekte an anderen Objekten ausrichten* gibt zusätzlich zum Raster den virtuell über die Folie verlängerten Kanten anderen Formen eine magnetische Wirkung. Diese Option ist sehr hilfreich, wenn Formen exakt aneinandergrenzen sollen.
- Die *Rasterweite* ist im Feld *Abstand* frei wählbar und wird in Zentimeter angegeben. Voreingestellt sind 0,2 cm; Sie können einen anderen Wert aus der Dropdownliste benutzen oder von Hand ein Maß eingeben.
- Die *intelligenten Führungslinien* sind als neue Orientierungshilfe in Version 2010 dazugekommen. Ist diese Option in den Raster- und Linieneinstellungen aktiviert, blinken beim Bewegen einer Form oder eines Textfeldes über die Folie immer dann gestrichelte Linien auf, wenn eine der Außen- oder Mittellinien mit einer der Außen- oder Mittellinien eines anderen Objekts fluchtet (siehe Abbildung 9.18).

Abbildg. 9.18 Die »intelligenten Hilfslinien« helfen beim gegenseitigen Ausrichten

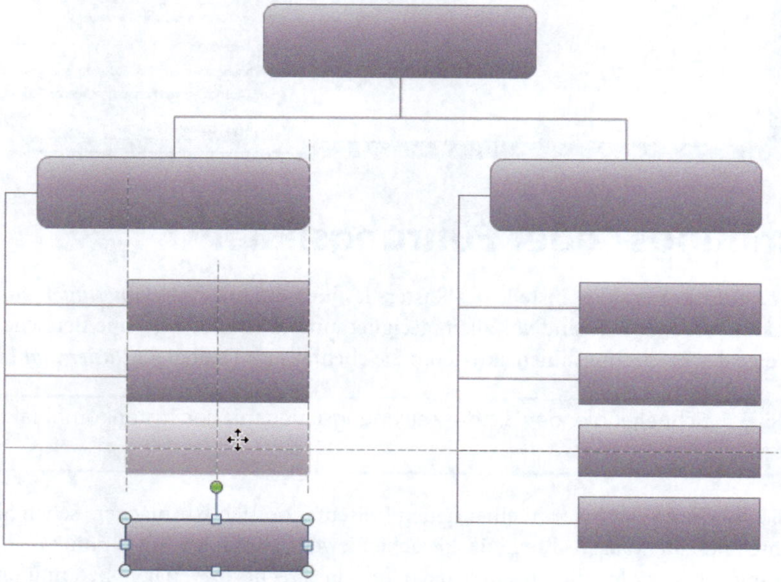

TIPP Die Fangfunktion des Rasters können Sie vorübergehend ausschalten, indem Sie beim Verschieben von Objekten mit der Maus die Alt-Taste drücken. Dann lassen sich Objekte nahtlos verschieben oder stufenlos zeichnen.

Verwenden Sie zum Verschieben von Objekten dagegen die Pfeiltasten der Tastatur, deaktivieren Sie vorübergehend das Raster, indem Sie beim Verschieben die Strg-Taste gedrückt halten.

Abbildg. 9.19 Eingeblendetes Raster (gepunktete Linien) und Zeichnungslinien (gestrichelte Linien)

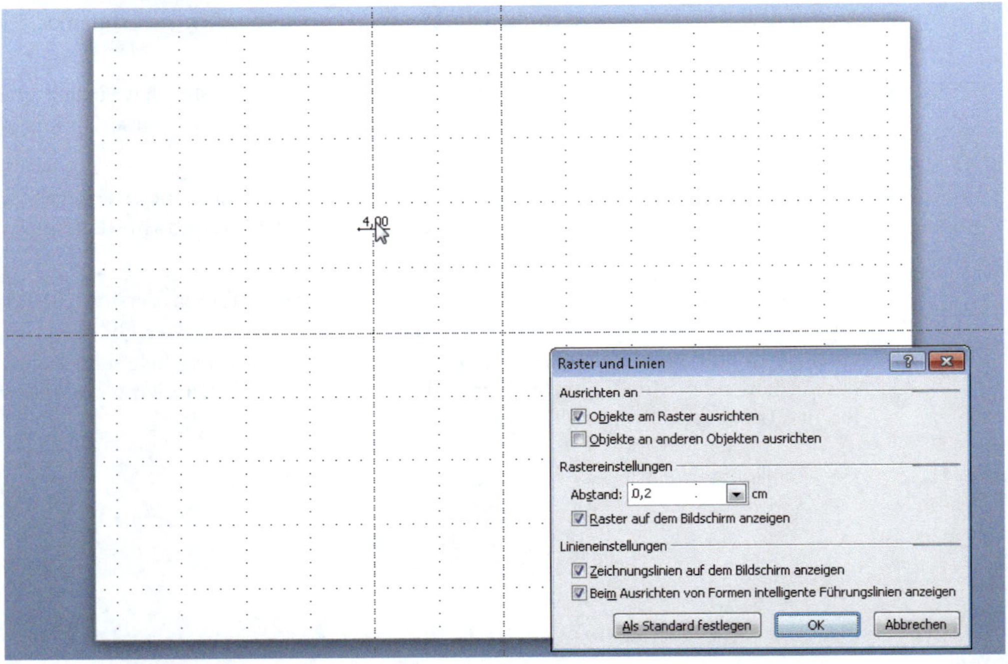

Zeichnungs- oder Führungslinien

Zusätzlich zum Raster oder anstelle des Rasters können Sie mit *Zeichnungslinien*, auch *Führungslinien* genannt, arbeiten. Sie sind vor allem geeignet, um im Layout der Folie Bereiche zu markieren. Die Anzeige der Zeichnungslinien aktivieren Sie ebenfalls im Dialogfeld *Raster und Linien*.

PROFITIPP Schneller blenden Sie die Zeichnungslinien mit der Tastenkombination Alt + F9 ein und aus.

Wenn Sie die *Zeichnungslinien* in einer neuen Präsentation sichtbar machen, sehen Sie anfangs eine senkrechte und eine waagerechte Linie. Sie gehen jeweils durch den Mittelpunkt der Folie. Von diesen Nulllinien aus werden die Abstände nach links und rechts bzw. nach oben und unten gemessen. Sie können diese Maße sehen, wenn Sie auf der Registerkarte *Ansicht* die Anzeige des *Lineals* aktivieren.

Gegenüber dem Raster haben die Zeichnungslinien den Vorteil, dass Sie sich damit Ihr eigenes Hilfsgitter über die Folien legen können. Die Zeichnungslinien können kopiert, verschoben und gelöscht werden.

1. Zeigen Sie mit der Spitze des Mauszeigers genau auf eine Führungslinie.
2. Ziehen Sie mit gedrückter linker Maustaste die Führungslinie an die neue Stelle. Während des Verschiebens sehen Sie am Mauszeiger eine Zahlenangabe für den Abstand zum Mittelpunkt der Folie.

   Um zusätzliche Führungslinien zu erzeugen, halten Sie während des Verschiebens die Strg-Taste gedrückt. Lassen Sie an der neuen Position zuerst die Maustaste und dann die Strg-Taste los.

   Überflüssige Linien greifen Sie mit der linken Maustaste und ziehen sie nach links oder rechts bzw. nach oben oder unten aus der Folie heraus.

HINWEIS Ist die Ausrichtung von Objekten am Raster aktiviert, lassen sich auch die Zeichnungslinien nur am Raster orientiert verschieben.

Mit Zeichnungslinien messen

Mit den Zeichnungslinien können Sie auch messen.

1. Ziehen Sie eine Zeichnungslinie an den Anfang der zu messenden Strecke und lassen Sie die Maustaste dann wieder los.
2. Klicken Sie die Zeichnungslinie mit der linken Maustaste wieder an und drücken Sie zugleich die ⇧-Taste; PowerPoint nimmt diese Position jetzt als neuen Nullpunkt an.
3. Ziehen Sie mit gedrückter ⇧-Taste die Zeichnungslinien mit der Maus an das Ende der zu messenden Strecke; PowerPoint zeigt am Mauszeiger die zurückgelegte Strecke in Zentimetern an.

Ausrichten und Verteilen

Unabhängig von Rastern und Zeichnungslinien lassen sich Formen und Objekte aneinander orientieren, indem Sie die *Ausrichten*-Befehle verwenden, die gleich auf mehreren Registerkarten auftauchen:

- auf der Registerkarte *Start* in der Gruppe *Zeichnung* unter *Anordnen/Ausrichten*,
- auf der Registerkarte *Bildtools/Format* und auf der Registerkarte *Zeichentools/Format* in der Gruppe *Anordnen* unter *Ausrichten*.

Sie haben zwei Bezugsmöglichkeiten zum Ausrichten und Verteilen: die Formen untereinander oder die Formen in Relation zueinander und zum Folienrand. Die Auswahl treffen Sie mit den Optionen *An Folie ausrichten* und *Ausgewählte Objekte ausrichten*.

Abbildg. 9.20 Die Anordnen-Funktionen

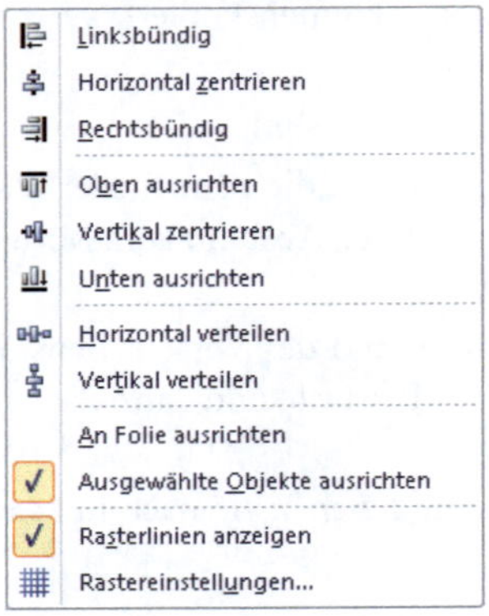

Für *Ausgewählte Objekte ausrichten* müssen Sie vor dem Ausrichten mindestens zwei und vor dem Verteilen mindestens drei Objekte (Formen, Bilder) markiert haben.

- Beim *Ausrichten* wird die äußerste Kante der auf die Ausrichtungsrichtung bezogen am weitesten außen liegenden Form zur Bezugslinie, an die alle markierten Objekte geschoben werden.
- Beim *Zentrieren* richten sich die markierten Objekte an der Mittellinie zwischen den am weitesten außen liegenden Formen aus.
- Beim *Verteilen* werden die Objekte so zwischen den Außenkanten der beiden am weitesten außen liegenden Elemente verteilt, dass alle Abstände gleich groß sind.

Um die Option *An Folie ausrichten* zu nutzen, müssen vor dem Ausrichten mindestens ein und vor dem Verteilen mindestens zwei Formen oder Bilder markiert sein.

- Beim *Ausrichten* sind die Folienränder Bezugslinien.
- Beim *Zentrieren* ist die Folienmitte Bezugslinie.
- Beim *Verteilen* sind die in Verteilrichtung liegenden Folienränder Bezugslinien, zwischen denen die Objekte so verteilt werden, dass alle Abstände untereinander und zum Folienrand gleich groß sind.

Formen und Konturen einfärben

Nach dem Zeichnen haben geschlossene Formen zunächst eine Füllung und eine Kontur, deren Gestalt sich aus den Designvorgaben ergibt. Auch Linien orientieren sich an den Designfarben und -effekten: *Akzent 1* für die Füllung und für freie Linien, *Text/Hintergrund – dunkel 2* für die Kontur. Diese voreingestellten Eigenschaften können Sie nachträglich mit vielfältigen Möglichkeiten an Ihre Wünsche anpassen.

Das Aussehen geschlossener Formen definieren Sie über Füllung, Kontur und Formeffekt. Für Linien können Sie Art und Stärke der Linie bestimmen, unterschiedliche Pfeilspitzen sowie die Form der Linienenden und Ecken. Darüber hinaus stehen auch für Linien Formeffekte zur Verfügung.

Abbildg. 9.21 Formatoptionen für geschlossene Formen und Linien

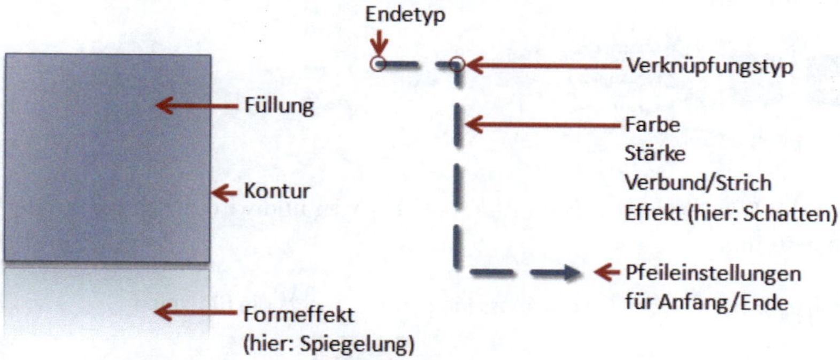

Die Formatierung einer Form auf andere Formen übertragen

Haben Sie die richtigen Einstellungen gefunden, gestalten Sie weitere Objekte mit denselben Einstellungen, indem Sie das vorhandene Effektformat kopieren:

1. Markieren Sie die formatierte Form.

2. Klicken Sie anschließend auf der Registerkarte *Start*, Gruppe *Zwischenablage* auf die Schaltfläche *Format übertragen*.

   Neben dem Mauszeiger wird daraufhin ein Pinsel angezeigt.

3. Klicken Sie damit auf die Form, der die Formatierung zugewiesen werden soll.

Das Objekt übernimmt die neue Formatierung, und der Mauszeiger »verliert« die Funktion zum Übertragen der Formatierung.

Um die Formatierung auf mehrere Objekte zu übertragen, müssen Sie auf die Schaltfläche *Format übertragen* doppelklicken. Die Funktion *Format übertragen* wird dadurch daueraktiviert und Sie können das mit dem »Formatpinsel« aufgenommene Format auf beliebig viele Objekte übertragen, indem Sie sie nacheinander anklicken.

Mit Esc oder erneutem Klick auf *Format übertragen* heben Sie die Daueraktivierung wieder auf.

Schnelle und einheitliche Formatierung per Schnellformatvorlagen

Sehr schnell kommen Sie bei der Gestaltung von Formen und Linien zum Ziel, wenn Sie die Voreinstellungen der *Schnellformatvorlagen* für Ihre Formen übernehmen. Diese Formatvorlagen stehen Ihnen sowohl auf der Registerkarte *Start* per Klick auf die Schaltfläche *Schnellformatvorlagen* als auch auf der Registerkarte *Zeichentools/Format* in der Gruppe *Formenarten* zur Verfügung.

Abbildg. 9.22 In den *Schnellformatvorlagen* finden Sie aufeinander abgestimmte Grafikeffekte für Formen, Formkonturen und Linien

Das Angebot der *Schnellformatvorlagen* ist kontextbezogen und wird durch die auf der Folie markierte Form bestimmt.

Abbildg. 9.23 Links die *Schnellformatvorlagen* für geschlossene Formen, rechts die für Linien

Die sieben Farben der *Schnellformatvorlagen* orientieren sich an den *Designfarben* Ihrer PowerPoint-Vorlage. Zum Einsatz kommen die erste Textfarbe sowie die sechs Akzentfarben. Die verschiedenen Linienstärken und Linienarten, Farbverlaufseinstellungen, Schatten und 3D-Abschrägungen werden durch die im Design definierten Designeffekte bestimmt.

HINWEIS Mehr zu *Designfarben* und *Designeffekten* lesen Sie in Kapitel 4.

Sobald Sie mit der Maus auf eine der Voreinstellungen zeigen, wird die Livevorschau für das markierte Objekt angezeigt. Per Klick auf eine der Miniaturansichten weisen Sie die Formatierung zu.

PROFITIPP Wenn Sie möchten, dass neu gezeichnete Formen sofort in einer bestimmten Gestaltung aus den Schnellformatvorlagen erstellt werden, klicken Sie mit der rechten Maustaste auf die betreffende Miniaturansicht und wählen im Kontextmenü *Als Standardform festlegen*.

Diese Voreinstellung wird in der aktiven Datei als Vorgabe für alle neu zu erstellenden Formen gespeichert. Formen, die Sie in anderen PowerPoint-Dateien zeichnen, werden nach wie vor mit den Standardeinstellungen oder den dort gewählten Standards erstellt.

PROFITIPP Die Effekte der *Schnellformatvorlagen* sind stilistisch aufeinander abgestimmt. Dennoch würde eine Präsentation, in der Sie die sechs voreingestellten Effekte wahllos miteinander kombinieren, einen zusammengewürfelten Eindruck hinterlassen. Entscheiden Sie sich deshalb für zwei Effekte, die Sie konsequent auf allen Folien einer Präsentation einsetzen, und weichen Sie nur in Ausnahmefällen davon ab.

Flächenfüllungen und Konturen frei gestalten

Fast grenzenlos flexibel, aber auch deutlich zeitaufwendiger in ihrer Anwendung sind die *Fülleffekte* sowie die Einstellungen für *Formkonturen*, die Sie wahlweise über die Registerkarte *Start*, Gruppe *Zeichnung* oder die Registerkarte *Zeichentools/Format*, Gruppe *Formenarten* aufrufen können.

Abbildg. 9.24 Fülleffekte für geschlossene Formen

HINWEIS Für die Fülleffekte *Bild*, *Struktur (Bild- und Texturfüllung)* und *Farbverlauf* besteht die Option, die Lage der Füllung beim *Drehen* der Form mitzunehmen oder nicht. Dazu finden Sie in der Rubrik *Füllung* des Dialogfeldes *Form formatieren* bei diesen Fülleffekten die Option *Mit Form drehen*.

Für die Fülleffekte *Einfarbige Füllung*, *Musterfüllung* und *Folienhintergrundfüllung* existiert eine solche Option nicht.

Abbildg. 9.25 Wahlweises Mitdrehen der Füllung mit der Form

Fülleffekte für geschlossene Formen

Um einer geschlossenen Form die zuletzt verwendete Füllfarbe zuzuweisen, klicken Sie einfach auf den Farbeimer der Schaltfläche *Fülleffekt*.

Möchten Sie eine andere Farbe oder einen Fülleffekt auswählen, klicken Sie auf den Dropdownpfeil der Schaltfläche. Damit öffnen Sie einen Katalog mit unterschiedlichen Möglichkeiten, eine Form zu füllen.

- Unter *Designfarben* finden Sie in der obersten Reihe die Farbtöne Ihrer PowerPoint-Vorlage. Einen optisch einheitlichen Gesamteindruck Ihrer Präsentation erreichen Sie, wenn Sie vorrangig diese Farbtöne in Ihren Schaubildern einsetzen.
- Darunter bietet PowerPoint zu jedem Farbton fünf in der Helligkeit abgestufte Varianten der Designfarben an. Diese sind dann sehr nützlich, wenn Sie zum Beispiel zusammengehörige Formen in einem komplexen Schaubild hervorheben möchten, ohne die Grundfarbe zu wechseln.
- Mit den *Standardfarben* stellt Ihnen PowerPoint zusätzlich einen Satz reiner Spektralfarben zur Verfügung. Setzen Sie diese Farben nur in Ausnahmefällen ein, wenn Sie zur Hervorhebung von Sachverhalten einen von den Designfarben Ihrer PowerPoint-Vorlage abweichenden Farbton benötigen.
- Mit *Keine Füllung* entfernen Sie die Füllfarbe oder den Fülleffekt einer Form, sodass der Folienhintergrund oder hinter der Form angeordnete Objekte zu sehen sind.

ACHTUNG Geschlossene Formen ohne Füllung können Sie nur markieren, wenn Sie mit der Maus direkt auf die Rahmenlinie klicken. Ein Klick in das Innere der Form bleibt wirkungslos.

Benötigen Sie durchsichtige Formen, die dennoch anklickbar bleiben, zum Beispiel für Schaltflächen in interaktiven Präsentationen, verwenden Sie statt *Keine Füllung* die Transparenzregler im Dialogfeld zu *Weitere Füllfarben*.

Per Klick auf *Weitere Füllfarben* rufen Sie das Dialogfeld *Farben* auf.

Hier können Sie auf der Registerkarte *Standard* in einer Palette eine Farbe auswählen oder auf der Registerkarte *Benutzerdefiniert* durch Eingabe der Werte für ein *HSL-* oder *RGB-Farbmodell* bestimmte Farbtöne mischen.

HINWEIS Mehr zum Mischen von Farben lesen Sie in Kapitel 4.

Bild öffnet das Dialogfeld *Grafik einfügen*. Auf diesem Weg können Sie ein auf Ihrem Rechner gespeichertes Bild als *Fülleffekt* für die Form verwenden.

HINWEIS Bilder als *Fülleffekt* werden an die Proportionen der Form angepasst, sodass es zu mehr oder weniger starken Verzerrungen des Bildes in der Form kommen kann, wenn das Seitenverhältnis der Form nicht dem des Bildes entspricht. Wie Sie solche Verzerrungen korrigieren, ist in Kapitel 6 ausführlich beschrieben.

Bei *Strukturen* handelt es sich ebenfalls um Bilder – mit dem Unterschied, dass die Strukturen im Katalog als nahtlos kachelbare Texturen angelegt wurden. Dies bedeutet, dass die *Struktur* unabhängig von Größe und Seitenverhältnis immer gleich angezeigt wird. Es entsteht weder eine Verzerrung des Motivs noch werden an den Bildrändern Übergänge sichtbar.

Per Klick auf *Weitere Texturen* am unteren Rand des Katalogs gelangen Sie zum Dialogfeld *Grafik formatieren*, dessen Rubrik *Füllung* mit der Option *Bild- und Texturfüllung* die Möglichkeit bietet, eigene Bilder als *Fülleffekt* oder als *Textur* einzusetzen.

HINWEIS Der Unterschied zwischen Textur und Bildfüllung ergibt sich ausschließlich aus der Option *Bild nebeneinander als Textur anordnen*. Ist sie aktiv, wird das Bild als Textur dupliziert; ist sie inaktiv, wird das Bild ein Mal als Flächenfüllung verwendet.

Voraussetzung für eine Texturfüllung ist, dass das Bild nahtlos gekachelt werden kann, also die Anschlüsse zwischen den Bildern zusammenpassen.

Nahtlos kachelbare Motive finden Sie im Internet, wenn Sie nach »seamless textures« suchen.

TIPP Um nicht anschlusskonforme Bilder als Texturen zu verwenden, lassen sich mit den Anordnungsoptionen im unteren Teil des Dialogfeldes als Textur eingesetzte Bilder abwechselnd in beiden Richtungen spiegeln, damit dann über die Symmetrie ein sauberer Übergang gegeben ist.

WICHTIG Alle Bildfüllungen lassen sich wie direkt auf die Folie eingefügte Bilder nacharbeiten. Dafür finden Sie in den Rubriken *Bildfarbe*, *Bildkorrekturen*, *Künstlerische Effekte* und *Zuschneiden* dieselben Werkzeuge vor wie auf der Registerkarte *Bildtools/Format*, Gruppe *Anpassen*.

Über *Farbverlauf* rufen Sie einen Katalog auf, der Ihnen ausgehend von der *Füllfarbe* der Form vordefinierte Farbverläufe in hellen und dunklen Varianten anbietet. Auch hier zeigt PowerPoint in einer Livevorschau, wie die markierte Form mit dem gewählten Verlauf aussehen wird.

Abbildg. 9.26 Auf Basis der Füllfarbe einer Form berechnet PowerPoint geeignete Farbverläufe

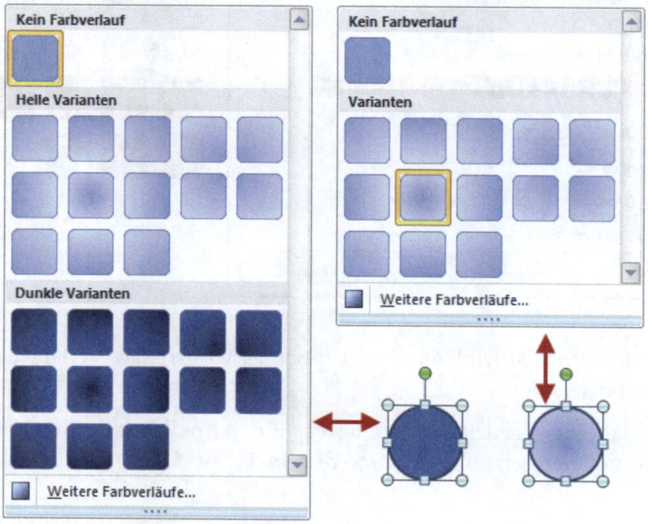

Per Klick auf eine der Miniaturansichten weisen Sie den jeweiligen Verlauf zu.

Rufen Sie den Befehl *Farbverlauf* für eine Form auf, der bereits ein Verlauf zugewiesen ist, zeigt PowerPoint keine hellen und dunklen Varianten mehr an, sondern lediglich die zum vorhandenen Farbverlauf gehörigen Varianten (siehe Abbildung 9.26 rechts).

Selbst gestaltete Farbverläufe

Um individuelle Farbverläufe zu definieren, klicken Sie auf *Weitere Farbverläufe* am unteren Rand des Katalogs. Sie gelangen damit zum Dialogfeld *Form formatieren.* Dort finden Sie in der Rubrik *Füllung* mehrere Optionen zum Flächenfüllen, darunter auch *Farbverlauf.*

Andere Wege führen über den Kontextmenübefehl *Form formatieren* oder über das Startprogramm für Dialogfelder auf der Registerkarte *Zeichentools/Format*, Gruppe *Formenarten*, in dessen Dialogfeld Sie in der Rubrik *Füllung* die Option *Farbverlauf* aktivieren.

In dem Farbbalken im unteren Bereich des Dialogfeldes sehen Sie den Farbverlauf, der über sogenannte *Farbverlaufstopps* gesteuert wird. An diesen Positionen legen Sie jeweils eine Farbe fest; PowerPoint errechnet einen sauberen Übergang der Farben zwischen den Farbverlaufstopps.

Abbildg. 9.27 Einstellen eigener Farbverläufe

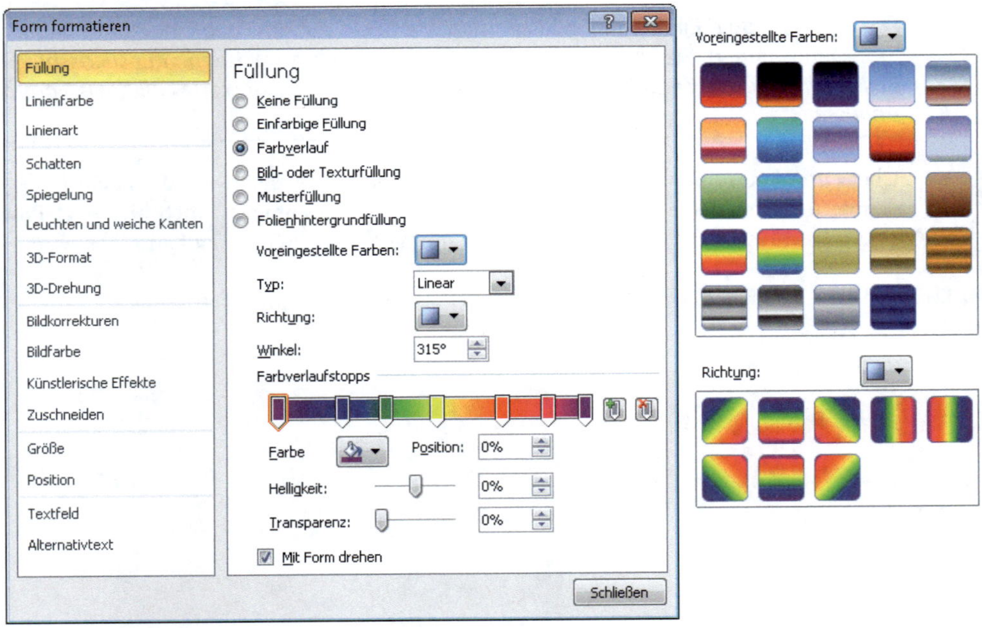

Die Option *Voreingestellte Farben* (Farbverläufe) bietet Ihnen 24 vorbereitete Verläufe, die Sie mit den Farbverlaufstopps verändern können.

Zum Ändern einer Farbe markieren Sie den *Farbverlaufstopp* durch Anklicken des Symbols im Farbbalken. Dann können Sie mit der Schaltfläche *Farbe* diesem *Farbverlaufstopp* eine andere Farbe zuweisen.

Wollen Sie den Farbverlaufstopp an eine andere Stelle verlegen, verschieben Sie das Symbol mit gedrückter Maustaste innerhalb des Farbbalkens oder stellen im Feld *Position* einen neuen Prozentwert (0 % = ganz links, 100 % = ganz rechts) ein.

Reichen Ihnen die standardmäßig eingerichteten drei Farbverlaufstopps oder die von der Option *Voreingestellte Farben* erzeugte Anzahl nicht aus, können Sie sie mit einem Klick auf die rechts neben dem Farbbalken stehende Schaltfläche mit dem grünen Pluszeichen erweitern. Entbehrliche Farbverlaufstopps markieren Sie durch Anklicken und löschen sie mit einem Klick auf die Schaltfläche mit dem roten x-Symbol.

Die Einstellungen zu *Typ*, *Richtung* und *Winkel* erlauben, die Verlaufsform und den Verlaufswinkel zu beeinflussen.

WICHTIG Der Verlauf findet nur zwischen den beiden äußersten Farbverlaufstopps statt. Diese müssen nicht auf 0 % und 100 % liegen, sondern können nach innen gezogen werden. Alles, was außerhalb der beiden äußersten Farbverlaufstopps liegt, wird glatt in der Farbe des anliegenden Farbverlaufstopps gefüllt.

Abbildg. 9.28 Verlaufstypen und -richtungen für den voreingestellten Verlauf *Feuer*

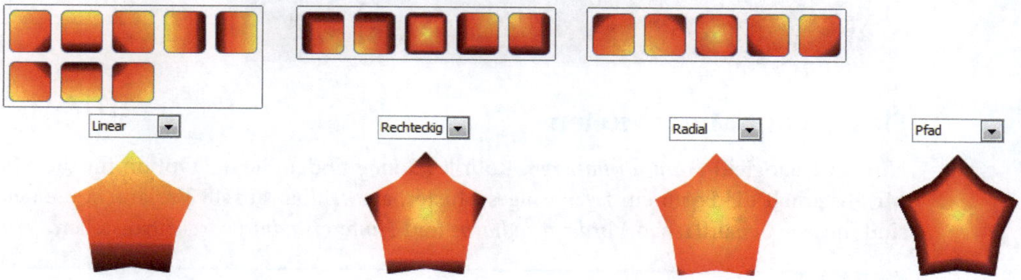

WICHTIG Ein Wechsel des Verlaufstyps führt immer dazu, dass die Verlaufsrichtung auf die Grundeinstellung zurückgesetzt wird.

Transparenz und Helligkeit verlaufen lassen

Jedem Farbverlaufstopp können Sie unabhängig von der gewählten Farbe eine eigene Helligkeit und Transparenz zuweisen, damit sind also auch Verläufe zwischen verschiedenen Helligkeitsstufen oder Graden der Durchsichtigkeit erzielbar. Transparente Verläufe sind gut geeignet, um ein Bild mit einem weichen Übergang in den Hintergrund auszublenden.

1. Zeichnen Sie dazu über das Bild eine der Bildform entsprechende Form und weisen Sie dieser einen Farbverlauf mit zwei Farbverlaufstopps auf 0% und 100% zu.
2. Wählen Sie für den äußeren Farbverlaufstopp die Farbe des Hintergrunds Ihrer Folie und die *Transparenz*-Einstellung 0%.
3. Wählen Sie für den inneren Farbverlaufstopp dieselbe Farbe und die *Transparenz*-Einstellung 100%.
4. Ziehen Sie den inneren Farbverlaufstopp in eine Position, bei der der Farbübergang Ihre Vorstellungen erfüllt.

Abbildg. 9.29 Transparenter Verlauf zum Übergang auf die Folienhintergrundfarbe

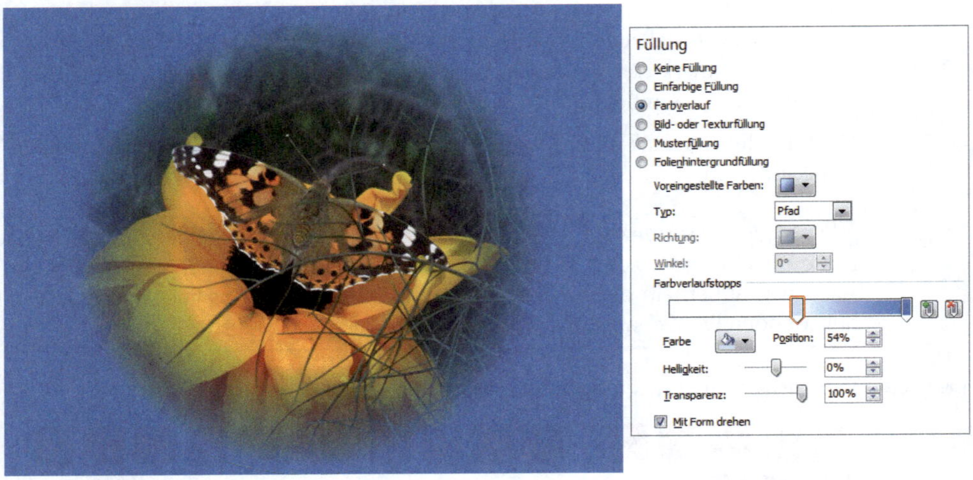

Flächen mit Muster füllen

Nur im Dialogfeld *Form formatieren*, Rubrik *Füllung* finden Sie die Option für die *Musterfüllung*. Mit ihr erhält die Form ein zweifarbiges Muster, auswählbar aus 48 Varianten; die beiden Farben sind mit den Schaltflächen *Vordergrundfarbe* und *Hintergrundfarbe* frei einzustellen.

ACHTUNG Musterfüllungen sind nur für sehr kleine Flächen geeignet, auf großen Flächen strengen sie das Auge des Betrachters an.

Eigenarten der Musterfüllung

- Eine Option zum Mitdrehen der Füllung wie bei den Farbverläufen und Bildfüllungen gibt es bei der Musterfüllung nicht.
- Beide Farben der Muster sind deckend; der Farbauswahl fehlt der Transparenzregler.

Hintergrundfüllung

Die *Folienhintergrundfüllung* ist nicht etwa eine redundante Einstellung zur Gestaltung des Folienhintergrunds, vielmehr übernimmt sie die Farbe des Folienhintergrunds an der Position der Form zur Füllung der markierten Form.

Auch diese Einstellung finden Sie ausschließlich im Dialogfeld *Form formatieren*, Rubrik *Füllung*.

Eigenarten der Hintergrundfüllung

- Im *Bearbeitungsmodus* nimmt eine mit Hintergrund gefüllte Form beim Verschieben an der neuen Position die Farbe(n) des dortigen Hintergrunds an.
- Im *Präsentationsmodus* nimmt eine mit Hintergrund gefüllte Fläche, die *mit einer Animation* über die Folie bewegt wird, ihre Füllung mit.

- Der Begriff *Folienhintergrund* ist eng auszulegen: Nur die Hintergrundgestaltung mittels Dialogfeld *Hintergrund formatieren* (egal ob im Master oder für die Einzelfolie) wird als Flächenfüllung benutzt. Auf dem Master befindliche Elemente zählen nicht dazu.

Formkonturen und Linien gestalten

Über die *Formkontur* bestimmen Sie sowohl die Rahmenlinie geschlossener Formen als auch das Aussehen freier Linien.

Das Vorgehen beim Einfärben von Linien ist mit dem Einfärben von Flächen aus dem Abschnitt »Fülleffekte für geschlossene Formen« weiter vorn in diesem Kapitel gleich.

Abbildg. 9.30 Die Einstellmöglichkeiten für Linien und Konturen sind im Dialogfeld gegenüber dem Menüband erheblich erweitert

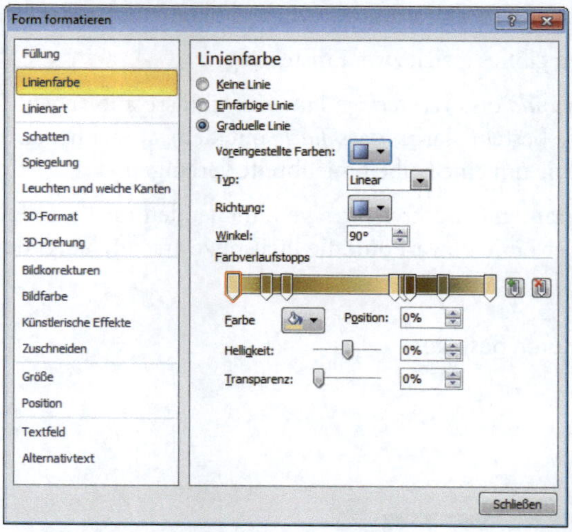

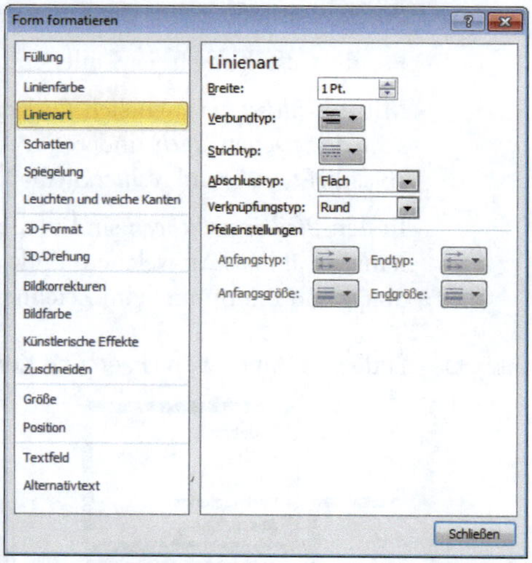

HINWEIS Linien und Konturen lassen sich wie Flächen mit *Farbverläufen* versehen, allerdings nicht direkt aus dem Menüband heraus, sondern nur über das Dialogfeld *Form formatieren*, Rubrik *Linienfarbe* als *Graduelle Linie*.

Abbildg. 9.31 Beispielhafte Farbverläufe für Linien und Konturen

Überhaupt sind die Einstellmöglichkeiten des Dialogfeldes *Form formatieren* in den Rubriken *Linienfarbe* und *Linienart* weitreichender als die unter *Formkontur* auf der Registerkarte *Zeichentools/Format* angebotenen, weshalb sich die folgenden Erläuterungen ausschließlich an den Optionen des Dialogfeldes *Form formatieren* orientieren.

Die Linienstärke stellen Sie in der Rubrik *Linienart* mit *Breite* ein. Beachten Sie bei Konturen, dass die Breite symmetrisch um die Außenlinie der Form nach außen und innen läuft.

ACHTUNG Bei einer Breite von 0 pt verschwindet die Linie nicht! Es bleibt eine Haarlinie. Nur in der Rubrik *Linienfarbe* lässt sich mit *Keine Linie* oder *Transparenz 100 %* eine Linie total unsichtbar machen.

Mit *Verbundtyp* sind Mehrfachlinien möglich, die wie eine Linie behandelt werden.

Strichtyp erlaubt neben der durchgehenden Standardlinie auch gepunktete und gestrichelte Linien.

Für die Gestaltung freier Linienenden gibt es gleich zwei Einstellungen:

Mit *Abschlusstyp* lassen sich *flache*, *runde* und *rechteckige* Linienabschlüsse anbringen. Der Unterschied zwischen *flach* und *rechteckig* besteht darin, dass *flach* mit dem tatsächlichen Linienende abschließt, während *rechteckig* die Linie um eine halbe Linienbreite verlängert.

In den *Pfeileinstellungen* sind pfeil-, rauten- und kreisförmige Linienenden für beide Enden unabhängig wählbar. An welchem Ende der Linie PowerPoint die Pfeilspitze erstellt, hängt davon ab, wo Start- und Endpunkt beim Zeichnen lagen.

Abbildg. 9.32 Ende und Winkel von Linien und Konturen gestalten

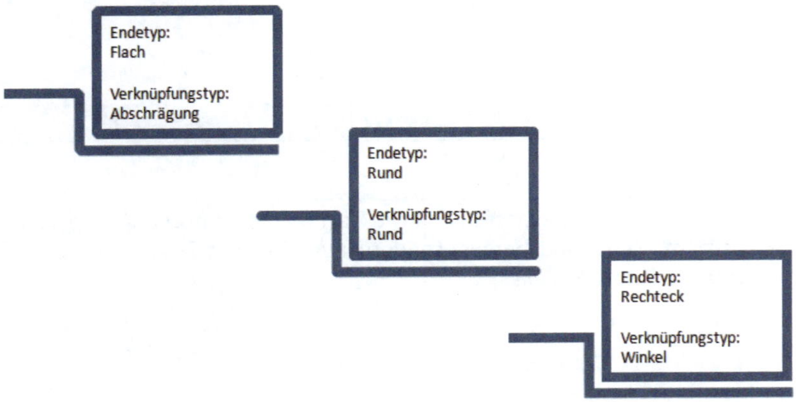

Der *Verknüpfungstyp* kommt bei Linien mit Ecken und bei den Konturen eckiger Formen zum Tragen. Sie haben die Wahl zwischen *Rund*, *Abschrägung* und *Winkel*, wie in Abbildung 9.32 dargestellt.

Effekte auf Formen und Linien anwenden

Die *Formeffekte* auf der Registerkarte *Zeichentools/Format* ersparen häufig die Benutzung eines Bildbearbeitungsprogramms, um einer Form besonderen Ausdruck zu verleihen. Dieser Abschnitt beschäftigt sich mit den Formeffekten *Schatten*, *Spiegelung*, *Leuchten* und *Weiche Kanten*; den Effekten *Abschrägung* und *3D-Drehung* ist der Abschnitt »Mit 3D-Effekten ›in die Tiefe gehen‹« weiter hinten in diesem Kapitel gewidmet.

Abbildg. 9.33 Eine Auswahl der Formeffekte

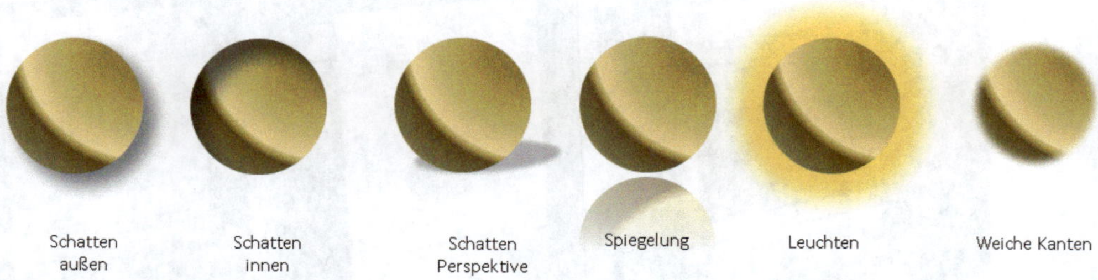

Für alle Effekte gibt es auf der Registerkarte *Zeichentools/Format*, Gruppe *Formenarten* unter *Formeffekte* Kataloge mit voreingestellten Effekten. Per Klick auf den Befehl *Weitere …* am unteren Rand der Kataloge gelangen Sie zum Dialogfeld *Form formatieren*, in dem Sie individuelle Einstellungen zum jeweiligen Effekt vornehmen können.

Die Optionen für die Ausgestaltung der Effekte im Detail vorzustellen, würde zu weit führen, weil sich die verschiedenen Optionen auch gegenseitig beeinflussen. Ihnen steht eine fast unbegrenzte Vielfalt offen, Ihre Schaubilder mit den Effekten aufzupeppen.

TIPP Am besten erkunden Sie die Gestaltungsoptionen, indem Sie einer Form zunächst eine der Voreinstellungen zuweisen und dann die Optionen dieser Voreinstellung im Dialogfeld *Form formatieren* in kleinen Schritten verändern. Da das Dialogfeld frei auf dem Bildschirm positioniert werden kann und die Änderungen sofort auf die Folie übernommen werden, haben Sie immer im Blick, wie sich die geänderten Einstellungen auswirken.

Abbildg. 9.34 Gegenüberstellung einfach in die Folie eingefügter Abbildungen und deren optische Aufwertung durch Hintergrundgestaltung, 3D-Drehung und Spiegelung

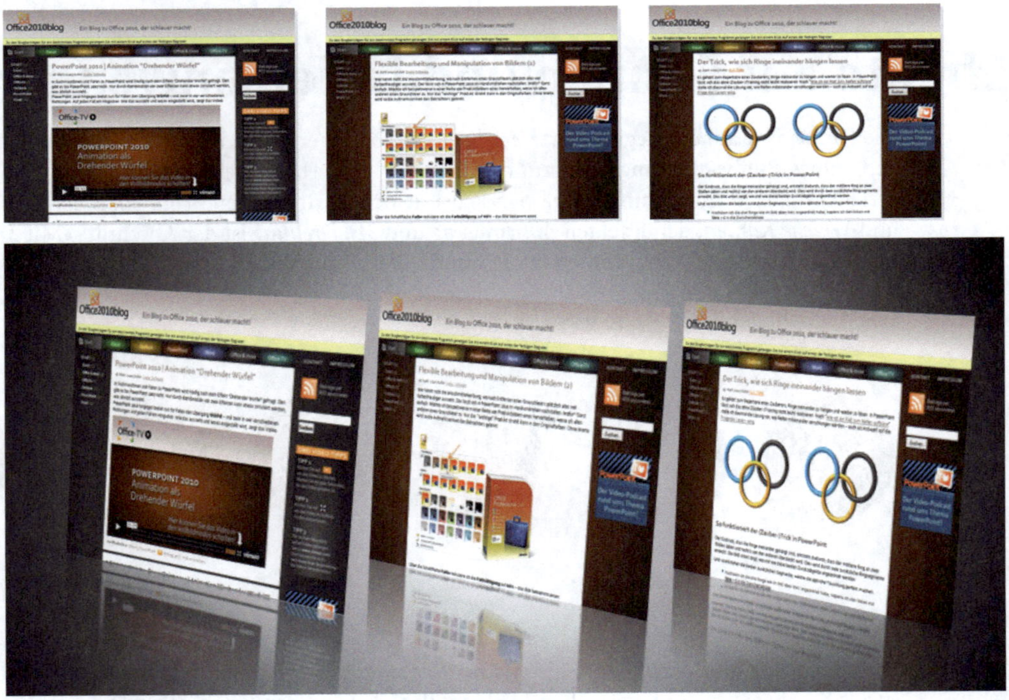

Ein Beispiel für kombinierte Effekte

Sie wollen in Ihrer Präsentation etwas bewerben, von dem Sie ein Foto in eine Folie gestellt haben? Die *Formeffekte* (*Bildtools/Format/Bildeffekte*) helfen Ihnen bei der optischen Verbesserung, wie in Abbildung 9.34 zu sehen. Drei Screenshots einer Website wurden zunächst schlicht nebeneinander platziert (oben in der Abbildung). Dann kam die grafische Trickkiste zum Einsatz:

- Ein grauer Farbverlauf als *Folienhintergrund* sorgt für mehr Brillanz der Farben. Sie können auch die CI-Farben Ihres Unternehmens für diesen Verlauf verwenden, doch die Wirkung ist nicht so ausgeprägt.
- Die Bilder wurden mit der Voreinstellung *Perspektive links Stufe 2* in der Rubrik *3D-Drehung* »aufgerichtet«.
- Die Voreinstellung *Enge Spiegelung mit Berührung* in der Rubrik *Spiegelung* führt zu einem Glanzeffekt des Folienhintergrunds.

Spezialitäten der Schatten

Innenschatten vermitteln den Eindruck, die damit versehene Form sei in den Hintergrund eingedrückt; dieser Eindruck ist besonders stark, wenn die Farbgebung von Form und Hintergrund übereinstimmen.

Innenschatten und *perspektivische Schatten* lassen sich nur über die Voreinstellungen auswählen, können dann aber frei verändert werden.

Die Wirkungsweise von *Leuchten* und *Weichen Kanten*

Der Effekt *Weiche Kanten* lässt die Formkontur nach außen hin transparent werden; der Hintergrund ist durch die transparente Zone hindurch sichtbar, mit *Größe* lässt sich die Breite der Verlaufszone einstellen.

Der Effekt *Leuchten*

- dupliziert die Form,
- vergrößert das Duplikat um das Maß der eingestellten *Größe*,
- formatiert es wie bei *Weiche Kanten* mit einem Transparenzverlauf der eingestellten *Größe* und
- legt es zentriert hinter das Original.

Werden einer Form beide Effekte *Weiche Kanten* und *Leuchten* zugewiesen, scheint die Grundfarbe des Leuchteffekts durch den Transparenzverlauf der weichen Kante.

Mit 3D-Effekten »in die Tiefe gehen«

Der Bildschirm ist flach, die Leinwand oder sonstige Projektionsfläche auch. Dennoch lässt sich mit geeigneter Gestaltung eine räumliche Tiefe vorgaukeln, denn das Auge ist an bestimmte Lichteffekte bei räumlicher Betrachtung gewöhnt, die es lediglich grafisch umzusetzen gilt. Dafür waren früher gründliche Kenntnisse und hochkarätige Software erforderlich, seit PowerPoint 2007 lassen sich Formen und Schriften aber recht einfach in die dritte Dimension bringen.

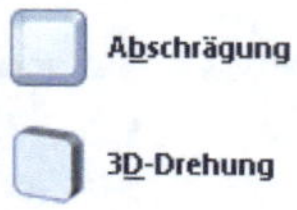

Von den Voreinstellungen für die *Kantenabschrägung* zweidimensionaler Formen (siehe Abbildung 9.35) einmal abgesehen sind die beiden Formeffekte *Abschrägung* und *3D-Drehung* untrennbar miteinander verbunden: 3D-gedrehte Formen ohne Tiefe wirken lediglich verzerrt; die Tiefe einer Form wird erst in der 3D-Drehung erkennbar.

Abbildg. 9.35 Einige Abschrägungsvarianten – eine attraktive Lösung, um beispielsweise Schaltflächen für die Navigation zu gestalten (rechte Kolonne)

Sie finden die 3D-Funktionen auf der Registerkarte *Zeichentools/Format*, Gruppe *Formenarten, Formeffekte: Abschrägung* und *3D-Drehung* sowie ausführlicher im Dialogfeld *Form formatieren* in den Rubriken *3D-Format* und *3D-Drehung*.

Abbildg. 9.36 Die 3D-Effekte in den *Formeffekten* (oben) und ihre Entsprechungen im Dialogfeld *Form formatieren*

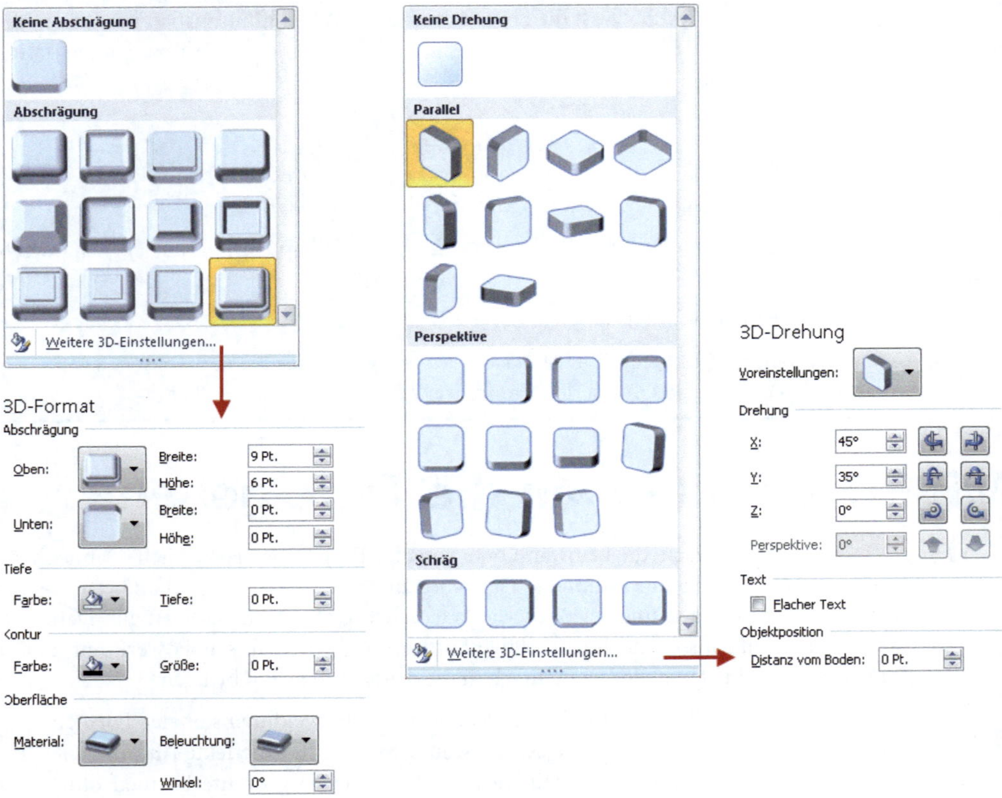

Mit einem Klick auf die Schaltflächen *Abschrägung Oben* oder *Unten* unter *3D-Format* gelangen Sie zu derselben Abschrägungsauswahl wie über *Formeffekte/Abschrägung*.

Mit einem Klick auf die Schaltfläche *Voreinstellungen* unter *3D-Drehung* gelangen Sie zu derselben Drehungsauswahl wie über *Formeffekte/3D-Drehung*.

Tiefe und räumliche Drehung

Die Tiefe einer Form »ragt in den Monitor hinein«. Sichtbar wird sie dabei nur, wenn die Form räumlich gedreht wird, sonst sieht man nur die Oberfläche (= Form).

Zum Erzeugen von Tiefe stellen Sie diese in der Rubrik *3D-Format, Tiefe* ein. Anschließend drehen Sie die Form »im Raum« mit den *Voreinstellungen* in der Rubrik *3D-Drehung*.

Abbildg. 9.37 Zusammenspiel von 3D-Drehung und 3D-Format

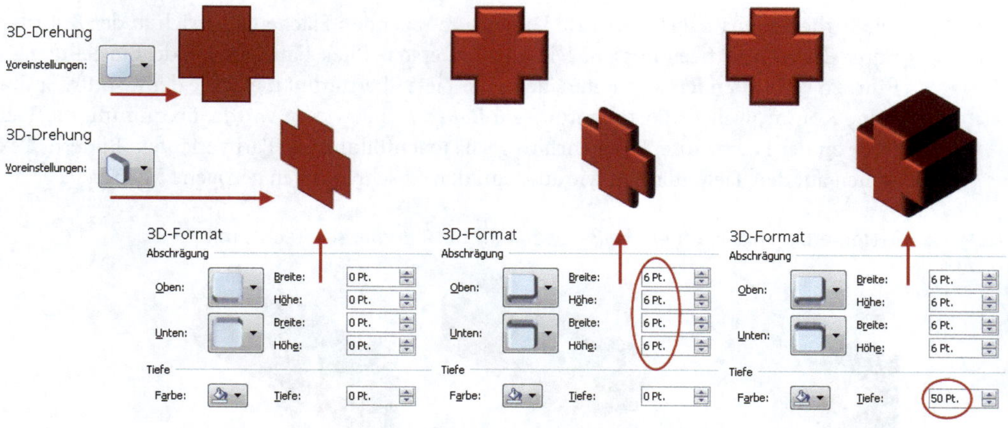

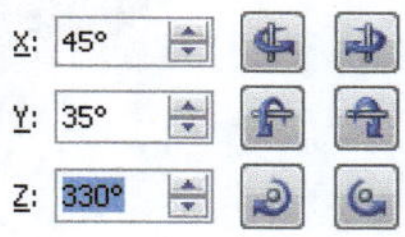

Zum Drehen im Raum stehen unter *3D-Drehung* die *Voreinstellungen* mit 25 Standarddrehwinkeln zur Verfügung; darunter lassen sich die Winkel der drei Raumachsen

- mit den Schaltflächen in 5-Grad-Schritten oder
- mit den Einstellreglern in 10-Grad-Schritten oder
- manuell durch Werteeintrag in 0,1-Grad-Schritten

drehen.

Perspektiven

Es gibt drei Kategorien voreingestellter Drehungen:

- Bei *Parallel* stehen alle Kanten einer Richtung parallel zueinander.
- Bei *Perspektive* laufen Tiefenkanten aufeinander zu.
- Bei *Schräg* stehen die Tiefenkanten parallel zueinander; die Form an sich bleibt unverändert.

ACHTUNG Die Schaltfläche *Zurücksetzen* macht *alle* 3D-Attribute der Form rückgängig!

Der Fluchtpunkt

Sie können den Fluchtpunkt einer Perspektive in PowerPoint nicht direkt bestimmen; das Programm erstellt für jede Form mit Tiefe einen eigenen Fluchtpunkt. Deshalb macht das Ausrichten mehrerer 3D-Formen auf einen gemeinsamen Fluchtpunkt, um damit eine perspektivisch korrekte und überzeugende Darstellung zu finden, Schwierigkeiten. Abhilfe bietet lediglich eine vorherige *Gruppierung* der Formen, dann werden sie auf einen gemeinsamen Fluchtpunkt ausgerichtet.

ACHTUNG Wird die Gruppierung wieder aufgehoben, verlieren die Formen den gemeinsamen Fluchtpunkt und werden neu ausgerichtet.

Die Tiefenfarbe

Die Farbe der virtuell in die dritte Dimension ragenden Flächen lässt sich in der Rubrik *3D-Format* unter *Tiefe/Farbe* beeinflussen. Die auf den ersten Blick banal wirkende Einstellung *Automatisch* führt zu verblüffenden Resultaten, denn die Tiefe übernimmt die Farbe der Kontur. Besitzt die Form keine Kontur, weil als Formkontur *Kein Rahmen* zugewiesen wurde, übernimmt die Tiefe die Füllfarbe an der Formkante: Bei mehrfarbiger Flächenfüllung wie Farbverläufen, Bildern, Texturen entstehen auf den Tiefenflächen wie auch auf den Abschrägungen gezogene Muster.

Abbildg. 9.38 Tiefenfarbe: links manuell *Weiß* gewählt, Mitte *Automatisch*, rechts mit *Kontur*

Die Tiefenkontur

Ein zusätzliches Gestaltungsmittel für die *Tiefe* ist die *Kontur* (in der Rubrik *3D-Format*!), mit der die Kanten der Tiefe in frei bestimmbarer Linienfarbe und -stärke nachgezeichnet werden. Wohlbemerkt: nur die Kanten; gerundete Tiefenflächen bleiben davon unberührt (siehe Abbildung 9.38 rechts).

Oberflächengestaltung

Den letzten Schliff geben Sie 3D-Ansichten, wenn Sie in der Rubrik *3D-Format* die Oberfläche gestalten. Auch hier gilt wieder die Devise »Versuch und Irrtum«, um die richtige Kombination von *Material*, *Beleuchtung* und (Beleuchtungs-)*Winkel* zu finden.

Abbildg. 9.39 Die Wirkung unterschiedlicher Kombinationen aus *Material* und *Beleuchtung*

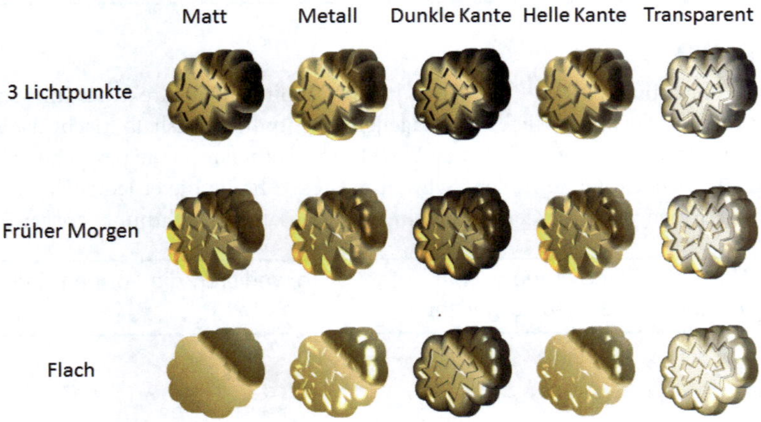

3D-Körper erzeugen

Mit *Abschrägungen*, *Tiefe* und *3D-Drehung* lassen sich Flächen in virtuelle Körper verwandeln. Die nachfolgenden Beispiele zeigen Ihnen, wie Sie Körper aus einfachen Grundformen erzeugen und diese dann zu dreidimensionalen Objekten kombinieren.

Ein wenig Vorstellungsvermögen und das Verständnis für die Zusammenhänge der 3D-Effekte genügen, um Flächen in unterschiedlichste Körper zu transformieren.

Abbildg. 9.40 Bezüge der 3D-Funktionen: links *Abschrägung* und *Tiefe*, rechts *3D-Drehung*

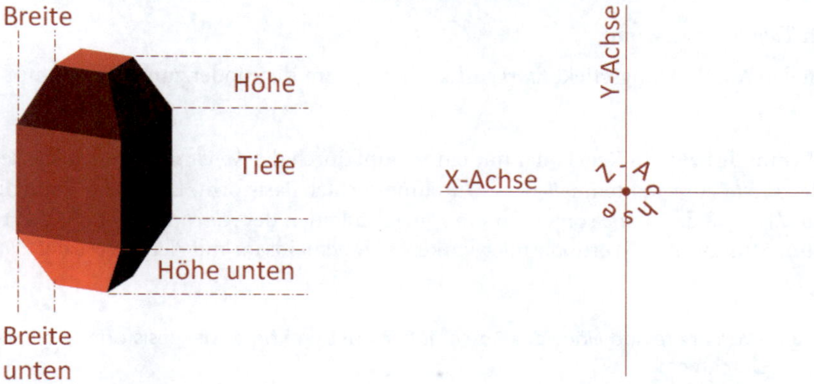

Säulen und Quader

Am einfachsten ist es, aus einer Form einen Quader, eine Säule oder einen vergleichbaren Körper zu erzeugen; dazu genügt es,

- die Form zu zeichnen,
- über *3D-Drehung/Voreinstellungen* »im Raum zu drehen« und
- ihr über *3D-Format* eine *Tiefe* zuzuweisen.

Abbildg. 9.41 Quader, Säulen und andere, durch *Tiefe* und *3D-Drehung* erzeugte Körper

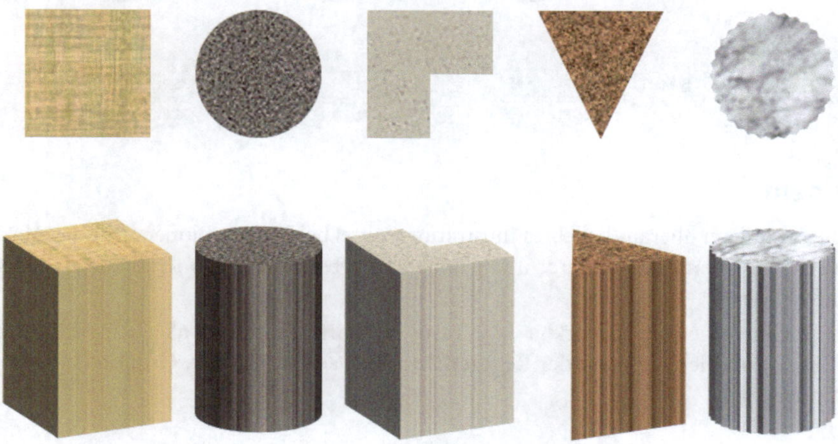

Pyramiden und Kegel

Aus Abbildung 9.40 links wird bereits einiges deutlich:

- Durch *Tiefe* wird ein Rechteck zum Quader. Ist die Form ein Quadrat und der Wert der *Tiefe* ist gleich der Kantenlänge, wird daraus ein Würfel.
- Durch den Abschrägungseffekt *Starke Abschrägung* wird
  - ein Quadrat zur Pyramide oder zum Pyramidenstumpf,
  - ein Rechteck zum Walmdach oder zum Krüppelwalmdach.

Transponieren wir das auf einen Kreis als Basisform, kommt dabei heraus, dass ein Kreis

- durch *Tiefe* zur Säule und
- durch den Abschrägungseffekt *Starke Abschrägung* zum Kegel oder zum Kegelstumpf

wird.

Ob eine Pyramide bzw. ein Kegel oder nur ein Stumpf durch die *Abschrägung* entsteht, liegt im Verhältnis der *Breite* zum Kantenmaß oder Durchmesser der Basisform. Die halbe Kantenlänge bzw. der Radius als Maß der *Breite* sorgen für ein spitzes Zulaufen der *Abschrägung*. Alle Werte darunter führen zum Stumpf. Alle Werte darüber wirken sich gemeinsam mit dem Wert der *Höhe* auf die Neigung aus.

Abbildg. 9.42 Auswirkungen von *Breite* und *Höhe* der *Abschrägung* auf den Körper bei Basisformen mit 72 pt Kantenlänge/Durchmesser

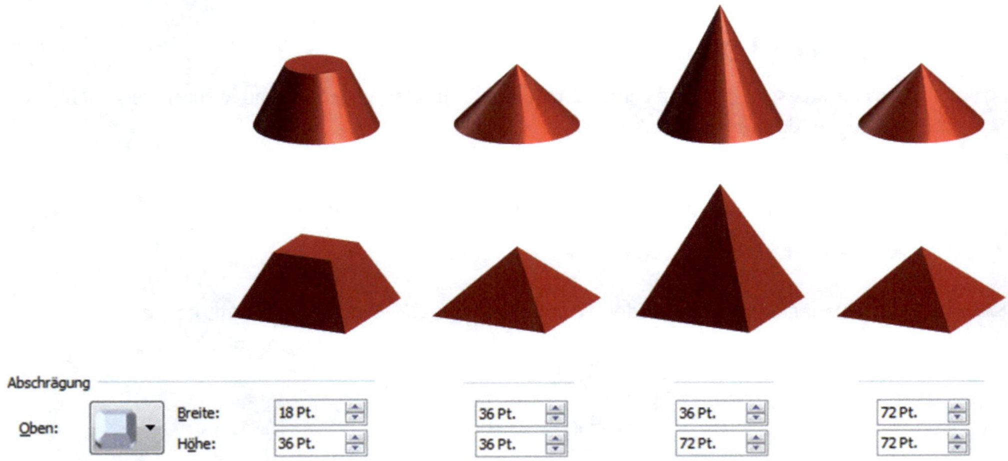

Kugeln

Kugeln sind ein überaus beliebtes Illustrationsmittel bei Präsentationen. Mit der Abschrägung *Kreis* und den eben erläuterten Berechnungen ist es ein Leichtes, einen Kreis zur Halbkugel oder Kugel »aufzublasen«.

1. Zeichnen Sie mit gedrückter ⇧-Taste die Form *Ellipse* (dank ⇧ wird daraus ein exakter Kreis) und lesen Sie auf der Registerkarte *Zeichentools/Format*, Gruppe *Größe* den Kreisdurchmesser ab.

2. Stellen Sie im Dialogfeld *Form formatieren*, Rubrik *3D-Format* bei *Abschrägung Oben* als *Breite* und *Höhe* den halben Durchmesser des Kreises ein.

HINWEIS Bei Eingabe von Abschrägungsmaßen ohne vorherige Auswahl eines Abschrägungstyps wird die Abschrägung *Kreis* verwendet.

3. Stellen Sie in der Rubrik *3D-Drehung* einen anderen Betrachtungswinkel ein. Sie sehen nun eine Halbkugel.
4. Wiederholen Sie Schritt 2 für die *Abschrägung Unten*; die Halbkugel wird zur vollen Kugel.

WICHTIG Rund um die Kugel zieht sich ein Farbverlauf; das ist die Abschrägung der Konturfarbe. Die Konturfarbe wird in Abschrägungen einbezogen!

5. Stellen Sie in der Rubrik *Linienfarbe* die Option *Keine Linie* ein, dann verschwindet der umlaufende Farbverlauf.
6. Gestalten Sie in der Rubrik *3D-Format* die *Oberfläche*; damit wird der räumliche Eindruck noch verbessert.

Abbildg. 9.43 Sechs Schritte zur Kugel

Abbildg. 9.44 Die Visualisierung dieses Schaubildes beruht auf Abschrägung und Tiefe

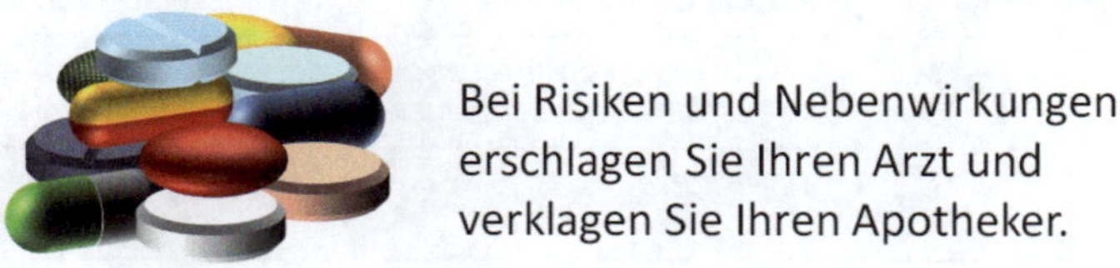

Hohlkörper

Ebenfalls beliebte Illustrationen sind hohle Formen, zum Beispiel Ringe. Sie zu konstruieren, stehen mehrere Methoden zur Verfügung.

Es gibt in der Formenauswahl drei geschlossene Hohlformen: *Positionsrahmen, Rad* und *Nein-Symbol*. Aus ihnen lassen sich durch reine Tiefenbildung Hohlkörper erzeugen.

Foliengestaltung

Abbildg. 9.45 Die Konstruktion von Hohlkörpern

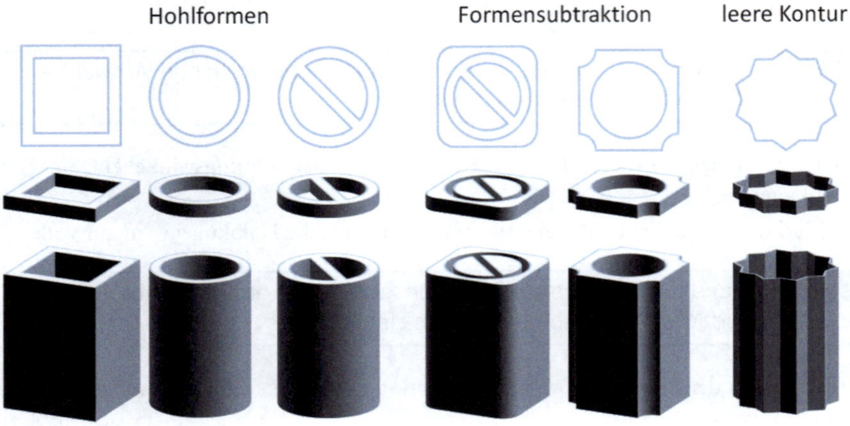

Abbildung 9.45 zeigt neben den genannten Hohlformen zwei weitere Methoden, um Formen mit einem Leerraum innen zu erhalten: die *Formensubtraktion* (siehe den Abschnitt »Formen kombinieren« weiter vorn in diesem Kapitel) und die Verwendung nur der Kontur, indem die *Füllung* der Form auf *Keine Füllung* gesetzt wird.

Die »Wandstärke« dieser Hohlformen bestimmen Sie je nach Formtyp unterschiedlich (siehe Tabelle 9.2).

Tabelle 9.2 Methoden zum Einstellen der Wandstärke

Formtyp	Methode	Anmerkungen
Hohlform aus dem Formenkatalog	mit der gelben Raute	Veränderung nach innen
durch *Formensubtraktion* erzeugte Hohlform	bereits beim Konstruieren durch das Größenverhältnis der beiden Formen	nachträglich nicht korrigierbar
leere Kontur	*Linienstärke*	symmetrische Veränderung nach innen und außen

HINWEIS Bei flachen Hohlkörpern lässt sich die Tiefe auch durch das Abschrägen der oberen und unteren Wandkanten ersetzen, denn die Abschrägung wirkt sowohl bei Hohlformen als auch bei leeren Konturen auch auf die inneren Kanten.

Abbildg. 9.46 Hohlkörper per Abschrägung

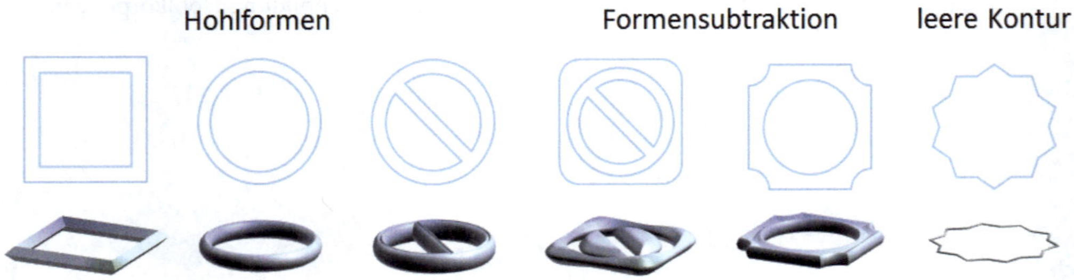

Der Torus

Das zweite Bild in Abbildung 9.46 zeigt, wie bei richtigem Verhältnis von Wandstärke und Abschrägungsmaßen besondere 3D-Effekte entstehen: Hier wurde aus dem Kreisring (Form *Rad*) ein in alle Richtungen abgerundeter Torus.

Diese auch als Rahmen sehr beliebte Form ist ein paar weitere Betrachtungen wert. So können Sie einen Torus sowohl aus der Form *Rad* erzeugen als auch aus einer *Ellipse* ohne Flächenfüllung; die Ergebnisse sind identisch. Maßgeblich für den wirkungsvollen Effekt ist die korrekte Relation der Maße zueinander, denn nur bei korrektem Krümmungsradius der Abschrägung *Kreis* wirkt die Krümmung perfekt.

Abbildg. 9.47 Torus-Konstruktion aus den Formen *Rad* und *Ellipse*

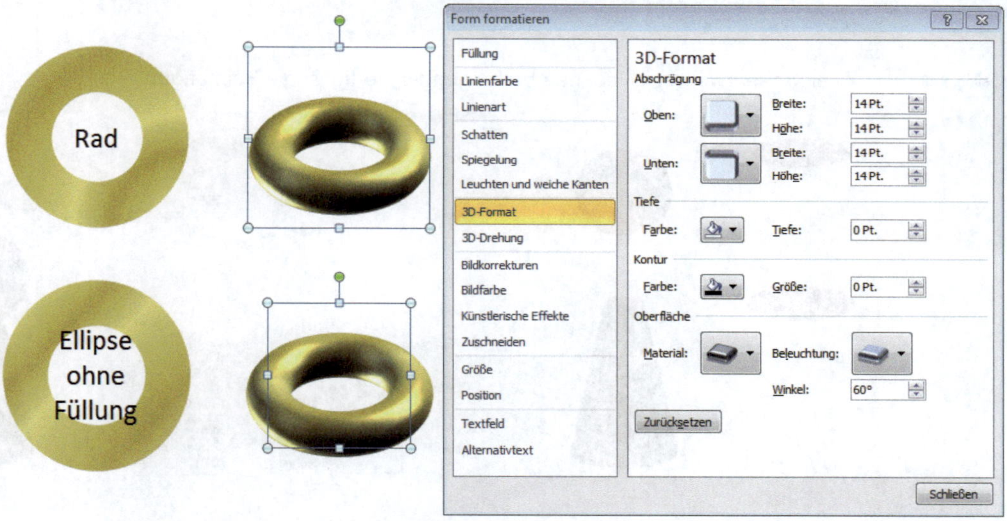

Die Maße für Breite und Höhe der Abschrägung müssen 50% der Randstärke betragen. Die Randstärke ermitteln Sie bei der Form *Rad* nach der auf Seite 279 beschriebenen Methode. Bei der ungefüllten *Ellipse* ist es einfacher; hier lesen Sie das Maß im Dialogfeld *Form formatieren* in der Rubrik *Linienart* bei *Breite* ab.

Figuren

Oft benötigen wir zum Visualisieren von Menschen(mengen) stilisierte Figurendarstellungen. Dazu bieten sich Halmafiguren an, die sich leicht durch Aufeinandersetzen der beiden Körper *Kugel* und *Kegel* aufbauen lassen.

1. Zeichnen Sie mit gedrückter ⇧-Taste zweimal die Form *Ellipse* (dank ⇧ werden daraus exakte Kreise) mit minimal unterschiedlichem Durchmesser.
2. Markieren Sie den größeren Kreis und lesen Sie auf der Registerkarte *Zeichentools/Format*, Gruppe *Größe* den Durchmesser ab.
3. Wählen Sie im Dialogfeld *Form formatieren*, Rubrik *3D-Format* bei *Abschrägung Oben* nach einem Klick auf die Schaltfläche die *Starke Abschrägung*.

4. Geben Sie als *Breite* ein Viertel und als *Höhe* mindestens das Doppelte des Durchmessers des Kreises ein.
5. Markieren Sie den kleineren Kreis und lesen Sie auf der Registerkarte *Zeichentools/Format*, Gruppe *Größe* den Durchmesser ab.
6. Stellen Sie im Dialogfeld *Form formatieren*, Rubrik *3D-Format* bei *Abschrägung Oben* als *Breite* und *Höhe* den halben Durchmesser des Kreises ein.
7. Bewegen Sie die Kugel mit den Pfeiltasten auf den Kegelstumpf.
8. Markieren Sie beide Körper.
9. Richten Sie beide Körper über *Zeichentools/Format*, Gruppe *Anordnen* mit *Ausrichten/Horizontal zentrieren* aneinander aus.
10. Verbinden Sie die Körper über *Zeichentools/Format*, Gruppe *Anordnen* mit *Gruppieren/Gruppieren* zu einer Figur.

Abbildg. 9.48 Zwei Kreise, zwei verschiedene Abschrägungen, fertig ist die Halmafigur

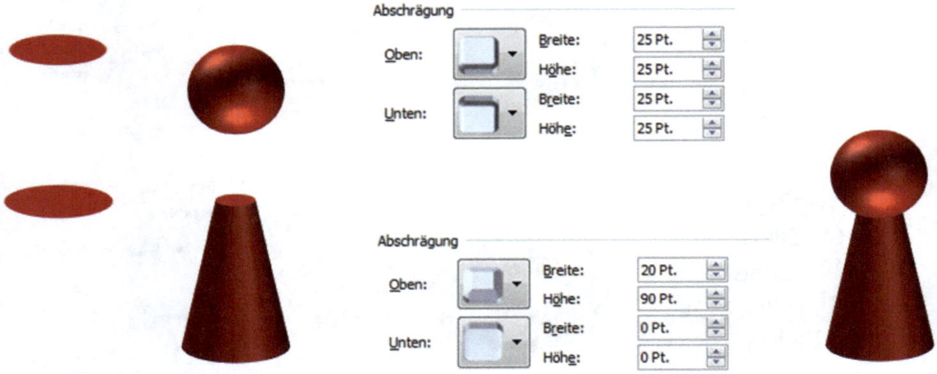

Massenproduktion

Da diese Figur einzeln etwas verlassen aussieht, duplizieren Sie sie mehrfach:

1. Markieren Sie eine der gruppierten Figuren.
2. Drücken Sie Strg+D, um ein Duplikat zu erzeugen.
3. Bewegen Sie das Duplikat mit den Pfeiltasten neben das Original.
4. Drücken Sie Strg+D so oft, bis die gewünschte Figurenreihe komplett ist.
5. Markieren Sie alle Figuren der Reihe.
6. Drücken Sie Strg+D, um ein Duplikat der ganzen Reihe zu erzeugen.
7. Bewegen Sie die duplizierte Reihe mit den Pfeiltasten so vor die Originalreihe, dass der Eindruck einer davorstehenden Figurenreihe entsteht; ein wenig horizontaler Versatz ist besser als korrektes Voreinanderstehen.
8. Drücken Sie Strg+D so oft, bis die gewünschte Figurengruppe komplett ist.

Abbildg. 9.49 Anwendungsbeispiele von Figurenmassen ohne Text

Abbildg. 9.50 Anwendungsbeispiele von Figurenmassen mit Text

Wenn Ihnen die Halmafiguren nicht seriös genug erscheinen, reichen ein paar weitere, mit Abschrägungen versehene Kreise aus, um daraus eine »ernsthafte« Schachfigur zu machen.

Abbildg. 9.51 So wird aus der Halmafigur eine Schachfigur

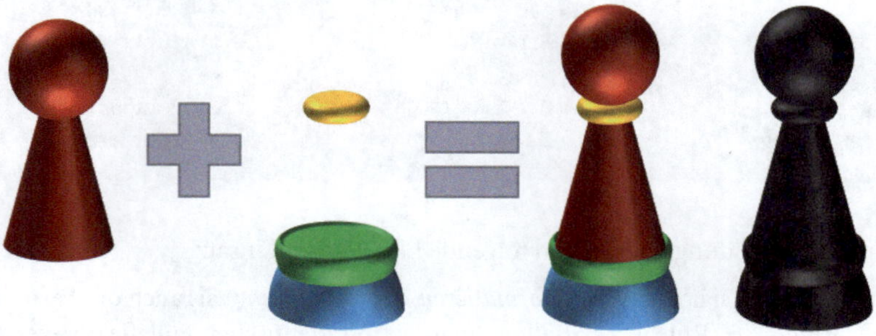

Alle in Abbildung 9.51 zusätzlich verwendeten »Körper« basieren auf Kreisen mit unterschiedlichen *Abschrägungen* bei unterschiedlichen Maßen für *Breite* und *Höhe* – ein weites Feld für Experimentierfreudige!

PROFITIPP Achten Sie bei der Farbgebung darauf, auch für schwarze Figuren niemals reines Schwarz zu verwenden, sondern höchstens einen dunklen Anthrazitton. Schwarz schluckt einige der Beleuchtungseffekte und verdirbt damit die 3D-Wirkung.

Effekte und 3D auch auf Text anwenden

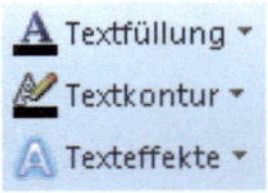

Nahezu alle Effekte lassen sich auch auf Text anwenden. So können Sie Schaubilder sowohl von der Formen- als auch von der Schriftgestaltung her thematisch anpassen.

Auf der Registerkarte *Zeichentools/Format* finden Sie neben der Gruppe *Formenarten* die Gruppe *WordArt-Formate* mit fast identischen Werkzeugen. Mit dem sogenannten Startprogramm für Dialogfelder in der Gruppe *WordArt-Formate* gelangen Sie zum Dialogfeld *Texteffekte formatieren*, das fast identisch ist mit dem Dialogfeld *Form formatieren*.

Abbildg. 9.52 Exemplarische Texteffekte: Einfarbige Füllung, Farbverlauf, Textkontur, Schatten, Spiegelung, Leuchten, Abschrägung und 3D-Drehung (von links)

Abbildg. 9.53 Ein Schaubild mit Form- und Texteffekten

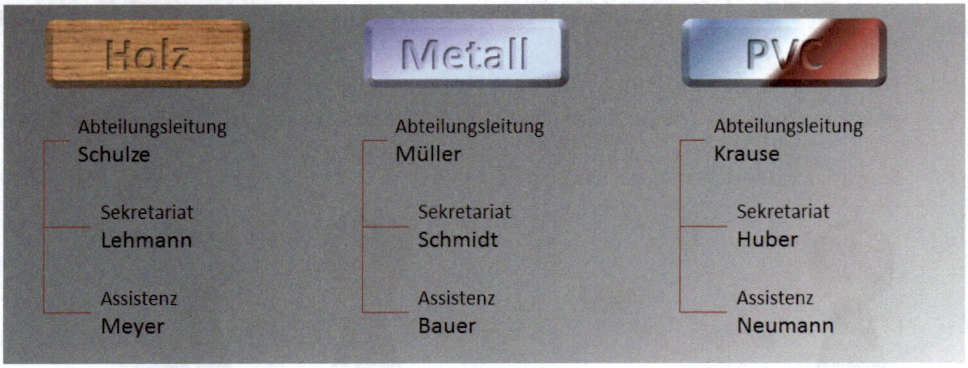

Bei dem Beispiel in Abbildung 9.53 kamen folgende Effekte zum Einsatz:

- Sowohl die Formen (Dialogfeld *Form formatieren*, Rubrik *Füllung*) als auch die Texte (Dialogfeld *Texteffekte formatieren*, Rubrik *Textfüllung*) wurden mit identischen Fülleffekten versehen.
  - Holz: *Bild- und Texturfüllung/Textur/Eiche*
  - Metall: *Farbverlauf/Voreingestellte Farben/Nebel, Linear, 45 Grad*
  - PVC: *Farbverlauf/Voreingestellte Farben/Horizont, Linear, 45 Grad*
- Wiederum identisch sind die Einstellungen unter *3D-Format/Oberfläche/Material*.
  - Holz: *Matt*
  - Metall: *Metall*
  - PVC: *Plastik*

- Die Formen erhielten per Dialogfeld *Form formatieren*, Rubrik *3D-Format* eine *Abschrägung oben* vom Typ *Starke Abschrägung*.
- Der »ausgefräste« Effekt der Schrift entstand in allen drei Fällen durch einen Innenschatten aus dem Dialogfeld *Texteffekte formatieren*, Rubrik *Schatten, Voreinstellungen: Innen diagonal oben links* mit folgenden nachträglichen Einstellungen:
  - *Transparenz:* 50 %
  - *Weichzeichnen:* 5 pt
  - *Winkel:* 225 Grad
  - *Abstand:* 7 pt

WICHTIG Beim Kombinieren von Texten und Formen in 3D-Objekten beachten Sie bitte, dass beide separat voneinander formatiert werden müssen. Lediglich die 3D-Drehung lässt sich auf Text und Form gemeinsam anwenden, wenn in einem der beiden Formatierendialogfelder in der Rubrik *3D-Drehung* die Option *Flacher Text* **aus**geschaltet ist.

Flacher Text trennt die 3D-Drehung des Textes von der der Form.

Foliengestaltung

Abbildg. 9.54 Unterschiedliche 3D-Drehung von Text und Form

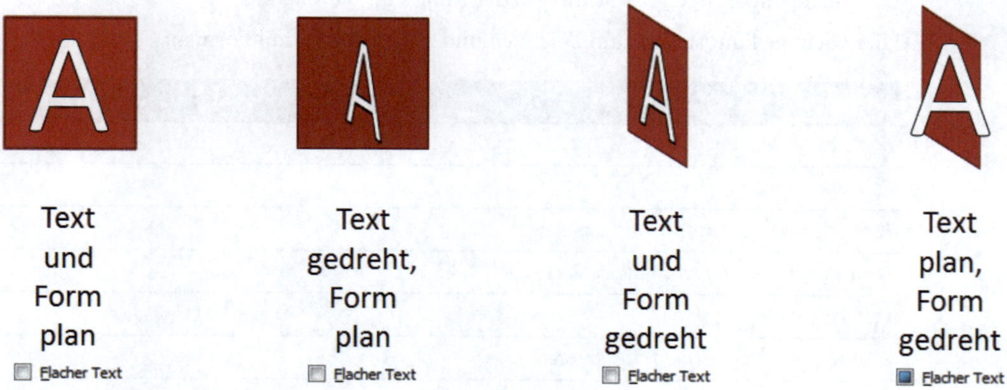

PROFITIPP Beim Formatieren von Formen, die Text enthalten, benötigen Sie ständig die beiden Dialogfelder *Form formatieren* und *Texteffekte formatieren*. Mit dem sogenannten Startprogramm für Dialogfelder in den Gruppen *Formenarten* und *WordArt-Formate* können Sie zwischen diesen beiden Dialogfeldern hin und her schalten, ohne die Dialogfelder zu schließen.

CD-ROM Alle Beispiele aus diesem Kapitel finden Sie auf der CD zu diesem Buch im Ordner *\Buch\Kap09* in den Dateien *Kap09_Schaubilder.pptx* und *Kap09_Effekte.pptx.*

Zusammenfassung

Mit Formen können Sie Illustrationen, Abläufe, Strukturen und komplexe Schaubilder erstellen und mit den Zeichentools effektvoll gestalten. Allerdings ist damit meist ein beachtlicher manueller Aufwand verbunden und Grundwissen zum Zeichnen und Formatieren unerlässlich. Genau diese Techniken konnten Sie in diesem Kapitel lernen.

Sie sparen eine Menge Zeit und Nerven, wenn Sie nach Plan und systematisch vorgehen. Die Trial-and-Error-Methode führt hier wohl erst über vermeidbare Umwege zum Erfolg.

- Schalten Sie vor dem Zeichnen das Raster ein oder bauen Sie sich mit den Zeichnungslinien ein Gitternetz auf.
- Verwenden Sie die Tasten und Tastenkombinationen zum schnellen und präzisen Duplizieren, Kopieren und Verschieben von Objekten.

- Machen Sie reichlich Gebrauch vom *Formatpinsel*: Es ist einfacher, eine nicht hundertprozentig passend formatierte Form in den signifikanten Eigenschaften zu ändern, als sie von Grund auf neu zu formatieren.
- Verwerfen Sie beim Probieren missratene 3D-Körper nicht vorschnell, sondern testen Sie die Effekte mit anderen *Beleuchtungen* der Rubrik *3D-Format* aus.

Hier wichtige Fundstellen zum Zeichnen und zum Umgang mit Formen:

Thema	Seite
Maße eingeben	256
Formen zeichnen	256
Formen skalieren, bewegen und kopieren	262
Neue Formen durch Kombinationen erzeugen	270
Formen korrekt ausrichten	276
Formen mit Farben, Bildern oder Mustern füllen	280
Formen durch Formeffekte ansehnlicher machen	291
Formen im Raum drehen	293
Effekte auch für Text anwenden	304

Teil C

Präsentieren

Nachdem Sie wissen, wie Sie zuschauergerechte Folien anlegen, folgt in diesem Teil des Buches die nächste Stufe: die der animierten Bildschirmpräsentation. Hier lernen Ihre Texte und Bilder sozusagen das Laufen.

Verschaffen Sie sich zu Beginn eine Übersicht über die Animationsmöglichkeiten von PowerPoint. Lernen Sie dann anhand zahlreicher Beispiele kennen, wie Sie Animation gezielt nutzen, um Informationen dosiert zu vermitteln und mehr Spannung in Ihre Präsentationen zu bringen.

Wichtig in diesem Zusammenhang sind hier auch die Informationen und Hinweise zum souveränen Vorführen von Bildschirmpräsentationen.

Kapitel 10

Präsentationen bewusst planen und erfolgreich durchführen

In diesem Kapitel:

Egal, ob Sie schon häufig Präsentationen gehalten haben oder zum ersten Mal diese Hürde nehmen – es lohnt sich, gleich zu Beginn zwei Fragen zu stellen. Was eigentlich ist eine Präsentation? Und worin unterscheidet sie sich von einer Rede?

Eine *Präsentation* ist eine Situation, in der ein Publikum geplant und systematisch von einem Vortragenden informiert wird – und zwar über die bewusste Nutzung von mindestens zwei Sinnesorganen: Ohr und Auge. Beispiele hierfür sind Kongresse, Verkaufsveranstaltungen, Produktvorstellungen, Schulungen, Statusberichte, Projektberichte und Meetings aller Art. Das Publikum erwartet demzufolge, dass es den Vortrag nicht nur hört, sondern ihn – zumindest in Teilen – auch sieht. Die Präsentation unterscheidet sich demnach von der *Rede* dadurch, dass neben dem gesprochenen Vortrag parallel visuelle und teilweise auch auditive Informationen und Reize – beispielsweise Videos – gezielt eingesetzt werden.

Damit ergibt sich für Vortragende bei der Vorbereitung einer Präsentation eine Doppelaufgabe:

- Anfertigen einer Disposition für die gesprochene Informationen – die Rede
- Erstellen einer Sammlung von visualisierten Informationen – die Folien

Gute Vortragende beherrschen beide Aufgaben – in der Vorbereitung wie auch in der Umsetzung. Doch es gibt auch viele andere Fälle: Beispielsweise Vortragende, die zwar rhetorisch begabt sind, aber diesen positiven Eindruck mit ihren Folien nicht bestätigen. Oder Vortragende, die ihre Folien für das Redekonzept halten. Als Zuschauer erkennen Sie dies daran, dass sich die Akteure während der Präsentation voll auf die Folien konzentrieren, diese zum großen Teil vorlesen, dem Publikum häufig den Rücken zuwenden, sich hinter der Technik verschanzen – kurz: nicht wirklich in einen aktiven Dialog mit dem Publikum treten.

PowerPoint kann weder gute Redner noch begeisternde Vortragende hervorbringen, aber bei der Aufgabe, Informationen zu strukturieren und zu visualisieren, ist es ein nützliches und ziemlich komfortables Werkzeug.

Abbildg. 10.1 Blick auf die Aufgabenliste, mit der Vortragende im Vorfeld einer Präsentation konfrontiert sind

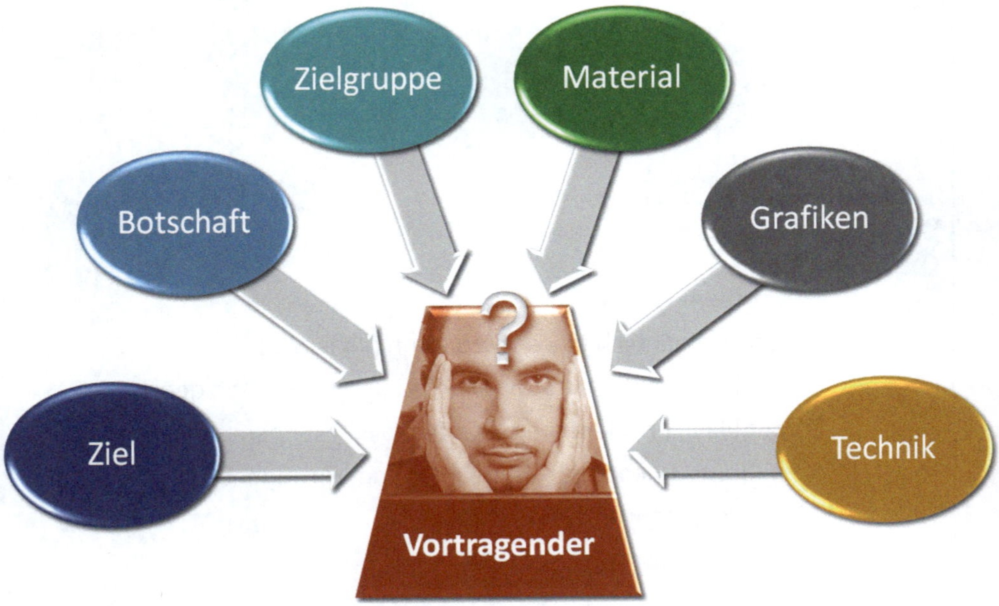

Warum eigentlich eine Präsentation planen?

Vortragende sehen sich Herausforderungen auf drei Ebenen gegenüber:

- **Das Strukturieren und Erstellen des Vortrags** Dies ist eine in erster Linie intellektuelle Aufgabe, die PowerPoint nicht abnehmen kann. Aber es stellt die technischen Mittel zur Verfügung, um dies schnell und einfach zu erledigen.
- **Die Wahl der passenden Medien während des Vortrags** PowerPoint unterstützt beim Anfertigen professioneller Präsentationen, die per Beamer, über Display oder Monitor vorgeführt werden. Doch auch bewährte Medien wie Handouts, Flipchart und Pinnwand sollten keinesfalls außer Acht gelassen werden. Der zum Thema und zur Zielgruppe passende Medienmix sorgt dafür, dass unterschiedlich strukturierte Teilnehmer die für sie jeweils optimale Informationsdarbietung erhalten: Manche sind eher visuell, andere eher auditiv ansprechbar, wieder andere brauchen eher etwas zum Anfassen und Mitnehmen. Und dann gibt es natürlich auch die »Mischformen«. Bereiten Sie für jede dieser Gruppen bewusst etwas vor.
- **Die gekonnte Kommunikation mit dem Publikum** Auch hier kann Ihnen PowerPoint ein Stück weit helfen: Wenn Sie die Informationsmenge auf den Folien abwägen, wenn Sie nach Mitteln suchen, um wichtige Dinge auch in besonderer Weise darzustellen – mit außergewöhnlichen Bildern oder passenden Animationen. Schließlich unterstützt PowerPoint auch dabei, interaktiv zu sein, die Präsentation also im Dialog mit dem Publikum vorzuführen. Bauen Sie bewusst Informationen in den Vortrag ein, die dem Publikum nur auf Zuruf oder nach Aufforderung gezeigt werden.

Sicher kann jeder, der an einem Dutzend oder mehr Präsentationen teilgenommen hat, die folgende Aufstellung bestätigen oder gar erweitern. Die »Sünden«, die Vortragende gemeinhin begehen, werden trotz vieler Ratgeber zu diesem Thema immer wieder neu verübt. Meist ist es noch nicht einmal Gedankenlosigkeit oder Ignoranz, die dahintersteht, sondern einfach der Zeitdruck oder eben die Routine beim Abarbeiten von Aufgaben, was dazu führt, dass Präsentationen nicht optimal für das Publikum vorbereitet werden. Im Folgenden eine kurze »Negativ-Hitliste«.

Bei Präsentationen unbedingt vermeiden: Eine »Negativ-Hitliste«

- Die Folien werden kurz entschlossen aus bestehenden Präsentationen zusammengestellt. Resultat: Der »rote Faden« wird auf Basis der vorhandenen Folien neu festgelegt, ist aber nicht wirklich schlüssig.
- Auf Textfolien sind wesentliche Informationen und Kernaussagen nicht ausreichend erkennbar.
- In Tabellen und Diagrammen wurde zwar viel Zahlenmaterial zusammengetragen, die wirklich wichtigen Kennziffern gehen allerdings in dieser »Zahlenflut« unter.
- Komplizierte Abläufe werden durch eine Vielzahl von Objekten, Pfeilen und Verbindungslinien dargestellt. Zum Schluss wirkt die Folie nur noch überladen.
- Der Vortrag wird vom Redner auf reine Informationsvermittlung ausgerichtet; die Kommunikation ist »eine Einbahnstraße«. Das Publikum wird nicht angeregt, die Informationen aktiv zu verarbeiten. Resultat: Die Behaltensquote ist gering.

- Die Folien werden in »affenartiger Geschwindigkeit« gezeigt. Das Publikum ermüdet schnell und verliert das Interesse.

Wahrscheinlich können Sie aus eigener Erfahrung diese Negativliste noch ergänzen.

Es ist gut, sich diese Präsentationssünden bewusst zu machen. Noch wichtiger aber ist es, sich intensiv und ganz bewusst mit den Abläufen und Zusammenhängen zu beschäftigen, die dafür sorgen, dass Ihre Präsentation ein Erfolg wird.

Abbildg. 10.2 Erfolgsbausteine für Präsentationen

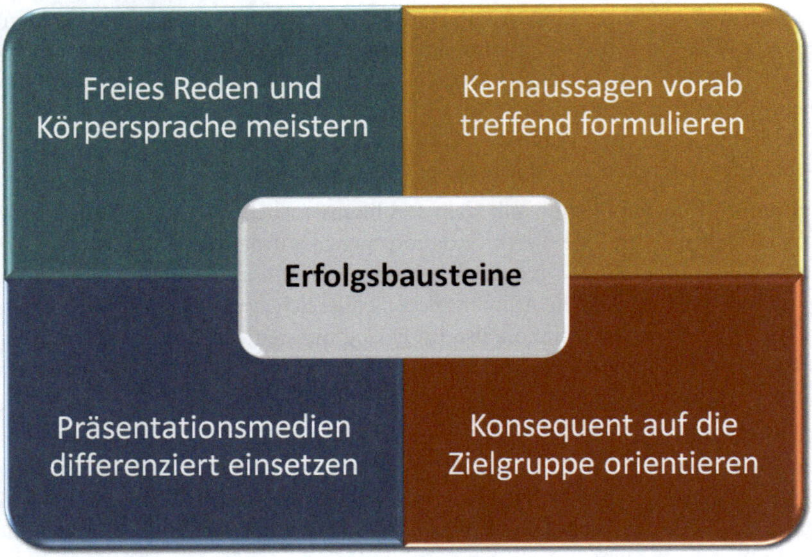

Was zu einer guten Planung dazugehört

Nach dieser Negativliste nun eine Aufstellung der Fragen, mithilfe derer Sie die oben geschilderten Situationen vermeiden können.

Checkliste: Was beim Vorbereiten der Präsentation zu beachten ist

Sobald es darum geht, Informationen über mehrere Folien verteilt an die Zuschauer zu bringen, stellen sich viele der nachfolgenden Fragen:

- An wen richtet sich die Präsentation?
- Welche allgemeinen und welche konkreten Ziele verfolgt sie?
- Welche Botschaft, welche Formulierung soll »rübergebracht« werden?
- Was soll im Ergebnis der Präsentation bewirkt werden?
- Wie viel Zeit verbleibt für die Vorbereitung?
- Welche Materialien liegen bereits vor und welche Informationen müssen noch zusammengetragen werden? Wie hoch ist der Zeitaufwand dafür?

- Welches grafische Material ist bereits vorhanden, müssen noch Fotos eingescannt, Bilder gesucht und Grafiken erstellt werden?
- Wie werden die Vorgaben des Corporate Designs berücksichtigt?
- Über welches Medium wird die Präsentation gezeigt: direkt vom PC über einen Beamer, mit ausgedruckten Tischvorlagen, über das Internet, direkt am Monitor?
- In welchen Räumlichkeiten wird der Vortrag gehalten? Wie sind die Licht-, Schall- und Platzverhältnisse, wie ist die Belüftung?
- Welche Technik steht zur Verfügung, welche muss noch beschafft werden?
- Welche Materialien sind für Teilnehmer und Vortragenden vorzubereiten?

Sicher ließe sich dieser Katalog noch beliebig erweitern. Aber diese wenigen Fragestellungen zeigen bereits, wie komplex die Vorbereitung einer guten Präsentation sein kann. Gerade das macht die Vorbereitung einer Präsentation auch zu einer interessanten und spannenden Herausforderung. Man kann sich inhaltlich, kreativ und organisatorisch »verausgaben«.

Abbildg. 10.3 Schritt für Schritt zur erfolgreichen Präsentation

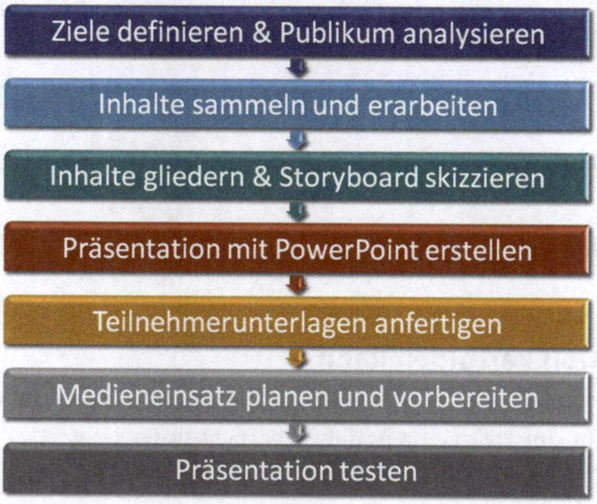

Ziel, Botschaft und Zielgruppe definieren

Egal, ob es sich bei der Präsentation um die Vorstellung eines Produkts, einer Dienstleistung, einer Firma, eines Projekts handelt – beginnen Sie nicht mit dem Erstellen der ersten Folie, bevor Sie nicht Antworten auf die folgenden drei Kernfragen haben:

- Was wird mit dem Vortrag bezweckt?
- Welche Botschaft soll sich bei den Zuschauern einprägen?
- An welche Zielgruppe richtet sich der Vortrag überhaupt?

Versuchen Sie zunächst, möglichst einfache und eindeutige Antworten auf diese drei Fragen zu erhalten. Verfallen Sie nicht auf den Fehler vieler PowerPoint-Anwender: Programm starten und *sofort* (ohne wirklich durchdachten Plan) Folien produzieren. Denn das Programm verführt mit all seinen vorgefertigten Designvorlagen, Layouts, Schaubildern usw. dazu, sofort loszulegen. Das Ergebnis ist auf jeden Fall »schön bunt«, gespickt mit Grafiken, Animationen usw.

Aber wurde darauf geachtet, dass die Botschaft für die Zuschauer klar wird? Sind die Hauptinformationen so aufbereitet und als Fazit so zusammengefasst, dass bei den Zuschauern ein hoher Erinnerungseffekt erreicht wird?

Apropos Zuschauer: Wurde bei all den schönen Folien berücksichtigt, was die Zielgruppe erwartet und wie sie am besten anzusprechen ist?

Beginnen Sie mit den Zielen!

Folgende Situation gehört zum Alltag in vielen Unternehmen: Mitarbeiter werden beauftragt, eine Präsentation zu erstellen. Ihnen wird dazu nur das Thema und der Zeitpunkt der Fertigstellung mitgeteilt – mehr nicht.

Lassen Sie sich auf so etwas nicht ein. Denn am Ende ist meist keine der beiden Seiten glücklich mit dem Ergebnis, weder Auftraggeber noch die Ausführenden. Denn wichtige und zentrale Fragen sind zu Beginn nicht geklärt worden.

Wichtigstes Ziel einer Präsentation sollte immer sein, dass die Teilnehmer so viel wie möglich davon profitieren. Das bedeutet, dass Informationen im Gedächtnis haften bleiben bzw. Impulse zum Handeln ausgelöst werden. Das ist die Zielsetzung eines Vortrags überhaupt.

Daraus ergeben sich folgende vier Grundanforderungen an jede Präsentation, nämlich die Informationen

- auf das Wesentliche reduzieren,
- klar strukturieren,
- verständlich visualisieren und
- überzeugend vortragen.

Ziele, die eine Präsentation verfolgen kann

Abbildung 10.4 zeigt einige der Ziele, die eine Präsentation haben kann. Sicher gibt es noch zahlreiche andere. Aber als Anregung für eine Diskussion ist diese Übersicht sicher geeignet.

Abbildg. 10.4 Fünf mögliche Ziele einer Präsentation

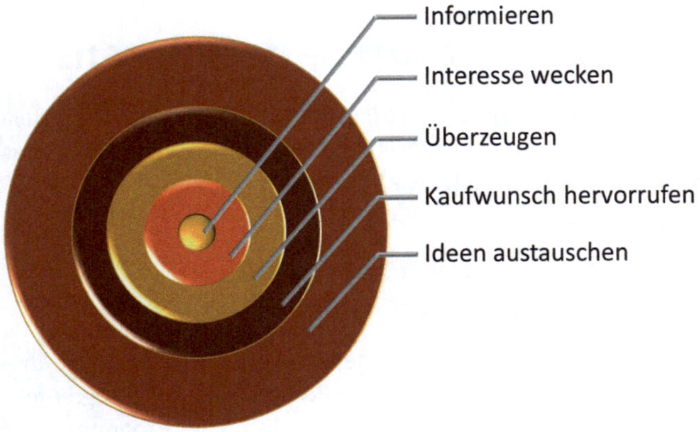

Oft reicht es hier aus, durch Hinterfragen die Dinge schnell auf den Punkt zu bringen, zum Beispiel: »Was ist denn eigentlich das Ziel oder der Grund der Präsentation?«.

Checkliste: Differenzierte Zielvorgaben für die Präsentation

Folgende alternative Fragestellungen sollen Ihnen zeigen, wie wichtig eine differenzierte Zielvorgabe für das Anfertigen einer Präsentation ist:

- Soll das Publikum über ein neues Produkt nur informiert werden? Oder sollen die Zuhörer dazu bewegt werden, anschließend das Produkt gleich zu bestellen?
- Sollen die besonders nützlichen Eigenschaften eines am Markt befindlichen Produkts hervorgehoben werden? Oder geht es vielmehr darum, Zweifel an dem Produkt zu zerstreuen oder gar Widerstände abzubauen?
- Soll einfach nur die Firma vorgestellt werden? Oder geht es darum, die Firma als Technologieführer in einem ganz bestimmten Bereich zu positionieren?
- Sollen die Umsätze des Unternehmens dargestellt werden? Oder sollen die anwesenden Banker und Analysten gezielt mit Informationen zum Zukunftspotenzial eines bestimmten Produkts oder zur stabilen Finanzsituation des Unternehmens (etwa trotz Umsatzeinbrüchen) versorgt werden?

Sie erkennen an diesen wenigen Beispielen sicherlich den Wert einer differenzierten Aufgabenstellung **vor** dem Anfertigen der Folien. Noch einen Vorteil hat dieses Hinterfragen der Ziele: Sie veranlassen damit auch Auftraggeber zum aktiven Nachdenken darüber, welche Ziele die Präsentation eigentlich verfolgen soll. Resultat: Es ist weniger wahrscheinlich, dass der Auftraggeber beim Durchblättern der fertigen Folien feststellt, dass er sich das eigentlich ganz anders vorgestellt habe.

Die Botschaft definieren

Um diese nächste Voraussetzung für eine gelungene Präsentation zu meistern, begeben Sie sich einmal in die Rolle des Zuschauers oder Zuhörers.

Der Vortrag ist vorbei, die referierende Person schaut erwartungsvoll und spricht den obligatorischen Satz, ob es noch Fragen gibt und ob alle Informationen angekommen sind. Spätestens jetzt beginnen Sie als Zuschauer oder Zuhörer darüber nachzudenken, was Ihnen der Vortrag eigentlich an Wissenszuwachs gebracht hat.

Die Referenten sind sich meist sicher, Ihnen alles ganz genau und logisch erklärt zu haben. Doch was haben Sie sich als Zuschauer oder Zuhörer gemerkt? Fallen Ihnen auf Anhieb wichtige Kernpunkte des Vortrags ein? Haben sich bestimmte Informationen bei Ihnen eingeprägt? Wenn es jetzt noch »die richtigen« Informationen waren, die Sie sich gemerkt haben, dann hat der Vortrag zumindest an der Stelle sein Ziel erfüllt.

Abbildg. 10.5 Wurde die Botschaft treffend formuliert und ist sie beim Publikum angekommen?

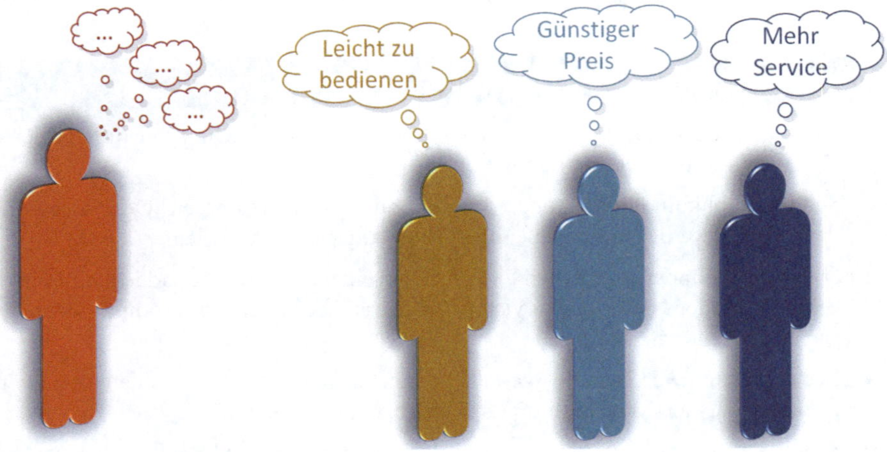

Die Zielgruppe kennen und berücksichtigen

Fall Nr. 1: Wenn Sie eine Präsentation für eine Fachmesse oder einen Fachvortrag vorbereiten, ist die Frage nach der Zielgruppe scheinbar leicht zu beantworten: ein interessiertes und sachkundiges Publikum. Sachkundig bedeutet allerdings auch: Sie können mit Befürwortern Ihres Produkts bzw. Ihrer Idee, aber auch mit Kritikern und Gegnern rechnen. Haben Sie für solche Fälle Folien vorbereitet, die kritische Argumentationen entkräften können?

Fall Nr. 2: Sie müssen gar nicht so weit gehen. Soll beispielsweise ein neues Projekt oder auch nur eine neue Idee vorgestellt werden, ist es doch allzu natürlich, dass nicht gleich alle begeistert oder wenigstens überzeugt von Ihrem Anliegen sind. Denn jeder Teilnehmer hat seinen individuellen Erfahrungshorizont und gleicht damit die von Ihnen vorgetragenen Informationen ab. Verständlich, dass da Fragen und Zweifel auftauchen. Haben Sie Argumente, überzeugende Zahlen und Fakten vorbereitet, um Ihr Anliegen so sachlich und informativ wie möglich vorzutragen?

Abbildg. 10.6 Kennen Sie Ihre Zielgruppe?

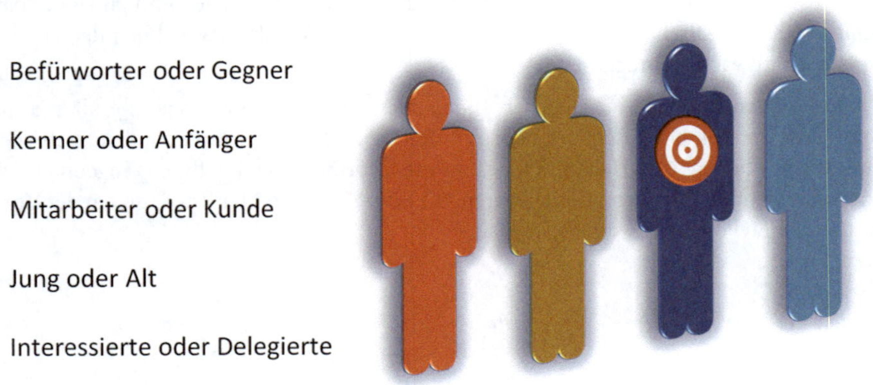

An diesen zwei Fällen sehen Sie, wie wichtig die Kenntnis der Zielgruppe ist. Dieses Wissen kommt zur Wirkung, wenn Sie daraus konkrete Konsequenzen für Abfolge, Aufbau und Inhalt Ihrer Folien ableiten. Mit »wilden« Animationen können Sie ein jugendliches Publikum gewinnen, wohl kaum aber ein Fachpublikum erfahrener Führungskräfte. Allerdings sollten Sie auch bei Führungskräften nicht zu konservativ sein. Zumindest eine Prise Humor und eine aufgelockerte Darstellung bestimmter Situationen und Daten bringen Ihnen als Vortragender einen Bonus ein. Denn wer trockene Informationen attraktiv aufbereitet, strahlt inhaltliche Souveränität aus und das verfehlt seine Wirkung nicht. Überhaupt werden Führungskräfte allzu oft mit steifen Präsentationen gelangweilt. Und daher sind gerade sie ansprechbar für die Kombination aus solider Information und souveräner und kreativer Darbietung. Technische Details sind kaum interessant für Controller, wohl aber für Ingenieure. Beide Berufsgruppen wiederum möchten weitaus mehr mit Zahlenmaterial konfrontiert werden als andere Personengruppen.

Mit dem Präsentationsplan den Überblick behalten

Ausgehend von der Reflexion der bisher aufgeworfenen Fragen können Sie nun einen strukturierten Aktionsplan erstellen. Er verschafft Ihnen einen Überblick über die anstehenden Aufgaben und gestattet zugleich, diese Aufgaben nach Prioritäten, aber auch chronologisch abzuarbeiten.

Je kürzer die Vorbereitungszeit, desto wichtiger ist es, die erforderlichen Schritte so aufzuschreiben, damit nichts vergessen wird.

TIPP Einen guten Plan mit konkreten Aufgaben können Sie nicht nur für die aktuelle Präsentation, sondern auch für künftige Vorträge als Checkliste verwenden.

Konzentrieren Sie Ihren Aktionsplan auf drei Felder:

- Ziele und Inhalte
- Publikum
- technisches Umfeld

Inhalte und Dramaturgie planen: Das Storyboard

Setzen Sie nun die Gedanken aus der Planungsphase in ausformulierte Informationen um und suchen Sie nach passendem grafischem Material zur Unterstützung Ihrer Aussagen.

Skizzieren Sie auf einem Block kurz den Aufbau für jede zu erstellende Folie. Stellen Sie dabei fest, ob sich nicht unnötig oft der gleiche Folienaufbau wiederholt. Häufig werden Zuschauer hauptsächlich mit Textfolien »überflutet«. Zu wenig passende grafische Darstellungen werden angeboten. Resultat: Es gibt zu wenig visuelle Anreize für das Verankern der Informationen im Gedächtnis.

Das Storyboard hilft Ihnen zu sehen, welche Informationen, Bilder, Diagramme noch fehlen. Sie schaffen sich Denkvorlauf, einen besseren Überblick über noch zu bearbeitende Folien und können somit Ihre Zeitplanung immer an den Tatsachen orientieren. Schließlich lässt sich ein Storyboard auch gut nutzen, um mit Kollegen oder Auftraggebern Zusammenhänge und wichtige Details konkret zu diskutieren.

Verschiedene Präsentationsmedien und ihre Einsatzgebiete

Wie schon erwähnt, ist der Erfolg einer Präsentation nicht allein auf die perfekte Vorführung per Beamer begrenzt. Andere Präsentationsmedien kommen ins Spiel und können an wichtigen Stellen des Vortrags das Publikum wieder aktivieren. Doch bevor Sie den Einsatz unterschiedlicher Medien erwägen und planen, lohnt ein Blick darauf, *wie* Präsentationen bei den Zuschauern »ankommen«.

Unsere fünf Sinne – oder wie werden Informationen wahrgenommen?

Informationen allgemein und somit auch Präsentationen können vom Publikum über die fünf Sinne Hören, Sehen, Riechen, Fühlen und Schmecken aufgenommen werden. Mit Ausnahme von Weinproben, der Vorstellung eines Kochbuchs im Kochstudio oder dem Besuch einer Parfümerie reduzieren sich die fünf Wahrnehmungskanäle bei »gewöhnlichen« Business-Präsentationen auf drei: das Hören, Sehen und Fühlen (Tasten).

Die audiovisuelle Kombination gehört zum Pflichtprogramm einer Präsentation. Nutzen Sie aber auch die Wirkung von »greifbaren« Anschauungsobjekten. Wann immer Sie Informationen vermitteln wollen: Ihr Bestreben sollte sein, möglichst viele Sinne anzusprechen. Mit fortschreitender Technik ergeben sich immer neue Möglichkeiten zum Präsentieren.

Die Palette der Präsentationsmedien teilt sich in visuelle (Flipchart, Tageslichtprojektor, Beamer, Plasmabildschirm) und auditive (Tonbandgerät, CD-Player) sowie in solche Medien, die beides sind (Video- und DVD-Player).

Abbildg. 10.7 Auswahl verschiedener Präsentationsmedien

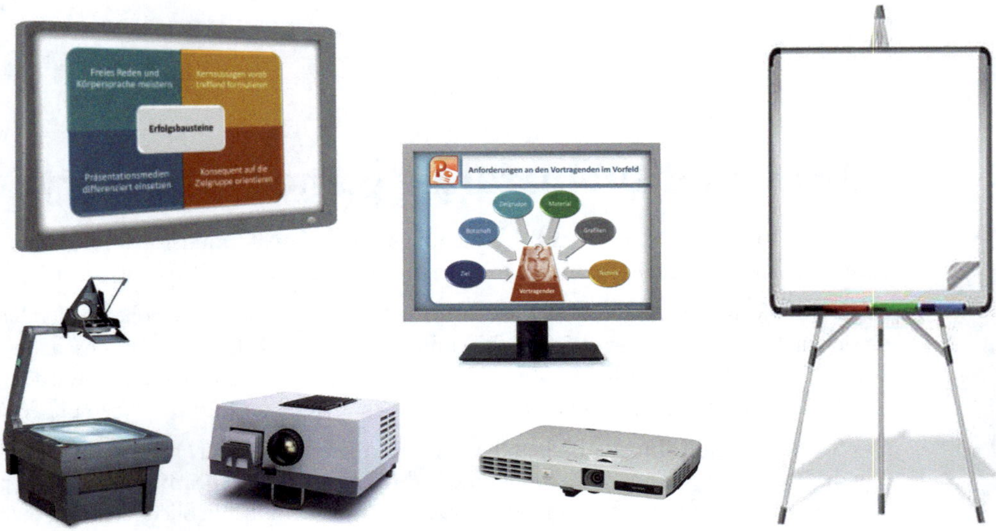

Welche Präsentationsmedien gibt es?

Präsentationsmedien lassen sich in vier Gruppen einteilen: Tafelmedien, Projektionsmedien, Monitormedien und Tischmedien.

Tafelmedien

Neben der traditionellen Tafel gibt es das moderne und kreidelose Whiteboard. Ebenfalls häufig im Einsatz sind Flipchart und Pinnwand.

Besonders interessant für Lehrveranstaltungen aller Art – von der Vorlesung bis zum Kleingruppentraining – sind interaktive Whiteboards, auf denen Informationen, die vom PC kommen, im Dialog dem Publikum gezeigt, mit ihm gemeinsam erarbeitet oder auch verändert werden können.

Projektionsmedien

Hier sind Overheadprojektor, Diaprojektor, Datenprojektor und interaktive Whiteboards wie beispielsweise »TeamBoards« oder »SmartBoards« einzuordnen.

Monitormedien

Dazu gehören Fernseher, PC-Monitore und Großbildmonitore. Sie sind verbunden mit unterschiedlichsten »Datenlieferanten«. Bilddaten beispielsweise können vom Photo-CD-Player, Videorekorder, der Videokamera oder vom Computer kommen.

Tischmedien und weitere

Hierzu zählen Teilnehmerunterlagen – die sogenannten Handouts – und alle Arten von Anschauungsobjekten (Modelle oder Teile einer Maschine).

Bildschirmpräsentationen per Beamer

Die Präsentation von Vorträgen mithilfe eines Beamers – oft auch Projektor genannt – ist die professionellste und zugleich qualitativ beste Variante der Visualisierung von Informationen vor einem Teilnehmerkreis von mehr als fünf Personen. Datenprojektoren oder Beamer ermöglichen es, Daten von Videorekordern oder Computern einem größeren Publikum zu zeigen. Die Technik dazu ist unterschiedlich, ebenso Kaufpreis und Bildqualität.

Beamer stellen Farben und Animationen weitgehend so dar, wie dies in der Bildschirmpräsentation am Monitor möglich wäre. Auch Multimedia-Effekte (Ton und Video) sind über einen Beamer gut realisierbar. Die Investitionskosten haben sich in den letzten Jahren rapide verringert. Bereits für weniger als 700 Euro sind inzwischen Geräte im Angebot, die nahezu Notebook-Größe haben, somit leicht zu transportieren sind und sich gut für den Einsatz im kleineren Rahmen eignen.

Technik-Exkurs Beamer

Neben der Frage nach dem Preis stellt sich bei Beamern vor allem die nach der Technik. Daher hier kurze Erläuterungen zu zwei wichtigen Begriffen.

ANSI-Lumen

Die Lichtstärke eines Beamers wird in *ANSI-Lumen* gemessen. ANSI-Lumen steht für die Bildhelligkeit der Daten- und Videoprojektoren. Für die meisten Präsentationsfälle genügen Beamer mit einer Leistung zwischen 1.000 und 1.500 ANSI-Lumen. Kann ein Raum nicht vollständig abgedunkelt werden, sollten es 2.000 ANSI-Lumen oder mehr sein.

HINWEIS Viele Projektoren fallen nicht nur durch ein gutes oder weniger gutes Bild auf, sondern auch durch Lüftergeräusche. Es gibt noch keine gänzlich »stummen« Beamer. Bei der Anschaffung lohnt sich daher ein Geräuschtest.

Auflösung

Die Auflösung gibt die Zahl der Pixel (Bildpunkte) wieder, mit der ein Bild aufgebaut ist. Je größer die Zahl der Pixel desto höher die Bildauflösung. Die Folge einer höheren Auflösung sind feinere und schärfere Kanten bei der Darstellung. Eine höhere Auflösung ermöglicht auch mehr Informationen auf der gleichen Bildwandfläche. Tabelle 10.1 zeigt die aktuell verfügbaren Standards für Daten-Beamer. Achtung, hier kommen nahezu jährlich neue Standards hinzu.

Tabelle 10.1 Übersicht über aktuelle Anzeigemodi bei Beamern

Modus	Auflösung	Format	Modus	Auflösung	Format
VGA	640 x 480	4:3	SXGA+	1.400 x 1.050	4:3
SVGA	800 x 600	4:3	WSXGA+	1.680 x 1.050	16:10
XGA	1.024 x 768	4:3	UXGA	1.600 x 1.200	4:3
WXGA	1.360 x 768	16:9	WUXGA	1.920 x 1.440	4:3
SXGA	1.280 x 1.024	5:4	QXGA	2.048 x 1.536	4:3
WSXGA	1.600 x 900	16:9			

Empfehlenswerte Internetadressen zum Thema Beamer

- *http://www.avacademia.com* – Umfassende und aktuelle deutschsprachige Marktübersicht zum Thema Präsentationstechnik plus Newsletter
- *http://content.epson.de/EpsonDistanceCalculator* – Geniale Anwendung bei EPSON zum Optimieren von Projektionsabstand und Leinwandgröße
- *http://www.beamervergleich.de* – Mit Beamer-Berater und Kurzglossar zu wichtigen technischen Begriffen; die ultimative Vergleichsseite, wenn man schon einige Geräte im Blick hat und diese nun hinsichtlich der technischen Daten und Preise gegenüberstellen möchte

Checkliste Beamer-Kauf

Beim Kauf eines Beamers gilt es, neben dem Preis auch eine Reihe weiterer Kriterien in die Überlegungen einzubeziehen. Hier eine kleine Checkliste:

- Wie groß und wie schwer ist das Gerät?
- Wie hoch ist die Lichtleistung? Weniger als 1.500 ANSI-Lumen sollten es heutzutage nicht mehr sein.

- Wie hoch ist die Farbtreue der angezeigten Bilder? Dies ist besonders wichtig bei DLP-Projektoren, die Schwächen bei Gelb- und Rottönen haben. Einige Hersteller bieten hier mit speziellen Farbsegmentierungstechnologien deutlich verbesserte Farbqualität. Mehr dazu gibt es unter *www.optoma.de*.
- Welchen Geräuschpegel verursacht das Gerät? Werte bis 32 dBA sind wünschenswert.
- Wie stark ist das Kontrastverhältnis? Werte ab 2.000:1 sind erstrebenswert.
- Welche Projektionsabstände meistert das Gerät? Hier ist der Einsatzort entscheidend.
- Wie leicht lassen sich Zoom, Fokus und Trapezentzerrung (Keystone) einstellen?
- Wie einfach und wie schnell ist die Menüführung? Was bietet die Fernbedienung? Ein- und Ausschalten sowie Stand-by sind ein Muss.
- Gibt es einen Eco-Modus? Der ist für die Lebensdauer der Lampe und den Geräuschpegel wichtig.
- Ist der Beamer kompatibel zum Notebook/Computer? Welche Anzeigemodi werden unterstützt (siehe Tabelle 10.1)?
- Wie hoch sind die Folgekosten? Bei Druckern ist es der Preis von Patronen oder Toner, bei Beamern sind es die Kosten für eine Ersatzlampe, die ein weiteres wichtiges Argument bei der Kaufentscheidung sind.

WLAN oder nicht?

Viele Beamer-Hersteller werben mit immer neuen technischen Raffinessen. Aber brauchen Sie die neuesten technischen Errungenschaften wirklich? Hier eine kleine Entscheidungshilfe zur kabellosen Verbindung zwischen PC und Beamer.

- Zeigen Sie fast ausschließlich Folien ohne oder mit wenig Animationen, kann der Anschluss des Beamers statt per Kabel über WLAN erfolgen.
- Sind hingegen Videosequenzen oder gar ganze Filme in Ihre Präsentation eingebaut, steuern Sie den Beamer besser per Kabel an. Dies gewährleistet ruckelfreie Bilder und einen schnellen Bildaufbau.

Die Frage nach dem richtigen Format: 4:3, 16:10 oder 16:9

Auch wenn Ihnen das bisher gar nicht bewusst war: Im Normalfall sind Präsentationen im 4:3-Format angelegt. Übrigens wird dieses Format häufig bei Fernsehern eingesetzt. Bei Notebooks, TFT- und Plasma-Displays entwickelt sich der Trend in Richtung 16:9. Wer seine Präsentationen in diesem Format anlegt und später auch per Beamer vorführen möchte, sollte beim Beamer-Kauf darauf achten, dass dieses Format von dem betreffenden Gerät unterstützt wird. Mehr zu Formaten lesen Sie in Tabelle 10.1.

Zwei moderne Alternativen zum Beamer

Beim Stichwort Bildschirmpräsentation wird meist sofort an einen Beamer gedacht. Doch nicht in jedem Fall ist er die optimale Lösung. Hier eine kurze Aufstellung, welche Präsentationsmedien es derzeit gibt und wo sie zum Einsatz kommen:

Plasma- und LCD-Displays – die Edlen

Wer häufiger Messen besucht, weiß: Displays sind der Renner. Der Grund: Mit Plasma- und LCD-Displays sind Sie von abgedunkelten Räumen unabhängig. Auch der geringere technische Aufwand und Platzbedarf sprechen für ihren Einsatz.

Interaktive Präsentationsmittel – Beispiel TeamBoard

Wer das Zeigen von Informationen mit Interaktion verbinden will, sollte sich einmal näher mit dem TeamBoard befassen. Es ist in Verbindung mit einem Beamer und seinen Abmessungen einer Tafel ein überdimensionaler Touchscreen. Vortragende können ihren Vortrag direkt am TeamBoard steuern und so beispielsweise das Funktionieren einer Software an einem Riesenbildschirm demonstrieren. Perfekt also für Trainings, für Messen und den großen Auftritt.

Mehr dazu unter *www.teamboard.de.*

Abwechslungsreich agieren mit dem passenden Medienmix

Auch wenn hier natürlich das Hauptaugenmerk auf das Erstellen von Präsentationsfolien gelegt wird, darf trotzdem nicht vergessen werden, dass der Einsatz mehrerer Medien eine Präsentation erfolgreicher macht und das Publikum in größerem Maße aktiviert. Zudem hat jedes einzelne Präsentationsmedium spezifische Vorteile, die Vortragende bewusst im Verlauf ihrer Präsentation einsetzen sollten. Deshalb soll hier zumindest auf zwei Medien eingegangen werden, die sich gut mit Präsentationsfolien kombinieren lassen.

Abbildg. 10.8 Fälle für den Einsatz von Flipchart und Beamer

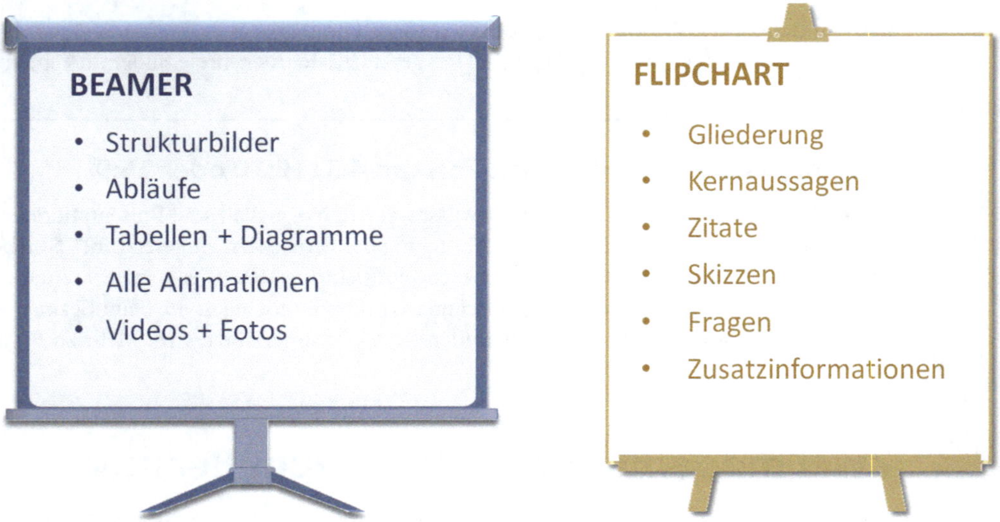

Flipcharts

Flipcharts sind perfekt für den Einstieg in ein Meeting oder eine Schulung. Bereiten Sie beispielsweise anstelle von Folien ganz bewusst Blätter für die Begrüßung, zur Bekanntgabe der Gliederung und des Ablaufs vor.

Auch bei Diskussionen sind Flipcharts besonders praktisch, denn Vorschläge können damit schnell aufgezeichnet werden. Die Teilnehmer ihrerseits fühlen sich in ihrem Mitspracherecht bestätigt. Flipcharts eignen sich weitaus besser als PC-gesteuerte Folien, um innerhalb einer Präsentation bestimmte Zwischenergebnisse zusammenzufassen, Sachverhalte schnell mit ein paar Notizen oder einer Skizze zu klären. Auch für die Erinnerung an bereits Gesagtes eignen sich Flipcharts, denn Sie können leicht zu bestimmten Stellen zurückblättern und dies ohne jeden Technikeinsatz.

Nutzen Sie das Medium Flipchart nur, wenn Sie eine leserliche Handschrift haben und schnell schreiben können, damit Sie nicht zu lange Zeit mit dem Rücken zu den Teilnehmern verbringen. Halten Sie auch deshalb Schaubilder möglichst einfach. Begrenzen Sie den Einsatz von Flipcharts aus Gründen der Lesbarkeit auf Gruppen von maximal 15 Teilnehmern.

Pinnwände

Auf Pinnwänden lassen sich mithilfe von Haftmagneten, Reißnägeln und Klebeband Poster, Plakate und beschriftbare Kartons in unterschiedlicher Form, Farbe und Größe fixieren.

Die Stärke einer Pinnwand liegt also darin, dass sich in Situationen der Gedankenfindung (Brainstorming) oder dann, wenn Zustände noch nicht endgültig sind, Informationen, Abläufe und Strukturen schnell und ohne Aufwand umstellen lassen. Auch für interaktive Gruppenarbeit sowie Feedback seitens des Publikums sind Pinnwände gut geeignet.

Vom Plan zur Gliederung: Die Techniken kennen und anwenden

Eigentlich müsste jedes Präsentationsprogramm so aufgebaut sein, dass die Gestaltungsfunktionen erst dann eingeblendet werden, wenn ein gut formulierter und sinnvoll strukturierter Text vorliegt. Das würde Sie als Zuschauer davor bewahren, weitere Präsentationen sehen zu müssen, die bunt, animiert und laut waren, aber die Botschaft schlecht oder gar nicht transportiert haben.

Folien und Gedanken in der Gliederungsansicht organisieren

Was bewahrt Sie vor solchen Fehlern? Wechseln Sie in PowerPoint probehalber einmal in die Gliederungsansicht links im Programmfenster.

Die in Abbildung 10.9 links gezeigte Gliederung ist nüchtern gehalten, Gestaltung spielt hier keine Rolle. Geben Sie jetzt Ihre Texte ein und konzentrieren Sie sich dabei auf prägnante Formulierungen. Achten Sie darauf, pro Folie nicht mehr als sechs Informationen unterzubringen. Begrenzen Sie jede davon auf zwei Zeilen.

Abbildg. 10.9 Links von der Folie zur Gliederungsansicht wechseln

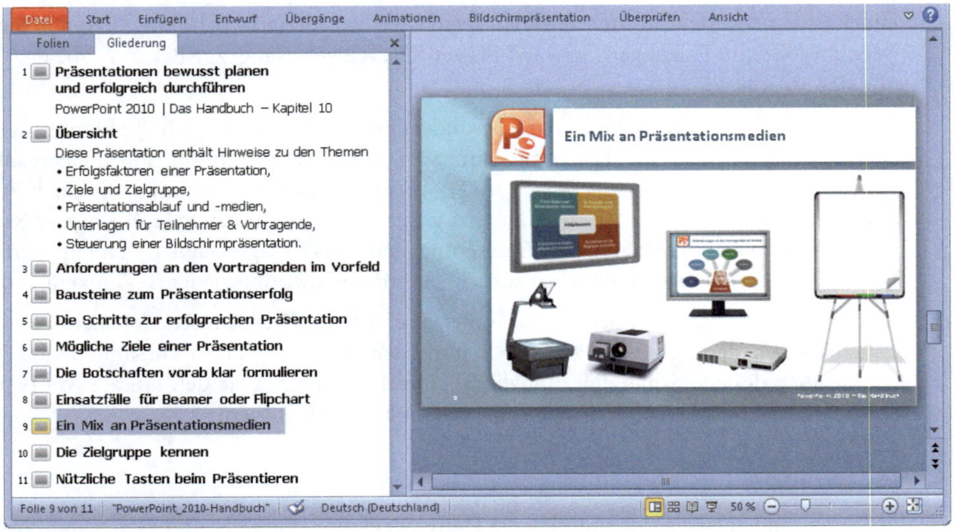

Sorgen Sie bereits bei der Eingabe der Inhalte mit Aufzählungszeichen oder Nummerierungen sowie der Zuweisung verschiedener Ebenen dafür, dass sich Ihr Publikum sehr schnell orientieren und die Informationen leicht und aufbereitet in den »Arbeitsspeicher« übernehmen kann. Nehmen Sie sich also Ihr Storyboard und erfassen Sie auf diese Weise als Erstes die reinen Textinformationen.

Kurzüberblick: Aufbau und Nutzen der Gliederungsansicht

Die Ansicht *Gliederung* ist gut geeignet, um einen raschen Überblick über Präsentationen zu bekommen, die im Wesentlichen aus Textfolien bestehen.

Da Grafiken oder frei gezeichnete Textfelder in der Gliederungsansicht nicht erscheinen, ist diese Ansicht für frei gestaltete Präsentationen nicht geeignet. Haben Sie hingegen vor allem Textfolien mit den Folienlayouts *Titel und Inhalt* und/oder *Zwei Spalten* verwendet, bietet die Gliederungsansicht einen guten Überblick.

Als Ausdruck ist die Gliederung eine wesentliche Hilfe für den Vortragenden. Berücksichtigen Sie aber, dass nur Texte aus den beiden Platzhalterfeldern *Titel* und *Textfeld* in die Gliederung einfließen. Texte, die Sie in freie Textfelder eingeben, werden nicht angezeigt.

Alle Folientitel werden in der Gliederungsansicht in Fettdruck gezeigt und mit dem Symbol einer Folie gekennzeichnet, Texte aus den Textplatzhaltern erscheinen als eingerückter Aufzählungstext und in etwas kleinerer Schrift.

Die Gliederungsansicht nutzen

Die Arbeit in und mit der Gliederungsansicht ist mit Word vergleichbar.

- Klicken Sie in der Gliederungsansicht in den Text. Sobald die Einfügemarke dort blinkt, können Sie Texte hinzufügen oder löschen.

- Nutzen Sie zum Aufrufen der verschiedenen Befehle das Kontextmenü, das Sie per Rechtsklick in die Gliederung aufrufen. Wie in Abbildung 10.10 zu sehen, sind im Kontextmenü alle wichtigen Funktionen zum Gliedern verfügbar. Über die Befehle *Höher stufen* und *Tiefer stufen* können Sie die Ebenen für Textabsätze und über *Nach oben* und *Nach unten* die Reihenfolge von Absätzen und Folien verändern.

Abbildg. 10.10 Nutzen Sie das Kontextmenü, um schnell und komfortabel in der Gliederung zu arbeiten

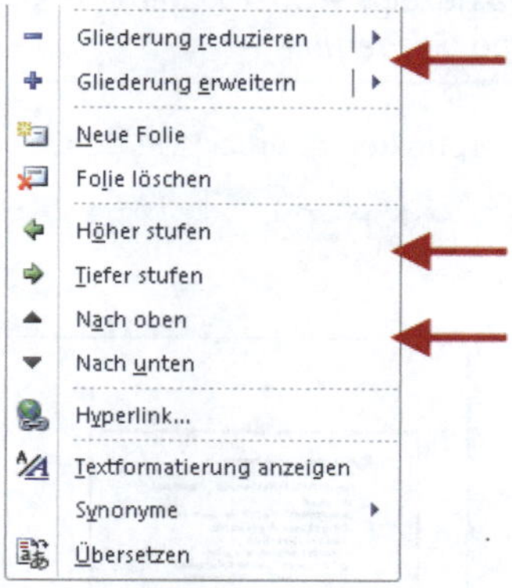

Abbildg. 10.11 Statt der kompletten Gliederung nur die Überschriften und Foliennummern anzeigen lassen

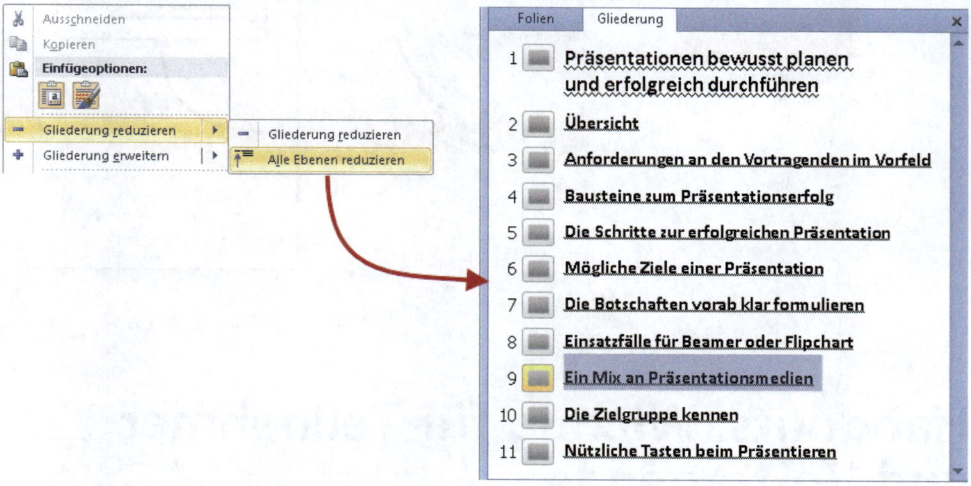

- Mit *Gliederung reduzieren* und *Gliederung erweitern* können Sie je nach Bedarf Textebenen aus- und einblenden. Bei umfangreichen Gliederungen ist es hilfreich, wenn nicht alle Unterpunkte angezeigt werden. Nach der Wahl der Befehlsfolge *Gliederung reduzieren/Alle Ebenen reduzieren* (siehe Abbildung 10.11) sind nur noch die Folientitel sichtbar. So behalten Sie den Überblick über den »roten Faden« einer Präsentation.

PROFITIPP Das Reduzieren der Gliederung nur auf die Folientitel – wie in Abbildung 10.11 rechts gezeigt – ist besonders wichtig für Vortragende. Eine solche reduzierte Gliederung ist ausgedruckt die ideale Orientierung für Vortragende während der Präsentation. Da nur Foliennummer und Folientitel sichtbar sind, ist dies wie ein Fahrplan und es fällt leicht, während des Vortrags zu einer bestimmten Folie zu wechseln. Einfach die Foliennummer eingeben und ↵ drücken.

Das Drucken erledigen Sie – wie in Abbildung 10.12 gezeigt – über *Datei/Drucken* in der Backstage-Ansicht. Hier wählen Sie statt *Folien* den Eintrag *Gliederung*.

Abbildg. 10.12 In diesem Fall würde die komplette Gliederung mit Unterpunkten gedruckt werden

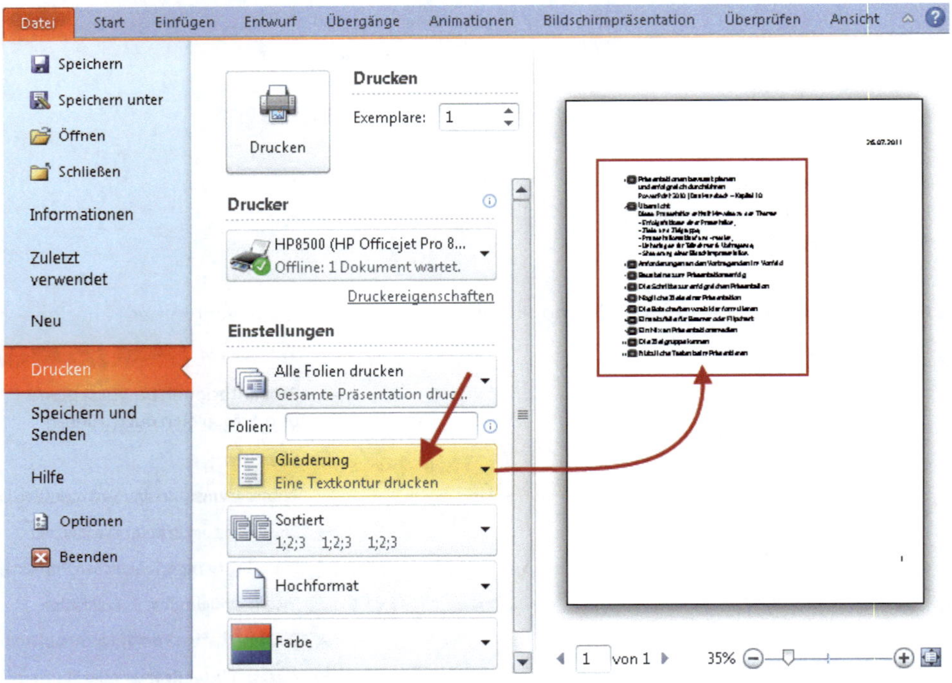

Handouts: Wichtig für Teilnehmer und Vortragende

Korrekturen und Ergänzungen bis zur letzten Minute – das gehört zum Alltag derer, die eine Präsentation vorbereiten. Dabei wird mitunter vergessen, dass zu einer guten Präsentation auch Teilnehmerunterlagen gehören. Beachten Sie: Handouts wirken über die Präsentation hinaus. Sie dienen als

- ergänzendes Arbeitsmaterial,
- Zusammenfassung der Präsentation, sodass die Teilnehmer nur zuhören bzw. folgen und nicht gleichzeitig mitschreiben müssen,
- Unterlage zum Nachschlagen auch Monate nach der Veranstaltung und
- dauerhafte Visitenkarte desjenigen, der präsentiert.

HINWEIS Handouts ersetzen nicht die Tätigkeit des Vortragenden, nämlich Inhalte verständlich zu machen. Zur besseren Kontrolle der Aufmerksamkeit werden Handouts in der Regel vorab angekündigt, jedoch erst nach der Präsentation ausgeteilt.

Teilnehmerunterlagen können die während der Präsentation benutzten Folien oder Schaubilder enthalten, sollten jedoch nicht den Originalvortragstext wiedergeben. Platz für Notizen ist sinnvoll. Zudem bieten sie die Möglichkeit, all das, was die Präsentation inhaltlich und zeitlich nicht belasten soll, als Information zugänglich zu machen.

Ein guter Vortrag wird für die Zuschauer also durch das Begleitmaterial aufgewertet. Darüber hinaus ist eine gute Unterlage auch geeignet, Interessierten, die nicht am Vortrag teilgenommen haben, eine Übersicht über wichtige Inhalte zu geben. Schließlich braucht auch der Vortragende selbst Material, auf das er während seiner Präsentation bei Bedarf zurückgreifen kann.

Vielzahl der Möglichkeiten zum Drucken von Unterlagen

PowerPoint unterscheidet ganz verschiedene Arten von Unterlagen. Allen ist gemeinsam, dass sie über die Befehlsfolge *Datei/Drucken* hergestellt werden. Präsentationen bieten die Möglichkeit für drei verschiedene Arten von Unterlagen:

- Handzettel
- Notizenseite
- Gliederung

In Abbildung 10.13 sehen Sie eine Übersicht dieser verschiedenen Möglichkeiten.

Abbildg. 10.13 Drei Varianten zum Drucken von Unterlagen

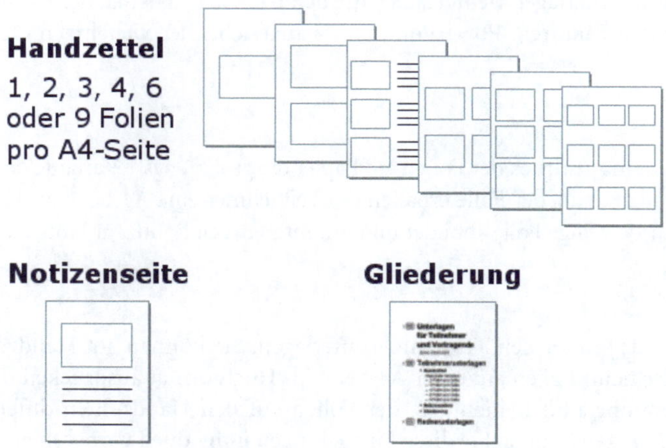

Unterlagen für den Vortragenden

Selbst bei einer gut vorbereiteten Bildschirmpräsentation ist es für den Vortragenden nützlich, dass ihm das fertige Produkt auch auf Papier vorliegt. Beispielsweise um sich auf bestimmte Passagen mithilfe von Notizen besser vorzubereiten oder bei Zwischenfragen einen schnellen Überblick über die Reihenfolge der Folien zu haben. Welche Variante der Unterlagen eignet sich wofür?

Handzettel

Handzettel in den verschiedenen Varianten sind nützlich, um für einen ersten Entwurf ausgedruckt zu werden, der anderen zur Begutachtung vorgelegt wird. Sie erleichtern auch während des Vortrags selbst das Navigieren zwischen den Folien und geben eine gute Übersicht.

Notizenseiten

Sie eignen sich aus Sicht des Vortragenden für Folien mit erhöhtem Erklärungsbedarf, beispielsweise technische Parameter oder eine Vielzahl von Finanzdaten. Nützlich sind sie auch, wenn es gilt, bestimmte vorher abgestimmte Formulierungen oder fremdsprachige Wendungen vorzubereiten.

Gliederung

Der Ausdruck der Gliederung ist eigentlich ein Muss für jeden Vortragenden. Hier hat er auf einen Blick seinen »roten Faden« und was noch viel wichtiger ist: Bei Rückfragen kann er sich ganz schnell orientieren, auf welcher Folie das angefragte Thema steht. So kann er problemlos zur richtigen Folie verzweigen und anschließend seinen Vortrag wie geplant fortsetzen.

Beim Druck einer auf die Folientitel reduzierten Gliederung können Sie auf einer A4-Seite mehr als 20 Folien unterbringen und haben somit einen guten Überblick.

Unterlagen für die Teilnehmer

Der Umfang der Teilnehmerunterlagen richtet sich natürlich nach dem Thema, dem Kenntnisstand des Publikums und weiteren Faktoren. PowerPoint bietet angesichts der vielfältigen Optionen für jeden Fall eine Lösung an.

Notizblätter

Notizenseiten sind neben dem Ausdruck der Folien auf Papier die großzügigste Variante der Vorbereitung von Begleitmaterial, denn zu jeder Folie erhalten die Teilnehmer eine A4-Seite im Hochformat, die in der oberen Hälfte die jeweilige Folie abbildet und im unteren Teil Raum für Notizen bietet.

Handzettel

Dies ist die »Papiersparende« unter den Teilnehmerunterlagen. Sie können auf Handzetteln eine, zwei, drei, vier, sechs oder neun Folien auf einer A4-Seite im Hochformat ausdrucken. Es ist dabei auch möglich, die Anordnung und Reihenfolge der Folien auf den Handzetteln differenziert zu bestimmen. Über *Datei/Drucken* können Sie diese Einstellungen individuell vornehmen.

Besonders geeignet ist die Variante der Handzettel, bei der drei Folien je Seite ausgedruckt werden (siehe Abbildung 10.14). Dabei werden die drei Folienbilder im linken Teil des Handzettels abgebildet und rechts daneben druckt PowerPoint Hilfslinien für Notizen aus. Eine sehr benutzerfreundliche, schnelle und zudem beim Drucken zeitsparende Variante der Vorbereitung von Teilnehmerunterlagen.

Abbildg. 10.14 Die beiden besten Varianten für Teilnehmerunterlagen: Notizenseiten oder Handzettel

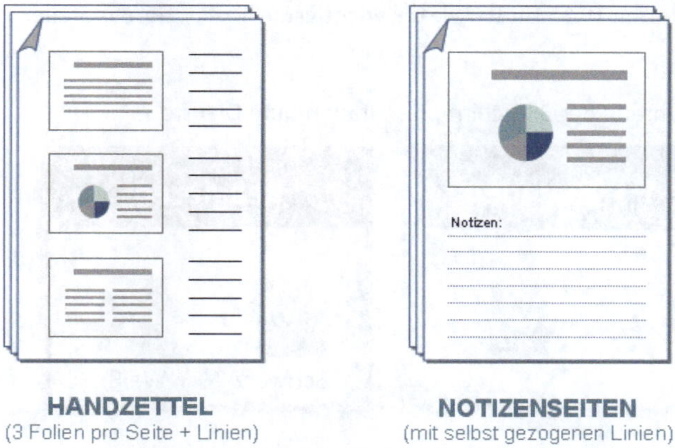

HINWEIS Übrigens können Sie im Unterschied zum Notizenmaster im Handzettelmaster die Position der Folien nicht selbst bestimmen, sondern nur den Inhalt von eventuellen Kopf- oder Fußzeilen festlegen.

Tipps zum souveränen Präsentieren

Kündigen Sie Pausen an!

Unabhängig davon, welche Präsentationsform für Sie infrage kommt – bei längeren Vorträgen wird es immer Pausen geben. Bereiten Sie für diesen Fall ein bis zwei Folien vor, mit denen Sie die Pausen ankündigen. Dabei ist es egal, ob es ein witziger Spruch, eine Karikatur oder eine gut fotografierte Kaffeetasse ist. Entscheidend ist, dass das Publikum die Aufforderung wahrnimmt und versteht.

Steuern Sie die Bildschirmpräsentation souverän mit den richtigen Tasten!

Die Bildschirmpräsentation läuft, Sie zeigen eine Folie nach der anderen und plötzlich stellt ein Teilnehmer eine Zwischenfrage. Wie sollen Sie reagieren? Sicher müssen Sie nicht auf jede Zwischenfrage sofort antworten. Aber bei wichtigen Fragen oder solchen, die sich gut in Ihre Zielführung einordnen, sollten Sie die Gelegenheit nutzen, um mit Ihrem Publikum in Dialog zu treten.

Es gibt auch Situationen, in denen ein Teilnehmer etwas nicht verstanden hat oder eine Information noch einmal sehen möchte. Auch in dem Fall wird der geplante Folienfluss unterbrochen und Sie müssen reagieren. Möglicherweise müssen Sie mehrere Folien zurückblättern oder aber eine Folie zeigen, die Sie »in Reserve« gehalten haben, weil Sie für den Fall dieser Zwischenfrage gerüstet sein wollten.

In all diesen Fällen ist es außerordentlich nützlich, die Tasten zu kennen, die Ihnen die Steuerung Ihrer Bildschirmpräsentation problemlos gestatten.

Wenn Sie während einer Bildschirmpräsentation die Funktionstaste F1 drücken, erhalten Sie eine komplette Übersicht der zur Verfügung stehenden Tastenbefehle. Die meisten davon werden Sie nie verwenden müssen. In Abbildung 10.15 finden Sie die wichtigsten Tasten für das Steuern einer Bildschirmpräsentation.

Abbildg. 10.15 Diese Tasten leisten Ihnen während der Bildschirmpräsentation gute Dienste

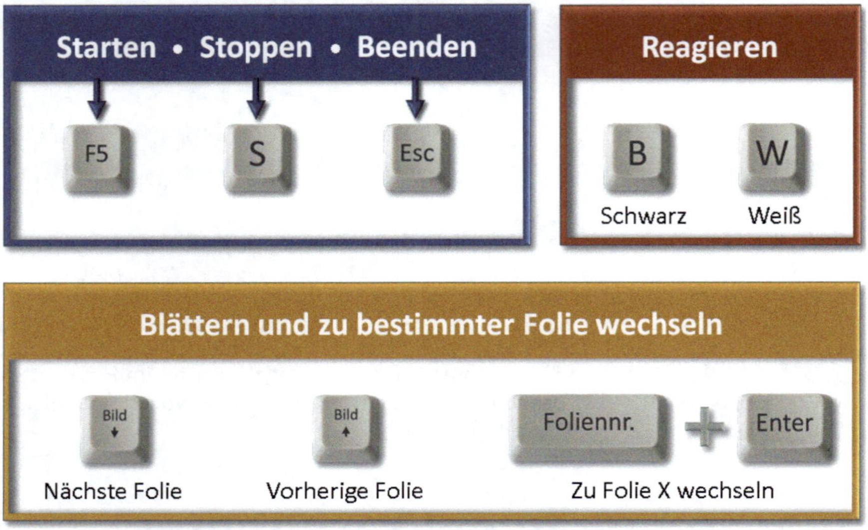

Zusammenfassung

Der gekonnte Umgang mit PowerPoint ist noch längst keine Garantie für eine erfolgreiche Präsentation. In diesem Kapitel können Sie nachlesen, was neben der reinen Folienerstellung noch alles wichtig ist.

Hier die Fundstellen für wichtige Elemente bei der Planung einer Präsentation:

Thema	Seite
Schritte bei der Planung	312
Unterschiedliche Präsentationsmedien	319
Moderne Präsentationstechnik	319
Medienmix	322
Gliedern einer Präsentation	323
Unterlagen für die Vortragenden	328
Teilnehmerunterlagen	328

Kapitel 11

Folienübergänge und Animationseffekte im Überblick

In diesem Kapitel:

Animationen – Fluch oder Segen?

Bei der Vorbereitung auf eine wichtige Präsentation äußerte der Geschäftsführer einer Unternehmensberatung: »Animationen brauchen wir aber nicht. Das ist nur Spielerei.« Die anderen in der kleinen Runde schauten sich schweigend an oder nickten beifällig. Einige Tage darauf fand die »Generalprobe« für die Präsentation statt. Die Folien wurden gezeigt; »natürlich« alle ohne Animation und mehrheitlich »zahlenlastig«, denn es ging um eine Unternehmensbewertung. Die Stimmung war alles andere als euphorisch. Nach diesem »starren« Folienvortrag stimmten die Entscheider zu, sich noch eine Alternative anzusehen. Diesmal war zu spüren, wie die Anwesenden der Vorführung deutlich aufmerksamer folgten: Auf den Tabellen- und Diagrammfolien erschienen die Daten nun nicht mehr alle auf einmal, sondern wurden jahresweise oder Produkt für Produkt eingeblendet. Am Ende der Präsentation gab es zustimmendes Murmeln. Der Geschäftsführer reagierte so knapp wie zu Beginn und entschied: »So machen wir es.«

Fazit dieser kleinen Geschichte: Lassen Sie sich weder durch Vorurteile noch aus Angst vor der Technik davon abbringen, einen Vortrag so aufzubereiten, wie es am besten für Ihre Zuschauer ist: in kleinen, »gut verdaubaren« Informationsmengen. Genau da liegt die Stärke von PowerPoint mit seinen Animationsmöglichkeiten – vorausgesetzt, sie werden sinnvoll und zielgerichtet eingesetzt. Denn völlig unrecht hatte der eingangs erwähnte Geschäftsführer nicht: Nutzen Sie Animationseffekte nicht als »Spielerei«, es sei denn, Sie bereiten eine Geburtstagspräsentation vor.

Das System der Animationsmöglichkeiten

Wenn Sie einmal nachzählen, kommen Sie auf knapp 200 Animationsvarianten, die PowerPoint für verschiedenste Fälle bereithält. Das sind nur die voreingestellten. Sie können diese Zahl durch Kombination von Animationseffekten noch erhöhen.

Machen Sie sich angesichts der Vielzahl der Animationsmöglichkeiten zunächst einmal mit dem »System« vertraut. Dabei hilft Ihnen folgender Fragenkatalog:

- Was lässt sich animieren?
- Welche Animationsmuster bietet PowerPoint?
- Wo und wie werden Animationen zugewiesen?
- Lässt sich die Dauer von Animationen bestimmen?
- Welcher Zeitaufwand ist für das Animieren erforderlich?

Die Antworten auf diese Fragen lesen Sie in diesem Kapitel.

Was lässt sich animieren?

Die Antwort auf diese Frage fällt ganz kurz aus: *Folien* und *Objekte.*

- Die Animation, mit der eine komplette Folie während der Bildschirmpräsentation erscheint, wird als *Folienübergang* bezeichnet.
- Die Animationen auf einer Folie hingegen werden über *Animationseffekte* realisiert. Allen Objekten auf einer Folie können Animationseffekte zugewiesen werden – angefangen bei Texten und Formen über Fotos und Illustrationen bis hin zu Multimedia-Elementen.

Abbildg. 11.1 Das System der Animationsmöglichkeiten von PowerPoint 2010 im Überblick

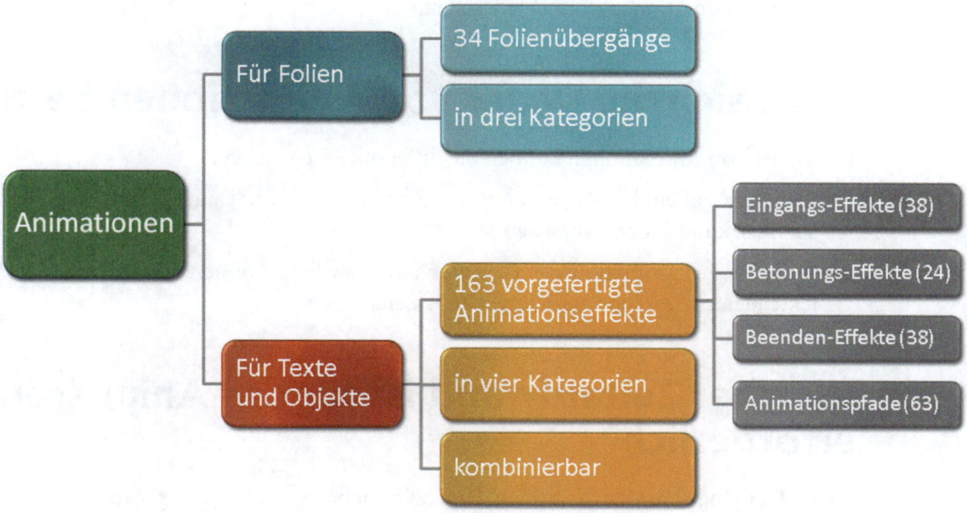

Welche Animationsmuster bietet PowerPoint?

Auf diese Frage gibt die in Abbildung 11.1 gezeigte Übersicht eine Antwort. PowerPoint hält für Folienübergänge 34 vorgefertigte Muster bereit, für Animationseffekte sind es 163.

WICHTIG Natürlich brauchen Sie nicht Hunderte von Animationsvarianten. Ein Repertoire von zwanzig Effektoptionen reicht aus, um all Ihre Bildschirmpräsentationen eindrucksvoll zu gestalten: zehn bis fünfzehn für die »normalen« Situationen und die restlichen für die Stellen, auf die Sie die Zuschauer besonders aufmerksam machen wollen.

Wo und wie werden Animationen zugewiesen?

Nachdem klar ist, was in PowerPoint animiert werden kann und welches Repertoire dabei zur Verfügung steht, stellt sich nun die Frage nach dem Wo und Wie. Hier zunächst der Überblick, wo Sie die Befehle zum Animieren finden und was sie bewirken. Drei Registerkarten sind im Spiel, wenn es um das Animieren geht:

1. Folienübergänge weisen Sie über die Registerkarte *Übergänge* zu.
2. Animationseffekte stellen Sie auf der Registerkarte *Animationen* zusammen.
3. Wie dann die Vorführung mit all den Folienübergängen und Animationseffekten abläuft, stellen Sie auf der Registerkarte *Bildschirmpräsentation* ein.

Abbildg. 11.2 Wenn es um das Thema Animation geht, sind diese drei Registerkarten im Spiel

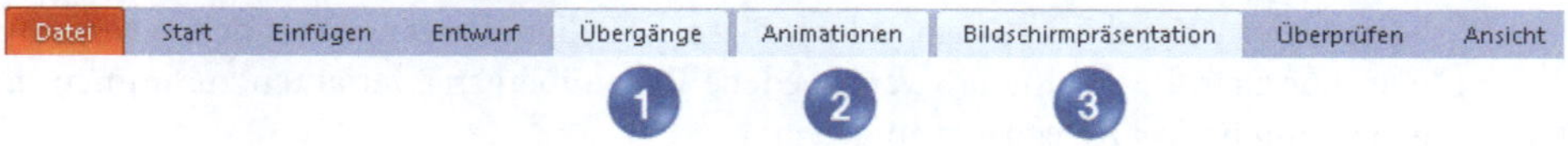

Präsentieren

Die Reihenfolge der drei Registerkarten macht schon deutlich, in welcher Abfolge Sie beim Animieren einer Präsentation am besten vorgehen.

Lässt sich die Dauer von Animationen bestimmen?

Die Dauer von Animationen können Sie differenziert einstellen.

- Jeder der Folienübergänge hat zwar eine voreingestellte Dauer, aber diese können Sie auf die Viertelsekunde genau anpassen.
- Auch bei der Animation von Objekten auf einer Folie können Sie die Zeiten der Animationseffekte je nach Situation individuell anpassen.

Welcher Zeitaufwand ist für das Animieren erforderlich?

Folienübergänge können Sie für einzelne oder mehrere Folien oder gar für die komplette Präsentation in einem Schritt festlegen.

Im Unterschied dazu können Sie Animationseffekte, also die Animation für Texte und Objekte, nur Folie für Folie festlegen und nicht für mehrere Folien gleichzeitig.

Daraus ergibt sich, dass der Aufwand für das Zuweisen von Folienübergängen deutlich geringer ist als der für das Animieren einzelner Objekte auf einer Folie.

Beim Anfertigen einer animierten Bildschirmpräsentation sollten Sie 20 Prozent der Gesamtzeit für das Festlegen und Testen der Animationen einplanen. Erfahrungsgemäß erfordern die Auswahl und das Zusammenstellen der passenden Animationen auf den Folien die meiste Zeit.

Mit Folienübergängen steuern, wie eine Folie während des Vortrags erscheint

Folienübergänge sorgen dafür, dass der Wechsel von einer Folie zur nächsten nicht abrupt erfolgt, sondern über eine kleine Animation. Setzen Sie Folienübergänge gezielt als dramaturgisches Mittel ein, um

- verschiedene Abschnitte einer Präsentation deutlich zu trennen,
- mit einzelnen Folien besondere Aufmerksamkeit beim Publikum zu bewirken.

Das Repertoire der Folienübergänge

Gegenüber früheren PowerPoint-Versionen wurde die Anzahl der Folienübergänge von über 50 auf 34 reduziert. Kombiniert man jedoch diese 34 Folienübergänge mit den verfügbaren Effektoptionen, kommen insgesamt 118 verschiedene Folienübergangsvarianten zusammen. Die Folienübergänge sind in drei Kategorien aufgeteilt:

- *Dezent* (11)
- *Spektakulär* (16)
- *Dynamischer Inhalt* (7)

Einen Folienübergang auswählen

Über die Registerkarte *Übergänge* haben Sie Zugriff auf alle Folienübergänge. Klicken Sie dazu – wie in Abbildung 11.3 zu sehen – auf die Schaltfläche *Weitere* in der rechten unteren Ecke, um den in Abbildung 11.4 gezeigten Katalog zu öffnen.

Abbildg. 11.3 Der Klick auf die Schaltfläche *Weitere* in der rechten unteren Ecke öffnet den Katalog der Folienübergänge

Abbildg. 11.4 Im Katalog haben Sie Zugriff auf alle 34 Folienübergänge

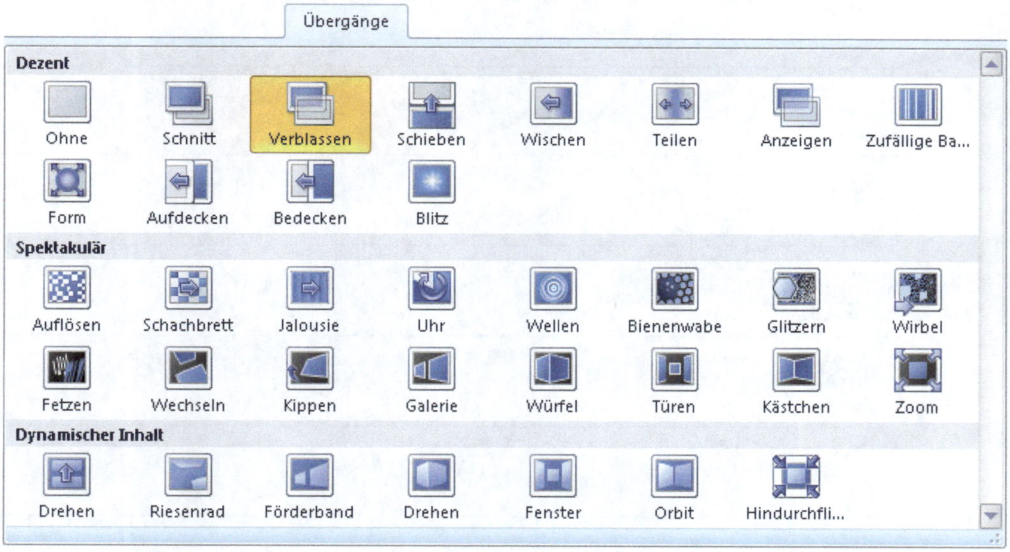

Tabelle 11.1 liefert Ihnen nicht nur eine Auflistung aller Folienübergänge, sondern auch eine – zugegeben subjektive – Empfehlung zum Einsatz der Folienübergänge. Diejenigen, die in der Spalte »Gut einsetzbar« ein »Ja« haben, eignen sich für nahezu alle Präsentationen. Diejenigen, die ein »Ja« in der Spalte »Für Hervorhebung« aufweisen, sollten Sie einsetzen, wenn Sie besondere Aufmerksamkeit erregen wollen. Diese Übergänge aber bitte nur sparsam verwenden!

Tabelle 11.1 Alle 34 Folienübergänge im Detail

Symbol	Bezeichnung	Optionen	Gut einsetzbar	Für Hervorhebung
Kategorie *Dezent*				
Schnitt	Schnitt	2		
Verblassen	Verblassen	2	Ja	
Schieben	Schieben	4		
Wischen	Wischen	8	Ja	
Teilen	Teilen	4	Ja	
Anzeigen	Anzeigen	4	Ja	
Zufällige Ba...	Zufällige Balken	2		
Form	Form	5	Ja	
Aufdecken	Aufdecken	8		Ja
Bedecken	Bedecken	8		Ja
Blitz	Blitz	1		
Kategorie *Spektakulär*				
Auflösen	Auflösen	1		
Schachbrett	Schachbrett	2		Ja
Jalousie	Jalousie	2		

Tabelle 11.1 Alle 34 Folienübergänge im Detail *(Fortsetzung)*

Symbol	Bezeichnung	Optionen	Gut einsetzbar	Für Hervorhebung
Uhr	Uhr	3		Ja
Wellen	Wellen	5		Ja
Bienenwabe	Bienenwabe	1		Ja
Glitzern	Glitzern	8		
Wirbel	Wirbel	4		Ja
Fetzen	Fetzen	4		Ja
Wechseln	Wechseln	2	Ja	
Kippen	Kippen	2		Ja
Galerie	Galerie	2	Ja	
Würfel	Würfel	4		Ja
Türen	Türen	2		Ja
Kästchen	Kästchen	4	Ja	
Zoom	Zoom	2		
Kategorie *Dynamischer Inhalt*				
Drehen	Drehen	4		
Riesenrad	Riesenrad	2		Ja

Präsentieren

Tabelle 11.1 Alle 34 Folienübergänge im Detail *(Fortsetzung)*

Symbol	Bezeichnung	Optionen	Gut einsetzbar	Für Hervorhebung
	Förderband	2	Ja	
	Drehen	4		Ja
	Fenster	2		Ja
	Orbit	4		Ja
	Hindurchfliegen	4		

CD-ROM Auf der CD im Ordner *\Buch\Kap11* werden alle 34 Folienübergänge mit ihren möglichen Effektoptionen in der Datei *Folienuebergaenge.pdf* aufgelistet.

Sie möchten alle 34 Folienübergänge im Vergleich sehen? Schauen Sie sich dazu das Video *Folieneffekte.wmv* an, das Sie im gleichen Ordner auf der CD finden.

Folienübergänge festlegen

Nachdem Sie das Repertoire der Folienübergänge kennengelernt haben, hier die Anleitung, wie Sie Folienübergänge möglichst zügig zuweisen. Dieser Vorgang gliedert sich in folgende Arbeitsschritte:

1. **Auswahl der Folien:** Markieren Sie die Folie(n), die einen Übergangseffekt erhalten soll(en).
2. **Wahl der Art des Übergangs:** Öffnen Sie – so wie in Abbildung 11.3 gezeigt – den Katalog der Folienübergänge und wählen Sie den passenden Übergang per Mausklick aus. Durch Platzieren des Mauszeigers (nicht klicken) auf einem der Effekte sehen Sie sofort eine Vorschau.
3. **Anpassen des Übergangs:** Korrigieren Sie bei Bedarf über das Feld *Dauer* das Tempo des Übergangs. Legen Sie fest, ob während des Übergangs ein Sound abgespielt werden soll.
4. **Wahl der Art des Wechsels zur nächsten Folie:** Legen Sie ganz rechts auf der Registerkarte *Übergänge* fest, ob die nächste Folie per Mausklick erscheinen oder automatisch nach einer bestimmten Zeit eingeblendet werden soll. Bei Wahl der automatischen Fortsetzung der Folie können Sie das Intervall sekundengenau einstellen. Diese Möglichkeit ist dann erforderlich, wenn die Präsentation ohne Vortragenden ablaufen soll, also beispielsweise bei Messen, oder wenn Sie eine Präsentation als Video weitergeben.

TIPP Klicken Sie nach dem Zuweisen und Anpassen eines Folienübergangs auf der Registerkarte *Übergänge* ganz links auf *Vorschau*, um die Wirkung des zugewiesenen Effekts zu prüfen.

Einen Übergang für eine oder mehrere Folien zuweisen

Egal ob Sie einer oder mehreren Folien einen Übergang zuweisen wollen, das Vorgehen ist gleich:

1. Klicken Sie links von der Folie im Bereich der beiden Registerkarten *Gliederung* und *Folien* auf die Registerkarte *Folien*. Sollen es mehrere Folien sein, markieren Sie diese nacheinander, indem Sie ab der zweiten zu markierenden Folie zusätzlich die Taste `Strg` gedrückt halten. Alternativ dazu empfiehlt sich der Wechsel zur Ansicht *Foliensortierung*, in der Sie mit gedrückter `Strg`-Taste mehrere Folien selektiv und mit gedrückter `⇧`-Taste zusammenhängende Blöcke von Folien am schnellsten markieren.
2. Wählen Sie auf der Registerkarte *Übergänge* den passenden Folienübergang.

Die Erscheinungsweise eines Folienübergangs ändern

Für die meisten der 34 Folienübergänge gibt es mehr als nur eine Variante des Erscheinens. Sie können meist die Richtung des Übergangs anpassen, in manchen Fällen auch die Farbe (*Über schwarz*).

Welche und wie viele Varianten für einen gewählten Folienübergang zur Verfügung stehen, sehen Sie nach einem Klick auf die Schaltfläche *Effektoptionen*. Sie ändert ihr Aussehen je nach gewähltem Folienübergang; ist kein Folienübergang zugewiesen, ist sie grau.

Tabelle 11.2 zeigt für drei Folienübergänge die verfügbaren Effektoptionen.

Tabelle 11.2 Drei häufig verwendete Folienübergänge und ihre Effektoptionen

Wischen	Teilen	Form
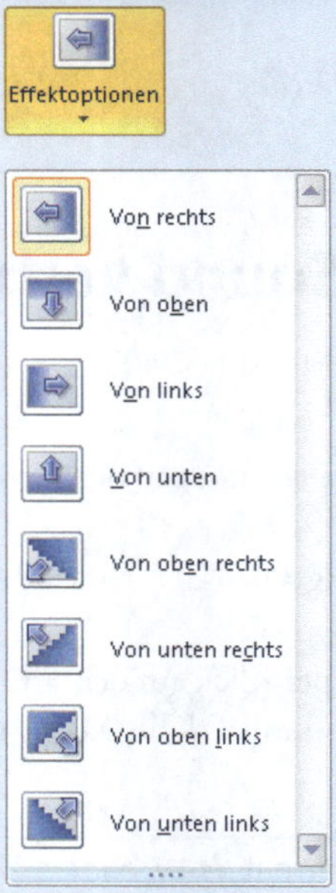	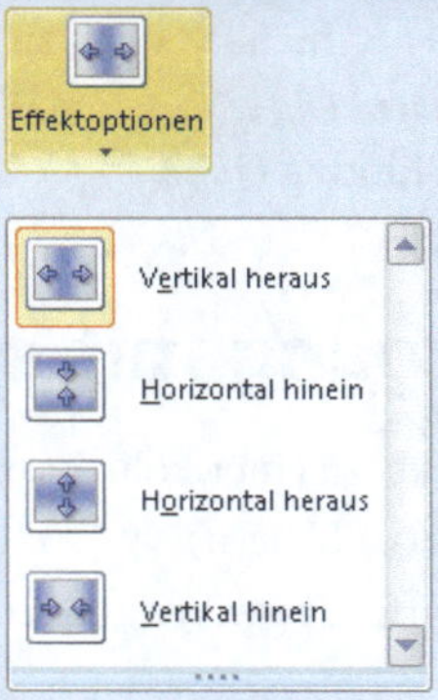	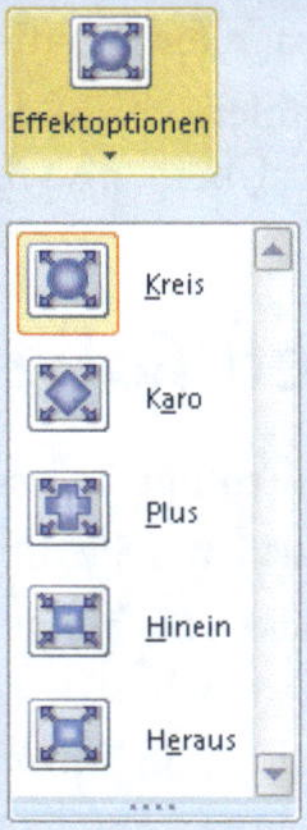

Das Tempo eines Folienübergangs anpassen

Jedem Folienübergang ist standardmäßig eine bestimmte Dauer zugeordnet. Diese können Sie jedoch einfach korrigieren:

1. Markieren Sie die betreffende(n) Folie(n).
2. Klicken Sie auf der Registerkarte *Übergänge* ganz rechts in der Gruppe *Anzeigedauer* (siehe Abbildung 11.5) auf die Pfeile rechts vom Feld *Dauer*, um die Zeit wie gewünscht einzustellen.

Abbildg. 11.5 In dieser Gruppe die Dauer eines Folienübergangs viertelsekundengenau einstellen

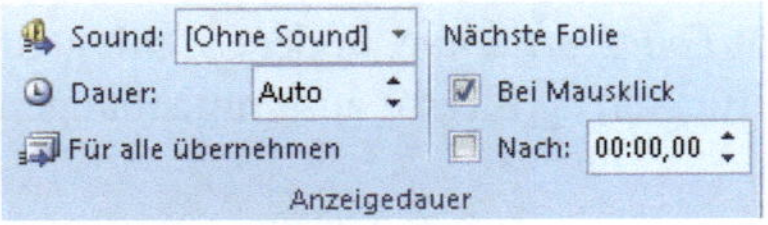

Einen Übergang für alle Folien der Präsentation wählen

Wenn Sie unter Zeitdruck stehen oder bewusst allen Folien den gleichen Folienübergang zuweisen wollen, ist das schnell erledigt:

1. Wählen Sie für eine beliebige Folie zunächst wie beschrieben den gewünschten Folienübergang aus und legen Sie auch die Dauer fest.
2. Klicken Sie anschließend in der Gruppe *Anzeigedauer* (siehe Abbildung 11.5) auf die Schaltfläche *Für alle übernehmen*.

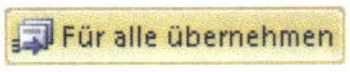

Alle Folienübergänge in einer Präsentation entfernen

Wenn Sie blitzschnell alle Folienübergänge entfernen wollen, gehen Sie wie folgt vor:

1. Klicken Sie links auf der Registerkarte *Folien* auf eines der Folienminiaturbilder. Drücken Sie die Tastenkombination Strg+A, um alle Folien zu markieren.
2. Wählen Sie auf der Registerkarte *Übergänge* in der Gruppe *Übergang zu dieser Folie* im Feld mit den Übergangsschemata den Eintrag *Ohne*.

Einen Folienübergang mit einem Sound verbinden

Das Hinzufügen eines Soundeffekts zu einer Folie ist mit wenigen Mausklicks erledigt:

1. Markieren Sie die betreffende(n) Folie(n).
2. Klicken Sie auf der Registerkarte *Übergänge* in der Gruppe *Anzeigedauer* auf den Dropdownpfeil neben *Sound*.
3. Wählen Sie im nun aufklappenden Listenfeld (siehe Abbildung 11.6) den passenden Soundeffekt aus. Es stehen 19 vorgefertigte zur Verfügung.
4. Eignet sich keiner der vorgefertigten Soundeffekte, können Sie per Klick auf den Eintrag *Anderer Sound* die passende Sounddatei auf Ihrer Festplatte suchen und mit *OK* als Klang zum Folienübergang hinzufügen.

HINWEIS Sounddateien für Folienübergänge müssen das Format WAV haben. Das weitverbreitete und zudem platzsparende MP3-Format wird an dieser Stelle nicht unterstützt. Mehr zum Umgang mit Sound in PowerPoint lesen Sie in Kapitel 14.

5. Soll der Sound über mehr als eine Folie abgespielt werden, klicken Sie am Ende der Liste der Soundeffekte auf den Eintrag *Wiederholen bis zum nächsten Sound*.

Abbildg. 11.6 In diesem Listenfeld einen der 19 Effekte wählen, um einen Folienübergang mit Sound zu begleiten

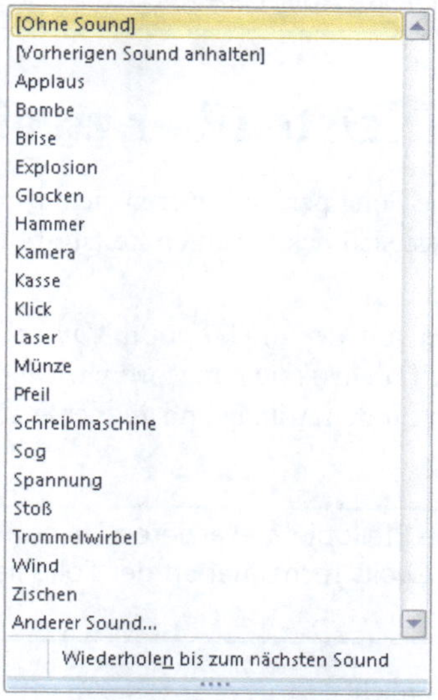

Beispiele und Tipps für den Einsatz von Folienübergängen

Gewiss, die Demonstration der gesamten Palette der Folienübergängen und einiger Variationen in dem oben genannten Video ist beeindruckend. Tabelle 11.1 liefert zudem Empfehlungen, wann Sie welche dieser Übergänge einsetzen können.

Doch einige konkrete Beispiele und Tipps können den Nutzen von Folienübergängen sicher noch überzeugender zeigen.

Empfehlungen für prägnante Folienübergänge

- Verwenden Sie zu Beginn Ihrer Präsentationen einen Folienübergang, der wie ein sich öffnender Vorhang wirkt. *Teilen* mit der Effektoption *Vertikal heraus* passt dafür ideal. Legen Sie als *Dauer* mindestens *1,5 Sekunden* fest.
- Setzen Sie den Folienübergang *Würfel* mit den Effektoptionen *Von oben* oder *Von rechts* für die Inhaltsangabe der Präsentation am Anfang und dann auf allen folgenden Agendafolien ein.
- Nutzen Sie *Galerie* und *Kästchen*, wenn mehrere Informationen zu einer Gruppe gehören, aber über mehrere Folien als Fortsetzung gezeigt werden.
- Verwenden Sie *Wellen* für die Dinge, die noch ungewiss sind – beispielsweise eine Prognose, eine neue Idee, eine denkbare Lösung oder Struktur.
- Als passende Einstimmung auf eine Gegenüberstellung, eine vergleichende Betrachtung oder einen Wechsel eignet sich der Folienübergang *Kippen*.

CD-ROM Die beiden folgenden in diesem Abschnitt beschriebenen Lösungen finden Sie auf der CD im Ordner *\Buch\Kap11* in der Datei *Folieneffekte_2Beispiele.pptx*.

Nahtlose Anzeige einer Zeitleiste über zwei Folien

Wenn nicht alle Informationen gut sichtbar auf eine Folie passen, müssen sie auf mehrere Folien aufgeteilt werden. So weit die Theorie. Doch wie lässt sich das für einen Zeitstrahl realisieren, der somit über mehr als eine Folie reicht?

Hier eine Lösung, die den Folienübergang *Schieben* mit der Effektoption *Von rechts* verwendet. Zuvor werden die Informationen auf zwei oder auch mehr Folien angeordnet. Die Zeitleiste zeigt auf der ersten Folie links eine Einkerbung als Zeichen für den Anfang und auf der letzten Folie rechts die Pfeilspitze als Zeichen für das Ende.

PROFITIPP Nutzen Sie für alle Folien das gleiche Pfeilobjekt. Platzieren Sie es aber – mit Ausnahme der letzten Folie – so, dass die Pfeilspitze jeweils rechts neben der Folie liegt und damit nicht sichtbar ist.

Tabelle 11.3 Nahtlose Anzeige einer Zeitleiste, die über zwei Folien reicht

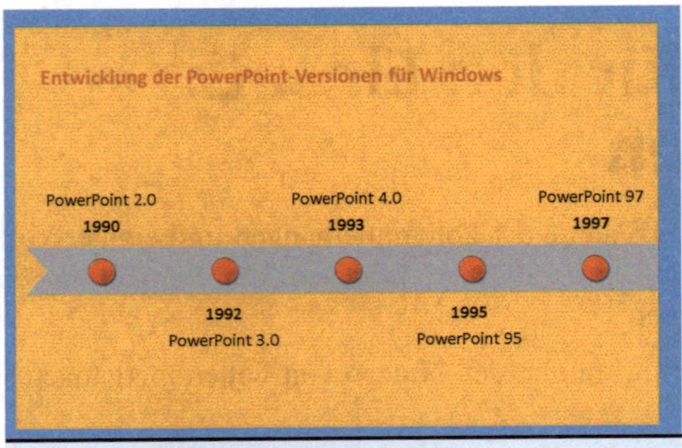	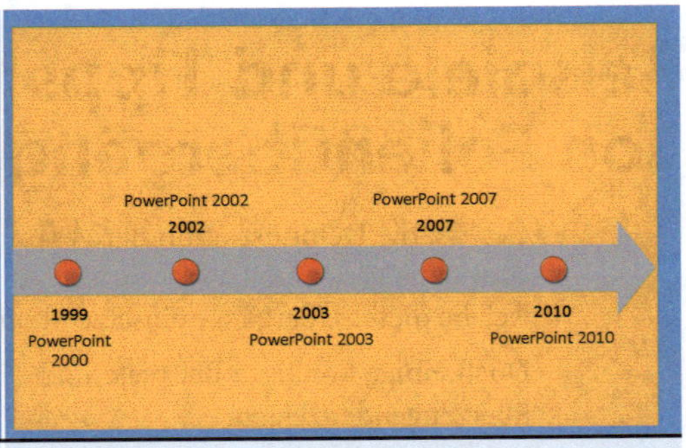
Die erste Folie wird mit dem Beginn der Zeitleiste eingeblendet und zwar mit dem neutralen Folienübergang *Verblassen*	Die zweite Folie mit der Fortsetzung der Zeitleiste wird mit *Schieben* und der Effektoption *Von rechts* ins Bild gebracht

ACHTUNG Wenn Sie den Folienübergang *Schieben* wie oben beschrieben verwenden, werden Sie möglicherweise mit den Farben für den Folienhintergrund und für die einzelnen Objekte experimentieren müssen, damit beim Abspielen während der Bildschirmpräsentation die Farben auf den verschiedenen Folien gleich bleiben und nicht plötzlich dunkler oder heller erscheinen.

Ein Organigramm zuschauergerecht präsentieren

Standen Sie schon einmal vor der Aufgabe, ein Organigramm präsentieren zu müssen? Eigentlich kein Problem dank der SmartArt-Grafiken, die hierfür gleich mehrere Layouts bereithalten. Schwierig wird es allerdings, wenn eine verzweigte Struktur zu zeigen ist, die nur noch unleserlich wäre, würde sie auf einer Folie stehen.

Die Lösung ist auch hier das Verteilen auf mehrere Folien und das Nutzen geeigneter Folienübergänge, die den Zuschauern das Gefühl geben, den Zusammenhang zu behalten und trotzdem gut lesbare Details zu sehen.

Die dafür erforderlichen Wechsel zwischen Übersichts- und Detailfolien erledigen Sie über einen Folienübergang aus der Gruppe *Dynamischer Inhalt* namens *Hindurchfliegen*. Tabelle 11.4 beschreibt, wie die Lösung aufgebaut ist.

Tabelle 11.4 Einsatz des Folienübergangs *Hindurchfliegen* für wechselnde Anzeigen in einem Organigramm

<table>
<tr><th>Folie</th><th>Beschreibung</th></tr>
<tr><td>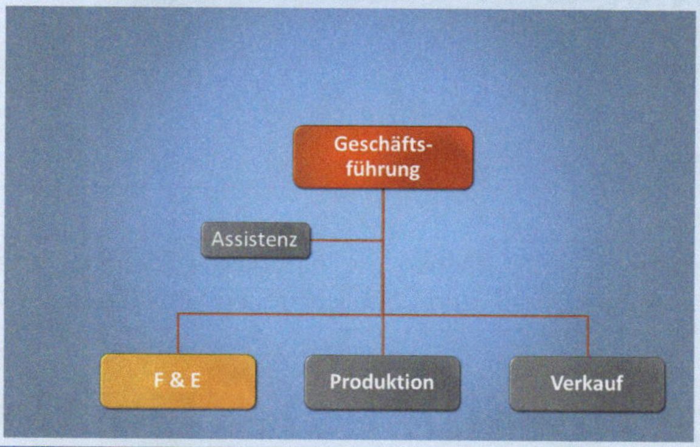
</td><td>Übersichtsdarstellung des Organigramms mit Anzeige der Ebenen 1 und 2

Mit dem Animationseffekt Füllfarbe aus der Kategorie Betont wird die Abteilung blau eingefärbt, zu der jetzt Details folgen

Folienübergang: Uhr – Keil</td></tr>
<tr><td>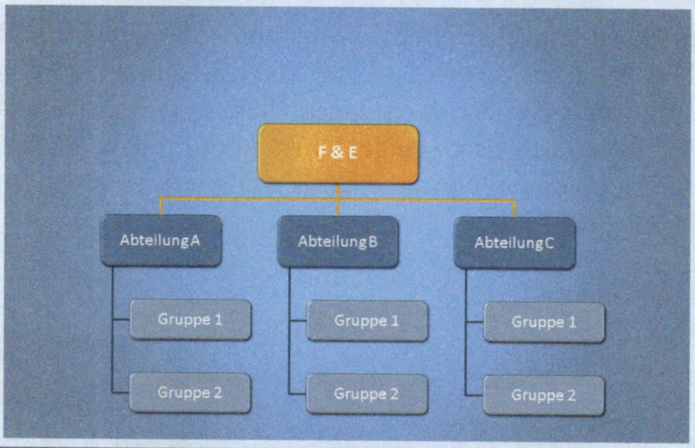
</td><td>Detaildarstellung mit Anzeige der Ebenen 2 bis 4 für die zuvor blau »angekündigte« Abteilung

Folienübergang: Hindurchfliegen – Hinein</td></tr>
<tr><td>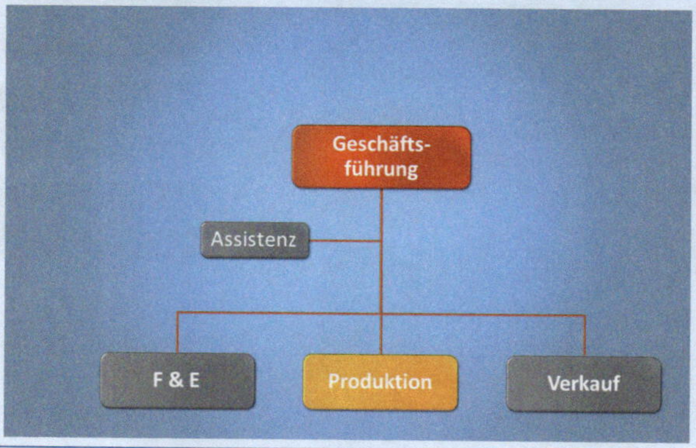
</td><td>Rückkehr zur Übersicht

Wiederum wird mit dem Betonungseffekt Füllfarbe die als Nächstes näher vorgestellte Abteilung blau eingefärbt

Folienübergang: Hindurchfliegen – Heraus</td></tr>
</table>

Tabelle 11.4 Einsatz des Folienübergangs *Hindurchfliegen* für wechselnde Anzeigen in einem Organigramm *(Fortsetzung)*

Folie	Beschreibung
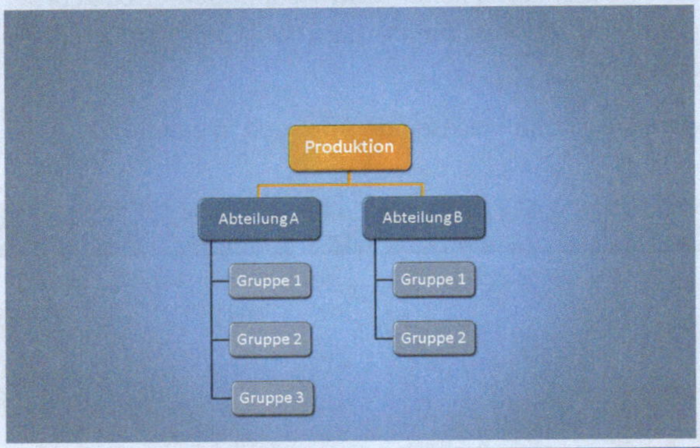	Detaildarstellung mit Anzeige der Ebenen 2 bis 4 für die zuvor blau »angekündigte« Abteilung Folienübergang: *Hindurchfliegen – Hinein*

HINWEIS Die hier vorgestellte Technik können Sie natürlich ausbauen, indem Sie für umfangreichere Organigramme weitere Detail- und Übersichtsfolien hinzufügen.

Animationseffekte zuweisen: Der Einstieg

Im Vergleich zu den Folienübergängen sind die Möglichkeiten zum Animieren von Texten und Objekten auf einer Folie deutlich vielfältiger. PowerPoint bietet zunächst einmal 163 voreingestellte Animationseffekte. Über Effektoptionen lassen sich deren Eigenschaften noch anpassen – beispielsweise Richtung, Dauer, Farbe, Wiederholung, Schrittfolge. Hinzu kommt, dass Sie Animationseffekte nahezu beliebig miteinander kombinieren können. Somit ergibt sich eine schier unendliche Vielfalt von Animationsvarianten auf einer Folie.

Abbildg. 11.7 Überblick über das Angebot der Animationseffekte

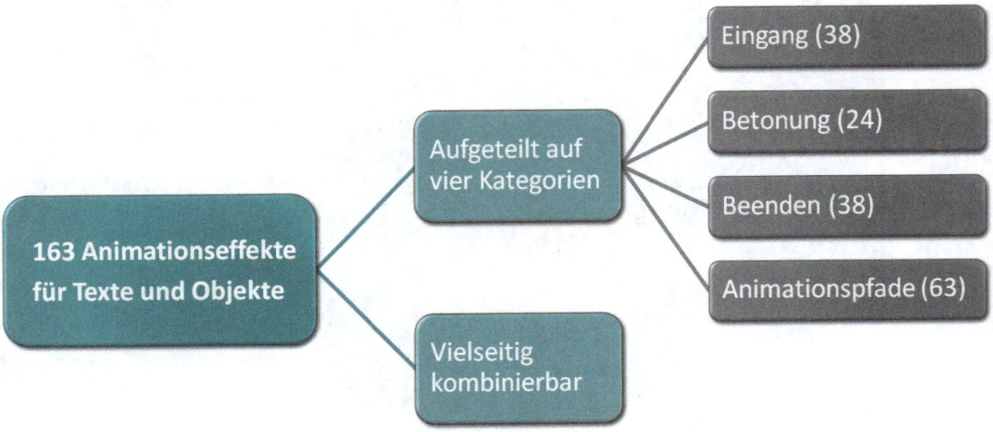

Die vier Kategorien von Animationseffekten

Die Animationseffekte sind in vier Kategorien unterteilt (siehe Abbildung 11.7):

- **Eingangseffekte:** Mit ihnen lassen Sie Texte und Bilder nacheinander auf einer Folie erscheinen. Mit Eingangseffekten bauen Sie beispielsweise eine Agenda, eine Struktur oder einen Ablauf schrittweise auf der Folie auf.
- **Betonungseffekte:** Mit ihnen können Sie Informationen, die sich bereits auf der Folie befinden, hervorheben, um die Aufmerksamkeit des Publikums zu lenken – beispielsweise durch Ändern der Farbe, durch Schwanken oder Rotieren. In dieser Kategorie gibt es eine Reihe von Effekten, die sich nur für die Anwendung auf Text eignen
- **Beendeneffekte:** Mit ihnen können Sie Elemente auf der Folie ausblenden und durch ein anderes Element ersetzen. Oder Sie vergrößern auf diese Weise den verfügbaren Platz auf der Folie. Oder Sie entfernen Informationen, die sich erledigt haben – beispielsweise in einer Aufgabenliste. Beendeneffekte sind weitgehend mit denen aus der Kategorie *Eingang* identisch, nur dass sie die entgegengesetzte Wirkung haben.
- **Animationspfade:** Dies sind virtuelle Linien, an denen entlang Sie Objekte bewegen. Immer dann, wenn Sie Texte oder Objekte auf bestimmten Wegen auf der Folie bewegen möchten, sind Animationspfade gefragt. Beispielsweise wenn Sie die Streckenführung auf einem Stadtplan oder einer Landkarte, Abläufe in einer Maschine, Bewegungen eines Fahrzeugs zeigen wollen. Oft ist es erforderlich, die Animationspfade mit den Effekten der anderen drei Kategorien zu kombinieren.

PROFITIPP Über die Befehlsfolge *Animationen/Animationspfade/Benutzerdefinierter Pfad* (siehe Abbildung 11.8) können Sie die Anzahl der Effekte in dieser Kategorie beliebig erweitern. Definieren Sie so an Ihre Bedürfnisse angepasste Bewegungspfade für Texte und Objekte. Mehr dazu lesen Sie in Kapitel 12.

Abbildg. 11.8 Der Befehl zum Zeichnen eigener Animationspfade ist jetzt ein wenig versteckt

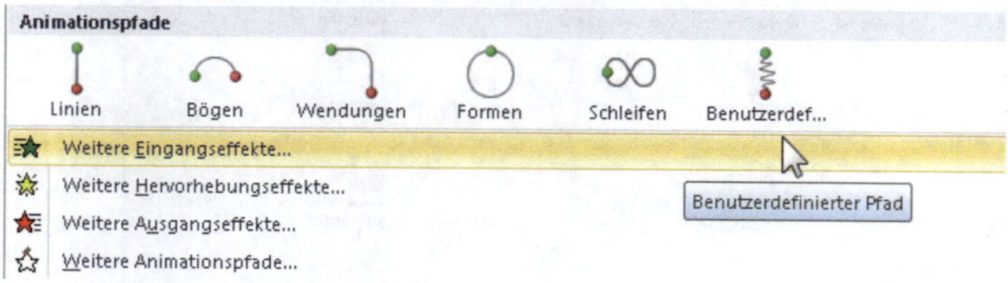

Einen Animationseffekt zuweisen

Die Auswahl eines Animationseffekts und das Einstellen aller damit verbundenen Optionen nehmen Sie über die Registerkarte *Animationen* vor. So geht's:

1. Markieren Sie das Objekt oder die Objekte, das bzw. die animiert werden soll(en).
2. Klicken Sie auf der Registerkarte *Animationen* in der Gruppe *Animation* auf die Schaltfläche *Weitere* (in Abbildung 11.9 markiert), um den Katalog der Animationseffekte zu öffnen.

3. Anschließend können Sie in dem in Abbildung 11.10 gezeigten Katalog aus den vier Kategorien *Eingang*, *Betont*, *Beenden* und *Animationspfade* auf eine kleine Auswahl häufig verwendeter Animationseffekte zurückgreifen.

Abbildg. 11.9 Den Katalog der Animationseffekte per Klick auf die Schaltfläche *Weitere* öffnen

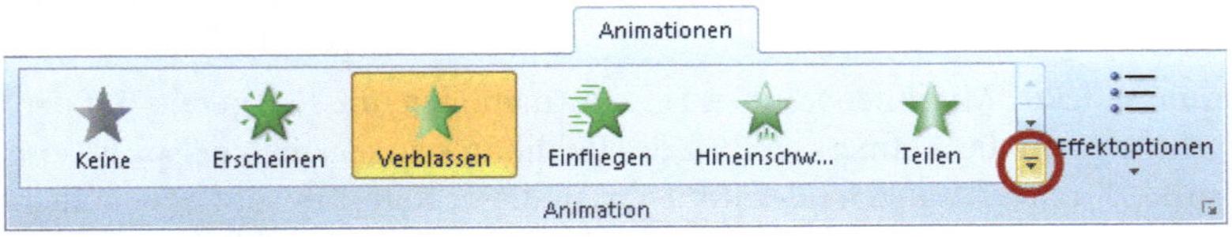

Abbildg. 11.10 Im Katalog können Sie eine kleine Auswahl von Effekten sofort anklicken

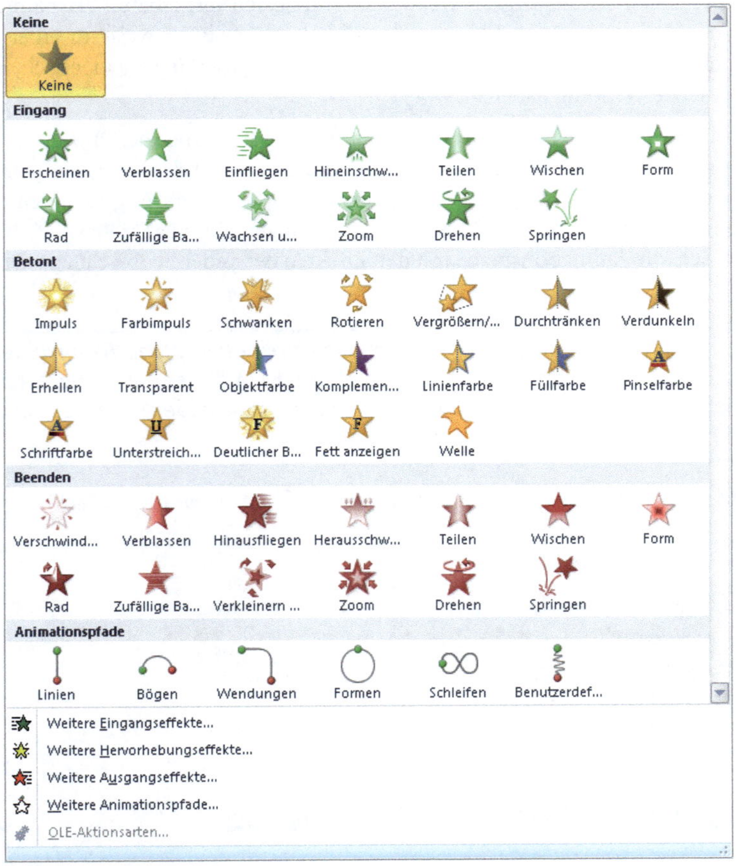

4. Wenn Sie die Maus über einen der vorgegebenen Effekte im Katalog bewegen, können Sie dank Livevorschau sofort im Hintergrund sehen, welche Wirkung der Animationseffekt auf das markierte Objekt hat.
5. Wollen Sie noch mehr Animationseffekte zur Auswahl haben, klicken Sie unten im Katalog auf einen der vier Befehle, die mit *Weitere* beginnen.

6. Danach wird ein Dialogfeld eingeblendet – Abbildung 11.11 zeigt beispielsweise das für Eingangseffekte –, über das Sie auf alle Animationseffekte einer Kategorie Zugriff haben.

Abbildg. 11.11 In diesem Dialogfeld haben Sie die komplette Auswahl der Eingangseffekte zur Verfügung

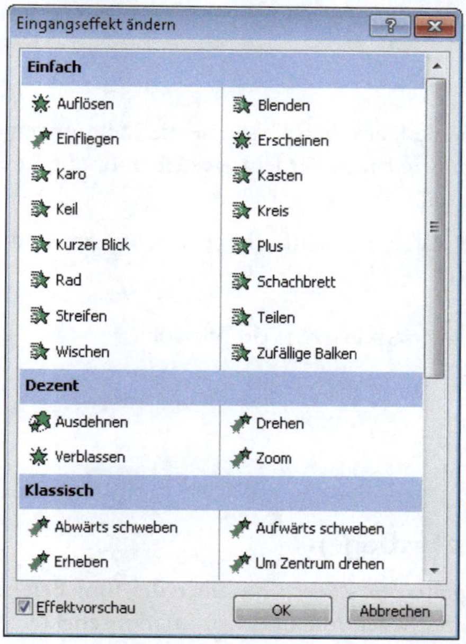

TIPP Wenn Sie im Dialogfeld einen Animationseffekt anklicken, sehen Sie dank Livevorschau auf der Folie sofort eine Demonstration für das markierte Objekt. So können Sie einfach verschiedene Effekte testen, vergleichen und schließlich den optimalen auswählen.

ACHTUNG **Achtung Falle: Mehrere Animationseffekte für ein Objekt zuweisen**

Für alle, die schon in älteren PowerPoint-Versionen mit Animationseffekten gearbeitet haben, wartet in PowerPoint 2010 eine Neuerung, die zumindest am Anfang sicher manch unangenehme Überraschung bescheren wird.

Gemeint ist der neue Befehl *Animation hinzufügen*. Er ist dann erforderlich, wenn Sie auf ein Objekt mehr als nur einen Animationseffekt anwenden wollen – beispielsweise eine Figur, die auf der Folie erscheint, einem bestimmten Pfad folgt und schließlich wieder von der Folie verschwindet.

Wollen Sie einem bereits animierten Objekt einen zweiten oder noch weitere Animationseffekte zuweisen, müssen Sie dafür explizit die Schaltfläche *Animation hinzufügen* benutzen, die sich in der Gruppe *Erweiterte Animation* befindet.

Die Auswahl des Effekts im Katalog der Gruppe *Animation*, die im Menüband weiter links liegt, führt unweigerlich dazu, dass der vorhergehende Animationseffekt ersetzt, also gelöscht wird.

Wenn Sie diesen Fehler vermeiden wollen, verwenden Sie generell – also auch schon beim Zuweisen des ersten Animationseffekts – die Schaltfläche *Animation hinzufügen* und ignorieren den Katalog in der Gruppe *Animation*.

Eigenschaften von Animationseffekten anpassen

Über die *Effektoptionen* sowie die Optionen *Start*, *Dauer* und *Verzögerung* – alle auf der Registerkarte *Animationen* – können Sie einen gewählten Effekt individuell an die jeweilig gebrauchte Lösung anpassen.

Die Effektoptionen ändern

Mit den *Effektoptionen* legen Sie das Erscheinen, also beispielsweise die Richtung eines Effekts fest. Bei Texten können Sie über *Effektoptionen/Sequenz* außerdem einstellen, ob die Textanimation in einem Schritt oder absatzweise stattfinden soll.

Zum Anpassen eines Effekts klicken Sie auf die Schaltfläche *Effektoptionen* und dann auf die gewünschte Option.

Abbildg. 11.12 Die Einstellungen zum zeitlichen Ablauf nehmen Sie in dieser Gruppe vor

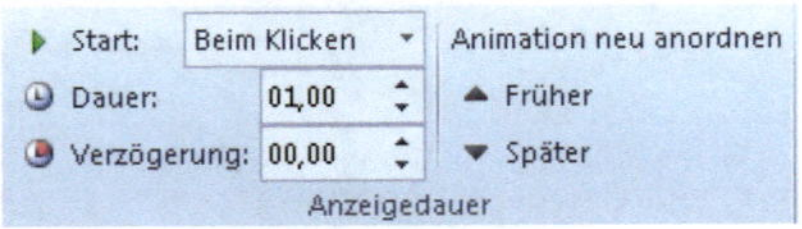

Das Startverhalten eines Effekts festlegen

Am rechten Rand der Registerkarte *Animationen* steuern Sie über die fünf Befehle der Gruppe *Anzeigedauer* (siehe Abbildung 11.12) den zeitlichen Ablauf der Animationseffekte. Sie können hier Startverhalten, Dauer, Verzögerung und Reihenfolge anpassen.

Zum Festlegen des Startzeitpunkts für eine Animation öffnen Sie das kleine Listenfeld *Start* und wählen die gewünschte Option aus.

- Damit während der Bildschirmpräsentation eine Animation per Mausklick ausgeführt wird, wählen Sie *Beim Klicken*.
- Soll eine Animation zusammen mit einer oder mehreren anderen erfolgen, wählen Sie *Mit Vorherigen*. Auf diese Weise können Sie beispielsweise mehrere Objekte gleichzeitig auf der Folie erscheinen oder verschwinden lassen.

Wenn eine Animation direkt nach einer anderen gestartet werden soll, ohne dass geklickt werden muss, wählen Sie *Nach Vorherigen*. Diese Variante hat den Vorteil, dass Vortragende weniger klicken müssen und sich damit mehr auf das Publikum konzentrieren können. Der Nachteil solcher zeitgesteuerten Animationsabläufe: An den Stellen geben die Vortragenden die Kontrolle ab und sind bei Zwischenfragen weniger flexibel.

Dauer und Verzögerung einstellen

Wie schnell ein Animationseffekt ausgeführt wird, legen Sie über das Feld *Dauer* fest. Geben Sie hier die gewünschte Sekundenzahl ein. Bei Bedarf können Sie die Zeit hier bis auf die Hundertstelsekunde genau eingeben.

Haben Sie als Startzeitpunkt die Einstellung *Mit Vorherigen* oder *Nach Vorherigen* gewählt, ist es meist sinnvoll, dem Effekt noch eine Verzögerung mitzugeben, damit die Objekte nicht zu schnell nacheinander erscheinen. Tragen Sie daher im Feld *Verzögerung* die gewünschte Dauer in Sekunden ein.

Die Reihenfolge der Animationseffekte ändern

Zum Umstellen der Abfolge der Animationen klicken Sie auf die in Abbildung 11.12 ganz rechts zu sehenden Pfeilschaltflächen, um einen Effekt früher oder später stattfinden zu lassen.

TIPP Wenn mehr als zwei oder drei Animationseffekte auf einer Folie umzustellen und anzupassen sind, blenden Sie über die Registerkarte *Animationen*, Gruppe *Erweiterte Animation* den *Animationsbereich* ein.

Im *Animationsbereich* – er ist der Nachfolger des Aufgabenbereichs *Benutzerdefinierte Animation* aus früheren Versionen – sehen Sie alle bisher für die Folie festgelegten Animationseffekte. Durch Ziehen mit gedrückter linker Maustaste können Sie die einzelnen Einträge nach oben oder unten verschieben und so die Abfolge der Animationen ändern.

Abbildg. 11.13 Der *Animationsbereich* am rechten Programmfensterrand

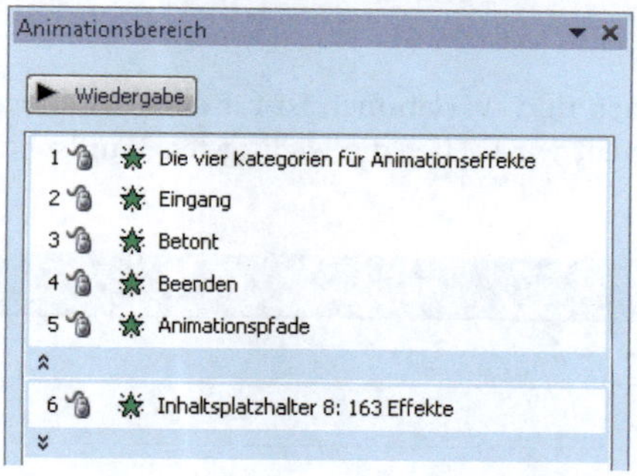

Die Wirkung eines Animationseffekts testen

Um einen oder mehrere Animationseffekte zu testen, klicken Sie auf der Registerkarte *Animationen* ganz links auf *Vorschau*.

Animationseffekte kopieren und mehrfach verwenden

Sicher kennen Sie die Funktion *Format übertragen* (der kleine gelbe Pinsel), mit der Sie eine vorhandene Formatierung für Texte oder Objekte in die Zwischenablage kopieren und dann per Mausklick auf andere Texte oder Objekte anwenden.

Die komfortable Möglichkeit, eine bestimmte Eigenschaft ganz einfach per Mausklick zu übertragen, gibt es jetzt auch beim Animieren. Die neue Funktion *Animation übertragen* finden Sie auf der Registerkarte *Animationen* in der Gruppe *Erweiterte Animation.*

Die neue Funktion *Animation übertragen* ist vor allem dann hilfreich, wenn Sie mit einigem Zeitaufwand eine komplexe Animation angelegt haben und diese für ein Objekt auf der gleichen oder einer anderen Folie oder sogar in einer anderen Präsentation noch einmal brauchen.

1. Markieren Sie das Referenzobjekt mit den fertigen Animationen.
2. Klicken Sie auf *Animation übertragen.*
3. Klicken Sie nun auf das Objekt, auf das die Animation übertragen werden soll.

PROFITIPP Wenn Sie eine fertige Animationslösung nicht nur auf ein, sondern auf mehrere andere Objekte kopieren wollen, doppelklicken Sie auf die Schaltfläche *Animation übertragen*. Schalten Sie die Funktion am Ende durch `Esc` wieder aus.

Fazit

Ganz gleich, welche Effekte Sie einsetzen oder kombinieren – Sie werden feststellen, dass das Auswählen und Anpassen von Animationseffekten Zeit für Tests und Erfahrung voraussetzt. Wenn Sie dann aber mit einer bestimmten Animation die gewünschte dramaturgische Wirkung erzielen, hat sich der Aufwand gelohnt.

Zusammenfassung

Angesichts der vielfältigen Animationsfunktionen und -variationen ist für alle Anwender das Wissen wichtig, was möglich ist und wo es eingestellt wird. Hier die wichtigsten Fundstellen für den schnellen Einstieg in die Animationsthematik:

Thema	Seite
Das System der Animationsmöglichkeiten	332
Folienübergänge im Überblick	334
Folienübergänge festlegen und anpassen	338
Folienübergänge mit Soundeffekt verbinden	340
Beispiele und Tipps zu Folienübergängen	341
Einstieg Animationseffekte zuweisen	344

Kapitel 12

Beispiele für den sinnvollen Einsatz von Animationseffekten

Präsentieren

In diesem Kapitel:

In Kapitel 11 konnten Sie bereits lesen, welche Arten von Animationseffekten es in PowerPoint 2010 gibt und mit welchen Schritten Sie Texten oder Objekten einen Animationseffekt zuweisen. Erfahren Sie in diesem Kapitel anhand zahlreicher Beispiele, wie Sie zielgerichtet Animationen einsetzen, um Informationen für das Publikum besser aufzubereiten.

Erweitern Sie beim Studium und beim Nachbauen der Beispiele Ihr Wissen und Ihre Fähigkeiten zum Umgang mit Animationseffekten in Ihren eigenen Präsentationen. Die Reihenfolge der Beispiele ist so gewählt, dass der Schwierigkeitsgrad zunimmt.

Beispiel 1: Text in zwei Ebenen schrittweise aufbauen

Ein Klassiker in Präsentationen sind Textfolien, bei denen die Inhalte auf ein oder zwei Gliederungsebenen aufgeteilt sind. Werden alle Informationen auf einmal, also ohne Animation, gezeigt, löst dies bei den Zuschauern nahezu automatisch den folgenden Reflex aus: Sie beginnen mit dem Lesen des kompletten Textes, selbst wenn die vortragende Person noch beim ersten Punkt der Folie ist. Die Folge sind geringere Aufmerksamkeit für den Redner, Missverständnisse, vermeidbare Zwischenfragen, Langeweile sowie das Gefühl der Über- oder Unterforderung aufseiten des Publikums. Das lässt sich weitgehend verhindern, wenn dem Publikum die Informationen schrittweise präsentiert werden.

Texte mit geeigneten Eingangseffekten einblenden

Wenn Text schrittweise erscheinen soll, ist es wichtig, dass die Aufmerksamkeit des Publikums nicht durch überflüssige Bewegungen auf der Folie vom Inhalt abgelenkt wird. Setzen Sie deshalb stets zurückhaltende Effekte für Texte ein. Empfehlenswert sind beispielsweise *Verblassen*, *Wischen* oder *Teilen* und bei kurzen Texten auch *Hineinschweben*.

Das absatzweise Erscheinen von Text einstellen

Der in Abbildung 12.1 gezeigte Text ist in zwei Ebenen gegliedert. Er soll per Animation absatzweise eingeblendet werden.

CD-ROM Das Beispiel inklusive Anleitung finden Sie auf den Folien 4 bis 8 der Datei *Animationsbeispiele.pptx* im Ordner *\Buch\Kap12*.

Abbildg. 12.1 Der zu animierende Text

- Analyse des Ist-Zustandes
  - bei Produkten mit Wachstum über 8%
  - bei Produkten mit Gewinnmarge über 20%
- Entscheidung über die neue Produktpalette
  - Starttermin und Produktionsstandort
  - Umsatz- und Gewinnziele für Dreijahreszeitraum
- Planung eines Umsetzungsprojektes
  - Auswahl des Projektverantwortlichen
  - Erarbeitung von Konzept und Terminplan

Sie können die dafür erforderlichen Schritte auf Folie 4 der Beispielpräsentation *Animationsbeispiele.pptx* durchführen:

1. Klicken Sie in den Text oder auf den Rand des Textplatzhalters.
2. Wechseln Sie zur Registerkarte *Animationen*. Klicken Sie in der Gruppe *Animation* auf den in Abbildung 12.2 gezeigten Effekt *Verblassen*.

Abbildg. 12.2 Den Animationseffekte *Verblassen* zuweisen

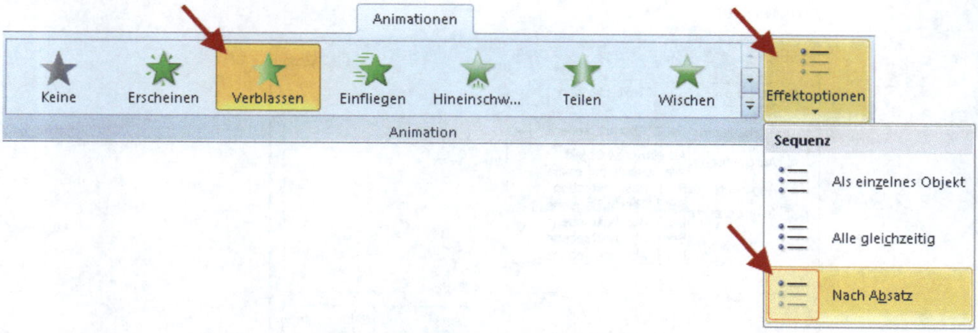

Dank aktivierter Livevorschau sehen Sie sofort die Wirkung: Die drei Absätze der ersten Ebene werden jeweils zusammen mit ihren Unterpunkten nacheinander eingeblendet.

3. Klicken Sie in der gleichen Gruppe *Animation* – so wie in Abbildung 12.2 rechts gezeigt – auf *Effektoptionen*. Zwar ist im nun aufklappenden Minimenü die Option *Nach Absatz* aktiv, aber sie bewirkt nicht, dass auch die Texte der zweiten Ebene als Absätze erkannt werden. Sie erscheinen zusammen mit dem Text der Ebene 1. Das können Sie übrigens gut erkennen, wenn Sie sich links neben dem Text die Zahlen anschauen, die infolge der Animation erschienen sind (siehe Abbildung 12.3). Demnach gibt es auf der Folie drei Animationsschritte.

Abbildg. 12.3 Die Zahlen neben dem Text informieren über die Animationsabfolge

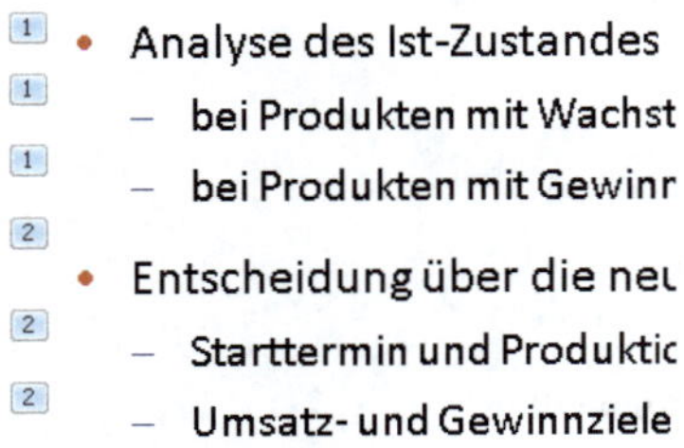

4. Hier ist also eine Feinjustierung der Effektoptionen erforderlich. Diese nehmen Sie am besten über den *Animationsbereich* vor. Klicken Sie dazu auf die gleichnamige Schaltfläche in der Gruppe *Erweiterte Animation*. Daraufhin wird am rechten Rand des Programmfensters ein Aufgabenbereich eingeblendet – in früheren PowerPoint-Versionen hieß der Aufgabenbereich *Benutzerdefinierte Animation*.

5. Doppelklicken Sie dort auf den Eintrag für den Effekt, um das Dialogfeld für die Effektoptionen zu öffnen.
6. Wechseln Sie in dem in Abbildung 12.4 gezeigten Dialogfeld zur Registerkarte *Textanimation*. Wählen Sie im Dropdown-Listenfeld *Text gruppieren* den Eintrag *Bei 2. Abschnittsebene*.

Abbildg. 12.4 Über die erweiterten Animationseinstellungen auch Text der zweiten Ebene absatzweise einblenden

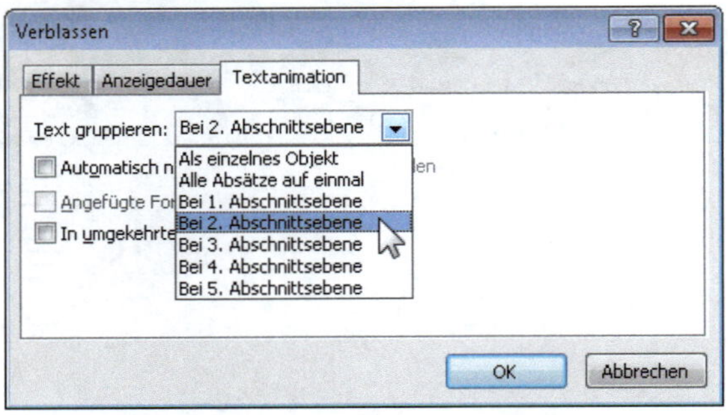

Testen Sie den Erfolg Ihrer Einstellungen. Hier zwei der möglichen Wege:

- Klicken Sie im *Animationsbereich* auf die Schaltfläche *Wiedergabe*.
- Oder aber rufen Sie mit ⇧+F5 die Bildschirmpräsentation für die aktuelle Folie auf. Lassen Sie per Mausklick die absatzweise Animation des Textes abspielen. Verlassen Sie die Bildschirmpräsentation mit Esc.

Beispiel 2: Statusanzeige mit gefüllten 3D-Säulen realisieren

Wie weit ist das Budget aufgebraucht? Wie hoch ist die Auslastung der Ressourcen? Wie steht es um die Kundenzufriedenheit? Visuelle Antworten auf solche Fragen können Sie relativ leicht mit einem Säulendiagramm geben, in dem das bisher Erreichte oder Verbrauchte wie bei einer Füllstandsanzeige einen Teil der Säule bedeckt.

Noch eindrucksvoller wird es, wenn Sie die Säulen räumlich darstellen als Zylinder. Lassen Sie dann in diesen Zylindern den erreichten Stand von unten nach oben wachsen – so wie in Abbildung 12.5 gezeigt. Den genauen Status der Auslastung oder Zufriedenheit machen Sie – wie in der Abbildung ebenfalls zu sehen – durch Hinweispfeile rechts neben den Säulen deutlich. Die Pfeile erscheinen erst zum Schluss, wenn das Anwachsen des Füllstands nahezu abgeschlossen ist.

Den ersten Zylinder anlegen

Als Grundlage der Lösung können Sie ein gestapeltes 100%-Säulendiagramm nehmen, das Sie anschließend in seine Bestandteile auflösen. Der Vorteil wäre, dass die Proportionen exakt stimmen. Schneller geht es, wenn Sie ein Säulendiagramm nachbauen, indem Sie die Form *Zylinder* einsetzen.

Abbildg. 12.5 Der Status wird durch eine zunehmende Füllung der Zylinder sowie einen Hinweispfeil angezeigt

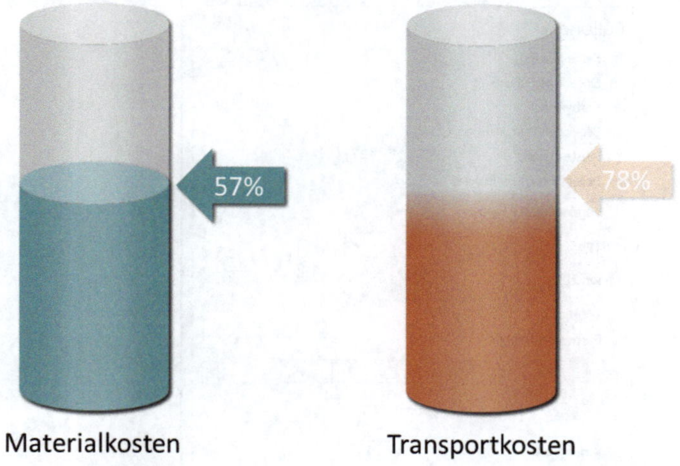

CD-ROM Den schrittweisen Aufbau des Beispiels können Sie auf den Folien 10 bis 16 der Datei *Animationsbeispiele.pptx* im Ordner *\Buch\Kap12* verfolgen.

1. Fügen Sie zunächst eine Folie mit dem Layout *Nur Titel* ein.
2. Wechseln Sie zur Registerkarte *Einfügen*, klicken Sie auf *Formen* und wählen Sie bei *Standardformen* – so wie in Abbildung 12.6 gezeigt – *Zylinder*.

Abbildg. 12.6 Den Zylinder über *Einfügen/Formen/Standardformen* auf der Folie zeichnen

3. Ziehen Sie nun auf der Folie mit gedrückter linker Maustaste einen Zylinder auf.
4. Rufen Sie per Rechtsklick auf den Zylinder das Kontextmenü auf und wählen Sie *Form formatieren*. Legen Sie bei *Linienfarbe* die Option *Keine Linie* fest und versehen Sie bei *Füllung* den Zylinder mit einem *Farbverlauf* zwischen Mittel- und Hellgrau (siehe Abbildung 12.7).

Abbildg. 12.7 Für den Zylinder, der im Hintergrund stehen wird, eine zurückhaltende Farbgebung festlegen

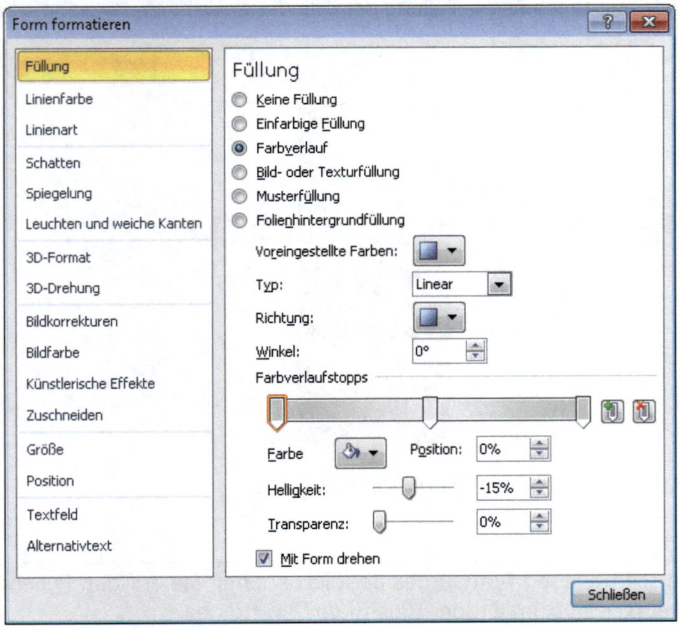

Den zweiten Zylinder anlegen und animieren

1. Duplizieren Sie den Zylinder mit der Tastenkombination Strg+D. Verringern Sie die Höhe des Duplikats. Weisen Sie ihm einen Farbverlauf mit kräftigen, gut kontrastierenden Farben zu. Schieben Sie das Duplikat – so wie in Abbildung 12.8 gezeigt – über das Original.

Abbildg. 12.8 Das Duplikat mit kräftigen Farben versehen und nach links exakt über das Original verschieben

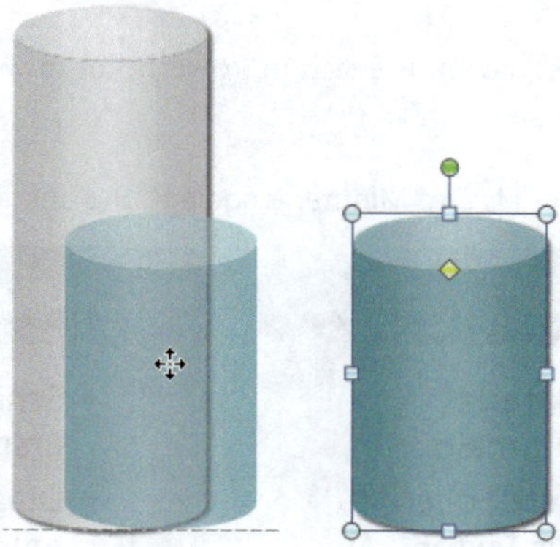

TIPP Das exakte Platzieren über dem Original ist dank der neuen Funktion *Intelligente Führungslinien* ganz einfach. In Abbildung 12.8 sehen Sie beispielsweise die kurze Führungslinie am unteren Rand des Originals. Wird das Objekt weiter nach links verschoben, erscheint automatisch noch eine senkrechte Führungslinie, die darüber Auskunft gibt, dass beide Objekte horizontal zentriert sind.

2. Damit der farbige Kegel als Füllstandsanzeige von unten nach oben zunimmt, weisen Sie ihm über die Registerkarte *Animationen* in der Gruppe *Animation* den Eingangseffekt *Wischen* zu.
3. Verlängern Sie anschließend in der Gruppe *Anzeigedauer* – so wie in Abbildung 12.9 links zu sehen – die *Dauer* des Effekts auf *2 Sekunden*.

Abbildg. 12.9 Die Einstellungen für *Start*, *Dauer* und *Verzögerung* für Säule (links) und Pfeil (rechts)

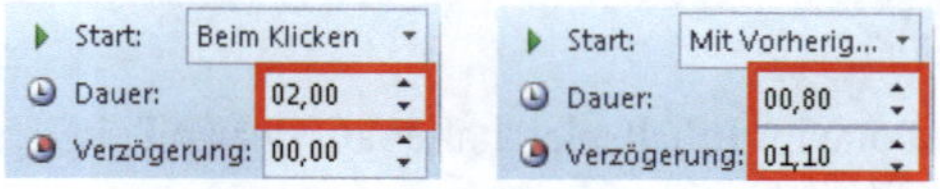

4. Zeichnen Sie rechts neben dem Zylinderpaar über *Einfügen/Formen/Blockpfeile* einen *Pfeil nach links*. Tragen Sie dort den »Füllstand« in Prozent ein. Weisen Sie den Eingangseffekt *Hineinschweben* mit der Startoption *Mit Vorherigen*, einer *Dauer* von *0,8 Sekunden* sowie einer *Verzögerung* von *1,1 Sekunden* zu.
5. Duplizieren für die zweite und jede weitere Statusanzeige das bestehende Zylinderpaar mit Strg+D, ändern Sie den Farbverlauf der Füllstandsanzeige und passen Sie Farbe, Inhalt und Position des Pfeils an.

Präsentieren

Beispiel 3: Einen animierten Zeitplan anlegen

Wenn es darum geht, Abläufe und Organigramme zu erstellen, bietet PowerPoint seit Version 2007 die zeitsparende Funktion der SmartArt-Grafiken. Damit zaubern Sie statt der eher langweiligen Textfolien aussagekräftige Schaubilder. Bei komplexen Inhalten animieren Sie mit wenigen Mausklicks den Aufbau der Schaubilder lesegerecht.

Überzeugen Sie sich im folgenden Beispiel selbst davon, wie sich in PowerPoint in weniger als fünf Minuten ein animierter Zeitplan anlegen lässt.

Abbildg. 12.10 Vorschau auf den fertigen Zeitplan, der in weniger als fünf Minuten angelegt und animiert ist

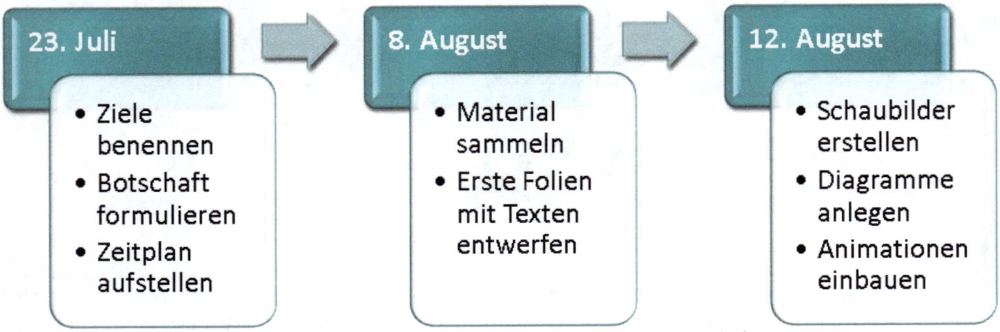

CD-ROM Das Beispiel finden Sie auf den Folien 18 bis 20 der Datei *Animationsbeispiele.pptx* im Ordner *\Buch\Kap12*.

Die passende SmartArt wählen und anpassen

1. Legen Sie zunächst eine Folie mit einem Inhaltsplatzhalter an, der Ihnen mit nur einem Mausklick das Anlegen des Zeitplans ermöglicht. Klicken Sie dazu auf der Registerkarte *Start* auf den Pfeil der Schaltfläche *Neu*.
2. Wählen Sie das Layout *Titel und Inhalt*.

3. Klicken Sie nach dem Einfügen der Folie im Inhaltsplatzhalter auf der Folie in der oberen Reihe rechts auf das Symbol *SmartArt-Grafik einfügen*.
4. Wählen Sie im Dialogfeld *SmartArt-Grafik auswählen* in der Rubrik *Prozess* das Layout *Akzentprozess*. Schließen Sie mit *OK* ab.

Abbildg. 12.11 Links die Rubrik *Prozess* anklicken und dann rechts das Layout *Akzentprozess*

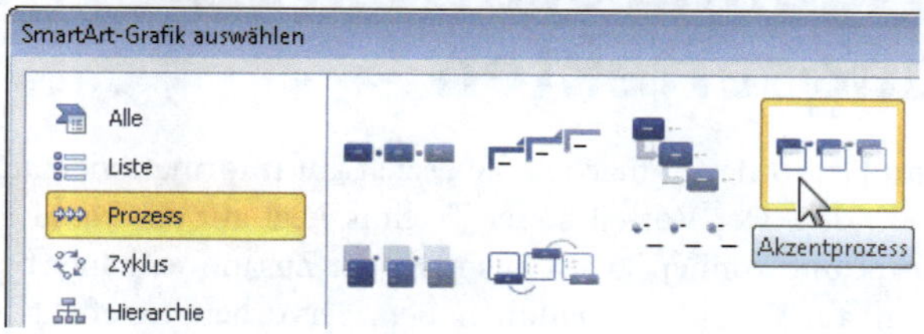

Die SmartArt-Grafik wird auf der Folie angezeigt. Links ist das in Abbildung 12.12 gezeigte Textfenster geöffnet. Sollte es nicht zu sehen sein, klicken Sie am linken Rand der SmartArt-Grafik auf die in der Abbildung rot umrandeten Pfeile.

Abbildg. 12.12 Nach dem Einfügen der SmartArt-Grafik tragen Sie links im Textbereich die Informationen ein

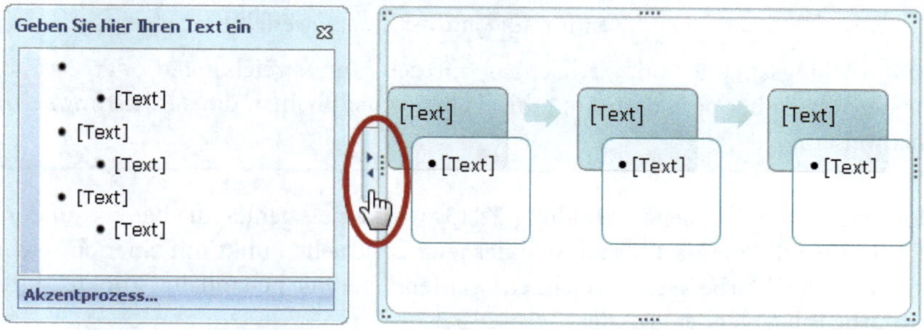

5. Geben Sie nun die Texte ein: in die erste Ebene die Datumsangaben, in die zweite Ebene die Details zum jeweiligen Datum.

Verbessern Sie noch die Optik der SmartArt-Grafik, indem Sie die zeitsparenden voreingestellten Formate nutzen. Und so geht's:

1. Markieren Sie die SmartArt-Grafik per Klick auf den Objektrahmen.
2. Klicken Sie auf der Registerkarte *SmartArt-Tools/Entwurf* in der Gruppe *SmartArt-Formatvorlagen* auf *Farben ändern*. Wählen Sie eine passende Variante.
3. Wählen Sie anschließend rechts daneben im Formatvorlagenkatalog bei *3D* die Variante *Abgesenkt*.

Die fertige SmartArt-Grafik animieren

Auch beim Animieren der SmartArt-Grafik greifen Sie wieder auf voreingestellte Muster zurück.

1. Lassen Sie die SmartArt-Grafik markiert und wechseln Sie zur Registerkarte *Animationen*.

2. Klicken Sie in der Gruppe *Animation* auf den Effekt *Wischen*, danach rechts daneben auf *Effektoptionen* und wählen Sie bei *Richtung* die Option *Von links*.
3. Klicken Sie noch einmal auf *Effektoptionen* und wählen Sie unter *Sequenz* die Option *Ebene schrittweise*.

Beispiel 4: Eine Agenda schrittweise erklären mit Hervorhebungseffekten

Mit Animationseffekten zum Hervorheben machen Sie gezielt auf Informationen aufmerksam, die sich bereits auf der Folie befinden. Der Vorteil dieser Technik liegt auf der Hand: Die Zuschauer sehen zuerst das »große Ganze« und können so das Ausmaß oder Zusammenhänge besser erkennen. Das anschließende Eingehen auf Detailinformationen per Hervorhebungseffekt erfolgt für die Zuschauer dann in einer »zweiten Erkenntnisphase«.

Der Einsatz von Hervorhebungseffekten bietet sich auch dann an,

- wenn beim Publikum Vorbehalte gegen die Nutzung von Animationseffekten bestehen,
- wenn zu viel Bewegung während der Präsentation vermieden werden soll oder
- wenn nicht ausreichend Zeit für aufwendige Eingangseffekte verfügbar ist.

Hervorhebungseffekte sind vergleichbar mit den Unterstreichungen oder Umrahmungen, die Vortragende früher per Filzstift auf ihre Folien gemalt haben, um auf bestimmte Informationen hinzuweisen.

Im folgenden Beispiel (siehe Abbildung 12.13) wird eine Agenda, die bereits auf der Folie zu sehen ist, Punkt für Punkt erklärt. Dazu wird der jeweils aktuelle Punkt mit einer abweichenden und gut sichtbaren Schriftfarbe gekennzeichnet, während bereits behandelte Punkte mittels blaugrauer Schriftfarbe »abgeblendet« werden.

CD-ROM Das Beispiel finden Sie auf den Folien 22 bis 26 der Datei *Animationsbeispiele.pptx* im Ordner *\Buch\Kap12.*

Abbildg. 12.13 Der aktuelle Punkt der Agenda wird farbig hervorgehoben, bereits behandelte werden »abgeblendet«

- Analyse des Ist-Zustandes
- Auswertung der Ergebnisse und Benennen der Defizite
- Formulierung von Schlussfolgerungen und Vorschlägen
- Entscheidung über die neue Produktpalette
- Auswahl eines Projektverantwortlichen
- Erarbeitung eines Konzepts und eines Terminplans

Den Text des aktuellen Absatzes hervorheben

1. Tragen Sie die Agenda in einen Textplatzhalter ein und markieren Sie diesen per Klick auf den Objektrahmen oder mit F2.

2. Wechseln Sie zur Registerkarte *Animationen*. Öffnen Sie in der Gruppe *Animation* den Katalog und wählen Sie in der Kategorie *Betont* den Effekt *Schriftfarbe*.

3. Klicken Sie rechts daneben auf die Schaltfläche *Effektoptionen* und wählen Sie eine auffällige Schriftfarbe – beispielsweise *Rot*.

Den Text des vorherigen Absatzes »abblenden«

Um deutlich zu machen, welche Informationen bereits gezeigt wurden, lassen Sie jeden Absatz, der zuvor rot hervorgehoben wurde, anschließend in seiner Bedeutung zurücktreten, indem Sie seine Schriftfarbe wieder heller werden lassen.

1. Klicken Sie dazu in der Gruppe *Animation* auf das sogenannte Startprogramm für Dialogfelder, um das in Abbildung 12.14 gezeigte Dialogfeld zu öffnen.
2. Öffnen Sie das Dropdown-Listenfeld *Nach Animation* und stellen Sie dort die ursprüngliche oder eine noch hellere Farbe für den Text ein. Damit heben Sie die zuvor eingestellte farbliche Betonung wieder auf.

Abbildg. 12.14 Im Dialogfeld für die Effektoptionen die Abblendfarbe einstellen

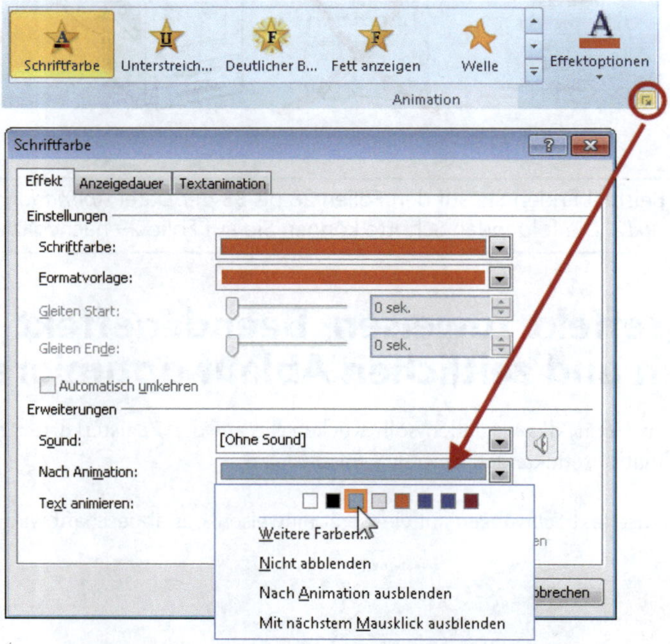

TIPP Diese Technik eignet sich beispielsweise auch, wenn Sie nacheinander alle Elemente einer Checkliste hervorheben wollen.

Beispiel 5: Überflüssige Objekte ausblenden

Wenn Informationen nicht mehr gebraucht werden, können Sie diese mit Effekten aus der Kategorie *Beenden* von der Folie verschwinden lassen. Im folgenden Beispiel soll gezeigt werden, welche Hardware ersatzlos abgeschafft wird. Um dem Zuschauer zu signalisieren, welche der acht Geräte wegfallen, sollen diese mit dem Effekt *Schwanken* zunächst gekennzeichnet werden und dann automatisch von der Folie verschwinden.

Abbildg. 12.15 Die Geräte mit einem X per Animation erst kennzeichnen und dann ausblenden

CD-ROM Das Beispiel finden Sie auf den Folien 28 bis 33 der Datei *Animationsbeispiele.pptx* im Ordner *\Buch\Kap12*. Die folgenden Schritte können Sie auf Folie 29 nachvollziehen.

Betonungseffekt zuweisen, Beendeneffekt hinzufügen und zeitlichen Ablauf optimieren

1. Markieren Sie ein Gerät, das wegfallen soll. Klicken Sie auf der Registerkarte *Animationen* im Katalog der Animationseffekte den Eintrag *Schwanken* an.

Abbildg. 12.16 Mit dem Betonungseffekt *Schwanken* auf ein Gerät hinweisen, das abgeschafft wird

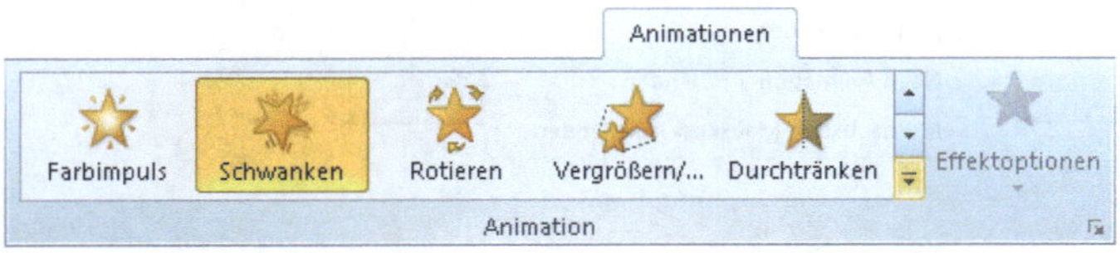

2. Lassen Sie das Gerät markiert und fügen Sie den Beendeneffekt hinzu, indem Sie in der Gruppe *Erweiterte Animation* auf die Schaltfläche *Animation hinzufügen* klicken.
3. Wählen Sie in der Kategorie *Beenden* den Effekt *Verkleinern und Drehen*.

4. Damit während der Bildschirmpräsentation pro Gerät nur einmal geklickt werden muss, ändern Sie für den Beendeneffekt in der Gruppe *Anzeigedauer* die Startoption auf *Nach Vorherigen*, die *Dauer* auf *2 Sekunden* und die *Verzögerung* auf *0,5 Sekunden*.

Zeitsparend: Der Befehl *Animation übertragen*

Diese kombinierte Animation weisen Sie nun den anderen zur Abschaffung vorgesehenen Geräten wie folgt zu.

1. Markieren Sie das Gerät, dem bereits die beiden Animationseffekte *Schwanken* sowie *Verkleinern und Drehen* zugewiesen wurden.
2. Doppelklicken Sie auf der Registerkarte *Animationen* in der Gruppe *Erweiterte Animation* auf die Schaltfläche *Animation übertragen*.

3. Klicken Sie nun einmal kurz auf jedes der Objekte, die ebenfalls abgeschafft werden und daher die beiden Animationseffekte erhalten sollen.
4. Beenden Sie das Übertragen der Animationseffekte mit [Esc].

Beispiel 6: Rollende Objekte auf Animationspfaden bewegen

Animationspfade sind so etwas wie die Krönung der Animationsmöglichkeiten von PowerPoint, denn Objekte lassen sich damit auf frei definierbaren Wegen über die Folie bewegen. Abläufe in einer Maschine, Fahrstrecken auf einer Landkarte, Wege in einem Gebäude, Schritte in einem Prozess lassen sich mittels Animationspfaden – zum Teil kombiniert mit weiteren Animationseffekten – flexibel, meist ohne Worte und trotzdem verständlich erklären.

Abbildg. 12.17 Umsatzziele für vier Länder mit von links nach rechts rollenden Münzen darstellen

Mit dem Beispiel in Abbildung 12.17 können Sie Umsatz- und Kostenziele oder andere Beträge wirkungsvoll präsentieren. Die im rechten Teil zu sehenden Münzen sind zunächst links hinter dem Symbol für das jeweilige Land verborgen. Sie bewegen sich per Mausklick auf einem Pfad nach rechts, rollen dabei und zeigen den jeweiligen Betrag. Ähnlich einem Balkendiagramm gilt: Je höher der Betrag desto weiter rechts endet die Bewegung der Münze.

CD-ROM Das Beispiel finden Sie auf den Folien 35 bis 39 der Datei *Animationsbeispiele.pptx* im Ordner *\Buch\Kap12*. Die folgenden Schritte können Sie auf Folie 35 nachvollziehen.

Der Münze den Animationspfad zuweisen

1. Markieren Sie die Münze auf Folie 35. Weisen Sie ihr über die Registerkarte *Animation* in der Gruppe *Animation* unter *Animationspfade* den Effekt *Linien* zu.
2. Klicken Sie – so wie in Abbildung 12.18 zu sehen – rechts daneben auf *Effektoptionen*. Ändern Sie die *Richtung* des Pfades auf *Rechts*.
3. Passen Sie die Länge des Pfades an, indem Sie zunächst auf den Animationspfad klicken und ihn damit markieren. Ziehen Sie nun an der roten Pfeilspitze nach rechts, um den Pfad zu verlängern.

TIPP Halten Sie dabei die ⇧-Taste gedrückt, damit der Pfad waagerecht bleibt.

Abbildg. 12.18 Die Richtung des Animationspfads *Linien* von *Nach unten* in *Rechts* ändern

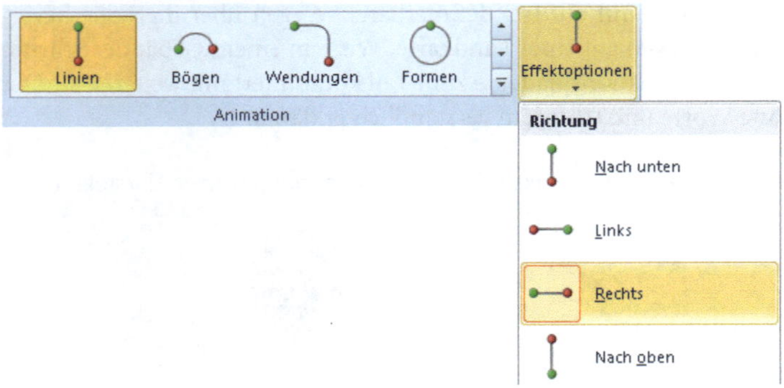

Der Münze den Effekt zum Rollen hinzufügen

Damit sich die Münze rollend von links nach rechts bewegt, fügen Sie zu dem Animationspfad einen weiteren Animationseffekt hinzu.

1. Klicken Sie bei markierter Münze in der Gruppe *Erweiterte Animation* auf *Animation hinzufügen*.
2. Wählen Sie diesmal unter *Betont* den Effekt *Rotieren*.
3. Klicken Sie auf *Effektoptionen*. Stellen Sie sicher, dass bei *Richtung* die Option *Im Uhrzeigersinn* und bei *Betrag* die Option *Komplette Drehung* aktiviert ist. Bei Münzen mit längerem Animationspfad stellen Sie *Zwei Drehungen* ein.

Den zeitlichen Ablauf der Animationen optimieren

Damit die beiden Effekte – das Bewegen nach rechts und das Rollen – synchron ablaufen, sind nun noch einige Anpassungen erforderlich:

1. Blenden Sie per Klick auf die gleichnamige Schaltfläche den *Animationsbereich* [Animationsbereich] ein.
2. Markieren Sie dort nacheinander beide Einträge und stellen Sie in der Gruppe *Anzeigedauer* im Feld *Dauer* die gleichen Zeiten ein – beispielsweise zwei Sekunden.
3. Für den *Rotieren*-Effekt legen Sie in der Gruppe *Anzeigedauer* bei *Start* die Option *Mit Vorherigen* fest. Damit laufen die beiden Effekte gleichzeitig ab.
4. Doppelklicken Sie im *Animationsbereich* auf jeden der beiden Einträge und stellen Sie im folgenden Dialogfeld auf der Registerkarte *Effekt* bei *Gleiten Start* und *Gleiten Ende* jeweils *0 sek.* ein.

Den Prototyp kopieren und die Duplikate anpassen

1. Duplizieren Sie die Münze mit den komplett fertigen Animationseinstellungen mit Strg+D dreimal.
2. Passen Sie die Beträge in den Duplikaten an und verlängern oder kürzen Sie die Länge der Animationspfade je nach Betrag.
3. Platzieren Sie die vier Münzen jeweils exakt über den Ländersymbolen.
4. Markieren Sie alle vier Münzen mit gedrückter ⇧-Taste und ordnen Sie sie per Rechtsklick auf eine der Münzen und Wahl von *In den Hintergrund/In den Hintergrund* hinter den Ländersymbolen an.
5. Verkürzen Sie gegebenenfalls die Animationsdauer bei den Münzen mit kleineren Beträgen wie beispielsweise auf Folie 39 der Musterdatei.

Abbildg. 12.19 Links liegen die Münzen noch über den Ländersymbolen rechts bereits im Hintergrund

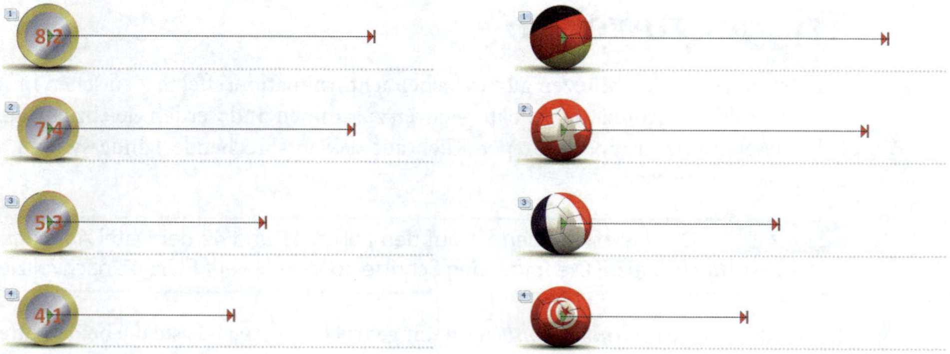

Präsentieren

Beispiel 7: Animationen per Trigger ausführen lassen

Animationseffekte werden während der Bildschirmpräsentation normalerweise in der zuvor festgelegten Klickreihenfolge – also der Platzierung im *Animationsbereich* – abgespielt. Doch nicht immer wissen Vortragende mit Bestimmtheit, wann sie eine bestimmte Information zeigen wollen oder müssen. Soll beispielsweise die Initiative vom Publikum ausgehen, ist eine starre, vorgegebene Klickreihenfolge ungeeignet. Für solche Fälle lässt sich alternativ festlegen, dass eine Animation erst dann erfolgt, wenn auf ein bestimmtes Objekt der Folie – den Trigger – geklickt wird.

Testen Sie dies am Beispiel mit den Münzen. Sie sollen erst dann ins Bild rollen, wenn auf das entsprechende Ländersymbol geklickt wird.

Nicht selten können sich Anwender unter der Trigger-Funktion nichts vorstellen und vermuten, es sei eine Spielerei. Weit gefehlt! Wenn Sie mit Ihrem Publikum im Dialog bleiben wollen, wenn Sie immer wieder Spannung und Aufmerksamkeit aufbauen wollen, dann ist diese Funktion ein »Segen«.

Nützlich sind Trigger beispielsweise für das Erklären einer Maschine, eines Prozessablaufs, der Struktur einer Firma usw. Erst wenn auf eine bestimmte Stelle des zu erklärenden Objekts geklickt wird, erscheint beispielsweise der dazugehörende Erläuterungstext. So können Vortragende gemeinsam mit den Zuschauern das Objekt tatsächlich Schritt für Schritt kennenlernen.

Auch für eine weitere Form der Interaktion in Vorträgen ist diese Funktion hervorragend geeignet: für ein Quiz. Sie zeigen die Frage als Text an und lassen zusätzlich dazu ein Fragezeichen erscheinen. Dann holen Sie die Antworten aus dem Publikum ein und geben die Lösung bekannt, indem Sie auf das Fragezeichen klicken. Es dient als Trigger, um nun den Text mit der richtigen Antwort erscheinen zu lassen.

Den bestehenden Animationseffekten einen Trigger zuweisen

Auf der Folie mit den Münzen gibt es bisher acht Animationseffekte – zu sehen in Abbildung 12.20 links. Jeweils zwei Animationseffekte gehören zusammen und werden gleichzeitig ausgeführt. Damit jede dieser Zweiergruppen nur per Klick auf das entsprechende Ländersymbol abgespielt wird, gehen Sie wie folgt vor:

CD-ROM Das Beispiel finden Sie auf den Folien 41 und 42 der Datei *Animationsbeispiele.pptx* im Ordner *\Buch\Kap12*. Die folgenden Schritte können Sie auf Folie 41 nachvollziehen.

1. Markieren Sie im *Animationsbereich* mit gedrückter Strg-Taste die beiden Effekte, die zur ersten Zweiergruppe gehören (siehe Abbildung 12.20 links).
2. Klicken Sie – wie in Abbildung 12.20 rechts gezeigt – in der Gruppe *Erweiterte Animation* auf *Trigger*. Wählen Sie *Beim Klicken auf*.
3. PowerPoint öffnet nun eine Liste der Objekte, die auf dieser Folie als Trigger (Auslöser für die Animationen) zur Verfügung stehen. Wählen Sie in diesem Fall den Eintrag *Deutschland*.

Abbildg. 12.20 Für die beiden ersten Animationseffekte mit fünf Mausklicks einen Trigger festlegen

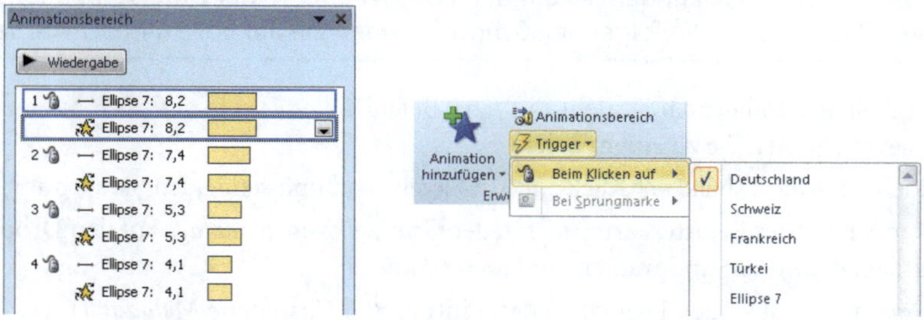

4. Wiederholen Sie die Schritte für jedes der drei verbleibenden Animationspaare. Danach sollt der Animationsbereich wie in Abbildung 12.21 aussehen.

Abbildg. 12.21 Der Animationsbereich nach dem Festlegen der vier Trigger

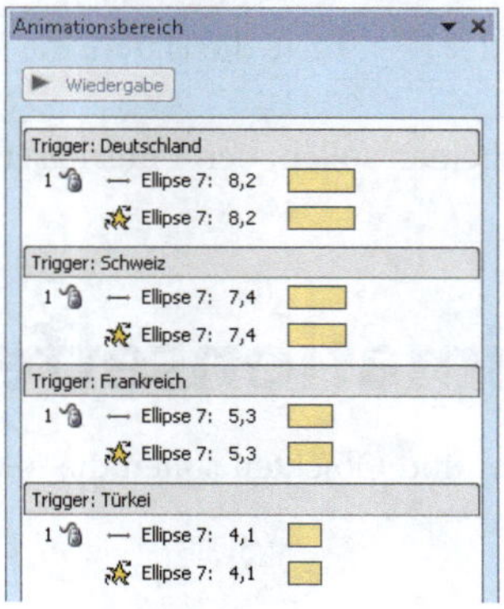

Testen Sie das Ergebnis, indem Sie mit ⇧+F5 die Bildschirmpräsentation für die aktuelle Folie starten. Klicken Sie nun in beliebiger Reihenfolge auf jedes der Ländersymbole, um die dahinterliegende Münze in die Folie rollen zu lassen.

Beispiel 8: Tabelleninhalte animieren

Das Präsentieren von Tabellen ist keine einfache Sache, da Vortragende wie auch Publikum angesichts der Vielzahl der Informationen stark gefordert sind. Ein schrittweises Einblenden der Daten nach Zeilen oder Spalten wäre eine gute Hilfe. Doch es gibt keine Funktion, die es ohne Umwege erlaubt, die Elemente der Tabelle während der Bildschirmpräsentation nacheinander anzuzeigen. Die Tabelle erscheint stets nur als Gesamtobjekt. Das, was bei Texten, Diagrammen oder SmartArts möglich ist, fehlt bei Tabellen. Doch mit etwas Aufwand beheben Sie dieses Manko.

Daten zeilen- oder spaltenweise erscheinen lassen

Die Lösung besteht darin, die Tabelle in ihre Einzelteile – in Linien und Textfelder – zu zerlegen. Danach bilden Sie Gruppen und können so den Informationsaufbau in der Tabelle mit Eingangseffekten ganz individuell bestimmen.

CD-ROM Das Beispiel finden Sie auf den Folien 44 bis 46 der Datei *Animationsbeispiele.pptx* im Ordner *\Buch\Kap12*. Die folgenden Schritte können Sie auf Folie 44 nachvollziehen.

Da sich Tabellen standardmäßig nicht mit dem Befehl *Gruppierung aufheben* in einzelne Elemente zerlegen lassen, greifen Sie zu einem Trick:

1. Markieren Sie die Tabelle per Klick auf den Objektrand und schneiden Sie sie mit Strg+X aus.
2. Klicken Sie auf der Registerkarte *Start* in der Gruppe *Zwischenablage* auf den Dropdownpfeil der Schaltfläche *Einfügen* und wählen Sie *Inhalte einfügen*.
3. Wählen Sie im folgenden Dialogfeld den Eintrag *Bild (Erweiterte Metadatei)*.
4. Die Tabelle wird nun zentriert auf der Folie eingefügt. Verschieben Sie sie an die gewünschte Stelle.
5. Wählen Sie per Rechtsklick *Gruppieren/Gruppierung aufheben*. Bestätigen Sie die folgende Meldung mit *Ja* und wiederholen Sie den Befehl zum Aufheben der Gruppierung.
6. Nun sind alle Elemente der Tabelle als Einzelteile zu sehen. Klicken Sie neben die Folie, um die Markierung aufzuheben.
7. Markieren Sie spalten- oder zeilenweise mit gedrückter ⇧-Taste die Daten, die jeweils zusammen erscheinen sollen, und gruppieren Sie sie mit Strg+⇧+G.
8. Weisen Sie dann diesen Daten, die schrittweise erscheinen sollen, den Eingangseffekt *Teilen* zu. Ändern Sie die Effektoption in *Horizontal aus*.

Tipps zum Umgang mit Animationseffekten

Nach diesen acht Beispielen zum Animieren von Texten und Objekten sollen die folgenden Informationen Ihr Wissen zum Thema Animation abrunden.

Wie lassen sich Animationseffekte unterscheiden?

Wenn Sie Animationen festgelegt haben, können Sie diese im *Animationsbereich* in einer Liste anzeigen lassen. Die Effekte der vier Kategorien haben unterschiedliche farbliche Markierungen und Symbole (siehe Abbildung 12.22):

Abbildg. 12.22 Differenzierte Symbole für Eingangs-, Betonungs- und Beendeneffekte sowie für Animationspfade

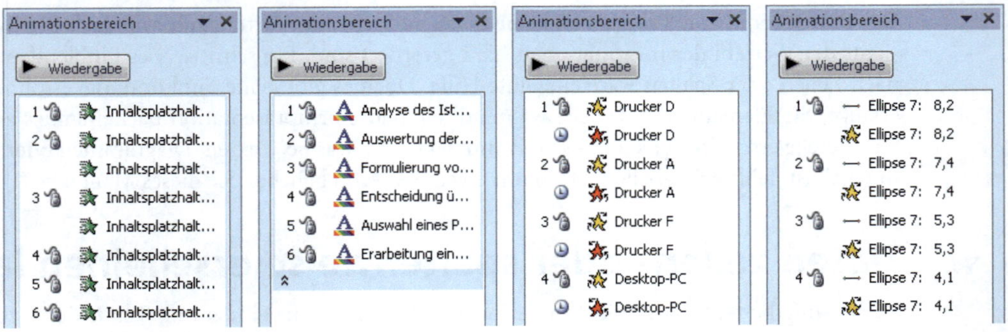

- Grüne Symbole stehen für Eingangseffekte,
- gelbe für Effekte zum Hervorheben und
- rote für Beendeneffekte.
- Animationspfade werden durch Linien symbolisiert.

Den Animationsbereich optimal anzeigen

Wenn es um das Anpassen von Animationseffekten geht, ist der *Animationsbereich* fast immer unumgänglich. Doch manchmal ist er zu schmal und zeigt beispielsweise nicht, mit welcher Startoption – also *Beim Klicken* oder *Mit Vorherigen* oder *Nach Vorherigen* – ein Effekt ausgelöst wird. Diese Situation ist in Abbildung 12.23 links zu sehen.

Bewegen Sie deshalb die Maus an den linken Rand des Animationsbereichs und vergrößern Sie ihn nach links, wenn der Mauszeiger zu einem waagerechten Doppelpfeil wird.

Anschließend können Sie für jeden der Einträge im Animationsbereich sehen, ob er per Mausklick oder zeitgesteuert ausgelöst wird (siehe Abbildung 12.23 rechts).

Abbildg. 12.23 Den *Animationsbereich* etwas verbreitern, um die Startoptionen zu sehen

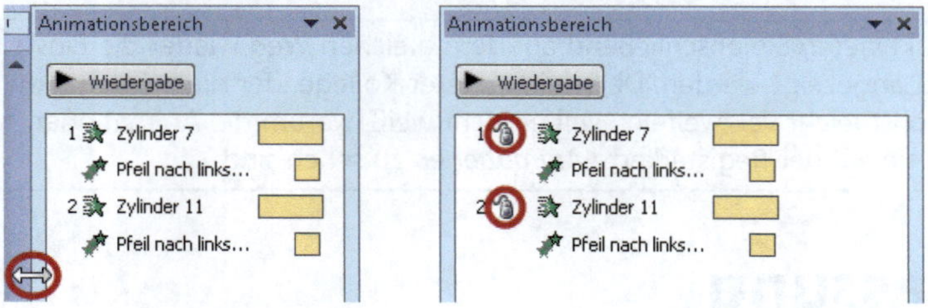

Zeitliches Feintuning über die *Erweiterte Zeitachse*

Meist reicht es aus, wenn Sie Dauer und Verzögerung für Animationseffekte über die Gruppe *Anzeigedauer* ganz rechts auf der Registerkarte *Animationen* bestimmen. Zur zeitlichen Synchronisation haben Sie noch eine Möglichkeit, die flexibler ist: die *Erweiterte Zeitachse*. Sie ist standardmäßig im Animationsbereich in Form von kleinen hellgelben Balken zu sehen.

- Über die *Erweiterte Zeitachse* lassen sich Anfangs- und Endzeiten sowie Verzögerungen festlegen. Grafisch, also durch einfaches Ziehen mit der Maus passen Sie so Start, Ende und Dauer von Animationen im Handumdrehen an.
- Noch ein Vorteil der Funktion *Erweiterte Zeitachse*: Auf ihr sehen Sie die Animationseffekte im Kontext. Sie erkennen gut, welche Animationen zeitgleich oder nacheinander erfolgen.

Erweiterte Zeitachse ausschalten

Falls Sie die hellgelben Balken der Zeitachse nicht brauchen und stattdessen mehr Informationen zu den Animationseffekten sehen wollen, schalten Sie die *Erweiterte Zeitachse* per Rechtsklick und Wahl des betreffenden Ausblenden-Befehls – so wie in Abbildung 12.24 gezeigt – ab.

Abbildg. 12.24 Über das Kontextmenü die Zeitachse ausblenden

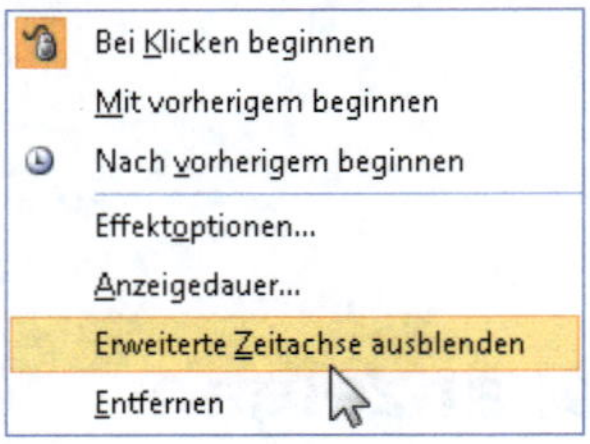

Animationseffekte vorübergehend deaktivieren

Sie wollen Ihrem Chef oder einem Kollegen zum Abstimmen der Inhalte die fertige Präsentation vorstellen, aber aus Zeitgründen die zugewiesenen Animationen nicht zeigen? Kein Problem, auch das geht!

1. Wechseln Sie zur Registerkarte *Bildschirmpräsentation*. Klicken Sie dort auf die Schaltfläche *Bildschirmpräsentation einrichten*.
2. Setzen Sie im nun gezeigten Dialogfeld links unter *Optionen anzeigen* ein Häkchen bei *Präsentation ohne Animation*.

ACHTUNG Deaktivieren Sie anschließend auf dem gleichen Weg wieder die Einstellung, dass Animationen nicht angezeigt werden. Denn ein anderer Kollege, der die Präsentation vorführen möchte, könnte sonst leicht verzweifeln, weil er nicht weiß, warum die Animationen nicht funktionieren, obwohl sie auf der Registerkarte *Animationen* zu sehen sind.

Zusammenfassung

Das Zuweisen von Animationseffekten ist mit einigem Zeitaufwand verbunden. Nicht selten werden Sie mehrere Varianten ausprobieren, bevor Sie die optimale Animation finden. All das erfordert eine gute Kenntnis der Möglichkeiten. Hier noch einmal die Fundstellen der wichtigsten Themen aus diesem Kapitel:

Thema	Seite
Text absatzweise und in zwei Ebenen aufbauen	352
Statusanzeige mit animierten 3D-Säulen	355
SmartArt-Grafik für einen Zeitplan animieren	359
Einen Text per Betonung schrittweise erklären	360
Nicht mehr gebrauchte Objekte ausblenden	362
Objekte auf einem Animationspfad bewegen	364
Animationen per Trigger starten	366
Tabelleninhalte animieren	367

Kapitel 13

Souverän und interaktiv: Bildschirmpräsentationen vorführen

Präsentieren

In diesem Kapitel:

Ihre Folien sind erstellt und – wie in den vorherigen Kapiteln beschrieben – animiert, nun kann also »der große Augenblick« kommen: die Bildschirmpräsentation. Dabei werden Folienübergänge, Animationseffekte und Filme gezeigt, Sounds abgespielt und Hyperlinks sowie interaktive Schaltflächen sind anklickbar. Und das alles im Vollbild, ohne die störende Programmoberfläche.

Doch bevor es »ernst wird« und die Folien per Beamer oder am Monitor als Bildschirmpräsentation vor Publikum vorgeführt werden, nehmen Sie sich auf jeden Fall noch Zeit für diese zwei Aufgaben:

- Testen Sie, ob die Animationseffekte in der richtigen Reihenfolge und mit dem zum Inhalt passenden Tempo erfolgen. Lassen Sie dazu ein- oder zweimal die Bildschirmpräsentation ablaufen und sprechen Sie – zumindest leise – den Text, den der Vortragende »auf der Tonspur« sagen wird.
- Überlegen Sie, an welchen Stellen es sinnvoll und erforderlich ist, ganz bewusst Interaktion mit dem Publikum in den Vortrag einzubauen und zu welchen Folien/Informationen Rückfragen aus dem Kreis der Zuschauer kommen könnten. Planen Sie, wie Sie sich als Vortragender für diesen Dialog mit dem Publikum rüsten – beispielsweise durch
  - Zusatzfolien, die Sie im Anhang bereithalten und zu denen Sie dann direkt verzweigen, oder
  - vorbereitete Flipchart-Blätter mit Definitionen, ein Tafelbild mit einer Übersicht, das Sie bei Bedarf aufklappen, oder
  - einen kurzen Fragebogen, den Sie austeilen, oder
  - ein Produkt bzw. ein Modell, das Sie zeigen und herumgehen lassen etc.

In diesem Kapitel erfahren Sie, wie Sie diese vorwiegend technische Seite einer Präsentation bewältigen, wie Sie also PowerPoint und die Präsentationsmedien so einsetzen, dass ein Vortrag erfolgreich sein kann.

Das gehört zum souveränen und interaktiven Präsentieren

Sie steuern eine Präsentation souverän und interaktiv, wenn Sie auch technisch in der Lage sind, situationsgerecht zu reagieren. Sie haben es sicher selbst schon Dutzende Male erlebt: Vortragende wissen nicht, wie sie

- die Präsentation elegant starten oder beenden,
- zu einer Folie verzweigen, die im Ablauf viel weiter vorn oder hinten ist,
- Folien überspringen, weil die Zeit knapp wird bzw. das Publikum die Inhalte schon kennt,
- die Präsentation vorübergehend anhalten oder ausblenden, um in direkten Dialog mit den Anwesenden zu treten,
- ein Frage-Antwort-Spiel in die Präsentation einbauen, um die Zuschauer zum Mitmachen zu bewegen,
- auf einer Folie etwas hervorheben,
- nur die für das Publikum relevanten Folien anzeigen und drucken.

Abbildg. 13.1 Technische Aufgaben, die auf den Vortragenden einstürmen

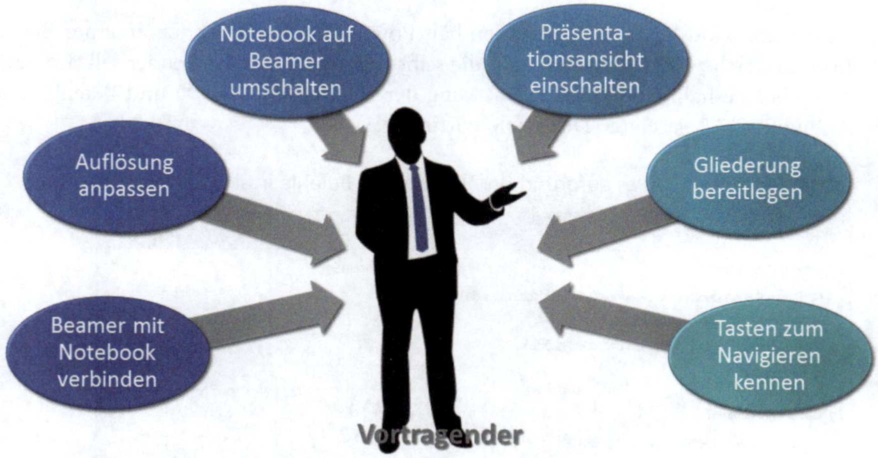

Sie sehen selbst: All das sind rein technische Faktoren. Doch sie entscheiden mit darüber, ob die sorgsam vorbereiteten Folien auch wirklich gut »präsentiert« werden. Daher gehören das bewusste Einrichten und das sichere Bedienen einer Bildschirmpräsentation genauso zum Handwerkszeug guter Vortragender wie solides Fachwissen oder überzeugende Rhetorik und Körpersprache.

HINWEIS Wenn Sie Ihre Präsentation auf dem eigenen Rechner vorbereiten, aber auf einem fremden Rechner vorführen müssen, beachten Sie bitte auch die Hinweise in Kapitel 17.

Vier unterschiedliche Arten zum Vorführen einer Präsentation

PowerPoint bietet je nach Anlass und Zweck der Präsentation ganz verschiedene Formen zum Vorführen einer Bildschirmpräsentation. Diese unterscheiden sich zum Beispiel darin, wie stark Sie als Redner den Ablauf der Präsentation kontrollieren.

Abbildg. 13.2 Passen Sie die Darstellung der Präsentation an die Art des Vorführens an

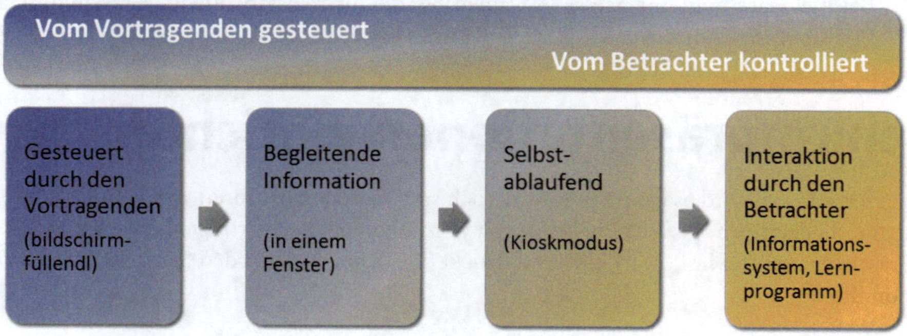

Welche Art ist für welchen Zweck geeignet?

Ausgehend von diesen vier Szenarien hält PowerPoint beim Einrichten einer Bildschirmpräsentation zahlreiche Einstellungen bereit, die selbst für routinierte Anwender seltsam und komplex klingen. Hier deshalb eine kurze Erläuterung der wichtigsten Begriffe und Befehle, die Sie in dem in Abbildung 13.3 gezeigten Dialogfeld vorfinden:

Abbildg. 13.3 Dieses Dialogfeld hat es aufgrund der Vielzahl der Befehle in sich

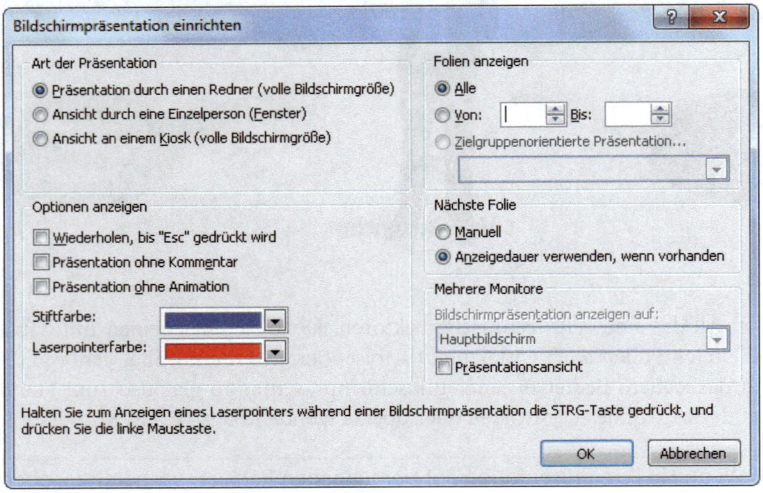

- Wenn eine Präsentation von einer Person direkt vor Publikum gehalten wird, wählen Sie *Präsentation durch einen Redner (volle Bildschirmgröße)*.
- Wenn es erforderlich ist, dass der Betrachter die Größe des Präsentationsfensters anpassen und so auch andere Dinge am Bildschirm ansteuern kann, klicken Sie auf *Ansicht durch eine Einzelperson (Fenster)*. Dieser Fenstermodus eignet sich beispielsweise, wenn Präsentationen von einer CD betrachtet werden oder wenn beispielsweise ein Controller seine Daten in Excel zeigt und zugleich auf PowerPoint-Folien zusätzliche Informationen und Einschätzungen geben will. Wählen Sie diese Option auch, wenn Sie das Fenster für eine Bildschirmaufzeichnung oder Screenshots auf eine bestimmte Größe verkleinern möchten.
- Soll eine Präsentation automatisch und in einer Endlosschleife abgespielt werden – typisches Beispiel wäre hier eine Messe –, wählen Sie die für selbstablaufende Präsentationen geeignete Option *Ansicht an einem Kiosk (volle Bildschirmgröße)*.

Bildschirmpräsentationen einrichten

In vielen Fällen wird es gar nicht erforderlich sein, für das Vorführen von Folien als Bildschirmpräsentation erst noch spezielle Einstellungen vorzunehmen. Die vortragende Person öffnet einfach die Präsentationsdatei in PowerPoint und drückt die Taste F5 für den Start der Bildschirmpräsentation. Fertig.

Will der Vortragende aber zu seiner Unterstützung zusätzliche Informationen nur an seinem Bildschirm sehen und erweiterte Möglichkeiten zum Steuern der Bildschirmpräsentation haben, dann ist der Weg über das in Abbildung 13.3 gezeigte Dialogfeld unumgänglich. Das gilt natürlich auch, wenn Sie eine selbstablaufende und sich wiederholende Messepräsentation oder gar ein Lernprogramm mit PowerPoint vorbereiten.

Das Dialogfeld aufrufen

1. Zeigen Sie im Menüband die Registerkarte *Bildschirmpräsentation* an.
2. Per Klick auf die Schaltfläche *Bildschirmpräsentation einrichten* blenden Sie das in Abbildung 13.3 gezeigte Dialogfeld ein.

PROFITIPP Das Dialogfeld zeigen Sie auch an, indem Sie mit gedrückter ⇧-Taste auf die Schaltfläche *Bildschirmpräsentation* in der rechten unteren Ecke des Programmfensters klicken. Vorteil dieser Variante: Sie sparen sich den Schritt, im Menüband erst die richtige Registerkarte auszuwählen.

Eine Bildschirmpräsentation im Fenstermodus

Voreingestellte Art der Vorführung ist *Präsentation durch einen Redner (volle Bildschirmgröße)*.

Gleich darunter befindet sich die Option *Ansicht durch eine Einzelperson (Fenster)* (siehe Abbildung 13.3). Diese Bezeichnung ist nicht eben glücklich, denn auch bei der voreingestellten Option für volle Bildschirmgröße kann die Präsentation durch »eine Einzelperson« angeschaut werden. Entscheidend zum Verständnis der Option ist also die Ergänzung »Fenster« (im Gegensatz zu »volle Bildschirmgröße«).

Den Fenstermodus nutzen

1. Wenn Sie den Fenstermodus gewählt und dann die Bildschirmpräsentation gestartet haben, klicken Sie in der rechten oberen Ecke des Fensters auf die Schaltfläche *Verkleinern*.
2. Ziehen Sie das Fenster dann auf die gewünschte Größe.

In der Statusleiste am unteren Rand des Fensters werden links die Foliennummer und die Gesamtfolienanzahl angezeigt. Rechts befinden sich zwei blaue Pfeile, um in der Präsentation zu blättern, und dazwischen die *Menü*-Schaltfläche, die Ihnen – ähnlich wie beim PowerPoint Viewer – das Drucken und Kopieren von Folien ermöglicht. Ganz rechts finden Sie die Ansichtsschaltflächen zum Umschalten in eine andere Ansicht.

TIPP Wenn Sie des Öfteren ein Fenster auf eine bestimmte Größe verkleinern wollen, können Sie von der Webseite *http://www.brianapps.net/sizer/* das kostenlose kleine Programm *Sizer* herunterladen, mit dem Sie vorher eingestellte Fenstergrößen mit wenigen Mausklicks zuweisen können. (Das Programm ist zwar nur in einer englischsprachigen Version verfügbar, ist aber fast selbsterklärend.)

Abbildg. 13.4 In der Statusleiste am unteren Rand der Fensteransicht finden Sie ein Menü mit wichtigen Optionen

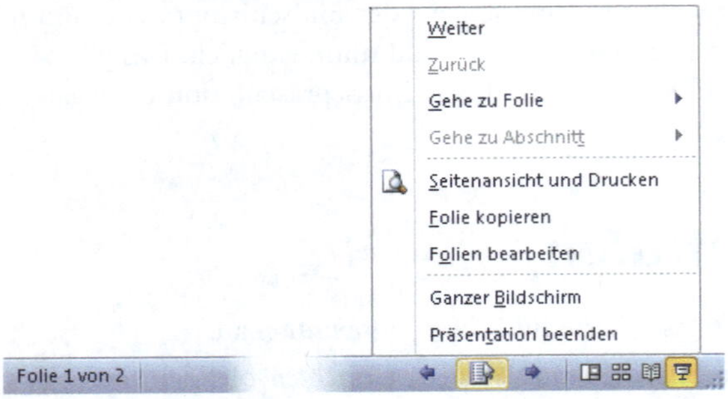

Selbstablaufende, zeitgesteuerte und Messepräsentationen

In einer Reihe von Fällen soll eine PowerPoint-Präsentation nicht durch einen Vortragenden gesteuert werden, sondern automatisch ablaufen. Typische Beispiele dafür sind Messepräsentationen oder Informationen, die im Eingangsbereich eines Unternehmens oder im Pausenbereich einer Veranstaltung gezeigt werden sollen. Dass zu einer selbstablaufenden Präsentation immer auch eine Zeitsteuerung gehört und wie Sie diese einrichten, erfahren Sie in diesem Abschnitt.

Den Kioskmodus einrichten und verwenden

Den Kioskmodus verwenden Sie, wenn eine Präsentation unbeaufsichtigt laufen soll – beispielsweise bei einer Messe oder in einem Wartezimmer. Die Präsentation wird gestartet und läuft dann ununterbrochen weiter, bis die Taste Esc gedrückt wird. Die Interaktionsmöglichkeiten des Betrachters werden stark eingeschränkt, sodass die Präsentation ziemlich störungssicher ist.

WICHTIG Das Besondere des Kioskmodus besteht darin, dass alle sonst gebräuchlichen Möglichkeiten zur Navigation wie Leertaste, ↵-Taste, Bild↑, Bild↓ und selbst der Mausklick gesperrt sind.

Daraus folgt für eine Messepräsentation, dass Sie

- entweder eine Anzeigedauer für die Folien festlegen müssen, nach der diese automatisch weitergeschaltet werden, oder
- auf allen Folien (oder im Folienmaster) unbedingt Schaltflächen für die Navigation einbauen müssen, damit Besucher gegebenenfalls in der Präsentation blättern können.

Den Kioskmodus einschalten

Das Einschalten des Kioskmodus ist im Handumdrehen erledigt:

1. Klicken Sie auf der Registerkarte *Bildschirmpräsentation* auf *Bildschirmpräsentation einrichten*, um das gleichnamige Dialogfeld zu öffnen (siehe Abbildung 13.3).

2. Aktivieren Sie die Option *Ansicht an einem Kiosk (volle Bildschirmgröße)*. Damit wird zugleich das Kontrollkästchen *Wiederholen, bis "Esc" gedrückt wird* aktiviert und kann auch nicht deaktiviert werden.

CD-ROM Die Datei *Kap13_Kiosk.pptx* ist ein Beispiel für eine Bildschirmpräsentation, die im Kioskmodus zeitgesteuert in einer Endlosschleife abgespielt wird. Sie finden sie im Ordner *\Buch\Kap13* auf der CD zum Buch.

Nun können Sie entscheiden, ob die Präsentation völlig selbsttätig ablaufen soll, ohne dass der Betrachter Geschwindigkeit und Inhalte beeinflussen kann. Mehr dazu erfahren Sie gleich im Anschluss im Abschnitt »Automatische Bildschirmpräsentation mit Zeitsteuerung«. Oder möchten Sie dem Betrachter erlauben, selbst mithilfe von Vorwärts-/Rückwärts-Schaltflächen und/oder Hyperlinks durch die Präsentation zu blättern? Mehr dazu erfahren Sie weiter hinten in diesem Kapitel im Abschnitt »Navigation in Präsentationen«. Auch Kombinationen beider Methoden sind möglich, sodass eine Folie nach einer festgelegten Zeit automatisch weitergeblättert wird, falls kein Mausklick erfolgt.

TIPP Als Alternative zur zeitgesteuerten Bildschirmpräsentation bietet es sich in PowerPoint 2010 an, die Präsentation als Video abzuspeichern (siehe hierzu Kapitel 15). Dadurch können Sie sie auch auf Computern ohne PowerPoint wiedergeben.

Oder Sie gehen noch einen Schritt weiter und brennen dieses Video auf DVD (siehe Kapitel 17), dann können Sie auf einen Computer komplett verzichten.

Automatische Bildschirmpräsentation mit Zeitsteuerung

Soll die Präsentation ganz ohne Ihr Zutun ablaufen, müssen Sie noch die Anzeigedauer für alle Folien festlegen. Achten Sie darauf, dass unter *Bildschirmpräsentation einrichten/Nächste Folie* die Option *Anzeigedauer verwenden, wenn vorhanden* ausgewählt ist. Sie können so die Präsentation auf eine exakte Laufzeit einrichten (zur Zeitsteuerung von Objekten lesen Sie mehr in Kapitel 12).

HINWEIS Natürlich können Sie die Zeitsteuerung auch dann nutzen, wenn Sie eine Präsentation für einen Vortrag anfertigen. Sie sollten dabei aber stets im Hinterkopf behalten, dass Sie sich oder den Vortragenden zum »Gefangenen« der Präsentation machen. Denn bei einer zeitgesteuerten Präsentation muss der Text passend zu den Folien, also synchron, vorgetragen werden. Eine Zwischenfrage aus dem Publikum kann dann schnell zur Stolperfalle und als störend empfunden werden.

Abbildg. 13.5 Mit dieser Einstellung wird nach neun Sekunden die nächste Folie angezeigt, aber da das Weiterblättern per Mausklick ebenfalls möglich ist, kann so bei Bedarf auch schneller gewechselt werden

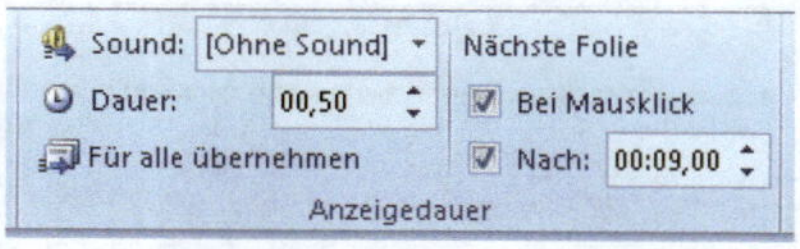

Die Zeitsteuerung festlegen

So gehen Sie vor, wenn Folien zeitgesteuert erscheinen sollen:

1. Öffnen Sie Ihre Präsentation und zeigen Sie die Folie an, für die Sie die Anzeigedauer festlegen wollen.
2. Wechseln Sie zur Registerkarte *Übergänge*. Aktivieren Sie dort – so wie in Abbildung 13.5 gezeigt – sowohl das Kontrollkästchen *Bei Mausklick* als auch das Kontrollkästchen *Nach*.
3. Stellen Sie rechts neben dem Kontrollkästchen *Nach* die Zeit ein (vor dem Doppelpunkt Minuten, danach Sekunden, nach dem Komma Hundertstelsekunden).

Sind beide Kontrollkästchen *Mausklick* und *Nach* aktiviert, hat der Betrachter die Möglichkeit, vor Ablauf der Zeit weiterzuklicken (bei der Kioskpräsentation nur, wenn entsprechende Schaltflächen vorhanden sind). Deaktivieren Sie das Kontrollkästchen *Bei Mausklick* und aktivieren Sie nur das Kontrollkästchen *Nach*, hat der Betrachter keine Möglichkeit, durch einen Klick auf eine beliebige Stelle der Folie weiterzuschalten. Interaktive Schaltflächen und Hyperlinks können jedoch jederzeit angeklickt werden.

Die Einstellmöglichkeiten für die Anzeigedauer sind zwar auf der Registerkarte *Übergänge* zu finden, sie sind jedoch unabhängig von der Verwendung eines Folienübergangs. Sie können dort also *Ohne* eingestellt lassen, wenn Sie keine Übergangsanimation wünschen. Haben Sie einen Folienübergang ausgewählt, so läuft dieser innerhalb der bei *Nach* eingestellten Anzeigedauer der Folie ab.

Die Zeit für die Bildschirmpräsentation testen

Wenn eine Präsentation Animationen enthält, ist das Testen der Zeiten für den Ablauf und die gewünschte Wirkung unerlässlich. Informationen dürfen nicht zu schnell aufeinanderfolgen, aber auch nicht mit zu großen Pausen. In beiden Fällen ermüdet das Publikum schneller.

Glücklicherweise bietet PowerPoint eine komfortable Funktion, mit der Sie die Ablaufzeit einzelner Folien und der gesamten Präsentation testen und steuern können.

1. Mit einem Klick auf die Schaltfläche *Neue Anzeigedauern testen* in der Gruppe *Einrichten* auf der Registerkarte *Bildschirmpräsentation* starten Sie die Testvorführung.
2. Während der Bildschirmpräsentation wird jetzt in der linken oberen Ecke eine kleine Symbolleiste eingeblendet (siehe Abbildung 13.6), mit der Sie zur nächsten Animation bzw. Folie weiterschalten können und außerdem die abgelaufene Zeit für die aktuelle Folie und die gesamte Präsentation im Blick haben. Per Klick auf die Pfeilschaltfläche *Weiter* steuern Sie das Tempo der Präsentation.

Abbildg. 13.6 Die Symbolleiste begleitet Sie beim Testen; die unten angezeigte Meldung gibt Ihnen die Möglichkeit, das Ergebnis des Tests anzunehmen oder zu verwerfen

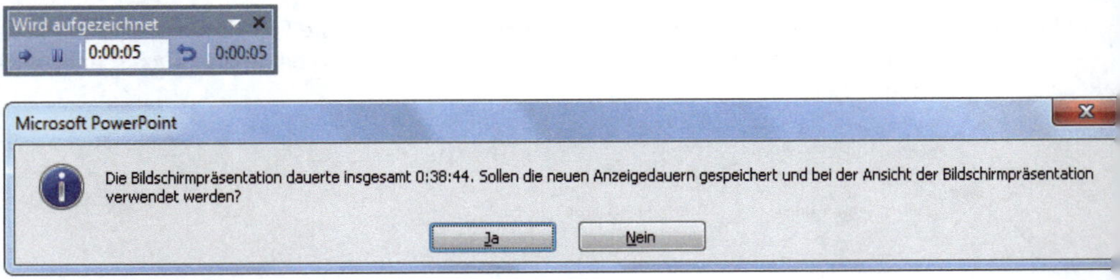

3. Am Ende des Tests wird eine Meldung angezeigt, wie lang die Vorführzeit insgesamt war. Sie können diesen Wert speichern oder verwerfen.

Fazit: Ohne Zeitsteuerung keine selbstablaufende Präsentation

Beim Einbauen der Animationseffekte auf einer Folie müssen Sie sich nicht allzu sehr damit abmühen, wie lang die Pausen zwischen den einzelnen Informationen und Objekten sein sollen. Mit der Funktion zum Testen der Einblendzeiten legen Sie das deutlich komfortabler fest.

Erst nachdem für alle Folien feste Zeiten definiert wurden, kann eine Bildschirmpräsentation auch wirklich automatisch und in einer Endlosschleife vorgeführt werden.

PROFITIPP Wenn es einmal schnell gehen soll und Sie Ihrem Chef oder einem Kollegen kurz den aktuellen Stand der Präsentation zeigen möchten, können Animationseffekte störend wirken. Spielen Sie in einem solchen Fall die Präsentation einfach ohne Animation ab. Aktivieren Sie einfach vorübergehend das Kontrollkästchen *Präsentation ohne Animation* im Dialogfeld *Bildschirmpräsentation einrichten* (siehe Abbildung 13.3). Zuvor getestete und festgelegte Zeiten gehen dadurch nicht verloren.

Denken Sie aber vor der Präsentation unbedingt daran, die Animationen wieder zu aktivieren. Insbesondere dann, wenn Sie Video und Sound eingebaut haben. Denn das Abspielen von Multimedia wird wie eine Animation behandelt und ebenfalls unterdrückt, wenn Sie die Animationen deaktivieren.

Der Sonderfall Messepräsentation

Für Präsentationen, die auf einer Messe eingesetzt werden, gelten die gleichen Anforderungen wie sie für selbstablaufende Bildschirmpräsentation weiter oben genannt wurden: Die Präsentation muss automatisch, zeitgesteuert und in einer Endlosschleife ablaufen.

Ein weiteres wichtiges Kriterium kommt für Messen noch hinzu: Die Manipulation durch Fremde muss möglichst ausgeschlossen werden. Da auch bei eingeschaltetem Kioskmodus die Präsentation noch durch Drücken der Esc-Taste beendet werden kann, sollten Sie die Tastatur und gegebenenfalls auch die Maus einschließen und vom Computer nur den Bildschirm sichtbar lassen.

Das Einrichten einer Messepräsentation erledigen Sie in dem bereits bekannten Dialogfeld *Bildschirmpräsentation einrichten*, indem Sie dort *Ansicht an einem Kiosk (volle Bildschirmgröße)* wählen. Auf diese Weise wird die Präsentation fortlaufend wiederholt und Fremdeingriffe oder ungewollte Aktionen durch Benutzer werden verhindert.

Messepräsentationen flexibel halten

Bei Messepräsentationen ist es ratsam, für Gespräche mit interessierten Besuchern als Reserve eine Reihe von Folien bereitzuhalten, die während der »normalen« Vorführung nicht gezeigt werden, aber für Nachfragen schnell abgerufen werden können. Dazu nutzen Sie die PowerPoint-Funktion, Folien gezielt von der Bildschirmpräsentation ausschließen zu können, die im nächsten Abschnitt beschrieben wird.

WICHTIG Der Aufruf von versteckten Folien in einer im Kioskmodus laufenden Messepräsentation ist nur über Hyperlinks oder Aktionsschaltflächen möglich, denn wie eben erläutert, reagiert die Präsentation nicht auf Mausklicks. Anleitungen zum Einbau und zur Bedienung von Hyperlinks und Aktionsschaltflächen finden Sie weiter hinten in diesem Kapitel im Abschnitt zum Thema Navigation.

Mit versteckten Folien arbeiten

Das Ausblenden einzelner Folien ist natürlich nicht nur auf Messepräsentationen beschränkt. Manchmal ist es nicht voraussehbar, ob und wann eine Folie mit bestimmten Informationen in der Präsentation gezeigt werden soll. Fügen Sie für diesen Fall am Ende der Präsentation die »Reservefolien« ein.

Einzelne Folien bei der Bildschirmpräsentation ausblenden

1. Wechseln Sie über die Registerkarte *Ansicht* in die *Foliensortierung*.
2. Markieren Sie die Folien, die nur bei Bedarf gezeigt werden sollen.
3. Wechseln Sie zur Registerkarte *Bildschirmpräsentation* und klicken Sie in der Gruppe *Einrichten* auf die Schaltfläche *Folie ausblenden*.

Alternativ dazu können Sie einzelne Folien auch im linken Bereich des Programmfensters auf der Registerkarte *Folien* mit der rechten Maustaste anklicken und im Kontextmenü *Folie ausblenden* wählen. Ausgeblendete Folien erkennen Sie an der durchgestrichenen Nummer neben der Folienminiatur.

HINWEIS Wenn die Präsentation nicht im Kioskmodus läuft, können Sie für den Sprung zu einer »Reservefolie« nicht nur einen Hyperlink oder eine interaktive Schaltfläche verwenden. Einfacher ist es, Sie merken sich die Foliennummern. Während der Bildschirmpräsentation wechseln Sie dann schnell zu einer ausgeblendeten Folie, indem Sie die Nummer eingeben und anschließend die ↵-Taste drücken. Im Kioskmodus funktioniert diese einfache Methode nicht, da alle Tasten deaktiviert sind.

Haben Sie sehr viele »Reservefolien«, ist es vielleicht besser, zu einem Hauptmenü in Ihrer Präsentation zu wechseln, von dem aus Sie bequem ganz bestimmte Folien der Präsentation aufrufen können. Kommt an den Messestand ein Techniker, zeigen Sie ihm die Folien mit den speziellen technischen Inhalten, kommt hingegen ein Einkäufer oder Entscheider, führen Sie die Folien vor, in denen es vor allem um die kaufmännischen Aspekte geht. Wie Sie solche zielgruppenspezifischen Präsentationen aufbauen, lesen Sie im folgenden Abschnitt.

Flexibel und zielgruppenorientiert: Benutzerdefinierte Präsentationen

Viele PowerPoint-Nutzer greifen auf Standardpräsentationen zurück, die je nach Anlass und Zielgruppe in leicht abgewandelter Form immer wieder gezeigt werden. Ein Beispiel: Außendienstmitarbeiter stellen aus einer Produktpräsentation für jeden ihrer Kunden eine spezielle Präsentation zusammen, die nur die Folien zu ausgewählten Produkten enthält. Für jeden Kunden wird dann die so zugeschnittene Variante als eigene Datei abgelegt. Das hat jedoch mindestens zwei Nachteile:

- Es vergrößert den erforderlichen Speicherplatz und die Anzahl der Dateien.
- Sollen Standardfolien, die in jeder dieser Kopien vorkommen, später aktualisiert werden, ist der Such- und Überarbeitungsaufwand recht hoch.

Eine Lösung bietet hier die Funktion *Benutzerdefinierte Bildschirmpräsentation* (in früheren Versionen *Zielgruppenorientierte Präsentation*). Mit ihr verwalten Sie nur eine einzige Präsentation, können aber in dieser mehrere Unterpräsentationen für bestimmte Zuschauergruppen zusammenstellen.

Das Prinzip ist ganz einfach: Sie wählen in einer Präsentation aus dem Gesamtbestand der Folien nur diejenigen aus, die einem bestimmten Personenkreis oder zu einem bestimmten Anlass vorgeführt werden sollen und vergeben für diesen Foliensatz einen aussagekräftigen Namen. Auf diese Weise könnten Sie innerhalb einer Präsentation verschiedene Versionen anlegen. Die Vorteile liegen auf der Hand:

- Sie sparen Speicherplatz, da Sie mit nur einer Datei arbeiten.
- Sie müssen für verschiedene Zielgruppen und Anlässe nicht jeweils eine Datei anlegen, diese später suchen und stets an deren Aktualisierung denken.

Fazit: Bei einer benutzerdefinierten Präsentation handelt es sich also um eine Art Unterpräsentation innerhalb einer Präsentation. Folien eines Vortrags werden so gruppiert und benannt, dass dieser Teil der Präsentation ideal für einen bestimmten Zuschauerkreis zugeschnitten ist.

Eine benutzerdefinierte Bildschirmpräsentation anlegen

Um in einer PowerPoint-Datei eine solche zielgruppenorientierte Präsentation anzulegen, gehen Sie wie folgt vor:

1. Öffnen Sie die Präsentation, in der Sie Unterpräsentationen anlegen wollen.
2. Wechseln Sie zur Registerkarte *Bildschirmpräsentation*.
3. Klicken Sie auf die Schaltfläche *Benutzerdefinierte Bildschirmpräsentation*, dann auf *Zielgruppenorientierte Präsentationen* und im folgenden Dialogfeld auf *Neu*.

4. Vergeben Sie im folgenden Dialogfeld einen aussagekräftigen Namen.
5. Markieren Sie im linken Listenfeld die Folien, die in der zielgruppenorientierten Präsentation erscheinen sollen, und klicken Sie auf *Hinzufügen*.
6. Beenden Sie den Vorgang mit Klick auf *OK* und dann auf *Schließen*.

Abbildg. 13.7 Wählen Sie Folien im linken Listenfeld aus, um sie einer zielgruppenorientierten Präsentation hinzuzufügen

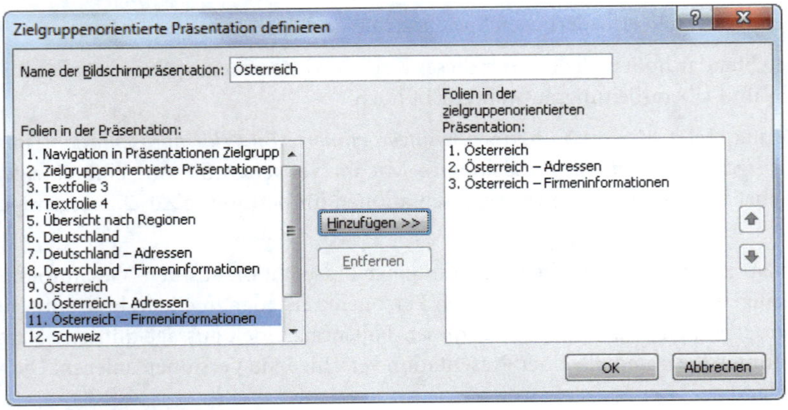

HINWEIS Ein Beispiel für den Einsatz einer zielgruppenorientierten Präsentation zur Navigation finden Sie weiter hinten in diesem Kapitel im Abschnitt »Navigation in Präsentationen«.

Eine benutzerdefinierte Bildschirmpräsentation vorführen

Nach dem Anlegen zielgruppenorientierter Präsentationen stehen Ihnen zum Vorführen mehrere Möglichkeiten zur Verfügung.

- Die erste Möglichkeit führt über die Befehlsfolge *Bildschirmpräsentation/Bildschirmpräsentation einrichten*. In dem daraufhin angezeigten Dialogfeld können Sie festlegen, dass nur bestimmte Folien gezeigt werden, indem Sie die Option *Zielgruppenorientierte Präsentation* aktivieren und darunter im Dropdown-Listenfeld den Eintrag für den gewünschten Foliensatz anklicken.

WICHTIG Wenn Sie diese Methode wählen, werden nur genau die so ausgewählten Folien in der Bildschirmpräsentation gezeigt, egal auf welche Art Sie die Bildschirmpräsentation starten. Noch wichtiger ist: Geben Sie eine so voreingestellte Präsentation an andere Personen weiter, die von dieser Einschränkung nichts wissen und alle Folien vorführen wollen, wird dies schnell zu Irritationen führen. Denn zwischen den Folien, die in der Normalansicht zu sehen sind, und denen, die bei der Bildschirmpräsentation gezeigt werden, besteht ein Unterschied.

- Die zweite Möglichkeit, gezielt nur einen bestimmten Foliensatz anzuzeigen, ist kürzer und flexibler – sie wurde weiter oben schon kurz erwähnt. Klicken Sie auf der Registerkarte *Bildschirmpräsentation* auf *Benutzerdefinierte Präsentation* und wählen Sie dann den gewünschten Eintrag. Diese Methode ist nicht nur schneller, sondern vermeidet, dass Sie die oben genannte Einschränkung in der Präsentation speichern.

Abbildg. 13.8 Sind zielgruppenorientierte Präsentationen vorhanden, können diese im Menü zur Schaltfläche *Benutzerdefinierte Bildschirmpräsentation* ausgewählt und vorgeführt werden

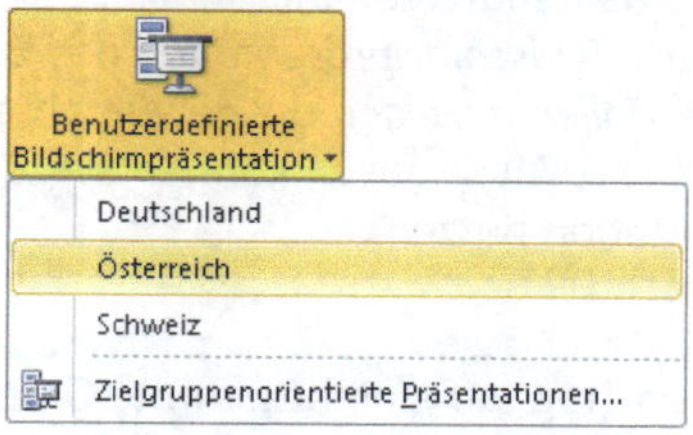

- Die dritte Möglichkeit besteht darin, eine Folie mit Hyperlinks anzulegen, mit denen die zielgruppenorientierten Präsentationen gestartet werden. Nach Ablauf der Teilpräsentation gelangen Sie so automatisch zu dieser Übersichtsfolie zurück. (Details zu Hyperlinks finden Sie weiter hinten in diesem Kapitel.)

Eine benutzerdefinierte Bildschirmpräsentation drucken

Mit der Funktion *Benutzerdefinierte Präsentation* lassen sich nicht nur gezielt bestimmte Foliensätze zeigen, sondern auch drucken.

Über die Befehlsfolge *Datei/Drucken* können Sie – wie in Abbildung 13.9 gezeigt – auch eine zielgruppenorientierte Präsentation drucken. Wählen Sie in der Liste einfach den Eintrag für den gewünschten Foliensatz aus.

Abbildg. 13.9 Das gezielte Drucken einer zielgruppenorientierten Präsentation ist über die Einstellungen in der Backstage-Ansicht *Datei/Drucken* einfach geworden

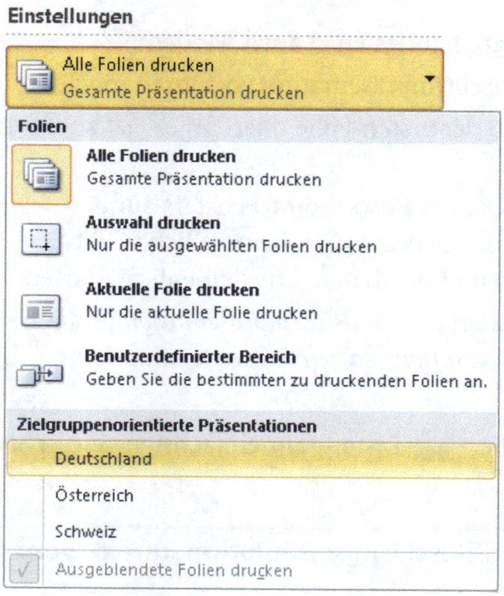

Präsentieren

TIPP Wenn Sie nur einmal eine bestimmte Gruppe von Folien aus einer Präsentation anzeigen wollen, müssen Sie deswegen nicht erst eine benutzerdefinierte Bildschirmpräsentation einrichten. Öffnen Sie einfach über die Registerkarte *Bildschirmpräsentation* das Dialogfeld *Bildschirmpräsentation einrichten* und geben Sie unter *Folien anzeigen* die gewünschten Foliennummern in den Feldern *Von* und *Bis* ein. Diese »manuelle Alternative« können Sie für Präsentation mit Redner, aber auch für selbstablaufende Präsentation nutzen.

ACHTUNG Wenn Sie die Auswahl wie im obigen Tipp auf eine bestimmte Gruppe von Folien einschränken, »merkt« PowerPoint sich das und speichert diese Einstellung in der Datei. In der Praxis bedeutet das: Lassen Sie oder ein anderer Anwender die Präsentation zu einem späteren Zeitpunkt als Bildschirmpräsentation ablaufen, wird wieder nur die begrenzte Folienauswahl angezeigt. Auch das kann schnell zu Irritationen führen. Daher ist es besser, die einschränkende Einstellung der zu zeigenden Folien sofort nach dem Vortrag wieder aufzuheben und auf die Option *Alle* zurückzusetzen.

Tipps zum Starten einer Bildschirmpräsentation

Unmittelbar vor Beginn einer Präsentation ist die Anspannung für die vorführende Person besonders hoch. Daher ist es wichtig, gerade den Start der Bildschirmpräsentation so einfach wie möglich zu organisieren. Die folgenden Techniken sollen Ihnen dabei Unterstützung geben.

Die Bildschirmpräsentation aus PowerPoint heraus starten

Hier zunächst die klassischen Wege, die wohl am häufigsten genutzt werden:

1. Öffnen Sie die Präsentation, die Sie als Bildschirmpräsentation vorführen möchten.
2. Drücken Sie die Taste F5 zum Starten ab der ersten Folie oder ⇧+F5 zum Starten ab der aktuellen Folie.

   Oder klicken Sie in der rechten unteren Ecke des PowerPoint-Fensters auf das Leinwand-Symbol für *Bildschirmpräsentation*. Wenn Sie beim Klicken die Alt-Taste gedrückt halten, wird die Präsentation ab der aktuellen Folie gestartet.

   Oder wechseln Sie im Menüband zur Registerkarte *Bildschirmpräsentation* und klicken Sie in der Gruppe *Bildschirmpräsentation starten* entweder auf *Von Beginn an* oder auf *Ab aktueller Folie.*

Natürlich funktioniert die erste Variante – die F5-Taste – am einfachsten und schnellsten und sollte deshalb zum Standard werden.

PROFITIPP **Die clevere Variante: Eine Bildschirmpräsentation direkt vom Windows-Desktop aus starten**

1. Markieren Sie die PowerPoint-Datei im Windows-Explorer.
2. Kopieren Sie sie mit der Tastenkombination Strg+C.

3. Wechseln Sie zum Windows-Desktop und klicken Sie mit der rechten Maustaste auf den Desktop.
4. Wählen Sie im Kontextmenü den Befehl *Verknüpfung einfügen*.
5. Um nun sofort vom Desktop aus die Bildschirmpräsentation zu starten, klicken Sie mit der rechten Maustaste auf die Verknüpfung und wählen den Befehl *Anzeigen* (Windows XP) bzw. *Einblenden* (Windows 7 und Vista).

Wenn Sie die Präsentation nicht mit der Standarddateiendung *.pptx*, sondern als *PowerPoint-Bildschirmpräsentation* mit der Endung *.ppsx* abspeichern, sind Sie noch einen Tick schneller. Dann genügt nämlich ein Doppelklick auf die auf dem Desktop liegende Verknüpfung, um sofort die Bildschirmpräsentation zu starten.

Empfehlenswert für Vortragende: Die Präsentationsansicht verwenden

Das Einrichten und das Starten der Bildschirmpräsentation sind erfolgreich bewältigt. Nun läuft die Bildschirmpräsentation und eigentlich wäre es schön, wenn der Vortragende ein paar mehr Informationen als das Publikum sehen könnte. Die Lösung hierzu liegt in der *Präsentationsansicht*. Sie erlaubt es, dass die vortragende Person dem Publikum per Beamer oder an einem Monitor die Folien als Bildschirmpräsentation zeigt und gleichzeitig selbst auf einem zweiten Monitor (meist der Notebook-Bildschirm) nicht nur die aktuelle Folie, sondern auch die Notizen zu der Folie, die verstrichene Zeit, eine Vorschau der nächsten Folien, Möglichkeiten zur schnellen Foliennavigation etc. sieht.

Voraussetzungen für das Funktionieren der Präsentationsansicht

So schlicht wie der Name der Funktion, so komplex sind die Vorbereitungen, um sie zu nutzen. Ein wenig Beschäftigung mit der Technik Ihres Computers ist an der Stelle unerlässlich. Denn für die Verwendung der Präsentationsansicht – oft auch als »Referentenansicht« oder unter Technikern als »Dual View« bezeichnet – muss der für die Präsentation verwendete Computer die Anzeige auf mehreren Bildschirmen unterstützen. Bei modernen Notebooks ist diese Unterstützung mehrerer Bildschirme in der Regel schon integriert, bei Desktopcomputern ist dazu eine Grafikkarte erforderlich, die das kann.

Schritt für Schritt: Die Präsentationsansicht einrichten

Ist das Vorhandensein der technischen Voraussetzungen geklärt, gehen Sie wie folgt vor:

1. Schließen Sie den Beamer (oder einen zweiten Monitor) an und schalten Sie diesen ein.
2. Aktivieren Sie im Menüband auf der Registerkarte *Bildschirmpräsentation* ganz rechts das Kontrollkästchen *Referentenansicht*.

3. Wenn Sie die Referentenansicht zum ersten Mal für diesen Rechner einschalten, erscheint das Windows-Dialogfeld *Anzeigeeinstellungen*.

4. Wählen Sie dort das Symbol des Bildschirms des Vortragenden aus und aktivieren Sie das Kontrollkästchen *Dieses Gerät ist der primäre Monitor*.
5. Klicken Sie auf das Symbol des zweiten Monitors, auf dem die Präsentation für die Zuschauer angezeigt werden soll, und aktivieren Sie das Kontrollkästchen *Desktop auf diesen Monitor erweitern*.
6. Bestätigen Sie diese Einstellungen mit *OK*.
7. Dieser Monitor sollte nun in PowerPoint auf der Registerkarte *Bildschirmpräsentation* rechts auswählbar sein.

Abbildg. 13.10 In PowerPoint wird angezeigt, auf welchem Monitor die Präsentation wiedergegeben wird

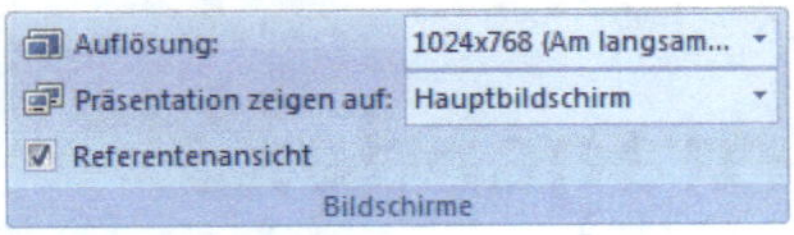

Die Schritte in PowerPoint

Nach diesen eher ungewohnten Handgriffen ist der Rest in PowerPoint ein Kinderspiel.

1. Klicken Sie auf der Registerkarte *Bildschirmpräsentation* in der Gruppe *Bildschirme* – so wie in Abbildung 13.10 gezeigt – auf *Referentenansicht*.
2. Starten Sie Ihre Präsentation.

In der Präsentationsansicht arbeiten

Nach all diesen Vorbereitungen kann der Vortragende nun von den Möglichkeiten der Ansicht auf zwei Ausgabemedien profitieren. In Abbildung 13.11 können Sie sich von diesen Vorteilen selbst ein Bild machen.

Abbildg. 13.11 Die Referentenansicht bietet Ihnen viele Vorteile

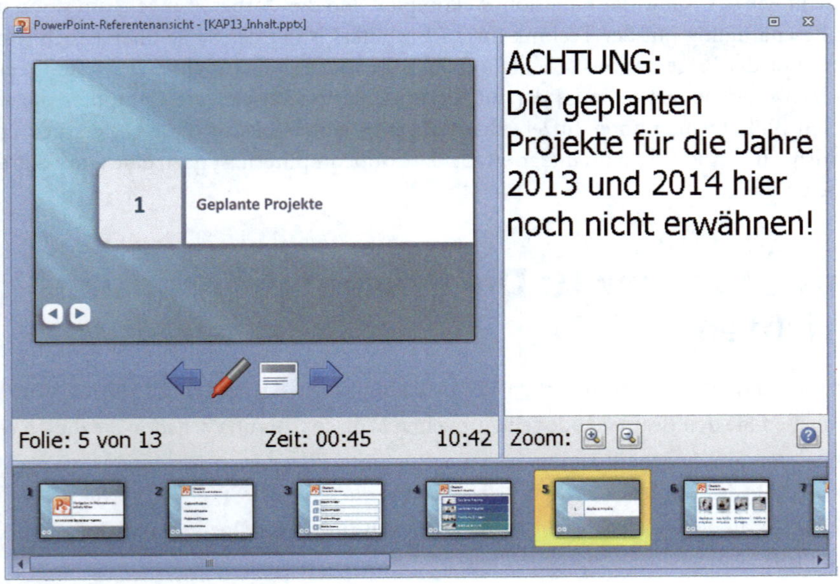

- Im Hauptteil des Referentenfensters ist die aktuelle Folie zu sehen und

- darunter zwei blaue Pfeilschaltflächen zum schnellen Blättern,

- ein Stift-Symbol, über das sich die Art der Freihandanmerkungen wählen lässt – *Filzstift* und *Textmarker* sind zwei sinnvolle Werkzeuge, um während der Bildschirmpräsentation Informationen zu kennzeichnen oder hervorzuheben – sowie

- ein Foliensymbol mit der wenig aussagekräftigen Bezeichnung *Bildschirmpräsentation*, über das der Vortragende bei umfangreichen Präsentationen mit *Gehe zu Folie* schnell zu einer bestimmten Folie wechseln kann. Über das gleiche Symbol und den Befehl *Bildschirm* kann die Präsentation vorübergehend auf Schwarz (*Präsentation ausblenden*) oder Weiß (*Weißer Bildschirm*) geschaltet werden.
- Unmittelbar darunter erhalten Sie Informationen, die wichtig für Ihre Zeitplanung sind:
  - wie viele Folien wurden bereits gezeigt und wie viele sind es insgesamt,
  - wie lange läuft die Präsentation bereits und rechts daneben die aktuelle Uhrzeit.
- Im rechten Teil des Fensters sehen Sie Ihre Notizen zur aktuellen Folie. Besonders nützlich ist hier die Zoomfunktion, mit deren Hilfe Sie Ihre Notizen problemlos auf eine für Sie lesbare Schriftgröße bringen können.

- Gut für weniger Geübte: Ein Klick auf die Schaltfläche mit dem Fragezeichen zeigt sofort die während der Bildschirmpräsentation verfügbaren Tastenkürzel.
- Im unteren Fensterbereich sind alle Folien als Miniaturen abgebildet. Hier ist das – von den Zuschauern unbemerkte – Suchen nach einer Folie bzw. schnelle Wechseln zu einer bestimmten Folie kein Problem mehr.

Die sieben wichtigsten Tastenkürzel für Bildschirmpräsentationen

Sie müssen nicht unbedingt alle in der Hilfe gezeigten Tasten kennen, aber diese sieben sollten es in jedem Falle sein:

- [F5] zum Starten und
- [Esc] zum Beenden der Bildschirmpräsentation.
- [Bild↑] und [Bild↓] zum Vor- und Zurückblättern.
- [B], um den Bildschirm bzw. die Projektionsfläche vorübergehend auf Schwarz zu schalten und die Bildschirmpräsentation so zu unterbrechen – beispielsweise weil die Beantwortung einer Zwischenfrage ein paar Minuten in Anspruch nehmen wird. Mit einer beliebigen Taste wird die Vorführung wieder fortgesetzt.
- Foliennummer und [↵], um zu einer bestimmten Folie zu wechseln.
- [1], um eine Animation zu stoppen, und [0], um sie wieder fortzusetzen.
- [Strg] und gedrückte linke Maustaste blenden einen »Laserpointer« ein, der auf der Folie deutlicher zu sehen ist als der Mauszeiger. (Die Farbe bestimmen Sie im Dialogfeld *Bildschirmpräsentation einrichten*.)

Navigation in Präsentationen

Als Vortragender benötigen Sie in Ihrer Präsentation Hilfsmittel wie ein Inhaltsverzeichnis und ähnliche Übersichtsfolien, um während des Vortrags flexibel navigieren zu können. Stellen Sie die Präsentation dem Betrachter zur Verfügung, um sie sich selbstständig anzusehen, etwa als Schulungspräsentation oder Informationssystem, müssen Sie ihm Hilfsmittel an die Hand geben, um sich darin zurechtzufinden. In beiden Fällen benötigen Sie Elemente in Ihrer Präsentation, mit denen Sie navigieren können, seien es Hyperlinks und interaktive Schaltflächen, um zwischen Folien zu springen, oder Trigger-Animationen, um Zusatzinformationen auf Folien flexibel einzubinden.

Ein wenig Theorie: Die Navigation planen

Gerade bei umfangreichen Präsentationen ist es sinnvoll, bei der Planung der Präsentation auch schon die spätere Navigation zu berücksichtigen. Diese hängt von mehreren Faktoren ab:

- Wie sieht die *Struktur* der Präsentation aus? In welcher Reihenfolge sind die Informationen angeordnet – sind sie miteinander verbunden, bauen sie aufeinander auf? (Hierzu finden Sie im folgenden Abschnitt detailliertere Tipps.)
- Wer ist die *Zielgruppe*? Und wer ist der *Präsentierende*? Werden Sie die Präsentation selbst erstellen und selbst vortragen – oder werden andere Personen die Folien benutzen?

  Halten Sie die Präsentation selbst? Dann können Navigationselemente klein und unauffällig, eventuell sogar unsichtbar sein. Oder wird sich ein Anwender allein und ohne Ihre Hilfe »durchklicken«? Dann müssen die Navigationsstruktur und Elemente wie Schaltflächen eindeutig und selbsterklärend sein.
- Wo ist der *Speicherort* der Informationen? Wenn es nicht nur um die Navigation innerhalb einer Präsentation geht, sollten Sie auch Kapitel 17 beachten. Alle Links zu anderen Präsentationen, Word-Dokumenten, Excel-Tabellen oder Internetseiten müssen gegebenenfalls auch auf einem fremden Rechner funktionieren.

Klar durchdacht: Die Struktur der Präsentation festlegen

Die Struktur der Präsentation und ihre Navigation beeinflussen sich gegenseitig. Eine Navigation kann folgendermaßen aufgebaut sein:

- *Hierarchisch:* Beispielsweise werden alle Detailinformationen zu einem Produkt von einer Folie aus erreicht, die als Hauptmenü dient.
- *Linear:* Der Inhalt soll und kann in einer vorgegebenen Reihenfolge gezeigt werden. Bei einem aus wenigen Folien bestehenden Bericht zum aktuellen Projektstand reicht es völlig aus, wenn Schaltflächen zum Blättern zwischen den Folien vorhanden sind.
- *Hierarchisch und linear kombiniert:* Innerhalb einer Präsentation gibt es mehrere Abschnitte. Diese werden eingangs vorgestellt und können von einer »Hauptmenüfolie« aus angesteuert werden. Innerhalb der Abschnitte werden die Informationen nach einer vorgegebenen Abfolge gezeigt.
- *Vernetzt:* Hier wäre als Beispiel ein Lernprogramm anzuführen, das die Möglichkeit bietet, zwischen den Lektionen frei zu springen und außerdem bei bestimmten Informationen in die Tiefe zu gehen.

Abbildung 13.12 und Abbildung 13.13 zeigen zwei unterschiedliche Präsentationsstrukturen

Abbildg. 13.12 Eine lineare Präsentationsstruktur erfordert nur Navigationselemente, um zu benachbarten Folien zu gelangen, ...

Abbildg. 13.13 ... während vernetzte Präsentationsstrukturen komplexere Hyperlink-Menüs erfordern können

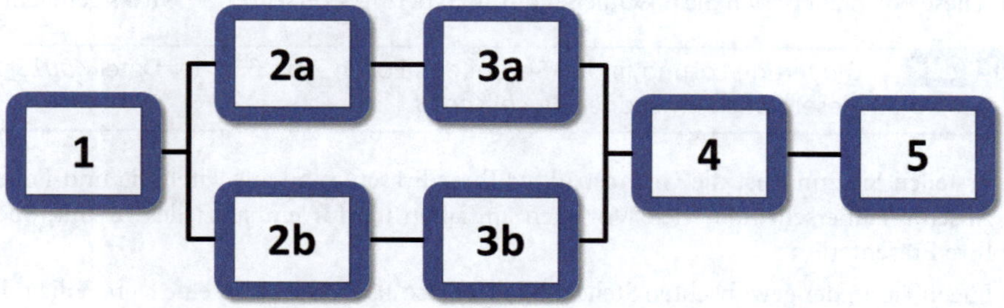

Navigation in Beispielen: Viel Praxis

Nach den theoretischen Vorüberlegungen folgen nun einige Beispiele zum Einsatz von Navigationselementen. Sie zeigen Ihnen das gesamte Spektrum der Navigation mit Hyperlinks und Aktionseinstellungen, sichtbaren und unsichtbaren Schaltflächen, Mausklicks und Mouseover, zielgruppenorientierten Präsentationen innerhalb einer Präsentation und Verknüpfungen zu externen Dateien.

Hyperlinks richtig einsetzen – die richtigen Hyperlinks einsetzen

In Abbildung 13.14 sehen Sie verschiedene Typen von Hyperlinks, die in PowerPoint 2010 möglich sind:

- Text-Hyperlinks im Fließtext
- Textfelder mit Hyperlinks
- interaktive Schaltflächen
- Formen, Bilder und ClipArts als Hyperlinks
- SmartArt mit Hyperlinks

Abbildg. 13.14 Verschiedenste Objekte können als Auslöser für Hyperlinks dienen

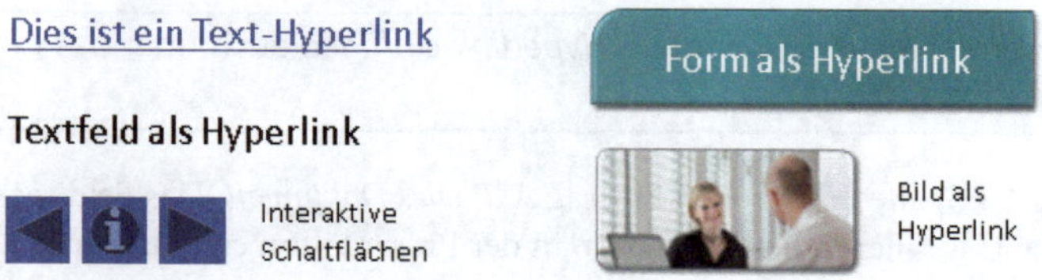

Von einer Inhaltsverzeichnisfolie zu den einzelnen Abschnitten springen

Im ersten Beispiel geht es um einen Statusbericht: Vier Abschnittsfolien gliedern die Phasen der Berichterstattung.

Ein Inhaltsverzeichnis mit Textfeldern einfügen

Eine schnelle Möglichkeit, eine Inhaltsfolie zu erstellen, besteht darin, auf einer neuen Folie beliebige gleichartige Formen zu zeichnen, in die Sie die Überschriften der einzelnen Abschnitte kopieren. Diese Formen können Sie anschließend mit Hyperlinks versehen. So wird's gemacht:

CD-ROM Die fertige Lösung finden Sie auf den Folien 2 bis 6 in der Datei *Kap13_Inhalt.pptx* auf der CD zu diesem Buch im Ordner *\Buch\Kap13*.

1. Erstellen Sie zunächst die Grundstruktur Ihrer Präsentation aus Titelfolie und Folien mit den Abschnittsüberschriften; viele Vorlagen enthalten hierfür ein spezielles Layout. Speichern Sie Ihre Präsentation.
2. Fügen Sie an der gewünschten Stelle, üblicherweise als zweite Folie, eine leere Folie mit dem Layout *Nur Titel* ein. Tippen Sie in den Titelplatzhalter Übersicht oder Ähnliches ein.
3. Schalten Sie im linken Bereich des Programmfensters zur Registerkarte *Gliederung* um. Falls dort außer den Überschriften auch Folientext sichtbar ist, klicken Sie mit der rechten Maustaste auf eine beliebige Überschrift und wählen *Gliederung reduzieren/Alle Ebenen reduzieren*.
4. Markieren Sie in dieser Gliederung die Überschrift entsprechend der ersten Übersichtsfolie und kopieren Sie sie mit [Strg]+[C] oder dem betreffenden Kontextmenübefehl in die Zwischenablage. Wechseln Sie zur Folie *Übersicht* und fügen Sie auf der freien Fläche der Folie die kopierte Überschrift mit [Strg]+[V] ein. Ziehen Sie das dadurch eingefügte Textfeld ungefähr an die Stelle, an der dieser Eintrag später erscheinen soll. Durch dieses Kopieren der Folientitel ersparen Sie sich das erneute Tippen und vermeiden Fehler.
5. Wiederholen Sie den vorhergehenden Schritt für die weiteren Abschnittsüberschriften. Ordnen Sie die Textfelder wie gewünscht an.
6. Klicken Sie auf den Rand des ersten Textfeldes, um es als Ganzes zu markieren. (Sie erkennen dies an der durchgezogenen Rahmenlinie.)

TIPP Wenn Sie versehentlich nur den Text innerhalb des Textfeldes markiert haben, drücken Sie die Funktionstaste [F2], um schnell auf die Markierung der gesamten Form umzuschalten.

7. Wechseln Sie zur Registerkarte *Einfügen* und klicken Sie dort auf die Schaltfläche *Hyperlink*, um das Dialogfeld *Hyperlink einfügen* zu öffnen.

TIPP Sie erreichen das Dialogfeld *Hyperlink einfügen* auch über das Kontextmenü oder die Tastenkombination [Strg]+[K].

8. Wählen Sie in der Spalte *Link zu* den Eintrag *Aktuelles Dokument*. Das Feld rechts daneben zeigt Ihnen nun eine Liste aller Folien, die schon in der Präsentation erstellt wurden. Wählen Sie dort

die erste Abschnittsfolie, kontrollieren Sie in der Folienvorschau Ihre Auswahl und bestätigen Sie sie mit *OK*.

HINWEIS Der Folientitel wird nur dann neben der Foliennummer angezeigt, wenn Sie ihn in den Titelplatzhalter eingefügt haben. Text in Textfeldern wird nicht als Überschrift erkannt. Folientitel, die Sie als Hyperlinkziel nutzen, aber auf der Folie nicht anzeigen wollen, können Sie neben die Folie ziehen.

ACHTUNG Folientitel, zu denen Sie verlinken wollen, dürfen (ähnlich wie Dateinamen) **kein Komma** enthalten. Sie bekommen beim Einfügen des Hyperlinks keine Fehlermeldung, aber die Links funktionieren später nicht.

9. Wiederholen Sie die Schritte 7 und 8 und testen Sie Ihre Links. Wechseln Sie dazu zur Bildschirmpräsentationsansicht; Hyperlinks funktionieren in der Normalansicht **nicht**.

HINWEIS Vielleicht kennen Sie aus vorhergehenden PowerPoint-Versionen die Schaltfläche *Inhaltsfolie erstellen*. Dieser Befehl existiert seit PowerPoint 2007 nicht mehr. Sie könnten die Überschriften zwar auch in eine Textfolie kopieren, um ein ähnliches Ergebnis zu erzielen. Allerdings würden dann die Text-Hyperlinks unterstrichen (siehe die erste Zeile in Abbildung 13.14), was ein sehr unruhiges Schriftbild ergibt.

Hyperlinks bearbeiten und entfernen

Beim Überarbeiten von Präsentationen wird es gelegentlich erforderlich sein, Hyperlinks zu ändern oder ganz zu entfernen. Setzen Sie dazu den Cursor in den Hyperlink, wechseln Sie zur Registerkarte *Einfügen* und rufen Sie mit dem Befehl *Hyperlink* das Dialogfeld *Hyperlink bearbeiten* auf. Gehen Sie wie oben beim Einfügen eines neuen Hyperlinks beschrieben vor, um das Hyperlinkziel zu ändern. Um den Hyperlink zu löschen, finden Sie rechts unten in diesem Dialogfeld die Schaltfläche *Hyperlink entfernen*.

TIPP Das Dialogfeld zum Bearbeiten und Entfernen von Hyperlinks erreichen Sie auch über das Kontextmenü, das Sie mit einem Rechtsklick aufrufen können.

Alternative Lösungen für Inhaltsverzeichnisse

Nutzen Sie die zahlreichen in den vorhergehenden Kapiteln beschriebenen Gestaltungsmöglichkeiten in Kombination mit Hyperlinks, um attraktive und übersichtliche Inhaltsverzeichnisse zu erstellen. Einige Anregungen geben Ihnen die Beispiele in Abbildung 13.15.

CD-ROM Die in Abbildung 13.15 gezeigten Beispiele finden Sie in den Beispieldateien *Kap13_Zielgruppen.pptx* und *Kap13_Inhalt.pptx*.

Abbildg. 13.15 Nutzen Sie die vielfältigen Gestaltungsmöglichkeiten von PowerPoint, um ein attraktives Inhaltsverzeichnis zu Ihrer Präsentation zu gestalten

Statt der Textfelder können Sie beliebige *Formen*, beispielsweise längliche Rechtecke, auf die Folie zeichnen. Kopieren Sie den Folientitel der ersten Abschnittsfolie hinein. Formatieren Sie die Form und den Text wie gewünscht. Duplizieren Sie diese Form mit Strg+D oder durch Ziehen mit der Maus bei gedrückter Strg- und ⇧-Taste. Erzeugen Sie auf diese Weise genauso viele Formen, wie Sie Abschnittsfolien haben, und ordnen Sie diese wie oben beschrieben an. Kopieren Sie nun die Abschnittstitel mit der rechten Maustaste in die Formen, wählen Sie dazu die Option *Nur den Text übernehmen*.

Klicken Sie auch hier wieder auf den Rand der Form, um sie als Ganzes zu markieren, und weisen Sie die Hyperlinks wie oben beschrieben zu.

Noch schneller erstellen Sie attraktive Inhaltverzeichnisfolien mit SmartArts. (Mehr über SmartArts erfahren Sie in Kapitel 8.) Versehen Sie einfach die einzelnen Formen wie oben beschrieben mit Hyperlinks.

Natürlich können Sie die Gliederung Ihrer Präsentation auch mit Bildern veranschaulichen. Dies bietet sich insbesondere in Kombination mit kurzen Abschnittsüberschriften an – in manchen Fällen werden Sie auch ganz auf Text verzichten können, wenn etwa die Abbildung eines Produkts selbsterklärend ist. Die Vorgehensweise beim Zuweisen der Hyperlinks ist dieselbe wie oben beschrieben.

ACHTUNG In PowerPoint 2007 konnten Formen innerhalb von SmartArts noch **keine** Hyperlinks zugewiesen werden. Dementsprechend funktionieren diese Hyperlinks dort **nicht**. Um diese SmartArt-Inhaltsfolie nutzen zu können, **muss** also PowerPoint 2010 oder der PowerPoint Viewer 2010 verwendet werden.

Hyperlinks zu zielgruppenorientierten Präsentationen

Hyperlinks können nicht nur auf einzelne Folien zeigen. Wenn Sie mit *Einfügen/Hyperlink* das entsprechende Dialogfeld aufrufen und unter *Link zu* die Option *Aktuelles Dokument* wählen, werden im mittleren Listenfeld unterhalb der Folien auch alle in der Präsentation definierten *Zielgruppenorientierten Präsentationen* angezeigt. Damit springen Sie jeweils zur ersten Folie dieser Teilpräsentation.

Aktivieren Sie unterhalb der *Folienvorschau* das Kontrollkästchen *Anzeigen und zurück*, um am Ende der zielgruppenorientierten Präsentation wieder das Inhaltsverzeichnis anzuzeigen.

Mit Schaltflächen durch die Präsentation blättern

CD-ROM Die fertige Lösung zu diesem Beispiel finden Sie in der Datei *Kap13_Inhalt.pptx* auf der CD zu diesem Buch im Ordner *\Buch\Kap13*.

In den vorangegangenen Beispielen haben Sie Verfahren kennengelernt, um von einer Übersichtsfolie zu Abschnittstiteln zu gelangen. Wie aber gelangt der Vortragende oder der Anwender von dort zurück zur Übersichtsfolie? Wie navigiert er bzw. sie zur nächsten oder vorherigen Folie? Dazu eignen sich die interaktiven Schaltflächen.

Diese bieten beim Vorführen von Bildschirmpräsentationen eine ganze Palette flexibel einsetzbarer Navigationselemente. Sie können sie schnell und ohne Programmierung einsetzen.

Abbildg. 13.16 Die interaktiven Schaltflächen finden Sie am unteren Ende des Formenkatalogs

Effektiv: Interaktive Schaltflächen im Master einbauen

Um die Zahl der Hyperlinks in der Präsentation insgesamt niedrig zu halten, bietet es sich an, interaktive Schaltflächen nicht auf jeder Folie, sondern im Folienmaster einzufügen. Und so geht's:

1. Wechseln Sie auf der Registerkarte *Ansicht* per Klick auf *Folienmaster* zur Masteransicht. Zeigen Sie die Masterfolie an, indem Sie im linken Folienübersichtsfenster auf das größere Vorschaubild oberhalb der Layouts klicken.

HINWEIS Mehr Informationen über Folienmaster finden Sie in Kapitel 4.

2. Wechseln Sie zur Registerkarte *Start* und öffnen Sie dort in der Gruppe *Zeichnung* den Formenkatalog. An seinem unteren Ende finden Sie die Kategorie *Interaktive Schaltflächen.* Klicken Sie auf die Schaltfläche mit dem »*i*«, das für »Information« steht, und ziehen Sie in der rechten unteren Ecke der Folie die interaktive Schaltfläche auf.
3. Wenn Sie die Maustaste loslassen, erscheint das Dialogfeld *Aktionseinstellungen.* Hier legen Sie fest, was während der Präsentation geschehen soll, wenn ein Anwender die interaktive Schaltfläche anklickt. Wählen Sie die Option *Hyperlink zu* und markieren Sie in der darunter befindlichen Liste den Eintrag *Folie* und anschließend in der Liste die *Folie 2.* Schließen Sie jeweils mit einem Klick auf die Schaltfläche *OK* ab.

4. Ebenso können Sie Schaltflächen für *Vorherige Folie* und *Nächste Folie* einfügen.
5. Kehren Sie mit *Folienmaster/Masteransicht schließen* zur Normalansicht zurück. Starten Sie die Bildschirmpräsentation mit der Taste F5 und probieren Sie die neuen Schaltflächen aus.

Vielen interaktiven Schaltflächen sind Voreinstellungen zugeordnet. Diese werden als Featurebeschreibung in der QuickInfo angezeigt, wenn Sie mit der Maus einen Moment lang ohne zu klicken über dem Symbol im Formenkatalog verharren. Diese Voreinstellungen können Sie bei Bedarf jederzeit mit anderen Funktionen überschreiben.

Die interaktiven Schaltflächen, die Sie aus dem Formenkatalog einfügen können, sind zunächst einmal rechteckig. Auf der Registerkarte *Zeichentools/Format* finden Sie in der Gruppe *Formen einfügen* den Befehl *Form ändern*. Damit können Sie nachträglich die Form von interaktiven Schaltflächen in jede beliebige Form ändern. Die Hyperlinkfunktion und die Größe bleiben dabei erhalten, allerdings nicht die Symbole, die Auskunft über die Funktion geben.

Darüber hinaus können Sie das Dialogfeld *Aktionseinstellungen* auch über *Einfügen/Aktion* aufrufen und so für beliebige Formen oder Bilder die Optionen nutzen, die Aktionseinstellungen über die Hyperlinkfunktion hinaus bieten (siehe dazu auch die Übersicht in Tabelle 13.1 am Ende dieses Kapitels).

Perfekte Standortbestimmung – einen Fortschrittsbalken nutzen

CD-ROM Die fertige Lösung zu diesem Beispiel finden Sie in der Datei *Kap13_Fortschritt.pptx* auf der CD zu diesem Buch im Ordner *\Buch\Kap13*.

Bei der folgenden Variante besteht die Idee darin, einen Fortschrittsbalken nachzuahmen und so auf jeder Folie den aktuellen Status der gezeigten und verbleibenden Folien anzuzeigen. Vortragende und Publikum sind so stets über den Fortschritt der Präsentation informiert. Allerdings ist zu bezweifeln, ob diese Art der Anzeige der Motivation von Präsentierendem und Teilnehmern dienlich ist. Zuschauer werden auf diese Weise zu Schätzungen veranlasst, wie viel Zeit noch bis zum Ende der Präsentation verbleiben könnte. Der Redner fühlt sich möglicherweise unter Zeitdruck gesetzt, wenn er ständig die Anzahl der gezeigten Folien mit der verbleibenden Zeit abgleicht. Beide werden auf diese Weise in ihrer Aufmerksamkeit abgelenkt.

Hingegen hat ein solcher Fortschrittsbalken in einer Präsentation, die als Lernprogramm verwendet wird, durchaus ihre Vorteile. Hier ist von vornherein klar, dass sich der Lernende seine Zeit selbst einteilt. Insofern ist eine Auskunft über die bereits investierte und über die noch verbleibende Zeit durchaus sinnvoll.

Auch wenn Sie beispielsweise Teilnehmer im Sinne einer »Lernerfolgskontrolle« über die Inhalte Ihrer Präsentation zu einem »Quiz« einladen, bei dem von vornherein bekannt ist, dass es zehn Fragen geben wird, ist eine Lösung mit Fortschrittsanzeige durchaus positiv.

Im vorliegenden Beispiel besteht die Präsentation aus der Titelfolie plus zehn Textfolien und am unteren Rand der Folien kann abgelesen werden, wie viele davon bereits abgearbeitet wurden.

Abbildg. 13.17 Ein einfacher Fortschrittsbalken aus Quadraten

Die dabei verwendete Technik ist recht einfach: Der Fortschrittsbalken selbst besteht aus zehn grauen Quadraten, die im Folienmaster hinterlegt sind. Auf jede Folie wird dann ein Rechteck mit kräftigerer Farbe über die betreffende Stelle des Fortschrittsbalkens gelegt. Der erforderliche Zeitaufwand für diese Lösung beträgt nicht mehr als zehn Minuten.

Navigation wie im Internet – ein Menü am Folienrand

Unsere Sehgewohnheiten werden zunehmend durch das Internet bestimmt, auch in Hinsicht auf Präsentationsgestaltung. Oft sollen Folien deshalb ähnlich wie Internetseiten mit Schaltflächen (»Buttons«) am Folienrand zur Navigation ausgestattet sein. Insbesondere für Messe- und Schulungspräsentationen, durch die der Zuschauer eigenständig navigiert, ist dies eine gute Orientierungshilfe.

Der Gestaltung solch einer Navigation geht die Gestaltung der Präsentationsvorlage voraus (siehe Kapitel 9). Um den zeichnerischen Aufwand und die Anzahl der Hyperlinks möglichst gering zu halten, werden die Schaltflächen am günstigsten im Folienmaster angeordnet. Bei wenigen Folien pro Kapitel können Sie die Hervorhebung des aktuellen Kapitels auf den einzelnen Folien vornehmen, bei umfangreichen Kapiteln bietet es sich an, pro Kapitel einen Master anzulegen. Die Grobplanung Ihrer Präsentation sollte zu diesem Zeitpunkt also schon so weit sein, dass die Zahl (und gegebenenfalls auch die Überschriften) der Kapitel feststeht.

Abbildg. 13.18 Buttons am Rand der Folie erleichtern dem Zuschauer die Orientierung (links Inhaltsverzeichnisfolie, rechts Folie mit Tabelle aus dem Kapitel »PowerPoint«)

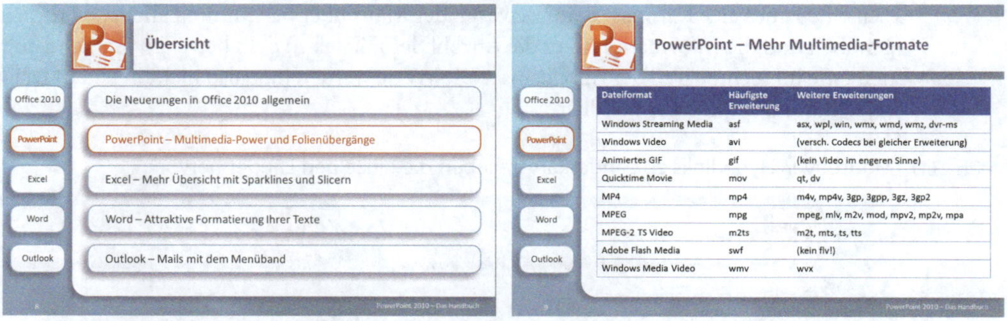

Legen Sie pro Kapitel eine Folie an, aus diesen entstehen später die jeweils ersten Folien der Kapitel, auf die die Hyperlinks der Navigation verweisen. Wechseln Sie dann mit *Ansicht/Folienmaster* zur Masteransicht. Schaffen Sie auf der Masterfolie Platz für die Schaltflächen (diese könnten auch am oberen oder unteren Rand angeordnet werden). Zeichnen Sie die erste Schaltfläche und formatieren Sie sie passend zum Foliendesign. Beschriften Sie die Schaltfläche mit einem Mustertext und formatieren Sie auch diesen. Kopieren Sie diese erste Schaltfläche in der Ihren Kapiteln entsprechenden

Anzahl. Ordnen Sie die Schaltflächen mit den Befehlen der Gruppe *Anordnen* der Registerkarte *Zeichentools/Format* in gleichmäßigen Abständen an. Versehen Sie die Schaltflächen mit *Einfügen/Hyperlink* mit Links zu den Anfangsfolien der Kapitel.

Wenn Sie die Hervorhebung des jeweils aktuellen Kapitels durch mehrere Master mit unterschiedlich gestalteten Schaltflächen vornehmen wollen, entscheiden Sie zunächst, welche Folienlayouts Sie in Ihrer Präsentation voraussichtlich brauchen werden, und löschen Sie die nicht benötigten, um die Gesamtzahl der Layouts übersichtlich zu halten. Klicken Sie dann den ersten Master mit der rechten Maustaste an und wählen Sie *Folienmaster duplizieren*. Wiederholen Sie dies, um die benötigte Anzahl an Folienmastern zu erzeugen. Die Hyperlinks werden dabei mit kopiert. Formatieren Sie die dem jeweiligen Kapitel entsprechende Schaltfläche wie gewünscht. In der Beispieldatei wurde hierzu eine auffällige Linienfarbe gewählt. Geeignet sind genauso gut Fülleffekte (siehe Abbildung 13.18), die zum Foliendesign passen.

Geben Sie den neuen Mastern mit *Folienmaster umbenennen* eindeutige Namen. Wählen Sie anschließend beim Erstellen der Präsentation für die Folien der einzelnen Kapitel jeweils ein Layout aus der passenden Gruppe aus, um so die Kapitel voneinander zu unterscheiden.

Ist Ihre Präsentation nicht sehr umfangreich, können Sie auch auf die Erstellung unterschiedlicher Master verzichten. Zeichnen Sie in diesem Falle in der Bearbeitungsansicht eine Form mit geeigneter Hervorhebung auf den einzelnen Folien über die Schaltflächen des Masters. Beachten Sie, dass Sie in diesem Fall der Schaltfläche auf der Folie den Hyperlink neu zuweisen müssen, da der Hyperlink auf dem Master nicht angeklickt werden kann, wenn er verdeckt wird.

CD-ROM Eine Musterdatei mit zwei verschiedenen Lösungen zu diesem Thema finden Sie in der Datei *Kap13_Menue.pptx* auf der CD zu diesem Buch im Ordner *\Buch\Kap13.*

Zeigen statt klicken – Aktionseinstellungen mit Mouseover verbinden

Eine Navigation kann auch ohne Mausklick auskommen. In Abbildung 13.19 sehen Sie im linken Teil eine Landkarte Europas. Beim Bewegen der Maus über bestimmte Länder soll das Land hervorgehoben und die Information über die Anzahl der Filialen in dem betreffenden Land angezeigt werden (wie im rechten Teil der Abbildung). Die Werte werden hier also nicht in einem Diagramm dargestellt, sondern in einer Landkarte.

Abbildg. 13.19 Mouseover-Hyperlinks zu Länderkarten heben die einzelnen Länder hervor

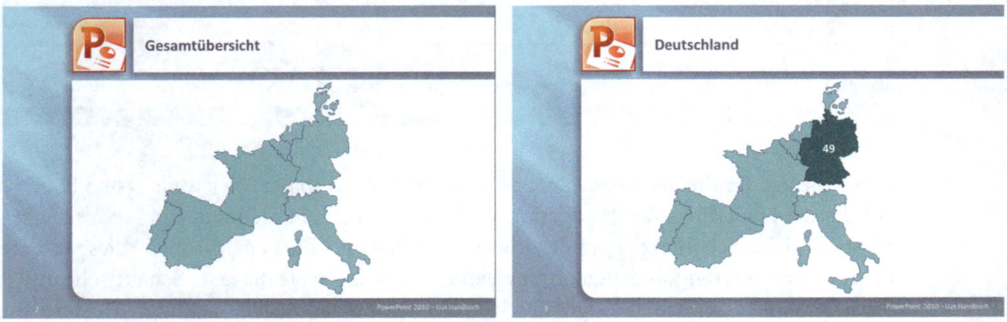

Für das Beispiel wurde eine Vektorgrafik mit der Karte Europas als Basis genommen. Die Landkarte konnte in ihre Bestandteile aufgelöst werden (Registerkarte *Zeichentools/Format*, *Gruppierung/Gruppierung aufheben*). Die einzelnen Länderflächen dienen als Hyperlinks und weisen zu unterschiedlich eingefärbten Kopien dieser Karte.

1. Zunächst werden vier weitere Folien mit der Landkarte gebraucht. Fügen Sie deshalb vier weitere Folien mit dem Layout *Nur Titel* ein. Tragen Sie als Überschriften die Ländernamen *Deutschland*, *Frankreich*, *Italien* und *Spanien* ein. Damit sind die Zielfolien für die Hyperlinks erstellt.
2. Kehren Sie zu Übersichtsfolie 2 zurück und klicken Sie das erste Land an. Wählen Sie *Einfügen/Aktion* und dort die Registerkarte *Mouseover*; weisen Sie der Form einen Hyperlink zu der entsprechenden Länderfolie zu. Da Sie Gruppierungen keine Hyperlinks zuweisen können, sondern nur einzelnen Formen, müssen Sie zum Beispiel dem italienischen Festland, Sardinien und Sizilien separate Hyperlinks auf die Folie »Italien« zuweisen. Wenn Sie diese drei Regionen gruppiert haben, müssen Sie die Gruppierung nicht auflösen, sondern klicken die Region innerhalb der Gruppierung zweimal an, um nur die Form und nicht die komplette Gruppe auszuwählen.
3. Fahren Sie mit den übrigen Ländern ebenso fort. Weisen Sie den Ländern, für die Sie keine separaten Folien erstellt haben, einen Link zur Übersichtsfolie zu.

TIPP Falls Sie die Landkarte nur als Bitmapgrafik vorliegen haben, müssen Sie mit Hilfsflächen arbeiten: Ziehen Sie für eine schnelle Variante Rechtecke über den einzelnen Ländern auf. Formatieren Sie diese ohne Linien und mit 100 % transparenter Füllfarbe. Wenn Sie etwas mehr Zeit haben, zeichnen Sie mit dem *Freihandform*-Werkzeug die Konturlinie des jeweiligen Landes nach.

4. Markieren Sie nun die komplette Landkarte und kopieren Sie sie mit Strg+C in die Zwischenablage. Fügen Sie sie auf den Länderfolien mit Strg+V ein.
5. Färben Sie auf den Länderfolien das entsprechende Land in einer kontrastierenden Farbe ein. Beschriften Sie es mit dem gewünschten Wert.

CD-ROM Die fertige Lösung zu diesem Beispiel finden Sie als *Kap13_Mouseover.pptx* auf der CD zu diesem Buch im Ordner *\Buch\Kap13*.

Für weiterführende Informationen in andere Dokumente verzweigen

Oft ist es wünschenswert, eine Präsentation mit weiteren Dokumenten zu ergänzen. So könnten von einem auf CD verteilten Produktkatalog beispielsweise Links zu Produktblättern führen, die als PDF vorliegen, oder zu einem in Word erstellten Bestellformular. Auch diese Dokumente können Sie bequem mit Hyperlinks aufrufen.

ACHTUNG Wenn Sie Dokumente in anderen Formaten als PowerPoint mit auf Ihre CD brennen, sollten Sie sicherstellen, dass die Empfänger diese auch öffnen können. Geben Sie zum Beispiel auf der CD oder auf dem Cover einen Downloadlink zu Adobe Reader an.

Achten Sie auf der CD darauf, dass die Dateistruktur genau gleich ist, am besten kopieren Sie beim Erstellen und beim Brennen alle Dateien in dasselbe Verzeichnis, damit anschließend die Hyperlinks noch funktionieren.

Auch hier steht Ihnen wieder die Wahl zwischen Hyperlinks und Aktionen offen:

- Entweder klicken Sie auf *Hyperlink*, dort in der Spalte *Link zu* auf *Datei oder Webseite* und wählen im mittleren Feld die gewünschte Datei aus.
- Oder Sie klicken auf *Aktion*, nehmen aus dem Listenfeld *Hyperlink zu* den Eintrag *Andere Datei* und wählen die gewünschte Datei aus.

Der Nächste bitte – Präsentationen mit Links verketten

Bei Kongressen und ähnlichen Veranstaltungen erhalten Sie die Präsentationen der einzelnen Redner oft sehr spät und sollen diese dann untereinander verketten, um einen reibungslosen Ablauf zu garantieren. Die Präsentationen hintereinander in einer einzigen großen Präsentation zusammenzufügen, ist aufgrund der daraus resultierenden Dateigröße und der zu berücksichtigenden unterschiedlichen Vorlagen meist nicht möglich.

Bereiten Sie in diesem Falle eine Abschlussfolie vor. Diese kann zum Beispiel das Logo der Veranstaltung tragen und so auch als Pausenfolie zwischen den Rednern dienen. Speichern Sie diese Folie mit *Speichern unter* als JPG- oder PNG-Grafik ab und fügen Sie diese in eine leere Folie ein. Wenn Sie diese Folie nun in eine Präsentation einfügen, deckt die Grafik das vorhandene Design ab, sodass sie die Folie nicht einmal anpassen müssen. Achten Sie aber darauf, dieselben Seitenverhältnisse zu verwenden, damit die Grafik nicht verzerrt wird.

Öffnen Sie die Präsentation des Redners und springen Sie mit [Ende] zur letzten Folie, öffnen Sie Ihre Abschlussfolien-Präsentation gleichzeitig und kopieren Sie die vorbereitete Folie ans Ende der Rede. Weisen Sie der Grafik einen Hyperlink zur nächsten Präsentation zu. Alternativ dazu können Sie auch eine Folie vorbereiten, die schon einen Hyperlink zu einer Übersichtspräsentation enthält, zum Beispiel mit der Agenda der Veranstaltung.

Hyperlinks und interaktive Schaltflächen differenziert einsetzen

In einigen der Beispiele in den vorangegangenen Abschnitten wurden Hyperlinks verwendet, in anderen interaktive Schaltflächen mit Aktionseinstellungen. Dies wirft die Frage auf, worin der Unterschied zwischen beiden besteht und wann man besser Hyperlinks und wann Aktionen verwendet. Tabelle 13.1 gibt eine Übersicht.

Tabelle 13.1 Hyperlinks und Aktionen – ein Vergleich

Situation	Hyperlink (Hyperlink)	Aktion (Aktion)
Sprung zu einer bestimmten Folie innerhalb der Präsentation	+	+
Sprung zur vorhergehenden oder zur nächsten Folie	–	+
Sprung zum Anfang oder zum Ende der Präsentation	–	+

Tabelle 13.1 Hyperlinks und Aktionen – ein Vergleich *(Fortsetzung)*

Situation	Hyperlink 	Aktion 
Sprung zurück zur zuletzt angesehenen Folie	–	+
Präsentation beenden	–	+
Hyperlink mit Hinweistext in der QuickInfo	+	–
Hyperlink zu einer anderen Präsentation	+	+
Hyperlink zu einer anderen Datei, z.B. Word-Dokument oder PDF	+	+
Hyperlink zu einer Webseite	+	+
Mit einem Hyperlink eine leere Mail aufrufen	+	–
Ein Programm starten	–	+
Ein Makro ausführen	–	+
Beim Klick auf den Hyperlink einen Sound wiedergeben	–	+
Beim Klick auf den Hyperlink diesen kurz hervorheben	–	+
Einen Hyperlink oder eine Aktion ohne Klick nur durch Mausberührung (»Mouseover«) auslösen	–	+

Zusammenfassung

Die Interaktion mit dem Publikum hält das Interesse aufrecht und ermöglicht Ihnen, auf die Wünsche und Interessen Ihrer Zuschauer einzugehen. Um flexibel agieren zu können, fügen Sie interaktive Elemente in Ihre Präsentation ein.

Die nützlichsten Werkzeuge finden Sie im Folgenden noch einmal aufgelistet:

Thema	Seite
Vier Möglichkeiten der Interaktion	373
So richten Sie die Bildschirmpräsentation ein	374
Die Messpräsentation: Selbstablaufend und zeitgesteuert	376
Flexibel mit zielgruppenorientierten Präsentationen	380
So verwenden Sie die Präsentationsansicht	385
Navigation planen und umsetzen	388
Schaltflächen selbst erstellt	393
Mit Hyperlinks zu anderen Dokumenten verlinken	397

Teil D

Multimedia

Ein Blick in Internetforen und Newsgroups zeigt: PowerPoint wird häufig genutzt, um multimediale Präsentationen zu erstellen, die mit Video und Sound ausgestattet sind. Dafür bietet Version 2010 zahlreiche neue Werkzeuge.

Allerdings ergeben sich beim Einsatz von Multimedia viele Fragen, deren Beantwortung einen technischen Blick »unter die Haube« von PowerPoint erfordert. Wie werden Videosequenzen eingebaut, wie lässt sich eine Präsentation »vertonen«, wie gelangen Flash-Filme in eine Bildschirmpräsentation, was sind Codecs und welche Bedeutung haben sie?

Dies sind nur einige der Fragen, auf die Sie in diesem Teil des Buches Antwort finden. Erfahren Sie außerdem, wie Sie die neuen und großartigen Funktionen zum Umgang mit Video und Sound in Präsentationen gewinnbringend einsetzen.

Kapitel 14

Sound in Präsentationen

In diesem Kapitel:

Die Möglichkeiten, Sound in Präsentationen zu nutzen, sind vielfältig. Seien es kurze Geräusche, die eine Animation begleiten, oder Musikstücke, die die Präsentation untermalen, oder ein gesprochener Kommentar zu den Folien. Die Möglichkeiten, Audiodateien in PowerPoint-Präsentationen zu verwenden, sind mit der Office-Version 2010 deutlich erweitert worden.

In diesem Kapitel beschreiben wir deshalb zunächst die technischen Voraussetzungen, die Neuerungen beim Einfügen von Audiodateien und geben Ihnen einige Tipps, damit alles reibungslos klappt.

ACHTUNG Die Ausführungen in diesem Kapitel gelten für die *32-Bit-Version* von Office 2010. Diese empfehlen wir auch, wenn Sie multimediareiche Präsentationen erstellen wollen. Die Verwendung von Multimedia in der 64-Bit-Version ist schwierig, da dafür andere Codecs benötigt werden, von denen zum Zeitpunkt der Drucklegung dieses Buches nur sehr wenige verfügbar waren.

Sound in Ihre Präsentation einfügen

Wenn es darum geht, Sound in eine Präsentation einzufügen, sind einige technische Vorüberlegungen erforderlich:

- Welches Dateiformat ist geeignet?
- Welchem Zweck soll der Sound in der Präsentation dienen?
- Soll die Präsentation weitergegeben werden, und falls ja, wie?

Welche Sounddateiformate können verwendet werden?

Die Bandbreite der in Präsentationen verwendbaren Dateiformate ist stark erweitert worden (siehe Tabelle 14.1).

Tabelle 14.1 Diese Audiodateiformate können Sie in PowerPoint 2010 einfügen

Audiodateiformat	Häufigste Dateierweiterung	Weitere Erweiterungen
ADTS-Audio	aac	adts, adt
AIFF-Audio	aif	aifc, aiff
AU-Audio	au	snd
MIDI-Dateien	mid	midi, rmi
MP3-Audio	mp3	mp2, m3u
MP4-Audio	m4a	–
Windows Audio Dateien	wav	–
Windows Media Audio	wma	wax
QuickTime-Audio	3gp	3g2, m4b, mp4

Viele dieser Dateiformate sind im Alltag des Privat- oder Büro-Anwenders von PowerPoint eher selten anzutreffen, sie werden vor allem unterstützt, um die Kompatibilität mit Mac-Programmen zu verbessern. Die in den folgenden Abschnitten beschriebenen Formate werden Ihnen häufiger begegnen.

WAV

WAV ist die Abkürzung für *Waveformdatei*. Das Format wurde ursprünglich von Microsoft und IBM entwickelt und wird schon sehr lange verwendet. Es gibt eine Reihe von Unterformaten, die sich in der Komprimierung und Qualität unterscheiden.

WAV-Dateien eignen sich sowohl für die Wiedergabe von Musik und gesprochenem Text als auch für jede Art von Geräusch. So sind zum Beispiel alle Windows-Systemsounds WAV-Dateien und auch mit Folienübergängen, Animationen und Aktionen können Sie ausschließlich WAV-Dateien verknüpfen. Des Weiteren werden Kommentare, die Sie mithilfe von PowerPoint zu Ihrer Präsentation aufzeichnen, im WAV-Format gespeichert.

Obwohl dieses Dateiformat so weit verbreitet ist, kann es dennoch passieren, dass eine WAV-Datei nicht abgespielt werden kann. Oder dass Sie eine Präsentation mit einer solchen Sounddatei weitergeben, der Empfänger den Ton aber nicht hören kann. Ursache dafür sind oft fehlende Codecs (siehe auch den folgenden Profitipp zu Codecs).

WICHTIG Wurde die WAV-Datei mit einem Codec komprimiert, der nicht auf dem Computer vorliegt, kann die Datei nicht abgespielt werden. Wenn Ihre Präsentation auf vielen verschiedenen Computern abgespielt werden soll, verwenden Sie gängige Codecs oder ein anderes Dateiformat.

Insbesondere mit neuen Betriebssystemen wie Windows Vista oder Windows 7 werden einige ältere Codecs nicht mehr mit installiert.

PROFITIPP **Wissenswertes über Codecs**

Bei der Aufnahme von Musik oder Sprache wird zunächst einmal eine große Menge an Audiodaten aufgenommen. Diese müssen komprimiert werden, um sie platzsparend zu speichern. Für die Wiedergabe über den Lautsprecher wird diese Datei wieder dekomprimiert. Diese Aufgabe übernehmen kleine Softwareprogramme, die Codecs. (Diese Bezeichnung ist ein Kunstwort aus *Co*mpression und *Dec*ompression.) Damit eine Datei abgespielt werden kann, müssen auf Ihrem Rechner dieselben Codecs installiert sein wie auf dem aufnehmenden Rechner. Es gibt mittlerweile eine unüberschaubare Anzahl verschiedener Codecs für Audio- und Videodateien und immer noch werden neue entwickelt, die bessere Kompression und Qualität versprechen. Einige gängige Codecs werden mit Windows bereits mit installiert und stehen Ihnen somit auf jedem Computer zur Verfügung.

Probleme tauchen auf, wenn der bei der Produktion zum Komprimieren verwendete Codec auf Ihrem Rechner nicht vorhanden ist. Die Datei kann dann zwar in PowerPoint eingefügt werden, denn dabei wird nur die Dateiendung überprüft, Sie hören aber keinen Ton, weil das Abspielprogramm den passenden Codec zum Dekomprimieren nicht findet.

Weitere Informationen zu Codecs und Multimedia finden Sie auch in Kapitel 15.

MP3

Für Musikdateien weitverbreitet ist das Dateiformat *MP3*, nicht zuletzt weil es für tragbare Abspielgeräte wie MP3-Player und multimediafähige Handys verwendet wird.

Der Codec zur Erzeugung von MP3-Dateien wurde ursprünglich von der Fraunhofer-Gesellschaft entwickelt, die Patente auf Teilverfahren besitzt. Als freie Alternative dazu wird von vielen Musikbearbeitungsprogrammen der LAME-Codec verwendet. Diese Codecs verwenden ein verlustbehaftetes Kompressionsverfahren, indem sie für das menschliche Ohr normalerweise unhörbare Anteile entfernen. So wird erreicht, dass die Dateigröße von MP3-Dateien mit ca. 1 MB pro Minute nur ein Zehntel von WAV-Dateien beträgt.

HINWEIS Im Gegensatz zu den vorherigen Versionen, werden auch MP3-Dateien beim Einfügen in PowerPoint-Präsentationen nun standardmäßig eingebettet; die Audiodatei muss also nicht mehr separat mitgegeben werden.

WMA

Die Dateiendung *WMA* steht für *Windows Media Audio*. Dieses von Microsoft entwickelte Kompressionsverfahren basiert auf einem ähnlichen Prinzip wie die MP3-Kompression, indem unhörbare Töne gelöscht werden, um Speicherplatz zu sparen. Dadurch wird die Dateigröße geringer und eignet sich ebenfalls für mobile Geräte.

Im Gegensatz zu den übrigen in diesem Kapitel vorgestellten Audioformaten bietet WMA die Möglichkeit, einen Urheberschutz in die Datei zu integrieren (DRM = Digital Rights Management). Damit kann das Weitergeben und Abspielen auf anderen Computern eingeschränkt oder sogar ganz verhindert werden. Je nach erworbener Lizenz für das Musikstück dürfen Sie eine WMA-Datei auf einen externen MP3-Player kopieren oder nicht. Im Profitipp »Ein Wort zum Urheberrecht« weiter hinten in diesem Kapitel erfahren Sie mehr über diesen Schutz.

HINWEIS Auch WMA-Dateien können nun in die Präsentation eingebettet werden.

MIDI

MIDI ist die Abkürzung für *Musical Instrumental Digital Interface*; dieses Format wurde ursprünglich zur Steuerung elektronischer Musikinstrumente entwickelt. Im Gegensatz zu anderen Sounddateiformaten speichern MIDI-Dateien nur eine Beschreibung der Töne, nicht die Töne selbst. Erst in der Soundkarte werden die in der Datei enthaltenen Informationen wieder in Musik umgewandelt. Dadurch sind sie sehr klein bei hervorragender Qualität. Dieses Verfahren bringt aber auch mit sich, dass diese rein digital erzeugte Musik künstlicher wirkt und die Lebendigkeit eines live aufgezeichneten Orchesters fehlt. Außerdem kann mit diesem Dateiformat ausschließlich Musik, keine menschliche Sprache und keine Naturgeräusche gespeichert werden.

HINWEIS MIDI-Dateien können zwar in der Präsentation eingebettet werden, viele Bearbeitungsmöglichkeiten, die Sie bei den anderen Audiodateiformaten haben, stehen Ihnen allerdings aufgrund der komplett anderen Dateistruktur nicht zur Verfügung.

Musik von CD

In den vorherigen PowerPoint-Versionen stand Ihnen unter *Einfügen/Sound* auch die Möglichkeit *CD-Audiospur wiedergeben* zur Auswahl. Diese Option ist im Menüband nicht mehr zu finden. Sie können sie jedoch weiter nutzen: Wählen Sie *Datei/Optionen/Menüband anpassen*; in der Rubrik *Befehle auswählen/Nicht im Menüband enthaltene Befehle* finden Sie diese Option noch und können sie bei Bedarf dem Menüband oder der Schnellstartleiste hinzufügen.

Bedenken Sie aber, dass auch bei der Wiedergabe der Präsentation die CD im Laufwerk eingelegt sein muss. Wollen Sie die Präsentation weitergeben, ist es vorteilhafter, die CD mit dem Windows Media Player oder einem Spezialprogramm, einem sogenannten »Ripper«, in eins der in Tabelle 14.1 genannten einbettbaren Formate umzuwandeln. (Beachten Sie dazu aber auch den folgenden Profitipp »Ein Wort zum Urheberrecht«.)

PROFITIPP **Ein Wort zum Urheberrecht**

Nur selten ist Musik frei von Urheberrechten. Sie dürfen Musikstücke weder mit anderen tauschen noch aus dem Internet herunterladen, wenn nicht klar ist, dass Abgaben an die Musikindustrie gezahlt werden. In Tauschbörsen angebotene Musiktitel sind häufig geschützte Titel, deren Weitergabe und Annahme illegal ist. Nach geltendem Urheberrecht machen Sie sich strafbar, wenn Sie ohne Entrichtung von Gebühren solche Musikstücke aus dem Internet herunterladen.

Musikportale wie *music.msn.net, www.zune.net* und *iTunes* vertreiben die Musiktitel in einem DRM-geschützten Format. Sie erwerben eine Lizenz für eine Musikdatei, die mehr oder weniger eingeschränkt sein kann. So kann der Lizenzgeber die Anzahl der Brennvorgänge beschränken oder auch die Nutzungsdauer. Leider sind die Angaben über Einschränkungen auf den Seiten der Musikportale oft recht versteckt.

Beim Transport auf einen anderen Rechner müssen Sie die DRM-Sicherungsdaten entweder mitsichern oder erneut anfordern. Damit sind die Einsatzmöglichkeiten der geschützten Dateien für eine Präsentation eingeschränkt. Auf dem eigenen Computer können Sie die Präsentation problemlos abspielen, weil Sie die Rechte an der Musikdatei haben. Auf einem anderen Computer wird es möglicherweise zu Fehlermeldungen kommen, begleitet von dem Versuch, die DRM-Informationen erneut herunterzuladen. Da das nicht unbeschränkt oft geht, wird die Musik nicht abspielbar.

Damit Ihnen die Musik nicht verloren geht, wenn Sie einen neuen Computer kaufen, und Sie Ihre Musik auf mehreren eigenen Rechnern verwenden können, gibt es von Microsoft einen Assistenten für die Aktualisierung persönlicher Lizenzen. Informationen und den Download gibt es hier: *http://www.microsoft.com/windows/windowsmedia/de/wm7/drm/pluwiz.asp*

Sie dürfen Musik **nicht** in einer Präsentation verwenden, wenn Ihnen das Recht dazu nicht vom Produzenten oder Interpreten eingeräumt wurde. Eine Ausnahme bilden private Vorführungen in einem sehr kleinen Rahmen. Die Urlaubsbilder, die Sie abends einigen Freunden zeigen, dürfen Sie mit Musik untermalen. Die gleiche Show in der Schulaula zum Schulfest gilt als kinoähnliche Veranstaltung und darf nicht so ohne Weiteres mit Musikstücken untermalt werden. Mit einer Musik-CD erwerben Sie nicht das Recht zur öffentlichen Vorführung, zum Beispiel auf einem Messestand; dafür sind zusätzliche Gebühren zu entrichten.

In Deutschland werden die Musikrechte von der GEMA, *http://www.gema.de,* verwaltet. Dort können Sie weitere Informationen erhalten und die Tarife für die Verwendung von Musikstücken erfahren.

Musik, die Sie von der Office-Webseite, *www.office.com,* herunterladen können, ist kostenlos und lizenzfrei; Sie können sie problemlos in Ihren Präsentationen verwenden. Darüber hinaus bieten etliche Webseiten im Internet lizenzfreie Musik kostenlos oder kostenpflichtig an. Teils aber nur für privaten, nicht für den kommerziellen Gebrauch. Prüfen Sie in jedem Einzelfall, ob Sie die Musik wie beabsichtigt verwenden dürfen.

Welche verschiedenen Möglichkeiten haben Sie, Sound einzufügen?

Sie haben mehrere Möglichkeiten, Audiodateien in eine PowerPoint-Präsentation einzufügen:

- Eingebettet in der Präsentation und durch ein Symbol auf der Folie repräsentiert
- Verknüpft mit der Präsentation, ebenfalls mit einem Symbol auf der Folie
- Verknüpft mit einem Ereignis, ohne eigenes Symbol auf der Folie

Der Standard: Sounds in die Präsentation einbetten

Während Sie in früheren PowerPoint-Versionen nur Sounds mit dem Dateityp WAV in die Präsentation *einbetten* konnten, ist dies nun standardmäßig für ein breites Spektrum an Dateitypen möglich und dürfte deshalb in PowerPoint 2010 die gebräuchlichste Vorgehensweise sein, insbesondere wenn es sich um Musikstücke handelt.

1. Klicken Sie dazu auf der Registerkarte *Einfügen* auf die Schaltfläche *Audio*.
2. Wählen Sie in dem daraufhin erscheinenden Dialogfeld *Audio einfügen* die gewünschte Datei aus und bestätigen Sie mit *Einfügen*.

   Als Platzhalter für die Audiodatei wird ein graues Lautsprecher-Symbol in der Mitte der Folie eingefügt.

Wenn Sie das Lautsprecher-Symbol anklicken, erscheint darunter eine Leiste mit Mediensteuerelementen.

Abbildg. 14.1 Eine eingefügte Musikdatei erkennen Sie am Lautsprecher-Symbol und den Mediensteuerelementen

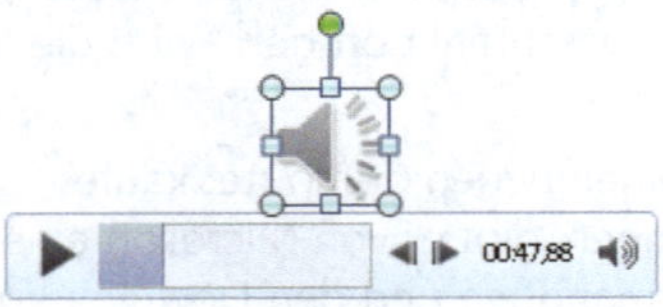

Die aus vergangenen PowerPoint-Versionen bekannte Abfrage, wie der Sound gestartet werden soll, erscheint in der neuen Version nicht mehr. Jeder Sound wird zunächst mit der Wiedergabe-Option *Start: Beim Klicken* eingefügt (siehe weiter hinten in diesem Kapitel im Abschnitt »Sounds steuern: Beeinflussen, wie die Audiodatei abgespielt wird«).

Für besondere Fälle: Den Sound nur mit der Präsentation verknüpfen

In der Vergangenheit resultierten viele Probleme mit Multimediapräsentationen daraus, dass ein verknüpfter Sound nicht weitergegeben wurde oder der Verknüpfungspfad auf dem Zielrechner nicht mehr stimmte. Dass viele Audioformate nun direkt in der Präsentationsdatei eingebettet werden, bewahrt Sie vor diesen Problemen und sollte deshalb die Regel sein.

Dass Sounds nun eingebettet werden, hat leider auch Nachteile, denn die Dateigröße der Präsentation wächst um etwa die Dateigröße der Sounddatei an. Dies kann in manchen Fällen verhindern, dass die Präsentation noch per Mail verschickt werden kann. Wenn Sie nicht auf andere Optionen der Bereitstellung (siehe auch Kapitel 17) zurückgreifen wollen, bietet das getrennte Speichern von Präsentation und Multimediadateien eine Möglichkeit der Verkleinerung der Datei.

1. Der erste Schritt, um eine Datei verknüpft einzufügen, ist wieder wie oben beschrieben *Einfügen/Audio*.
2. Klicken Sie dann aber zum Verknüpfen der ausgewählten Datei auf den Dropdownpfeil der Schaltfläche *Einfügen* und wählen Sie *Verknüpfung mit Datei*.
   Es wird ebenfalls ein Lautsprecher-Symbol eingefügt.

Abbildg. 14.2 Der Pfeil der Schaltfläche *Einfügen* ermöglicht es, nur eine Verknüpfung zur Sounddatei einzufügen

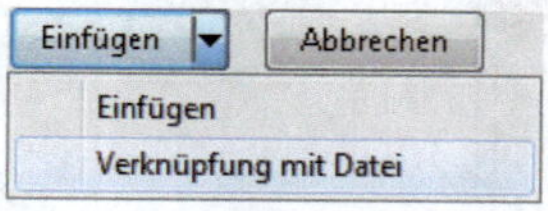

Verknüpfte Sounds nachträglich einbetten

Wenn Sie eine Präsentation mit eingefügtem Sound erhalten, können Sie also nicht allein am Symbol unterscheiden, ob es sich um eine eingebettete oder eine verknüpfte Datei handelt. Zwei Möglichkeiten haben Sie, dies festzustellen:

- Um festzustellen, ob die Datei überhaupt Verknüpfungen enthält, speichern Sie die Präsentation. Dann wechseln Sie mit *Datei* in die Backstage-Ansicht. Wählen Sie links die Kategorie *Informationen* aus. Im rechten Bereich unterhalb der Dateieigenschaften wird angezeigt, ob Verknüpfungen vorhanden sind (siehe Abbildung 14.3). Zwar werden dort Pfad und Dateiname der externen Datei angezeigt, leider jedoch nicht die Folie, auf der die Verknüpfung eingefügt wurde. Um aus der verknüpften Datei eine eingebettete zu machen, markieren Sie zunächst die umzuwandelnde Datei. Dann klicken Sie auf die Schaltfläche *Verknüpfung aufheben* (siehe Abbildung 14.4).

Abbildg. 14.3 Die Dateieigenschaften zeigen an, ob verknüpfte Dateien vorhanden sind: links mit, rechts ohne Verknüpfung

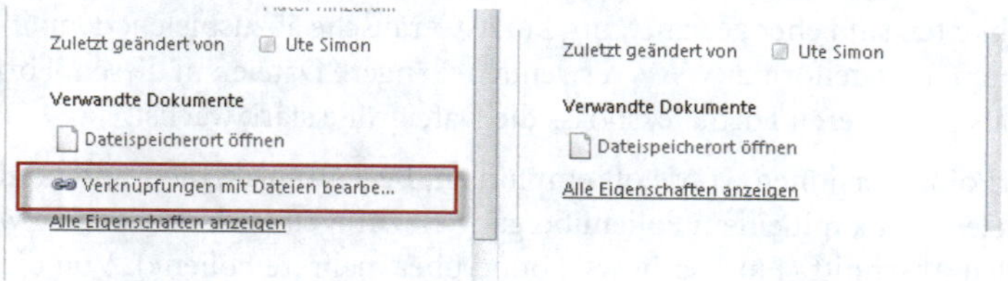

Abbildg. 14.4 Das Dialogfeld bietet Ihnen mehrere Möglichkeiten der Problembehandlung

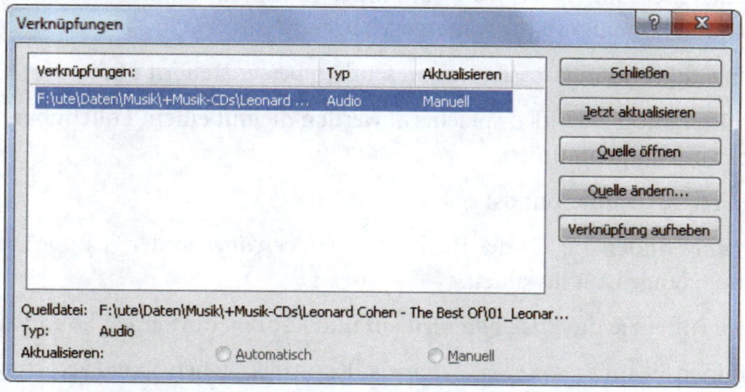

- Wollen Sie auf einer Folie feststellen, ob der dort eingefügte Sound verknüpft oder eingebettet ist, wechseln Sie zur Registerkarte *Animationen*. Dort klicken Sie in der Gruppe *Animation* rechts unten auf das sogenannte Startprogramm für Dialogfelder; es öffnet sich das Dialogfeld *Wiedergabe Audio*. Wechseln Sie dort zur Registerkarte *Audioeinstellungen*. Unten zeigt Ihnen der Abschnitt *Informationen* an, ob die Datei verknüpft oder in der Präsentation enthalten ist. Allerdings haben Sie an dieser Stelle nicht die Möglichkeit, diesen Status zu ändern.

Abbildg. 14.5 Sehen Sie statt *[In Präsentation enthalten]* hier einen Dateipfad, ist die Sounddatei verknüpft

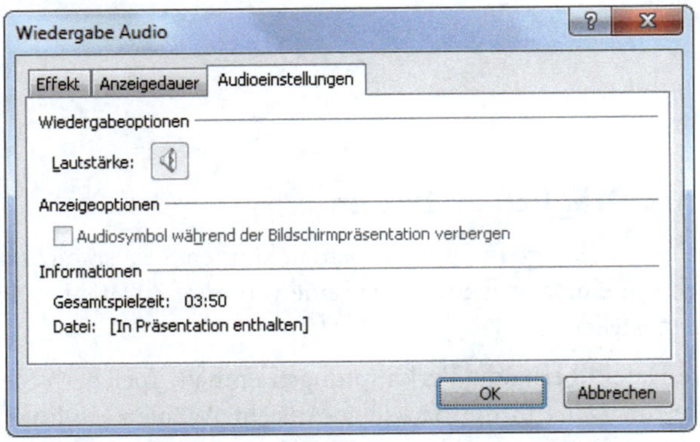

Sounds an Ereignisse koppeln

Des Weiteren haben Sie die Möglichkeit, folgende *Ereignisse* mit Sound zu verknüpfen:

- Folienübergänge
- Animationen
- Aktionen

Alle drei Möglichkeiten sind eher geeignet, um kurze Geräusche abzuspielen, denn in allen drei Fällen können Sie nur das Dateiformat WAV verwenden. Längere Dateien in diesem Format sind meist deutlich größer als die anderen Formate, sodass die Dateigröße stark wächst.

Für ältere PowerPoint-Versionen wurde oft empfohlen, Begleitmusik, die während der kompletten Präsentation spielen sollte, mit einem Folienübergang einzufügen (siehe dazu auch weiter hinten in diesem Kapitel den Abschnitt »Für Diashows: Sound über mehrere Folien«). Von diesem Vorgehen ist abzuraten, denn

- inzwischen werden nicht nur WAV-Dateien, sondern alle Sounddateien innerhalb der Präsentation gespeichert und können mit ihr weitergegeben werden,
- auf der Folie eingefügte Sounds lassen sich wesentlich besser steuern und
- wenn Sie die Präsentation als Video speichern, werden die mit einem Folienübergang eingebauten Sounds nicht mit aufgenommen.

So verknüpfen Sie Ereignisse mit Sounds:

- Für *Folienübergänge* finden Sie auf der Registerkarte *Übergänge* in der Gruppe *Anzeigedauer* die Möglichkeit, einen Sound auszuwählen.
- Für *Animationen* rufen Sie die *Effektoptionen* auf und können dort einen Sound zuordnen.
- Für *Aktionen* können Sie unter *Einfügen/Aktion* das Kontrollkästchen *Sound wiedergeben* aktivieren.

Setzen Sie diese Sounds nur dann ein, wenn Sie wirklich einmal einen »Knalleffekt« brauchen. Gerade in Firmenpräsentationen wirkt es unprofessionell, Animationen oder Folienübergänge mit Klatschen oder ähnlichen Geräuschen zu untermalen.

Spezielle Soundquellen: ClipArt und gesprochene Kommentare

Mit einem Klick auf den Dropdownpfeil der Schaltfläche *Audio* stehen Ihnen weitere Soundquellen zur Verfügung:

- ClipArt-Audio
- Audioaufnahme

In früheren PowerPoint-Versionen stand Ihnen dort auch die Möglichkeit zur Verfügung, Audio von CD einzufügen. Falls Sie dies weiterhin nutzen möchten, müssen Sie das Menüband anpassen (siehe hierzu weiter vorn in diesem Kapitel den Abschnitt »Musik von CD«).

ClipArt: Eine kostenlose Sounddateiquelle

Geht es Ihnen nicht um ein bestimmtes Musikstück, sondern um kurze Geräusche oder Musik zur Untermalung etwa einer Begrüßungsfolie, können Sie in der ClipArt-Sammlung fündig werden. Die auf Ihrem Rechner im *Clip Organizer* gespeicherten oder auf *www.office.com* verfügbaren Audiodateien erreichen Sie, wenn Sie auf den Dropdownpfeil der Schaltfläche *Audio* und dann auf *ClipArt-Audio* klicken.

Es handelt sich dabei meist um WAV- oder MIDI-Dateien. Leider können Sie diese nicht am angezeigten Symbol unterscheiden; dies zeigt in allen Fällen eine Note mit dem Schriftzug »WAV«. Welchen Typ Sie vor sich haben, sehen Sie in der QuickInfo, die erscheint, wenn Sie mit der Maus (ohne zu klicken) auf eins der Symbole zeigen.

Abbildg. 14.6 Die QuickInfo der ClipArt-Audiodateien gibt Auskunft über Dateieigenschaften und -format

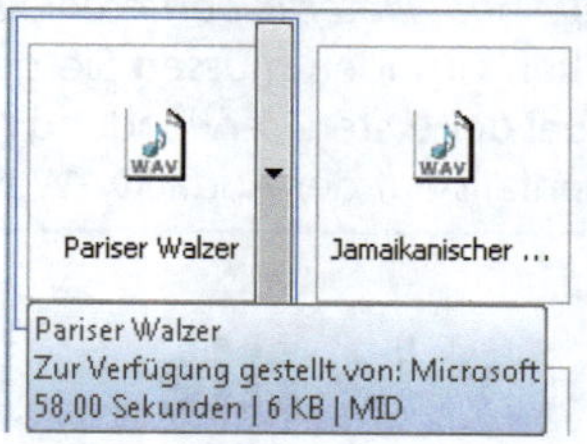

TIPP Schauen Sie auch einmal auf die Microsoft Office-Webseite, *http://www.office.com*. Dort finden Sie in der Rubrik »Bilder« auch Sounddateien.

Gesprochene Kommentare aufnehmen

Bei einer Präsentation wirkt neben den Folien immer auch die Persönlichkeit des Präsentierenden. Schon deshalb sollten Sie Ihre Präsentationen vorzugsweise »live« vorführen. Ist dies einmal nicht möglich, beispielsweise weil sie als Informationssystem auf einem Messestand, in einem Geschäft oder einem Wartezimmer ablaufen soll, haben Sie die Möglichkeit, den gesprochenen Kommentar direkt aus PowerPoint heraus aufzunehmen.

Die in Notebooks eingebauten Mikrofone haben meist keine gute Qualität und nehmen oft Störgeräusche der Tastatur oder Festplatte mit auf. Schließen Sie deshalb nach Möglichkeit ein Mikrofon oder Headset an Ihren Computer an. Klicken Sie dann auf den Dropdownpfeil der Schaltfläche *Audio* und dann auf *Audioaufnahme*. Es öffnet sich der Audiorekorder des Betriebssystems.

- Starten Sie die Aufnahme mit dem runden, roten »Knopf«,
- stoppen Sie die Aufnahme mit dem blauen, rechteckigen Symbol,
- setzen Sie sie mit einem Klick auf das blaue Dreieck fort und
- fügen Sie den aufgenommenen Kommentar mit *OK* ein.

Mehr Möglichkeiten der Steuerung haben Sie aus PowerPoint heraus nicht. Die Lautstärke steuern Sie über den »Sound-Mixer« des Betriebssystems. Die aufgenommenen Dateien werden im WAV-Dateiformat eingefügt, können also rasch sehr groß werden.

Abbildg. 14.7 Gesprochene Kommentare zu Ihren Folien können Sie aus PowerPoint heraus aufzeichnen

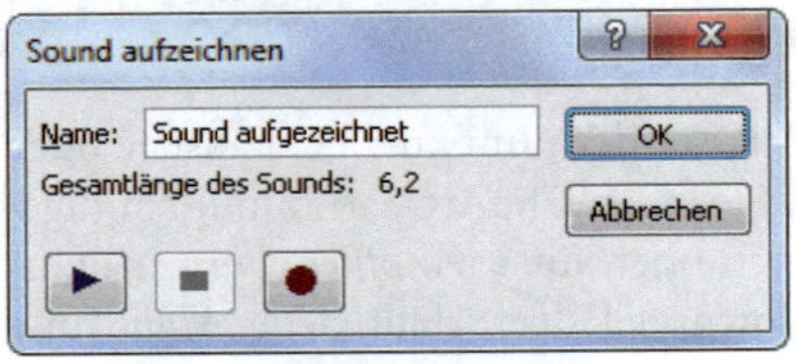

PROFITIPP Wollen Sie Audioaufnahmen in Profiqualität erstellen, müssen Sie zu externen Programmen greifen. Ein gutes, kostenloses Programm hierfür ist zum Beispiel *Audacity*. Sie können es von der Webseite *http://www.audacity.de/* herunterladen. Dort finden Sie auch eine umfangreiche Hilfedatei zur Bedienung dieses leistungsstarken Programms.

Das Standardformat für in Audacity gespeicherte Dateien ist AUP. Dies können Sie **nicht** in PowerPoint einfügen. Wählen Sie *Datei/Exportieren als WAV* bzw. *Datei/Exportieren als MP3*, um auf Folien verwendbare Formate zu erhalten. Aus rechtlichen Gründen müssen Sie gegebenenfalls den für das MP3-Format erforderlichen LAME-Codec bei der ersten Verwendung nachinstallieren. Einen Downloadlink für diesen Codec finden Sie ebenfalls auf der Audacity-Webseite.

Sounds steuern: Beeinflussen, wie die Audiodatei abgespielt wird

Sobald Sie auf das Lautsprecher-Symbol klicken, werden die Registerkarten *Audiotools/Format* und *Audiotools/Wiedergabe* eingeblendet. Mit diesen und mit den *Mediensteuerelementen* direkt unterhalb des eingefügten Lautsprecher-Symbols können Sie die eingefügte oder aufgenommene Audiodateien gezielt steuern.

Audiodateien nach dem Einfügen testen

Aufgrund der Mediensteuerelemente (siehe Abbildung 14.1) ist das Testen von Audiodateien einfach geworden. Sie müssen dazu nicht zur Bildschirmpräsentationsansicht wechseln, sondern können in der Bearbeitungsansicht den Sound mit Klick auf das *graue Dreieck* starten. Indem Sie in die Zeitleiste klicken, spulen Sie zu einer anderen Stelle vor bzw. zurück. Mit den beiden *Pfeilen* rechts von dieser Leiste springen Sie in Viertelsekundenschritten gezielter vor und zurück. Die aktuelle Stelle wird daneben in Minuten, Sekunden und Hundertstelsekunden exakt angezeigt.

Daneben können Sie natürlich auch die *Wiedergabe*-Schaltfläche auf der Registerkarte *Audiotools/Wiedergabe* nutzen; Sie können damit die Wiedergabe aber nicht so gezielt steuern.

Für Diashows: Sound über mehrere Folien

Wollen Sie PowerPoint nutzen, um eine automatisch ablaufende Diashow zusammenzustellen, gehört dazu normalerweise auch eine passende, automatisch ablaufende Musikuntermalung. Versuchen Sie aber nicht, Bilder und Musik taktgenau zu synchronisieren. Die Abspielgeschwindigkeit wird von der Rechenleistung des Computers mit beeinflusst, sodass Sie auf unterschiedlichen Geräten unterschiedliche Ergebnisse hören bzw. sehen.

Während Sie in früheren PowerPoint-Versionen schon beim Einfügen der Audiodatei gefragt wurden, wie der Sound gestartet werden soll, ist nun die Standardeinstellung *Beim Klicken*. Diese Startoption können Sie auf der Registerkarte *Audiotools/Wiedergabe* auf *Automatisch* ändern.

Um während der Präsentation das Lautsprecher-Symbol nicht zu zeigen, aktivieren Sie das Kontrollkästchen *Bei Präsentation ausblenden* oder ziehen das Symbol einfach in den Bereich neben der Folie.

ACHTUNG Wenn Sie für den Start des Sounds *Beim Klicken* eingestellt haben, ist damit nicht der nächste Mausklick irgendwo auf der Folie, sondern der Klick auf das Symbol gemeint. Wenn Sie das Symbol verbergen, müssen Sie mit einer Trigger-Animation dafür sorgen, dass ein anklickbares Objekt auf der Folie vorhanden ist. (Eine ausführliche Anleitung hierzu finden Sie in Kapitel 15.)

Eine andere Möglichkeit ist es, mit *Audiotools/Format/Bild ändern* das Bild gegen ein passendes Bild auszutauschen. Dies könnte zum Beispiel eine ClipArt-Grafik oder das CD-Cover sein.

Ein so mit einem automatischen Start versehenes Musikstück würde aber nur auf der ersten Folie abgespielt. Der Folienübergang zur nächsten Folie würde so lange verzögert, bis das komplette Stück abgespielt wurde. Deshalb müssen Sie unter *Audiotools/Wiedergabe/Start* zusätzlich die Option *Folienübergreifende Wiedergabe* einstellen. Damit wird die Anzahl der Folien, über die der Sound wiedergegeben wird, automatisch auf den Maximalwert von 999 gesetzt. Er endet automatisch mit der Präsentation. Wollen Sie die Anzahl der Folien begrenzen, über die die Musik gespielt wird, zum Beispiel um mit dem nächsten Abschnitt der Präsentation ein anderes Musikstück wiederzugeben, machen Sie sich zunutze, dass das Abspielen von Musik wie eine Animation behandelt wird. Wechseln Sie zur Registerkarte *Animationen* und blenden Sie über die entsprechende Option den *Animationsbereich* ein. Klicken Sie auf den Dropdownpfeil rechts vom Dateinamen der Sounddatei. Unter *Effektoptionen* stellen Sie nun ein, nach wie vielen Folien die Wiedergabe beendet werden soll.

Abbildg. 14.8 Ersetzen Sie das Lautsprecher-Symbol mit wenigen Mausklicks durch ein Bild

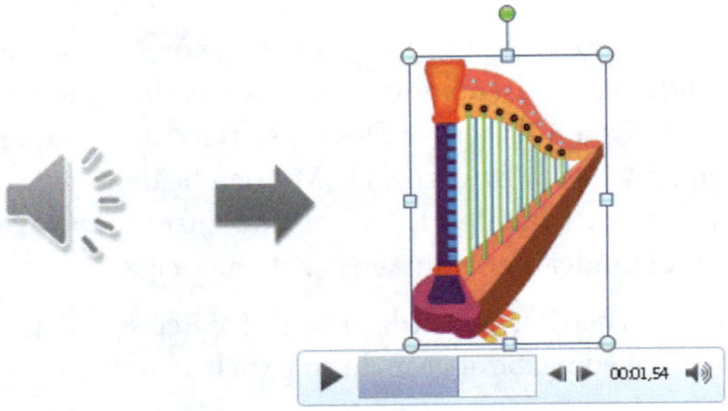

Reicht die Länge Ihres Musikstücks dagegen nicht für die komplette Präsentation aus, aktivieren Sie unter *Audiotools/Wiedergabe* das Kontrollkästchen *Endloswiedergabe*. Das Aktivieren von *Nach Wiedergabe zurückspulen* darunter ist bei Sounddateien nicht unbedingt erforderlich. Sie starten beim erneuten Abspielen in jedem Fall wieder am Anfang. (Wichtiger ist es bei Videodateien, siehe folgendes Kapitel.)

PROFITIPP **Mehrere Musikstücke mit einer Wiedergabeliste abspielen**

Der Windows Media Player erlaubt Ihnen, Musikzusammenstellungen in sogenannten Wiedergabelisten abzuspeichern. Damit können Sie über lange Zeit Musikstück an Musikstück reihen, ohne die Dateien einzeln starten zu müssen. Es gibt zwei wichtige Dateiformate für Wiedergabelisten im Windows Media Player:

- **M3U:** Dieses Format verweist ausschließlich auf MP3-Dateien. Im Windows Media Player 12 blenden Sie rechts das Fenster *Wiedergeben* ein und stellen dort Ihre Wiedergabeliste zusammen. Anschließend müssen Sie mit *Listenoptionen/Liste speichern unter* dieses Format ausdrücklich auswählen. Der Vorteil ist, dass auf der PowerPoint-Folie nur ein kleines Lautsprecher-Symbol eingefügt und die Musik abgespielt wird, ohne dass ein sichtbares Player-Fenster angezeigt wird.
- **WPL:** Steht für Windows Player List; dies ist das Standardformat für Wiedergabelisten des Windows Media Player 12. Es kann in PowerPoint eingefügt werden, wird aber nicht unter den Standarddateitypen, sondern nur mit der Einstellung *Alle Dateien* angezeigt. Eingefügt wird ein Rechteck, in dem der Windows Media Player mit einer zufällig gewählten Visualisierung ohne Bedienelemente startet.

Ihr eigenes Tonstudio: Sound bearbeiten

Deutlich erweitert wurden in PowerPoint 2010 die Möglichkeiten, Sounds zu bearbeiten. Für vieles müssen Sie nun nicht mehr zu einem externen Programm greifen, sondern können es auf der Folie erledigen.

Musik kürzen und mit Ein- und Ausblendeffekten versehen

Sei es, dass Sie von einem Lied nur einige Strophen wiedergeben wollen oder am Anfang eines Kommentars ein Räuspern herausschneiden wollen – das Kürzen von Sounddateien erledigen Sie nun mit »Bordmitteln«. Nach einem Klick auf *Audiotools/Wiedergabe/Bearbeiten/Audio beschneiden* wird ein Dialogfeld eingeblendet, in dem Sie mit dem grünen Schieberegler den Anfang, mit dem roten das Ende des abzuspielenden Teils bestimmen können. Ist Ihnen das Ziehen mit der Maus zu ungenau, navigieren Sie mit den Pfeilen links und rechts von der *Wiedergabe*-Schaltfläche zehntelsekundengenau oder geben Start- und Endzeit in den betreffenden Feldern ein.

Abbildg. 14.9 Schneiden Sie ein eingefügtes Musikstück auf die benötigte Länge ...

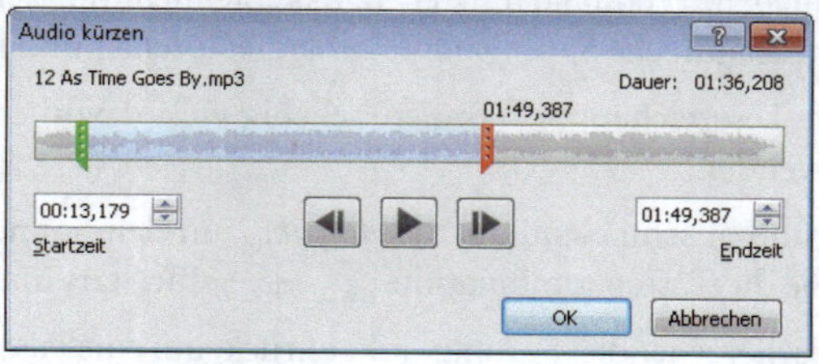

Durch das Beschneiden kann sich ein abrupter Beginn oder ein plötzliches Ende des Sounds ergeben. Dies korrigieren Sie, indem Sie, ebenfalls unter *Audiotools/Wiedergabe/Bearbeiten*, Ein- und Ausblendezeiten einstellen.

Abbildg. 14.10 ... und blenden Sie Anfang und Ende sanft ein und aus

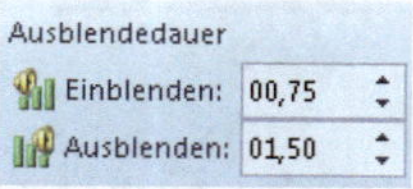

ACHTUNG Wenn Sie für einen Sound die *folienübergreifende Wiedergabe* eingestellt haben, werden diese Bearbeitungen ignoriert, er wird in voller Länge abgespielt. Wollen Sie die Begleitmusik zu einer Präsentation bearbeiten, müssen Sie sie in einem Audiobearbeitungsprogramm kürzen und/oder ein- und ausblenden.

MIDI-Sounds lassen sich zwar schneiden, aber nicht ein- und ausblenden.

Sound mit Sprungmarken präzise steuern

Haben Sie einen längeren Sound eingefügt, bei dem Sie während der Präsentation auf eine bestimmte Stelle zugreifen müssen, um zum Beispiel ein Zitat oder einen Refrain zu wiederholen, können Sie diese Stelle mit einer Sprungmarke markieren.

1. Klicken Sie dazu auf das Lautsprecher-Symbol, um die Mediensteuerelemente einzublenden.
2. Spielen Sie den Sound bis zu der Stelle ab, die Sie markieren wollen. Dabei können Sie mit den beiden Pfeilen rechts von der Zeitleiste in Viertelsekundenschritten vor und zurück springen, um die gewünschte Stelle exakt zu treffen.

3. Klicken Sie auf *Audiotools/Wiedergabe/Sprungmarke hinzufügen.*

Abbildg. 14.11 Sprungmarken erleichtern die Steuerung von Sounddateien

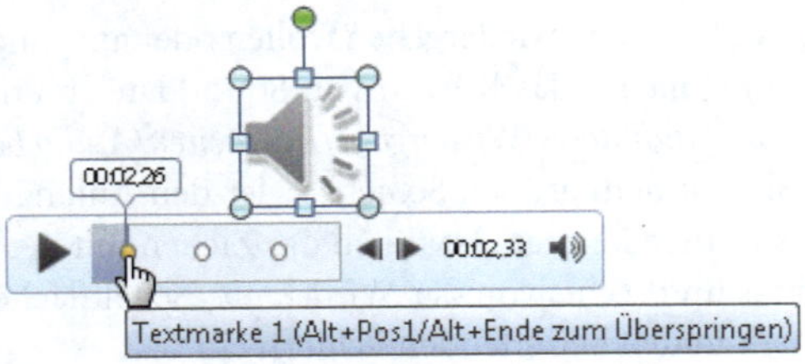

Sprungmarken können Sie nicht verschieben. Wenn Sie feststellen, dass Sie nicht die richtige Stelle getroffen haben, müssen Sie sie mit der Schaltfläche *Sprungmarke entfernen* löschen und neu setzen.

Diese Sprungmarken funktionieren wie Lesezeichen; Sie können beliebig viele davon einfügen. Es gibt mehrere Möglichkeiten, sie zu verwenden:

- Klicken Sie auf eine Sprungmarke und anschließend auf *Wiedergabe*, um den Sound ab dieser Stelle zu starten. Oder verwenden Sie die Tastenkombination Alt+P für Start und Pause.
- Mit Alt+Pos1 springen Sie zur vorhergehenden Sprungmarke zurück, um eine Passage zu wiederholen.
- Mit Alt+Ende bewegen Sie sich zur nächsten Sprungmarke, um eine Passage zu überspringen.

HINWEIS Sprungmarken können Sie nicht individuell umbenennen. Sie werden in der Reihenfolge des Einfügens nummeriert. Diese Nummern werden nur in der Bearbeitungsansicht angezeigt.

Animationen mit Sprungmarken steuern

Außer zum Navigieren innerhalb der Sounddatei können Sie Sprungmarken auch verwenden, um die Animation anderer Objekte auf der Folie zu steuern. So können zum Beispiel bei einer selbstablaufenden Präsentation Sprache und Schaubilder oder Abbildungen und Musik synchronisiert werden.

CD-ROM In der Beispieldatei *Kap14_Sound.pptx* auf der Buch-CD finden Sie auf den Folien 10 und 11 zwei Beispiele, wie Sie mithilfe von Sprungmarken Animationen steuern können.

Da sich die Vorgehensweise bei Sound und Videos nicht unterscheidet, finden Sie eine ausführliche Beschreibung der Vorgehensweise im folgenden Kapitel.

Zusammenfassung

Von kurzen Geräuschen über Musikuntermalung bis hin zum gesprochenen Kommentar sind die Möglichkeiten vielfältig, Sound in Präsentationen einzusetzen. In diesem Kapitel konnten Sie lesen, was Sie beachten müssen, damit die Wiedergabe reibungslos klappt und Ihre Präsentation für die Zuhörer zum Erlebnis wird.

Hier noch einmal die wichtigsten Punkte:

Kapitel 15

Video in Präsentationen

In diesem Kapitel:

Einer der Bereiche, in denen in Office 2010 die größten Änderungen vorgenommen wurden, ist Multimedia. Audio und Video spielen im täglichen Berufs- und Privatleben der meisten Menschen inzwischen eine deutlich größere Rolle als noch vor wenigen Jahren. Gleichzeitig wurden neue Dateiformate entwickelt, die es ermöglichen, mehr Inhalt mit geringerem Platzbedarf zu speichern. Schnellere Computer mit preiswerten großen Festplatten machen auch die notwendige leistungsfähige Hardware allgemein verfügbar. Nun lassen sich die meisten der dadurch bei den Anwendern aufkommenden Wünsche, Multimedia auch im Rahmen von Präsentationen einzubinden, in PowerPoint 2010 endlich erfüllen.

- Sie können deutlich mehr verschiedene und aktuelle Dateiformate in Ihren Präsentationen nutzen. Externe Programme zum Umzuwandeln von Dateien und der damit verbundene Zeit- und Geldaufwand werden weitgehend überflüssig.
- Videos und Sounds werden innerhalb der Präsentation gespeichert. Fehler durch »gebrochene« Verknüpfungen zu verlinkten Dateien werden dadurch deutlich seltener.
- Einfache Bearbeitungen können Sie nun direkt auf der PowerPoint-Folie vornehmen. Auch hier sind Sie nicht mehr für kleinste Änderungen wie das Kürzen oder Ein- und Ausblenden auf teure Videobearbeitungsprogramme angewiesen.
- Viele der Effekte, die Sie bisher auf Bilder anwenden konnten, können nun auch auf Videos angewandt werden. Sie können Form und Farbe Ihres Videos verändern und Effekte hinzufügen.
- Über Sprungmarken und Trigger können Sie Videos gezielt steuern.
- Und schließlich können Sie Text und Formen über Videos legen. Dadurch können Sie Titel, Untertitel oder Kommentare hinzufügen und Ihren Filmen so ein noch professionelleres Aussehen verleihen.

HINWEIS **32-Bit- oder 64-Bit-Version?** Die Ausführungen in diesem Kapitel gelten für die 32-Bit-Version von Office 2010. Diese empfehlen wir auch, wenn Sie multimediareiche Präsentationen erstellen wollen. Die Verwendung von Multimedia in der 64-Bit-Version ist schwierig, da dafür andere Codecs benötigt werden, von denen zum Zeitpunkt der Drucklegung dieses Buches nur sehr wenige verfügbar waren.

ACHTUNG Um die Dateiformate MOV und MP4 abspielen zu können, muss der kostenlose *Apple QuickTime Player, http://www.apple.com/de/quicktime/download/,* installiert sein. Für SWF muss der kostenlose *Adobe Flash Player, http://get.adobe.com/de/flashplayer/,* installiert werden.

Einige technische Grundlagen

Dateiformate

Wenn Sie beim Einfügen eines Videos die Liste der möglichen Dateiformate aufklappen, werden Sie vermutlich zunächst von der Vielzahl der möglichen Endungen überwältigt sein. Aber in der Praxis begegnen Ihnen normalerweise immer wieder dieselben wenigen Formate. Tabelle 15.1 listet (in alphabetischer Reihenfolge) die häufigsten Dateitypen auf sowie die Dateierweiterungen, mit denen sie Ihnen am wahrscheinlichsten begegnen werden. Zu einigen wichtigen Videoformaten finden Sie im Anschluss noch mehr Details.

Tabelle 15.1 Diese Videoformate können Sie in PowerPoint 2010 verwenden

Dateiformat	Häufigste Erweiterung	Weitere Erweiterungen
Windows Streaming Media	asf	asx, wpl, win, wmx, wmd, wmz, dvr-ms
Windows Video	avi	(versch. Codecs bei gleicher Erweiterung)
Animiertes GIF	gif	(kein Video im engeren Sinne)
QuickTime Movie	mov	qt, dv
MP4	mp4	m4v, mp4v, 3gp, 3gpp, 3gz, 3gp2
MPEG	mpg	mpeg, mlv, m2v, mod, mpv2, mp2v, mpa
MPEG-2 TS Video	m2ts	m2t, mts, ts, tts
Adobe Flash Media	swf	(kein flv!)
Windows Media Video	wmv	wvx

Beim Umgang mit Multimediadateien wird Ihnen immer wieder der Begriff Codec begegnen. Nicht alle Dateien, die die gleiche Dateierweiterung tragen, lassen sich gleich gut abspielen, da sie unter Umständen mit unterschiedlichen Codecs erzeugt wurden.

PROFITIPP **Wissenswertes über Codecs**

Codec ist ein Kunstwort aus *Co*mpression und *Dec*ompression. Bei der Aufnahme eines Videofilms entstehen so große Datenmengen, dass er ohne Komprimierung kaum noch weitergegeben werden könnte. Mit einer speziellen Software, dem Encoder, wird der Film komprimiert; ein Vorgang, der dem Zippen von Dateien ähnlich ist. Um den Film später anschauen zu können, muss er mit dem Gegenstück, dem Decoder, dekomprimiert werden. Encoder und Decoder zusammen bilden den Codec.

Nur wenn der zum Kodieren des Videos verwendete Codec auf Ihrem Rechner installiert ist, kann es auch abgespielt (dekodiert) werden. Angesichts der Fülle heute vorhandener Codecs kann es Ihnen immer wieder einmal passieren, dass der entsprechende Codec fehlt.

Um den für eine bestimmte Videodatei verwendeten Codec herauszufinden, sind Sie auf Drittprogramme angewiesen. Weder Windows noch die Media Player sind immer in der Lage, den Codec einer Videodatei zu erkennen und anzuzeigen. Sie können versuchen, mit den kostenlosen Tools *VideoInspector*, *http://www.kcsoftwares.com/index.php?vtb*, oder *GSpot*, *http://www.headbands.com/gspot/*, den verwendeten Codec zu ermitteln und diesen nachzuinstallieren. Bitte suchen Sie dazu im Internet nach einer Möglichkeit, den einzelnen Codec herunterzuladen. Installieren Sie **keine Codec-Pakete**, da Codecs sich gegenseitig stören können. Mit einem nachinstallierten Codec machen Sie das Video allerdings nur auf Ihrem eigenen Rechner lauffähig. Wenn Sie die Präsentation weitergeben wollen, können auf dem Zielrechner vergleichbare Probleme auftreten. Hinzu kommt, dass es insbesondere in Firmennetzwerken vielfach nicht möglich ist, die nötige Software zu installieren.

Oft ist es daher einfacher, mit einem geeigneten Konverter das Video vor dem Einfügen in ein gebräuchliches Format wie WMV oder MP4 zu bringen. Microsoft stellt den *Expression Encoder 4* kostenlos zur Verfügung, *http://www.microsoft.com/germany/expression/products/Encoder4_Overview.aspx*, mit dem Sie Filme ins WMV-Format umwandeln können. Mehr Flexibilität bezüglich der Ausgabeformate haben Sie mit Programmen von Drittanbietern. Empfehlenswert ist hier zum Beispiel der *AVS Video Converter*, den Sie hier herunterladen können (nicht kostenlos, aber günstig): *http://www.avs4you.com/de/AVS-Video-Converter.aspx.* Er bietet Ihnen eine Vielzahl von Konvertierungsmöglichkeiten. Welche Einstellungen geeignet sind, um einen Film mit möglichst wenig Qualitätsverlusten umzuwandeln, ist oft mit ein wenig Ausprobieren verbunden. Achten Sie in jedem Fall darauf, ein Profil zu wählen, das die PAL-Farbübertragung unterstützt (und nicht die amerikanische NTSC-Norm).

Videos im AVI-Format können Sie auch unkomprimiert abspeichern, sie sind überall abspielbar, denn sie benötigen keinen Codec zum Dekomprimieren. Aber die Dateigröße wird dabei riesig, sodass sich dieses Format nur für sehr kurze Filmchen eignet.

Weitere nützliche Informationen finden Sie auf dieser Microsoft-Webseite: *http://windows.microsoft.com/de-DE/windows7/Codecs-frequently-asked-questions.*

Viele dieser Dateiformate sind im Alltag des Privat- oder Büro-Anwenders von PowerPoint eher selten anzutreffen; viele von ihnen werden vor allem deshalb unterstützt, um die Kompatibilität mit Mac-Programmen zu verbessern. Die in den folgenden Abschnitten beschriebenen werden Ihnen häufiger begegnen.

Der Microsoft-Standard: WMV

Windows Media Video (WMV) ist eine Entwicklung der Firma Microsoft. Das Format basiert auf einem MPEG4-Standard von Microsoft. Bildqualität und Kompressionsrate sind mit den Standards von MPEG4 oder DivX zu vergleichen.

Für WMV gibt es mehrere Codec-Versionen, mit denen der Videofilm komprimiert werden kann. Am aktuellsten und verbreitetsten ist *Windows Media Version 9*. Wenn Sie mit Windows 7 den Windows Media Player 12 installiert haben, haben Sie diesen Codec automatisch auf Ihrem Rechner.

Die älteren Versionen 7 oder 8 sind kaum noch verbreitet. Allerdings nutzen einige Freeware-Konvertierungstools diese statt der aktuellen Codec-Version und können dadurch Probleme verursachen.

WMV-Dateien können mit einem Kopierschutz durch *DRM* (Digital Rights Management) versehen werden. Solche geschützten Dateien können Sie nicht oder nur eingeschränkt auf anderen Rechnern abspielen.

HINWEIS Falls Sie Ihre Präsentation auch an Zuschauer mit Mac-Rechnern weitergeben wollen, ist das MP4-Format besser als WMV geeignet. Um WMV auch auf Macs abspielen zu können, muss zuvor das kostenlose *Flip4Mac* installiert werden (*http://windows.microsoft.com/de-de/windows/products/windows-media-player/wmcomponents*).

Klein und modern: MP4

Hochauflösende Monitore, sowohl für Computer als auch für Fernseher, sind in den letzten Jahren preiswerter geworden und verbreiten sich dadurch schnell. Gleichzeitig nimmt die Nutzung von multimediafähigen Handys und anderen mobilen Geräten zu. Damit schnelle Datenübertragung bei hoher Qualität möglich ist, wurde ein Codec erforderlich, der Videodaten stärker komprimiert. Dies führte zur Entwicklung des Codecs *H.264*, an der sowohl Microsoft als auch Apple beteiligt waren. All dies, kleine Dateien, die betriebssystemübergreifend abspielbar sind, hat schnell zu einer weiten Verbreitung von MP4-Dateien geführt.

Sie sind für die Verwendung in PowerPoint 2010-Präsentationen gut geeignet. Wenn Sie Präsentationen mit eingebetteten Videos in diesem Format weitergeben oder auf einem fremden Rechner abspielen wollen, müssen Sie allerdings darauf achten, dass auf dem Zielrechner ebenfalls PowerPoint 2010, mindestens aber der PowerPoint Viewer 2010 installiert sein muss.

Mit H.264 kodierte Videos tragen meist die Dateiendung *mp4* oder *m4v*, können aber auch in AVI- oder MOV-Containerdateien enthalten sein.

Der Mac-Standard: MOV

Die in der Mac-Welt weitverbreiteten *QuickTime Movies* können Sie nun auch in PowerPoint 2010 einfügen. Neuere QuickTime-Videos sind ebenfalls mit dem H.264-Codec kodiert; für sie gilt das oben Gesagte.

Der Vielseitige: MPEG

Die von der *Moving Picture Experts Group* oder *MPEG* entwickelte Standardisierung für die Videokompression ist mittlerweile das verbreitetste Verfahren. Aber nicht alle Videocontainer mit der Endung *.mpg* oder *.mpeg* haben gleiche Inhalte, denn es gibt drei verbreitete MPEG-Standards:

- *MPEG1* wurde Anfang der 1990er-Jahr ursprünglich für Video-CDs entwickelt und wird seit 1996 in Windows integriert. Seine Bildqualität ist schlechter als bei den moderneren Varianten, dafür kann es aber auch von älteren PowerPoint-Versionen abgespielt werden (wenn das Video verknüpft, nicht eingebettet wird).
- *MPEG2* ist die Weiterentwicklung des MPEG1-Formats für DVDs und digitales Fernsehen. Es wird nur abgespielt, wenn eine DVD-Player-Software installiert ist. Diese ist bei Computern mit DVD-Laufwerk normalerweise vorhanden. MPEG2-Videos auf DVDs haben allerdings meist das VOB-Format; sie müssen zur Verwendung in PowerPoint konvertiert werden.
- *MPEG4* kann verschiedene Codecs enthalten. Insbesondere auf älteren Computern kann es Probleme mit fehlenden MPEG4-Codecs geben. Neuere MPEG4-Videos verwenden meist den H.264-Codec und tragen die Endung *mp4*. Sie können in PowerPoint eingefügt werden.

Der Klassiker: AVI

Audio Video Interleaved oder kurz *AVI* ist ein Microsoft-Standard für bewegte Bilder. Als fester Bestandteil von Windows ist AVI sehr weit verbreitet. Es stellt oft den kleinsten gemeinsamen Nenner der Video- und Animationsdarstellung zwischen verschiedenen Computern und verschiedenen Betriebssystemen dar.

Leider ist AVI nicht automatisch gleich AVI. Der Standard wird aufgeweicht durch die unterschiedlichen Codecs, die zur Komprimierung verwendet werden. Sind die AVI-Dateien mit den gebräuchlichsten Codecs aus Windows komprimiert, werden Sie kaum Probleme bei der Präsentation haben. Ungebräuchliche oder neu entwickelte Codecs müssen aber mitunter erst im Internet ausfindig gemacht und installiert werden. Das kann ein Problem sein, wenn die Präsentation auf unterschiedlichen Computern abgespielt werden soll.

Animiert: Flash

Zwar können in PowerPoint 2010 nun Flash-Animationen im Dateiformat *SWF* wie ein Video eingefügt werden; es ist nicht mehr wie in vorhergehenden Versionen erforderlich, ein Steuerelement zu verwenden. Allerdings werden Flash-Dateien **nicht** in der Präsentation eingebettet, sondern immer nur verknüpft. Sie sollten sie also vor dem Einfügen in denselben Ordner wie die PPTX-

Datei legen und mit ihr weitergeben. Das zweite verbreitete Flash-Format *FLV* können Sie in PowerPoint überhaupt nicht verwenden.

ACHTUNG *Flash-Animationen* (SWF) können Sie in PowerPoint nicht so bearbeiten wie andere Videos, Sie können sie weder kürzen, noch mit Sprungmarken versehen, noch ein- und ausblenden. Zuschneiden, Änderungen der Form, Drehen oder Randeffekte wirken sich nur auf das Standbild vor dem Start aus. Beim Abspielen wird ein rechteckiges Video angezeigt, das im Vordergrund vor allen anderen Objekten liegt.

Bewegte ClipArts: GIF

Sucht man zum Beispiel auf der ClipArt-Seite der Microsoft Office-Webseite, so findet man dort keine echten Videos. Bei den Dateien, die dort als »Animationen« herunterladbar sind, handelt es sich um animierte *GIF*-Grafiken. Diese funktionieren zwar ähnlich wie Filme, indem durch schnell nacheinander gezeigte Bilder dem menschlichen Auge Bewegung vorgetäuscht wird. Ihre Bewegung wird erst in der Bildschirmpräsentationsansicht sichtbar.

Während Sie animierte GIFs in älteren Versionen wahlweise als Grafik oder Video einfügen konnten, empfiehlt es sich in PowerPoint 2010, sie als Video einzufügen, da sie als Grafik schnell durch Komprimierung ihre Animation verlieren können.

PROFITIPP **Ein Wort zum Urheberrecht**

Nur selten sind Musik und Video frei von Urheberrechten. Sie dürfen Multimediadateien weder mit anderen tauschen noch aus dem Internet herunterladen, wenn es sich um geschützte Titel handelt, deren Weitergabe und Annahme illegal ist. Nach dem Urheberrecht machen Sie sich strafbar, wenn Sie ohne Entrichtung von Gebühren solche Dateien aus dem Internet herunterladen.

Ebenso dürfen Sie Videofilme von kommerziellen DVDs nicht in andere Formate umwandeln und Videos von Onlineportalen wie YouTube nicht herunterladen, um sie öffentlich vorzuführen. Bitte beachten Sie deshalb unbedingt die Copyright-Angaben des Anbieters.

Videos in PowerPoint einfügen

Zwei Entscheidungen müssen Sie vor dem Einfügen eines Videos treffen:

- Soll es in einem Platzhalter oder auf einer leeren Folie eingefügt werden?
- Soll es eingebettet oder verknüpft werden?

Zwei Wege, Videos einzufügen

PowerPoint 2010 bietet Ihnen mehrere Möglichkeiten, ein Video einzufügen; welchen dieser Wege Sie bevorzugen, hängt von Ihrem persönlichen Arbeitsstil ab, das Ergebnis ist vergleichbar.

- Verwenden Sie eine Folie mit einem *Inhalts-* oder *Medienplatzhalter*. Der Vorteil dieser Methode ist, dass das Video an die Größe des Platzhalters angepasst wird und schon an der vorgesehenen Stelle, passend zu Ihrem Design platziert ist.

- Fügen Sie das Video mithilfe der Schaltfläche *Video* der Registerkarte *Einfügen* auf einer Folie mit beliebigem Layout ein. Diese Methode ist vorteilhaft, wenn Sie die Position des Videos frei bestimmen oder es im Vollbildmodus wiedergeben wollen.

Ein Video im Inhaltsplatzhalter einfügen

Wenn Sie Position und Größe Ihres Videos schnell an Ihr Foliendesign anpassen wollen oder wenn Sie neben dem Video noch erläuternden Text auf Ihrer Folie hinzufügen wollen, ist es am einfachsten, von einer Folie mit einem Inhalts- oder einem Medienplatzhalter auszugehen.

1. Fügen Sie eine Folie ein, die über einen Inhaltsplatzhalter verfügt. Klicken Sie dazu auf der Registerkarte *Start* auf den Dropdownpfeil der Schaltfläche *Neue Folie* und wählen Sie zum Beispiel eine Folie mit dem Layout *Titel und Text* oder *Zwei Inhalte*.

   Wenn Sie mehrere Folien mit Videos an immer der gleichen Stelle einfügen wollen, können Sie in der Vorlage auch ein eigenes Layout mit einem Medienplatzhalter einfügen.
2. In der Mitte des Inhaltsplatzhalters befinden sich sechs Symbole, klicken Sie das untere rechte mit dem Filmrollen-Symbol an.

Abbildg. 15.1 Einige Platzhalter enthalten in der Mitte Symbole zum Einfügen von Medien

3. Navigieren Sie im Dialogfeld *Video einfügen* zu dem Ordner, in dem sich Ihr Video befindet. Wählen Sie die gewünschte Datei aus und bestätigen Sie diese Auswahl mit *Einfügen*.

HINWEIS Das aus vorherigen PowerPoint-Versionen bekannte Dialogfeld, in dem Sie gefragt werden, wie der Film gestartet werden soll, gibt es in PowerPoint 2010 nicht mehr. Die Standardeinstellung ist *Beim Klicken*. Wollen Sie den Film automatisch starten, können Sie dies auf der Registerkarte *Videotools/Wiedergabe* ändern (siehe auch weiter hinten in diesem Kapitel den Abschnitt »Steuern, wie das Video wiedergegeben wird«).

4. In der Mitte des Platzhalters erscheint nun das erste Bild des Films als Vorschaubild (lesen Sie weiter hinten in diesem Kapitel im Abschnitt »Ein passendes Anfangsbild festlegen«, wie Sie dieses bei Bedarf ersetzen können). Die Größe wird dabei an den Platzhalter angepasst.

5. Testen Sie Ihre Datei nach dem Einfügen. Entweder in der Bildschirmpräsentationsansicht oder mit der Schaltfläche *Wiedergabe* auf der Registerkarte *Videotools/Wiedergabe* (ganz links im Menüband) oder mit einem Klick auf den Start-Button der Mediensteuerelementeleiste unterhalb des Films.

Ein Video über die Schaltfläche *Aple* einfügen

Wenn Sie die Position Ihres Videos frei bestimmen wollen oder wenn es später im Vollbildmodus wiedergegeben werden soll, können Sie es über die Schaltfläche *Video* einfügen.

1. Wechseln Sie zu der Folie, auf der Sie das Video einfügen wollen, oder fügen Sie eine neue Folie ein. Besonders geeignet sind hier die Layouts *Nur Titel* oder *Leer*.

2. Wechseln Sie zur Registerkarte *Einfügen* und klicken Sie ganz rechts in der Gruppe *Medien* auf die Schaltfläche *Video*.
3. Auch hier erscheint wieder das Dialogfeld *Video einfügen*, in dem Sie zu dem Ordner, in dem sich Ihr Video befindet, navigieren. Wählen Sie die gewünschte Datei aus und bestätigen Sie diese Auswahl mit *Einfügen*.
4. Auch hier werden Sie nicht mehr extra gefragt, wie das Video gestartet werden soll (siehe dazu auch die Ausführungen in Punkt 3 des vorherigen Abschnitts »Ein Video im Inhaltsplatzhalter einfügen«).
5. Das Vorschaubild des Videos wird genau in der Mitte der Folie eingefügt. Sie können es nun an die gewünschte Stelle verschieben.

TIPP Sie können die Darstellungsgröße bestimmen, indem Sie das Vorschaubild durch Ziehen an den Ecken verkleinern oder vergrößern. Ziehen Sie nicht an den Ziehpunkten in der Mitte der Seiten, um das Videobild nicht zu verzerren. Eine Vergrößerung auf mehr als ca. 125 % sollten Sie vermeiden, da darunter normalerweise die Bildqualität leidet. Eine exakte Skalierung können Sie vornehmen, indem Sie auf der Registerkarte *Videotools/Format* in der Gruppe *Größe* rechts unten auf das sogenannte Startprogramm für Dialogfelder klicken und im Dialogfeld *Video formatieren* in der Rubrik *Größe* einen exakten Prozentwert eingeben. In der Gruppe *Anpassen* erlaubt Ihnen der Befehl *Entwurf zurücksetzen*, zur ursprünglichen Größe zurückzukehren.

6. Testen Sie Ihre Datei nach dem Einfügen. Entweder in der Bildschirmpräsentationsansicht oder mit der Schaltfläche *Wiedergabe* auf der Registerkarte *Videotools/Wiedergabe* (ganz links im Menüband) oder mit einem Klick auf den Start-Button der Mediensteuerelementeleiste unterhalb des Videos.

Eingebettet oder verknüpft?

Während bis PowerPoint 2007 alle Videos grundsätzlich verknüpft wurden, können Sie nun zwischen eingebetteten und verknüpften Videos wählen. Der Standard ist nun das Einbetten. Bedenken Sie aber vorher, ob dies wirklich die beste Lösung für Sie ist. Denn Sie können ein verknüpftes Video zwar nachträglich einbetten, aber nicht umgekehrt.

- Wie soll die Präsentation weitergegeben werden? Eingebettete Videos erhöhen die Dateigröße. Insbesondere bei der Weitergabe per E-Mail werden die erlaubten Grenzen schnell überschritten (siehe auch Kapitel 17).
- Auf welchen Rechnern soll die Präsentation wiedergegeben werden? Ältere PowerPoint-Versionen (bis 2003) können keine eingebetteten Videos abspielen. Dazu sind PowerPoint 2007 oder der PowerPoint Viewer erforderlich (siehe auch weiter hinten in diesem Kapitel den Abschnitt »Kompatibilität zwischen verschiedenen PowerPoint-Versionen«.)
- An wen soll die Präsentation weitergegeben werden? Bei Präsentationen mit eingebetteten Videos können Sie sicher sein, dass die Videos auch tatsächlich abgespielt werden; sie können nicht versehentlich von der Präsentation getrennt werden, wie es bei nur verknüpften Videos der Fall sein kann.

Ein Video verknüpft einfügen

Haben Sie sich aus den oben genannten Gründen entschieden, ein Video nur verknüpft einzufügen, gehen Sie so vor:

1. Verschieben oder kopieren Sie das Video in denselben Ordner, in dem auch die Präsentation gespeichert ist.
2. Klicken Sie auf *Einfügen/Video* und wählen Sie das gewünschte Video aus.
3. Klicken Sie auf den Dropdownpfeil der Schaltfläche *Einfügen* und wählen Sie dort *Verknüpfung mit Datei* (siehe Abbildung 15.2).

Abbildg. 15.2 Klicken Sie auf den Dropdownpfeil der Schaltfläche *Einfügen*, wenn Sie das Video nicht einbetten, sondern verknüpfen wollen

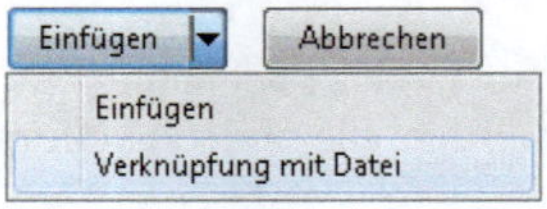

Ein verknüpftes Video nachträglich einbetten

Sollten Sie sich später entschließen, das verknüpfte Video doch lieber in die Datei einzubetten, ist dies jederzeit möglich. (Voraussetzung ist natürlich, dass die Videodatei sich noch am richtigen Speicherort befindet, die Verknüpfung also nicht »gebrochen« ist.)

1. Aktivieren Sie die Registerkarte *Datei*.
2. Wenn verknüpfte Elemente in der Präsentation vorhanden sind, finden Sie in der Backstage-Ansicht zu *Datei/Informationen* rechts unten den Link *Verknüpfungen mit Dateien bearbeiten* (siehe Abbildung 15.3).

ACHTUNG Der Link *Verknüpfungen mit Dateien bearbeiten* wird nur dann angezeigt, wenn Sie die Datei mindestens einmal gespeichert und ihr einen Dateinamen gegeben haben.

3. Wenn Sie diesen Link anklicken, öffnet sich eine Liste der Verknüpfungen. Klicken Sie den gewünschten Eintrag an und wählen Sie dann *Verknüpfung aufheben*. Dadurch wird das Video in die Datei eingebettet.

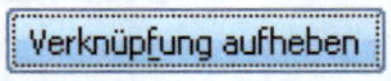

Abbildg. 15.3 Verknüpfte Videos können Sie einbetten, indem Sie die Verknüpfung bearbeiten

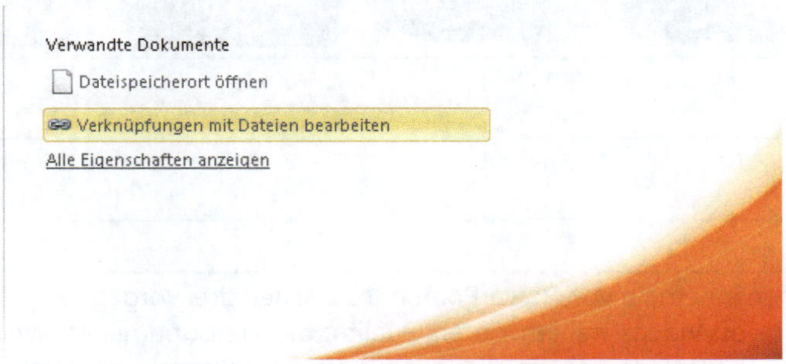

HINWEIS Flash-Dateien (SWF) können grundsätzlich nicht eingebettet werden.

Die Dateigröße von Multimediapräsentationen optimieren

Insbesondere wenn das eingefügte Video größer als eigentlich benötigt ist, können Sie nach dem Einfügen die Dateigröße verringern. Klicken Sie dazu auf *Datei/Medien komprimieren*. Sie können dann zwischen drei verschiedenen Qualitäten wählen (siehe auch Tabelle 15.2):

- *Präsentationsqualität:* Hierdurch wird das Video nur wenig komprimiert, die Qualität von Bild und Ton bleibt weitgehend erhalten.
- *Internetqualität:* Wendet eine mittlere Komprimierung auf das Video an; insbesondere wenn Ihr Video nicht im Vollbildmodus angezeigt werden soll, ist dies oft noch ausreichend.
- *Geringe Qualität:* Das Video wird stark komprimiert; um die Präsentation vor Publikum vorzuführen, ist die Qualität meist nicht ausreichend, aber Sie können so eine Vorschaudatei per Mail versenden.

Aber es wird nicht nur die Qualität des Videos verringert, auch Teile, die Sie mit *Video kürzen* abgeschnitten haben, werden endgültig entfernt. Außerdem werden alle Videodateiformate in WMV umgewandelt.

Testen Sie nach dem Komprimieren Ihr Video. Selbst wenn Sie die Datei mit den Änderungen schon gespeichert haben, können Sie die Änderungen mit *Medien komprimieren/Rückgängig* noch widerrufen. Erst wenn Sie die Präsentation schließen und erneut öffnen, werden die Änderungen endgültig und unwiderruflich angewendet.

ACHTUNG Wenn Sie mehrere Videos oder Video und Sound in die Präsentation eingefügt haben, wird die Komprimierung automatisch auf **alle** Mediendateien angewendet; Sie können sie nicht selektiv auf einzelne Dateien anwenden.

Tabelle 15.2 Vergleich der Bildqualität und der Dateigröße vor und nach dem Komprimieren (eine Folie mit dem Windows 7-Beispielvideo)

	Original	Präsentationsqualität	Internetqualität	Geringe Größe
Dateigröße				
Komplettes Video (30 sec)	25.683 KB	20.143 KB	8.667 KB	2.823 KB
Zwei Szenen (9 sec)	27.610 KB	10.086 KB	5.367 KB	3.047 KB

TIPP Sie können innerhalb von PowerPoint nur zwischen drei vorgegebenen Einstellungen zum Komprimieren von Videos wählen, deren Qualität oft nicht optimal ist. Wenn Sie mehr Einfluss nehmen wollen, benötigen Sie ein Videokonvertierungsprogramm. Damit können Sie gegebenenfalls auch das Dateiformat beibehalten, aber eine geringere Qualität einstellen. (Tipps zu geeigneten Programmen finden Sie weiter vorn in diesem Kapitel im Tipp »Wissenswertes über Codecs«.)

Ein Video von einer Webseite einfügen

Webseiten wie YouTube stellen interessante und nahezu unerschöpfliche Quellen für Videofilme dar. Während es in vorangegangenen PowerPoint-Versionen sehr umständlich war, solche Videos zu verwenden, steht Ihnen in PowerPoint 2010 die Option, Videos von Webseiten einzufügen, sehr einfach zur Verfügung.

1. Rufen Sie die Webseite mit dem einzufügenden Video in Ihrem Webbrowser auf. Suchen Sie dort den »Einbettungscode«. (Wo sich dieser befindet, ist von Anbieter zu Anbieter unterschiedlich, außerdem ändern die Anbieter von Zeit zu Zeit ihren Seitenaufbau.)
   - **YouTube:** Unterhalb des Videos finden Sie einen Button *Weiterleiten*, dieser öffnet ein Fenster, in dem Sie einen weiteren Button *Einbetten* finden. Wenn Sie diesen anklicken, wird der Einbettungscode angezeigt. Aktivieren Sie darunter die Option *Alten Einbettungscode verwenden*.
   - **Vimeo:** Innerhalb des Videofensters wird oben rechts ein Button *Embed* angezeigt, der ein Fenster mit dem Einbettungscode öffnet. Klicken Sie darin auf *Use old embed code*.
2. Markieren Sie den Einbettungscode und kopieren Sie ihn mit Strg+C in die Zwischenablage.
3. Rufen Sie in PowerPoint die Folie auf, auf der Sie das Video einfügen wollen, klicken Sie auf der Registerkarte *Einfügen* auf den Dropdownpfeil der Schaltfläche *Video* und wählen Sie dort *Video von Website*.
4. Fügen Sie den kompletten Einbettungscode mit Strg+V in das sich öffnende Fenster ein und schließen Sie es mit *Einfügen*.

HINWEIS Damit Videos von Webseiten abgespielt werden können, muss auf dem für die Präsentation verwendeten Rechner *Adobe Flash Player 9* (oder neuer) und *Windows Media Player 10* (oder neuer) installiert sein.

Es reicht nicht, die URL der Webseite mit dem Video zu kopieren. PowerPoint braucht den Einbettungscode im HTML-Format, wie viele Webseiten ihn anbieten, um Videos in Blogs etc. einbetten zu können.

Viele Webseiten haben in letzter Zeit das Format ihres Einbettungscodes geändert, um mit iPhones und ähnlichen Geräten kompatibel zu sein. Dieses Format wird allerdings von PowerPoint noch nicht unterstützt. Gegebenenfalls müssen Sie also auf das alte Format umschalten und dieses verwenden.

Videos, die Sie auf diesem Weg einfügen, werden **nicht** in der Präsentation eingebettet, es wird lediglich ein Link auf die Webseite eingefügt. Sie müssen also während des Vorführens der Präsentation eine Verbindung zum Internet haben, damit der Film angezeigt werden kann!

Je nachdem, in welchem Rahmen Sie Ihre Präsentation vorführen wollen, sollten Sie sich auf der Webseite des Anbieters über die Lizenzbedingungen informieren.

Kompatibilität zwischen verschiedenen PowerPoint-Versionen

Da PowerPoint 2010 Videos anders behandelt und mehr Videoformate unterstützt als die älteren PowerPoint-Versionen sind beim Austausch zwischen Rechnern mit unterschiedlichen PowerPoint-Versionen unter Umständen Vorsichtsmaßnahmen zu treffen.

Präsentation in 2007 (oder älter) erstellt und in 2010 vorgeführt

Alle in älteren PowerPoint-Versionen erstellten Präsentationen werden normalerweise in der neuen PowerPoint-Version problemlos wiedergegeben.

Es stehen aber nicht alle neuen Bearbeitungsmöglichkeiten zur Verfügung. Wenn die Präsentation dauerhaft in PowerPoint 2010 weiterbearbeitet werden soll, können Sie sie in das neue Format konvertieren.

1. Aktivieren Sie dazu die Registerkarte *Datei*.
2. Wählen Sie in der Kategorie *Informationen* den Befehl *Konvertieren*.
3. Geben Sie einen Dateinamen ein und klicken Sie anschließend auf *Speichern*.

Sollten Probleme mit sehr alten Präsentationen auftauchen, liegt es oft daran, dass ein mittlerweile veralteter Codec verwendet wurde. In diesem Fall können Sie oft (wie weiter vorn in diesem Kapitel beschrieben) den Codec ermitteln und nachinstallieren.

Präsentation in 2010 erstellt und in 2007 vorgeführt

PowerPoint 2007 benötigt mindestens das Service Pack 2, um eingebettete Videos wiedergeben zu können. Aber auch dann kann es je nach verwendetem Videodateiformat zu unerwarteten Schwierigkeiten kommen. Diese können Sie minimieren, indem Sie unter *Datei* die Option *Kompatibilität optimieren* aufrufen. Diese zeigt mögliche Probleme und gibt Ihnen die Möglichkeit, Multimediadateien für ältere Versionen zu optimieren, indem das Format umgewandelt wird.

Wenn Sie grafische Effekte oder 3D-Drehungen auf Videos angewendet oder Objekte über das Video gelegt haben, werden diese vor dem Start des Videos als statisches Bild angezeigt. Während das Video abgespielt wird, werden alle nur in PowerPoint 2010 verfügbaren Effekte unterdrückt.

Präsentation in 2010 erstellt und im 97-2003-Format gespeichert

Wenn Sie eine Präsentation erstellt haben, die Videos in Formaten enthält, die in älteren PowerPoint-Versionen noch nicht unterstützt werden, werden diese in statische Bilder umgewandelt.

Überprüfen Sie deshalb auf jeden Fall vorher die Präsentation mit *Datei/Auf Probleme überprüfen/Kompatibilität prüfen*. Gegebenenfalls müssen Sie Videos, die Probleme verursachen, löschen, in WMV umwandeln und verknüpft einfügen.

TIPP Wenn Sie Schwierigkeiten bei der versionsübergreifenden Wiedergabe von multimediareichen Dateien vermeiden wollen, ist es oft die einfachste Lösung, auf dem Zielrechner die neueste Version des *PowerPoint Viewer* zu installieren.

Steuern, wie das Video wiedergegeben wird

Nachdem Sie sich für ein geeignetes Video entschieden und es eingefügt haben, bietet Ihnen PowerPoint auf den Registerkarten *Videotools/Format* und *Videotools/Wiedergabe*, die im Menüband eingeblendet werden, wenn das Video angeklickt ist, viele Möglichkeiten, das Aussehen und die Wiedergabe des Videos zu steuern.

Start bei Klick oder Start automatisch?

Wie weiter vorn in diesem Kapitel erwähnt, ist der Start beim Klicken die Standardeinstellung für die Wiedergabe von Videos. Öffnen Sie auf der Registerkarte *Videotools/Wiedergabe* die Dropdownliste *Start*, um dies bei Bedarf auf *Automatisch* umzuschalten.

Die Wiedergabe von Videos wird wie eine Animation behandelt. Indem Sie die automatische Wiedergabe wählen, wird dem eingefügten Video die Animation *Wiedergabe* mit Startoption *Nach vorherigem beginnen* hinzugefügt. Rufen Sie die Registerkarte *Animationen* auf und blenden Sie dort den *Animationsbereich* ein, um das Wiedergabeverhalten des Videos bei Bedarf präziser zu steuern (siehe Abbildung 15.4).

Abbildg. 15.4 Die Wiedergabe von Videos wird wie eine Animation behandelt und kann über den *Animationsbereich* gesteuert werden

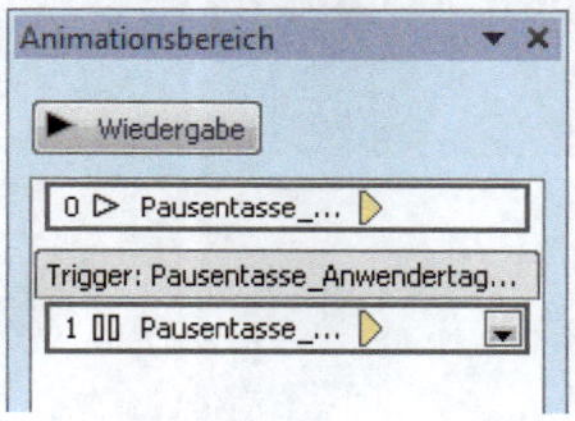

Wiedergabeeinstellungen am Beispiel einer animierten Pausenfolie

Am Beispiel einer animierten Pausenfolie lassen sich die verschiedenen Einstellungen, um ein Video zu steuern, gut zeigen.

CD-ROM Im Ordner *\Buch\Kap15* finden Sie die im folgenden Beispiel verwendete Videodatei *Pausentasse_ohne_Text.wmv* und die fertige Präsentationsdatei *Pausentasse_animiert.pptx*.

Zur Ankündigung der Pause und quasi als Bildschirmschoner während der Pause soll eine Folie mit einer dampfenden Tasse erstellt werden. Der dazu verwendete Film ist so geschnitten, dass er in einer Endlosschleife abgespielt werden kann, in der Ende und Anfang nahtlos ineinander übergehen. Zudem lässt er links Platz für einen Text und kann rechts auf der neutralen Tasse mit einem Logo individualisiert werden.

Nachdem der Film auf einer leeren Folie eingefügt wurde, wird als Erstes der Start auf *Automatisch* umgestellt (siehe vorangegangenen Abschnitt), denn die Animation soll sofort beim Wechsel zu dieser Folie einsetzen.

In der gleichen Gruppe *Videooptionen* auf der Registerkarte *Videotools/Wiedergabe* finden sich die meisten der weiteren benötigten Einstellungen. Um den Film mehrfach in einer Endlosschleife zu zeigen, aktivieren Sie neben der *Start*-Option das Kontrollkästchen *Endloswiedergabe*.

Da das Video auf dieser Folie weder gestartet noch zwischendurch angehalten werden muss, sind die standardmäßig eingeblendeten Videosteuerelemente überflüssig bzw. sogar störend. Diese Einstellung finden Sie nicht bei den Videotools, sondern auf der Registerkarte *Bildschirmpräsentation*. Deaktivieren Sie dort das Kontrollkästchen *Mediensteuerelemente anzeigen*.

ACHTUNG Sie können die Mediensteuerelemente nur für die komplette Präsentation ein- oder ausschalten, nicht für einen individuellen Film. Die Leiste verschwindet aber nach etwa einer Sekunde automatisch, wenn Sie den Mauszeiger nicht bewegen.

Ergänzen Sie das Video noch um den Text »Pause« bzw. die Dauer der Pause und fügen Sie auf der Tasse Ihr Logo ein (siehe weiter hinten in diesem Kapitel den Abschnitt »Videos mit anderen Objekten kombinieren«).

Abbildg. 15.5 Die fertige animierte Pausenfolie mit Video, Text und Logo

Weitere Wiedergabeeinstellungen

Die Wiedergabe im *Vollbildmodus* ist in diesem Falle nicht erforderlich, da das Video foliengroß ist. Sie ist aber zum Beispiel empfehlenswert, wenn Sie mehrere Videos von einer Folie aus starten wollen und sie deshalb auf die Größe kleiner Vorschaubildchen verkleinern.

Die aktivierte Option *Nach Wiedergabe zurückspulen* steuert, welches Bild nach dem Beenden des Videos sichtbar ist. Normalerweise ist dies das letzte Bild des Videos. Wollen Sie stattdessen das Startbild erneut zeigen, müssen Sie diese Option aktivieren.

Wollen Sie das Video nur anzeigen, sobald es gestartet ist, wählen Sie *Ausblenden, wenn keine Wiedergabe erfolgt*. In diesem Fall müssen Sie aber, zum Beispiel mithilfe einer selbst gezeichneten Schaltfläche auf der Folie, die Sie per Trigger-Animation mit dem Video verknüpfen oder durch Integration in die Animationsreihenfolge, dafür sorgen, dass das Video in der Bildschirmpräsentationsansicht gestartet werden kann, ohne dass es angeklickt wird.

Videos mit Animationen kombinieren

Das Video in Abbildung 15.6 wurde in die Abbildung eines Fernsehbildschirms eingepasst, indem es mit einer leichten perspektivischen 3D-Drehung gedreht und oben und unten zugeschnitten wurde. Es soll nun per Klick auf die »Fernbedienung« gestartet werden.

1. Nachdem das Video angeklickt wurde, wird ihm auf der Registerkarte *Animationen* der Effekt *Wiedergabe* zugewiesen.
2. Mit *Trigger/Beim Klicken auf* wird als Auslöser der Trigger-Animation die Fernbedienungsgrafik ausgewählt.

Abbildg. 15.6 Das Video wurde in einen Fernsehbildschirm eingepasst und wird mit Klick auf die Fernbedienung gestartet

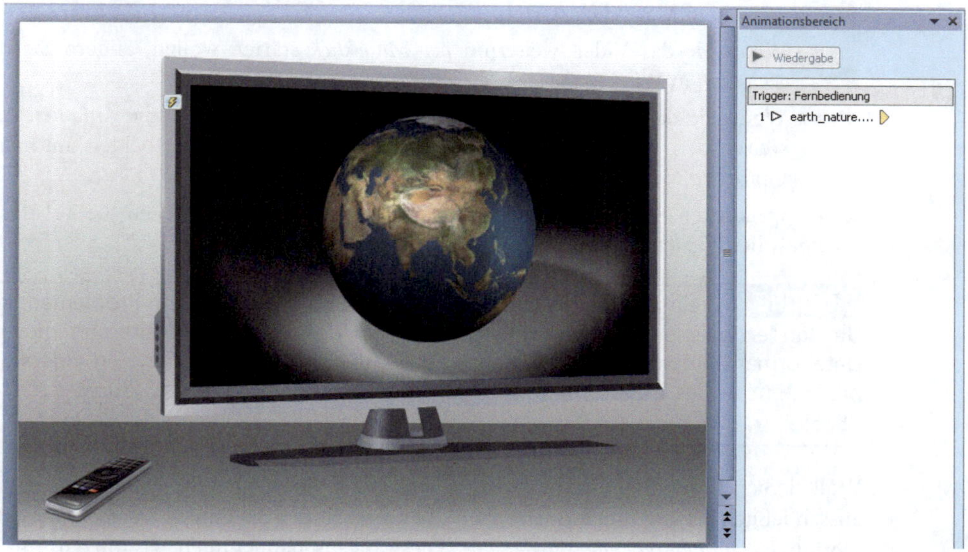

CD-ROM Die fertige Beispieldatei *Fernbedienung.pptx* sowie die darin verwendeten Video- und Grafikdateien finden Sie im Ordner *\Buch\Kap15*.

Mit der beschriebenen Vorgehensweise können Sie natürlich auch selbst gezeichnete Start-Buttons zum Steuern Ihrer Videos verwenden (ähnlich wie in Kapitel 14 für Sounddateien beschrieben).

Videos mit anderen Objekten kombinieren

Während Videos in älteren PowerPoint-Versionen grundsätzlich im Vordergrund abgespielt wurden, können Sie nun Objekte, also Schrift, Zeichnungen und auch Fotos, über das Video legen. So könnten Sie zum Beispiel Schaltflächen zeichnen, diese direkt auf das Video legen und wie oben beschrieben animieren; oder die weiter oben beschriebene »Pausentasse« mit Ihrem Logo versehen.

Multimedia

Weitere Beispiele, wie Sie Videos mit Untertiteln und Hervorhebungen kombinieren, finden Sie weiter hinten in diesem Kapitel im Abschnitt »Video mit Untertiteln: Sprungmarken für Trigger-Animationen nutzen«.

Video über mehrere Folien

So wie Sie einen Sound über mehrere Folien abspielen lassen können (siehe hier Kapitel 14), können Sie auch ein Video über mehrere Folien abspielen lassen:

1. Fügen Sie das Video auf der ersten Folie ein, auf der es zu sehen sein soll.
2. Wechseln Sie zur Registerkarte *Animationen* und blenden Sie den *Animationsbereich* ein.
3. Dem Video wurde automatisch die Animation *Anhalten* zugewiesen sowie ein *Trigger*, damit es erst bei einem Mausklick startet.
   - Wenn Sie das Video weiterhin *per Mausklick* starten wollen, ändern Sie die Animation *Anhalten* in *Wiedergabe*.
   - Wenn Sie das Video *automatisch* starten wollen, löschen Sie die *Anhalten*-Animation und weisen dem Video die Animation *Wiedergabe* und eine der beiden automatischen *Start*-Optionen *Nach Vorherigen* oder *Mit Vorherigen* zu.
4. Doppelklicken Sie im *Animationsbereich* auf das Video und stellen Sie auf der Registerkarte *Effekt* bei *Wiedergabe beenden* die gewünschte Anzahl Folien ein.

ACHTUNG Falls es bei QuickTime- oder MPEG-4-Dateien zu Problemen kommt (unter Umständen weist eine Fehlermeldung darauf hin, dass die Dateierweiterung *.mov* nicht mit dem Dateiformat übereinstimmt), müssen Sie das Video mit einem geeigneten Videokonvertierungsprogramm in das Dateiformat WMV umwandeln (siehe auch *http://support.microsoft.com/kb/982692*).

Wollen Sie in der Präsentationsvorlage ein Video über mehrere Folien abspielen, eignen sich ausschließlich Flash-Animationen (SWF). Für diese finden Sie unter *Videotools/Wiedergabe/Start* die Option *Folienübergreifende Wiedergabe*. Diese Eigenschaft können Sie nutzen, um ein Video im Folienmaster einzufügen und so animierte Vorlagen zu erstellen. Ordnen Sie dabei das Video auf einer Position neben den Platzhaltern an, denn es würde sonst beim Abspielen die Platzhalterinhalte verdecken.

TIPP Videos über mehrere Folien oder im Folienhintergrund sind geeignet, um auf Titel-, Zwischen- oder Pausenfolien die Aufmerksamkeit auf sich zu ziehen. Bedenken Sie aber, dass sie leicht von den eigentlichen Folieninhalten ablenken können, und setzen Sie Videohintergründe sparsam und gezielt ein.

Neue Möglichkeiten, Videos zu formatieren

In PowerPoint 2010 neu hinzugekommen sind umfassende Möglichkeiten, Videos zu formatieren. Fast alle Effekte, die Sie auf Bilder anwenden können (siehe Kapitel 6), können Sie nun auch auf Videos anwenden.

Die Farbe von Videos anpassen

Auf der Registerkarte *Videotools/Format* stehen Ihnen in der Gruppe *Anpassen* einige Möglichkeiten zur Verfügung, die Farbe des eingefügten Videos zu verändern.

Korrekturen ermöglicht Ihnen, in einem unter- oder überbelichteten Video Helligkeit und Kontrast zu verändern. So können Sie sowohl ein nicht ganz optimales Video »retten« oder auch die Helligkeit mehrerer unterschiedlicher Videos anpassen, um sie so einheitlicher erscheinen zu lassen.

Farbe erlaubt Ihnen, das Video in einem Farbton einzufärben. So können Sie beispielsweise ein Video durch einen Sepia-Ton künstlich altern lassen oder aus einem Farbfilm einen Schwarz-Weiß-Film machen.

Rand- und Formeffekte auf Videos anwenden

Ein Motiv freizustellen, so wie für Bilder beschrieben (siehe Kapitel 6), funktioniert bei Videos nicht. Dazu sind die Bewegungen in den meisten Videos zu komplex. Sie können jedoch

- ein Video mit Randeffekten versehen,
- die Videoform ändern und
- die Bildgröße zuschneiden.

Durch geschickte Kombination dieser Funktionen erreichen Sie interessante Effekte (siehe Abbildung 15.7), bei einfachen Motiven ist sogar fast ein Freistelleffekt möglich (wie im Globus-Beispiel in Abbildung 15.8).

TIPP Sofern es das Motiv zulässt, können Sie mit dem Befehl *Zuschneiden* aus einem Video im 4:3-Format ein Breitbildvideo machen. Im Gegensatz zu Bildern finden Sie hier allerdings keine vordefinierten Seitenverhältnisse. Ordnen Sie deshalb die Führungslinien vorher so an, dass sie einen »Rahmen« im gewünschten Format eingrenzen.

Ein Video in mehrere Teile aufteilen

Abbildg. 15.7 Die Vögel fliegen durch ein geteiltes Video-Triptychon

CD-ROM Die Beispieldatei zu diesem Abschnitt finden Sie in der Datei *Geteiltes-Video.pptx* im Ordner *\Buch\Kap15* auf der CD zum Buch.

Nur wenige Schritte sind für das »Video-Triptychon« aus Abbildung 15.7 erforderlich:

1. Fügen Sie dasselbe Video dreifach ein und ordnen Sie die drei Kopien deckungsgleich an.
2. Blenden Sie die Führungslinien ein und markieren Sie damit die Stellen, an denen das Video geteilt werden soll.
3. Mit *Videotools/Format/Zuschneiden* schneiden Sie das erste Video so zu, dass nur das linke Drittel übrig bleibt, vom zweiten nur das mittlere und vom dritten nur das rechte Drittel.
4. Mit *Videoeffekte/3D-Drehung* (auf derselben Registerkarte etwas weiter links) drehen Sie die beiden äußeren Teile in einer Parallel-Perspektive.
5. Wählen Sie aus dem Katalog der 41 *Videoformatvorlagen* einen geeigneten Randeffekt aus und ordnen Sie die drei Teile auf der Folie an.

Einen Globus altern lassen

In dem in Abbildung 15.8 gezeigten Beispiel wurden gleich mehrere Bearbeitungsmöglichkeiten kombiniert.

Abbildg. 15.8 Auf dieser Titelfolie dreht sich ein alter Globus

1. Fügen Sie das Foto eines alten Globus ein und entfernen Sie den Hintergrund (Freistellen ist in Kapitel 6 beschrieben).
2. Fügen Sie das Video mit dem Globus darüber ein.
3. Färben Sie es mit dem Befehl *Farbe* in einem passenden Braunton ein. Im einfachsten Fall reicht die *Sepia*-Voreinstellung, im Beispiel wurde mit *Videofarboptionen* der Braunton noch angepasst.
4. Verändern Sie mit *Videoform* die Form des Videos zu einer Ellipse.
5. Mit dem Befehl *Zuschneiden* machen Sie aus der Ellipse einen Kreis und schneiden auch die oberen und unteren Ränder weg.
6. Passen Sie die Größe der Erdkugel an die Globus-Abbildung an und ordnen Sie sie deckungsgleich an.
7. Mithilfe des grünen Ziehpunkts oben drehen Sie nun das Video noch, sodass seine Neigung der Erdachse entspricht.

TIPP Haben Sie Ihre Videokamera bei der Aufnahme um 90 Grad gedreht, um ein hochformatiges Video zu erhalten, wird dies im Media Player querformatig auf der Seite liegend abgespielt. Auf einer PowerPoint-Folie können Sie es mithilfe des grünen Ziehpunkts in die richtige Lage drehen. Halten Sie dabei die ⇧-Taste gedrückt, um das Video in 15-Grad-Schritten zu drehen und so exakter ausrichten zu können.

Ein passendes Anfangsbild festlegen

Viele Videos beginnen mit einem schwarzen Anfangsbild oder haben einen eher nichtssagenden Anfang. Um dies zu korrigieren, benötigen Sie den Befehl mit dem eher sperrigen Namen *Posterrahmen* (hierbei handelt es sich um eine wörtliche Übersetzung des im Englischen gebräuchlichen Begriffs »poster frame«). Dieses Bild wird angezeigt, bevor das Video gestartet wird. Wenn Sie die Schaltfläche anklicken, stehen Ihnen drei Optionen zur Verfügung:

- Mit *Aktueller Rahmen* wählen Sie die gerade angezeigte Szene als Startbild aus. (Diese Option steht Ihnen nur zur Verfügung, wenn Sie zuvor auf der Mediensteuerelementeleiste unterhalb des Videos die entsprechende Stelle, die nicht dem ersten Bild entsprechen darf, ausgewählt haben.)
- *Bild aus Datei* ermöglicht Ihnen, ein auf Ihrer Festplatte gespeichertes Bild als Startbild zu verwenden. (Achten Sie auf gleiche Seitenverhältnisse von Film und Bild, um es nicht zu verzerren.) Dies könnte bei einer Produktvorstellung zum Beispiel ein Logo sein, oder ein als Bild gespeicherter Titelschriftzug.
- *Zurücksetzen* ermöglicht Ihnen, Ihre Auswahl zu korrigieren.

HINWEIS Bitte verwechseln Sie diesen Befehl nicht mit der Schaltfläche *Entwurf zurücksetzen* daneben, die alle bisher am Video vorgenommenen Änderungen gleichzeitig rückgängig macht, wahlweise mit oder ohne eine eventuelle Größenänderung.

Ihr eigener Regisseur: Videoschnitt innerhalb von PowerPoint

PowerPoint 2010 ermöglicht Ihnen einen einfachen Videoschnitt, der in manchen Fällen ein gesondertes Videobearbeitungsprogramm überflüssig macht.

Ein Video kürzen

Eine häufig vorkommende Aufgabe ist das Kürzen von Videos, indem der Anfang oder das Ende beschnitten wird. Rufen Sie dazu den Befehl *Video kürzen* auf der Registerkarte *Videotools/Wiedergabe* auf. Nun können Sie drei verschiedene Vorgehensweisen nutzen (die Sie natürlich auch miteinander kombinieren können):

- Verschieben Sie die grüne und die rote Markierung auf der Zeitleiste, um Anfang und Ende neu festzulegen.
- Geben Sie *Start-* und/oder *Endzeit* als Zahlenwerte in die entsprechenden Felder ein.

- Springen Sie mit den beiden Schaltflächen links und rechts der *Wiedergabe*-Schaltfläche viertelsekundenweise vor bzw. zurück.

Die türkisfarbene Markierung zeigt dabei die Position des aktuell in der Vorschau sichtbaren Bildes an.

Abbildg. 15.9 Die Funktion *Video kürzen* ersetzt in einigen Fällen ein separates Videobearbeitungsprogramm

TIPP Leider können Sie nur Anfang und Ende beschneiden, nicht aber eine Szene aus der Mitte des Films herausschneiden. Diesen Effekt erzielen Sie, indem Sie den Film zweimal deckungsgleich einfügen. Bei der ersten Kopie beschneiden Sie das Ende bis zum Ende der ersten sichtbaren Szene. Bei der zweiten Kopie beschneiden Sie entsprechend den Anfang. Weisen Sie dem ersten Film eine beliebige Beenden-Animation zu, die ihn nach der Wiedergabe ausblendet. Dem zweiten Teilvideo weisen Sie eine Wiedergabe-Animation zu, die nach dem Ausblenden des ersten Teils automatisch startet.

Auch wenn Sie hierfür den Film zweimal einfügen müssen, wächst Ihre Präsentationsdatei nicht stark an, denn PowerPoint »merkt«, dass es sich um dieselbe Videodatei handelt und greift zweimal auf dieselbe Datei zu.

Professionelles Ende durch Ausblenden

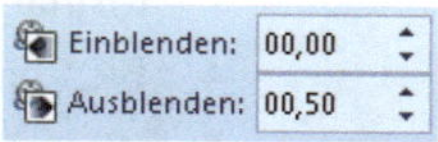

Der Spielfilm ist zu Ende, der Held reitet in den Sonnenuntergang und das Bild wird langsam ausgeblendet … Was im Kino längst üblich ist, erreichen Sie in PowerPoint nun auch mit den Befehlen *Einblenden* und *Ausblenden*

direkt rechts neben der Schaltfläche *Video kürzen*. Verändern Sie den Wert in Viertelsekundenschritten mit den kleinen Pfeilschaltflächen oder tippen Sie einen Wert ein.

Szenen markieren durch Sprungmarken

Innerhalb eines Videos können Sie Szenen oder Kapitel durch sogenannte *Sprungmarken* markieren. Diese ermöglichen Ihnen, während das Video abgespielt wird, mit oder ohne Animation gezielt zu einer vorher festgelegten Stelle zu springen.

Sprungmarken einfügen

Das Hinzufügen von Sprungmarken ist mit wenigen Mausklicks erledigt:

1. Navigieren Sie auf der Steuerelementeleiste zu der Stelle, an der Sie die erste Sprungmarke einfügen wollen.
2. Mit den beiden Pfeilen rechts von der Zeitleiste können Sie viertelsekundenweise vor und zurück springen.
3. Setzen Sie die Markierung durch Klicken auf *Sprungmarke hinzufügen*.

TIPP Planen Sie die Reihenfolge der Sprungmarken, bevor Sie sie setzen. Die Sprungmarken werden in der Reihenfolge des Einfügens durchnummeriert. Wenn diese Reihenfolge auch der chronologischen Reihenfolge auf der Zeitleiste entspricht, erleichtern Sie sich die Verwendung als Trigger.

Sprungmarken während der Präsentation verwenden

Wenn Sie in der Bildschirmpräsentationsansicht den Mauszeiger über das Video bewegen, wird die Steuerelementeleiste eingeblendet. (Dazu dürfen Sie natürlich nicht die Anzeige der Mediensteuerelemente ausgeschaltet haben.) Klicken Sie nun auf die gewünschte Sprungmarke, um zu der entsprechenden Szene zu springen. So können Sie einerseits während der Präsentation Teile des Videos gezielt überspringen. Andererseits können Sie so auch Szenen wiederholen.

Mit den Tastenkombinationen Alt+Ende und Alt+Pos1 können Sie zwischen den Sprungmarken vor und zurück springen, während der Film läuft.

Video mit Untertiteln: Sprungmarken für Trigger-Animationen nutzen

Sprungmarken können Sie aber auch für die Synchronisation von Videos mit anderen Objekten nutzen. So können Sie zum Beispiel Untertitel oder andere Texte über das Video legen und mithilfe der Sprungmarken mit den Inhalten synchronisieren.

1. Fügen Sie das Video auf der Folie ein.
2. Versehen Sie es bei den gewünschten Szenen mit *Sprungmarken*.
3. Zeichnen Sie ein Rechteck in der Breite des Videos und formatieren Sie es wie gewünscht, zum Beispiel mit einem passenden transparenten Farbverlauf. Geben Sie ein Wort Mustertext ein und formatieren Sie es passend.
4. Blenden Sie den *Animationsbereich* ein.
5. Weisen Sie dem Rechteck eine *Eingangs-* und eine *Beenden-Animation* mit der *Start*-Option *Nach Vorherigen* zu.

Abbildg. 15.10 Wie bei einer Nachrichtensendung kommentieren Untertitel das Video

6. Kopieren Sie das formatierte Rechteck in der benötigten Anzahl. Ordnen Sie die Rechtecke zunächst untereinander unterhalb des Videos an.
7. Geben Sie die endgültigen Texte ein.
8. Markieren Sie den ersten Untertitel und klicken Sie auf der Registerkarte *Animationen* auf *Trigger*. Wählen Sie den Eintrag *Bei Sprungmarke* aus und in der daraufhin erscheinenden Liste den *Namen* der ersten Sprungmarke.
9. Weisen Sie den zweiten Trigger bei der nächsten Sprungmarke der Beenden-Animation des ersten Untertitels zu.
10. Wiederholen Sie diese beiden Schritte für alle weiteren Untertitel.
11. Schieben Sie die Untertitel über das Video und ordnen Sie sie mit *Start/Anordnen/Ausrichten* präzise übereinander am unteren Rand des Videos an.

CD-ROM Das fertige Video finden Sie in der Beispieldatei *Sprungmarken-als-Trigger.pptx* im Ordner *\Buch\Kap15* auf der Buch-CD.

TIPP Natürlich können Sie diese Vorgehensweise auch nutzen, um Hervorhebungen wie Pfeile oder Kästchen während der Laufzeit des Videos an den passenden Stellen einzublenden.

Multimedia

Lautstärkeregelung in Videos

Videos, die aus verschiedenen Quellen stammen, weisen oft unterschiedliche Lautstärke auf. Oder es soll ein Tonfilm ohne seinen Ton abgespielt werden, weil der Vortragende selbst einen Kommentar dazu sprechen will.

Beides ist möglich über *Videotools/Wiedergabe/Lautstärke*. Dort können Sie zwischen den drei Stufen *Niedrig, Mittel* und *Hoch* wählen – oder den *Ton ausschalten*.

Ein Video neu vertonen mit einer eigenen Sounddatei

Sie können diese Einstellung aber auch nutzen, um ein Video neu zu vertonen:

1. Klicken Sie das Video an. Wählen Sie *Videotools/Wiedergabe/Lautstärke/Ton aus.*
2. Fügen Sie eine separate Sounddatei mit *Einfügen/Audio* ein.
3. Bearbeiten Sie sie gegebenenfalls (wie in Kapitel 14 beschrieben). Achten Sie dabei auf gleiche Länge der Video- und der Audiodatei.
4. Weisen Sie der Sounddatei die Animation *Wiedergabe* hinzu und setzen Sie den Start auf *Mit Vorherigen*, damit sie gleichzeitig mit dem Video gestartet wird.

HINWEIS Sie können nicht nur Videos in Präsentationen einfügen, sondern auch aus einer Präsentation ein Video erstellen. Mehr dazu erfahren Sie in Kapitel 17.

Zusammenfassung

Eingefügte Videos können eine Präsentation bereichern. Dank der neuen Möglichkeiten in PowerPoint 2010 werden Filme problemloser eingefügt und abgespielt. Zudem können Sie die Videos innerhalb der Präsentation weiterbearbeiten.

Die Highlights fassen wir hier noch einmal für Sie zusammen:

Thema	Seite
Die Grundlagen: Dateiformate	420
Einbetten oder Verknüpfen?	426
Videos steuern	430
Die Vielfalt der Bearbeitungsmöglichkeiten kennen und nutzen	435
Trigger-Animationen für Videos: Sprungmarken	440

Teil E

Teamarbeit

Mit PowerPoint allein können Sie gute Präsentationen erstellen. Aber richtig interessant und effizient wird es, wenn Sie PowerPoint mit anderen Programmen kombinieren und über die Grenzen von PowerPoint hinausgehen.

Wie gelangen Diagramme aus Excel in Ihre Folien, wie lässt sich aus einer Gliederung in Word im Handumdrehen eine Präsentation erstellen? In diesem Teil können Sie es an konkreten und praktischen Beispielen nachvollziehen.

Erfahren Sie außerdem, was beim Weitergeben von Präsentationen zu beachten ist, welche neuen Funktionen PowerPoint 2010 für die Zusammenarbeit im Team bereithält und wie Sie das Programm an Ihre Bedürfnisse und Arbeitsgewohnheiten anpassen.

Kapitel 16

PowerPoint im Zusammenspiel mit Word und Excel

In diesem Kapitel:

Zwischen den Microsoft Office-Programmen Word, Excel, PowerPoint, OneNote und Outlook gibt es vielfältige Varianten für den Datenaustausch. Sie können Texte oder Tabellen aus der einen Anwendung in die Zwischenablage kopieren und daraus in die andere wieder einfügen. Einfügeoptionen erleichtern Ihnen die Anpassung der Formate an das Zielprogramm.

Zwischen Word und PowerPoint gibt es über die Zwischenablage hinausgehende besondere Fälle der Zusammenarbeit. Sie können eine PowerPoint-Präsentation an Word senden, um Handzettel und Notizen zum effektiven Druck vorzubereiten. Umgekehrt können Sie eine Word-Gliederung nach PowerPoint holen, um daraus das Grundgerüst einer Präsentation zu erstellen.

Das Verhältnis von PowerPoint und Excel hat sich – wenn man diesen Vergleich aus den zwischenmenschlichen Beziehungen benutzen darf – bereits mit der Version 2007 entscheidend verbessert. Das in die Jahre gekommene Microsoft Graph als Lieferant für Diagramme auf Folien hatte sich zur Ruhe gesetzt und mit Excel endlich den würdigen Nachfolger bekommen. Und da dessen Diagrammmöglichkeiten noch einmal deutlich angehoben wurden, steht der Visualisierung von Zahlendaten mit Start aus PowerPoint heraus nichts mehr im Wege.

Oft allerdings werden durch Anwender die Vorbereitungen bereits unter Excel getroffen (oder ergeben sich aus der täglichen Arbeit), und dann ist es notwendig, Informationen schnell aus dem einen Programm in das andere zu bringen. Dieses Kapitel widmet sich Wegen und Möglichkeiten, die angesprochene Aufgabenstellung zügig und ohne Fehler zu bewerkstelligen.

Sehr oft wird von Anwendern die Forderung aufgestellt, während einer Präsentation »lebende« Zahlen ins Spiel zu bringen. Herkömmliche Arbeitsblätter können diese Aufgabe nicht meistern (wenn man von der Variante absieht, Dutzende von Szenarien für einen Vortrag erahnt und auf Folien vorbereitet zu haben). Hier kann die Spreadsheet-Webkomponente, die bei Microsoft zum Download bereitsteht, Abhilfe schaffen. Excel fungiert dann als Datenlieferant. Den Details widmet sich der letzte und kleinste Teil dieses Kapitels.

CD-ROM Einige Beispieldateien zum Nachvollziehen der in diesem Kapitel angesprochenen Themen befinden sich im Ordner *\Buch\Kap16* der Begleit-CD.

Aus einer Word-Gliederung eine Präsentation erzeugen

Eine erste Stoffsammlung für die Präsentation fertigen Sie komfortabler in Word als in PowerPoint an. Es bietet sich daher an, die grobe Themengliederung erst einmal als Word-Dokument zu erstellen. Diese Datei dient als Basis für die Präsentation. Erwarten Sie aber nicht zu viel: Word liefert lediglich die Folientitel und die Aufzählungen. Längere Textpassagen mit Standardtext, Tabellen oder Grafiken werden nicht automatisch übertragen. Umfangreiche Nacharbeiten in PowerPoint bleiben Ihnen daher nicht erspart.

Vorbereitungen in Word

PowerPoint übernimmt aus Word alle die Textteile, die mit den Formatvorlagen *Überschrift1* bis *Überschrift9* formatiert wurden, alle anderen Texte werden ignoriert. Überschriften der ersten Ebene werden zum Folientitel, alle weiteren Überschriftebenen werden als gegliederte Texte in die Textplatzhalter der Folie geschrieben. Wichtig ist daher eine durchdachte Gliederung des Word-Textes mit den Formatvorlagen *Überschrift1*, *Überschrift2* usw.

TIPP Es ist nicht empfehlenswert, zu viele Gliederungsebenen auf einer Folie zu verwenden. Beschränken Sie sich schon der Übersicht wegen in Word auf maximal vier Ebenen.

Absätze, denen Sie in Word keine Überschriftformatvorlage zugewiesen haben, werden nicht in PowerPoint übernommen. Ungegliederte Texte, in denen gar keine Überschriftformatvorlagen verwendet wurden, versucht PowerPoint selbst zu strukturieren. Eingerückte Texte und Absätze mit Aufzählungszeichen werden dabei als Überschrift verstanden. Allerdings haben Sie keinen Einfluss auf das Geschehen, PowerPoint erarbeitet eine Präsentation nach seinen Regeln.

Speichern und schließen Sie die Word-Datei. Es gibt zwei Wege, den Text in PowerPoint zu übernehmen:

- Klicken Sie bei geöffneter Präsentation auf der Registerkarte *Start* auf den Dropdownpfeil der Schaltfläche *Neue Folie* und dann auf *Folien aus Gliederung*. Markieren Sie die Word-Datei und klicken Sie auf *Einfügen*.
- Alternativ und mit Bedacht wählen Sie in PowerPoint auf der Registerkarte *Datei* den Befehl *Öffnen*. Stellen Sie den Dateityp auf *Alle Dateien (*.*)* und markieren Sie die Word-Datei. Klicken Sie anschließend auf *Öffnen*.

Im ersten Fall werden die neuen Folien in die bestehende Präsentation integriert, im zweiten wird eine komplett neue Präsentation aus der Gliederung erstellt. Diese hat das Standarddesign der leeren Präsentation. In beiden Fällen werden die Formatierungen des Word-Textes nur teilweise an die Präsentation angepasst:

- Als Schriftart wird bis auf Ausnahmen die Schrift *Times New Roman* zugewiesen. Weder die Schriftart aus Word noch die aus der aktuellen PowerPoint-Präsentation kommt zur Anwendung.
- Die Schriftgrößen werden an die der Präsentation angepasst.
- Die Schriftfarbe wird aus Word übernommen.

TIPP Um die entstandenen Folien möglichst schnell auf das Design und auf das angezeigte Layout zu bringen, markieren Sie in der Normalansicht oder besser in der Foliensortierung alle Folien. Wählen Sie dann *Start/Folien/Zurücksetzen*.

Notizen und Handzettel nach Word exportieren

PowerPoint bietet mit Notizen und Handzetteln zwei Varianten des Ausdrucks an, die sich für Teilnehmerunterlagen oder Dozentennotizen eignen. Mit Handzetteln oder Handouts drucken Sie eine oder mehrere Folien pro Seite aus. Diese Unterlage ist für die Teilnehmer Ihres Vortrags geeignet. Sie finden die Möglichkeit, Handzettel zu drucken, unter *Datei/Drucken* und legen dort das gewünschte fest (siehe Abbildung 16.1).

Abbildg. 16.1 Optionen beim Drucken – Handzettel versus Notizen

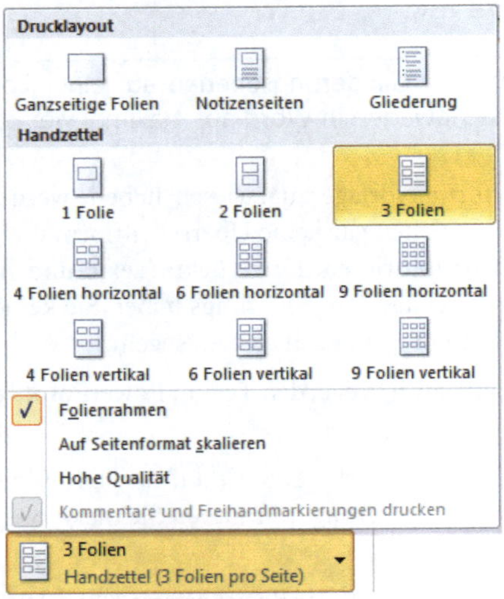

Mehr Möglichkeiten als Handzettel bietet die Auswahl von *Notizen*. Sie können passend zur Folie Zitate, genaue Formulierungen oder Zahlen aufschreiben und später ausdrucken. So haben Sie während des Vortrags dann schnell alle relevanten Fakten zur Hand. Allerdings können Sie nicht zwischen Notizen für den Vortragenden und weiteren Notizen für die Zuschauer unterscheiden. Mit zwei in den Folien identischen, aber hinsichtlich der Notizen verschiedenen Präsentationen haben Sie einen Workaround, der allerdings wegen der Dopplungen pflegeaufwendig sein kann. Auch können Sie nicht mehr als eine halbe Seite Notizentext sinnvoll unterbringen, es sei denn, Sie sind mit Zusatzseiten einverstanden.

Diese Anwendungsfälle können Sie flexibel in der Zusammenarbeit mit Word behandeln.

1. Rufen Sie auf der Registerkarte *Datei* den Befehl *Speichern und Senden/Handzettel erstellen/ Handzettel erstellen* auf.

Abbildg. 16.2 Layoutvarianten für Handzettel

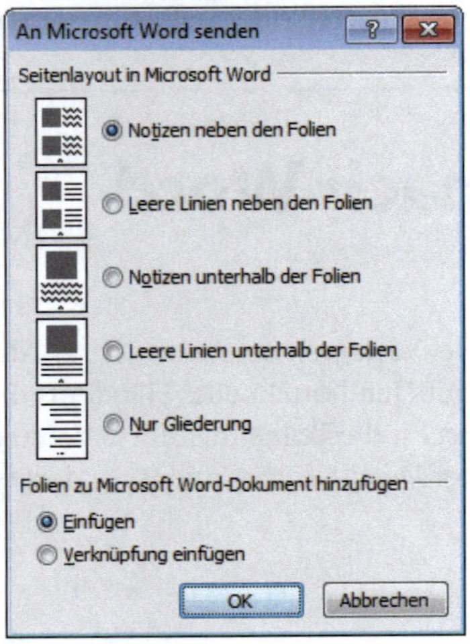

2. Entscheiden Sie im erscheinenden Dialogfeld, ob die Foliennotizen übertragen werden sollen und wie die Anordnung sein soll (siehe Abbildung 16.2).
3. Um die Folien im Word-Dokument auf dem gleichen Stand zu halten wie in der PowerPoint-Präsentation (eine doppelte Pflege entfällt somit), aktivieren Sie die Option *Verknüpfung einfügen*.
4. Bestätigen Sie Ihre Auswahl mit Klick auf *OK*.

Bei umfangreichen Notizen ist es empfehlenswert, die Variante *Notizen unterhalb der Folien* zu wählen. Word 2010 übernimmt auch Notizen, die über eine halbe Seite hinausgehen und verteilt den Text gegebenenfalls auf mehrere Seiten. Erst danach wird die folgende Folie eingefügt.

In Word baut sich nach einigen Sekunden ein neues Dokument auf, in das die Folien und eventuell auch die Notizen eingefügt werden, gelegentlich wartet Word im Hintergrund auf einen aktivierenden Klick.

Das fertige Skript in Word bearbeiten

Wenn Sie die Variante *Notizen neben den Folien* oder *Leere Linien neben den Folien* gewählt haben, erstellt Word eine dreispaltige Tabelle. Die linke Spalte nimmt die Nummerierung der Folien auf, die mittlere Spalte enthält die Folien und die rechte Spalte entweder die Notizen oder die Leerzeilen. Diese Word-Tabelle können Sie wie gewohnt bearbeiten: Sie können die Spaltenbreite verändern, die Ausrichtung des Textes innerhalb der Spalte anpassen oder eine andere Schriftart oder -größe wählen.

Das Tabellenlayout ist besonders gut für Skripte für den Vortragenden geeignet. Allerdings sollten Sie die Tabelle neu formatieren:

- Ändern Sie die Schriftgröße. Bedenken Sie, dass Sie das Skript aus ein paar Schritt Entfernung oder bei schlechten Lichtverhältnissen noch lesen müssen. Besonders die Foliennummern sollten daher größer als gewöhnlich sein.
- Passen Sie die Spaltenbreite an. Die linke Spalte für die Foliennummer ist zu breit, ziehen Sie sie schmaler.
- Stellen, an denen Sie das Thema wechseln oder eine Pause planen, können Sie besonders markieren. Sie können auch einen Seitenwechsel einfügen.
- Richten Sie eine Kopf- und Fußzeile ein. Besonders wichtig ist die Seitennummerierung in der Form *Seite x von y*. Geraten die Blätter beim Vortrag durcheinander, können Sie die korrekte Reihenfolge schnell wiederherstellen.

PROFITIPP Ein gutes Handout für die Zuhörer besteht nicht nur aus den ausgedruckten Folien. Es ist sehr viel nutzbringender für Ihr Publikum, wenn Sie ein aussagestarkes und eindrucksvolles Skript erstellen. Nehmen Sie dazu als Grundlage die Folien und Ihre Foliennotizen. Veröffentlichen Sie die Handzettel in Word. Da Sie das mehrfach tun können, lassen sich auf diesem Wege viele verschiedene Zusammenstellungen erzeugen. Eine dient zum Beispiel als Handzettel für die Teilnehmer, eine andere vielleicht als Kurzfassung für den Vortragenden.

- Bei umfangreichen Notizen wählen Sie die Option *Notizen unterhalb der Folien*, ansonsten aktivieren Sie *Notizen neben den Folien*.
- Aktivieren Sie *Verknüpfung einfügen*, damit sich die Folien im Word-Dokument immer aktualisieren.

- Bearbeiten Sie die Notizen in Word nach und ergänzen Sie sie um alle Informationen, die wichtig sind. Speichern Sie anschließend das oder die Word-Dokumente.

Sie haben jetzt neben der Präsentation eigenständige Skripte als Handzettel in Word. Diese sind auf die Bedürfnisse der Zielgruppe abgestimmt. Änderungen an den Folien in PowerPoint wirken sich durch die Verknüpfung sofort im Word-Dokument aus.

Informationen aus Word oder Excel einfügen

Bereits erfasste Texte müssen Sie nicht neu schreiben – Sie können alles aus dem Ursprungsprogramm kopieren und in PowerPoint einfügen. Aber überlegen Sie immer den Sinn eines solchen Vorgehens. Die Folie ist keinesfalls geeignet, längere Fließtexte oder umfangreiche Tabellen aufzunehmen. Die Informationsdichte solcher Texte ist viel zu hoch, um sie noch auf einen Blick erfassen zu können. Meistens ist es besser, den Text neu zu formulieren, ihn zusammenzufassen und Stichwörter zu formulieren. Tabellen sollten möglichst grafisch dargestellt und in Form von Diagrammen oder Schaubildern gezeigt werden.

Zwischenablage nutzen – der Normalfall

Die einfachste Variante, Texte zu übernehmen, ist das Kopieren aus Word und das anschließende Einfügen in PowerPoint. Dabei erzeugen Sie eine unabhängige Kopie des Textes auf der Folie. Änderungen, die Sie in Word später am Text vornehmen, werden nicht an PowerPoint weitergereicht.

1. Öffnen Sie das Word-Dokument, aus dem Sie Text übernehmen möchten. Markieren Sie den Text.
2. Wählen Sie *Start/Zwischenablage/Kopieren* oder drücken Sie die Tastenkombination Strg+C.
3. Rufen Sie PowerPoint auf und zeigen Sie die Folie an, auf der der Text eingefügt werden soll.
4. Wählen Sie *Start/Zwischenablage/Einfügen* oder drücken Sie die Tastenkombination Strg+V.

Der Text wird beim Einfügen unterschiedlich formatiert, je nach Ort des Einfügens: Fügen Sie den Text in einen Platzhalter für Aufzählungen ein, werden die Vorgaben für diesen Platzhalter übernommen. Fügen Sie den Text nicht in einen Platzhalter, sondern auf der Folie ein, wird ein Textfeld erzeugt und die Standardschrift für die Textfelder zugewiesen. Einfügeoptionen erlauben, dem Standard zuvorzukommen (siehe Abbildung 16.3). In beiden Fällen bietet sich direkt nach dem Einfügen eine Schaltfläche mit den Einfügeoptionen an, die die Formatierung steuert.

Abbildg. 16.3 Die Einfügeoptionen erlauben das Einfügen mit der ursprünglichen Word-Formatierung

Klicken Sie auf die Schaltfläche und wählen Sie zwischen den Möglichkeiten:

- *Zieldesign verwenden*: Der Text aus Word erhält die zum Design gehörenden Formate des Folienmasters oder des Textfeldes. Direkt zugewiesene Zeichenformate aus Word bleiben erhalten.
- *Ursprüngliche Formatierung beibehalten*: Der Text behält die Formate aus Word bei. Allerdings wird die Schriftgröße an PowerPoint angepasst.
- *Grafik*: Ein Bild wird eingefügt.
- *Nur den Text übernehmen*: Der Text wird in der Formatierung des Ziels übernommen.

Diese Art des Informationsaustauschs ist auch die einfachste, um Zellinhalte eines Arbeitsblattes ohne zusätzlichen Tippaufwand (und damit unter Vermeidung von Fehlern) von Excel nach PowerPoint zu bringen. Sie markieren die gewünschten Zellen und wählen *Kopieren* in der Gruppe *Zwischenablage* auf der Registerkarte *Start*. Dann wechseln Sie zu Ihrer Präsentation und fügen das »Gemerkte« über *Einfügen* an der ausgewählten Stelle ein. Das Ergebnis ist eine (nahezu) Eins-zu-eins-Übertragung von Zahlen und Formatierungen in eine PowerPoint-Tabelle (Sie erkennen das an den kontextbezogenen Registerkarten *Tabellentools* im Menüband). Wiederum haben Sie die Gelegenheit, durch Einfügeoptionen die Dinge im Griff zu behalten.

Abbildg. 16.4 Gezieltes Einfügen auch aus Excel

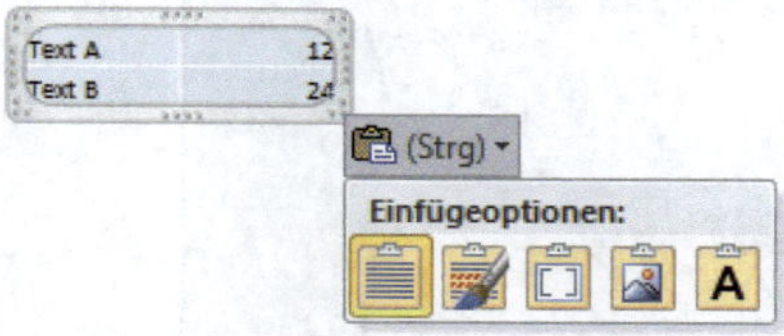

Die Auswahl ist hier etwas anders als bei Word-Importen:

- *Zielformatvorlagen verwenden*: Es wird die Formatierung von PowerPoint-Tabellen benutzt.
- *Ursprüngliche Formatierung beibehalten*: Der Text behält die Formate aus Excel bei. Das betrifft auch die Schriftgröße.
- *Einbetten*: Der markierte Ausschnitt wird als Excel-Arbeitsblattausschnitt eingefügt, erscheint wie ein Bild und öffnet nach Doppelklick Excel mit dem Fokus auf den Ausschnitt. Die eingebettete Arbeitsmappe ist eine Kopie der Quelle!
- *Grafik*: Ein Bild wird eingefügt.
- *Nur den Text übernehmen*: Der Text wird in der Formatierung des Ziels übernommen. Spalten werden durch Tabulatoren, Zeilen durch Umbrüche umgesetzt.

HINWEIS Tabellen auf Folien haben oft kaum etwas mit Visualisierung zu tun. Der Betrachter wird im Falle einer Tabelle gelegentlich mit einer unüberschaubaren Vielzahl von Informationen konfrontiert. Während der Vortragende spricht (er kennt diese Zahlen), versucht jeder der Zuschauer, die noch unbekannte Zahlenflut der Tabelle für sich zu erschließen. Folglich lässt an der Stelle die Aufmerksamkeit für den Vortragenden nach. Bedenken Sie dies, wenn Sie Tabellen auf Folien anzeigen wollen.

Außerdem wird beim Einfügen über die Zwischenablage die Formatierung, also auch die Schriftgröße des Originals, behalten. In aller Regel ist das der Lesbarkeit der Daten nicht dienlich, eine bessere Vorbereitung oder aber die Nachbesserung ist also notwendig.

Zwischenablage nutzen – Inhalte einfügen

Weitere und besondere Möglichkeiten erhalten Sie, wenn Sie das Kopierte nicht über die Schaltfläche *Einfügen* oder mit der Tastenkombination Strg+V einfügen, sondern den Weg über *Start/Zwischenablage* und Klick auf den Dropdownpfeil der Schaltfläche *Einfügen* gehen. Sie sehen dort unter anderem den Befehl *Inhalte einfügen*.

Abbildg. 16.5 Der Befehl *Inhalte einfügen* gibt Ihnen die Wahl zwischen unterschiedlichen Formaten

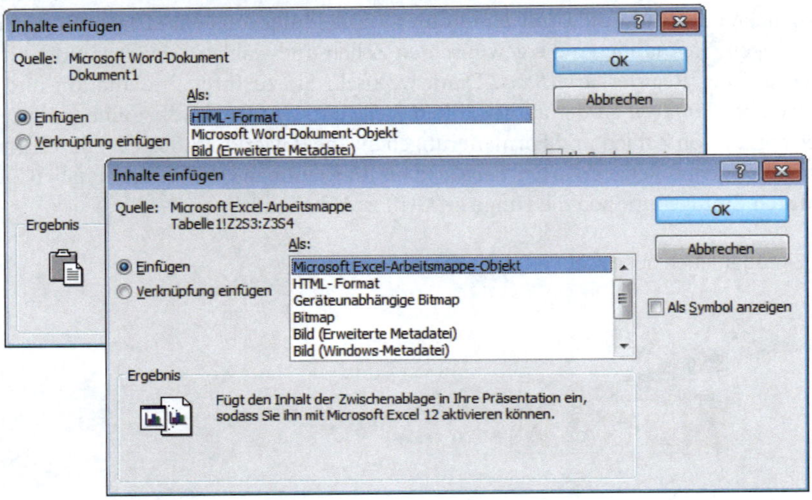

Je nach kopiertem Element sehen Sie leicht unterschiedliche Optionen. Durch die Einfügeoptionen (siehe Abbildung 16.3 und Abbildung 16.4) dürften diese Dialogfelder dort, wo sie mit den Optionen einhergehen, etwas an Bedeutung verlieren. Das Einbetten von Word-Ausschnitten ist bei den Optionen nicht vorgesehen, vermutlich werden das nur wenige Anwender vermissen. Da HTML mit den Dateiformaten seit Office 2007 an Bedeutung verloren hat (XHTML war das Gemeinsame zwischen PowerPoint, Word und Excel von Office 2000 bis Office 2003), wird auch dieser Eintrag nicht mehr unbedingt benötigt.

Tabellen aus Word verwenden

Tabellen können Sie aus Word genauso kopieren wie Text und sie in PowerPoint-Folien einfügen. Wählen Sie als Einfügestelle auf der Folie immer eine Stelle außerhalb der Textplatzhalter. Wenn Sie in den Textplatzhalter hineinklicken und die Tabelle einfügen, wird der Tabelleninhalt zentriert eingefügt, ein Rücksetzen des Layouts der Folie führt unter Umständen zu Verschiebungen.

Am einfachsten ist das Einfügen einer Tabelle auf eine Folie des Layouts *Nur Titel*. Die Tabelle wird dabei mittig auf der Folie eingefügt und behält das Aussehen aus Word bei.

Die Einfügeoptionen sind nahezu identisch mit denen beim Excel-Import.

Diagramme aus Excel übergeben

Natürlich lassen sich auch Diagramme per Zwischenablage übertragen. Beim Kopieren und Einfügen wird sofort wieder ein »Excel-Diagramm« angelegt (was auch zu erwarten ist, wenn Excel als Standardeditor für Diagramme auftritt). Ein solches Diagramm behandeln Sie in der gewohnten Art.

Hohe Schule – Verknüpfungen

Sicher ist Ihnen in Abbildung 16.5 die Option *Verknüpfung einfügen* aufgefallen. Verknüpfungen bieten zwei wichtige Vorteile: Die Präsentation wird nicht mit großen Datenmengen belastet und die Pflege der Originale muss nur an einer Stelle erfolgen. Nachteilig wirken sich Verknüpfungen aus, wenn die Präsentation oder die verknüpften Dokumente im Windows-Explorer verschoben werden. Auf einem fremden Computer stehen die Daten ohne entsprechende Vorbereitungen (Kopieren, Ablage auf einem Dateiserver etc.) nicht mehr zur Verfügung.

Verknüpfungen anlegen

Um eine Verknüpfung mit einer Word- oder Excel-Datei herzustellen, markieren und kopieren Sie den Text oder die Tabelle in Word bzw. Excel, so wie Sie es beim alltäglichen Kopieren gewohnt sind. Lediglich der Befehl für das Einfügen unterscheidet sich:

1. Speichern Sie die Word-/Excel-Datei, die das zu Kopierende enthält.
2. Markieren Sie den Text oder die Zellen und kopieren Sie den markierten Ausschnitt zum Beispiel mit Strg+C.
3. Wechseln Sie zu PowerPoint und klicken Sie auf die Folie, auf der die Verknüpfung erfolgen soll.
4. Wählen Sie *Start/Einfügen/Inhalte einfügen* und aktivieren Sie die Option *Verknüpfung einfügen*.
5. Es gibt nur noch einen Eintrag von Interesse[1] (*Microsoft Word-Dokument-Objekt* bzw. *Excel Arbeitsmappe-Objekt)*; bestätigen Sie mit *OK*.

Verknüpfte Objekte werden immer als neues Objekt auf der Folie eingefügt. Sie können den Text daher nicht in einen Textplatzhalter einfügen. Bearbeitet wird das verknüpfte Objekt ausschließlich in der Ursprungsanwendung (Doppelklick oder Öffnen des Originals).

HINWEIS In einem größeren Firmennetz kann es einen Moment dauern, bis Änderungen im Original in PowerPoint wirksam werden. Dann hilft es in der Regel, das Original zu speichern.

Beim Öffnen der PowerPoint-Präsentation wird ein Sicherheitshinweis eingeblendet, der auf die Verknüpfung hinweist und Ihnen die Möglichkeit gibt, die Daten jetzt zu aktualisieren. Sie können die Schaltfläche *Verknüpfungen aktualisieren* verwenden, damit Änderungen des Originals auf der Folie gezeigt werden. Entscheiden Sie sich für *Abbrechen*, wird der letzte bekannte Stand auf der Folie gezeigt.

Liegt die originale Quelldatei nicht vor, weil sie gelöscht wurde oder weil die PowerPoint-Präsentation auf einem Computer geöffnet wird, für den der gespeicherte Pfad zur Quelle nicht gültig ist,

[1] Das angebotene Einfügen eines Hyperlinks hat mit dem hier besprochenen Thema nichts zu tun.

zeigt PowerPoint eine Fehlermeldung an. Sie weist darauf hin, dass verknüpfte Dateien nicht verfügbar sind, und gibt einen Tipp zur Behebung des Problems unter *Datei/Informationen/Verknüpfungen mit Dateien bearbeiten*.

PROFITIPP Damit Dateiverknüpfungen auch nach dem Kopieren auf ein anderes Laufwerk oder nach dem Brennen auf eine CD noch funktionieren, gehen Sie so vor:

1. Speichern Sie die Quelldatei (Dokument oder Arbeitsmappe) und die PowerPoint-Präsentation im gleichen Ordner.
2. Erstellen Sie die Verknüpfung zwischen den Dateien und speichern Sie die Präsentation.
3. Schließen Sie die Dateien.

PowerPoint merkt sich stets den kompletten Dateipfad; kann es dort die angegebene Datei nicht finden, sucht es im Ordner mit der Präsentation. Diese an sich gute Eigenschaft wird in langsamen Netzwerken gelegentlich zum Fiasko.

Verknüpfungen bearbeiten und aufheben

Verknüpfte Dateien, die verschoben oder umbenannt wurden, können Sie neu zuweisen, wenn Sie die Verknüpfung bearbeiten. Verknüpfungen werden beim Öffnen der Präsentation automatisch zur Aktualisierung angeboten.

Auch während der Arbeit kontrolliert PowerPoint in regelmäßigen Abständen, ob Änderungen in der verknüpften Datei vorliegen. Dieses normalerweise erwünschte Verhalten kann in langsamen Netzwerken sehr lästig werden. Wenn die Quelldatei nicht mehr zur Verfügung steht, sollten Sie die Verbindung ohnehin kappen.

Einstieg ist das in Abbildung 16.6 gezeigte Dialogfeld, das Sie über *Datei/Informationen/Verknüpfungen mit Dateien bearbeiten* öffnen. Interessant ist der Aktualisierungstyp *Manuell*.

Abbildg. 16.6 Verknüpfungen lassen sich hinsichtlich der Aktualisierung geeignet anpassen

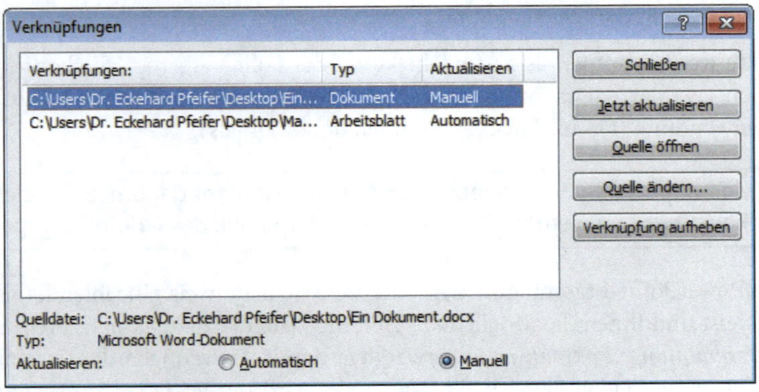

TIPP Die Verwendung von Verknüpfungen will stets gut geplant sein. Stellen Sie sich vor: Sie verknüpfen in eine PowerPoint-Folie (Ziel) den Bezug auf Teile einer Excel-Tabelle (Quelle), um wöchentliche Berichte erstellen und präsentieren zu können. Der Bearbeiter der Quelle ist ein anderer Mitarbeiter. Am Freitag schaffen Sie es nicht rechtzeitig, den Bericht für

Dienstagmorgen fertigzustellen. Am Montagmittag würde eine Aktualisierung der Verknüpfung einen Zustand zeigen, der nicht der vom vergangenen Freitag sein muss! Deshalb ist es oft sinnvoll, die Berichte in einer Präsentationsvorlage zu erstellen, die den »lebenden« Bezug zur Excel-Quelle gespeichert hat. Die auf der Vorlage beruhende neue Präsentation wird zum geeigneten Zeitpunkt von der Quelle getrennt, indem die Verknüpfung aufgehoben wird.

Import und OLE-Objekte

Sicher wird es die seltene Ausnahme sein, Präsentationen oder deren Folien in Excel zu importieren; zum Drucken eines Berichts mit Word sieht das gegebenenfalls anders aus. Umgekehrt ist das anders: Zellinhalte oder Diagramme werden geholt, Word-Texte eher nicht. Exemplarisch soll beschrieben werden, wie Excel-Inhalte (auch Diagramme) nach PowerPoint kommen; Startpunkt ist diesmal nicht Excel und die Zwischenablage, sondern PowerPoint.

Sie starten dazu auf einer Folie mit der Befehlsfolge *Einfügen/Objekt.*

Das anschließende Dialogfeld *Objekt einfügen* stellt Sie wieder vor eine Wahl:

- Einbetten durch Neuerstellung – dieser Vorgang verbirgt sich hinter der Option *Neu erstellen* (siehe Abbildung 16.7), die in der Tat das Neuerstellen eines einzelnen Arbeitsblattes (natürlich als Bestandteil einer Arbeitsmappe) erlaubt. Das Einfügen selbst bzw. der spätere Doppelklick auf ein so eingefügtes Objekt ruft die Quellanwendung in der Umgebung von PowerPoint auf, passt das Menüband an und lässt Sie dann wie gewohnt in der anderen Anwendung weiterarbeiten.

Abbildg. 16.7 Einbetten neuer Objekte – direkte Erstellung oder Import durch Verknüpfung

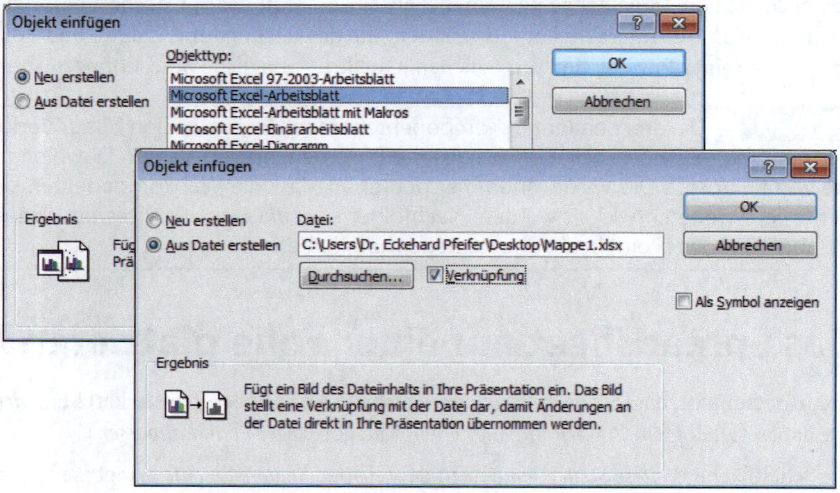

- Erstellung des Objekts aus einer vorhandenen Datei (Option *Aus Datei erstellen*, siehe Abbildung 16.7), was auf das Einbetten oder Verknüpfen der gewählten Mappe hinausläuft.

TIPP Der Vorgang der Übernahme von verknüpften Informationen aus bestehenden Dokumenten auf diesem Wege ist in der Regel unflexibel, da der anzuzeigende Ausschnitt nicht angepasst werden kann. Deshalb sollte einem Import an dieser Stelle der Export aus Word/Excel heraus (über die Zwischenablage) vorgezogen werden.

Probieren Sie die Varianten an kleinen und übersichtlichen Beispielen Ihrer Wahl aus, damit Sie im »Ernstfall« mit »geschlossenen Augen« korrekt handeln können. Beachten Sie, dass das Kontextmenü zum Objekt die Einträge *Bearbeiten* und *Öffnen* enthält, deren Bedeutung von Anwendung zu Anwendung variiert.

TIPP Beachten Sie, dass bei eingebetteten Objekten stets die Quelle das Aussehen unter PowerPoint bestimmt. Ändern Sie also dort vorher alles Notwendige, wie etwa die Schriftgrößen. Beachten Sie auch die Verwendung einheitlicher Designs unter den Office-Partnern, um etwa die Farbauswahl und die Schrifttypen unkompliziert zu halten.

Oft stören die Gitternetzlinien der Excel-Tabellenausschnitte. Diese sind ebenfalls unter Excel (entweder vor dem Import oder später nach Doppelklick auf das Arbeitsblatt-Objekt) unsichtbar zu machen.

Spreadsheet-Webkomponente auf Folien

Obwohl Webkomponenten – wie es der Name möglicherweise vermuten lässt – nicht für PowerPoint, sondern für HTML-Seiten entwickelt wurden, lassen sie sich gelegentlich gut unter PowerPoint nutzen. Da die Charts und PivotTables der Webkomponenten mit Excel nach Version 2003 nur noch die Funktionalität gemeinsam haben, soll hier nur das Spreadsheet besprochen werden. Es erlaubt, Folien mit Interaktivität auszustatten, die das Rechnen mit Zahlen und Formeln während der Anzeige einer Präsentation ermöglichen. Quelle für mögliche Berechnungen kann Excel sein.

HINWEIS Die drei genannten Komponenten stehen in der Version 11 zur Verfügung. Falls sie nicht mit Ihrer Office-Installation bereitgestellt werden, nutzen Sie den Download von der Website von Microsoft. Die Versionsnummer deutet an, dass die Webkomponenten seit Office 2003 nicht mehr weiterentwickelt werden. Nachfolger sind die Excel-Services des SharePoint Servers, die aber für PowerPoint keine direkte Bedeutung haben.

Das Spreadsheet auf einer Folie platzieren

Voraussetzung ist, dass Sie das Menüband durch die Anzeige der Registerkarte *Entwicklertools* erweitert haben (Dialogfeld *PowerPoint-Optionen*, Kategorie *Menüband anpassen*).

Die Schaltfläche *Weitere Steuerelemente* in der Gruppe *Steuerelemente* bringt Sie zu einem Dialogfeld wie in Abbildung 16.8.

Suchen Sie dort nach *Microsoft Office Spreadsheet 11.0*. Nach einem Klick auf *OK* können Sie mit gedrückter Maustaste die Abmessungen der Komponente auf der Folie aufziehen.

Abbildg. 16.8 Start zum Einfügen von Steuerelementen

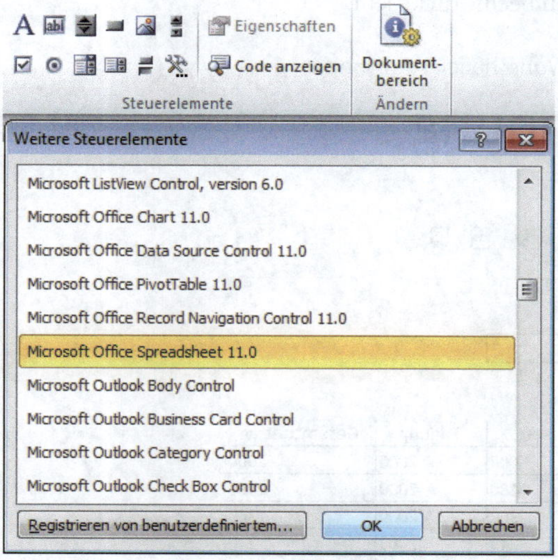

Starten Sie nun die Vorführung der Präsentation – auf der Folie befindet sich ein Gitternetz, das zum Rechnen einlädt. Die Möglichkeiten der Komponente können in diesem Handbuch leider nicht besprochen werden, aber sie gleichen denen von Excel – was das Rechnen betrifft – nahezu aufs Haar. Probieren Sie es einfach aus und lassen Sie der Fantasie freien Lauf (Zahlen, Formeln, Formatierungen, Verhalten der Komponente usw.).

Excel-Daten importieren

Zur Vorbereitung Ihrer Präsentation (der Inhalt der Komponente wird mit der Präsentation gespeichert) haben Sie zwei Möglichkeiten:

- Sie verwenden den Bearbeitungsmodus der Komponente, den Sie durch Klick mit der rechten Maustaste und der Nutzung des Befehls *Bearbeiten* erreichen, oder
- Sie gehen über *Befehle und Optionen* dieses Menüs.

Der zuletzt genannte Befehl erlaubt im Dialogfeld der Anpassung der Komponente auch deren Vorabinhalt durch *Importieren.* Und hier kommt wieder Excel ins Spiel. Bereiten Sie dort Daten vor (Zahlen, Formeln, Formatierungen) und speichern Sie diese nicht als Arbeitsmappe, sondern im Format *XML-Kalkulationstabelle 2003*.

HINWEIS Bei diesem Format handelt es sich um das XML-Format von Excel 2003, das nicht nur eine Tabelle, sondern die ganze Mappe (allerdings ohne Objekte und VBA-Projekte) so abspeichert, dass sie später wieder von Excel (ab Version 2003) »erkannt« wird und weiterbearbeitet werden kann.

Den Pfad zu einer solchen XML-Datei geben Sie als Quelle unter *URL* im Dialogfeld ein, wobei Sie noch darüber entscheiden können, dass die Daten beim Präsentieren der Folie aktuell gezogen werden können (falls etwa jemand anders die Daten vorbereitet und laufend aktualisiert). Die Zuhörer (vielleicht einer Teamberatung) werden beeindruckt sein.

Abbildg. 16.9 Live Zahlen auf Folien anpassen – der Wunsch vieler Anwender

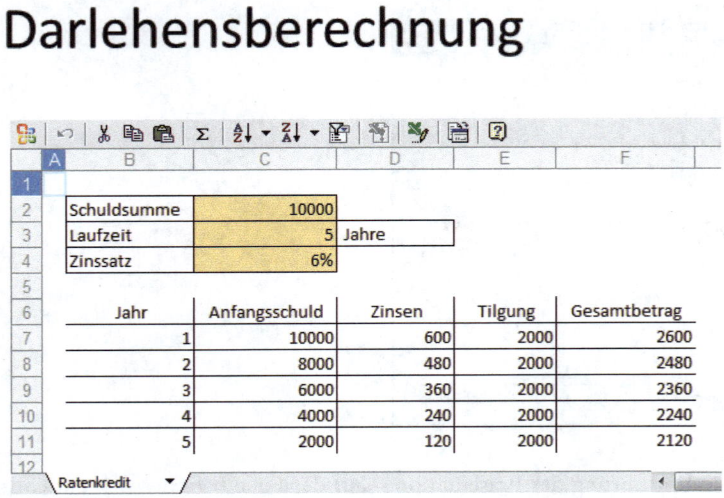

Schuldsumme	10000			
Laufzeit	5	Jahre		
Zinssatz	6%			
Jahr	Anfangsschuld	Zinsen	Tilgung	Gesamtbetrag
1	10000	600	2000	2600
2	8000	480	2000	2480
3	6000	360	2000	2360
4	4000	240	2000	2240
5	2000	120	2000	2120

Zusammenfassung

Viele Präsentationen werden mithilfe von Texten angefertigt, die zuvor in Word vorbereitet wurden. Um hier Zeit zu sparen, lohnt ein Blick in die Funktionsweise und die Möglichkeiten des Datenaustauschs zwischen beiden Programmen. Nachfolgend sind die drei wichtigsten Techniken in einer Kurzübersicht zusammengefasst. Es schließen sich die Dinge an, die den Austausch von Daten mit Excel betreffen.

Thema	Seite
Gliederung aus Word übernehmen	446
Notizen und Handzettel an Word senden	447
Texte und Tabellen aus Word kopieren	450
Tabellenausschnitte aus Excel holen	450
Aktualität von Verknüpfungen sichern	453
Rechnen auf Folien	456

Kapitel 17

Präsentationen weitergeben

In diesem Kapitel:

Aus vielerlei Gründen kann es erforderlich oder auch nur wünschenswert sein, eine Präsentation weiterzugeben. Sei es, dass Sie den Teilnehmern einer Veranstaltung die Gelegenheit geben wollen, die Präsentation später noch einmal anzuschauen, oder sei es für Personen, die bei einem Vortrag nicht anwesend sein konnten. Einige Unternehmen stellen ihre Schulungspräsentationen auf CD bereit, andere produzieren mithilfe von PowerPoint Marketing-CDs und -DVDs.

Im privaten Bereich eignen sich Multimediapräsentationen als Geschenk oder Erinnerung an ein besonderes Ereignis.

Somit spielen neben Handouts PowerPoint-Dateien zunehmend eine Rolle, die auf CD, DVD, USB-Stick oder per E-Mail weitergegeben werden. Aber auch das Veröffentlichen auf einem Server kann interessant sein, womit der fließende Übergang zum nächsten Kapitel angedeutet ist.

Es tauchen verschiedenste Fragen und Probleme auf. Wie kann sichergestellt werden, dass die Präsentation auf einem anderen Rechner geöffnet werden kann? Was muss man bedenken, damit eingefügte Musik und Filme auf einem fremden Rechner abgespielt werden? Kann man eine Präsentation vor Änderungen schützen? Können Empfänger, die kein PowerPoint haben, die Präsentation trotzdem ansehen? Gibt es Möglichkeiten, eine Präsentation vorzuführen, ohne dass ein Computer vorhanden sein muss?

Dieses Kapitel hilft Ihnen, auf diese und ähnliche Fragen Antworten zu erhalten.

PPSX – die Bildschirmpräsentation

Wenn Sie sicher sind, dass auf dem Rechner des Empfängers Ihrer Präsentation PowerPoint ab Version 2007 installiert ist, bietet es sich an, die fertiggestellte Präsentation als *PowerPoint-Bildschirmpräsentation*, Dateiendung *ppsx* oder *ppsm* (ohne oder mit Makros, wobei Letzteres eher die Ausnahme sein wird), zu speichern. Diese Art der Speicherung hat nicht nur Vorteile bei Weitergabe, sondern auch auf dem Rechner des Erstellers: Der Doppelklick im Windows-Explorer startet nicht mit PowerPoint als Werkzeug zur Erstellung von Präsentationen, sondern sofort im Präsentationsmodus. Das ist auch bei Vorträgen ein eindrucksvoller Einstieg.

Sie finden diese Art der Speicherung unter *Datei/Speichern unter/Dateityp*.

Mit Kennwort verschlüsseln

Um eine Präsentation zuverlässig vor fremden Blicken zu schützen, ist es möglich, die Datei mit einem Kennwort zu versehen. In der Backstage-Ansicht *Datei/Informationen* finden Sie den direkten Einstieg in den Kennwortschutz über *Präsentation schützen/Mit Kennwort verschlüsseln* (siehe Abbildung 17.1).

Diese Verschlüsselung bewirkt, dass die Datei nur unter Angabe des Kennworts geöffnet werden kann, egal in welchem Modus.

Wollen Sie den Kennwortschutz aufheben, gehen Sie den gleichen Weg, lassen aber das Eingabefeld für das Kennwort leer (also entfernen dort die Punkte, die das Kennwort andeuten).

Abbildg. 17.1 Einfacher Zugang zum Kennwortschutz

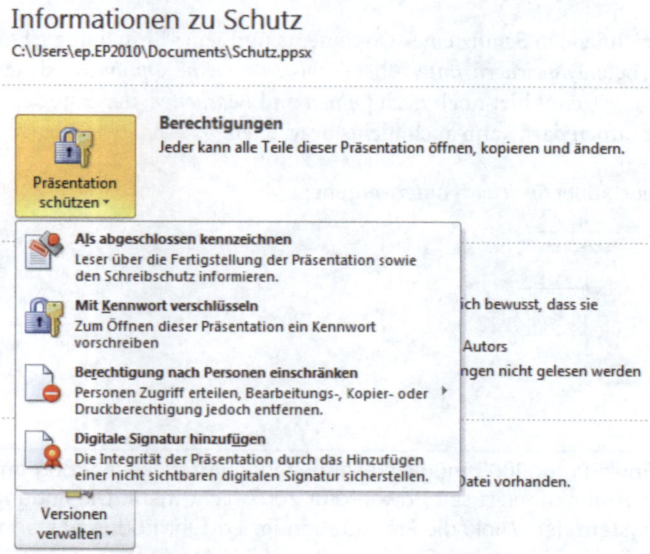

TIPP Eine als PPSX-Datei gespeicherte Bildschirmpräsentation können Sie bearbeiten, indem Sie sie in PowerPoint öffnen oder mit gedrückter ⇧-Taste auf die Datei im Windows-Explorer rechtsklicken und dann *Bearbeiten* wählen.

Andere »abschließende« Aktionen

Sie sehen in Abbildung 17.1 weitere Optionen zum Abschließen einer Präsentation:

- *Berechtigung nach Personen einschränken*: Diese Option steht in Unternehmen sinnvoll dann zur Verfügung, wenn auf einem Server und den gegebenen Clients Windows-Rechteverwaltung installiert und eingerichtet ist. Anhand von E-Mail-Adressen werden die Rechte der Anwender eingestellt, geprüft und vergeben. Für den privaten Bereich bietet Microsoft eine auf dem Internet und der Windows Live ID basierende Lösung an.
- *Digitale Signatur hinzufügen*: Auch das ist eher eine auf Unternehmen zugeschnittene Variante des Unterschreibens von Dokumenten mit (zunächst unsichtbaren, aber durch Programme prüfbaren) Signaturen. Eine Bearbeitung entfernt die Signatur, sodass nur autorisierte Personen (also solche, die im Besitz der entsprechenden Signatur sind) eine solche vornehmen können.
- *Als abgeschlossen kennzeichnen*: Das Dokument verhält sich äußerlich so, als ob es signiert wäre (Schreibschutz, der nur durch Überwindung des Abschlusses aufgehoben wird). In kleineren Teams ist das sicher eine gute Möglichkeit, ein Dokument zu kennzeichnen, ohne es allerdings nennenswert zu sichern.

Der Zustand des Dokuments wird unter *Datei/Informationen* in der Backstage-Ansicht deutlich beschrieben.

»Klassische« Kennwortoptionen

Den als klassisch zu bezeichnenden Schutz eines Dokuments und seine Einstellung gibt es nach wie vor im Dialogfeld zum Befehl *Speichern unter* über *Tools/Allgemeine Optionen* (siehe Abbildung 17.2). Die Kennwortvergabe trennt hier noch nach *Öffnen* und *Bearbeiten*; der erste Schutz ist dabei strenger, denn wer nicht öffnen darf, kann auch nichts bearbeiten.

Abbildg. 17.2 Kennwörter können Sie auch über *Speichern unter* vergeben

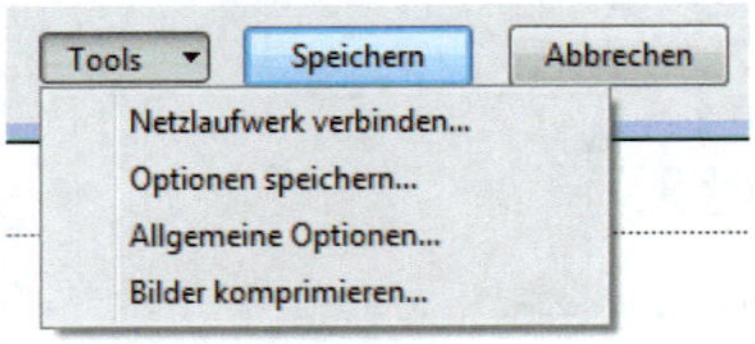

HINWEIS Das bis PowerPoint 2003 mögliche Umbenennen der Dateiendung im Windows-Explorer (aus *ppt* wird *pps*) funktioniert seit PowerPoint 2007 nicht mehr. Die Endung *ppsx* gibt nicht nur dem Betriebssystem den Wink, die Präsentation im Vorführmodus zu starten, sondern PowerPoint selbst prüft die Konsistenz von Dateiformat und Dateiendung.

Verpacken für CD

Wenn Sie sicherstellen wollen, dass alle mit der Präsentation verknüpften Daten weitergegeben werden, steht Ihnen wie in den vorangegangenen Versionen die Funktion *Verpacken für CD* zur Verfügung. Da der PowerPoint Viewer nicht mehr von CD ausgeführt werden kann, sondern installiert werden muss, erzeugen Sie hiermit allerdings kein selbstablaufendes Medium mehr. Zusätzlich zur Präsentation und gegebenenfalls mit ihr verknüpfter Dateien wird ein Unterordner *PresentationPackage* angelegt, in dem eine HTML-Datei mit den zum Aufbau einer einfachen Webseite erforderlichen Grafikdateien gespeichert ist. Diese Webseite enthält einen Link zu der bzw. den Präsentation(en) und einen Link zum Download des PowerPoint Viewer.

So nutzen Sie *Verpacken für CD*:

1. Rufen Sie *Datei/Speichern und Senden/Bildschirmpräsentation für CD verpacken* auf.
2. Starten Sie das Verpacken mit der Schaltfläche *Verpacken für CD*.
3. Vergeben Sie einen Namen für die CD (oder den Ordner).
4. Fügen Sie gegebenenfalls weitere Präsentationen hinzu (wenn Sie dabei *Alle Dateien* wählen, können Sie auch andere Dateiformate, zum Beispiel Word-Dokumente oder PDF-Dateien, einschließen).
5. Legen Sie mit den Pfeilschaltflächen links die Reihenfolge fest, in der die Dateien aufgelistet werden sollen.
6. Wählen Sie über *Optionen* aus, ob verknüpfte Dateien und eingebettete TrueType-Schriftarten mit kopiert werden sollen (standardmäßig wird beides einbezogen). Hier können Sie auch ein Kennwort zum Öffnen bzw. Ändern vergeben und die Dokumentinformationen überprüfen.

7. Starten Sie das Verpacken entweder mit der Schaltfläche *In Ordner kopieren* oder mit der Schaltfläche *Auf CD kopieren*. Empfehlenswert ist die Option, die Dateien zunächst in einen Ordner kopieren zu lassen, da Sie den Inhalt so noch einmal überprüfen können oder auch auf einen USB-Stick statt auf eine CD kopieren können.
8. Schließen Sie das Dialogfeld, wenn der Prozess abgeschlossen ist.

HINWEIS Wenn Sie die Präsentation zunächst in einen Ordner kopieren lassen, wird ein neuer Ordner angelegt. Diesen Ordner dürfen Sie nicht mit auf CD kopieren, sondern nur seinen Inhalt (einschließlich des Unterordners *PresentationPackage* und der Datei *AUTORUN.INF*). Die Präsentation und alle mit ihr verknüpften Dateien müssen also direkt im Root-Verzeichnis der CD liegen, damit die Links funktionieren.

Die Datei *AUTORUN.INF* startet die automatische Wiedergabe der CD und öffnet die HTML-Datei in einem Browserfenster – falls die automatische Wiedergabe nicht deaktiviert ist, wie dies in vielen Firmenumgebungen aus Sicherheitsgründen der Fall sein dürfte. Schließen Sie also auf dem Etikett oder der Hülle der CD den Hinweis ein, dass der Nutzer *PresentationPackage/PresentationPackage.html* öffnen sollte, um die Übersicht zu starten.

Nutzung von E-Mail

Bevor Sie daran denken, eine Präsentation (geschützt oder nicht) unmittelbar per E-Mail zu versenden, sollten Sie überlegen,

- ob der Empfänger glücklich über den Download mehrerer Megabyte ist und Sie deshalb enthaltene Bilder vor dem Versand komprimieren sollten.
- ob Sie in Ihrer Präsentation Verknüpfungen (etwa zu Excel-Tabellen) haben, die sich beim Empfänger in aller Regel nicht aktualisieren lassen. Ausnahme: Sie verknüpfen zu Dateien, auf die Sie und der Empfänger auf gleiche Weise in einem Netzwerk (etwa freigegebene Laufwerke) zugreifen.
- ob Sie in Ihrer Präsentation Verknüpfungen zu Filmen und/oder Musiktiteln haben, die beim Versand ebenfalls mitgeschickt werden müssen.

PowerPoint kennt, anders als Excel oder Word, nur eine Art des E-Mail-Versands – eine Kopie des Dokuments (Präsentation) wird zur Anlage der Nachricht. Auf diesen Versand haben Sie auf zwei verschiedenen Wegen Zugriff:

- Sie nutzen den Befehl *Datei/Speichern und Senden/Per E-Mail senden* und entscheiden sich für *Als Anlage senden*. Das bedeutet, es wird eine PowerPoint-Datei (der Typ entspricht der Speicherung auf Ihrem Rechner) an eine vorbereitete E-Mail angehängt. Die Optionen *Als PDF senden* und *Als XPS senden* fügen natürlich auch eine Anlage hinzu (zu den Dateiformaten siehe weiter hinten in diesem Kapitel). Wird die Datei auf einem Server mit SharePoint-Funktionalität abgelegt, kann im Text der Nachricht auch ein Link zum Ort der Veröffentlichung gesendet werden (Details zum SharePoint Server finden Sie im nächsten Kapitel).
- Sie gehen über *Datei/Optionen* und wählen in der Rubrik *Symbolleiste für den Schnellzugriff* in der Liste der Befehle, die sich nicht im Menüband befinden, den Befehl *E-Mail*. Fügen Sie diesen der Symbolleiste für den Schnellzugriff hinzu und benutzen Sie ihn für den schnellen E-Mail-Versand.

Unabhängig davon, welchen der beiden Wege Sie gehen, öffnet sich Outlook (falls es das Standard-E-Mail-Programm ist), die Präsentation befindet sich in der Anlage und ein Betreff, der sich aus dem Dateinamen ergibt, wurde formuliert.

Der Empfänger sieht die Anlage in seinem Outlook und kann über die weitere Verfahrensweise sofort entscheiden.

Entscheidet der Empfänger sich für die Dateivorschau, läuft die Präsentation im Vorführmodus nach einer vorherigen Umwandlungspause im Lesebereich des Outlook-Fensters. Die Vorführung ist perfekt:

- Die Folien lassen sich per Bildlaufleiste bzw. Klick steuern,
- Animationen werden angezeigt,
- Videos und Sounds werden wiedergegeben und
- ein Klick mit der rechten Maustaste erlaubt das Kopieren der angezeigten Folie, um sie anschließend über *Einfügen/Inhalte einfügen* in eine andere Präsentation einzubringen oder als Bild weiterzuverwenden.

HINWEIS Die unter PowerPoint 2007 abgeschaffte mögliche Verfolgung von Überarbeitungen durch verschiedene Empfänger der Nachricht (früheres Stichwort Aufgabenbereich *Revisionen*) ist mit Version 2010 wieder da, kann aber aus Platzgründen hier nicht näher besprochen werden. Nehmen Sie sich eine Person Ihres Vertrauens und schicken Sie sich gegenseitig überarbeitete Präsentationen zu. Sie werden sehen, es ist nicht schwer, zu erkennen, wer was gemacht hat, und die Änderungen zu akzeptieren oder abzulehnen.

Den erforderlichen Zugang finden Sie auf der Registerkarte *Überprüfen* des Menübands in der Gruppe *Vergleichen*.

Es ist übrigens nicht notwendig, die Präsentationen per E-Mail auszutauschen, es genügt die Speicherung an einem durch jeden Beteiligten erreichbaren Speicherort.

Präsentationen für die Weitergabe optimieren

Moderne Digitalkameras machen es leicht, hochauflösende Bilder mit jeweils mehreren Megabyte Größe zu fotografieren. Wurden diese vor dem Einfügen nicht auf ein passendes Maß verkleinert, verursachen sie schnell (zu) große Dateien. Außerdem wendet sich ein großer Vorteil von PowerPoint 2010, nämlich dass Multimedia-Elemente wie Sounds und Videos nun in der Präsentationsdatei eingebettet statt nur verknüpft werden, bei der Weitergabe schnell zum Nachteil. Denn auch sie tragen erheblich dazu bei, dass schnell eine Dateigröße erreicht wird, die den Versand als E-Mail-Anhang unmöglich macht. Nutzen Sie deshalb die verfügbaren Werkzeuge, um die eingefügten Dateien zu optimieren und die Dateigröße zu verkleinern.

Optimieren der Bildgröße

Nach Möglichkeit sollten Sie Bilder vor dem Einfügen in die Präsentation verkleinern (siehe auch Kapitel 6).

Falls Sie dennoch Ihre Bilder nachträglich komprimieren müssen, gehen Sie wie folgt vor: Machen Sie einen Doppelklick auf das Bild, dadurch öffnet sich automatisch die Registerkarte *Bildtools/Format*. In der Gruppe *Anpassen* finden Sie den Befehl *Bilder komprimieren*. In den entsprechenden Dialogfeldern nehmen Sie Ihre Anpassungen vor und kontrollieren das Ergebnis hinsichtlich Qualität und Dateigröße.

Weitergeben von Dateien mit Sound und Video

Sound- und Videodateien werden standardmäßig in der Präsentationsdatei eingebettet. Dadurch wird natürlich ihre Dateigröße zur Größe der Folien addiert. Schnell überschreiten multimediareiche Dateien dadurch die für E-Mails maximal zulässige Größe.

ACHTUNG Falls Sie vorhaben, Ihren Geschäftspartnern oder Freunden eine Präsentation mit Sound und/oder Video zu senden, erkundigen Sie sich am besten, **bevor** Sie mit der Zusammenstellung beginnen, welche Größenbeschränkungen der Empfänger hat. Oftmals wird es besser sein, die Multimediadateien verknüpft einzufügen und separat von der Präsentation zu verschicken.

Verknüpfte Dateien können Sie später bei Bedarf immer noch mit wenigen Mausklicks einbetten – der umgekehrte Vorgang ist **nicht** möglich.

Wenn Sie Sound und Videos in der Präsentation eingebettet haben, finden Sie unter *Datei/Informationen* die Schaltfläche *Medien komprimieren*. Dort können Sie zwischen drei Qualitäten wählen:

- *Präsentationsqualität*
- *Internetqualität*
- *Geringe Qualität*

Alle drei Optionen wandeln bei Bedarf das Dateiformat um, bei Videos wird zusätzlich die Qualität verringert. Dabei werden alle Sounddateien in das WMA-Format umgewandelt, alle Videodateien in WMV. Testen Sie die Qualität nach dem Komprimieren; falls die Qualität zu sehr verschlechtert wurde, können Sie die Umwandlung noch rückgängig machen. Diese Option finden Sie ebenfalls im Menü der Schaltfläche *Medien komprimieren*.

ACHTUNG Sie können die Komprimierung auch nach dem **Speichern** noch rückgängig machen, solange Sie die Datei geöffnet lassen. Beim **Schließen** der Datei werden die Änderungen **endgültig** übernommen. Arbeiten Sie also im Zweifelsfall nur mit einer **Kopie** Ihrer Präsentation, wenn Sie sie stark komprimieren.

Insbesondere wenn Sie Präsentationen zur Abstimmung versenden müssen und es nicht so sehr auf die Qualität der Folien, sondern vor allem auf die Inhalte ankommt, eignen sich auf die Option *Geringe Qualität* reduzierte Multimediadateien oft gut.

Ein Nebeneffekt der Komprimierung ist, dass die in WMA bzw. WMV umgewandelten Dateien auch auf älteren Rechnern mit PowerPoint 2007 wiedergegeben werden können, dies ist bei anderen Dateiformaten nicht der Fall. Falls Sie die Dateien kompatibel machen wollen, ohne sie zu komprimieren, verwenden Sie unter *Datei/Informationen* die Option *Kompatibilität optimieren*.

Was ist zu beachten, wenn der Empfänger der Datei eine ältere Office-Version benutzt?

Sowohl in Unternehmen als auch bei Privatpersonen sind häufig noch ältere Office-Versionen im Einsatz. Insbesondere wenn Sie eine Präsentation an ein breites Publikum verteilen, wissen Sie oft nicht, welche PowerPoint-Version die Empfänger nutzen. Wie aber werden die neuen Grafik- und Multimedia-Effekte auf anderen Rechnern dargestellt?

Dazu finden Sie in der Backstage-Ansicht die Kompatibilitätsprüfung. Sie gelangen dorthin mit *Datei/Informationen/Auf Probleme überprüfen/Kompatibilität prüfen*. Mit diesem Befehl werden Ihre Folien analysiert und anschließend wird eine Liste möglicher Probleme angezeigt. Diese werden nicht automatisch behoben! Sie müssen selbst entscheiden, ob Sie Bearbeitungseinschränkungen oder einen Qualitätsverlust in Kauf nehmen und die entsprechenden Folien, die aufgelistet werden, von Hand ändern.

Formen und Bilder: In älteren Versionen bearbeitbar sind Objekte, die ausschließlich diejenigen Effekte benutzen, die dort schon vorhanden waren. Ist einer der Effekte nicht verfügbar, werden diese Bilder in PNG-Grafiken umgewandelt, die nicht mehr bearbeitbar sind. Soll Text bearbeitbar bleiben, fügen Sie ihn ohne Effekte mit einem separaten Textfeld ein.

TIPP **Schatten** werden in PowerPoint 97 bis 2003 mit den dort verfügbaren Möglichkeiten als harte, halbtransparente Schatten angezeigt. Um den weichen Schatten aus PowerPoint 2010 beizubehalten, klicken Sie das Bild (oder die Form) an und weisen ihm eine abgeschrägte Kante mit 0 pt Breite und 0,5 pt Höhe zu. Dieser 3D-Effekt ist kaum zu erkennen, aber er bewirkt, dass in älteren Versionen eine Bitmapgrafik angezeigt wird – und somit auch der weiche Schatten.

SmartArt: Sie werden ebenfalls in Bilder umgewandelt. Sollen sie in älteren Versionen bearbeitet werden, verzichten Sie auf sämtliche Effekte und heben vor dem Speichern die Gruppierung auf.

Sound: Eingebettete Sounddateien können in PowerPoint 2007 wiedergegeben werden, wenn der Windows Media Player sie abspielen kann, eventuell erscheint beim Start der Präsentation ein entsprechender Warnhinweis. Bei älteren Versionen sind Sie auf der sicheren Seite, wenn Sie WAV-Dateien verwenden (die allerdings deutlich größer sind und dadurch unter Umständen Probleme beim Verschicken per E-Mail verursachen können; siehe hierzu weiter vorn in diesem Kapitel).

Video: Eingebettete Videos können nur in PowerPoint 2007 mit Service Pack 2 angezeigt werden und auch nur dann, wenn es sich um WMV-Videos handelt. Andere Videoformate können Sie mithilfe von *Kompatibilität optimieren* auch nach dem Einbetten noch umwandeln (siehe hierzu weiter vorn in diesem Kapitel). Wenn Sie einen der neuen Effekte auf das Video angewendet haben, es beispielsweise zugeschnitten, gedreht oder umgefärbt haben, wird nur das Standbild vor dem Start so angezeigt. Sobald Sie das Video starten, werden alle diese Änderungen auf die unformatierte Darstellung zurückgesetzt. Auch überlagernde Elemente werden nicht mehr angezeigt. In den Versionen 97 bis 2003 wird nur das Standbild angezeigt. Verwenden Sie hier verknüpfte Multimediadateien.

HINWEIS Eine ausführliche Übersicht finden Sie auf der Office-Webseite von Microsoft:
http://office.microsoft.com/de-de/powerpoint-help/features-die-sich-andern-wenn-eine-power-
point-20010-prasentation-in-powerpoint-2003-oder-fruher-geoffnet-wird-HA010338390.aspx

---

Vor Weitergabe die Eigenschaften überprüfen

Neben den auf den Folien sichtbaren Informationen enthalten Präsentationen in den Eigenschaften auch Informationen, die nicht auf den ersten Blick erkennbar sind. Dazu gehören der Name des Autors und weiterer Bearbeiter, ausgeblendeter Inhalt, Kommentare und Notizen. Überprüfen Sie deshalb Ihre Präsentation auf mögliche Probleme, insbesondere bevor Sie sie einem großen Benutzerkreis verfügbar machen.

Sie finden diese Option unter *Datei/Informationen/Auf Probleme überprüfen/Dokument prüfen*. Setzen Sie hier Häkchen bei den Inhalten, die Sie überprüfen und gegebenenfalls entfernen wollen. Als Ergebnis wird Ihnen angezeigt, welche der Elemente gefunden wurden, und Sie haben mit einer Schaltfläche die Möglichkeit, diese zu entfernen. Leider wird dabei weder angezeigt, auf welcher Folie sich die Elemente befinden, noch haben Sie die Möglichkeit, selektiv nur einzelne zu entfernen. Zudem können einige dieser Änderungen nicht mehr rückgängig gemacht werden. Es empfiehlt sich also auch hier, eventuell mit einer Kopie der Datei zu arbeiten.

Plattformunabhängige Darstellung als PDF

Wenn Sie sicherstellen möchten, dass Empfänger Ihre Präsentation unabhängig von der verwendeten Hardware und Software öffnen und/oder ausdrucken können, empfiehlt sich der Export als PDF.

Das von der Firma Adobe entwickelte Dateiformat PDF (*Portable Document Format*) kann mithilfe kostenloser Viewer-Software wie dem Adobe Reader auf jedem beliebigen Rechner geöffnet und ausgedruckt werden. Beim Speichern als PDF bleibt das in der ursprünglichen Datei erzeugte Layout erhalten, sodass der Empfänger einer PDF-Präsentation die Datei weitgehend so sieht, wie Sie sie erstellt haben. Eine Veränderung des Dokuments ist ohne weitere, PowerPoint-fremde Mittel nicht möglich.

Speichern als PDF

Zum Erstellen einer PDF-Datei gehen Sie wie folgt vor:

1. Wählen Sie *Datei/Speichern und Senden.*
2. Markieren Sie dort unter *Dateitypen* den Eintrag *PDF/XPS-Dokument erstellen.*
3. Klicken Sie auf die gleichnamige Schaltfläche rechts oben in der Backstage-Ansicht.
4. Es erscheint ein Dialogfeld, das dem zum Speichern von Dateien gleicht.
5. Wählen Sie die Option *Standard (Onlineveröffentlichung und Drucken)*, wenn die PDF-Datei eine möglichst gute Bildqualität aufweisen soll. Die Option *Minimale Größe (Onlineveröffentlichung)* bewirkt gegenüber der Standardkonvertierung eine Reduzierung des Speicherbedarfs der PDF-Datei. Sie verursacht jedoch auch sichtbare Kompressionsspuren in Bildern und Grafiken.
6. Aktivieren Sie das Kontrollkästchen *Datei nach dem Veröffentlichen öffnen*, um das Ergebnis der Konvertierung zu überprüfen.

7. Sie haben die Wahl zum Einstellen von *Optionen*. Hier können Sie wie beim Drucken wählen, welche Bestandteile der Präsentation in das PDF-Format konvertiert werden sollen (Folien, Notizen, Handzettel, nur die Gliederung).
8. Klicken Sie abschließend im Dialogfeld *Als PDF oder XPS veröffentlichen* auf *Veröffentlichen*.

HINWEIS Die Verwandtschaft zum Drucken zeigt auch das Folgende: Wenn Sie einen PDF-Drucker installiert haben, können Sie PDF-Dateien auch über diesen erzeugen lassen. Je nach Qualität lassen sich dann weitere Einstellungen wie Signaturen, Druckverbote und anderes vornehmen. Gleiches gilt für das im Folgenden besprochene XPS-Format. Hier wird in der Regel der Microsoft XPS-Drucker installiert sein.

Per E-Mail als PDF-Datei senden

Wollen Sie eine Präsentation per E-Mail als PDF-Anhang versenden, gelingt das besonders rationell über die Befehlsfolge *Datei/Speichern und Senden/Per E-Mail senden/Als PDF senden*. Diese Befehlsfolge ist eine Kurzform des Speicherns und separaten Anhängens Ihrer als PDF-Datei gespeicherten Präsentation.

PowerPoint und XPS

XPS (*XML Paper Specification*) ist ein von Microsoft entwickeltes Dateiformat, das sich als Alternative zu PDF entwickeln soll. Die Chancen dazu sollen hier nicht bewertet werden. Vorteile gegenüber PDF ergeben sich zumindest aus dem Gleichklang zwischen den auf XML und Packaging beruhenden Dateiformaten von Office ab Version 2007 und der Tatsache, dass dieses Prinzip des Packens von Dateien unter XPS von Entwicklern (oder besser von durch Entwickler geschaffenen Programmen) genutzt werden kann, ganze Dateipakete, die inhaltlich zusammengehören, zu binden und damit geschlossen zur Betrachtung (nicht zur Bearbeitung) zur Verfügung zu stellen (elektronische Akten und andere Anwendungsgebiete sind denkbar). XPS unterstützt digitale Signaturen und den zusätzlichen Schutz der Windows-Rechteverwaltung, wie er für Office-Dateien in Unternehmen zur Verfügung stehen kann.

Das Format stellt ebenfalls sicher, dass eine Datei bei der Anzeige und beim Drucken die zugewiesenen Formatierungen behält.

Um XPS-Dateien anzuzeigen und zu drucken, ist der Internet Explorer erforderlich. Bereits ab Windows Vista wurde die Unterstützung des XPS-Formats integriert.

Speichern als XPS

Sie gehen hierzu wie zum Speichern als PDF vor (siehe weiter vorn in diesem Kapitel). Alles dort Gesagte behält analog seine Gültigkeit.

Per E-Mail als XPS-Datei senden

Statt des Speicherns einer Datei im XPS-Format und dem anschließenden Anhängen an eine E-Mail-Nachricht können Sie auch hier – wie bereits oben bei PDF beschrieben – den kurzen Weg wählen und die Nachricht aus PowerPoint heraus *Als XPS senden.*

Kein Speichern und Veröffentlichen im HTML-Format

Die Option des Speicherns und der Weitergabe von Präsentationen im HTML-Format gibt es unter PowerPoint 2010 nicht mehr – weder das Veröffentlichen von Teilen einer Präsentation noch das Zusammenfassen in einem Webarchiv. Damit hat eine kurze Ära (von Office 2000 bis 2003 und in Resten Office 2007) ihr Ende gefunden. Nachfolger gibt es in gewissem Sinne:

- Veröffentlichen im Web (Stichwort SkyDrive)
- Veröffentlichen auf einem SharePoint Server
- Einsatz der Office Web Apps

Mehr dazu im nächsten Kapitel.

Für Entwickler, die am Datenaustausch einer Präsentation mit anderen Quellen und Zielen interessiert sind, steht mit dem flachen XML-Format einer Präsentation (Word-Dokumente kennen das bereits seit Office 2007) der Nachfolger von XHTML (das das moderne und flexible Dateiformat bis Office 2003 gewesen ist) ebenfalls bereit.

Präsentationen auch ohne PowerPoint anzeigen: PowerPoint Viewer 2010

Wenn Sie Präsentationen an Zuschauer weitergeben, die noch nicht PowerPoint 2010 oder vielleicht überhaupt kein PowerPoint auf dem Rechner installiert haben, können diese Anwender den PowerPoint Viewer 2010 kostenlos herunterladen.

TIPP Hier können Sie den PowerPoint Viewer von der Microsoft-Webseite kostenlos herunterladen: *http://www.microsoft.com/downloads/details.aspx?FamilyID=cb9bf144-1076-4615-9951-294eeb832823&displayLang=de*

Während der Viewer, der mit PowerPoint 2007 veröffentlicht wurde, im Grunde genommen eine um das Compatibility Pack erweiterte Version des 2003-Viewers war und so manche der neuen Möglichkeiten des PPTX-Dateiformats nicht darstellen konnte, ist der mit PowerPoint 2010 veröffentlichte Viewer komplett überarbeitet worden. Er kann nun alle neuen Effekte, Animationen und Übergänge einschließlich eingebetteter Multimediadateien problemlos wiedergeben.

Einige kleine Einschränkungen hat der PowerPoint Viewer 2010 allerdings:

- Mithilfe von Informationsrechten (IRM) geschützte Präsentationen können nicht geöffnet werden.

- Das Ausführen von Makros und Programmen sowie das Öffnen von verknüpften Objekten ist nicht möglich.
- Der PowerPoint Viewer 2010 kann im Unterschied zu früheren Versionen **nicht** mehr von CD gestartet werden, sondern muss installiert werden.

Anders als in vorherigen Versionen ist auch, dass der Viewer nicht mehr sofort im Vollbild gestartet wird, sondern oben und unten noch schmale Leisten zeigt. In der oberen Leiste sehen Sie den Dateinamen und die Schaltflächen zum Minimieren und Schließen, in der unteren wird links die Foliennummer und die Gesamtzahl der Folien angezeigt, rechts befinden sich Pfeile zum Blättern und eine Schaltfläche zum Aufrufen des Menüs. Hier schalten Sie mit *Ganzer Bildschirm* in den Vollbildmodus; außerdem finden Sie hier die Möglichkeiten, die Präsentation zu drucken und Folien zu kopieren.

Abbildg. 17.3 Klicken Sie im PowerPoint Viewer rechts unten auf die Schaltfläche *Menü*, um in den Vollbildmodus zu wechseln

Präsentationen als Video weitergeben

In PowerPoint 2010 ist es erstmals möglich, eine Präsentation ohne weitere Hilfsmittel in ein Video im WMV-Format umzuwandeln. Auch dies ist eine Möglichkeit, einem weiten Anwenderkreis Ihre Präsentation zugänglich zu machen, ohne dass diese über ein installiertes PowerPoint verfügen müssen. Ein Mediaplayer, der WMV-Dateien abspielen kann, findet sich auf den meisten Rechnern. Falls nicht, können sowohl der Windows Media Player als auch einige andere Player kostenlos aus dem Internet heruntergeladen werden.

Wenn Sie einen Schritt weiter gehen und das erstellte Video auf DVD brennen, kann es sogar ganz ohne Computer betrachtet werden.

Diesen Videos fehlt allerdings im Gegensatz zur Präsentation die Interaktivität. Der Zuschauer hat weder Mausklicks noch Hyperlinks zur Verfügung, um zu anderen Folien zu springen. Und er kann auch nicht steuern, wie lange eine Folie angezeigt wird. Bedenken Sie dies schon beim Einrichten der Präsentation, lassen Sie möglichst einen unbeteiligten Dritten Ihre Einblendezeiten testen, denn als Präsentationsersteller unterschätzt man die zum Betrachten einer Folie notwendige Zeit leicht.

Präsentation automatisieren, um sie als Video abzuspeichern

So bereiten Sie Ihre Präsentation vor, bevor Sie sie in ein WMV-Video umwandeln:

1. Erstellen Sie alle benötigten Folien einschließlich Titelfolie und gegebenenfalls Schlussfolie. Wenn Sie planen, das Video auf eine DVD zu brennen, eignet sich das 16:9-Format am besten für TV-Monitore.
2. Weisen Sie passende *Animationen* zu.
3. Versehen Sie die Folien mit automatischen *Übergängen* und der ausreichenden *Anzeigedauer* (siehe Kapitel 11).
4. Fügen Sie untermalendes *Audio* oder gesprochene *Kommentare* ein, entweder über *Einfügen/Audio* oder über *Bildschirmpräsentation/Bildschirmpräsentation aufzeichnen* (siehe Kapitel 14).

5. Speichern und testen Sie die Präsentation.
6. Wechseln Sie zu *Datei/Speichern und Senden* und wählen Sie dort *Video erstellen*.
7. Im rechten Teil der Backstage-Ansicht haben Sie einige Einstellmöglichkeiten für Größe und Qualität:
   - *Computer- und HD-Anzeigen*: Wählen Sie diese Einstellung, wenn Sie das Video in guter Qualität auf einem Computerbildschirm wiedergeben oder auf eine DVD brennen wollen. Auch Videoportale wie YouTube und Vimeo unterstützen diese Größe.
   - *Internet und DVD*: Diese Größe ist ideal, um Ihr Video zum Beispiel in einem Blog-Beitrag im Internet einzubinden oder wenn Sie ein langes Video auf DVD brennen wollen.
   - *Tragbare Geräte*: Dieses kleine Format sollten Sie nur dann wählen, wenn Sie Speicherplatz sparen müssen. Also wenn die Zuschauer das Video auf tragbaren Geräten wie Zune oder iPod anschauen werden oder wenn Sie es per E-Mail versenden wollen.

Abbildg. 17.4 Drei Videogrößen stehen zur Auswahl

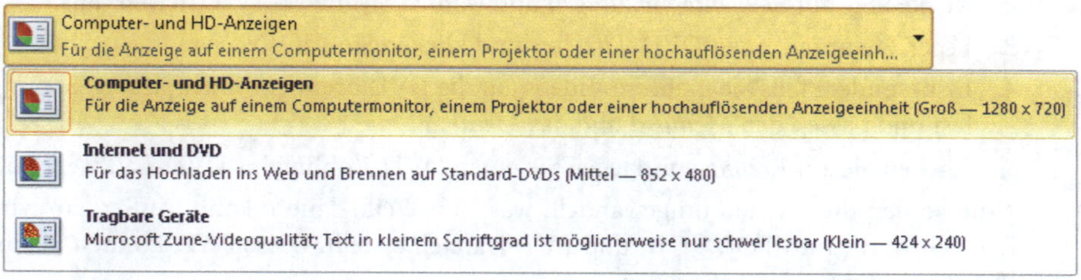

Dabei ist die Höhe der Videos festgelegt, die Breite wird an das Folienformat angepasst.

Tabelle 17.1 Diese Videogrößen (in Pixeln) haben die fertigen Videos

Größe	4 : 3	16 : 10	16 : 9
Computer- und HD-Anzeigen	960 x 720	1152 x 720	1280 x 720
Internet und DVD	640 x 480	768 x 480	852 x 480
Tragbare Geräte	320 x 240	384 x 240	424 x 240

8. Entscheiden Sie darunter, ob aufgezeichnete *Zeitabläufe und Kommentare* verwendet werden sollen. Hier haben Sie auch die Möglichkeit, neue Zeiten für die Anzeigedauer der Folien aufzuzeichnen und einen neuen Kommentar für die Präsentation zu sprechen. Hier können Sie auch eine Standardanzeigedauer festlegen, dies eignet sich zum Beispiel für mit Musik untermalte Diaschauen.
9. Wenn Sie alle Einstellungen zu Ihrer Zufriedenheit vorgenommen haben, klicken Sie auf die Schaltfläche *Video erstellen*. Je nach Länge und Komplexität der Präsentation kann diese Umwandlung einige Minuten in Anspruch nehmen.

Das so erstellte Video können Sie auf beliebigem Wege weitergeben, sei es per Mail, als Internetdownload, auf CD, auf USB-Stick oder eingebaut in eine andere Präsentation. Soll es ohne Computer auf einem TV-Bildschirm gezeigt werden, müssen Sie einen Schritt weiter gehen und es umwandeln und auf DVD brennen.

Video auf DVD brennen

Es gibt Situationen, in denen Sie Ihre Präsentation in einem Format benötigen, das ohne Computer abgespielt werden soll. Sei es, dass Sie sie auf dem Messestand, im Schaufenster, im Wartezimmer auf einem TV-Monitor wiedergeben wollen, oder sei es, dass Sie sie an Freunde oder Verwandte ohne eigenen Rechner weitergeben wollen. Dann bietet sich die Weitergabe auf DVD an. Allerdings können die meisten DVD-Player kein WMV-Video, so wie es von PowerPoint erzeugt wird, wiedergeben, sondern benötigen das Video im MPEG-Format. Wenn Sie Windows 7 verwenden, wurde Windows DVD Maker schon mitinstalliert. Falls Sie einen älteren Computer mit DVD-Laufwerk haben, wurde mit diesem in der Regel auch Software zum Brennen von DVDs mitgeliefert. Einfache Programme sind aber auch im Internet zum kostenlosen Download zu finden.

So gehen Sie vor, wenn Sie Windows DVD Maker nutzen:

1. Klicken Sie auf die Windows-Startschaltfläche, suchen Sie nach *Windows DVD Maker* und starten Sie das Programm.
2. Klicken Sie auf *Elemente hinzufügen* und wählen Sie die WMV-Datei(en) aus.
3. Legen Sie unten einen *DVD-Titel* fest und klicken Sie auf *Weiter*.
4. Insbesondere falls Sie mehrere Videos auf die DVD brennen wollen, legen Sie nun den *Menütext* fest und passen den *Menüstil* und das *Menü* an.
5. Klicken Sie auf *Brennen* und legen Sie einen DVD-Rohling ins DVD-Laufwerk ein.

Nun werden die Dateien umgewandelt, was eine Weile dauern kann. Außerdem wird die typische DVD-Struktur mit IFO-, VOB- und BUP-Dateien erstellt. Diese DVD können Sie in jedem DVD-Player in guter Qualität abspielen.

TIPP Falls Ihre Präsentation keine Animationen und Übergänge enthält, können Sie mit *Datei/Speichern unter* die einzelnen Folien auch im *JPEG-Format* abspeichern. Viele DVD-Player bieten die Möglichkeit, diese Bilder als Diashow abzuspielen. Und Windows DVD Maker kann ein Diashow-Video daraus erstellen.

Zusammenfassung

Betriebssystem, Dateiformat, Dateigröße – viele Aspekte sind bei der Weitergabe von Präsentationen zu beachten, damit der Empfänger Ihre Folien problemlos anschauen kann. Dieses Kapitel hat Sie mit den wesentlichen Aspekten bekannt gemacht.

Hier noch einmal die wichtigsten Themen im Überblick:

Thema	Seite
Weitergabe als Bildschirmpräsentationen (PPSX)	460
Präsentationen vor unbefugtem Betrachten oder Ändern schützen	460
Verpacken für CD	462
Präsentationen per Mail versenden	463
Kompatibilität mit älteren Versionen herstellen	464
Für jede Plattform: Präsentationen in PDF bzw. XPS umwandeln	467
Wenn kein PowerPoint installiert ist: Der PowerPoint Viewer	469
Präsentationen als Video weitergeben	470

Kapitel 18

PowerPoint im Team nutzen

In diesem Kapitel:

Im vorhergehenden Kapitel konnten Sie sich bereits einen ersten Eindruck davon verschaffen, dass es nicht sehr kompliziert ist, Informationen aus PowerPoint-Präsentationen mit anderen Anwendern zu teilen. Basis ist die Möglichkeit des Speicherns oder besser noch Veröffentlichens einer Präsentation im geeigneten Format (PDF, XPS, WMV, PPSX oder auch PPTX), der Platzierung des Ergebnisses auf einem Server, auf einer DVD oder der Versand per E-Mail.

Dieses Kapitel wird Sie weiter in die Welt der Teamarbeit, wie sie vor allem im modernen Büroarbeitsprozess möglich ist, eintauchen lassen. Es richtet sich also vorrangig an Anwender in mittleren bis großen Unternehmen, die *Microsoft SharePoint Server* bereits installiert haben oder deren Verantwortliche vor einer entsprechenden Entscheidung stehen. Auch für »private Einzelanwender« ist dieses Kapitel interessant, haben doch eine Reihe von Internetanbietern zumindest die Vorgängerversion des SharePoint Server in ihren Angeboten und werden sicher bald mit der neuesten Version nachziehen. Auch bietet Microsoft mit SkyDrive Gelegenheit zur gemeinsamen Nutzung von Dokumenten in dafür geeigneten Gemeinschaften.

Nutzung von Windows-Rechteverwaltungsdiensten

Im vorigen Kapitel haben Sie einiges zum Versand von Präsentationen per E-Mail und den damit verbundenen Möglichkeiten des Schutzes von Präsentationen gelesen. Interessant ist nun, dass es E-Mail-Adressen sein können, die zur Authentifizierung von Anwendern (also »Wer sind Sie?«) genutzt werden können und aus denen sich Informationen zur Autorisierung (»Was dürfen Sie?«) ableiten lassen. Auf der Basis dieser Technologie lassen sich Rechte zum Dokument (in unserem Falle also zu einer Präsentation) relativ fein einstellen, wie Abbildung 18.1 zeigt.

Abbildg. 18.1 Ausgefeilte Rechte zum Schutz einer Präsentation

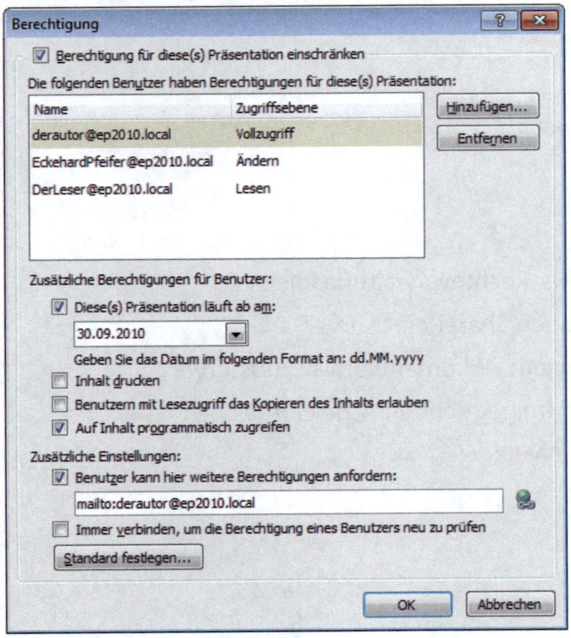

Es gibt folgende Stufen der Einschränkungen:

- *Vollzugriff*: Diesen hat nur der Eigentümer, er darf sozusagen alles, auch den Schutz aufheben.
- *Ändern*: Dieses Recht erlaubt, zu lesen und zu modifizieren, auch Inhalte über die Zwischenablage herauszukopieren, nicht jedoch zu drucken.
- *Lesen*: Es bestehen nur Leserechte am Bildschirm, das Kopieren oder Drucken gelingt nicht.

Zusätzlich lässt sich noch bestimmen, ob

- die Präsentation ein Verfallsdatum hat,
- Nutzern erlaubt wird, den Inhalt zu drucken, oder ob
- Leser auch kopieren dürfen.

Was muss man nun also tun, um diese Features nutzen zu können? Es gibt zwei Zugänge:

- Der erste betrifft vor allem Privatanwender bzw. solche Anwender, die ohne Aufwand einen ersten Test machen möchten. Mithilfe des Befehls *Datei/Informationen/Präsentation schützen/Berechtigung nach Personen einschränken/Anmeldeinformationen verwalten* gelangt man zu einem Dialogfeld, das den Zugang zu den von Microsoft auf speziellen Servern geführten Rechteverwaltungen erlaubt. Voraussetzung der Nutzung ist eine *Windows Live ID* der am Geschehen beteiligten Anwender (also des Besitzers und der von ihm zu autorisierenden Personen).
- Der zweite Weg geschieht für Mitglieder in einem *Active Directory* automatisch, wenn in diesem die Windows-Rechteverwaltung installiert wurde.

Beide Gruppen haben nach Nutzung der gleichen Befehlsfolge *Datei/Informationen/Präsentation schützen/Berechtigung nach Personen einschränken* die Möglichkeit der Einstellung bzw. der Aufhebung des Schutzes.

Ein kurzer Blick auf einen SharePoint Server

Dass dieser und die folgenden Abschnitte sich in erster Linie an Mitarbeiter mittlerer und größerer Unternehmen wendet, hat seine Ursache darin, dass der Heimnutzer in eher seltenen Fällen über die technischen Voraussetzungen zur Nutzung eines Microsoft SharePoint Server 2010 oder seiner Vorgänger verfügt. Und für Mitarbeiter kleinerer Unternehmen besteht aus organisatorischen Gründen nicht unbedingt die Notwendigkeit, aber auch nicht die zeitliche Reserve zur Vorbereitung, um die vorgestellten Methoden der gemeinsamen Dokumentnutzung anzuwenden.

Die technischen Voraussetzungen

Um die aktuelle Version des SharePoint Server laufen zu lassen, ist es notwendig, auf dem als Server des Intranets fungierenden Computer (der zu Übungszwecken auch der lokale Rechner sein kann) das Betriebssystem Windows Server 2008 mit bestimmten Updates installiert zu haben. *Document Sharing* im weiter hinten in diesem Kapitel beschriebenen Sinne setzt außerdem voraus, dass auf dem Server der Internet Information Server aktiviert und der als Datenbanksystem fungierende SQL Server mit entsprechendem Service Pack installiert ist. Ein so ausgestatteter Computer muss sich außerdem in einer Domäne mit Active Directory befinden.

Manche Funktionalität lässt sich auch mit der *Microsoft SharePoint Foundation 2010* (Nachfolger der *Microsoft Windows SharePoint Services*) erreichen. Folienbibliotheken bzw. Broadcasting gehören nicht dazu.

HINWEIS Es gibt zahlreiche Internetprovider, die zu verschiedenen Kosten SharePoint Services der Vorgängerversion im Internet anbieten. Diese verfügen nicht in vollem Umfang über die weiter hinten in diesem Kapitel zu besprechende Funktionalität. Die weitere Entwicklung ist wie immer abzuwarten. Mit SkyDrive und Windows Live bietet Microsoft gewisse Ansätze zur Nutzung der beschriebenen Funktionalitäten im (vorzugsweise) privaten Umfeld.

Die Teilnehmerstruktur im Überblick

Die Verwaltung der erforderlichen Dienste kann hier ebenso wenig wie die Anpassung der Seiten im Detail beschrieben werden. Wichtig ist, dass der Besitzer einer SharePoint-Website oder einer ihrer Unterwebsites jeden Benutzer, der im Active Directory der Domäne verzeichnet ist, einer der vier vordefinierten Gruppen mit Zugangsnamen und Passwort zuordnen kann (wobei weitere Gruppen definiert werden können): *Anzeigende Benutzer*, *Besucher*, *Mitglieder*, *Besitzer*. Diese Gruppen unterscheiden sich nach der Art und Weise der Teilnahme am Umgang mit einer Website, wie Vollzugriff, Hinzufügen, Bearbeiten, Löschen oder nur Lesen.

Alle Nutzer einer SharePoint-Site sollten diese den vertrauenswürdigen Sites ihres Internet Explorer hinzugefügt haben.

Präsentationen auf einem Dokumentverwaltungsserver

Bei dieser Art der Teamarbeit geht es um das Hinterlegen von Dokumenten auf dem Server mit der Absicht der Verwaltung im Team.

Veröffentlichung und Weiterbearbeitung

Die Veröffentlichung beginnt mit *Datei/Speichern und Senden/In SharePoint speichern*. Haben Sie die erforderlichen Rechte der Speicherung in einem Verzeichnis der SharePoint-Site Ihrer Wahl, so müssen Sie den Speicherort mit etwas Geduld in die Adressleiste des *Speichern unter*-Dialogfeldes einfügen und anschließend sozusagen auf der Website navigieren. PowerPoint merkt sich den Speicherort allerdings für die Zukunft.

Der weitere Umgang mit dem Dokument ist deutlich anders als unter Office 2007, die Zahl der Möglichkeiten wurde stark reduziert. Der Aufgabenbereich zu Serverdokumenten ist entfallen, ein Ersatzeinstieg befindet sich in der Backstage-Ansicht der Registerkarte *Datei* unter *Informationen/Versionen verwalten/Auschecken* sowie ganz rechts unten der wichtige Zugriff auf das Dokument auf dem Server über *Dateispeicherort öffnen*. So hinterlegte Dokumente lassen sich vom Ersteller aus *PowerPoint* heraus öffnen, da dort der Pfad hinterlegt bleibt (zumindest über einige Zeit); alle autorisierten Nutzer (inklusive Ersteller) öffnen das Dokument im *Browser* auf der Website.

Abbildg. 18.2 Umgang mit Präsentationen auf einem Dokumentverwaltungsserver

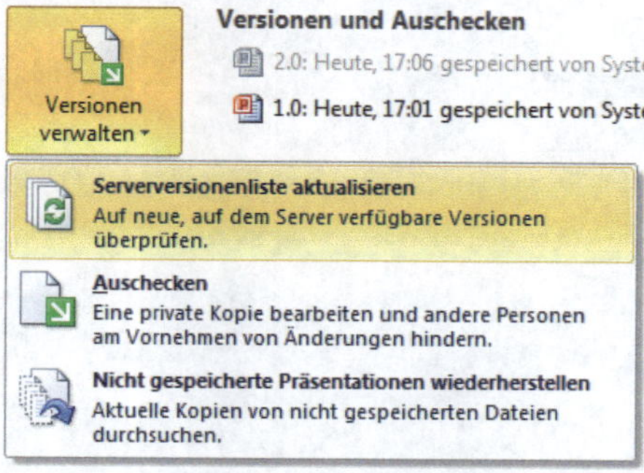

Hier einige Details zu Abbildung 18.2 und den damit verbundenen Vorgängen:

- *Auschecken*: Erstellen einer Kopie (auf dem lokalen Rechner oder auf dem Server) bei gleichzeitiger Bearbeitungssperre des Originals auf der SharePoint-Site für Mitglieder der Site. Das kann auch durch andere Bearbeiter über den Zugang zur Website (also im Browser) eingeleitet werden.
- *Serverversionenliste aktualisieren*: Erlaubt die Information über Versionen, wenn diese Option auf dem Server vorbereitet wurde. Die Liste befindet sich rechts neben der Schaltfläche und ermöglicht dann den Zugriff auf die verschiedenen Versionen der Datei. Wegen der wechselnden Einträge in der Backstage-Ansicht und der durch PowerPoint angezeigten Statusleiste nach dem Öffnen älterer Versionen sollte der Umgang mit solchen Dokumenten im Team gut vorbereitet werden.

Der dritte Punkt hat mit Serverdokumenten nichts zu tun.

Auschecken und Einchecken

Das Aus- und Einchecken einer Präsentation kann sowohl aus PowerPoint heraus (Wiederöffnen der Präsentation im Browser) als auch von der Website aus geschehen (über den in Abbildung 18.3 gezeigten Link). Dabei ist es wichtig, dass sich ein Betrachter anmeldet, der entsprechende Rechte hat. Eine Kopie der Präsentation kann bei diesem Vorgang entsprechend den vorgenommenen Einstellungen (Dialogfeld *PowerPoint-Optionen*, Kategorie *Speichern*, Option *Zwischenspeicher für Office-Dokumente*) auf dem lokalen Rechner gespeichert werden (Standardordner unter Windows 7 ist *C:\Users\»Benutzername«\Documents\SharePoint-Entwürfe*). Während des Auscheckens ist eine Bearbeitung durch andere Teammitglieder nicht möglich, es sei denn, die Rechte gestatten das erneute Einchecken. PowerPoint übernimmt beim Bearbeiten die entsprechende Koordinierung der jeweiligen Zustände der Präsentation; die Informationen befinden sich im gleichnamigen Abschnitt in der Backstage-Ansicht.

Abbildg. 18.3 Dieses Bild bietet sich einem Mitglied der Website, Besucher haben nur das Recht des schreibgeschützten Aufrufs

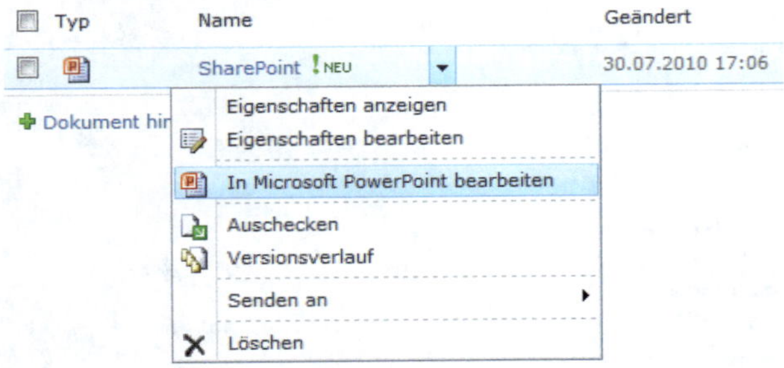

Das Auschecken kann verworfen bzw. durch erneutes Einchecken aufgehoben werden. Beim Einchecken kann die entstehende Version der Präsentation mit einem *Kommentar* versehen werden. Die Option *Nach dem Einchecken ausgecheckt lassen* ist wohl so zu deuten: nach dem Veröffentlichen des aktuellen Standes die Präsentation weiterhin für andere zu sperren. Nach dem Einchecken unter PowerPoint bleibt die Präsentation im noch geöffneten Zustand schreibgeschützt, ein Hinweis der Statusleiste gibt Aufschluss.

Versionsverlauf

Der Versionsverlauf kann vom Mitarbeiter, der die Präsentation hochgeladen bzw. in Bearbeitung hat bzw. von berechtigten Besuchern direkt von der Website eingesehen werden.

Außer der aktuellen Version können alle Versionen gelöscht werden. Auch ein Wiederherstellen einer früheren Version zur aktuellen Variante der Präsentation ist denkbar.

WICHTIG Das Aus- und Einchecken sollte konsequent umgesetzt werden (dabei hilft eine entsprechende serverseitige Einstellung), um Konflikte mit den Bearbeitungen anderer berechtigter Teammitglieder zu vermeiden. Und vermutlich macht auch hier Übung den Meister, um den Überblick nicht zu verlieren.

Auch ist die Angabe von Kommentaren sehr sinnvoll, da wohl komfortable visuelle Möglichkeiten des direkten Folienvergleichs fehlen. Als Workaround kann ein Bearbeiter verschiedene Versionen auf seinen Rechner speichern (und damit den Schreibschutz aufheben) und diese mit Mitteln des Folienvergleichs (Registerkarte *Überprüfen*, Gruppe *Vergleich*) untersuchen bzw. direkt mit der aktuellen Version vergleichen lassen.

Workflows

Unter Workflows versteht man die Zuordnung von Aufgaben zu Dokumenten. In komplexen Situationen können diese Aufgaben vom Zustand des Dokuments abhängen. Alle Workflows für Dokumente müssen auf der Website vorbereitet sein und lassen sich nicht mehr wie bisher (es handelte sich um die einfachen Workflow-Aufgaben Feedback und Genehmigung) aus Office heraus einrichten. Innerhalb des Workflows kann vereinbart werden, unter welchen Umständen dieser startet und wer wie darin eingebunden ist und darüber informiert wird.

Wird ein Dokument von einem Mitarbeiter geöffnet, dem innerhalb bestimmter Workflows Aufgaben zugeordnet wurden, informiert die Statusleiste von PowerPoint über diesen Zustand. Außerdem gibt es unter *Informationen* in der Backstage-Ansicht der Registerkarte *Datei* einen entsprechenden Hinweis mit Schaltfläche zum Öffnen der Workflow-Aufgabe und der Möglichkeit zu deren Erledigung.

Document Sharing in freigegebenen Arbeitsbereichen

Freigegebene Arbeitsbereiche, wie sie noch unter Office 2007 zu finden sind, gibt es so nicht mehr. Das ist zum Teil sehr schade, da die Diskussion um Dokumente aus der Office-Anwendung heraus viel Komfort gegenüber der nunmehr notwendigen Einrichtung aus der Website heraus brachte (es gibt Vorlagen für entsprechende Bibliotheken). Aber vielleicht lässt sich mit den gegenwärtigen Features die Angelegenheit überschaubarer halten und möglicher Wildwuchs auf SharePoint-Seiten eindämmen.

Solche Arbeitsbereiche sind eine Erweiterung der oben beschriebenen Vorgehensweise zum Verwalten von Dokumenten. Zu den bereits genannten Möglichkeiten kommt der Umstand, dass ein Dokument (Präsentation) nicht innerhalb einer Bibliothek von gleichartigen Dokumenten gespeichert wird, sondern auf einer Unterwebsite (*Arbeitsbereich* genannt), die weitere begleitende Dokumente, Mitglieder einer Arbeitsgruppe mit unterschiedlichen Zugriffsrechten, Aufgaben, Termine, Bilder, Hyperlinks etc. beinhalten kann.

Folienbibliotheken im Netz

Von vielen Entscheidern und Designern wird schon lange nach Möglichkeiten gesucht, Folien inklusive ihrer Inhalte in Katalogform in einer Datenbank zu halten, Umsetzungen hierzu gibt es sicher einige. Folienbibliotheken auf dem SharePoint sind sozusagen die Lösung aus der Box – Folien so im Unternehmen abzulegen, dass sie

- kategorisiert und katalogisiert werden können,
- flexibel, weil veränderbar, und
- schnell auffindbar und damit wiederverwendbar sind.

Es ist ein effektives Feature, da Anwender, die bereits mit SharePoint im Team arbeiten, nicht neu orientiert werden müssen.

Folienbibliotheken anlegen

Der Start ist einfach. Ein autorisierter Nutzer (Eigentümer der Website oder einer ihrer Unterwebs) oder der Administrator der Website legt eine Folienbibliothek an. Dazu geht er zu einem Ordner seiner Wahl und erstellt dort (etwa in den *Dokumentbibliotheken*) eine neue *Folienbibliothek*. Das ist ein spezieller Verzeichnistyp, der Suchfunktionen und Wiederverwendbarkeit unterstützt. Eine »normale« *Dokumentbibliothek* ist für den angestrebten Zweck also ungeeignet.

Auf der entsprechenden Dialogseite besteht die Möglichkeit,

- einen kurzen, aber aussagekräftigen Verzeichnisnamen anzugeben,
- eine Beschreibung für die Bibliothek zu hinterlegen,
- den Schnellzugriff auf die Bibliothek von der Website aus zu konfigurieren (beachten Sie, dass der Zugriff sehr unkompliziert aus PowerPoint erfolgen kann) und
- zu entscheiden, ob Versionierung auf dem Server vorgenommen werden soll (das sollte vor allem dann in Betracht gezogen werden, wenn Folien bis zu ihrer permanenten Wiederverwendbarkeit einer gestalterischen Wandlung unterliegen).

Der Hauptzweck einer Folienbibliothek sollte nicht im Archivieren von Folien, sondern in der aktiven Wiederverwendung ohne Mehraufwand liegen.

Folien zu einer Bibliothek hinzufügen

Nachdem der Initiator der Bibliothek diese angelegt hat, kann er sofort von der Website aus Folien hochladen, sofern PowerPoint auf seinem Rechner installiert ist. Dabei wählt er eine Präsentation aus, die durch PowerPoint nicht geöffnet wird, deren Folien aber in einem Dialogfeld unter PowerPoint erscheinen (siehe Abbildung 18.4).

Abbildg. 18.4 Das zentrale Dialogfeld zur Bestückung einer Folienbibliothek

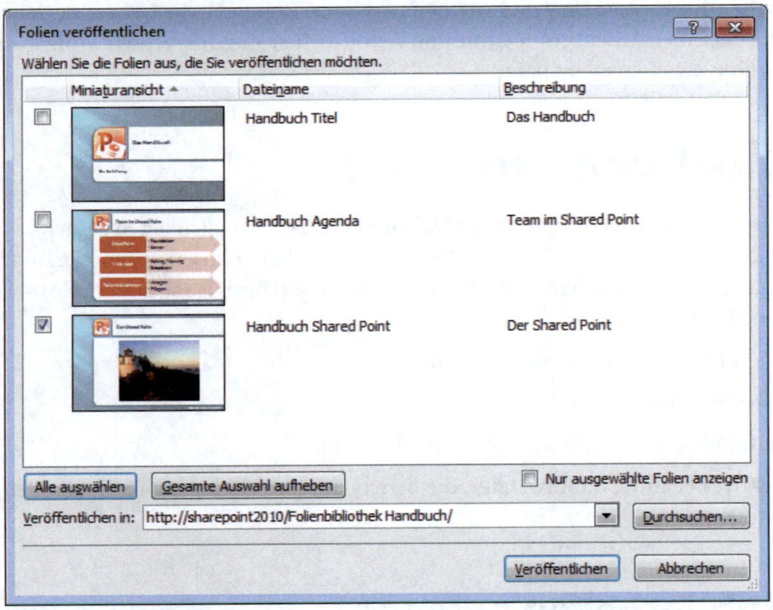

Dieses Dialogfeld erklärt sich von selbst, Sie sollten aber beachten:

- Zur besseren Übersichtlichkeit lassen sich nur die Folien anzeigen, die ausgewählt wurden.
- Der Dateiname ist der, den die einzelne Folie auf dem Server bekommt. Hier werden zum Dateinamen aus PowerPoint zunächst wenig aussagekräftige Ziffernfolgen angehängt. Diese sollten Sie sofort im Dialogfeld durch etwas ersetzen, was später leichte Orientierung erlaubt.

- Die Beschreibung der Folien werden automatisch aus den Folientiteln (falls vorhanden) erstellt. Auch hier kann Nachbesserung angesagt sein.

Auf diese Weise füllt sich die Liste auf dem Server. Für Besucher ergibt sich, wiederum entsprechende Rechte vorausgesetzt, je nach diesen Rechten ein Bild wie in Abbildung 18.5.

Abbildg. 18.5 Zugriff auf Folien auf der Website

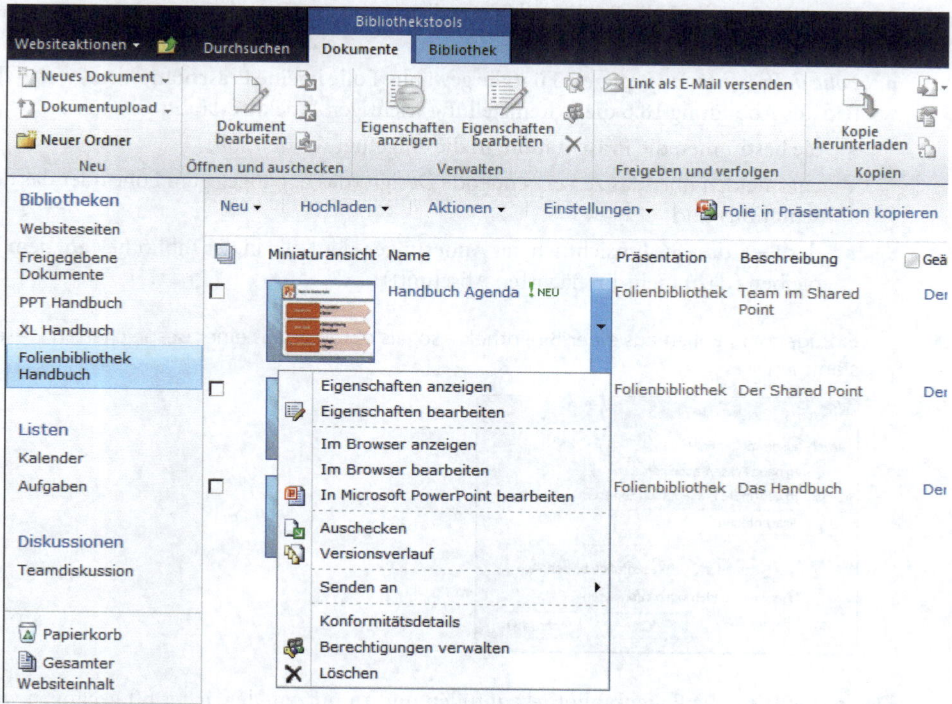

Sie erkennen die Ihnen aus den vorigen Abschnitten vertrauten Möglichkeiten des Aus- und Eincheckens zur »ungestörten« Bearbeitung sowie die Versionskontrolle von Dokumenten.

Außerdem sehen Sie in den Spalten der tabellarischen Übersicht folgende Befehle:

- *Neu*: Es kann ein Unterordner der Folienbibliothek angelegt werden.
- *Hochladen*: Das ist der eben beschriebene Weg zum Füllen der Bibliothek.
- Hinter *Aktionen* verbergen sich unter anderem:
  - Ansicht des Ordners im Windows-Explorer mit der Möglichkeit des Einsatzes von Drag & Drop zum Verschieben und Kopieren von Folien
  - Ansicht des Ordners in Datenblattform (etwa zum Zwecke statistischer Auswertungen)
  - Benachrichtigungseinstellungen über Änderungen in der Bibliothek
  - Löschen von Folien
  - Herstellung einer Verbindung mit Outlook; dadurch werden neue Elemente der Bibliothek sofort quasi als E-Mails gesendet und, wie Sie aus dem vorigen Kapitel wissen, auch im Lesebereich angezeigt. Die Elemente befinden sich allerdings als lokale Kopien der Folien nicht

im Postfach, sondern in einem speziellen Ordner *SharePoint-Listen* (eine sehr bemerkenswerte Idee, die auch für andere Listen funktioniert). Diese lokalen Kopien können auch gelöscht werden.

- Ähnliche Effekte werden erreicht, wenn die Elemente als RSS Feeds abonniert werden. Hier arbeitet dann der Internet Explorer mit Outlook Hand in Hand.

- *Einstellungen*: Hier gelingt es, Spalten und daraus resultierende Ansichten zu erstellen sowie die Einstellungen der Folienbibliothek generell anzupassen (Berechtigungen, Versionierung, Workflow und vieles mehr).
- *Folie in Präsentation kopieren*: Fügt die gewählte Folie in eine Präsentation ein, wobei das Dialogfeld aus Abbildung 18.6 die Voreinstellung wichtiger Aspekte erlaubt:
  - Sie bestimmen die Präsentation, in die eingefügt werden soll,
  - entscheiden über das zu verwendende Design (das der abgelegten Folie oder das der Zielpräsentation) und
  - darüber, dass Sie hinsichtlich der Änderungen der Folie in der Bibliothek auf dem Laufenden bleiben (dazu mehr im nächsten Abschnitt).

Abbildg. 18.6 Einfügen von Folien aus einer Bibliothek – so, als ob diese aus einer gespeicherten Präsentation stammen

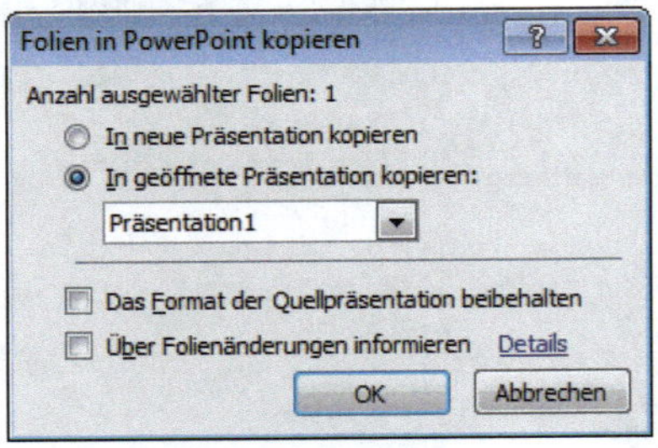

Der zweite Weg, die Folienbibliothek zu füllen und zu nutzen, der sicher oft gegangen wird, ist der, dies aus PowerPoint heraus zu tun. Zum Hochladen benutzen Sie den Befehl *Folien veröffentlichen* im Kontextmenü einer Folie oder die Befehlsfolge *Speichern und Senden/Folien veröffentlichen/Folien veröffentlichen* auf der Registerkarte *Datei*. Dadurch gelangen Sie in ein Dialogfeld, das genau so aussieht wie das in Abbildung 18.4 und sich natürlich auch genau so behandeln lässt wie weiter oben beschrieben. Unter Umständen müssen Sie die Pfadangaben im unteren Teil korrigieren; dabei hilft Ihnen aber das gewohnte Dialogfeld, das Windows über die Schaltfläche *Durchsuchen* beim Speichern und Öffnen bereitstellt.

Das Einfügen von Folien (Wiederverwenden) wird im nächsten Abschnitt beschrieben.

Folien aus einer Bibliothek importieren

Ist eine Folienbibliothek durch Teammitglieder angelegt und gefüllt worden, haben Zugriffsberechtigte natürlich die Möglichkeit, diese in eigenen Präsentationen zu nutzen. Einen Weg hatten Sie im vorigen Abschnitt gesehen: das Importieren von der Website aus.

Der zweite Weg geht über die Optionen im Menü der Schaltfläche *Neue Folie* (Gruppe *Folien* auf der Registerkarte *Start* des Menübands). Dort finden Sie den Befehl *Folien wiederverwenden*, der zu einem Aufgabenbereich wie in Abbildung 18.7 führt.

Abbildg. 18.7 Folien wiederverwenden – auch aus Folienbibliotheken

Dort gibt es die Zugriffsmöglichkeiten auf Folienbibliotheken, wobei nur beim ersten Zugriff der Weg zum Server gefunden werden muss – später nutzen Sie entsprechende Links, die PowerPoint einrichtet.

Der Inhalt der Folienbibliothek wird ebenfalls im Aufgabenbereich in Miniaturansichten gezeigt (siehe Abbildung 18.7).

Zunächst haben Sie, der besseren Übersicht wegen, die Möglichkeit, die Miniaturansichten zu gruppieren:

- nach dem Titel der Ursprungspräsentation
- nach dem Bearbeiter
- nach dem Datum der Erstellung

Möchten Sie die Folie etwas größer sehen, fahren Sie einfach mit der Maus darüber. Ein Klick fügt die Folie sofort ein – um hier ungewollte Effekte zu vermeiden, sollten Sie deshalb zuvor eingestellt haben, ob

- die ursprüngliche Formatierung beibehalten werden soll und
- ob über Folienänderungen informiert werden soll.

Ein Klick mit der rechten Maustaste auf ein Miniaturbild bringt neben der Möglichkeit, die Folie einzufügen, weitere interessante Befehle zur Auswahl:

- Design der Folie übernehmen (für die aktuelle Folie bzw. für alle Folien) und
- Folie bearbeiten (was Sie auf den Server führt).

Was bedeutet nun die bereits zweifach erwähnte Information über Änderungen einer Folie? Die Antwort ist nicht überraschend: Haben Sie eine Folie aus einer Bibliothek eingefügt (es handelt sich nicht um ein Verknüpfen, sondern um das Duplikat), sorgt die erwähnte Option dafür, dass Sie beim nächsten Öffnen der Präsentation über das Vorhandensein importierter Folien aus einer Bibliothek mit einem entsprechenden Dialogfeld informiert werden.

Sie haben dann die Wahl,

- die Überprüfung ab sofort und unwiderruflich zu deaktivieren, also die Verbindung zu Folienbibliotheken zu kappen,
- die Überprüfung einzuleiten bzw.
- den Vorgang abzubrechen.

Im Falle der Überprüfung gibt es zwei Möglichkeiten – eine oder mehrere Folien in der Bibliothek wurden durch Teammitglieder geändert oder alles ist im zuletzt importierten Zustand.

Im ersten Fall erscheint ein weiteres Dialogfeld, das den optischen Vergleich zulässt und Sie vor die Entscheidung stellt, die Folie durch die neue Version zu ersetzen oder die neue Folie zusätzlich in die Präsentation einzufügen (oder gar nichts zu tun).

Der Verzicht auf sofortige Prüfung von Aktualisierungen kann jederzeit rückgängig gemacht werden, da ein Rechtsklick auf das Miniaturbild einer Folie (unter anderem) den Befehl *Auf Updates überprüfen* bringt, der gleichbedeutend mit »auf Folienaktualisierungen überprüfen« ist. Dieser Befehl gestattet dann die Auswahl zwischen:

- die markierte Folie überprüfen
- alle Folien der Präsentation überprüfen
- die Überprüfung der markierten Folie dauerhaft beenden
- die Überprüfung aller Folien dauerhaft beenden

Folien in einer Bibliothek anpassen

Zum Anpassen von Folien ist (neben der eben erwähnten Möglichkeit beim Import von Folien vom Server) nicht viel zu sagen – Sie öffnen die Dateien, die letztlich die einzelne Folie beinhalten, durch Besuch der Website, oder aber Sie importieren die Folien und veröffentlichen sie unter gleichem Namen am gleichen Ort. Dazu können Sie auch mit der rechten Maustaste auf eine Folie in der Normalansicht oder der Foliensortierung klicken und in dem erscheinenden Kontextmenü den Befehl *Folien veröffentlichen* wählen.

Haben Sie bereits Folien aus einer Datei heraus veröffentlicht, sorgt PowerPoint leider nicht dafür, dass die Information über veröffentlichte Folien aus einer Präsentation in dieser hinterlegt werden.

Office Web Apps

Bei den *Office Web Apps* handelt es sich um eigenständige Programme, mit deren Hilfe für *Word*, *Excel* und *PowerPoint* die Bearbeitung von Dokumenten im Browser ermöglicht wird.

Das Besondere ist: Diese Bearbeitung kann fast synchron durch mehrere Bearbeiter erfolgen und ist deutlich komfortabler als das, was bisher nur für Excel mit freigegebenen Arbeitsmappen auf Dateisystembasis erreicht werden konnte.

Es gibt zwei Möglichkeiten des Einsatzes:

- Speichern der Präsentation auf einem Microsoft Server (*Datei/Speichern und Senden/Im Web speichern*) unter Verwendung einer Windows Live ID (Windows Live SkyDrive). Dabei kann noch ein persönlicher Teilnehmerkreis per E-Mail informiert bzw. die Datei an einem öffentlichen Ort abgelegt werden.

- Speichern der Datei (wie oben beschrieben) auf einem SharePoint Server mit installierten Office Web Apps. Auch hier ist das Informieren der Teilnehmer per E-Mail vorgesehen.

Abbildg. 18.8 SkyDrive – Document Sharing vor allem für Privatanwender

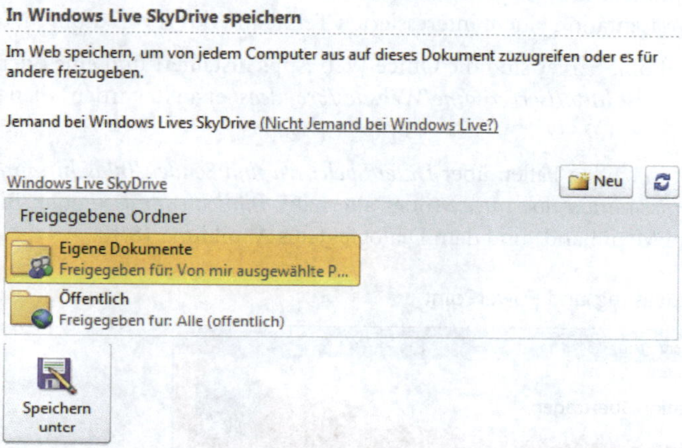

Das Versenden des Links per E-Mail wird über *Datei/Speichern und Senden/Per E-Mail senden/Einen Link senden* vorbereitet.

In beiden Fällen ist es so, dass bei der Auswahl der Präsentation auf der Webseite die Bearbeitung der Präsentation im Browser angeboten wird – und das ist der Einsatz der Web Apps. Das heißt aber nichts anderes, als PowerPoint-Aufgaben mit (allerdings sehr stark) reduzierten Features zu erledigen. Abbildung 18.9 zeigt das reduzierte Menüband.

Abbildg. 18.9 Die Registerkarten des Menübands der PowerPoint Web App

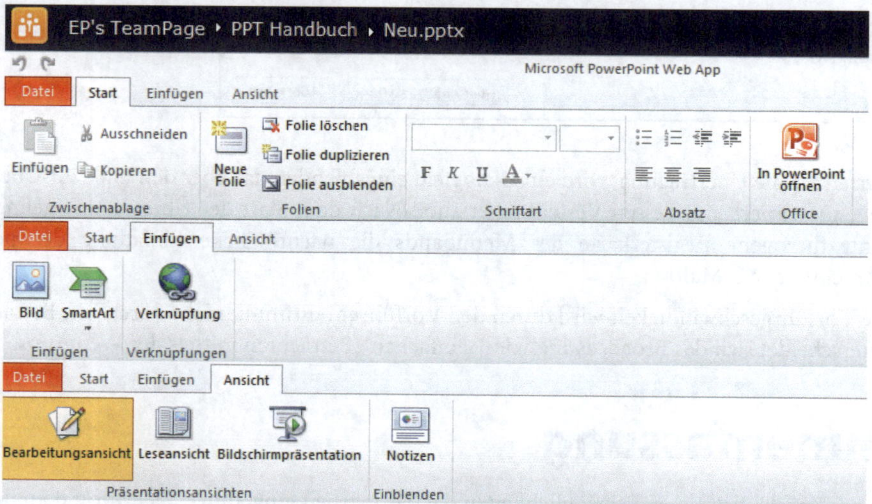

Welche Schaltflächen zur Verfügung stehen, hängt jeweils vom Folientyp und von den ausgewählten Objekten ab. Die Bearbeitungsansicht wird nur autorisierten Benutzern angeboten.

Broadcasting

Broadcasting steht in engem Zusammenhang mit den Office Web Apps:

- Mittels einer Windows Live ID gelingt es, sich auf einem Server von Microsoft einzuloggen und die Bildschirmpräsentation einem interessierten Teilnehmerkreis vorzuführen, bzw.
- auf einem SharePoint Server sind die Office Web Apps installiert und eine oder mehrere Websites (als Standard ist *http://servername/Websites/broadcast* erstellt worden) dienen dem Vorführen.

Der Zugang erfolgt in beiden Fällen über *Datei/Speichern und Senden/Bildschirmpräsentation übertragen/Bildschirmpräsentation übertragen* (oder alternativ *Bildschirmpräsentation/Bildschirmpräsentation übertragen* im Menüband) und dem Dialogfeld aus Abbildung 18.10.

Abbildg. 18.10 Wie im Kino – Broadcasting und PowerPoint

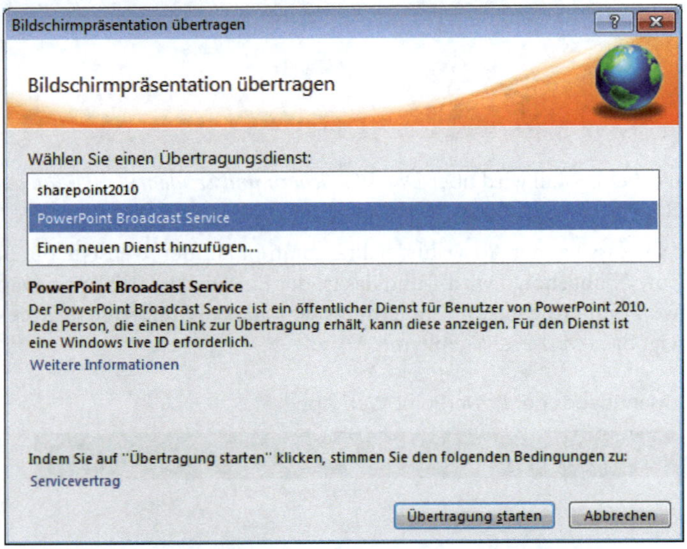

Starten Sie die Übertragung, wird ein Dialogfeld eingeblendet, das über den Link zur Übertragungsstelle informiert und dessen Verteilung erlaubt. Nach dem Start der Übertragung gelingt über die kontextbezogene Registerkarte des Menübands die nachträgliche Einladung der potenziellen Betrachter per E-Mail.

Die Vorführgeschwindigkeit wird durch den Vorführer bestimmt, nicht durch den Betrachter. Hier unterscheidet sich das Broadcasting vom »einfachen« Betrachten mittels der Web Apps.

Zusammenfassung

Dieses Kapitel hat Sie in die Möglichkeiten der Teamarbeit eingeführt. Vieles von dem, was Sie hier gesehen haben, trifft nicht nur auf PowerPoint, sondern auch auf Word oder Excel zu. Einen besonders großen Umfang nahmen dabei die Möglichkeiten des SharePoint Server ein, nicht nur, weil sie eine tolle Angelegenheit sind, sondern weil sie die Technologie der Zukunft verkörpern.

Die folgende Tabelle hilft Ihnen bei der Detailsuche:

Kapitel 19

PowerPoint anpassen

In diesem Kapitel:

PowerPoint anpassen – ein Vorgang, den der Einsteiger nicht am ersten Tag, sondern nach einer kleinen Weile der Eingewöhnung vornimmt. »Alte Hasen« hingegen werden es kaum erwarten können.

Vielleicht sollte man mehrere Gruppen von Anpassungen unterscheiden:

- Anpassungen, die mit der Art und Weise, wie PowerPoint unsere Dokumente behandelt bzw. behandeln soll, zu tun haben,
- Anpassungen, wie wir unsere Dokumente gern behandeln möchten, und
- Anpassungen, die die Funktionalität von PowerPoint erweitern.

Die erste Gruppe der Aufgaben lässt sich weitestgehend im Dialogfeld *PowerPoint-Optionen* erledigen, die zweite ist ein Problem der Anpassung der Oberfläche, möglicher Pfade und Standards. Die dritte Gruppe ist etwas für Spezialisten und wird in den beiden letzten Kapiteln des Buches etwas genauer untersucht.

Die Aufgaben der Anpassung lassen sich aber auch nach ihren Inhalten gliedern. Dieser Weg soll im Weiteren gegangen werden.

Benutzerinformationen

Die Benutzerinformationen bei PowerPoint umfassen genau zwei Einträge: den Namen und das Namenskürzel. Sie werden in der Regel bei der Installation des Office-Pakets abgefragt und eingetragen.

Wollen Sie hier eine Änderung, so gehen Sie über *Datei/Optionen/Allgemein*. Eine solche Anpassung ist Office-übergreifend und kann demnach auch in einer anderen Anwendung erfolgen, wenn es dort die entsprechende Möglichkeit des Anpassens gibt. Wirksam werden solche Änderungen immer erst nach dem Neustart der Anwendung und für neu angelegte Dokumente.

Dokumenteigenschaften und Vorlagen

Der Benutzername wird in einer neuen Präsentation in den Dokumenteigenschaften eingetragen (siehe Abbildung 19.1). Sie erreichen diese mit *Datei/Informationen/Eigenschaften/Dokumentbereich anzeigen*. Hier kann eine nachträgliche Anpassung erfolgen, die nur das aktuelle Dokument betrifft.

Abbildg. 19.1 Dokumenteigenschaften – von vielen Anwendern werden sie nur wenig beachtet

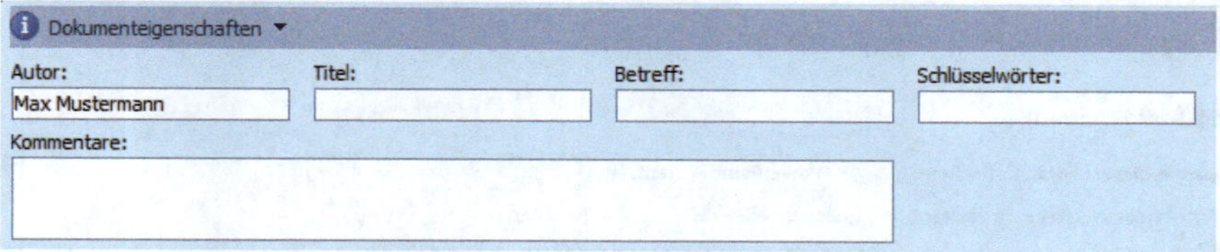

Entsteht Ihre Datei aus einer Vorlage, so werden die leeren Eigenschaftenfelder entsprechend gefüllt, wenn sie in der Vorlage gefüllt wurden. Ausnahme ist der Name des Autors – dieser entsteht aus dem aktuellen Benutzernamen. Und auch beim Titel gibt es noch einen Zusammenhang zu einer möglichen Titelfolie und deren Titel.

Speicherorte und Dateizugriff

Speicherorte für Dateien im Benutzerprofil werden bei der Installation festgelegt. Aus PowerPoint heraus kann später hier nahezu keinerlei Anpassung des Automatismus erfolgen. Natürlich können Sie alles dort ablegen, wo Sie möchten. Damit aber die Arbeit mit eigenen Dokumenten, Vorlagen, Designs, Farben und vielen anderen Dingen reibungslos funktioniert, sollten hierzu die Standardorte genommen werden. Deren Anpassung kann aus Office heraus nur in den *Word-Optionen* vorgenommen werden (siehe Abbildung 19.2).

Abbildg. 19.2 Standardspeicherorte für Dateien – einstellbar nur unter Word

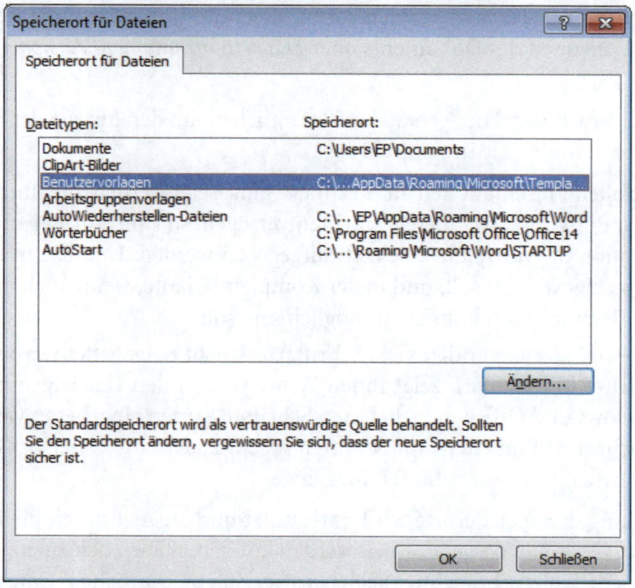

Auch hier gibt es eine Ausnahme – den Standardspeicherort für Präsentationen. Diesen können Sie im Dialogfeld *PowerPoint-Optionen* in der Rubrik *Speichern* festlegen (siehe Abbildung 19.3).

Abbildg. 19.3 Anpassen der Art des Speicherns – auch einige der Speicherorte sind hier einstellbar

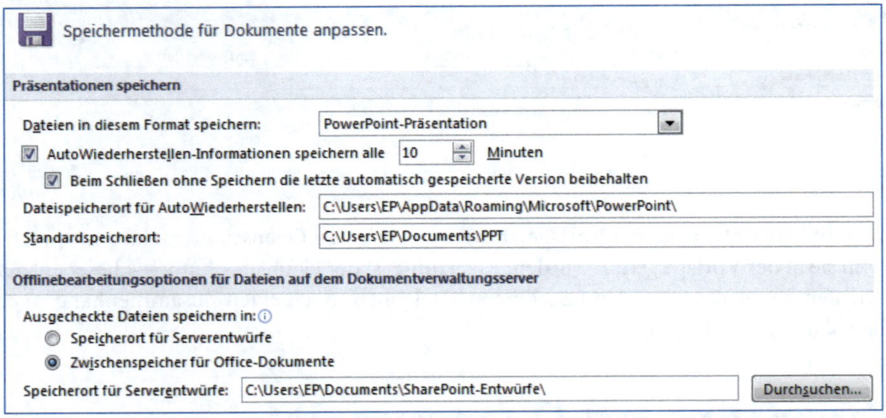

Dieser Bereich der Optionen hält noch einige andere Einstellungen bereit, die weniger mit dem Ort als mit der Art des Speicherns zu tun haben:

- *Standardformat der Speicherung*: Hier wird es vielleicht wenig Grund geben, von der Standardeinstellung abzuweichen, da es selten der Fall sein wird, ständig Präsentationen mit Makros zu erstellen. Befindet man sich im stetigen Austausch mit Partnern, die noch PowerPoint 2003 im Einsatz haben oder die auf Fremdformate ausgewichen sind – mit der Standardeinstellung spart man gegebenenfalls die sonst notwendigen Handgriffe der Konvertierung.

- *Informationen für die Dateiwiederherstellung*: Sie stellen ein, ob und wie oft Kopien Ihrer Datei während der Arbeit zwischengespeichert werden sollen. Über diese Speicherung ist der Zugriff auf nicht gespeicherte Versionen des Dokuments über *Datei/Informationen/Versionen verwalten* möglich.

- *Optionen der Dokumentverwaltung*: Hier geht es im Wesentlichen um den Einsatz der SharePoint Foundation. Details hierzu finden Sie in Kapitel 18.

- *Schriftarten einbetten*: Sollen Präsentationen auf Rechnern eingesetzt werden, die unter Umständen nicht über die beim Entwurf verwendeten Schriften verfügen, so kann zur Beibehaltung des Aussehens der Präsentation die verwendete Schrift mitgegeben werden. Und das in einer Sparvariante, wenn nur angezeigt werden soll, und in der Komplettvariante, wenn auch die Bearbeitung auf dem fremden Rechner noch konsistent möglich sein soll.

  Beachten Sie aber, dass aus Lizenzgründen viele Schriftarten nicht eingebettet werden können. Ob eine Schrift eingebettet werden darf, zeigt Ihnen Windows 7 in den Dateieigenschaften des Fonts an. Alle mit Windows und Office mitgelieferten Schriften dürfen eingebettet werden, viele kommerzielle Fonts nicht. Das Einbetten von Schriften macht zudem die Datei größer, je nach Schrift um wenige Kilobyte bis hin zu mehreren Megabyte.

Die konsequente Verwendung der Speicherorte wird unterstützt und ergänzt durch die Einstellungen, die unter *Datei/Zuletzt verwendet* vorgenommen werden können. Neben den zuletzt bearbeiteten Dateien finden Sie auch die zuletzt besuchten Speicherorte. Zuletzt bearbeitete Dateien können hier mit einem Klick auf das Pinnnadel-Symbol dauerhaft gelistet werden und werden alphabetisch angeordnet.

Abbildg. 19.4 Zuletzt benutzte Dateien können »festgepinnt« werden und erscheinen in der Liste alphabetisch geordnet ganz oben

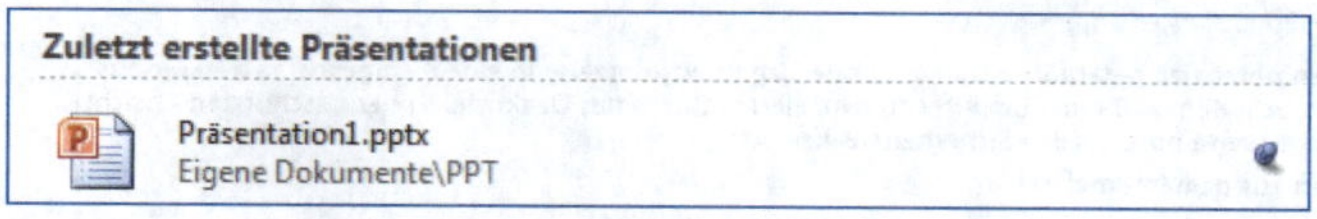

Zum Schnellzugriff kann außerdem ganz unten in dieser Backstage-Ansicht dafür gesorgt werden, dass eine Liste von »aktuellen« Dateien ganz links in der Backstage-Ansicht geführt wird und diese Dateien von dort aus schnell erreichbar sind.

Dokumentarten zulassen und ablehnen

PowerPoint (wie auch Word und Excel) erlaubt einige Einstellungen, wie mit »anwendungsfremden« Dateien verfahren werden soll. Abbildung 19.5 zeigt den Überblick, der über *Datei/Optionen/Sicherheitscenter/Einstellungen für das Sicherheitscenter/Einstellungen für den Zugriffsschutz* erreicht werden kann.

Abbildg. 19.5 Ob und wie Dateien geöffnet bzw. gespeichert werden, entscheiden Einstellungen des Zugriffsschutzes

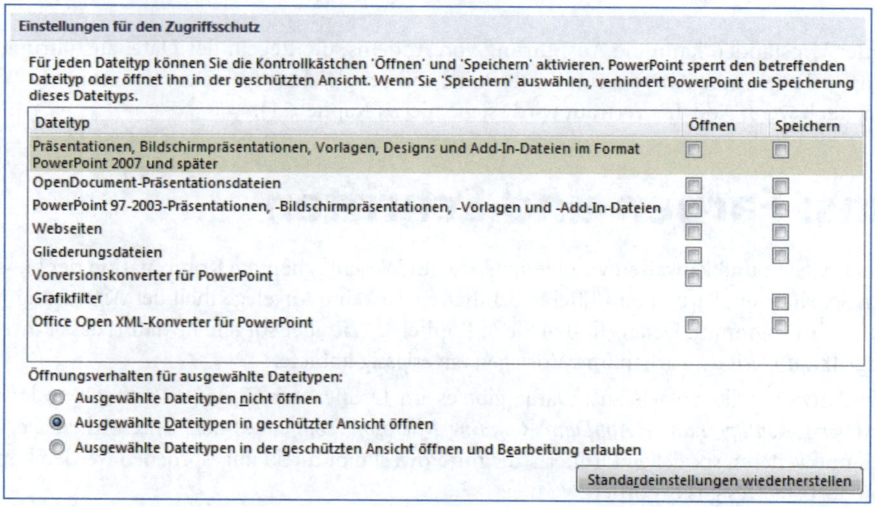

Diese Einstellungen erklären sich von selbst und haben jede für sich unter entsprechenden Umständen ihre Daseinsberechtigung. Wobei vor allem der Umgang mit Dateien der Vorgängerversion von praktischer Bedeutung sein kann, da hier das Vermischen vermieden werden muss.

Einstellungen des Zugriffsschutzes sind auch im Zusammenhang mit unsicheren Herkunftsorten (wie etwa dem Internet) interessant und wichtig. Die Voreinstellungen unter *Datei/Optionen/Sicherheitscenter/Einstellungen für das Sicherheitscenter/Geschützte Ansicht* sehen Sie in Abbildung 19.6; der Inhalt und das Ziel der Einstellungen sind auch hier selbsterklärend.

Abbildg. 19.6 Maßnahmen gegen »Angriffe« aus unsicheren Quellen

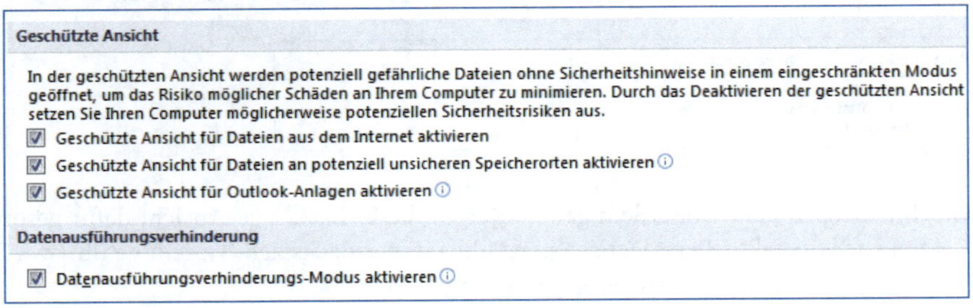

Mithilfe der Informationen der Statusleiste kann unter Umständen die geschützte Ansicht (die vor allem beim Austausch von Dateien über Outlook entstehen wird) verlassen werden, wenn dem Dokument vertraut wird. Vertrauenswürdige Dokumente werden im Detail in Kapitel 20 besprochen.

HINWEIS Auch das Erscheinen der Meldungsleiste am oberen Rand der Dokumente lässt sich beeinflussen: entweder soll sie immer erscheinen oder nie (*Datei/Optionen/Sicherheitscenter/Einstellungen für das Sicherheitscenter/Statusleiste*). In diesem Dialogfeld lässt sich auch festlegen, ob Aktionen, die durch das Sicherheitscenter vorgeschlagen und/oder durch den Nutzer umgangen werden, protokolliert werden sollen. Dies geschieht dann im Ordner *C:\Users\»Benutzername«\AppData\Local\Microsoft\Office\TCDiag* (Windows 7).

Unter Umständen kann die Ausführung von Add-Ins, die Regeln der Datenausführungsverhinderung verletzen, zum Absturz von PowerPoint und der gleichzeitigen Deaktivierung des Add-Ins führen, auch wenn Add-Ins vertraut wird (siehe hierzu Kapitel 21).

Designs: Farben und Schriften

Das Erstellen und Zuweisen von Designs, die im Wesentlichen die Kombination der zu verwendenden Schriftarten, Farben und Effekte beinhalten, ist keine Angelegenheit der Anpassung von PowerPoint als Programm. Details finden Sie in Kapitel 4. Wie aber sorgen Sie dafür, dass PowerPoint den Zugriff auf Designs, Farben und Vorlagen zuverlässig anbietet?

Die Antwort fällt einfach aus: Dafür gibt es im Ordner der Vorlagen (unter Windows 7 ist das *C:\Users\»Benutzername«\AppData\Roaming\Microsoft\Templates*) den Unterordner *Document Themes* mit weiteren speziellen Ordnern, die mit PowerPoint direkt angesprochen werden können, wenn von dort aus Designs exportiert werden:

- *Theme Colors*: Hier werden ohne Nachfrage benutzerdefinierte Farben abgelegt (*Entwurf/Farben/Neue Designfarben erstellen/Speichern*).
- *Theme Fonts*: Hier werden ebenfalls ohne Nachfrage Kombinationen von Überschriften- und Textkörperschriftarten abgelegt (*Entwurf/Schriftarten/Neue Designschriftarten erstellen/Speichern*).
- *Theme Effects*: Hier kann man Effektdefinitionen ablegen; der Ordner lässt sich aus PowerPoint heraus nicht ansprechen, da die Oberfläche keine Effektanpassungen anbietet.

Wenn Sie sich etwas mit XML auskennen (ein paar Details finden Sie im letzten Kapitel dieses Handbuchs), können Sie die in den Ordnern abgelegten Dateien inspizieren und anpassen bzw. neue Dateien erstellen, die dann an der Oberfläche von PowerPoint erscheinen.

TIPP Auf der Webseite *http://connect.microsoft.com/ThemeBuilder/Downloads* finden Sie den *Microsoft Theme Builder* zum Download, mit dessen Hilfe die gesamte Palette der Anpassungen von Designs zur Verfügung steht. Die entstehenden THMX-Dateien lassen sich mit der Endung zip versehen; ein Blick ins Innere bringt dann die Details, die man braucht, um Farben und Schriften zum dauerhaften Gebrauch an den genannten Orten abzulegen.

Den Ordner *Theme Effects* erreicht man auf diesem Wege wohl aber ebenfalls nicht. Designeffekte (EFTX-Dateien) können nur durch Bearbeitung der XML-Datei erstellt werden. Details sind in einem (englischsprachigen) MSDN-Artikel »Creating Document Themes with the Office Open XML Formats«, *http://msdn.microsoft.com/en-us/library/cc964302(v=office.12).aspx*, zu finden.

Sprachen für verschiedene Aufgaben einstellen

Spracheinstellungen der Korrekturhilfen gehören in PowerPoint seit jeher zu den schwierigen Themen und nicht immer zeichnen sich Lösungen durch Zuverlässigkeit aus. Denn nach wie vor kann man feststellen, dass eingestellte Optionen zuverlässig nur für neue Dokumente arbeiten, bereits (und das vielleicht in Vorversionen) erstellte Präsentationen führen im Detail (einzelne gesamte Folie bzw. auf solchen platzierte Elemente mit Text) ein Eigenleben.

Spracheinstellungen stehen auf zwei Füßen, die Sie über *Überprüfen/Sprache* ansprechen:

- *Sprachen für die Korrekturhilfen festlegen*: Hierdurch werden die Texte auf Folien inspiziert und vermeintliche Rechtschreibfehler signalisiert.

Abbildg. 19.7 Rechtschreibprüfung einstellen und Sprache bestimmen

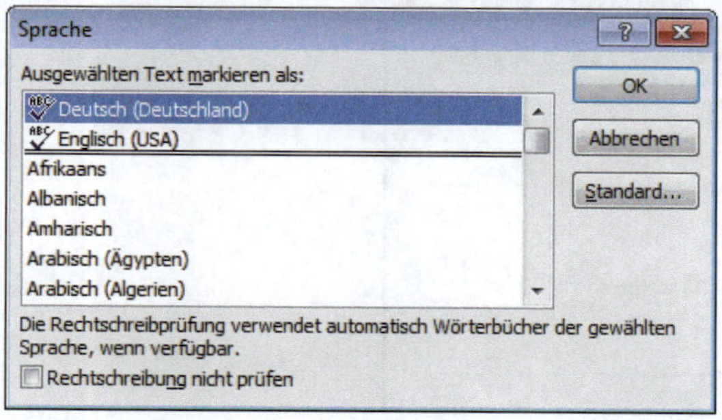

Experimentieren Sie hier (siehe Abbildung 19.7), so werden Sie feststellen, dass bei der Wahl von *Standard* mitnichten stets die gewünschte Eigenschaft für alle Stellen im Dokument fixiert wird und auch zukünftig nichts Zuverlässiges passiert. Gelegentlich ist hier etwas Ausdauer gefordert, oder aber Sie gehen den Weg, der im Folgenden Sprache an das Tastaturlayout koppelt.

- *Spracheinstellungen*: Dieser Optionenbereich betrifft ebenfalls die Bearbeitungssprache (und damit verbundene Wörterbücher und Grammatikprüfungen), die sich an eingestellten Tastaturlayouts orientiert, und das Erscheinen der PowerPoint-Oberfläche, die durch den Einsatz eines Multilanguage-Packs der Herkunft des Anwenders, seinen Neigungen oder den Erfordernissen des betrieblichen Umfelds angepasst werden kann. Die Festlegung des Tastaturlayouts muss gegebenenfalls durch Anpassungen in der Windows-Systemsteuerung unterstützt werden.

Abbildg. 19.8 Wesentlichen Einfluss auf benutzte und erkannte Sprachen von Texten auf Folien haben die Einstellungen des Tastaturlayouts

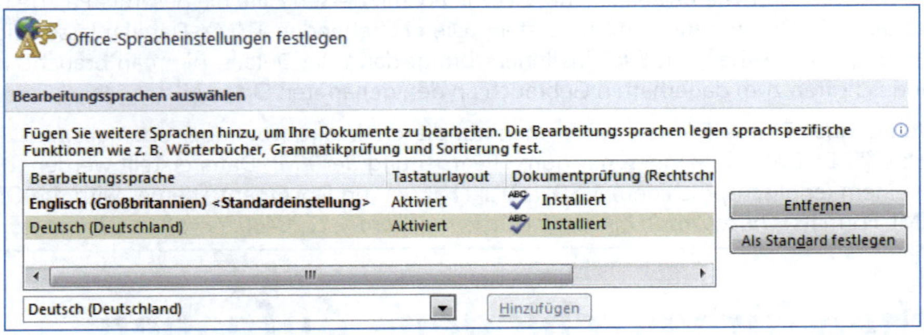

Sie erreichen die Optionen aus Abbildung 19.8 auch über *Datei/Optionen/Sprache.*

Einstellungen, die während der Bearbeitung wirken

Ist die Sprache festgelegt, so kann die *AutoKorrektur*-Funktion (siehe Abbildung 19.9) Sie bei der Bearbeitung von Text von einigem Aufwand freistellen. Den Zugang zu den Einstellungen erreichen Sie über *Datei/Optionen/Dokumentprüpfung/AutoKorrektur-Optionen.*

Abbildg. 19.9 Ein mächtiges Werkzeug – AutoKorrektur

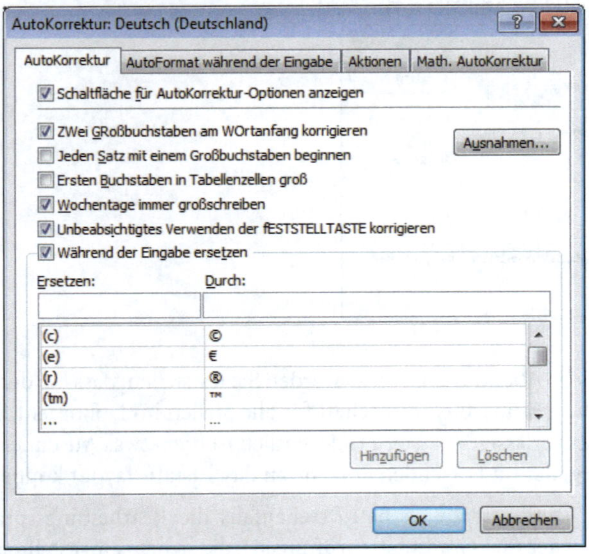

Die Autoren empfehlen, die Optionen *Jeden Satz mit einem Großbuchstaben beginnen* und *Ersten Buchstaben in Tabellenzellen groß* zu deaktivieren. Im ersten Fall werden nämlich Sätze auch dort erkannt, wo keine sind (der abschließende Punkt als Kriterium greift zu kurz), und für den zweiten

Fall gibt es zahlreiche Beispiele, bei denen der Effekt nicht gewünscht ist. Empfehlenswert ist, sich die Liste der AutoKorrektur-Vorschläge anzuschauen und den eigenen Bedürfnissen anzupassen. Es ist schon schön, wenn nach Tippen von *dsg* automatisch *Dampfschifffahrtsgesellschaft* geschrieben wird. Die vereinbarten Kürzel muss man sich natürlich merken.

Auf der zweiten Registerkarte (siehe Abbildung 19.10) finden Sie Einstellungen, die mit Sprache nichts zu tun haben, sondern Formatierungsautomatismen betreffen.

Abbildg. 19.10 AutoKorrektur Teil 2 – hier werden Formatierungen ersetzt

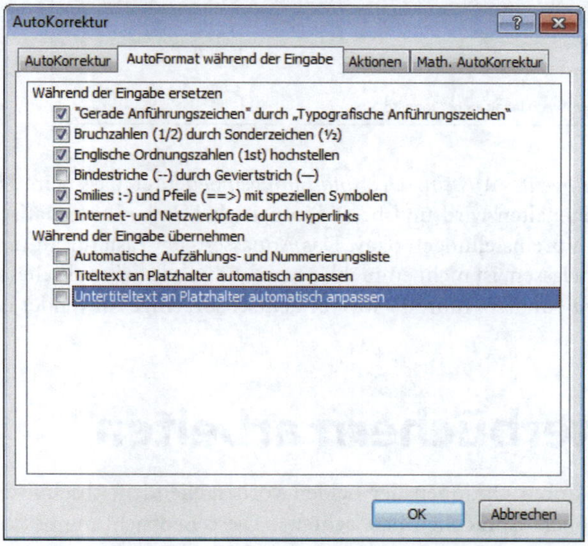

Hier empfehlen die Autoren,

- Bindestriche nicht durch Geviertstriche ersetzen zu lassen (da das bei Auslassungen in zusammengesetzten Substantiven zu falschen Zeichen führt),
- auf automatische Aufzählungs- und Nummerierungslisten zu verzichten, da hier unter Umständen die automatische Konvertierung von Ordnungszahlen (wie in 1. Februar) vorgenommen wird,
- Titel- und Untertiteltext nicht automatisch an Platzhalter anpassen zu lassen, da das die Änderung der Schriftgröße nach sich zieht, die Folien ein unschönes oder auch nur nicht gewolltes Aussehen im Ablauf der Präsentation geben kann.

Hinter der Registerkarte *Aktionen* verbergen sich Einstellungen zu SmartTag-Aktionen, das sind kleine Helfer, die nach dem Tippen eines Wortes, eines Namens oder eines Datums im Text Aktionen anbieten, die im Zusammenhang mit dem Text stehen (also etwa den Kontakt aus Outlook aufrufen helfen, wenn der Name dort gefunden wird).

Die *Mathematische AutoKorrektur* ist neu in Office 2010 und betrifft das Schreiben von mathematischen Formeln mithilfe der eingesetzten Formelsprache und nicht mithilfe der Schaltflächen des Menübands. Sie müssen dazu beim Editieren einer Formel in den *Formeltools* den Modus *Linear* einstellen und nach Abschluss des Schreibens zu *Professionell* wechseln.

Doch damit nicht genug – es gibt einen weiteren Ort, an dem Sie Einstellungen, die die Bearbeitung betreffen, vornehmen können: *Datei/Optionen/Erweitert* (siehe Abbildung 19.11).

Abbildg. 19.11 Erweiterte Bearbeitungsoptionen

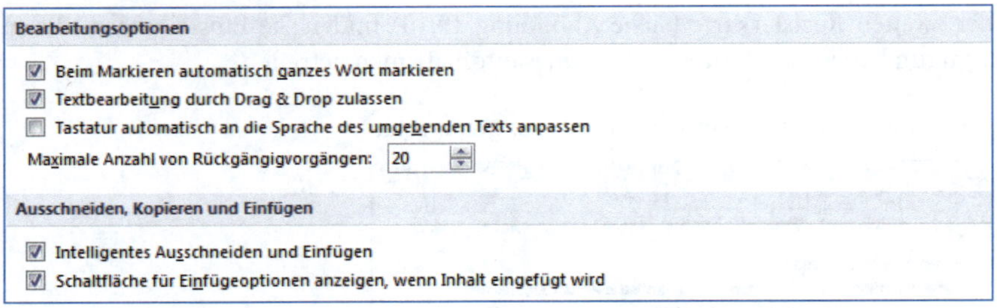

Der Inhalt ist verständlich (*Intelligentes Ausschneiden und Einfügen* bedeutet, dass beim Löschen die Formatierung des Absatzes beibehalten wird und beim Einfügen bei Bedarf automatisch Leerzeichen hinzugefügt werden), die Voreinstellungen okay. Das Anpassen der Tastatur an umgebenden Text automatisch vornehmen zu lassen, ist nicht empfehlenswert. Es würde bei englischem Text zum Beispiel zum Vertauschen von »z« und »y« führen – was für deutschsprachige Anwender in der Regel eher irritierend als hilfreich ist.

Mit Benutzerwörterbüchern arbeiten

Nachdem die Vorbereitungen durch Optionen der beiden vorhergehenden Abschnitte festgelegt wurden, lassen sich Präsentationen »sprachlich beobachten«. Diese Beobachtung beschränkt sich allerdings auf Rechtschreibung; grammatische Prüfungen wie in Word kennt PowerPoint nicht. Auf die Rechtschreibprüfung können Sie auch explizit verzichten (siehe Abbildung 19.7 oder Abbildung 19.12), wenn Sie die geschlängelten Linien unter als vermeintlich falsch geschriebenen Wörtern während der Bearbeitung stören. In diesem Falle können Sie nach Fertigstellung der Präsentation die Rechtschreibprüfung mit *Überprüfen/Rechtschreibung* vornehmen.

Abbildg. 19.12 Weitere Korrekturoptionen – auch Office-übergreifend

Die in Abbildung 19.12 gezeigten Optionen erreichen Sie über *Datei/Optionen/Dokumentprüfung*; es ist sicher Bindeglied zwischen dem aktuellen Abschnitt und dem vorigen. Wichtig an dieser Stelle ist der Einsatz von Benutzerwörterbüchern (siehe Abbildung 19.13).

Abbildg. 19.13 Benutzerwörterbücher anlegen und verwalten

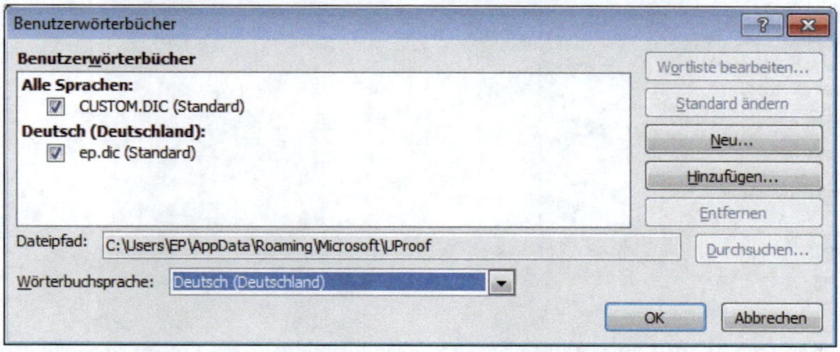

Das Anlegen neuer und die Pflege und Verwaltung bestehender Benutzerwörterbücher (auch an *einem* abweichenden Speicherort) ist mithilfe der Schaltflächen auf der rechten Seite des Dialogfeldes keine große Herausforderung. Anders dagegen wieder die Bezugnahme auf spezielle Sprachen. Hier macht wieder Übung den Meister.

Wörterbücher werden komfortabel während der Arbeit mit Office gefüllt – vermeintlich falsch geschriebene Wörter (das sind solche, die das Wörterbuch nicht kennt) können mithilfe der rechten Maustaste ins Wörterbuch aufgenommen werden. In welches, das hängt von den Spracheinstellungen und den Standardeinstellungen ab. Auch hier ist ein erstes Üben wohl unumgänglich, um nicht mehrfach ansetzen zu müssen. Die Wörterbücher sind einfache Textdateien und lassen sich außerhalb von Office mit Notepad öffnen, im Kopf der Liste finden Sie die Spracheinstellung durch eine LCID (local identifier).

Der Versuch für Ungeduldige – Übersetzungen automatisieren

Übersetzungen starten Sie mit der Schaltfläche *Übersetzen* auf der Registerkarte *Überprüfen* des Menübands. Zwei Dinge werden vorgeschlagen:

- *Ausgewählten Text übersetzen*: Danach öffnet sich einer der wenigen verbliebenen Aufgabenbereiche – *Recherchieren* –, in dem Sie eine Übersetzung anstoßen können.

  Die eingestellte Sprache ist wohl sitzungsübergreifend und wird über den dritten Befehl im Menü der Schaltfläche *Übersetzen* bestimmt (*Sprache für die Übersetzung auswählen*).
- *Übersetzungshilfe*: Haben Sie diese Option aktiviert, wird beim Zeigen auf ein Wort ein kleines Fenster zur Schnellübersetzung in der voreingestellten Sprache angezeigt, aus dem Sie den übersetzten Text einfügen können.
- *Sprache für die Übersetzung auswählen*: Hier wird die Sprache voreingestellt, in die übersetzt wird. PowerPoint versucht selbstständig das Wort unter dem Cursor einer Sprache zuzuordnen. Anders als bei Word steht die Option zum Übersetzen des gesamten Dokuments nicht zur Verfügung.

Abbildg. 19.14 Übersetzen – Bestandteil möglicher Recherchen

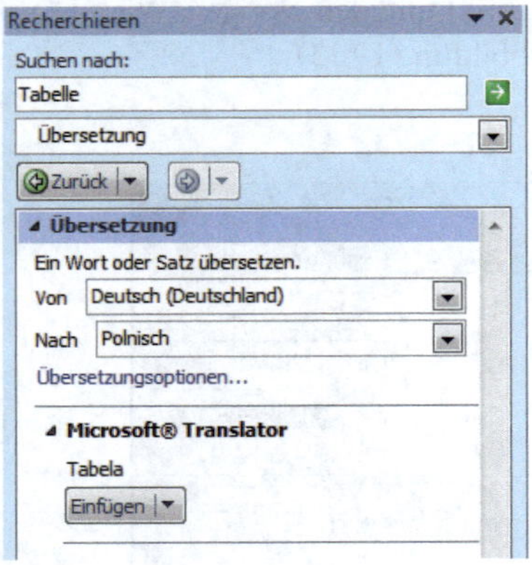

Welche Sprachen stehen zur Übersetzung bereit? Diese Einstellung erfolgt im *Sicherheitscenter* unter *Datenschutzoptionen*. Weshalb dort? Nun, bis auf einige installierte Sprachen erfolgt die Übersetzung durch Anfragen an Übersetzungsdienste im Internet, und das setzt wieder Vertrauen hinsichtlich übermittelter Informationen voraus. Es lässt sich nicht nur die Sprache, sondern auch der verwendete Dienst einstellen.

Dokumente durch Recherchen bereichern

Übersetzungen sind ein Bestandteil von Recherchen. Weitere Bestandteile sind der integrierte Thesaurus in verschiedenen Sprachen, der Zugriff auf den Suchdienst *Bing* etc. Auch durch Unternehmen können spezielle Webdienste entwickelt werden, die das Suchen in Unternehmensdatenbanken in Office integrieren. Welche Dienste überhaupt angesprochen werden können, stellen Sie im *Sicherheitscenter* unter *Datenschutzoptionen/Rechercheoptionen* ein (siehe Abbildung 19.15).

Abbildg. 19.15 Recherchen – ein starkes Feature von Office; auf Unternehmensebene sogar ausbaubar

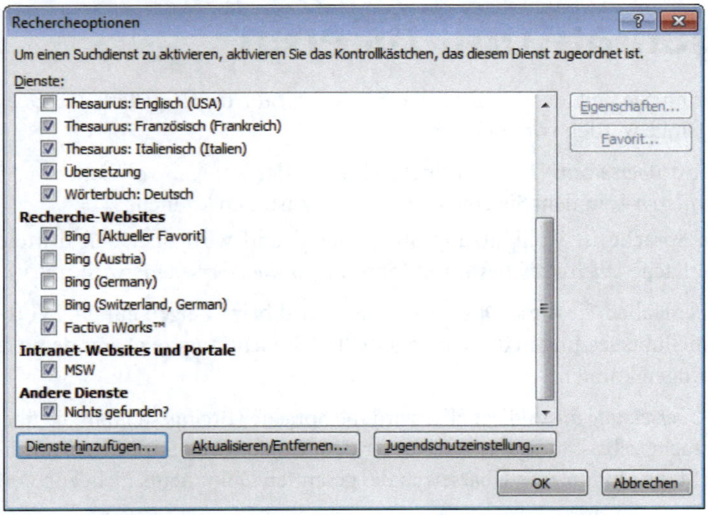

Dokumente inhaltlich prüfen

Office stellt mit *Dokumentinspektoren* eine Technologie bereit, die Dokumente hinsichtlich ihres vor allem nicht sichtbaren Inhalts prüft und auf Nachfrage bereinigt. Dies wird durch Add-Ins geregelt, die bei Bedarf aktiviert werden. Der Zugang erfolgt jedoch nicht über Add-Ins, sondern über das *Sicherheitscenter* und dort bei *Datenschutzoptionen/Dokumentprüfung*. Vorgenommene Einstellungen hinsichtlich des Prüfumfangs sind jedoch nicht sitzungsübergreifend und müssen so jedes Mal neu vorgenommen werden. Sie werden auch nicht mit dem Dokument gespeichert.

Der zweite Zugang zur Überprüfung erfolgt (auf kürzerem Wege) über *Datei/Informationen/Auf Probleme überprüfen/Dokument prüfen*.

Mit Microsoft im Austausch – Datenschutz

Im unmittelbaren Anschluss an die Installation von Office lassen sich einige Dinge einstellen, die mit laufenden Updates durch Microsoft zu tun haben. Will man hier etwas mehr tun, so führt *Datei/Optionen/Sicherheitscenter/Einstellungen für das Sicherheitscenter/Datenschutzoptionen* zu Einstellungen wie in Abbildung 19.16.

Abbildg. 19.16 Passender wäre: Optionen, die Datenschutz verlangen

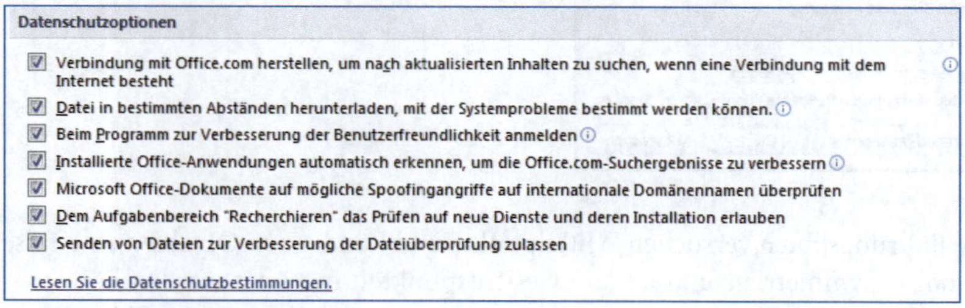

Hier geht es vor allem darum, mit Office auf dem »Laufenden« zu bleiben. Da dies das Senden des vorhandenen Status inklusive einiger Informationen über Rechner und Anwender beinhaltet, ist Vertrauen in den Umgang mit den gesendeten Informationen notwendig. Microsoft sichert hier das Notwendige zu (der Link *Lesen Sie die Datenschutzbestimmungen* führt auf eine Seite mit den entsprechenden Erklärungen). Die Einstellungen erklären sich aus dem Text und den kleinen Informations-Popups; zum Aufgabenbereich *Recherchieren* finden Sie weiter vorn in diesem Kapitel einige Details.

Standardobjekte

Sie haben bisher etwas zu Dateien, zum Zugriff auf Dateien, zu Spracheinstellungen, aber auch (die Mischung ergab sich aus den Fundorten für die Einstellungen) zu Formatierungen gelesen. Und eine solche Formatierungseinstellung ist auch die von AutoFormen, wenn diese zum Standard werden soll. Diese Einstellung wird mit dem Dokument (also auch der Vorlage) gespeichert, ist aber keine Angelegenheit des Designs. Und die Einstellung erfolgt nicht über den Zugang in der Backstage-Ansicht der Registerkarte *Datei*, sondern durch Klick mit der rechten Maustaste auf das Objekt: *Als Standardform festlegen*. Die für Formen festgelegten Standards gelten nur für diese, getrennt davon sollten Sie auch für Linien und Textfelder Muster erstellen und mit deren Hilfe getrennte Standards dafür festlegen.

Raster und Linien

Auch Raster und Führungslinien sind etwas, was mit Folienformatierungen im Sinne von Lage und Anordnung der Objekte zu tun hat. Hinsichtlich des Rasters kann die Einstellung sitzungsübergreifend vereinbart werden (*Als Standard festlegen* in Abbildung 19.17); es empfiehlt sich hier, den nach der Installation eingestellten Standardabstand des Rasters von 0,212 cm (dieser Wert basiert auf Inch-Maßen) auf 0,2 cm zu ändern. Führungslinien sind ans Dokument, also auch an eine Vorlage gebunden. Der Zugang erfolgt über Klick mit der rechten Maustaste auf den Folienbereich einer Folie oder eines Layouts in der Masteransicht und Wahl von *Raster und Führungslinien.*

Abbildg. 19.17 Raster und/oder Führungslinien einstellen

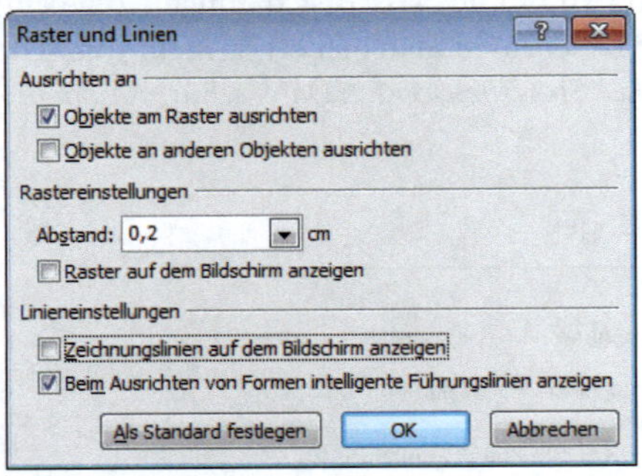

Intelligente Führungslinien versuchen, Mittelpunkte und Ränder von Objekten zu erfassen und darzustellen, sodass Symmetrien und andere Gesichtspunkte umgesetzt werden können. Sie ermöglichen ein symmetrisches Ausrichten schon beim Zeichnen und ersparen so oft den Schritt des nachträglichen Ausrichtens.

Lineale

Um mit Rastern und Führungslinien gut arbeiten zu können, lassen sich (sitzungsübergreifend) Lineale in vertikaler und horizontaler Richtung einblenden. Dies geschieht mithilfe eines Rechtsklicks auf einen Folien- oder Layoutbereich und Wahl von *Lineal.* Ob dabei nicht nur das horizontale, sondern auch das vertikale Lineal angezeigt wird, ist Einstellungssache unter *Datei/Optionen/Erweitert/Anzeigen* (siehe Abbildung 19.18).

Abbildg. 19.18 Anzeigeoptionen

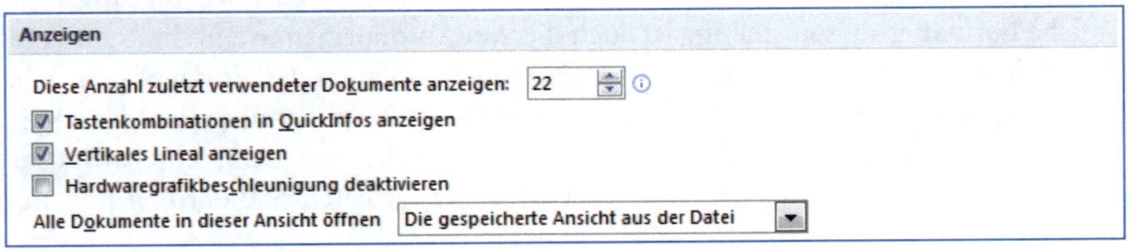

Wie Sie unschwer erkennen können, scheint es nicht so einfach zu sein, Optionen unter einem Dach zu gruppieren, da die Grenzen der Zughörigkeit zu einer Gruppe in vielen Fällen mehr als fließend sind.

Anpassung des Menübands

Mit Office 2007 unter Heranziehung vieler Gründe abgeschafft, mit Office 2010 wieder eingeführt: Anpassung der Zugriffsmöglichkeiten auf der Oberfläche über ein Menüband, das in der Version 2007 noch Multifunktionsleiste hieß und Nachfolger der Symbolleisten ist. Diese Anpassung erfolgt intuitiv über *Datei/Optionen/Menüband anpassen* oder mit Rechtsklick in das Menüband selbst und Wahl von *Menüband anpassen*.

Abbildg. 19.19 Anpassung des Menübands – Sache der Intuition

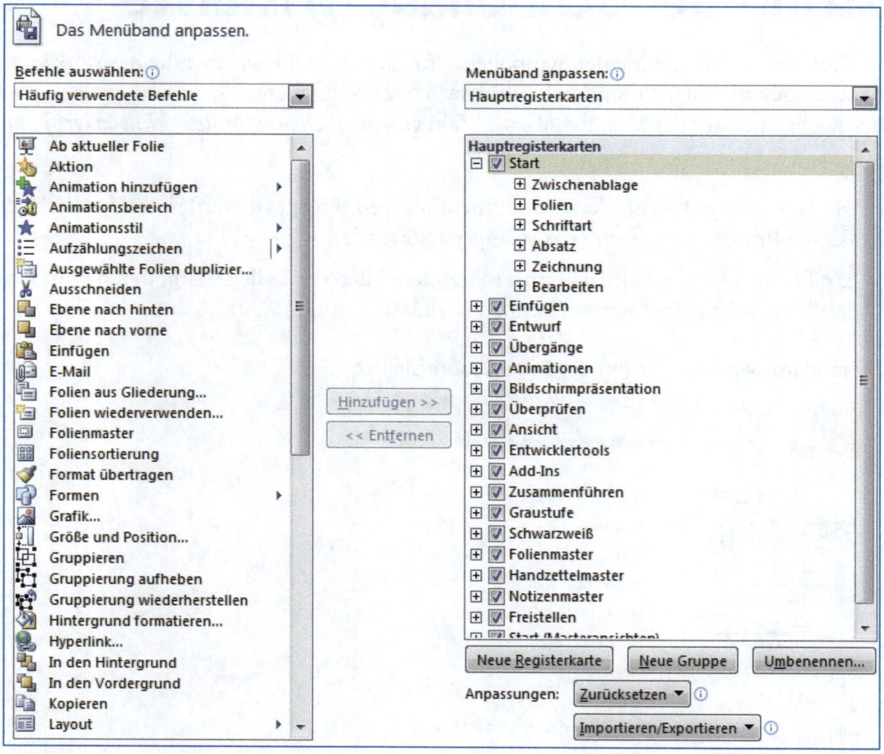

Zur Anpassung wählen Sie im linken Listenfeld eine Kategorie, in die der gewünschte Befehl fällt (auch Makros sind denkbar, aber nur bedingt wirkungsvoll, wie das nächste Kapitel zeigen wird), rechts greifen Sie auf eine bestehende Registerkarte mit eigener Gruppe zu oder legen eine solche Registerkarte erst an. Die Befehle *Hinzufügen/Entfernen* in der Mitte erledigen die Arbeit.

Die Anpassung integrierter Gruppen ist nicht vorgesehen, will man das tun, ist die gesamte Gruppe nachzubauen. Dieser Weg sollte aber vorsichtig genutzt werden, da vielleicht Add-Ins zur Programmerweiterung das Vorhandensein integrierter Gruppen voraussetzen.

Die Anpassungen sind dokumentunabhängig und sitzungsübergreifend. Sie lassen sich bei Bedarf auf die Ausgangssituation nach der Installation zurücksetzen. Vorgenommene Anpassungen können exportiert und an anderer Stelle importiert werden (Dateityp *exportedUI*).

Das letzte Kapitel dieses Buches zeigt Ihnen den Weg, wie solche Anpassungen auf Dokumentebene erreicht werden können.

Das Menüband insgesamt lässt sich auf verschiedene Weisen minimieren/vollständig anzeigen:

- Doppelklick auf die Bezeichnung einer Registerkarte,
- mit der Tastenkombination Strg+F1 oder
- mit der kleinen Pfeilschaltfläche neben dem Hilfe-Fragezeichen am rechten Ende des Menübands.

Anpassung der Schnellzugriffsleiste

Die Technik zur Anpassung der Symbolleiste für den Schnellzugriff ist die des Anpassens des Menübands. Auch die Zugriffe sind nahezu identisch: *Datei/Optionen/Symbolleiste für den Schnellzugriff* oder Rechtsklick auf das Menüband und Wahl von *Symbolleiste für den Schnellzugriff anpassen*.

Einige Unterschiede sind zu nennen:

- Die Schnellzugriffsleiste kann dokumentbezogen angepasst werden, ändert sich also mit der aktiven Präsentation (wenn das so angepasst wurde).
- Es gibt eine kleine Schaltfläche am rechten Rand der Symbolleiste, mit deren Hilfe ein paar Standardbefehle eingefügt werden können (siehe Abbildung 19.20).

Abbildg. 19.20 Standardisierte Anpassung der Schnellzugriffsleiste

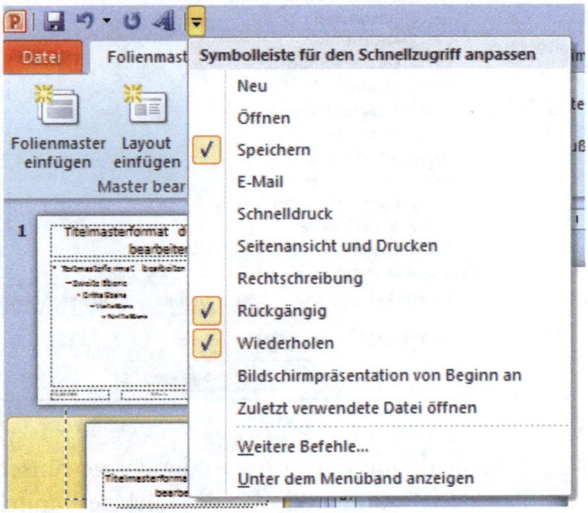

- Schaltflächen in der Schnellzugriffsleiste lassen sich über die rechte Maustaste entfernen.
- Die Schnellzugriffsleiste lässt sich unter dem Menüband platzieren.

Druckeroptionen

Druckereinstellungen unter PowerPoint sind sitzungsübergreifend und beziehen sich dann nur auf PowerPoint, nicht etwa auch Word oder Excel. Sie lösen also die Einstellungen unter Windows ab. Zu den Druckeroptionen gelangen Sie über *Datei/Drucken*.

Außerdem gibt es Einstellungen, wie mit Schriften und Bildobjekten umgegangen werden soll (siehe Abbildung 19.21 oben). Diese finden Sie im Dialogfeld *PowerPoint-Optionen* in der Kategorie *Erweitert*. Sinnvoll ist hier das Aktivieren von *Im Hintergrund drucken* und *Hohe Qualität*. Ist *Hohe Qualität* nicht aktiviert, werden Schatten und andere Effekte nicht gedruckt. Die übrigen Optionen sollten Sie erst dann aktivieren, wenn Probleme mit Ihrem Drucker auftauchen und diese so behoben werden können. Bei den allermeisten Bürodruckern sind sie nicht erforderlich.

Weitergehende Einstellungen wie Druck von Folie oder Notizseiten müssen vor jedem Druckvorgang vorgenommen werden, sie werden auch nicht mit der Präsentation gespeichert. Es sei denn, Sie vereinbaren im Dialogfeld *PowerPoint-Optionen* in der Kategorie *Erweitert* etwas anderes (siehe Abbildung 19.21 unten).

Abbildg. 19.21 Auch für den Druck kann man an mehreren Stellen die Voreinstellung vornehmen

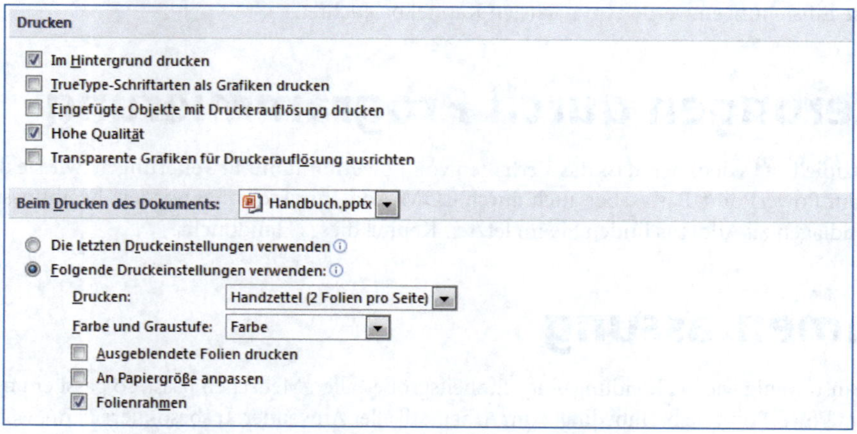

Einstellungen für die Vorführung

Zu den sitzungsübergreifenden Präsentationseinstellungen gehören die wenigen Optionen, die Sie im Dialogfeld *PowerPoint-Optionen* in der Kategorie *Erweitert* finden (siehe Abbildung 19.22).

Abbildg. 19.22 Einstellungen für die Vorführung; sie sind immer auf alle Präsentationen bezogen

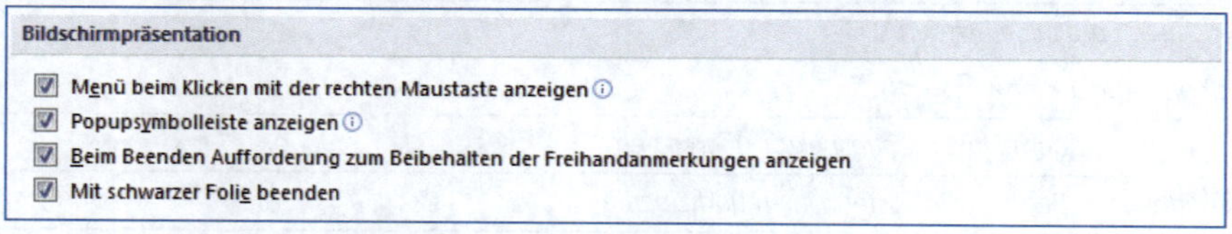

Was Sie konkret einstellen, hängt sowohl von Ihren Vorlieben als auch von der Art der Folienübergänge, der Animationen und des Inhalts der Präsentation ab. Ob eine schwarze Folie das Ende ankündigen muss oder ein individueller Abschied, der für Aufmerksamkeit dankt, müssen Sie selbst entscheiden. Auch ob der Vortrag die Navigation mit Menü oder Popup braucht, liegt in Ihren Händen. Manche Redner schätzen die Möglichkeit, mithilfe des Menüs zu einer bestimmten Folie zu springen. Wird die Anzeige des *Menüs* deaktiviert, lässt sich die rechte Maustaste zum Rückwärtsblättern verwenden, ohne dass der Zuschauer ein eingeblendetes Menü sieht. Die *Popupsymbolleiste* besteht aus halbtransparenten Vorwärts-/Rückwärts-Pfeilen, einer Schaltfläche, um den Mauszeiger in einen Zeichenstift umzustellen, und einer Schaltfläche zum Aufruf des Menüs in der unteren linken Ecke der Folie. Viele Präsentationsdesigner empfinden sie eher als störend, da sie unter Umständen ein Logo oder andere Designelemente verdeckt, und deaktivieren sie deshalb. Vortragende, die häufig Freihandanmerkungen auf ihren Folien einsetzen, werden dieses Popup hingegen eher einblenden, da hier der Zugriff auf den Zeichenstift viel bequemer als über das Rechtsklick-Menü ist.

Aspekte der Sicherheit

Gemeint sind hier die Aspekte der Makrosicherheit, der von Add-Ins und ActiveX-Steuerelementen. Diese Einstellungen werden im nächsten Kapitel beleuchtet.

Erweiterungen durch Programmierung

Prinzipiell ist es denkbar, dass das Verhalten von PowerPoint mit Erweiterungen, wie sie durch Add-Ins auf PowerPoint-Basis, aber auch durch COM-Add-Ins geschaffen werden, beeinflusst wird. Die Grundlagen zu Add-Ins finden Sie im letzten Kapitel dieses Handbuchs.

Zusammenfassung

Genauso wenig wie bei Kleidung eine »Einheitsgröße« allen Menschen passt, so passt ein frisch installiertes PowerPoint nicht unbedingt zum Arbeitsstil aller Anwender. Insbesondere dann, wenn sie langjährige Erfahrung haben und in alten Versionen die Menüleiste an ihre Bedürfnisse anpassen konnten.

Dieses Kapitel zeigte Ihnen die Möglichkeiten, die PowerPoint Ihnen bietet, um es zu Ihrem persönlichen, »maßgeschneiderten« Präsentationswerkzeug zu machen.

Thema	Seite
Benutzername und Dokumenteigenschaften festlegen	490
Speicherort für Dokumente und Vorlagen	491
Die richtige Sprache einstellen	495
AutoKorrektur steuern	496
Dokumente mit dem Dokumentinspektor überprüfen	501
Hilfsmittel beim Bearbeiten: Raster, Linien und Lineale	502
Das Menüband und die Schnellzugriffsleiste anpassen	503, 504
Einstellungen vor dem Vorführen der Präsentation	505

Teil F

Automatisierung

Wer als Profi besonders intensiv mit PowerPoint arbeitet, wird sicher an Grenzen des Programms stoßen.

Das, was in PowerPoint an Funktionalität fehlt, kann teilweise mittels Programmierung ergänzt werden.

Machen Sie sich mit dem Objektmodell von PowerPoint vertraut. Erfahren Sie anhand von Beispielen, wie Sie mit der Programmiersprache VBA Variablen und Konstanten definieren, Programmstrukturen aufbauen, Benutzerdialoge handhaben und Add-Ins erstellen.

Kapitel 20

PowerPoint automatisieren per Programmierung – der Einstieg

In diesem Kapitel:

Dieses Kapitel gibt Ihnen eine (zugegebenermaßen sehr knappe) Einführung in VBA – *Visual Basic for Applications*. Sie erfahren, wozu sogenannte Makros verwendet werden können, wie und wann Sie Makros an Schaltflächen anbinden sollten, und Sie lernen die Bestandteile der VBA-Entwicklungsumgebung kennen.

Ein kurzer Blick auf Objekte mit Eigenschaften, Methoden und Ereignissen soll vor allem Ihre Neugier wecken, die Sie dann zu weiterführender Literatur zum Thema VBA führt.

Besonderes Augenmerk wurde auf den Umgang mit Sicherheitseinstellungen gelegt, da hier der Wissensbedarf oft groß ist.

Makros – wozu?

Was ist eigentlich ein »Makro«? Unter diesem Begriff kann man eine geordnete Sammlung von Befehlen zur Steuerung einer gegebenen Anwendung verstehen. Ziel ist es, die tägliche Arbeit von Routine freizuhalten, mühsame Handgriffe durch einen Automatismus zu ersetzen, Verlässlichkeit bei der Gestaltung oder Überprüfung von Dokumenten zu garantieren und vieles mehr. In weiter zurückliegender Vergangenheit wurden Makros in einer eigenen Sprache geschrieben (etwa Excel in der Version 4, Project in der Version 3 etc.). Mit Office 97 wurde einheitlich *Visual Basic for Applications* (kurz *VBA*) in die Office-Anwendungen integriert. Nur Access kennt in der aktuellen Version neben VBA noch eine eigene Makrosprache.

Entgegen des bisherigen Eindrucks ist VBA als Programmiersprache und ihre Einbindung in die Office-Anwendungen von Microsoft nach langer Zeit zur Version 7 weiterentwickelt worden. Damit ist es unter anderem möglich, Diagramme in PowerPoint, die ja eigentlich Excel-Diagramme sind, per Programmcode anzusprechen.

Mit der Einführung von VBA ist der Begriff Makro (er steht abkürzend für Makrobefehl und kann sowohl mit dem Artikel »der« also auch »das« verwendet werden) »zu tiefgestapelt«: VBA ist eine vollwertige Programmiersprache, die über weite Strecken, allerdings eben auch mit Einschränkungen objektorientiert ist und den Anwendungen ein vollkommen »neues Leben« einhauchen kann. Dabei bietet dieser Zugang gerade auch dem in der Programmierung eher unerfahrenen Anwender viele Einstiegsmöglichkeiten, um seinen Office-Alltag interessanter und vor allem effektiver zu gestalten.

Dieses und das nächste Kapitel dieses Handbuchs können keinen Ersatz für einen Programmierlehrgang bieten. Sie sollen Anregungen enthalten, die beispielhaft in die »Geheimnisse« vorzudringen helfen. Es wird also im Besonderen nicht die Sprache VBA selbst beschrieben, sondern der Umgang mit ihr.

Wie entstehen Makros?

In Word oder Excel entstehen Makros im einfachsten Fall durch das Aufzeichnen der Handlungsabläufe des Anwenders mithilfe eines sogenannten Makrorekorders. Dieser Rekorder ist leider nicht mehr Bestandteil von PowerPoint. Damit stehen PowerPoint-User nicht schlechter als die von Outlook oder Access, bei denen es einen solchen Rekorder noch nie gab. Durch die Abschaffung des Rekorders (die mancher Entwickler sehr bedauern mag, war der Rekorder doch eine dankbar angenommene Gehhilfe) wird allerdings auch etwas vermieden, was manchen Anwender zur Verzweiflung getrieben hat. Es gibt in PowerPoint einen Unterschied zwischen Entwurfs- und Präsentationsmodus, den Word und Excel so nicht kennen. Damit konnte ein im Entwurf aufgezeichnetes Makro in der Regel während der Vorführung der Präsentation nicht funktionieren. Die Vorführung selbst allerdings konnte gar nicht erst aufgezeichnet werden. Durch den Wegfall des dennoch sehr hilfreichen Mittels bleibt jedem Anwender und Entwickler nur der »harte« Einstieg ins Programmieren, wenn PowerPoint in seiner Funktionalität irgendwie erweitert werden soll. Das betrifft den Entwurfsmodus wie den Präsentationsmodus, wobei es in den allermeisten Fällen Ersterer ist, der eine Automatisierung verlangt. Automatisierung und Animation vertragen sich definitiv nicht.

Bevor Sie sich also an die Arbeit heranwagen oder diese delegieren wollen, sollten Sie drei Dinge klären:

- Welche Art von Aktion soll automatisiert werden?
- Unter welchen Umständen soll diese Automatisierung abrufbar und funktionstüchtig sein?
- Welche Hilfsmittel stehen zur Verfügung?

Die erste Frage wird anhand eines Beispiels beantwortet: Die in einer Präsentation befindlichen zielgruppenorientierten Präsentationen sollen extrahiert und als selbstständige Dateien abgespeichert werden.

Dieses Makro – und das ist die Antwort auf die zweite Frage – sollte immer, also unabhängig von der aktiven Präsentation, zur Verfügung stehen. Mit diesem Wunsch entstehen jedoch neue Probleme:

- Wo sind solche »globalen« Anweisungen aufzubewahren? Leider kennt PowerPoint hier nichts, was der aus Word bekannten *normal.dotm* oder der *personal.xlsb* aus Excel entspricht.
- Wie werden Makros durch Befehle auf dem Menüband bzw. solche auf der Symbolleiste für den Schnellzugriff aktiviert? Diese Platzierung ist mit Problemen verbunden, die allerdings nicht ganz so dramatisch wie in der Vergangenheit das Anbinden an Symbolleisten bis PowerPoint 2003 sind.
- Kann das Menüband situationsbezogen aufgebaut werden? Mit der Antwort »Ja« kommen Sie zwangsläufig zu (fortgeschrittenen) Entwicklerthemen, die sich (nicht nur) um den Schwerpunkt »Add-Ins entwerfen« drehen (einige Details finden Sie im nächsten Kapitel).

Am leichtesten ist die Beantwortung der dritten Frage: Es gibt zwei Einstiegsmöglichkeiten zu den Hilfsmitteln. Die erste besteht im Einblenden der Registerkarte *Entwicklertools* im Menüband (siehe Abbildung 20.1), was in den *PowerPoint-Optionen* in der Kategorie *Menüband anpassen* im rechten Teil durch Aktivieren des entsprechenden Kontrollkästchens geschieht. Diese Einstellung ist dann Office-übergreifend und kann aus Word oder Excel heraus ebenso gesteuert werden. Die zweite Möglichkeit steht nur Entwicklern offen und bedeutet den Einsatz von Programmiertools wie etwa *Visual Studio* mit den *Visual Studio Tools for Office* in der geeigneten Version.

Abbildg. 20.1 Entwicklertools im Menüband

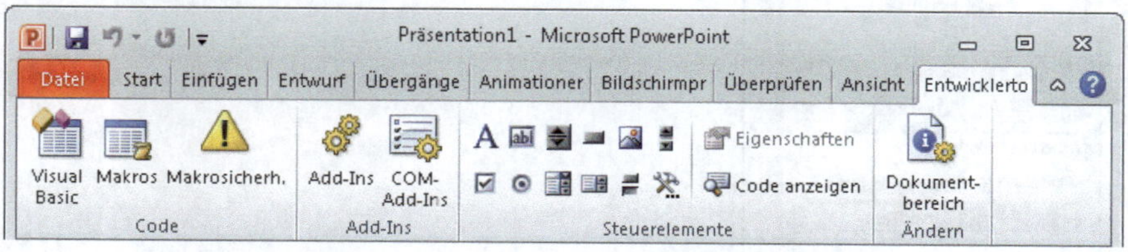

Die *Entwicklertools* weisen Gemeinsamkeiten zu denen von Word oder Excel auf. Sie finden den Zugang zur *Visual Basic-Benutzeroberfläche*, dem Editor für VBA-Programme (Schaltfläche *Visual*

Basic), die Liste der im Moment zur Verfügung stehenden Makros (Schaltfläche *Makros*) sowie den Zugang zur *Makrosicherheit* (gleichnamige Schaltfläche). Bei den Elementen der Gruppe *Steuerelemente* gibt es nicht nur optische Unterschiede, sondern auch wesentliche funktionelle: Die elf Office-Steuerelemente können nur im Vorführmodus mit Funktionalität ausgestattet werden, nicht jedoch im Entwurfsmodus. In diesem wird allerdings die Programmierung vorgenommen.

Die folgende Schritt-für-Schritt-Anleitung hilft Ihnen bei der Erstellung Ihres ersten Makros (das, Sie erinnern sich, zielgruppenorientierte Präsentationen aus der aktiven Präsentation extrahieren soll).

- Erstellen Sie eine Präsentation, in der sich ein oder mehrere zielgruppenorientierte Teile befinden, und speichern Sie diese als *PowerPoint-Präsentation mit Makros* (Dateierweiterung *pptm*) ab. Nur Präsentationen mit dem Buchstaben »m« in der Dateiendung können Makros aufnehmen, womit schon ein Aspekt der Sicherheitseinstellungen angesprochen ist. Den Zugang zur Erstellung zielgruppenorientierter Präsentationen finden Sie auf der Registerkarte *Bildschirmpräsentation*, Gruppe *Bildschirmpräsentation starten*, Schaltfläche *Benutzerdefinierte Bildschirmpräsentation*. Geben Sie der getroffenen Folienauswahl den Namen *Testgruppe*.
- Wechseln Sie zur Visual Basic-Benutzeroberfläche. Dazu steht Ihnen die Schaltfläche ganz links auf der Registerkarte aus Abbildung 20.1 zur Verfügung oder Sie benutzen die Tastenkombination `Alt`+`F11`.
- Anders als in Excel oder Word bietet Ihnen PowerPoint a priori nichts an, wo hinein Sie Programmcode schreiben könnten. Sie müssen sich dazu erst ein sogenanntes *Modul* im *VBA-Projekt* anlegen. Benutzen Sie dazu den Menübefehl *Einfügen/Modul*. Es bietet sich ein Bild wie in Abbildung 20.2, wobei das Modul im Eigenschaftenfenster von *Modul1* in *modTest* umbenannt wurde (späterer Übersichtlichkeit wegen sollte man sich immer besondere Namen ausdenken). Außerdem entsteht die Befehlszeile *Option Explicit* nicht von allein, sondern durch eine zuvor festzulegende Einstellung in den *Optionen* des VBA-Editors (Menüpunkt *Extras*), die die Deklaration von Variablen bei der Programmierung erzwingt. Zum Begriff der Deklaration später etwas mehr.

Abbildg. 20.2 Ein erster Eindruck der Visual Basic-Benutzeroberfläche, die sich seit Office 2000 kaum geändert hat

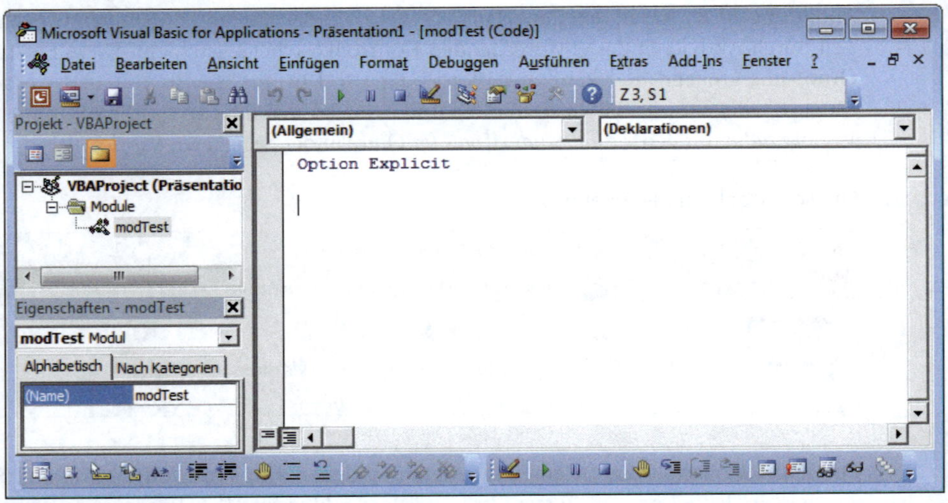

- Ab jetzt ist »harte Handarbeit« angesagt. Sie beginnen den Quellcode im rechten Fenster nach der genannten Zeile mit

```
Sub ExtrahiereAlleZielgruppen()
```

Das Schlüsselwort *Sub* steht hier für *Prozedur* (Subroutine) und kürzt den Fachbegriff für Makro ab. Dieses Makro (diese Prozedur) heißt also *ExtrahiereAlle*. Bei der Namensvergabe sind einige Regeln zu beachten, von denen eine heißt: keine Leerzeichen. Regelverletzungen werden durch den Editor bereits vor der Ausführung (automatische Abarbeitung) des Makros signalisiert. Dem Schlüsselwort *Sub* muss irgendwann in einer neuen Zeile ein *End Sub* folgen, damit PowerPoint weiß, von wo bis wo sich die abzuarbeitenden Befehle im Quellcode erstrecken.

- Als Nächstes deklarieren Sie die für den Ablauf notwendigen Variablen (das sind Helfer im Programm, die sich das merken, was der Anwender festlegt), wozu also die Gedanken über das, was das Makro tun soll, bereits gefasst worden sein müssen. Sollten Sie hier einmal etwas vergessen, ist das nicht schlimm, Makros sind jederzeit editierbar, also leicht zu ändern. Wir wollen zwei verschiedene Präsentationen als Quelle und Ziel des jeweiligen Exports verwenden, des Weiteren Folien, die kopiert und von einer in die andere Präsentation gebracht werden müssen, einen Platzhalter für die benannten Teile sowie einige Hilfsvariable:

```
    Dim presQuelle As Presentation
    Dim presZiel As Presentation
    Dim sldInQuelle As Slide
    Dim sldInZiel As SlideRange
    Dim sldDummy As Slide
    Dim nss As NamedSlideShow
    Dim strName As String
    Dim i As Integer
```

- Sie müssen dem Programm unbedingt mitteilen, welche Präsentation als Quelle dienen soll, nämlich die, die gerade »oben auf« liegt, also die aktive Präsentation:

```
    Set presQuelle = ActivePresentation
```

- Sehr oft in der Programmierung wird, wenn es mehrere Objekte oder Variable gleicher Art gibt und mit denen auch noch im Wesentlichen das Gleiche passieren soll, mithilfe sogenannter Schleifen die Liste dieser Objekte durchlaufen. Dabei werden die Schlüsselwörter *For* und *Next* eingesetzt. In unserem Fall sollen alle benannten Bildschirmpräsentationen gefunden und ausgewertet werden, was mit der folgenden Zeile eingeleitet werden kann:

```
    For Each nss In presQuelle.SlideShowSettings.NamedSlideShows
```

- Im Rahmen dieses Durchlaufs wird das jeweilige Ziel des Exports als neue, noch nicht vorhandene Präsentation eingerichtet, indem eine neue, leere Bildschirmpräsentation den durch PowerPoint bereits geöffneten Präsentationen hinzugefügt wird:

```
        Set presZiel = Application.Presentations.Add
```

- Wurde die als Quelle dienende Bildschirmpräsentation bereits gespeichert, kann deren Design, das durch die Vorlage übergeben wurde, auch der durch den Export entstehenden zugewiesen werden:

```
        presZiel.ApplyTemplate presQuelle.FullName
```

- Nun gibt es noch eine Schleife, da es in der gerade durchforsteten Präsentation mehrere Folien gibt. Alle Folien der benannten Präsentation werden also durchlaufen und in die neue Präsentation kopiert (der Befehl *DoEvents* ist hier etwas »tricky« und nicht in allen Situationen notwendig, er gibt PowerPoint genügend Zeit mit der Zwischenablage umzugehen):

```
      For i = 1 To nss.Count
            Set sldInQuelle = presQuelle.Slides.FindBySlideID(nss.SlideIDs(i))
            sldInQuelle.Copy
            DoEvents
            Set sldInZiel = presZiel.Slides.Paste
```

- Da mit der deklarierten Variablen *sldInZiel* die gerade im Export begriffene Folie noch in der »Hand des Entwicklers ruht«, kann diese Folie sogar ihr spezielles Design behalten (das ist der Fall der Verwendung »mehrerer Master«, der programmiertechnisch jedoch darauf hinausläuft, dass es nur einen Master gibt, der verschiedene Designs annehmen kann):

```
            sldInZiel.Design = presQuelle.Designs(sldInQuelle.Design.Index)
      Next
```

- Abschließend bereiten Sie die Speicherung der neuen Präsentation vor (der Name der Quelle findet dabei Verwendung) und speichern diese auch (durch Anhängen des Namens der zielgruppenorientierten Präsentation an den Namen der Präsentation ohne deren Dateiendung):

```
        strName = presQuelle.FullName
        presZiel.SaveAs Left(strName, Len(strName) - 5) & "-" & nss.Name
```

- Nun noch der notwendige Abschluss, erst der der Schleife, dann der des Makros.

```
    Next
End Sub
```

- Fertig. Nun muss getestet werden, ob das Makro auch das leistet, was von ihm erwartet wird. Dazu gehen Sie wieder zur PowerPoint-Umgebung und speichern Ihre Bildschirmpräsentation. Damit wird auch das Modul mit dem darin befindlichen Makro gespeichert. Das ist eine Vorsichtsmaßnahme; falls etwas schiefgeht, behalten Sie Ihr Original. Sie benutzen die zweite Schaltfläche (*Makros*) in Abbildung 20.1 und bekommen die Liste der verfügbaren Makros angezeigt (siehe Abbildung 20.3). Klicken Sie auf *Ausführen*. Haben Sie nichts falsch gemacht und in der Präsentation tatsächlich wenigstens eine benutzerdefinierte Bildschirmpräsentation, so wird sich der Bildschirm wandeln und die zuletzt extrahierte Präsentation obenauf liegen.

Abbildg. 20.3 Starten von Makros aus einem speziellen Dialogfeld

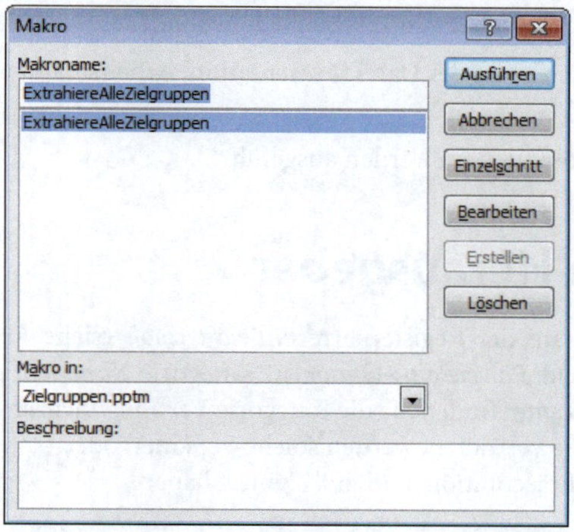

Noch ein paar Worte zum Dialogfeld aus Abbildung 20.3. Es stehen folgende Befehle zur Verfügung:

- *Ausführen* zum Start des ausgewählten Makros
- *Abbrechen* zum Schließen des Dialogfeldes
- *Einzelschritt* zum schrittweisen Abarbeiten des Quellcodes, dazu wird automatisch zur Visual Basic-Benutzeroberfläche gewechselt, die aktuelle Befehlszeile gelb markiert und Sie können in Ruhe mit F8 die Befehle Zeile für Zeile abarbeiten
- *Bearbeiten* zum Wechsel in den VBA-Editor
- *Erstellen* eines Makros – hier wird durch Angabe eines noch nicht existierenden Namens der Rumpf der Prozedur mit diesem Namen in einem Modul angelegt, wobei die möglicherweise eingegebene Beschreibung als Kommentar erscheint (diesen erkennen Sie am vorangestellten Apostroph der Quellcodezeile)
- *Löschen* zum Entfernen des Quellcodes des markierten Makros

Das Dropdown-Listenfeld erlaubt es bei mehreren geöffneten Präsentationen, die Liste der verfügbaren Makros etwas einzuschränken.

CD-ROM Möchten Sie den Quellcode nicht eintippen, können Sie für einen ersten Versuch die im Ordner *\Buch\Kap20\Zielgruppen* befindliche Präsentation mit ausführlich kommentiertem Quellcode verwenden.

Makros und Sicherheit

Nachdem alles reibungslos funktioniert hat, gönnen Sie sich eine Pause und speichern und schließen Sie die Präsentation mit dem beschriebenen Makro. Wenn Sie sie wieder öffnen, wird das Vorhandensein der Makros als gefährliches Potenzial eingestuft, auch wenn Sie selbst der Urheber sind; die Status- bzw. Meldungsleiste im oberen Teil des Bildschirms gibt Auskunft.

Sie können den Inhalt aktivieren, das wird von PowerPoint bemerkt und beim nächsten Öffnen der Präsentation wird nicht mehr nachgefragt – es ist ein *vertrauenswürdiges Dokument* entstanden.

Das Sicherheitskonzept von Office 2010 steht auf drei Säulen:

- Makros werden aufgrund ihres Herausgebers unterschiedlich behandelt.
- Makros werden aufgrund des Speicherorts der Datei (Präsentation, Arbeitsmappe, Word-Dokument) unterschiedlich behandelt.
- Makros in vertrauenswürdigen Dokumenten werden ausgeführt.

Vertrauenswürdige Herausgeber

Mit der Schaltfläche *Makrosicherheit* auf der Registerkarte *Entwicklertools* (siehe Abbildung 20.1) oder dem Zugang über das Dialogfeld *PowerPoint-Optionen*, Kategorie *Sicherheitscenter*, Schaltfläche *Einstellungen für das Sicherheitscenter* finden Sie die Kategorie *Vertrauenswürdige Herausgeber*. In die Liste der Herausgeber, denen Sie vertrauen, werden solche Personen oder Unternehmen eingetragen, die die VBA-Projekte ihrer Präsentationen digital signiert haben.

HINWEIS Im nächsten Kapitel erfahren Entwickler, wie sie ihre VBA-Projekte zu Testzwecken selbst signieren können.

Der Eintrag in die Liste erfolgt nicht automatisch, sondern wird beim Öffnen einer Datei mit signiertem VBA-Projekt abgefragt. Die Beispieldatei hat eine Signatur des Autors, weshalb Sie die zugehörigen Schritte ausprobieren können. Dazu sollen Sie aber die Beispieldatei nicht in einem vertrauenswürdigen Ort ablegen.

Durch Klicken auf *Optionen* in der Meldungsleiste erscheint beim erstmaligen Öffnen ein Dialogfeld, in dem Sie sich das Zertifikat, das zur Signatur genommen wurde, anzeigen lassen können. Daraufhin besteht die Möglichkeit, das Zertifikat zu installieren, den Herausgeber also vertrauenswürdig zu machen. Allerdings dürfen Sie Windows 7 nicht die Entscheidung überlassen, wohin das Zertifikat installiert werden soll, sondern den Speicher *Vertrauenswürdige Stammzertifizierungsstellen* selbst angeben (im Unternehmen sollten das die Administratoren vorbereiten). Nun haben Sie noch die Wahl, ob es bei diesem einen Öffnen bleibt oder allen so signierten Dokumenten vertraut werden soll. Haben Sie die erste Option gewählt, wird später noch einmal nachgefragt, ob das Dokument vertrauenswürdig sein soll.

Vertrauenswürdige Speicherorte

Am angegebenen Ort des Sicherheitscenters finden Sie auch die Kategorie *Vertrauenswürdige Speicherorte*. Hier können Sie die Ordner Ihres Rechners (unter Umständen auch solche im Netzwerk) verwalten, deren Dateien (gegebenenfalls befinden sich diese in weiteren Unterordnern) Sie hinsichtlich der Makrosicherheit unabhängig vom Autor und der sonstigen Herkunft der Datei vertrauen. Speichern Sie also die oben beschriebene kleine Beispielpräsentation in einem solchen Ordner, unterbleibt das Erscheinen der Meldungsleiste.

Die voreingestellten Orte sollten Sie nicht verändern.

Vertrauenswürdige Dokumente

Nicht signierte Dateien, die Makros enthalten, können, falls Makros prinzipiell nicht ausgeschlossen sind, auf Nachfrage als vertrauenswürdig eingestuft werden. Das geschieht in der Kategorie *Vertrauenswürdige Dokumente*. Die Makros werden später ohne Nachfrage aktiviert, es sei denn, Sie leeren (das Dialogfeld verwendet hier den Begriff »bereinigen«) den Speicher, in dem die Liste der Dokumente geführt wird.

Sicherheitsstufen

Für Dateien mit Makros, die *nicht* an einem vertrauenswürdigen Speicherort liegen und die *nicht* als vertrauenswürdig eingestuft wurden, gelten vier Stufen des Verfahrens, die Sie in der Kategorie *Einstellungen für Makros* des Sicherheitscenters finden und durch Optionsschaltflächen zum Standard machen (die Reihenfolge ist hier etwas anders als im diesbezüglichen Dialogfeld gewählt worden, um die Stufen deutlicher zu beschreiben):

- Alle Makros werden ohne Benachrichtigung in der Meldungsleiste deaktiviert.
- Alle Makros werden ohne Benachrichtigung in der Meldungsleiste deaktiviert, es sei denn, sie stammen von einem vertrauenswürdigen Autor, dann erfolgt die automatische Aktivierung.
- Alle Makros werden mit Benachrichtigung deaktiviert (es besteht also individuell die Möglichkeit der Aktivierung im Einzelfall), es sei denn, sie stammen von einem vertrauenswürdigen Autor, dann erfolgt die automatische Aktivierung.
- Alle Makros werden aktiviert.

Im ersten Fall werden auch die Makros deaktiviert, deren Herausgeber Sie vertrauen.

HINWEIS Diese Sache ist mehr als kompliziert. In Unternehmen sollten sich Administratoren ein Konzept überlegen und durchsetzen. Der Privatanwender sollte Makros mit Benachrichtigung deaktivieren und die genannten drei Säulen für sich entdecken. Beim Probieren ist zu beachten, dass Einstellungen immer erst nach dem Neustart von PowerPoint wirksam werden, da braucht's Geduld.

Makros und die Schnellzugriffsleiste

Ist Ihnen die oben beschriebene Methode zum Aufruf von Makros etwas umständlich, so haben Sie die Möglichkeit, in der Symbolleiste für den Schnellzugriff eine Schaltfläche für ein Makro zu positionieren. Gehen Sie etwa über *PowerPoint-Optionen/Symbolleiste für den Schnellzugriff* so finden Sie im linken Dropdown-Listenfeld *Befehle auswählen* die Gruppe *Makros*. In dieser erscheint auch das von Ihnen im zweiten Abschnitt angelegte Makro, falls die betreffende Präsentation geöffnet ist. Die Schaltfläche *Ändern* erlaubt die Änderung des Symbols und auch die des angezeigten Befehlsnamens.

Die Präsentation, die das Makro enthält, muss geöffnet sein.

Das Zuweisen von Makros aus einer Vorlage hat keinen rechten Sinn, da die Verwendung der Vorlage als Vorlage für neu zu erstellende Dateien zwar die Makros in die neue Präsentation kopiert, die Schaltfläche aber nach wie vor auf die Vorlage verweist, die nicht geöffnet wird (es sei denn, Sie machen sich die Mühe und öffnen die Vorlage jedes Mal mit, was dann allerdings das Doppeln der Makros überflüssig machen würde).

Dieses Manko kann nur durch Vorlagen oder Add-Ins, die dynamische Befehle in der Schnellzugriffsleiste mitbringen, umgangen werden. Wie das mit XML-Mitteln umgesetzt werden kann, finden Sie im nächsten Kapitel.

Makros und das Menüband

Das Anpassen des Menübands hinsichtlich der Ausführung eigener Makros folgt den eben beschriebenen Regeln für die Schnellzugriffsleiste. Zuweisung ja – aber nur bei geöffneter Präsentation.

Ein Blick hinter die Kulissen

Aufgrund der fehlenden Makroaufzeichnung können Sie nicht, wie etwa unter Excel, beim Aufzeichnen von Makros stehen bleiben und müssen etwas tiefer ins Geschehen eindringen, wenn Sie PowerPoint zu weiterer Funktionalität befähigen wollen. Es gilt: Je besser Sie Ihr Programm beherrschen, desto einfacher ist es, dieses per Makros zu weiteren Leistungen zu führen. Vorkenntnisse in einer beliebigen Programmiersprache bzw. Erfahrungen beim Umgang mit Makros unter Word oder Excel sind nicht unabdinglich, helfen aber am Anfang enorm.

Von der Klasse zum Objekt – Eigenschaften, Methoden, Ereignisse

Alles das, was unter PowerPoint per VBA programmierbar ist, wurde in einem sogenannten *Objektmodell* hinterlegt. Dieses Objektmodell besitzt eine hierarchische Struktur: Die darin befindlichen *Objekte* spiegeln nahezu eins zu eins das wider, was der Anwender mit dem Programm »per Hand« erledigen kann. Hinterlegt sind die Objekte zunächst in »abstrakten« *Klassen*; die Instanzierung als Ergebnis einer Deklaration oder eines gleichwertigen Vorgangs erstellt aus der Klasse das Objekt. So bewirkt etwa der Befehl

```
Dim pptApp As Application
```

ein zur Verfügungstellen des in der Hierarchie obersten Objekts, der Anwendung selbst. Im Weiteren ist dann der Gebrauch von

```
Application.Presentations.Open "c:\meine-praes.", msoTrue
```

gleichwertig mit

```
pptApp.Presentations.Open "c:\meine-praes.", msoTrue
```

In beiden Fällen wird die genannte Präsentation schreibgeschützt geöffnet.

Das Objektmodell ist sehr umfangreich, obwohl es hinter denen von Excel oder Word stark zurückbleibt. Leider gibt es im Moment der Abfassung dieses Kapitels keine schematische Übersicht über hierarchische Strukturen dieses Objektmodells in der Offlinehilfe wie das vor Zeiten der Fall war. Damit muss der Einsteiger, aber auch der erfahrene Programmierer sich durch alphabetische Listen hangeln und sich dabei selbst den Überblick erarbeiten. Abgesehen davon und der Tatsache, dass zwar F1 in die Hilfe führt, dort aber (anders als unter Excel oder Word) beim Inhaltsverzeichnis stehen bleibt, ist die Hilfe *die* Fundgrube, um bei der Erstellung von VBA-basierten Lösungen weiterzukommen.

Objekte zeichnen sich durch drei mögliche Zusätze aus: ihre *Eigenschaften*, *Methoden* und *Ereignisse*.

- *Eigenschaften* eines Objekts verstehen sich wie Eigenschaften des täglichen Lebens: Es gibt Menschen, die sind klein oder groß, dick oder dünn. Man kann aber noch tiefer splitten. Menschen haben eine Haarfarbe, diese kann zum Beispiel blond oder braun sein. Sie haben eine Größe (Länge), die kann groß, mittel oder klein sein. Und sie haben einen Namen. In der Objektsprache würde das so aussehen:

  ```
  Dim EinMann As Mensch
  EinMann.Name = "Onkel Paul"
  EinMann.Haarfarbe = "blond"
  EinMann.Laenge= "mittel"
  ```

  Der Punkt trennt das Objekt und die folgende Eigenschaft. Ein Gleichheitszeichen verlangt die Zuordnung eines Wertes.

  Eigenschaften unter PowerPoint haben Sie bereits etwas weiter vorn im Einführungsbeispiel kennengelernt. So hat eine Präsentation (*Presentation*) einen Namen inklusive der Pfadangabe *FullName*. Oder eine Folie (*Slide*) hat ein durch den zugewiesenen Master bestimmtes Aussehen (*Design*).

  Eigenschaften können ermittelt und, falls sie nicht schreibgeschützt sind (read only), auch gesetzt werden.

- *Methoden* sind mögliche Aktivitäten, über die Objekte verfügen (können). Zum Beispiel kann ein Mensch mit der Hand winken, links, rechts, links ..., der Code sieht dann vielleicht so aus:

  ```
  If EinMann.KannWinken = True then
      EinMann.Winke "links"
      EinMann.Winke "rechts"
      EinMann.Winke "links"
  End If
  ```

  Auch hier trennt der Punkt den *Methodennamen* vom Objekt. Ein Gleichheitszeichen kommt nicht vor, dafür folgt eine gewisse Zahl von Parametern. Nicht alle Methoden erfordern einen Parameter und nicht alle möglichen Parameter müssen spezifiziert werden (sie sind dann standardmäßig belegt).

  Die Zeile

  ```
  Application.Presentations.Open "c:\meine-praes.pptx", msoTrue
  ```

  ist eine Mischung aus Eigenschaften und Methoden. Das *Application*-Objekt hat die Eigenschaft *Presentations*. Das ist die Auflistung der aktuell geöffneten Präsentationen. Diese Auflistung kennt die Methode *Open*, um eine weitere Präsentation zu öffnen. Die Reihenfolge der Parameter ist wichtig; der erste nennt hier den Pfad zur zu öffnenden Präsentation, der zweite den

Schreibschutzmodus. Wollen Sie Parameter nicht in der notwendigen Reihenfolge angeben, so können Sie benannte Argumente verwenden. Also

```
Application.Presentations.Open ReadOnly:= msoTrue, FileName:="c:\meine-praes.pptx"
```

- *Ereignisse* sind etwas, auf das Objekte reagieren können. Das Wie steht dann in einer sogenannten *Ereignisprozedur*. So kann in unserem Beispiel »Onkel Paul« etwa spüren, dass Regen fällt, und daraufhin den Schirm aufspannen oder, je nach Windstärke, schnellstens einen trockenen Ort aufsuchen:

```
Sub OnkelPaulWirdNass(Windstaerke)
   If Windstaerke <6 Then
      OnkelPaul.NimmtSchirm "schnell", "offen"
   Else
      OnkelPaul.GehtNachHause "sehr schnell"
   End If
End Sub
```

  Unter PowerPoint kann nur das *Application*-Objekt auf Ereignisse reagieren. Dazu gehört zum Beispiel das Öffnen oder Schließen einer Präsentation.

Vielleicht stellen Sie sich jetzt die Frage: Woher soll ich aber wissen, welche Objekte wie ausgestattet sind? Hier drei mögliche Antworten:

- Bitte immer auf *IntelliSense* (siehe nächster Abschnitt) beim Programmieren achten. Per Zwischenablage aus Beispiel- oder Musterdateien eingefügten Code wachen Auges inspizieren.
- Jede sich bietende Möglichkeit nutzen, um in der *Online- und Offlinehilfe* zu »schmökern«.
- Aktiv den *Objektkatalog*, der sich in der Entwicklungsumgebung befindet, in die Programmierung einbinden. Worum es sich dabei genau handelt, sehen Sie im nächsten Abschnitt.

Details der Visual Basic-Benutzeroberfläche

Wechseln Sie mit Alt+F11 zur Entwicklungsumgebung und schauen Sie sich dort etwas um.

Im linken Teil, dem sogenannten *Projekt-Explorer*, werden alle geöffneten Präsentationen mit ihren Projekten gelistet. Ist er beim ersten Mal nicht zu sehen, drücken Sie Strg+R oder gehen über den entsprechenden Eintrag im Menü *Ansicht*. Im Ordner *Module* eines Projekts befindet sich nur dann mindestens ein Modul, wenn es dort angelegt wurde (Menü *Einfügen*). Ein Modul kann mehrere Prozeduren (Makros und Funktionen) aufnehmen.

Der *Quellcode*, das ist der Text, den Sie im rechten Teil sehen, lässt sich wie in jedem Editor intuitiv bearbeiten. Und so funktioniert auch der Einsatz der Windows-Zwischenablage, um Texte von einem Modul ins andere zu kopieren oder zu verschieben. Das hilft, Ordnung zu halten. Sehen Sie kein Codefenster, drücken Sie F7 oder wählen den Menübefehl *Ansicht/Code*.

Das oben besprochene Makro zum Export bestimmter Folien wurde bereits kommentiert und ist gar nicht so schwer zu lesen. Vielleicht wundern Sie sich als Programmierneuling über die Art der Deklaration von Variablen mit dem Schlüsselwort *As* wie in

```
Dim presQuelle As Presentation
```

Neben internen Performancegründen für den Ablauf des Makros (der Prozedur) hat deren Autor ein Hilfsmittel in der Hand, das als IntelliSense bezeichnet wird. Achten Sie beim Eintippen der Codezeile

```
For Each nss In presQuelle.SlideShowSettings.NamedSlideShows
```

auf Folgendes: Nach dem Schreiben des Punktes hinter *presQuelle* öffnet sich ein Listenfeld, das verrät, wie es weitergehen kann.

Die Entwicklungsumgebung kennt, neben der Menüleiste, vier weitere Symbolleisten: *Bearbeiten*, *Debuggen*, *UserForm* und *Voreinstellung* (hier wäre *Standard* treffender übersetzt worden). Da alle wesentlichen Aktivitäten des Nutzers ebenso über die Menüleiste eingeleitet werden können, sei an dieser Stelle auf eine ausführliche Beschreibung der am häufigsten benötigten Schaltflächen in der Symbolleiste *Bearbeiten* und *Debuggen* verzichtet, einige Menübefehle werden im Weiteren erläutert.

Oft gebraucht werden

- zum Bearbeiten: die Schaltflächen, die den Einzug der Codezeilen regulieren, um ein übersichtliches »Schriftbild« zu erzeugen, die Schaltflächen zum Ein- und Auskommentieren von Zeilen und die Schaltfläche zum Setzen eines Haltepunktes.
- zum Debuggen (darunter versteht man das schrittweise Abarbeiten des Quellcodes mit dem Ziel einer möglichen Fehlersuche oder einer anders motivierten Untersuchung der Ergebnisse der Codezeilen) mit Schaltflächen zum Starten, Pausieren und Beenden des Programmlaufs, zum Erledigen von Einzelschrittanweisungen und möglichen Einblenden weiterer Fenster der Visual Basic-Benutzeroberfläche.

Durch Vergleich der Symbole und Beachtung der QuickInfos werden Sie sehr schnell die Bedeutung der Schaltflächen verstehen. Legen Sie sich vorbereitend die genannten Symbolleisten, die nach der Installation ausgeblendet sind, an den unteren Rand des Fensters der Entwicklungsumgebung.

TIPP Kommentare im Quellcode dienen nicht nur der Beschreibung des Codes. Durch das sogenannte *Auskommentieren* (einen Apostroph davorsetzen) erreichen Sie, dass diese Zeilen beim Abarbeiten des Programms nicht berücksichtigt werden, ohne dass etwa gelöscht werden muss. Mithilfe der entsprechenden Schaltflächen ist »Aus- und Einkommentieren« eine Sache von Sekunden, da auch mehrere Zeilen gleichzeitig betroffen sein können.

Befindet sich die Einfügemarke des Editors innerhalb der Zeilen einer Prozedur, die keine Parameter verlangt – also einem »klassischen Makro« –, so wird diese mit dem Menübefehl *Ausführen/Sub/UserForm ausführen* oder der Taste [F5] sofort gestartet. Anderenfalls erscheint ein Dialogfeld und fragt nach dem Namen der zu startenden Prozedur.

Um den Programmablauf zu kontrollieren, haben Sie zwei Möglichkeiten: Sie starten ein Makro aus dem in Abbildung 20.3 gezeigten Dialogfeld, indem Sie sich für *Einzelschritt* entscheiden, und/oder Sie setzen sogenannte *Haltepunkte* in den Quellcode (Menübefehl *Debuggen/Haltepunkt ein/aus* oder Taste [F9]). In diesen Programmzeilen, die Sie am farbigen Punkt auf dem Rahmen erkennen, bleibt das Programm stehen. Und das so lange, bis Sie dessen Fortgang im Einzelschritt (Menübefehl *Debuggen/Einzelschritt* oder Taste [F8]) oder insgesamt (Menübefehl *Debuggen/Prozedurschritt* oder Tastenkombination [⇧]+[F8]) anstoßen.

Wollen Sie Ihr Programm nur auf syntaktische Korrektheit prüfen, starten Sie den Kompiliervorgang (das ist das Lesen und Übersetzen Ihres Programms) über den Menübefehl *Debuggen/Kompi-*

lieren von Projektname. Diese Überprüfung hinterlässt keine Spuren in einer geöffneten Präsentation.

Während das Programm hält, haben Sie weitere Möglichkeiten der Kontrolle und Steuerung.

- Ist der Halt wegen eines Fehler aufgetreten, können Sie diesen in vielen Fällen korrigieren, ohne dass das Programm erneut gestartet werden muss. Die Haltezeile erkennen Sie an ihrer gelben Einfärbung. Natürlich können Sie auch Änderungen vornehmen, wenn das Programm wegen eines Haltepunktes stoppt.
- Im *Direktfenster*, das Sie über das Menü *Ansicht* öffnen, können Sie Eigenschaften von Objekten abfragen und unter Umständen auch setzen sowie die Belegung von Variablen kontrollieren. Eine Abfrage beginnt dabei stets mit einem Fragezeichen.
- Ein oft unterschätztes Hilfsmittel ist das *Überwachungsfenster*, das Sie ebenfalls im Menü *Ansicht* finden. Dieses Fenster öffnet Ihnen den Blick in die Objekte wie in ein »gläsernes Haus«. Mithilfe des Kontextmenüs lässt sich der Inhalt des Fensters steuern; zu überwachende Objekte können bei Programmhalt per Drag & Drop aus dem Quellcode in das Fenster gezogen werden. So erhalten Sie nicht nur Informationen über den Zustand der Objekte, sondern lernen nebenher auch deren Eigenschaften kennen.
- Eines der wichtigsten Hilfsmittel ist der *Objektkatalog*. Sie bringen ihn mit *Ansicht/Objektkatalog* in den Vordergrund. Es werden alle Objekte der eingebundenen Programmbibliotheken sowie deren Eigenschaften, Methoden und Ereignisse gelistet. Vertiefen Sie sich in die angezeigten Informationen, so werden die Parallelen zu PowerPoint als Programm deutlich. Haben Sie dieses im Griff, erschließen sich die VBA-Möglichkeiten fast von allein. Die Bedienung des Objektkatalogs (Auswahl der Bibliothek, Suche nach bestimmten Begriffen, Aufruf der eventuell vorhandenen Hilfedateien usw.) gestaltet sich intuitiv.

Entwurfs- und Präsentationsmodus – ein Unterschied

Es wurde eingangs schon erwähnt, dass der Unterschied zwischen den Modi der Anzeige einer Präsentation für die Programmierung nicht unerheblich ist. Durch Programmerweiterungen werden in beiden Fällen auch unterschiedliche Ziele verfolgt:

- Im Entwurfsmodus geht es darum, den Entwurf der Präsentation zu automatisieren. Dazu gehören
  - das Einlesen von Informationen aus Outlook oder Excel zur automatischen Gestaltung einer Präsentation,
  - das Exportieren von Informationen aus Folien in eine Datenbank,
  - das Importieren ausgewählter Folienvorlagen zur weiteren Anpassung,
  - das Importieren von Gestaltungselementen,
  - die Kontrolle des Corporate Designs und vieles mehr.

  Nicht immer wird das allein durch VBA in speziellen PowerPoint-Add-Ins, sondern durch externe Programmierung von COM-Add-Ins erreicht werden. Mehr zu diesem Thema lesen Sie im nächsten Kapitel.
- Im Vorführmodus geht es darum, Effekte zu erzielen, die während des Präsentierens eintreten und mit PowerPoint-eigenen Mitteln nicht zu erreichen sind.

Zum letzten Punkt ein kleines Beispiel. PowerPoint gestattet es, durch Folien in ihrer Reihenfolge und durch Hyperlinks nicht nur »geradlinig« durch eine Präsentation zu führen, sondern dies durchaus in Reaktion auf ein mitwirkendes Publikum zu tun. Manchmal möchte der Vortragende allerdings Informationen auf einer Folie erst auf Zuruf oder spontan oder wiederholt, aber eben nicht im Zuge einer ablaufenden Animation anzeigen lassen. Hier kann VBA helfen.

Nehmen wir an, ein Bild auf einer Folie soll dann im Vorführmodus erscheinen, wenn der Betrachter mit der Maus über eine bestimmte Stelle fährt. Verlässt er das Bild mit der Maus, soll es wieder verschwinden. Statt eines Bildes ist auch das Ein- und Ausblenden eines Textfeldes mit erläuterndem Kommentar oder eines Zeichnungsobjekts denkbar. Diese Aufgabe lässt sich deshalb mit Mitteln der Animation nicht lösen, weil nicht bekannt ist, wann und wie oft der Betrachter das Bild (den Kommentar) zur Anzeige bringen will.

Und so gehen Sie vor:

1. Bereiten Sie die Programmierung durch eine Folie mit Titel und Text vor.
2. Verringern Sie die Breite des Textplatzhalters, sodass daneben ein Rechteck (sinnvollerweise durchsichtig und ohne Rand) aufgezogen werden kann.
3. Geben Sie dem Rechteck für die Zeit der Entwicklung einen Rahmen. Dann ist es zum Testen sichtbar. Später formatieren Sie es rahmenlos.
4. Platzieren Sie innerhalb des Rechtecks ein Bild Ihrer Wahl so, dass es zum umgebenden Rechteck einen Abstand von etwa 5 mm hat.
5. Wechseln Sie zur Entwicklungsumgebung (Tastenkombination `Alt`+`F11`). Ein Modul ist noch nicht vorhanden und Sie müssen es über den Menübefehl *Einfügen/Modul* einfügen.

Objekte auf einer Folie finden sich in der *Shapes*-Auflistung wieder. Welches Shape aber beherbergt das Bild? Objekte auf Folien haben Namen, die sowohl für Animationszwecke als auch für Programmierzwecke gleich sind und vom Anwender frei definiert werden können. Sie tun das über den Befehl *Markieren* der Gruppe *Bearbeiten* (Registerkarte *Start*) und wählen die Option *Auswahlbereich*. Der erscheinende Aufgabenbereich *Auswahl und Sichtbarkeit* zeigt eine Liste der Objekte auf der Folie, die Markierung in dieser Liste korrespondiert mit der auf der Folie. Benennen Sie das infrage kommende Bild mit *myPicture*. Und setzen Sie es in der Reihenfolge vor das umgebende Rechteck.

In Listing 20.1 sehen Sie das fertige Makro.

Listing 20.1 Ein- und Ausblenden – ein Effekt, der auf der *Visible*-Eigenschaft beruht

```
Sub PictureOnOff()
    Dim sld As Slide
    Dim sh As Shape

    Set sld = ActivePresentation.Slides.FindBySlideID(256)
    Set sh = sld.Shapes("myPicture")

    sh.Visible = Not sh.Visible
End Sub
```

Die benötigte *SlideId* erfahren Sie im Direktfenster durch Eingabe von

```
?ActivePresentation.Slides(n).SlideID
```

wobei *n* die Nummer der Folie mit dem Bild ist. Diese Art des Zugriffs macht Sie unabhängig von Foliensortierung und -anzahl, da eine *SlideId* nur einmal innerhalb einer Präsentation vergeben wird.

Haben Sie dieses Makro in das vorbereitete Modul eingetragen, kann es dem aufgezogenen Rechteck (nicht dem Bild!) im Entwurfsmodus unter *Einfügen/Aktion* (alternativ: rechte Maustaste) auf der Registerkarte *Mouseover* des Dialogfeldes *Aktionseinstellungen* zugewiesen werden.

CD-ROM Sie finden das vorliegende Beispiel auf der Buch-CD im Ordner *\Buch\Kap20\Bilder einblenden*. Die Datei heißt *bilder-einblenden.pptm*.

HINWEIS Drei Bemerkungen zu Listing 20.1:

- Die Belegung von Objektvariablen geschieht nicht mit dem Gleichheitszeichen allein, es ist der *Set*-Befehl voranzustellen. Durch ordnungsgemäße Deklaration der Variablen (Schlüsselwort *As*) wirkt IntelliSense beim Programmieren.
- Veränderungen durch VBA-Code während der Vorführung bleiben auch bei Rückkehr in den *Entwurfsmodus* erhalten. Mit anderen Worten: Haben Sie das Bild während der Vorführung eingeblendet und wollen die Präsentation zu einem anderen Termin wiederholen, so sollten Sie das Bild vorher wieder ausblenden. Dazu nutzen Sie auch den eben genannten Aufgabenbereich.
- Haben sich Fehler in eine Prozedur eingeschlichen, erscheint während der Vorführung nicht immer eine Fehlermeldung. Die Prozedur wird dann einfach nicht weiter abgearbeitet. Das macht die Fehlersuche gelegentlich zur »Sisyphusarbeit«. Zur Fehlerbehandlung finden Sie einen weiteren Hinweis weiter hinten in diesem Kapitel.

Benutzerdefinierte Formulare einsetzen

Der Ablauf von PowerPoint-Präsentationen geschieht in der Regel linear – von Folie zu Folie. Das lässt sich zwar durch Aktionseinstellungen und Hyperlinks verändern, die Umsetzung gedanklicher nichtlinearer Abläufe mit Sprüngen und möglichen Verzweigungen erfordert jedoch in aller Regel einen hohen Aufwand bei der Foliengestaltung.

Oft ist ein (notfalls gekürztes) Inhaltsverzeichnis auf dem Folienmaster hilfreich, das in jeder Situation das Verlassen des linearen Weges erlaubt. Bedenken Sie jedoch, dass ein solches Verzeichnis Platz in Anspruch nimmt. Die folgende Lösung geht davon aus, dass einige wenige Schwerpunkte (Teile oder Verzeigungen in der Präsentation) durch Miniaturbilder der entsprechenden Folien angezeigt werden sollen. Diese Bilder verfügen über Hyperlinks, die den Sprung zur entsprechenden Folie umsetzen. Ein Formular hilft bei der Auswahl der zu erfassenden Folien und der Code sorgt für die automatische Einrichtung auf dem Master.

Erstellen Sie eine Präsentation Ihrer Wahl, die zwei, drei Schwerpunktthemen umfasst. Wenn Sie gerade keine passende Idee haben, geben Sie den Folien einfach Titel nach dem Muster: Folie 1, Folie 11, Folie 12 ..., Folie 2, Folie 21 usw.

Wechseln Sie mit `Alt`+`F11` zur Visual Basic-Benutzeroberfläche. Fügen Sie dort über *Einfügen/UserForm* ein leeres benutzerdefiniertes Formular (Standardname sollte beim ersten Mal *Userform1* sein) in Ihr VBA-Projekt ein. Gleichzeitig mit dem Formular erscheint die *Werkzeugsammlung* mit möglichen Steuerelementen für Formulare.

Die Toolbox (Werkzeugsammlung) nutzen Sie, um durch Aufziehen der Steuerelemente dem Formular ein Aussehen wie in Abbildung 20.4 zu geben.

Abbildg. 20.4 Dieses Formular liest die Folientitel ein, deren Auswahl erzeugt ein Inhaltsverzeichnis

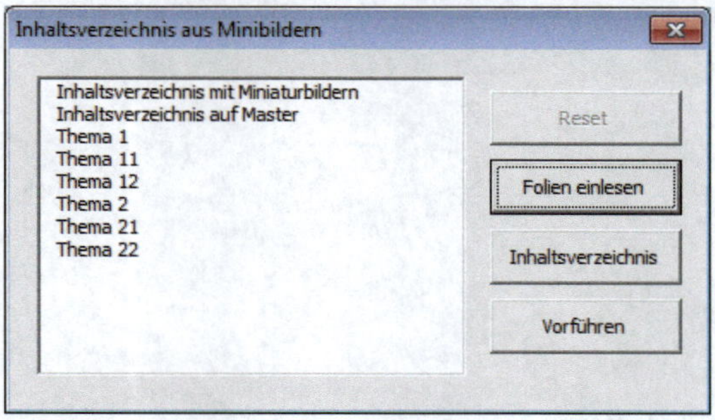

Auf diesem Formular befinden sich ein Listenfeld (Name: *lstSlides*) zur Aufnahme der Folientitel und vier Befehlsschaltflächen (*cmdReset* zum Entfernen der Miniaturbilder während der laufenden Sitzung, *cmdList* zum Einlesen der aktuellen Folientitel, *cmdCreateToc* zum Erzeugen des Inhaltsverzeichnisses und *cmdRun* zum Vorführen und Testen).

In Listing 20.2 sehen Sie die wesentlichen Code-Ausschnitte.

Listing 20.2 Eine Reihe von Prozeduren übernehmen die Steuerung des Programms, hier nur die wichtigsten

```
Private Sub cmdCreateToc_Click()
    Dim i As Integer
    SaveSlides
    strListSelectedSlides = ""
    For i = 0 To lstSlides.ListCount - 1
        If lstSlides.Selected(i) Then
            strListSelectedSlides = strListSelectedSlides & CStr(i + 1) & ";"
        End If
    Next
    LoadPictures
    MsgBox "fertig"
    cmdReset.Enabled = True
End Sub

Sub LoadPictures()
    'Deklarationen hier weggelassen
    Set mst = ActivePresentation.SlideMaster
    n = ActivePresentation.Slides.Count
    intDistance = 0

    For i = 1 To n
        If InStr(1, strListSelectedSlides, CStr(i) & ";") > 0 Then
            Set shp = mst.CustomLayouts(3).Shapes.AddPicture(FileName:=strPath _
                & "\Test\Folie" & i & ".png", LinkToFile:=msoFalse, _
                SaveWithDocument:=msoTrue, Left:=5, _
                Top:=120 + intDistance * 120, Width:=144, Height:=108)
            col.Add shp.Name
            intDistance = intDistance + 1
            strdummy = _
```

Listing 20.2 Eine Reihe von Prozeduren übernehmen die Steuerung des Programms, hier nur die wichtigsten *(Fortsetzung)*

```
                ActivePresentation.Slides(i).Shapes.Title.TextFrame.TextRange.Text
            With shp.ActionSettings(ppMouseClick).Hyperlink
                .Address = ""
                .SubAddress = strdummy
                .ScreenTip = strdummy
                .TextToDisplay = ""
            End With
        End If
    Next i
End Sub

Private Sub cmdReset_Click()
    Dim mst As Master
    Dim shp As Shape
    Dim i As Integer
    Set mst = ActivePresentation.SlideMaster
    For i = col.Count To 1 Step -1
        mst.Shapes(col.Item(i)).Delete
        col.Remove i
    Next
    cmdReset.Enabled = False
End Sub
```

Das Einlesen der Folientitel in das Listenfeld bringt keine Überraschungen, die Programmierung verläuft über eine Schleife, die alle Folien umfasst, sowie die *AddItem*-Methode. Das Speichern der Bilder der Folien in einem Ordner namens Test, der sich neben der aktuellen Präsentation befinden soll, geschieht in der Prozedur *SaveSlides* als Aufruf in *cmdCreateToc_Click*. Die im Listenfeld ausgewählten Folientitel führen zu den aktuellen Foliennummern. Diese werden zu einer Zeichenkette *strListSelectedSlides* zusammengefasst, wobei das Semikolon als Trennzeichen fungiert. Dadurch gelingt es, in der Prozedur *LoadPictures* diejenigen Bilder zu erfassen, die die entsprechenden Nummern bekommen haben. PowerPoint speichert die Bilder nämlich in fortlaufender Reihenfolge mit den Namen *Folie1.PNG*, *Folie2.PNG* usw.

Die Prozedur *LoadPictures* schaut in der Zeichenkette *strListSelectedSlides* nach den auszuwählenden Bildern, positioniert diese auf dem Layout mit der Nummer 3 (die Positionen sind wie die Miniaturbildgrößen entsprechend dem verwendeten Layout unter Umständen anzupassen) und weist ihnen den Hyperlink zur Folie zu. Haben Folien einen Titel, so ist dieser in die Eigenschaft *SubAddress* des *Hyperlink*-Objekts, das zu den *ActionSettings* eines Shapes gehört, aufnehmbar.

Die eingefügten Shapes werden in einer *Collection* mit dem Namen *col* gesammelt. Das erlaubt das automatische Entfernen des Inhaltsverzeichnisses vom Master für den Fall notwendiger Korrekturen in der laufenden Sitzung.

HINWEIS Ein Hinweis zu Gültigkeitsbereichen von Variablen:

- Per *Dim*-Anweisung in einer Prozedur deklarierte Variablen sind dem Programm auch nur innerhalb dieser Prozedur bekannt. Deshalb ist es möglich, Variablen mit gleichem Namen in mehreren Prozeduren gleichzeitig zu deklarieren (etwa die Laufvariable *i* in Schleifen).
- Per *Dim*-Anweisung in einem Modul deklarierte Variablen (am Anfang und außerhalb von Prozeduren) sind dem Programm in diesem Modul bekannt. Sie können dort also auch von Prozedur zu Prozedur übergeben werden.

- Per *Public*-Anweisung deklarierte Variablen sind modulübergreifend bekannt.

Die *Public*-Anweisung kann auch vor Prozeduren (*Sub*) stehen. Damit zeigt das entsprechende Modul die Prozedur nach außen. Prozeduren ohne diesen Zusatz sind jedoch auch öffentlich. Wollen Sie das Gegenteil erreichen, kennzeichnen Sie Prozeduren als *Private*. Weitere Informationen hält die Offlinehilfe für Sie bereit.

Private-Prozeduren in Modulen stehen nicht als Makros zur Verfügung. Makros müssen sich immer in Modulen (oder Folienklassenmodulen) befinden.

CD-ROM Den vollständigen Quellcode zu diesem Beispiel finden Sie ebenfalls auf der Buch-CD im Ordner *\Buch\Kap20\Formulare*. Der Name der Datei lautet *inhalt durch miniaturbilder.pptm*.

Steuerelemente auf Folien nutzen

Die Office-Steuerelemente der Gruppe *Steuerelemente* der Registerkarte *Entwicklertools* (siehe Abbildung 20.1) stehen in PowerPoint ebenso wie in Excel oder Word zu Ihrer Verfügung. Sie werden sie immer dann benutzen, wenn Sie Folien für den Vorführmodus mit zusätzlicher Interaktivität ausstatten möchten. Die Programmierung erfolgt in Analogie zu den Steuerelementen, die auf benutzerdefinierten Formularen Verwendung finden (es sind die gleichen Objekte). Die Technik hierzu haben Sie in den vorigen beiden Beispielen kennengelernt.

Das erste Beispiel, das Sie auf der Begleit-CD finden, zeigt eine Möglichkeit zur Verwendung von Bildlaufleisten für AutoFormen mit Text sowie den möglichen Einsatz eines *Textfeld*-Steuerelements, dem per Einstellung eine Bildlaufleiste zugewiesen werden kann. Das zweite demonstriert den Zugriff auf Steuerelemente per Code. Auf Listings wird an dieser Stelle aus Platzgründen verzichtet.

Steuerelemente werden im Menüband auswählt und auf der Folie wie AutoFormen oder andere Objekte aufgezogen. Mit dem Befehl *Eigenschaften* wechseln Sie de facto zur Visual Basic-Benutzeroberfläche, es wird allerdings nur deren Eigenschaftenfenster angezeigt und so gelingt die Einstellung der Steuerelemente per Hand. In der gleichen Gruppe sehen Sie den Befehl, der Sie zum Codefenster führt. In der Regel wird die *Click*-Ereignisprozedur angezeigt, eine Vielzahl weiterer Ereignisse steht je nach Steuerelement zur Verfügung. Auch hier hält die Offlinehilfe die Details bereit.

Achten Sie darauf, dass nach der Platzierung eines Steuerelements die entsprechende Folie im *Projekt-Explorer* der Entwicklungsumgebung erscheint (*Slide1* usw.). Diese Klassenmodule können natürlich auch zur Programmierung benutzt werden. Und: Die Folien lassen sich im Programm unter ihrem Namen ansprechen. Dieser Name ändert sich nicht – damit umgehen Sie auch das Problem wechselnder Foliennummern.

CD-ROM Den vollständigen Quellcode zu diesen zwei Beispielen finden Sie in den Dateien *Bildlaufleisten.pptm* und *TypeOfDemo.pptm* im Ordner *\Buch\Kap20\Steuerelemente* auf der Buch-CD.

Sie können unter Umständen auch andere, auch Office-fremde, Steuerelemente auf Folien nutzen. Eins davon ist das *Webbrowser*-Steuerelement zur Anzeige von HTML-Seiten oder PDF-Dateien, ein anderes die Office-Webkomponente *Spreadsheet*.

Wichtig – eine Fehlerbehandlung

Auf dieses Problem der Programmierung kann hier nur kurz mit dem Ziel der Anregung für weitere Studien eingegangen werden. Dabei geht es nicht um logische Fehler, die einem Programmierer nahezu zwangsläufig immer wieder unterlaufen, sondern um solche, die aus der Situation entstehen.

Die häufig bei Einsteigern zu findende Codezeile *On Error Resume Next* ist nicht zu empfehlen; Fehler werden auf diese Weise einfach ignoriert und das Programm mit der Zeile nach dem Fehler fortgesetzt. Damit verliert der Programmentwickler in der Regel die Kontrolle über das Programm und der Anwender steht schlimmstenfalls vor einem »Scherbenhaufen«.

Ausnahmen bestätigen auch hier wie immer die Regel.

Im Dialogfeld, das über *Extras/Optionen* aufgerufen wird, lässt sich einstellen, wie auf auftretende Fehler durch den Compiler reagiert werden soll (Registerkarte *Allgemein*). Vor allem zwei Einstellungen sind interessant: Das Programm soll anhalten, sobald ein Fehler auftaucht, unabhängig davon, ob Sie den möglichen Fehler »vorausgeahnt« und mit einer *On Error*-Anweisung vorbereitet haben. Oder das Programm soll nur dann anhalten, wenn ein Fehler auftaucht, der nicht mit einer *On Error*-Anweisung abgefangen wird.

Fehler im genannten Sinne sind solche wie

- die Division durch null,
- die Zuweisung von Eigenschaften, die schreibgeschützt sind,
- die Verwendung von Befehlen, die nur in einer bestimmten Ansicht oder nur bei Auswahl bestimmter Objekte zulässig sind, wie
  - eine aktive Präsentation wird angesprochen, obwohl keine geöffnet ist,
  - der Titel einer Folie soll verwendet werden, es gibt aber keinen Platzhalter, weil das leere Layout verwendet wurde,
  - der Text aller AutoFormen soll untersucht werden, es gibt aber welche ohne Text,

u.a.m. Es sind also nicht solche Fehler, die auf einem Irrtum des Programmierers beruhen (Farbe Grün statt Weiß, Linie vorhanden statt unsichtbar, Anzeige des Speichern-Dialogfeldes statt des Dialogfeldes zum Öffnen usw.).

Listing 20.3 zeigt die prinzipielle Struktur einer Fehlerbehandlung. Dabei wird untersucht, welcher Fehler aufgetreten ist und mit einer selbst verfassten Meldung reagiert; nicht vorhersehbare Fehler melden den durch PowerPoint generierten Fehlertext.

Listing 20.3 Muster einer Fehlerbehandlung

```
Sub Test()
    Dim a As Integer
    'weitere Deklarationen
    On Error GoTo errh
    'tu was
    Exit Sub
errh:
    Select Case Err.Number
        Case 9
            MsgBox "Das Element ist vmtl. nicht in der Liste."
        Case Else
            MsgBox Err.Description
    End Select
End Sub
```

Dieses Listing verwendet zwei des Merkens werte Dinge: eine Sprungmarke *errh*, die das Programm anspringt, wenn ein Fehler aufgetreten ist, und die *Select*-Anweisung zum Reagieren auf verschiedene Fehlernummern. Diese werden wie auch die Beschreibung (*Description*) mit dem *Err*-Objekt durchgegeben; eine Liste finden Sie in der Offlinehilfe unter dem Stichwort *Auffangbare Fehler*.

Zusammenfassung

Dieses Kapitel hat Sie in einem Schnelldurchgang an VBA (Visual Basic for Applications) herangeführt. Dabei wurde nicht die Sprache selbst, sondern es wurden ein paar Besonderheiten in Bezug auf PowerPoint in den Mittelpunkt gestellt. Dem frischen Einsteiger konnte so nicht erspart werden, was er vielleicht gehofft hat – die Beschäftigung mit einer Programmiersprache, am besten natürlich VBA.

Wichtige Fundstellen des Kapitels hier noch einmal im Überblick:

Thema	Seite
Welche Aufgaben haben Makros?	510
Wo werden Makros angelegt?	510
Wie sieht ein Makro aus?	510
Wie werden Makros ausgeführt?	515
Was sind vertrauenswürdige Speicherorte?	516
Was sind vertrauenswürdige Herausgeber?	516
Was sind vertrauenswürdige Dokumente?	517
Welche Sicherheitseinstellungen gibt es noch?	516
Wie kann die Schnellzugriffsleiste/das Menüband so angepasst werden, dass Makros ausgeführt werden?	517
Was ist das Objektmodell von PowerPoint?	518
Welche Möglichkeiten bietet die Visual Basic-Benutzeroberfläche?	520
Was muss beim Entwurf von Makros unter PowerPoint besonders beachtet werden?	522
Wie werden benutzerdefinierte Formulare erstellt?	524
Wie werden Steuerelemente auf Folien eingesetzt?	527
Was versteht man unter Fehlerbehandlung beim Schreiben von Makros?	528

Kapitel 21

PowerPoint für Entwickler: Menüband und Add-Ins

In diesem Kapitel:

Dieses Kapitel des Handbuchs wendet sich an die Leser, die bereits über ein gerüttelt Maß an Programmiererfahrung (*Visual Basic for Applications* eingeschlossen) verfügen und die Besonderheiten von PowerPoint möglichst schnell und auf einen Blick kennenlernen möchten.

Der erste Teil ist XML (*eXtensible Markup Language*) gewidmet, da das Dateiformat von PowerPoint, Excel und Word auf dieser Markierungssprache fußt. Die Kenntnis der Grundlagen von XML ist nicht nur zum Verständnis des Dateiformats von Präsentationen und Vorlagen hilfreich, sondern und vor allem wegen der sonst eher eingeschränkten Möglichkeiten der Anpassung des Menübands inklusive der Backstage-Ansicht. Was hier prinzipiell möglich ist, wird im zweiten Abschnitt beschrieben.

Der dritte Abschnitt widmet sich den Besonderheiten der Erstellung von PowerPoint-Add-Ins auf VBA-Basis, da es hier doch zu größeren Abweichungen im Vergleich zu Word oder Excel kommt.

Sicherheitsaspekte in Bezug auf Makros spielen unter Office 2010 eine große Rolle. Deshalb wird im letzten Abschnitt erläutert, wie VBA-Projekte für PowerPoint mit einem Entwicklerzertifikat signiert werden können, um so einen reibungsfreien »PowerPoint-Betrieb« im Unternehmen (aber auch beim Heimanwender) zu ermöglichen, der auf Sicherheit beim Einsatz automatisierter bzw. teilautomatisierter Lösungen nicht verzichtet.

Office Open XML – Dateiformat für PowerPoint

Mit Office 2007 wurde die Entwicklung nichtproprietärer Dateiformate prinzipiell erst einmal abgeschlossen. Die Dateiformate von Word, Excel und PowerPoint sind ECMA-Standard und treten unter dem Namen *Office Open XML* auf. Das Menüband (inklusive Schnellzugriffsleiste und Backstage-Ansicht) kann vollkommen »XML-gesteuert« angepasst werden. Benutzerdefinierte »XML-Dateninseln« erlauben den Austausch spezieller Informationen der Office-Anwendungen untereinander und über Office hinaus.

Anliegen dieses Handbuchs kann es in keinem Fall sein, die etwa 6000 Seiten der Beschreibung der Dateiformate auch nur im Ansatz zu erläutern. Um jedoch den Anschluss nicht zu verpassen und mit XML-Daten umgehen zu können, ist es für immer mehr Anwender (und nicht nur Entwickler) notwendig geworden, sich zumindest mit den Grundlagen von XML zu beschäftigen. Dies wird in diesem Kapitel geschehen, soweit es für den Umgang mit PowerPoint notwendig ist.

Einführung XML

Literatur zum Thema XML gibt es inzwischen reichlich. Die Beschäftigung mit der Spezifikation des W3C-Konsortiums setzt großes Durchhaltevermögen voraus: *http://www.w3.org/TR/REC-xml*. Weshalb also nicht mit einem Beispiel beginnen, das den Ansatz erklärt, natürlich ohne den Anspruch, alle Fragen beantworten zu wollen.

Ein Beispiel

Stellen Sie sich folgende Situation vor: Sie sind zu einem größeren Treffen eingeladen, eine Teilnahmebestätigung ist erwünscht. Ist der Einladende an einer automatischen Verarbeitung von Zu- und Absagen interessiert, so ist sicher ein Formular, das der Eingeladene ausfüllt, ein guter Ansatz. Der prinzipielle Aufbau dieses Formulars als Träger der Information kann wie in Listing 21.1 aussehen, wobei eine einfache Textdatei (Endung *.xml*) die Aufbewahrung übernimmt.

Listing 21.1 Ein einfaches XML-Dokument – verfasst als Inhalt einer Textdatei

```
<?xml version="1.0" encoding="ISO-8859-1" ?>
<mitteilung>
    <an>Herrn Meier</an>
    <von>Herrn Müller></von>
    <betreff>Treffen 15.4.11</betreff>
    <text>Klappt nicht.</text>
</mitteilung>
```

Natürlich kann ein solch »trockener« Quellcode (Sie sehen, es muss eine Sprache sein, die dahintersteckt) niemanden zum begeisterten Ausfüllen des Formulars bewegen. Aber Word, Excel, InfoPath und andere bieten eine passende (notfalls passend zu machende) und komfortable Oberfläche an.

Eine Frage wird mit Listing 21.1 im Grunde bereits beantwortet: Woher kommt der Name der Sprache? *XML* steht für *eXtensible Markup Language*. *Language* deutet auf eine Programmiersprache hin, *Markup* weist diese Sprache als Markierungs- oder Auszeichnungssprache aus. *Extensible* steht für die Erweiterbarkeit der Sprache. Anders als etwa bei HTML sind die Namen der *Tags* (das sind die Markierungen im Klammerpaar <>) weitestgehend frei wählbar.

Wohlgeformt und gültig

Diese beiden Begriffe – »wohlgeformt« und »gültig« – stehen für syntaktische und semantische Korrektheit einer XML-Datei. Syntaktisch korrekt (wohlgeformt) heißt unter anderem:

- Die erste Zeile der Datei gibt dem lesenden Werkzeug die Information, dass es sich um XML-Quellcode handelt. Der Zusatz *encoding* informiert über die vorzunehmende Sprachkodierung, damit etwa Umlaute auch als solche und vor allem korrekt identifiziert werden.
- Die Stütze des Dokuments sind *Tags*. Auf der obersten Ebene befindet sich ein solches *Tag*, das auch als »Wurzelelement« bezeichnet wird (in Listing 21.1 ist das *<mitteilung>*).
- Jedes öffnende Tag (zum Beispiel *<tagName>*) benötigt ein schließendes (zum Beispiel *</tagName>*).
- Bei Namen für Tags ist zwischen Groß- und Kleinschreibung zu unterscheiden.
- Öffnende Tags dürfen nach ihrem Namen im <>-Klammerpaar Attribute besitzen, deren Werte notwendig in Anführungszeichen zu schreiben sind.
- *Tags* dürfen nicht ineinandergreifen, das heißt, die hierarchische Struktur ist relativ streng. Deshalb werden die *Tag*-Informationen auch als »Knoten« bezeichnet.

Durch solche und einige wenige weitere Regeln wird dafür gesorgt, dass XML-Dokumente zur Aufbewahrung auch solcher Informationen geeignet sind, die nicht notwendig in tabellarische Strukturen gebracht werden können.

Semantisch korrekt in diesem Sinne (also Gültigkeit) ist der genau definierte Inhalt des Dokuments. Nichts kann den Eingeladenen im obigen Beispiel davon abbringen, der Mitteilung eine Unterschrift in Form von

```
<unterschrift>Ihr Müller</unterschrift>
```

hinzuzufügen. Es sei denn, dies wäre durch gewisse Mechanismen ausgeschlossen. Ein solcher Mechanismus ist die Zuordnung von Regeln über *Document Type Definitions* (*DTD*) oder *XML Schema Definitions* (*XSD*, deren sich Office im Wesentlichen bedient), die sich im Dokument selbst, sinnvollerweise jedoch außerhalb von ihm in einer externen Datei befinden und die bei der Prüfung des Dokuments herangezogen werden.

Anzeige im Internet Explorer

Ist eine Datei mit der Endung *.xml* syntaktisch korrekt (wohlgeformt), so kann sie per Doppelklick im Internet Explorer angezeigt werden. Der Betrachter sieht dann die Struktur der Datei und ihren Inhalt, die Form ist jedoch eher eine sehr nüchterne. Microsoft Internet Explorer ist zwar ein geeignetes Werkzeug zur Anzeige von wohlgeformten XML-Dateien, er prüft jedoch deren Gültigkeit nicht.

Trennung von Inhalt und Form

Die Trennung von Inhalt und Form zur Darstellung von Daten auf einer HTML-Seite hat bereits eine lange Tradition. Diese beginnt mit *XML Data Islands*. Das sind XML-Informationen, die in einem *xml-Tag* eines HTML-Dokuments als Datenquelle untergebracht sind und etwa von Tabellen und ihren Spalten benutzt werden. Besser geeignet sind XML-Daten, die sich in externen Dokumenten befinden, da so die Datenpflege vereinfacht werden kann.

Moderner und universell einsetzbar sind Formatierungsregeln, die durch die *XML Stylesheet Language* (*XSL*) aufgebaut und mithilfe von *XSL Transformations* (*XSLT*) umgesetzt werden.

So kann etwa Excel solche Informationen nutzen und durch Transformationen entstandenen HTML-Quelltext auf einem Arbeitsblatt anzeigen. Auch Word verfügt über diese Eigenschaft. Da aber beide Programme ihre Dateien im XML-Format verarbeiten, liegt es nahe, solche Informationen bereitzustellen, die gegebene XML-Daten in *Spreadsheet ML* (das ist der »Excel-XML-Dialekt«) bzw. *Wordprocessing ML* (das ist der »Dialekt« von Word) entsprechend transformiert haben. Für PowerPoint ist der letzte Weg zwingend, die XML-Daten müssen zu *PresentationML* (das ist die Sprache, in der PowerPoint-Dateien vorliegen) umgewandelt werden. Da eine Präsentation, wie der nächste Abschnitt deutlich machen wird, nicht wie ein Word-Dokument »aus einem Guss« besteht, sind die Inhalte jeder einzelnen Folie auf diese Weise vorzubereiten. Dieser Prozess sprengt allerdings den Rahmen dieses Handbuchs.

Die Struktur einer PowerPoint-Datei

Wie bereits erwähnt, umfasst die Spezifikation des Dateiformats für die Anwendungen Excel, Word und PowerPoint mit den darin enthaltenen Festlegungen zu Mediendateien, Zeichnungen, Diagrammen, Office-Designs und anderen etwa 6000 Seiten. Um sich ein erstes Bild zu machen, können Sie eine Präsentation temporär mit der Dateiendung *.zip* versehen (dazu haben Sie im Windows-Explorer festgelegt, dass die Dateierweiterungen bekannter, das heißt registrierter Dateien, nicht ausgeblendet werden). Das so offengelegte komprimierte Archiv können Sie per Doppelklick öffnen und weiter inspizieren. Es entsteht ein Eindruck wie in Abbildung 21.1 im Duett mit Abbildung 21.2.

Abbildg. 21.1 Das »Innere« einer PowerPoint-Präsentation – »äußere Hülle«

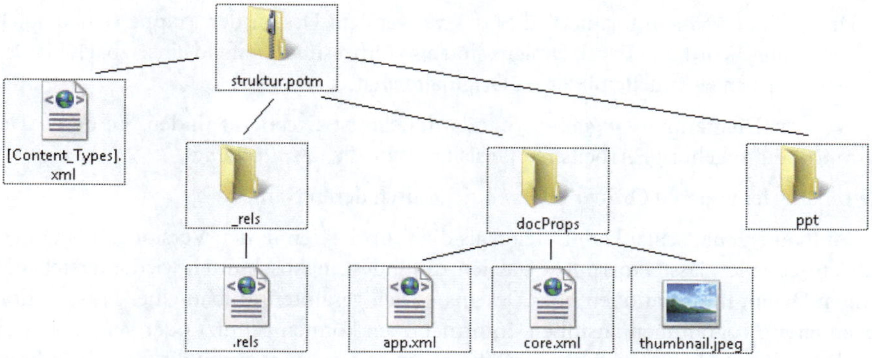

Abbildg. 21.2 Das »Innere« einer PowerPoint-Präsentation – »Kern«

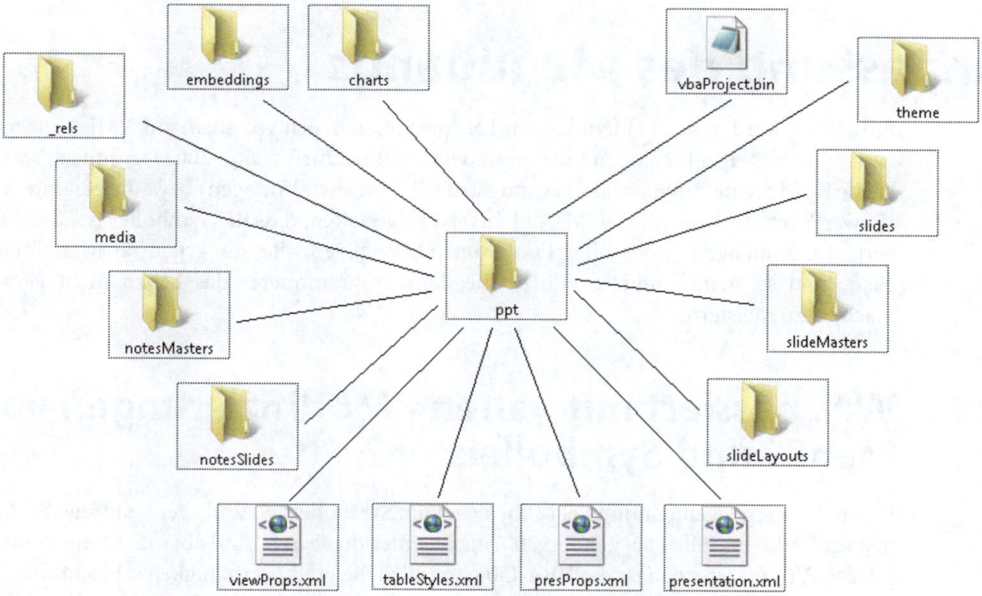

Um diese Abbildungen in etwa zu verstehen, sei Folgendes festgehalten:

- Die Datei *[Content_Types].xml* nimmt Informationen zu den Inhalten des Archivs auf. Diese werden unter anderem bei der Veröffentlichung auf einem SharePoint Server ausgewertet.
- Dateien mit der Endung *rels* beinhalten Informationen über die hierarchische Struktur des Archivs.

- Die Dateien des Ordners *docProps* beinhalten Informationen zum Programm bzw. zur Datei. Unter anderem die Informationen zum Benutzer, die dieser mithilfe des Dokumentinspektors entfernen lassen kann.
- Der Ordner *ppt* enthält die für eine Präsentation typischen Dateien (unter Word heißt dieser Ordner *word*, unter Excel *xl*).
- Der Ordner *theme* informiert über das verwendete Design der Mappe (einen solchen gibt es auch unter Word und Excel, Designs sind also Office-übergreifend einsetzbar), im Ordner *media* befinden sich eventuelle Bilder im Originalformat.
- Wurden Diagramme eingefügt (Standardquelle ist Excel), so finden Sie deren Definition in *charts*, die zugehörige Arbeitsmappe als Datenquelle in *embeddings*.

Die Inhalte der anderen Ordner erklären sich durch deren Namen.

Der Aufbau erzeugt schlankere Dateien als die proprietären in den Versionen bis Office 2003, lädt Dateien schneller, lässt »korrupte« Dateien zumindest in Abschnitten wiederherstellen. Entwickler können Daten, Informationen über Designs, ja den gesamten Aufbau einer Präsentation per Code aus anderen Programmen anstoßen, Informationen können genutzt oder verändert werden, ohne dass PowerPoint als Programm gestartet werden muss. Ausgangspunkt für solche Entwicklungen kann Visual Studio mit den Erweiterungen sein, die es gestatten, die genannten Archive wie »normale« Ordner zu manipulieren (im positiven Sinne).

Anpassung des Menübands

Entwickler werden nach einem kurzen Lernprozess, der sich vor allem auf XML konzentriert, feststellen, dass es eigentlich noch nie (zumindest nicht bis zur Version 2003) so einfach war, die Oberfläche für einzelne Präsentationen (und dazu gehören auch Vorlagen) bzw. die gesamte Anwendung (PowerPoint-Add-Ins und COM-Add-Ins) so zu gestalten, dass die Symbolleisten nicht unkontrolliert »herumhängen« oder über Funktionalität verfügen, die zur gegenwärtigen Situation nicht passt, und so manch andere Hürde, die dem Programmierer das Leben nicht gerade einfach machen, zu meistern.

Was passiert mit »alten« Modifizierungen von Menü- und Symbolleisten?

Die in der Vergangenheit mit viel Mühe erstellten Symbolleisten und Menüeinträge für Präsentationen und Add-Ins fallen ab Version 2007 nicht unter den Tisch, sind aber nicht unbedingt weiter zu pflegen. Vorausgesetzt, dass das VBA-Objektmodell die Funktionsfähigkeit schlechthin nicht infrage stellt, werden auf einer speziellen Registerkarte des Menübands, die Registerkarte *Add-Ins*, bei Bedarf automatisch drei Befehlsgruppen eingerichtet: *Menübefehle*, *Symbolleistenbefehle* und *Benutzerdefinierte Symbolleisten*. Bei Letzteren ist allerdings im Code sicherzustellen, dass die Symbolleisten beim Erzeugen sichtbar gemacht werden (*Visible* = *True*). Aufgrund der beschränkten Abmessungen des Menübands kann es passieren, dass die Übersicht verloren geht, da einige der Befehle sich zunächst außerhalb des Programmfensters befinden. Aus diesem und in den folgenden Design-Tipps genannten Gründen wird es nicht selten dazu kommen müssen, die entsprechenden Codestellen zu überarbeiten.

Design-Tipps von Microsoft

Die folgenden Tipps sollten Sie beachten, bevor Sie an die konkrete Umsetzung gehen.

- Das Menüband beinhaltet Befehle, die den Inhalt eines Dokuments (Präsentation) betreffen. Neue Befehle, die eine Lösung charakterisieren und ebenfalls das konkrete Dokument betreffen, können in bereits bestehenden Gruppen, neuen Gruppen vorhandener Registerkarte bzw. neuen Registerkarten platziert werden.
- Sehr viele der möglichen neuen Befehle sollten sich von Anfang an in eine der bestehenden Registerkarten einordnen lassen. Eine neue Registerkarte sollte möglichst gefüllt sein. Liegt dazu zu wenig »Masse« vor, ist die *Add-Ins*-Registerkarte ein guter Ort der Platzierung der neuen Befehle in einer eigenen Gruppe. In Gruppen ist durch die Möglichkeit von Optionen hinter einem Befehl in der Regel viel Platz.
- Es sollten möglichst keine Konflikte erzeugt werden, die aus dem Prinzip »Wer zuletzt lacht, lacht am besten« entstehen. Deshalb sollte das Ausblenden von Befehlsgruppen bzw. sogar der gesamte Neuaufbau des Menübands durch Add-Ins gut überlegt sein. Das Wissen, dass Präsentationen bzw. Vorlagen ihr eigenes Menüband (das nicht per VBA-Code erzeugt wird) immer dann anzeigen, wenn sie aktiviert sind, ist bei diesen Überlegungen sehr hilfreich. Per VBA sollten Sie (etwa im *Auto_Open*-Ereignis von Add-Ins) Anpassungen des Menübands nach dem »klassischen« *CommandBar*-Prinzip (wenn überhaupt) nur dann vornehmen, wenn die Befehle anwendungsübergreifend, also nicht dokumentbezogen wirken.
- Vermeiden Sie Unruhe im Aufbau des Menübands, die durch situationsbedingte Dynamisierung entsteht. Vermeiden Sie Überraschungen, das heißt, Dialogfelder oder ähnliche Konstrukte erscheinen nur auf Anforderung und nicht automatisch. Gruppen sind logisch strukturiert und Befehle kommen im Allgemeinen nicht doppelt vor.
- Benutzen Sie Befehle (Menüs) in der Backstage-Ansicht nur, um die Anwendung bzw. deren Umgang mit einem Dokument zu steuern, nicht den Inhalt des Dokuments selbst. Es ist klar, dass hier die Grauzone gelegentlich auch breit sein kann.
- Nutzen Sie (das ist leider keine Angelegenheit für VBA-Entwickler) die Möglichkeit von Aufgabenbereichen (*Custom Task Panes* bzw. *Action Panes*) zur individuellen Steuerung von Dokumenten (in Analogie zu den Aufgabenbereichen *Überarbeitungen* oder *Recherchieren*).

XML-Grundlagen der Gestaltung des Menübands

Alles, was nicht in den drei genannten Gruppen der Registerkarte *Add-Ins* passieren soll, kann nicht mit VBA eingeleitet werden, sondern beruht auf einer Anpassung der Präsentation (Vorlage, PowerPoint-Add-In) in deren Ordnerstruktur, wie es in Abbildung 21.3 angedeutet ist.

Es sind somit zwei Fragen zu beantworten:

- Wie kommt man ins Innere eines Dokuments?
- Was genau ist dort einzubringen?

Die erste Frage ist schnell geklärt: Wie bereits angedeutet, ändern Sie die Dateiendung von *pptx* (*pptm*) temporär auf *zip* und doppelklicken im Windows-Explorer auf die Datei. Nun können Sie sich innerhalb der Datei durch die Ordner hangeln. Bereiten Sie außerhalb der Datei zunächst einen

Ordner namens *customUI* vor, der in sich die (leere) Textdatei *CustomUI14.xml* beherbergt, und schieben Sie diesen per Drag & Drop ins ZIP-Archiv.

Abbildg. 21.3 Die Orte, an denen eine Anpassung des Menübands geschieht

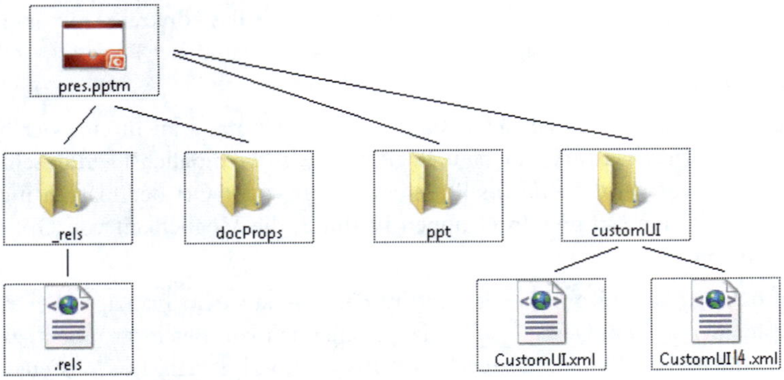

Im ZIP-Archiv finden Sie auf oberster Ebene einen Ordner namens *_rels*. Diesen öffnen Sie und ziehen die darin befindliche Datei *.rels* auf den Desktop. Doppelklicken Sie darauf, so wird der Dateiinhalt im Internet Explorer angezeigt. Klicken Sie dort mit der rechten Maustaste und wählen *Quellcode anzeigen*, so können Sie im Windows Editor die Datei bearbeiten.

HINWEIS Natürlich können Sie die Datei auch mit jedem gängigen XML-Editor bearbeiten, ohne sie vorher im Internet Explorer anzeigen zu lassen. Zwei dieser Editoren lernen Sie im nächsten Abschnitt kennen.

Fügen Sie eine weitere *Relation* ein, die PowerPoint erlaubt, den Zusammenhang innerhalb der Datei zu erkennen:

```
<Relationship
   Id="myRel"
   Type="http://schemas.microsoft.com/office/2006/relationships/ui/extensibility"
   Target="customUI/CustomUI14.xml" />
```

Die *Id* können Sie frei wählen, der *Type* ist feststehend und *Target* richtet sich nach der Datei, die Sie im bereits erstellten Ordner *customUI* ersetzen werden.

Schieben Sie die so angepasste und gespeicherte Datei wieder ins ZIP-Archiv, um die originale Datei zu ersetzen.

Das war der einfache erste Schritt. Für den zweiten nehmen Sie sich genannte Textdatei, Name und Endung *CustomUI14.xml*, vor. Den Namen vor der Dateiendung konnten Sie frei wählen, allerdings muss er mit Ihrem Eintrag in der Relationen-Datei übereinstimmen. Der Text der Datei soll zunächst wie in Listing 21.2 aussehen.

Listing 21.2 Eine erste Anpassung des Menübands um eine eigene Registerkarte

```
<?xml version="1.0"?>
<customUI xmlns="http://schemas.microsoft.com/office/2009/07/customui">
  <ribbon>
    <tabs>
      <tab id="myTab" label="Mein Register">
        <group label="Meine Gruppe" id="myGroup">
          <button idMso="VisualBasic" size="large" />
          <button idMso="MacroSecurity" size="normal" />
        </group>
      </tab>
    </tabs>
  </ribbon>
</customUI>
```

Was wird bewirkt? Das Menüband (englisch *ribbon*) erhält in der Auflistung der Registerkarte (englisch *tabs*) eine neue Registerkarte mit der Bezeichnung (englisch *label*) *Mein Register*. Auf dieser befindet sich eine Gruppe (englisch *group*) mit der Bezeichnung *Meine Gruppe*, die zwei Befehlsschaltflächen (englisch *button*) aufnimmt. Beide Schaltflächen gibt es bereits unter PowerPoint, was Sie an deren Identität erkennen, die durch *idMso* spezifiziert wird (es ist der Aufruf der Visual Basic-Benutzeroberfläche sowie der Einstellungen zur Makrosicherheit). Jedes aufgeführte Element muss ein Identitätsattribut haben, wobei *id* auf benutzerdefinierte, *idMso* auf integrierte Elemente abzielt.

Woher weiß man, welche integrierten Elemente es gibt? Da ist zum einen die QuickInfo, die erscheint, wenn im Dialogfeld *PowerPoint-Optionen* Befehle zur Symbolleiste für den Schnellzugriff oder zum Menüband hinzugefügt werden sollen; zum anderen gibt es auf den Entwicklerseiten von Microsoft entsprechende Listen und andere Hilfsmittel.

Schieben Sie die so vorbereitete Datei in den Ordner *customUI* des ZIP-Archivs zurück, schließen Sie dieses wieder, entfernen die Endung *zip* und öffnen Sie die Datei mit PowerPoint: Die eingerichtete Registerkarte erscheint und verschwindet wieder, wenn eine andere Präsentation aktiv wird.

TIPP Das ständige Umbenennen der Archive ist nicht notwendig, wenn Sie im Windows-Explorer den Befehl *Explorer* einsetzen und dort unter den Standardprogrammen nach PowerPoint suchen. Später erscheint dieses dann in einer Liste der Programme, die zum Öffnen geeignet scheinen. Wenn Sie ein gleiches Vorgehen für Word oder Excel anstreben, erscheinen auch diese in der Liste unter dem Befehl *Explorer*.

CD-ROM Alle im Folgenden beschriebenen Dateien zur Anpassung des Menübands finden Sie im Ordner *\Buch\Kap21\Menüband* der Begleit-CD.

Die unentbehrlichen Helfer

Trotz der genannten Kenntnisse über mögliche Bezeichner bleibt der Aufbau einer solchen Datei zur Anpassung des Menübands eine Herausforderung. Wie Sie aus dem Abschnitt über XML erfahren haben, müssen XML-Dateien, wenn ihr Gebrauch hieb- und stichfest sein soll, stets einem Schema folgen. Im vorliegenden Falle heißt die Schemadatei *customUI14.xsd* und bezieht sich auf den Namespace *http://schemas.microsoft.com/office/2009/07/customui*. Sie finden diese Datei, die, um Ihnen Hilfe zu sein, in keinem Falle geändert werden darf, ebenfalls auf der Begleit-CD. Um diese

Datei zielgerichtet nutzen zu können, brauchen Sie einen XML-Editor, der in der Lage ist, XML-Dateien mit einem Schema zu verbinden und die Korrektheit der XML-Datei überwachen zu helfen. Wenn Sie nicht im Besitz von Visual Studio 2010 (es reicht die kostenlose Express Edition für Visual Basic) sind, sollten Sie das kostenlose XML Notepad 2007 bei Microsoft herunterladen.

Um eine Anpassung der Befehlsgruppe *Folien* wie in Abbildung 21.4 zu erreichen, erstellen Sie eine XML-Datei nach dem Muster von Listing 21.3.

Abbildg. 21.4 Angepasste Befehlsgruppe *Folien* der *Start*-Registerkarte

Listing 21.3 Die Gruppe *Folien* wird modifiziert

```
<?xml version="1.0"?>
<customUI xmlns="http://schemas.microsoft.com/office/2009/07/customui">
  <ribbon>
    <tabs>
      <tab idMso="TabHome">
        <group idMso="GroupSlides" visible="false">
        </group>
        <group label="Folien (modifiziert)" insertBeforeMso="GroupFont" id="myGroupSlides">
          <gallery idMso="SlideNewGallery" size="large" />
          <control idMso="SlideLayoutGallery" showLabel="true" />
          <button idMso="SlideReset" showLabel="true" />
          <button idMso="SlideDelete" showLabel="true"/>
          <toggleButton idMso="ViewSlideMasterView" showLabel="true"/>
          <toggleButton idMso="ViewNotesMasterView" showLabel="true"/>
        </group>
      </tab>
    </tabs>
  </ribbon>
</customUI>
```

Einige Details:

- *TabHome* ist die Identität der *Start*-Registerkarte;
- bei *GroupSlides* handelt es sich um die Befehlsgruppe *Folien*; diese wird mit *visible="false"* ausgeblendet und durch
- die benutzerdefinierte Gruppe *myGroupSlides* ersetzt.
- Diese Gruppe erhält die Aufschrift *Folien (modifiziert)* und wird vor der Gruppe mit den Befehlen zur *Schriftart* (*GroupFont*) platziert.
- Zunächst erhält diese Gruppe die ursprünglichen Befehle, unter denen die *gallery*-Elemente, hier für *Neue Folie* und *Layout*, interessant sind.
- Gelegentlich muss man statt der schon spezifischen Bezeichnung für das Element (hier *gallery*) das allgemeine *control* verwenden.

- *showLabel* bzw. *showImage* sind Attribute, die das Aussehen (Text und/oder Icon) der Befehle beschreiben; *true* zeigt an, *false* nicht. Mit *size="normal"* bzw. *size="large"* lässt sich die Größe (16 mal 16 oder 32 mal 32) bestimmen.
- Die beiden Befehle zum Anzeigen von Folienmaster bzw. Notizenmaster werden der Gruppe »angehängt«.

PROFITIPP Möchten Sie Anpassungen erstellen, die auch unter PowerPoint 2007 funktionieren, so ist die erste Zeile der Anpassungsdatei mit

```
<customUI xmlns="http://schemas.microsoft.com/office/2006/01/customui">
```

zu vereinbaren. Das wird von PowerPoint 2007 und 2010 verstanden. Da es unter 2010 Anpassungsmöglichkeiten gibt, die von 2007 nicht verstanden werden, sind unter Umständen zwei verschiedene XML-Dateien einzufügen: die eine heißt *CustomUI.xml* und verwendet *2006/01* im Namespace; die andere heißt *CustomUI14.xml* und verwendet *2009/07*.

Ein anderer sehr guter Helfer ist der *Custom UI Editor For Microsoft Office*, den Sie von *http://openxmldeveloper.org* herunterladen können. Dieses Tool erlaubt das Einfügen der XML-Dateien in *pptx-*, *pptm-*, *potx-* und *potm*-Dateien, ohne den Umweg über das »Aufbrechen« der zip-Dateien zu gehen. Ein paar integrierte Beispiele dienen dem ersten Verständnis, der Editor erlaubt zwar die Prüfung auf Wohlgeformtheit, nicht jedoch die auf Gültigkeit.

Callback-Prozeduren

Bleibt innerhalb dieser Einführung noch zu klären, wie Funktionalität nicht nur hinter integrierte, sondern auch individuelle Befehle kommt. Dazu bedient sich Office sogenannter Callback-Prozeduren, die für jedes der möglichen Elemente (*button*, *label*, *splitButton*, *toggleButton*, *checkBox*, *comboBox* und einige andere) vorbereitet sind. Sehr oft wird das die zu nutzende Prozedur sein, die sich hinter dem Attribut *OnAction* der eben genannten Elemente verbirgt und somit als Nachfolger der *OnAction*-Eigenschaft »klassischer« Steuerelemente der Symbolleisten gelten kann.

Um einen eigenen Befehl mit Aktivität auszustatten, bereiten Sie etwas wie in Listing 21.4 vor und binden es so, wie weiter oben beschrieben, in die Präsentation ein.

Listing 21.4 Vorbereiten der OnAction-Callback-Prozedur

```
<?xml version="1.0"?>
<customUI xmlns="http://schemas.microsoft.com/office/2009/07/customui">
  <ribbon>
    <tabs>
      <tab id="myTab" label="Mein Register">
        <group label="Meine Gruppe" id="myGroup">
          <button id="myButton" label="Schaltfläche" tag="Schaltfläche" onAction="myMacro"
imageMso="HappyFace" showImage="true" />
        </group>
      </tab>
    </tabs>
  </ribbon>
</customUI>
```

Die Prozedur *myMacro* ist nun in ein Modul der Präsentation (deren Dateiendung zwingend den Buchstaben *m* am Ende hat) einzubringen, wobei es auf die genaue Signatur und natürlich einen schlüssigen Inhalt ankommt. Listing 21.5 zeigt nur einen exemplarischen Ansatz.

Listing 21.5 Die Callback-Prozedur im Falle von *OnAction*

```
Sub myMacro(cmd As IRibbonControl)
   MsgBox "Befehl mit Aufschrift '" & cmd.Tag & "' gedrückt"
End Sub
```

Add-Ins – nützliche Ergänzungen

Dieser Abschnitt gibt Ihnen einen schnellen Überblick zu Add-Ins, den frei erhältlichen, gekauften oder selbst entwickelten Bausteinen, die PowerPoint in seiner Arbeit erweitern und vervollständigen helfen. Sie erfahren, wie Add-Ins als Zusatz zum Programm aktiviert bzw. auch wieder deaktiviert werden. Sie lernen ferner, wie einfach es sein kann, VBA-Projekte von Präsentationen in Add-Ins zu überführen. Sie erfahren darüber hinaus auch von den Schwierigkeiten, die sich beim Programmieren, vor allem beim Test von Add-Ins ergeben können. Und schließlich möchten wir Ihnen zeigen, wie Sie diesen Schwierigkeiten gegebenenfalls begegnen. Zu diesem Zweck lernen Sie sogenannte *Auto-Makros* kennen, die beim Laden und Entladen eines Add-Ins automatisch ablaufen und damit eine empfindliche Lücke des PowerPoint-Objektmodells schließen.

Der restliche Teil gibt einen kurzen Blick auf COM-Add-Ins und die mit Add-Ins verbundenen Sicherheitsaspekte frei.

PowerPoint-Add-Ins

PowerPoint-Add-Ins entstehen aus den VBA-Projekten von »normalen« Präsentationen mit Makros (**.pptm*), wenn diese Präsentationen als Add-Ins abgespeichert werden. Dazu wählen Sie im Dialogfeld *Speichern unter* den Dateityp *PowerPoint-Add-In (*.ppam)* aus.

Erstellen Sie selbst PowerPoint-Add-Ins, so müssen Sie stets auch die Präsentation speichern, die das VBA-Projekt beherbergt. PowerPoint-Add-Ins legen ihren Quellcode nicht zum Editieren offen! Es gibt nur eine Möglichkeit, den Quellcode zum *Debuggen* (also der gezielten Programmverfolgung) anzeigen zu lassen (mehr dazu etwas weiter hinten in diesem Abschnitt).

Natürlich wird nicht aus jedem VBA-Projekt nur durch Speichern ein PowerPoint-Add-In. VBA-Projekte enthalten oft Module; die darin vorhandenen Makros (Prozeduren ohne Parameter) lassen sich über den Befehl *Entwicklertools/Makros* ausführen. PowerPoint-Add-Ins offenbaren die in ihnen enthaltenen Makros jedoch nicht! Damit ist durch die Anpassung des Menübands der Zugriff auf die Automatismen der PowerPoint-Add-Ins vorzubereiten. Unterstützt werden kann der Ablauf weiterhin durch Meldungs- und Eingabefelder sowie eingebaute benutzerdefinierte Formulare.

PowerPoint-Add-Ins laden und entladen

PowerPoint-Add-Ins werden standardmäßig im Ordner *AppData\Roaming\Microsoft\Addins* des Benutzer-Ordners gespeichert. Dieser Speicherort ist jedoch nicht zwingend zu verwenden, gehört aber nach der Installation von PowerPoint zu den vertrauenswürdigen Speicherorten für Makros.

Zugriff auf PowerPoint-Add-Ins erhalten Sie über die *Entwicklertools*-Registerkarte oder den etwas längeren Weg über das Dialogfeld *PowerPoint-Optionen*, Kategorie *Add-Ins/PowerPoint-Add-Ins*. Auf beiden Wegen gelangen Sie zum Dialogfeld aus Abbildung 21.5.

Abbildg. 21.5 PowerPoint-Add-Ins – per Dialogfeld entscheiden Sie über die Aufnahme in die Liste der verwendbaren Add-Ins: Durch das Häkchen im Kontrollkästchen bzw. die entsprechende Schaltfläche werden Add-Ins aktiv

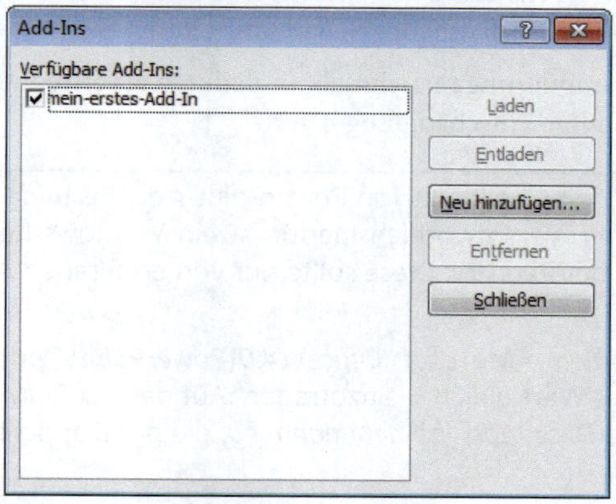

Zur Bedeutung der Schaltflächen:

- *Neu hinzufügen:* Hier haben Sie die Möglichkeit, auf dem Computer oder im Netz installierte PowerPoint-Add-Ins der Liste der verfügbaren Add-Ins hinzuzufügen.
- *Entfernen:* Entfernt Elemente der Liste.
- *Laden:* Aktiviert das markierte Add-In (Häkchen setzen).
- *Entladen:* Deaktiviert das markierte Add-In (Häkchen entfernen).
- *Schließen:* Schließt das Dialogfeld.

Je nach PowerPoint-Add-In werden durch Laden (Entladen) die im Add-In vorgesehenen Aktionen ausgeführt. Diese stehen im Quellcode in den Prozeduren *Auto_Open* (*Auto_Close*).

Anders als etwa unter Excel wird durch Laden bzw. Entladen kein für die VBA-Programmierung verwertbares Ereignis ausgelöst.

Add-Ins selbst entwickeln

Wie eingangs erwähnt, entstehen PowerPoint-Add-Ins aus den VBA-Projekten »normaler« Präsentationen, indem Sie diese Präsentationen als PowerPoint-Add-In abspeichern. Daraus resultiert notwendig der folgende Arbeitsablauf:

1. Code in einer normalen Präsentation (die Folienzahl ist uninteressant) entwickeln, speichern und testen. Das Speichern vor dem Test wird gern vergessen, hilft aber Zeit zu sparen, falls das Programm durch fehlerhafte Semantik abstürzt.
2. Die Präsentation als PowerPoint-Add-In speichern, dieses Add-In laden (siehe Abbildung 21.5) und nochmals testen. Häufige Fehlerursache beim Test ist der Bezug auf *ActivePresentation*, der

in der Präsentation gut wirkt. Im Add-In kann er dann allerdings anders wirken, da das Add-In keine Präsentation verkörpert und demzufolge auch nicht aktiv sein kann.

3. Im Falle von Fehlern beim letzten Test ist das PowerPoint-Add-In zuerst zu entladen, da geladene Add-Ins nicht überspeichert werden können. Dann ist die ursprüngliche Präsentation zu öffnen (falls sie zwischenzeitlich geschlossen wurde), anschließend können die Korrekturen am Quellcode ausgeführt werden.
4. Nun ist wieder zuerst die Präsentation zu sichern und zu testen und dann als Add-In abzuspeichern. Dieses Add-In muss im Anschluss daran erneut geladen und getestet werden.

Unter diesen Umständen kann die Programmierung manchmal nur dadurch als erfreulich empfunden werden, dass das Ergebnis die notwendige Entschädigung liefert.

HINWEIS Es ist prinzipiell möglich, den Quellcode von PowerPoint-Add-Ins in der VBA-Entwicklungsumgebung sichtbar zu machen. Verantwortlich hierfür ist ein Windows Registry-Eintrag. Doch Vorsicht bei Veränderungen der Registry: Diese sollte nur von erfahrenen Anwendern vorgenommen werden!

Im Schlüssel *HKEY_CURRENT_USER\Software\Microsoft\Office\14.0\PowerPoint\Options* ist ein neuer *DWORD*-Eintrag *DebugAddIns* mit Wert gleich *1* einzutragen. Auf der CD-ROM finden Sie im Ordner *\Buch\Kap21\PPT-Add-In* die Datei *Add-Ins-debuggen.reg*, die per Doppelklick diesen Eintrag vornehmen kann.

Das Ergebnis: Sie können PowerPoint-Add-Ins mittels Haltepunkten und anderen Debug-Techniken im Programmablauf verfolgen. Sie können sogar Quellcode ändern, falls das Programm wegen eines Fehlers hält. Nur: Sie können die Änderungen nicht speichern. Und dies, obwohl der entsprechende Menüpunkt aktiv ist: Es passiert nichts, auch eine Meldung über den missglückten Speicherversuch bleibt aus. So hilft oft nur der Transport der Codeteile über die Zwischenablage von einem Projekt ins andere. Dabei ist hohe Konzentration nötig, da sich beide Projekte (das aus der Präsentation und das aus dem PowerPoint-Add-In) zum Verwechseln ähnlich sehen.

Die Auto-Makros von PowerPoint-Add-Ins

Auto-Makros stehen unter PowerPoint *ausschließlich* für PowerPoint-Add-Ins zur Verfügung. Es sind deren zwei:

- *Auto_Open*: Dieses Makro (Prozedur ohne Parameter) wird nach dem Laden eines PowerPoint-Add-Ins automatisch ausgeführt. Es muss (und kann) nicht zur Manipulation des Menübands eingesetzt werden, da diese wie oben beschrieben in einer XML-Datei geschieht, die in der Präsentation und damit im PowerPoint-Add-In gespeichert wird (abgesehen davon, dass das Abbild klassischer Symbolleisten und Befehle auf der Registerkarte *Add-Ins* beabsichtigt ist). Auch kann es *Klassenmodule* instanzieren und somit die *Ereignisse* des *Application*-Objekts zur Verfügung stellen. Weitere Informationen hierzu gibt die Offlinehilfe (Abschnitt *Vorgehensweise: Verwenden von Ereignissen mit dem Application-Objekt*).
- *Auto_Close*: Dieses Makro läuft unmittelbar vor dem Entladen eines Add-Ins ab. Damit können notwendige »Aufräumarbeiten« erledigt werden.

Bereiten Sie ein Beispiel vor, indem Sie in einer einfoligen Präsentation zur Visual Basic-Benutzeroberfläche (`Alt`+`F11`) wechseln und dort ein Modul (Name *modAuto*) sowie ein Klassenmodul (Name *clsEvents*) einrichten (Menü *Einfügen*). Der folgende Code dient der Demonstration der allgemeinen Vorgehensweise.

Im Modul *modAuto* bringen Sie unter:

```
Public cls As clsEvents

Sub Auto_Open()
    MsgBox "Angebunden"
    Set cls = New clsEvents
    Set cls.ppApp = Application
End Sub
Sub Auto_Close()
    MsgBox "Entladen"
End Sub

Sub CountAddIns()
    Dim intCount As Integer
    Dim ai As AddIn
    Dim strMessage As String

    intCount = 0
    For Each ai In Application.AddIns
        If ai.Loaded = msoTrue Then
            intCount = intCount + 1
        End If
    Next
    strMessage = "Zahl der vorhandenen Add-Ins: " & Application.AddIns.Count & vbCrLf
    strMessage = strMessage & "davon geladen: " & intCount
    MsgBox strMessage, vbInformation
End Sub
```

Nun fügen Sie der Präsentation die Anpassung des Menübands wie oben beschrieben hinzu, geben aber der Eigenschaft *OnAction*, die die Callback-Prozedur aufnimmt, den Wert *CountAddIns*.

Die *AddIns*-Auflistung, die die Kontrolle über die Add-Ins aus Abbildung 21.5 und mit ihren Mitgliedern den ausgewählten Zugriff auf ein einzelnes Add-In erlaubt, spielt die zentrale Rolle in der Prozedur.

Das Klassenmodul erhält wegen der Deklaration per *WithEvents* automatisch die Ereignisprozeduren des *Application*-Objekts. Das *Application*-Objekt steht wegen *Set cls.ppApp = Application* im *Auto_Open*-Makro automatisch zur Verfügung, sodass der Code

```
Public WithEvents ppApp As Application

Private Sub ppApp_NewPresentation(ByVal Pres As Presentation)
    Dim intResponse As Integer

    intResponse = MsgBox("Eine neue Präsentation wurde angelegt. " & _
        "Wollen Sie die Foliensortierungsansicht sehen?", vbYesNo + vbInformation)
    If intResponse = vbYes Then
        Pres.Windows(1).ViewType = ppViewSlideSorter
    Else
        Pres.Windows(1).ViewType = ppViewNormal
    End If
End Sub
```

der sich im eingerichteten Klassenmodul befindet, sofort arbeiten kann. Verwenden Sie ähnliche Konstruktionen in »normalen« Präsentationen, müssen Sie stets von Hand für einen analogen Ablauf sorgen.

Hier wird auf das Anlegen einer neuen Präsentation mit der Frage nach dem Wechsel der Ansicht reagiert (der sinnvoll sein kann, wenn zur Neuerstellung eine Vorlage mit mehreren Folien verwendet wird).

COM-Add-Ins

COM-Add-Ins sind ebenfalls Bausteine, die die Funktionsfähigkeit von PowerPoint erweitern helfen. Bis Version XP konnten solche Add-Ins durch die *Developer Edition* von Office erstellt werden, gegenwärtig bleibt nur der Weg über Programme außerhalb von Office.

COM-Add-Ins sind übersetzte Laufzeitbibliotheken, die wie andere Programme (PowerPoint, Acrobat Reader usw.) durch Installationsprogramme installiert und ordentlich auf dem Zielrechner registriert werden müssen. Ihr Vorteil liegt in der höheren Arbeitsgeschwindigkeit und einem erhöhten Funktionsumfang (etwa Windows-Formulare zur Anzeige und Steuerung).

Normalerweise informiert ein COM-Add-In PowerPoint darüber, wann es geladen werden soll (beim Start von PowerPoint oder bei Bedarf). Informationen über geladene bzw. auch deaktivierte COM-Add-Ins erhält der Anwender wie auch die Informationen über PowerPoint-Add-Ins in der Kategorie *Add-Ins* des Dialogfeldes *PowerPoint-Optionen*.

Sicherheit und Add-Ins

Die Behandlung von Add-Ins hinsichtlich des in sie gesetzten Vertrauens geschieht ebenfalls im *Sicherheitscenter* von PowerPoint, zu erreichen über das Dialogfeld *PowerPoint-Optionen*, gleichnamige Kategorie.

Aus dem erscheinenden Dialogfeld geht hervor, dass nicht signierten Add-Ins nicht vertraut wird, selbst wenn diese sich an einem vertrauenswürdigen Speicherort befinden.

VBA-Projekte signieren

Office bietet die Möglichkeit einer »Selbstzertifizierung«. So erstellte Zertifikate sind natürlich nur bedingt vertrauenswürdig. Sie helfen, Angriffe von außen abzuwehren, sind aber an das Vertrauen in die sich selbst zertifizierende Person (und das kann jeder Mitarbeiter im Unternehmen sein) gebunden.

- Der erste Schritt besteht im Aufruf des Programms *selfcert.exe*. Es befindet sich im Installationsverzeichnis von Office und kann über das Windows-Startmenü (*Alle Programme/Microsoft Office/Microsoft Office 2010-Tools/Digitales Zertifikat für VBA-Projekte*) erreicht werden.
- Im anschließenden Dialogfeld vergeben Sie einen aussagekräftigen Namen für das Zertifikat. Dieses kann neben dem Namen auch den Verwendungszweck beinhalten.
- Lassen Sie sich das zu signierende VBA-Projekt in der Visual Basic-Benutzeroberfläche anzeigen. Sie finden dort auch den Menübefehl *Extras/Digitale Signatur*. Rufen Sie diesen auf, so sehen Sie den Status quo. In einem neuen Projekt wird *[Kein Zertifikat]* ausgewiesen. Die Schaltfläche *Wählen* öffnet eine Liste aller Zertifikate, die auf Ihrem Rechner zur Signatur zur Verfügung stehen. Allerdings wird das von Ihnen erstellte Zertifikat im Moment als nicht vertrauenswürdig eingestuft. Dies können Sie ändern.

- Lassen Sie das Zertifikat anzeigen.
- In dem darauf folgenden Dialogfeld wechseln Sie zur Registerkarte *Details*. Hier haben Sie die Möglichkeit, mithilfe eines Assistenten das Zertifikat in eine Datei zu kopieren. Deren Namen können Sie selbst bestimmen, die Endung lautet notwendig *.cer*. Auch der Speicherort ist frei wählbar, empfehlenswert ist der Windows-Desktop. So haben Sie bequemen Zugang zur Datei und können darauf doppelklicken.
- Das Zertifikat wird daraufhin nochmals angezeigt und ein Hinweis auf fehlende Vertrauenswürdigkeit gegeben. Jetzt gibt es allerdings eine Schaltfläche mit der Beschriftung *Zertifikat installieren* auf der Registerkarte *Allgemein*. Klicken Sie auf diese Schaltfläche, so werden Sie durch den Installationsvorgang in den Stammspeicher geführt.

TIPP Durch die Weitergabe der CER-Datei, auch über ein Netzwerk, können so erstellte Zertifikate auf verschiedenen Rechnern installiert werden und VBA-Projekte später als vertrauenswürdig ausweisen. Achten Sie nochmals auf den Unterschied der Erstellung und der Installation von Zertifikaten. Ein installiertes Zertifikat kann natürlich auf dem fremden Rechner, auf dem es nicht erstellt, aber installiert wurde, nicht zum Signieren von Projekten verwendet werden. Und damit werden Änderungen an Projekten auf anderen Rechnern verhindert – sie verlieren beim Speichern ihre Signatur!

Nach der Installation steht das Zertifikat den Projektsignaturen als vertrauenswürdig zur Verfügung.

Zusammenfassung

Hier noch einmal die wesentlichen Fundstellen zu den in diesem Kapitel erörterten Themen auf einen Blick:

Teil G

Anhang

Anhang A

Der Inhalt der CD

In diesem Anhang:

Die Beispieldateien auf der CD zum Buch

Alle im Buch beschriebenen Beispiele finden Sie im Ordner *\Buch* auf der Begleit-CD-ROM. Tabelle A.1 können Sie die jeweiligen Kapitel, den Speicherort und die Namen der Beispieldateien entnehmen.

Beachten Sie auch die Hinweise zur Handhabung der Beispiel- und Übungsdateien im jeweiligen Kapitel.

TIPP Für die meisten Beispiele ist es von Vorteil, den jeweiligen Ordner von der CD-ROM auf die Festplatte Ihres PCs zu kopieren und die Schreibschutz-Attribute der Dateien aufzuheben. Markieren Sie dazu im Windows-Explorer die kopierte(n) Datei(en), klicken Sie mit der rechten Maustaste auf die Markierung, wählen Sie im Kontextmenü den Befehl *Eigenschaften*, deaktivieren Sie das Kontrollkästchen für den Schreibschutz und klicken Sie dann auf die Schaltfläche *OK*.

Tabelle A.1 Übersicht über die Beispieldateien auf der CD-ROM zum Buch

Kapitel	Speicherort	Namen der Dateien
3	*\Buch\Kap03*	*Kap03_Neue_Oberflaeche.pptx*
4	*\Buch\Kap04*	*Kap04_Integrierte-Designs.pptx, Kap04_Designs-Deutsch-Englisch.pdf, PowerPoint-Logo.png, Handbuch2010.thmx, Handbuch2010.potx, Handbuch2010_colors.xml*
5	*\Buch\Kap05*	*Kap05_Textfolien.pptx*
6	*\Buch\Kap06*	*Bilder-verkleinern.pdf, Kap06_Bilder-einfuegen.pptx, Kap06_Freistellen.pptx, Kap06_Kuenstlerische-Effekte.pptx, Kap06_Zitatfolien.pptx, PPT165.zip*
7	*\Buch\Kap07*	*Kap07_Diagramme.pptx, Kap07_Tabellen.pptx, D.jpg, F.jpg, I.jpg, j0405560.jpg, j0405562.jpg, j0433991.jpg, j0433993.jpg, j0433996.jpg,*
8	*\Buch\Kap08*	*Kap08_SmartArt.pptx*
9	*\Buch\Kap09*	*Kap09_Effekte.pptx, Kap09_Schaubilder.pptx*
10	*\Buch\Kap10*	*Kap10_Planen.pptx*
11	*\Buch\Kap11*	*Folieneffekte.wmv, Folieneffekte_2Beispiele.pptx, Folienuebergaenge.pdf*
12	*\Buch\Kap12*	*Animationsbeispiele.pptx*
13	*\Buch\Kap13*	*Kap13_Fortschritt.pptx, Kap13_Inhalt.pptx, Kap13_Kiosk.pptx, Kap13_Menue.pptx, Kap13_Mouseover.pptx, Kap13_Zielgruppen.pptx*
14	*\Buch\Kap14*	*Kap14_Sound.pptx, sechs MID-Sounddateien, eine MP3-Sounddatei, 16 WAV-Sounddateien, Harfe.wmf*
15	*\Buch\Kap15*	*Alter-Globus.pptx, earth_nature.wmv, Fernbedienung.pptx, Geteiltes-Video.pptx, MC900432517.wmf, MC900432649.png, MP900400619.JPG, Pausentasse_animiert.pptx, Pausentasse_ohne_Text.wmv, Sprungmarken-als-Trigger.pptx*

Tabelle A.1 Übersicht über die Beispieldateien auf der CD-ROM zum Buch *(Fortsetzung)*

Kapitel	Speicherort	Namen der Dateien
16	*\Buch\Kap16*	*Ergebnis des Gliederungsimports.pptx, PowerPoint und Word.pptx, Renten- und Tilgungsrechnung.xml, Spreadsheet.pptx, Von der Gliederung zur Präsentation.docx*
20	*\Buch\Kap20\Bilder einblenden*	*bilder-einblenden.pptm*
20	*\Buch\Kap20\Formulare*	*Inhalt durch Miniaturbilder.pptm*
20	*\Buch\Kap20\Steuerelemente*	*Bildlaufleisten.pptm, TypeOfDemo.pptm*
20	*\Buch\Kap20\Zielgruppen*	*Zielgruppen.pptm, Zielgruppen-Testgruppe.pptx*
21	*\Buch\Kap21\ Menüband*	*die drei Unterordner angepasstes-Register, eigene-Befehle und eigenes-Register sowie die Dateien customUI.xsd, customui14.xsd, PowerPointControls.xlsx*
21	*\Buch\Kap21\openXML*	*openXML.pptm.zip*
21	*\Buch\Kap21\PPT-Add-In*	*.rels, Add-Ins-debuggen.reg, keine-Add-Ins-debuggen.reg, mein-erstes-Add-In.ppam, mein-erstes-Add-In.pptm, myCustomUI.xml*

Bonus: Zusatz-Software auf der CD

Neben den im Ordner *\Buch* enthaltenen Beispiel- und Übungsdateien finden Sie auf der CD den Ordner *\Zusatz*. Er enthält in fünf Unterordnern

- Vorlagen und Musterfolien von *PresentationLoad*, dem größten deutschen Downloadportal zu PowerPoint,
- Musterfolien und Lösungen des Präsentationsdienstleisters *EXIT ELEVEN*,
- eine Demo der Folienverwaltung *Quick Slide Professional* von *Strategy Compass*,
- sechs Ausgaben der Monatszeitschrift *PowerPoint aktuell* als PDF sowie
- acht PowerPoint-Lernvideos vom *Office 2010-Blog*.

Anhang B

Tastenkombinationen

Allgemeine Befehle

Tasten	Wirkung
Strg + N	Neue Präsentation
Strg + O	Datei öffnen
Strg + F4	Aktuelle Präsentation schließen (mit Speichern-Abfrage)
Alt + F4	PowerPoint schließen (mit Speichern-Abfrage)
Strg + S	Speichern
F12	Speichern unter
Strg + F2	Druckvorschau in der Backstage-Ansicht
Strg + P	Drucken
Strg + Z	Letzten Befehl rückgängig machen
Strg + Y oder F4	Letzten Befehl wiederholen
Strg + F6	Zwischen geöffneten Präsentationen wechseln
F7	Rechtschreibprüfung starten
Strg + C	Kopieren
Strg + X	Ausschneiden
Strg + V	Einfügen
Strg + F1	Menüband aus-/einblenden
F1	Hilfe aufrufen

Befehle zum Navigieren, Markieren und Bearbeiten

Tasten	Wirkung
Pos1	Zur ersten Folie oder zum Zeilenanfang wechseln
Ende	Zur letzten Folie oder zum Zeilenende wechseln
Strg + ← oder →	Cursor zum Beginn des aktuellen oder nächsten Wortes bewegen
Strg + ↑ oder ↓	Cursor zum Anfang des vorherigen oder nächsten Absatzes bewegen
⇧ + ← oder →	Zeichenweise markieren
Strg + ⇧ + ← oder →	Wortweise nach links oder rechts markieren
Strg + ↵	Wechsel zum nächsten Platzhalter oder neue Folie einfügen
Strg + M	Neue Folie einfügen
Strg + A	Alle Objekte bzw. gesamten Text markieren
F2 oder Esc	Aktuelles Textfeld bzw. Objekt als Ganzes markieren
Strg + Entf	Wort rechts löschen
Strg + Rück	Wort links löschen
Strg + F	Dialogfeld *Suchen* aufrufen
Strg + H	Dialogfeld *Ersetzen* aufrufen
Alt + ⇧ + ↑ oder ↓	Absatz nach oben oder unten verschieben
Alt + ⇧ + ← oder →	Absatz eine Ebene höher oder tiefer stufen
Strg + D	Markiertes Objekt duplizieren
Strg + ⇧ + D	Aktuelle Folie duplizieren
Alt + F9	Führungslinien ein- oder ausblenden
⇧ + F9	Raster ein- oder ausblenden
⇧ + ↵	Manuellen Zeilenumbruch einfügen
Strg + K	Hyperlink einfügen
Strg + ⇧ + G	Markierte Objekte gruppieren
Strg + ⇧ + H	Gruppierung aufheben

Anpassen von Objekten

Tasten	Wirkung
Alt + ← oder →	Objekt in 15-Grad-Schritten drehen
⇧ + ← oder → oder ↑ oder ↓	Objekt aus der Mitte heraus um ca. 10 % verkleinern oder vergrößern
Strg + ⇧ + ← oder → oder ↑ oder ↓	Objekt in kleinen Schritten (ca. 1 %) aus der Mitte heraus verkleinern oder vergrößern

Befehle zum Formatieren

Tasten	Wirkung
Strg + T	Dialogfeld *Schriftart* einblenden
Strg + ⇧ + F	Fett
Strg + ⇧ + K	Kursiv
Strg + ⇧ + U	Unterstrichen
Strg + ß	Schriftgrad schrittweise verkleinern
Strg + ´ (Akzentzeichen)	Schriftgrad schrittweise vergrößern
Strg + +	Tiefstellen und Tiefstellen aufheben
Strg + *	Hochstellen und Hochstellen aufheben
Strg + Leertaste	Alle manuellen Zeichenformate entfernen
⇧ + F3	Zwischen Groß- und Kleinschreibung wechseln
Strg + L	Linksbündig
Strg + R	Rechtsbündig
Strg + E	Zentriert
Strg + J	Blocksatz
Strg + ⇧ + C	Formate der aktuellen Markierung kopieren
Strg + ⇧ + V	Zuvor kopierte Formate auf andere Objekte übertragen

Befehle für Bildschirmpräsentationen

Tasten	Wirkung
⇧ + F5	Bildschirmpräsentation ab der aktuellen Folie starten
F5	Bildschirmpräsentation ab der ersten Folie starten
↵ oder → oder ↓ oder Leertaste oder Bild↓	Ausführen der nächsten Animation bzw. Wechsel zur nächsten Folie
Rück oder ← oder ↑ oder Bild↑	Ausführen der vorangegangenen Animation oder Wechsel zur vorhergehenden Folie
Foliennummer + ↵	Wechseln zur Folie <*Nummer*>
B oder . (Punkt)	Anzeigen eines schwarzen Bildschirms bzw. Zurückkehren vom schwarzen Bildschirm zur Bildschirmpräsentation
W oder , (Komma)	Anzeigen eines weißen Bildschirms bzw. Zurückkehren vom weißen Bildschirm zur Bildschirmpräsentation
Esc	Beenden der Bildschirmpräsentation
L	Löschen von Notizen auf dem Bildschirm
H	Wechsel zur nächsten Folie, falls diese ausgeblendet ist
Beide Maustasten zwei Sekunden lang drücken	Rückkehr zur ersten Folie
Strg + P	Wiedereinblenden eines verborgenen Zeigers und/oder Umwandeln des Zeigers in einen Stift
Strg + A	Wiedereinblenden eines verborgenen Zeigers und/oder Umwandeln des Zeigers in einen Pfeil
Strg + E	Mauszeiger in einen Radierer verwandeln
⇧ + F10	Anzeigen des Kontextmenüs
Strg + S	Dialogfeld *Alle Folien* anzeigen
Windows + P	Bildschirmmodus einstellen (ab Windows 7)
Strg + T	Windows-Taskleiste einblenden

Praxisindex

Die Einträge in diesem Praxisindex verweisen auf Schritt-für-Schritt-Anleitungen zu spezifischen Arbeitsgängen.

L

M

N

O

P

R

S

T

U

V

Z

Stichwortverzeichnis

B

E

F

Q

R

S

T

U

V

Y

Z